伊藤 真
試験対策講座
ITO MAKOTO SHIKENTAISAKU KOUZA

▶契約総論　　▶事務管理　　▶不法行為
▶契約各論　　▶不当利得

伊藤 真 [著]

債権各論
第4版

弘文堂

シリーズ刊行に際して

1　初心者にもわかりやすく

　法律は国民のものでなければならない。しかし、現時点ではあまりにもわかりにくい。もっと多くの国民が法律を理解できるようにしなければならない。そのためには内容のレベルを保ったままでわかりやすく伝えることが必要である。本シリーズは司法試験の受験生をはじめとして、一般の法学部生、仕事で法律の学習を必要としているビジネスパーソンの方が、必要十分なレベルを保ちつつ、わかりやすく六法を学習していけるように作成した。本シリーズをきっかけとしてさまざまな分野のできるだけ多くの方が法律に親しんでいただけることを望んでいる。

2　法律を使いこなせるようにすること

　法律は知識としてもっているだけでは、あまり意味がない。すぐに内容は変わるし、数千もある法律の一部にすぎない基本六法を学んだとしても知識としてはたかが知れている。しかし、これを学ぶことで法的な考え方が身につき、法律を使いこなせるようになっていく。これこそが基本六法を学ぶ目的である。

　私たちは法律を手段として学んでいるにすぎない。法律を使って何を実現するかはその人の価値観次第である。もちろん私は一定の思いをもって法律に接しているが、それをみなさんに押しつける気はない。みなさんには六法を使いこなして、自分の目的を実現していってほしい。

　そのためには、知識と考える力、そして表現力をバランスよく学習することが必要である。本シリーズではこの点に一番気をつかった。知識だけでは意味がないが、自分の頭で考えるためには最低限の知識はどうしても必要である。そしてどんなに力があってもそれを一定の制限内で表現できなければ試験には受からないし、実務の現場では使えない。そこでこうした要素をバランスよく学習することが法律を自分のものにして使いこなすためには不可欠なのである。

3　試験対策として現実的であること

　学問としての法律と試験対策としての法律はその学習方法に明らかに差がある。目的が異なるからである。これを無視するといつまでたっても受からない。学問的にしっかりと理解していれば受かるというのは一部の秀才だけである。私は、むしろ、ごく普通の頭の持ち主で、法律を学びたいがその方法がわからないで悩んでいる人を対象に考えている。

　さらに、試験は時間との戦いである。たとえば、司法試験なら6科目を短期間のうちにマスターしなければならない。しかも学生なら3年生のときに就職するか受験を続けるかの決断を迫られる。とすれば、そのときまでにある程度の学習を終えていなければならない。会社を辞めて試験に専念する決意をされた方は短期合格が死活問題であろう。短期間で、できるだけ効率的に学習できるようにすることが本シリーズの大きな目的である。ただし、どんな試験であろうと、要領やテクニックだけで受かるほど甘くはない。本シリーズでしっかりと基礎固めをしてほしい。

　そして、よい法律家になるには、有効な無駄も必要。基本書、判例百選、先生方の論文に自分であたっていくことによって頭は鍛えられ、また、さまざまな体験を通じての経験的知性によってそれにいっそう磨きがかかっていく。本シリーズがそうしたこれからの学習のパイロットの役割を果たすことができれば幸いである。

伊藤　真

『債権各論[第4版]』はしがき

　『債権各論[第3版]』を刊行してから9年近く経過した。その間、債権法の現代化をめざして、民法改正に向けての大きな動きがあった。そして、長期にわたって法制審議会での審議が重ねられた後に、国会において2017年5月26日に可決・成立した(同年6月2日公布)。一部の規定を除き、2020年4月1日から施行される。

　本書は、シリーズの債権総論に続き、この民法改正(以下、「平成29年改正民法」という)にあわせて全面的に改訂したものである。改訂に際しては、平成29年改正民法を当然の前提としてその内容だけを示すことも考えたが、これまでに改正前民法で学習を続けてきた読者にとっては、どの部分がどのように改正されたのかの指摘がなければ、平成29年改正民法の内容を十分に理解することは困難に思えた。そのため、本書を制作するにあたっては、可能なかぎり、改正前民法との対比をし、平成29年改正によってどの部分がどのように改正されたのかを明らかにすることに努めた。そのため、本書では、改正の過程で法務省事務当局が作成した法制審議会民法(債権関係)部会席上配布資料(部会資料)などを引用したり、参考にしたりして、改正の理由を多く記述している。この平成29年改正民法の内容を拾い読みしたい場合や改正前民法との対比に重きをおいた学習をしたい場合には、本文右欄の「← 平成29年改正」も目印にしてほしい。

　一言に改正といっても、その内容はさまざまな類型に分けることができる。そのため、本書では、改正の類型を整理するに際し、法学教室(有斐閣・2017年3月号・No.438)で特集されていた「〔鼎談〕債権法改正の教え方・学び方」の中での分類の仕方を参考にさせていただき、平成29年改正民法の改正事項を分類した。分類方法については、シリーズの債権総論のはしがきで示したとおりである。巻末付録の「改正条文一覧」も参考にして、平成29年改正民法によってどのように変わったのか、あるいは、変わらず維持されたのかを確認してほしい。

　また、平成29年改正の後、成年年齢の引下げに関する改正と、相続分野に関する改正がなされた。前者は、2018年6月13日に成立し、2022年4月1日に施行され、後者は、2018年7月6日に成立した(施行日は、原則として、公布の日〔同月13日〕から起算して、1年を超えない範囲内において政令で定める日であるが、例外がある)。そのほか、商法や消費者契約法についても改正されているので、必要な限度で反映した。

　今回の改訂までの間に、『伊藤塾試験対策問題集』シリーズを刊行することができた。司法試験の論文式問題集はすべての科目の全7巻、予備試験の論文式問題集はすべての法律科目の全9巻が揃っている。予備試験論文式問題集においては、制度が開始された2011年からの全過去問も登載している。本書で得た知識を、試験において使えるようにするた

めに、これらを利用してもらえれば幸いである。

　最後に、本書の改訂に際しては、多くの方の多大なるご助力を得た。特に、伊藤塾(法学館)の書籍出版において従前から貢献していただいている弁護士近藤俊之氏(54期)と弁護士永野達也氏(新65期)には、草稿の段階から細部にわたって目を通していただいた。また、北川陽子氏をはじめ弘文堂の方々および法学館出版編集課長の阿部真由美氏には出版・編集にあたりさまざまなアドバイスを受けた。この場をお借りして、深く感謝を申し上げる次第である。

　　2018年8月

　　　　　　　　　　　　　　　　　　　　　　　　　　　　　伊藤　真

【お知らせ】
　今後、次回改訂までのあいだに生じた法改正や新判例および司法試験実施に伴う試験問題の追加・訂正などの新情報は、弘文堂のホームページ(http://www.koubundou.co.jp)にある補遺を更新していく形でお知らせしていきます。

『債権各論[第3版]』はしがき

　『債権各論[第2版補正2版]』を刊行してから4年以上が経過した。前回の改訂は、民法口語化や不動産登記法改正といった、おおがかりな法改正に対応するためのものであった。今回の改訂では、この間の社会情勢や試験動向をふまえて全体をじっくりと見直し、記述の修正や追加を行うなど、内容を充実させることとした。

　特に、債権各論の分野においては、民法724条後段の効果を制限した判例など、重要な判例が続出している。今回の改訂では、これらの重要判例を含め、今年（2009年）の最新判例までを幅広く収録した。

　試験制度に目を向けると、新司法試験制度が開始して5年が経過し、法科大学院受験生や法科大学院生、新旧両司法試験受験生その他各種資格試験受験生など、本書の読者は非常に幅広いものとなっている。これに対応し、従来まで収録されていた旧司法試験の問題に加え、新司法試験の短答式問題や論文式試験の問題を新たに収録することとした。問題数も増え、練習問題として各種試験に対応できるものとなっている。

　今回、手を加えた箇所は以下のとおりである。

①重要な判例の追加を行った。また、すでに掲載されていた判例について、説明を追加した。判例百選が改訂されたことから、これに対応して判例出典番号の修正を行った。

②「○×問題で実力チェック」のコーナーを充実させた。具体的には、新司法試験の短答式試験問題、2005年以降の旧司法試験の短答式試験問題を重複のないように厳選して収録した。問題数は大幅に増えているが、いずれも重要な知識を問うもので、問題を解くだけで当該分野を網羅的に復習できるように整理してある。

　なお、旧司法試験の問題では、元号（H.21-○○問）と表記し、新司法試験の問題では、西暦（'09-○○問）と表記した。

③巻末の旧司法試験の論文式試験問題に、2005年以降のものを追加した。また、新司法試験の論文式試験問題も、出題趣旨とあわせて巻末に掲載した。新司法試験の受験生にとっては学習の目安として使いやすくなったはずである。

　なお、右欄における出題年の表記は、旧司法試験の問題は従来どおり、元号（たとえば、平成21年度第1問）とし、新司法試験の問題は、西暦（たとえば、2009年度第1問）とした。

④今までの増刷時に加えた情報を整理し、本文をより読みやすくした。また、必要に応じて学説の追加、変更を行った。

⑤巻末の論証カードを、内容の正確なものに修正し、より答案に使いやすいものに仕上げた。

⑥参考文献の該当ページを更新した。特に、近年の法改正、新判例の続出に対応すべく、文献の改訂が顕著になっているので、参考にしていただきたい。

　今回の改訂までの間に、『伊藤真の条文シリーズ1　民法Ⅱ[債権・親族・相続]』、『伊藤真の判例シリーズ2　民法』（いずれも弘文堂）を刊行することができた。これらの書籍では、条文、判例に関する詳しい説明を行っており、本書では扱いきれなかった部分につ

いても幅広くカバーしている。債権各論の学習において、条文・判例の学習が重要であることはいうまでもない。これらの書籍と本書を活用し、めざす試験に向けた学習効率をあげてもらえれば幸いである。

　なお、債権法については、2009年3月末に、改正検討委員会が「債権法改正の基本方針」を取りまとめて発表する等、改正に向けての検討作業が進められている。しかし、いまだ法制審議会等での審議が行われているわけではなく、改正が行われる時期についての具体的な見通しも立っていないことから、これまでと同様、本書を活用して、現行法の理解に努めていただきたい。

　最後に、今回の改訂にあたっては、2009年度新司法試験に合格された鵜之澤大地さん、片倉秀次さん、塩野大介さん、小松良匡さん、高橋圭一郎さん、中野雅也さん、日野哲志さん、渡部浩人さんをはじめ伊藤塾の誇る優秀なスタッフ、そして、弘文堂のみなさんの協力を得て刊行することができた。ここに改めて感謝する。
　　2009年9月

　　　　　　　　　　　　　　　　　　　　　　　　　　　　　　　　伊藤　真

『債権各論[第2版補正2版]』はしがき

　『債権各論[第2版補正版]』をだしてから、3年以上が経過した。その間、重要な最新判例も多くだされ、さらに2004(平成16)年末に口語化民法といわれる比較的大きな改正法が成立する等、民法を取り巻く状況は日々刻々と変化している。
　たとえば、この2004年の改正(以下、「平成16年民法改正」という)では、それまで片仮名文語体の表記であった財産法が現代語化されたり、これまでに確立されていた判例・通説がいくつか条文に反映されている。本書に関連するところでは、たとえば、709条に「法律上保護される利益」という文言が付け加えられ、714条1項ただし書に「又はその義務を怠らなくても損害が生ずべきであったときは」という免責事由を加えている。
　そこで、このような民法を含む法改正や判例の展開に対応すべく、第2版補正2版として全体を刷新することとした。
　今回、手を加えた箇所は以下のとおりである。
　　①平成16年民法改正によって、若干の条文番号変更、現代語化、口語化がなされたことに伴い、本文中の記載をこれに合わせた。
　　　たとえば、「取消」は「撤回」(521条1項、550条等)に、「毀損」は「損傷」(535条2項等)に、「欠缺」は「不存在」(551条)に、と変わっている。
　　　また、それまでに確立されていた判例・通説が条文に反映された箇所につき本文中で解説を加えた。
　　②2004年に改正された不動産登記法や破産法等の内容や表記を修正した。また、同様に、2004年に改正された債権譲渡特例法(なお、法令名も「動産及び債権の譲渡の対抗要件に関する民法の特例等に関する法律」(動産債権譲渡特例法)に改題)によって、動産登記制度が創設されたため、その内容を付け加えた。
　　③司法試験択一試験問題・論文問題を付け加えた。

④司法書士試験ランク表を、2004年までの本試験や改正内容に合わせ見直しを行った。
　⑤今までの増刷時に加えた情報を整理し、本文をより読みやすくした。
　⑥参考文献として、新たに刊行されたものは該当ページを修正した。

　今回の改正では、上記のとおり条文が現代語化、口語化されたことにより使用されなくなった用語が複数ある。ただし、これら使用しなくなった用語は、これまでの判例では当然使用されているし、日本語としてなくなったわけではないため、本書では場合に応じて修正をした。今後、法曹界や学会の動向によっては変更もありうるだろう。
　そうだとしても、これまで民法の条文に馴染めないでいた方も、今回の現代語化によって親しみやすくなったことと思う。これを機に是非日ごろから条文に親しむ習慣をつけていただきたい。
　なお、平成16年改正における修正のうち注意しておきたい箇所には、本文右欄に「平成16年改正」の注を付しておいたので、学習する際に役立ててほしい。

　この試験対策講座シリーズも新たに行政法を加えることができ、初版時からすると、私が主催する伊藤塾で行っている法律学習を元にしたさまざまな書籍を出版することができた。そのなかでも「オリジナル問題集」(弘文堂)は、多くの司法試験受験生に利用され、すでに第2版として刊行されている。これは司法試験にかぎらず、択一式・論文式のさまざまな試験対策となるため、本シリーズで知識を固めた後にこれらで学習することによって実戦力が養えるだろう。
　今後も、本シリーズや伊藤塾の書籍を効果的に利用し、めざす試験へ向けて学習をしてもらえれば幸いである。
　　2005年4月

　　　　　　　　　　　　　　　　　　　　　　　　　　　　　　伊藤　真

『債権各論[第2版補正版]』はしがき

　本書は、これまでのシリーズと同じく幾度かの増刷に際して、最新判例や司法試験の本試験問題、新しく成立した関係法を付け加えるなど、紙面の制約下のなかで可能なかぎり常に新しい情報を提供してきたつもりである。
　しかし、それも第2版から2年以上が経ち、新しく「電子消費者契約及び電子承諾通知に関する民法の特例に関する法律」が成立したため、今までの紙面では対応できなくなった。そこで、『民法総則[第2版補正版]』『親族・相続』『債権総論[第2版]』に続き、本書も第2版補正版として全体を刷新することとした。
　今回、手を加えた箇所は、以下のとおりである。
　　①関連法成立に伴い第1章第1節契約の成立過程を、その他に第2章第2節売買を中心に加筆・修正をした。
　　②今年(2001〔平成13〕年)の司法試験択一問題・論文問題を付け加えた。
　　③今までの増刷時に加えた情報を整理し、本文をより読みやすくした。
　　④『民法判例百選Ⅰ・Ⅱ』の第5版刊行に伴い、判例出典番号の修正を行った。その他

の参考文献も新しく刊行された書籍は、該当ページを修正した。

⑤巻末に、司法書士試験ランク表を加えた。

法律を学ぶ者の状況は、今、急速に変化を遂げようとしている。6月に内閣に提出された司法制度改革審議会の答申でもこれからの法学教育の充実が期待されている。そして何よりも、司法書士などの隣接職種の法律家としての役割が今後よりいっそう大きくかつ重要になることが明らかにされた。

本シリーズは幸い、大学の講義の予習・復習に役立つばかりでなく、司法試験・公務員試験・公認会計士試験・大学の期末試験、そして司法書士試験の試験対策にもきわめて有用と高い評価をいただいており、私としてはとてもうれしく思っている。

そこで、今回第2版補正版として刷新するにあたり、司法書士試験対策にとってより有用となるように「司法書士試験ランク表」を巻末に加えた。他の科目についても今後加えていく予定である。このランクは、学習の優先順位の参考になるように付けたため、本文の項目内にある論点のランクとは異なる場合があるが、すべて合格に必要な論点であるので、Cランクであってもおおまかには理解しておいていただければと思う。

今後もこれまでどおり、本書が読者の方のそれぞれの目的達成のために役立つことを願ってやまない。ぜひ有効活用してほしい。

2001年10月

伊藤　真

『債権各論[第2版]』はしがき

本書は、試験対策講座4『債権各論』の第2版である。今回、改訂にあたって改めた点は以下のとおりである。初版同様、各種試験対策として活用していただければとてもうれしく思う。

1 択一形式の問題への対応

①択一式試験の直前に見直したほうがいいと思われる知識については、新たなコーナーとして、「択一前チェック・ポイント」を設けた（第3版にて、「短答チェック・ポイント」と改称）。

②知識の確認のため、各章の末尾に択一過去問を1問1答のかたちで入れた。

2 本文について

①いくつかの項目について新たに付け加えたのでより理解しやすくなったと思う。

②若干わかりにくい表現をさらにわかりやすく改めた。

③各種試験（特に司法試験）には不要と思われる記述は思い切ってカットし、よりメリハリのついた実践的なものにした。法律の学習は知識を増やすことよりも自分の頭で考えることのほうが重要である。その場合に必要となる知識はすべて網羅してある。

④平成11年度の司法試験の論文問題を右欄に付け加えたうえで、昭和24年から平成

11年までのすべての問題を最後に掲載し、各問題についての本書での説明部分を明記した。具体的なイメージをもちながら学習することはきわめて効果的である。適宜参照してほしい。
⑤参考文献は最新のものに改めた。

3 判例について

①最新判例を付け加えた。各種試験(特に司法試験)に出題が予想される判例は、ほぼ網羅した。事案も含めて具体的理解が必要なものはやや詳しく紹介してある。
②各種試験(特に司法試験)には細かすぎると思われる判例はカットした。判例もまずメリハリをつけて学習することが効果的だからである。

4 論点について

①各種試験(特に司法試験)には細かすぎると思われる論点は、削除した。最近の試験の動向は、基本的な問題を自分の頭で考えることを要求しているので、本書の論点で必要十分である。
②削除するにいたらない論点も、通説を理解しておけば十分なものは、反対説をあげず、結論だけに改めた。特に初学者が学習する際に混乱しないようにするための配慮である。
③記述がわかりにくいものは、わかりやすく改めた。

5 論証について

①不足していた論点に関する論証を追加した。
②論証中の不必要な記述を削除し、わかりにくい表現は、わかりやすく改めたのでより実践的なものになっている。
③試験直前に論証を使いやすいように、巻末にまとめた。各種試験直前にざっと見渡して論証の筋を確認してほしい。ただ、くれぐれも丸暗記にならないように留意していただきたい。
④キーワードを緑の太字で表示し、わかりやすさに努めた。
⑤論証のランクは、論点理解のための必要度とアウトプットのための必要度とは異なることもあるので、必ずしも論点のランクと一致していない場合もある。
1999年8月

伊藤　真

はじめに

　本書は、これまでのシリーズと同じく各種試験対策用に書かれたものであるが、本書の目的、特長と使い方、法律の勉強方法などについてはじめに述べておこうと思う。

1 本書の目的

(1) 各種試験対策として最適
　本書は、司法試験、公務員試験、公認会計士試験、司法書士試験など民法を重要な試験科目にしている各種資格試験対策として最適である。合格に必要な論点はすべて網羅しており、論証例も豊富に入れた。また、司法試験をはじめとして各種試験対策という点でのメリハリをつけているので無駄がない。民法の学習を短期間で仕上げたいと考えている方には最適である。なお、学問的には重要な部分であってもこの趣旨から割愛している部分もあるが試験対策としては本書で必要十分である。

(2) 大学の期末試験対策として最適
　大学の期末試験対策のための独習用としても利用していただけるはずである。本書でAランク指定をしている基本概念や重要論点を確認しておけば、先生の講義のノート（ときにコピー）を復習する際に、各先生の独自の見解や学問的な最先端の議論の部分がよくわかり効果的な試験対策ができる。

(3) 大学での法律学習の予習用として最適
　一般的には大学での講義はある程度の予習をしてくることを前提にしている。ところがこれまで1人で予習するのに最適な参考書はなかった。学問的にはすぐれていても難解であったり他の部分を学習していることを前提にしていたりで、なかなか先に進めない。これでは予習がつらくなって、つい何もしないで講義にのぞむことになる。すると講義を理解できないので面白くなくなって出席しなくなる。これではせっかくすばらしい先生の講義が聴けるのにもったいない。本書で、ざっと予習をして大方の理解をもってから講義にのぞむことをお勧めする。授業の復習の際に本書でポイントを確認していただければ更に効果的である。

2 本書の特長

【1】 構成上の特長
　本書では、各テーマごとに基本的な説明から入り、必要に応じて具体例を講義の実況中継風の説明として入れてある。わかりやすく情報を伝えるためにはこうした形式のほうが効果的なことがあるからである。どんなに高度な内容も受け手に伝わらなければ意味がないという徹底した受講生本意主義の講義を今までやってきたので、若干の繰り返しになることもおそれずに具体例を説明している。これでかなりイメージがもちやすくなっているはずである。
　そしてこのように1つひとつ論点をクリアーしながら、最後は答案を書く助けになるように論証で締めくくっている。

【2】内容上の特長
(1) 重要論点をすべて網羅
　司法試験をはじめとして各種試験合格に必要な論点はすべて網羅してある。どのような試験でもそうだが、合格するには重要基本論点をまずしっかりとマスターし、それを使ってそれ以外の発展論点を理解していくという手順をとることが効率的である。

(2) 論証パターンによる論証例つき
　どんなに理解できていても書けなくては意味がない。そこで実際にどう書くかのサンプルとして論証例を豊富に入れてある。

(3) フローチャートによる理解
　法的思考力の育成にはフローチャートによる学習が効果的である。そこで図表とともにフローチャートを活用し理解を助けている。特に債権各論の場合には、債権総論で学んだ基本概念との相互関係が重要である。債務不履行と解除、担保責任との関係や、これらが売買、賃貸借、請負などの契約類型によってどのように取り扱われるかなど、ダイナミックな債権法を理解するにはフローチャートが最適である。

(4) 重要度がわかるランクづけとメリハリ
　勉強の仕方や重要度がわかるように随所にランクづけやコメントが入っているので、全体にメリハリがきいていて無駄をはぶいた効率的な学習ができる。まずはAランク指定の論点だけでもマスターするとずいぶん債権法が身近になるはずである。そして早めに債権各論に目を通してからまた再び債権総論に戻るとよい。債権法においては総論と各論は一体だからである。

【3】体裁上の特長
(1) チャート、図表を多用、さらに2色刷り
　このため、ビジュアルな理解が容易になった。法律の学習はイメージの修得が重要であるため、こうした工夫は学習効率に大きく影響する。

(2) ポイントになる用語、定義は太字
　どこが重要な概念かが一目でわかるように工夫した。復習の際にはこうしたキーワードを追っていけばいいので、これにより復習の時間が大幅に短縮されるはずである。

(3) 欄外の活用
　右欄に見出しや判例、参考文献、司法試験問題を入れて、これらへのアクセスを容易にした。特に司法試験での出題頻度を知ることで、その論点の重要度がイメージできると思う。なお、メモ欄としても有効活用していただきたい。

3 本書の使い方

【1】本文の使い方
　本文の部分では、基本概念の具体的なイメージと論点相互の関係を意識してほしい。また、議論の流れも重要である。バラバラの知識としてではなく、一本の筋のとおった流れとして全体を把握するように努めていただくと民法が小さく感じられるようになると思う。そのためには目次を重視してほしい。どこでどんな論点が問題になっていたかをしっかりと記憶することは、具体的な問題を解くうえで重要である。特に、債権法では相互に関連した論点や概念が多くでてくるので、その関係を把握することがはじめの段階ではきわめて重要である。ある論点を単独で知っていてもまったく役に立たないところが債権法の難

しいところである。しかし、逆にいえば、概念相互の関係を知り、その論点の位置づけを理解できたら実は簡単なのも債権法の特徴である。なお、図表は読者のみなさんのイメージ作りの助けになるようにというものである。作図しながら事案を把握することは民法的な事案分析能力を養成するためには不可欠の訓練である。その意味では判例百選が素材としては最適である。

　最近の試験の傾向は、細かな最先端の論点よりも基本論点を使って自分の頭で考えられるかが問われるようになっている。当たり前のことではあるが、現場では毎日新しい論点が生みだされている。実務家はこれらに対して自分の頭で考えて結論をださなくてはならない。そこで、各種試験ではそれに対応できるか、その素養があるかが試される。具体的には基礎知識と応用力である。最新論点を知識として追いかけてもきりがない。重要なことは新しい問題に直面したときにそれを自分で解決できる思考回路を作ることである。そのためにはまず重要基本論点を自分のものにしなければならない。はじめから細かな最先端の論点まで手をだすとそれらを知識として吸収しようとするクセがついてしまう。それではいつまでたっても自分の頭で考える力はつかない。まずは基本をマスターし、それからなぜ問題になっているのかなどを自分で考えてみることである。本書はその手助けになるはずである。

【2】論点の使い方

　本書には、各種試験の合格に必要な重要論点はすべて網羅してある。もちろん論点は無限にあるのでそのすべてをここに紹介することはできないし、短期合格、短期集中学習のためには些末な論点を追いかけることはむしろ有害ですらある。重要基本論点をいかにしっかり理解しそれを使いこなせるようになるかが短期学習のポイントである。

　そこで、本書では、学習の優先順位の参考になるよう重要基本論点に以下のようなランクづけを付した。論述試験のない試験では当然のことながら論証の準備は不要であるが、それでもかぎられた学習時間を有効に活用するにはメリハリは不可欠である。学習にあたってはAランクのものについてはしっかりと理解し、できれば早めに自分のなかで常識になるぐらい繰り返し学習してほしい。特になぜその論点が問題になるのか、問題の所在を理解するように努めてほしい。

　また、結論や理由づけも答案に書くことを考えて、できるだけ単純にしている。そのため学問的にはもう少しつっこみたい部分でもあえて目をつぶっているところもある。

　論点はそれ自体ではなんの意味ももたず、他の論点との関係または問題との関係ではじめて意味をもつものであることを忘れないでほしい。論点の論証ができてもそれだけでは答案は書けない。論点の位置づけとその使い方を学ばなければならないのである。それはとりもなおさず、民法全体をきちんと理解しないと答案は書けないという当たり前のことを言っているにすぎない。

▶**論点のランクづけ**
　　Aランク；頻繁に答案でも使う可能性のある論点、論証を作成しておくべきもの。
　　B$^+$ランク；論文試験で頻出とはいえないが出題可能性も高く準備しておくと安心。
　　Bランク；しっかりと理解しておけばいいもの。できれば論証があると安心。
　　Cランク；ざっと理解しておけばいいもの。論証は原則不要。

【3】論証パターン（論点ブロック）の使い方

　答案を書く際に論点についてあらかじめどのように書くかを論証として準備しておき、

それをカードにまとめておいて必要に応じて使い分けていく手法が論証パターン(論点ブロック・論証カード)学習法である。論証例とか論述例などと呼び名は違っても皆同じものである。私が大学受験時代から使っていたものだが、司法試験にも有効なので合格後紹介したところ広く利用されるようになった。

この手法は、もともとは本試験会場における答案作成時間をセーブするためのものであり、はじめに答案ありきということを忘れてはならない。つまり、本試験ではその場で考えなくてはならない問題が必ず出題される。そのときに事前に準備できる部分はあらかじめ準備しておいたほうがその問題固有の論点を考える時間が作りだせる。そして答案を書くためにはこうして論点を学ぶことは必要であるが、それだけでは答案にはならない。答案構成能力や問題提起、あてはめという部分を書く力がついてはじめて答案になるのである。また、この論証は丸暗記すべきものではない。理解したらキーワードとその流れを記憶していけばいいのである。自分が論証をするときの手掛かりになればいいのである。

逆に、暗記が得意な方は注意が必要である。どうしてもできあいの論証を暗記してしまおうとする。もちろんそれでも何もないよりはましであるが、どうしても理解よりも暗記に走ってしまい、自分で使いこなせなくなる傾向がある。自分で論証パターンからキーワードを抜き出してマーキングしていき、それだけを覚えるようにしたほうがいいかもしれない。

【4】チャートの使い方

本書では、さまざまなチャートを掲載している。

法律の学習では、考えることが大切だとよくいわれる。自分で考える力を身に付けるのは容易ではないが、方法はある。その有効な1つの手段が議論の分かれ目をしっかりと意識しながら勉強するということである。

本書でもチャートを活用して概念や論点の思考の流れと議論の分かれ目を確認しながら学習を進めていってほしい。考える力が訓練されるはずである。債権法の分野においてはこのチャートは議論の分かれ目を理解するほかに論点や概念相互の関係を理解する道具として有効である。債務不履行(債権総論)や危険負担(契約総論)、担保責任(契約各論)など登場する分野はそれぞれ違っても、相互に密接に関連する。したがって、同時に理解してしまったほうが理解が深まる。これらはチャートを利用して相互の関係をしっかり把握することが重要である。

また、こうしたチャートで学習していくうちに、自分で考えを整理する道具としてフローチャートを利用できるようになる。自分の考えを整理するときにチャートはとても有効である。

4 本書の位置づけと法律の勉強方法

【1】本書で勉強する前に

本格的に法律を学びたいと考えている方は、本書を手に取る前にまず、読んでおいていただきたい本がある。自分の本で恐縮だが、『伊藤真の憲法入門』(日本評論社)である。なぜなら、法律の学習にも順序があり、まず法律とは何かを学ぶ必要があるからである。そしてたとえ、民法、商法を学ぶ場合でもそれらの法律の根本にある憲法の理解を欠かすことはできないからである。

次に、民法の勉強もいきなり本書からではきつい。まずは民法の全体像の把握という意

味で『伊藤真の民法入門』（日本評論社）あたりは読んでおいてほしい。また、民法総則、物権法のひととおりの理解があったほうがいいので、本シリーズの『民法総則』『物権法』『債権総論』も読んでおくことを勧める。特に『債権総論』は、債権法を理解するには不可欠である。こうした手順をとるのが正攻法であるが、ただ、どうしても手っ取り早く債権各論をなんとかしたいという方は本書だけでもしのげるはずである。

また、逆に民法の他の分野を学ぶ前提として、とりあえず債権各論の概略を知りたいという場合は、契約総論、売買、賃貸借、請負、不法行為のところだけを学習しておけばよい。この部分だけで債権各論の基礎はマスターできるはずである。なお、一般には債権各論の売買契約において学習する担保責任を、本シリーズでは契約総論の最後で説明している。

【2】民法の答案が書けるようになるまで

民法は範囲が膨大である。そのどの分野の問題が出題されてもなんとか答案を作ることができるという状態になるまでは、いくつかの学習の過程をたどることになる。

まず、全体像と民法全体にわたっての基本概念の修得が必要である。民法ではその全体が見えないと個々の論点の理解も不十分なものとなってしまう傾向にある。どの分野の学習においてもまず全体像の把握は不可欠である。ここでは目次を重視することを勧める。目次学習では、今、自分の学習している位置を確認しながら勉強できるので、民法のように全体を把握しにくい科目の学習には最適である。

次に、各論点の理解が必要である。なぜそこでその論点が問題になっているのかを理解したうえで論点についての概略を理解し、基本的な理由づけを覚える。これを一通り民法の最後までやってみる。この段階が学習においては一番つらいかもしれないが重要である。このときにできれば、そうした論点の相互関係も意識しながら勉強できるとよい。この段階ではまだ自分の知識がバラバラな感じがするかもしれないが、あまり気にしないで、ひたすら我慢してＡランクの論点の理解と重要な理由づけの記憶に努める。ここは我慢の時期である。

そして、次に民法全体を見渡した問題を具体的に解いていきながら論点の使い方やつなぎ方を理解し覚える。ここではできるだけ多くの問題の答案構成をやってみることである。はじめのうちは、まったく論点も思い浮かんでこないかもしれない。それでも、まずは自分で考えてみる。そして解答例などを読んで、なぜその論点がそこで問題になるのかを考え、理解し、覚えていくのである。この答案構成というものが民法の学習においては実は一番重要である。具体的なケースを見て、そのなかから問題点を発見して、どのような順序でその問題点を解決していけばいいのかを考えるのである。この段階ではじめて民法全体を見渡した勉強ができるので、民法の学習が面白くなってくるはずである。自分のなかでバラバラだった論点の知識が有機的につながってくるのが実感できるはずである。

この段階の素材は論文試験の過去問が一番であろう。また、各種参考書の問題でもよいが、解答例を見て、自分で論点の順番などを納得しながら進めていかないといけない。解答を丸暗記しようとするとまったく応用できない知識ばかりが増えてしまい、苦しくなるだけである。そして、この段階でその解答例が何を言っているのかわからなければ、一歩戻って、本書などを使って論点の理解と基本的な理由づけの記憶の作業を行ってほしい。基礎がないと答案も何もないのである。

そして、自分の力で答案を書けるようにするためには、次にその答案にでてくる論点の論証を覚える必要がある。さらに答案にでてこないＡランクの論点の論証も覚える。この

論証を覚えるという作業はいわゆる丸暗記とは違う。論点の論理の流れとキーワードを覚えていくのである。文章の丸暗記などなかなかできるものではないし、それでは応用がきかない。理解しているけれども答案が書けないという人の大半はこの論証の記憶をしていない。記憶というのはきちんと机の前に座って、集中して記憶する時間をとらないとだめである。電車の中でチラチラ見たり読んだりしただけでは記憶できるものではない。まずは記憶の時間をしっかりとって、それからその確認のために通勤通学の時間を使うべきである。

　最後に、実際に制限時間内に書かれた答案(合格者の再現答案など)を使ってどのような答案が評価されるのかを分析し合格答案のイメージをしっかりと作っていく。試験としての勉強で一番大切な部分である。どんなに理解していてもそれを答案に時間内に表現できなければまったく意味がない。そして学術論文と答案の違いは「問い」があるという点である。答案は問いに応えてこそ答案なのである。自分で知っていることを書き並べても、問いに応えていなければ点数にはならない。したがって、どう応えることが問いに応えたことになるのかをしっかりと意識して学習しなければならないのである。この段階で自分のめざす答案のかたちを創っていってほしい。ここで目標を間違えると大変なことになる。普段の努力がまったく見当はずれの方向へ行ってしまう危険がある。本来、よい指導者のアドバイスが一番必要な学習過程である。

　そして、まとめとして、どんな問題が出題されてもいちおうの答案が書けるように民法全体を通じての視点や観点、未知の問題が出題されたときの危機管理マニュアルを作っていく。これができればもう安心である。また、この処理手順をマニュアル化しておく過程で考える勉強ができる。

　このような過程をたどってどんな問題でも答案を書けるようにしていくのである。

【3】民法は短期集中で

　承知のとおり、民法は量が多いので、どうしてもだらだらした勉強になってしまいがちである。しかし、民法が得意になるためには短期集中にかぎる。短期に全体をまわし時間があればそれを繰り返したほうがいい。特に独学や通信講座などで自分のペースで勉強している人は意識的に短期に仕上げようと思わないと結果的にずいぶん時間がかかってしまうものだ。だらだらやっているといつまでたっても全体が見えてこないのでわかった気がせず勉強も面白くなくなってくる。やっと債権各論にたどり着いたと思ったら民法総則はすっかり忘れてしまっていたというシャレにならない事態に直面して愕然とする。「1年で10やる」のと「2年にわけて5ずつやる」のではまったく効率が違ってくるというのと同じである。同じことでも2年に分けると1年目にやったはずの5のうちの半分は忘れているので結局2年経っても7.5しか終わっていないことになるのである。

　民法は他の科目に比べても全体像が重要な科目なので、できるだけ早く最後までひととおりの学習をしてしまい、概略をつかんでしまうべきである。そしてその後で疑問点や興味をもった部分を集中的に検討していくほうが効率的である。大学の講義に参加する際も本書などを利用して全体を見渡してから出席するようにすると先生の話のポイントが見えてくるのできわめて効果的に授業が聴けるはずである。

【4】これからの学習

　司法試験などの勉強方法や答案の書き方については、拙著『伊藤真の司法試験合格塾』(中経出版)、『伊藤真の司法試験合格塾・実践編』(中経出版)を参考にしてほしい。特に答

案を作るということは論点を学習すればいいのではないことなど、これを読んでいただければ理解していただけると思う。

　そして更に論点について深く掘り下げる場合は、本田純一『債権各論』〔論点講義シリーズ〕（弘文堂）を勧める。これらを使いながらなぜそうなのか、別の考え方もできるのではないか、などと自問自答しながら考えていくのである。

　また、判例の学習は不可欠である。判例百選で簡単に事案と事実の概要を確認しておくことは有意義である。学習の始めは解説まで読まなくてもいいであろう。むしろ、事実の概要から自分で図を描いて事案を把握し、何が問題になっているかを見つける訓練に使うとよい。ある程度、力がついてきたら解説を読んで理解を深めていけば十分である。

　最後にお断りをしておく。本書は私の主宰する司法試験塾で行っている法律学習の一端を紹介したものではあるが、その一部にすぎない。実際はこのほかに判例の読み方や答案の書き方、出題意図の捉え方、法律的な討論の仕方などまだまだ学ばなければいけないことがたくさんある。これまでのはしがきでも述べたとおり、私はこれらの情報を出し惜しみするつもりは毛頭ない。今後も可能なかぎり発表していくつもりである。できるだけ多くの法律学徒のみなさんとこれらの情報を共有して、また、みなさんからも教えていただきながら、「法律をつかいこなせるようにするには、六法全体をどのように学んでいけばいいのか」をこれからも探っていきたいと思っている。

　本書の作成には、今回も北川陽子さんはじめ弘文堂のみなさんに大変にお世話になった。また、伊藤真の司法試験塾の誇る優秀なスタッフの協力がなければ本書が世にでることはなかった。ここに改めて感謝の意を表する。

　1997年11月

伊　藤　　真

★ 参照文献一覧

　本書を執筆するにあたり多くの文献を参照させていただきました。そのすべてを記すことはできませんが主なものを下に掲げておきます。なお、本文中にこれらの文献の文章表現を引用させていただいた箇所もありますが、本書はいわゆる学術書ではなく、学習用の教材ですので、その性質上、学習において必要な部分以外は引用した文献名を逐一明記することはしませんでした。

　ここに記して感謝申し上げる次第です。

石崎泰雄編・新民法典成立への扉(信山社・2016)

石崎泰雄・「新民法典」の成立(信山社・2018)

幾代通＝徳本伸一・不法行為法(有斐閣・1993)

伊藤滋夫編著・新民法(債権関係)の要件事実Ⅱ(青林書院・2017)

内田貴・民法Ⅱ　債権各論[第3版](東京大学出版会・2011)

遠藤浩＝川井健＝原島重義＝広中俊雄＝水本浩＝山本進一編・民法(5)契約総論[第4版]・(6)契約各論[第4版増補補訂版]・(7)事務管理・不当利得・不法行為[第4版](有斐閣・1996〜2002)

近江幸治・民法講義Ⅴ　契約法[第3版]・Ⅵ　事務管理・不当利得・不法行為[第2版](成文堂・2006〜2007)

大村敦志・新基本民法5　契約編・6　不法行為編(有斐閣・2015〜2016)

大村敦志＝道垣内弘人編・解説　民法(債権法)改正のポイント(有斐閣・2017)

笠井修＝片山直也・債権各論Ⅰ　契約・事務管理・不当利得(弘文堂・2008)

加藤一郎・不法行為[増補版](有斐閣・1974)

加藤雅信・新民法体系Ⅳ　契約法・Ⅴ　事務管理・不当利得・不法行為[第2版](有斐閣・2005〜2007)

川井健・民法概論4　債権各論[補訂版](有斐閣・2010)

北川善太郎・民法講要Ⅳ　債権各論[第3版](有斐閣・2003)

窪田充見・不法行為法[第2版](有斐閣・2018)

澤井裕・テキストブック事務管理・不当利得・不法行為[第3版](有斐閣・2001)

潮見佳男・新債権総論Ⅰ・Ⅱ(信山社・2017)

潮見佳男・基本講義債権各論Ⅰ　契約法・事務管理・不当利得[第3版]・Ⅱ　不法行為法[第3版](新世社・2017)

潮見佳男・民法(全)(有斐閣・2017)

潮見佳男・民法(債権関係)改正法の概要(きんざい・2017)

潮見佳男＝北居功＝高須順一＝赫高規＝中込一洋＝松岡久和編・Before／After　民法改正(弘文堂・2017)

潮見佳男＝千葉惠美子＝片山直也＝山野目章夫編・詳解改正民法(商事法務・2018)

四宮和夫・事務管理・不当利得(青林書院新社・1981)

四宮和夫・不法行為(青林書院新社・1987)

清水響編・一問一答　新不動産登記法(商事法務・2005)

鈴木禄弥・債権法講義[4訂版](創文社・2001)

滝沢昌彦=武川幸嗣=花本広志=執行秀幸=岡林伸幸・新ハイブリッド民法4 債権各論（法律文化社・2018）
筒井健夫=村松秀樹編著・一問一答 民法（債権関係）改正（商事法務・2018）
中田裕康・契約法（有斐閣・2017）
中田裕康=大村敦志=道垣内弘人=沖野眞已・講義 債権法改正（商事法務・2017）
中舎寛樹・債権法 債権総論・契約（日本評論社・2018）
野澤正充・セカンドステージ債権法Ⅰ 契約法[第2版]・Ⅲ 事務管理・不当利得・不法行為[第2版]（日本評論社・2017）
平井宜雄・債権各論Ⅰ上 契約総論・Ⅱ 不法行為（弘文堂・1992・2008）
平野裕之・コア・テキスト 民法Ⅴ 契約法[第2版]・Ⅵ 事務管理・不当利得・不法行為[第2版]（新世社・2018）
藤岡康宏=磯村保=浦川道太郎=松本恒雄・民法Ⅳ 債権各論[第4版]（有斐閣・2018）
藤原正則・不当利得法（信山社・2002）
星野英一・民法概論Ⅳ 契約[合本新訂版]（良書普及会・1994）
前田達明・現代法律学講座民法Ⅵ 不法行為法（青林書院・1980）
前田陽一・債権各論Ⅱ 不法行為法[第3版]（弘文堂・2017）
民法（債権法）改正検討委員会編・詳解 債権法改正の基本方針Ⅰ・Ⅱ・Ⅲ・Ⅳ（商事法務・2009～2010）
森島昭夫・不法行為法講義（有斐閣・1987）
山本敬三・民法の基礎から学ぶ 民法改正（岩波書店・2017）
山本敬三・民法講義Ⅳ-1 契約（有斐閣・2005）
山本豊=笠井修=北居功・民法5 契約（有斐閣・2018）
吉村良一・不法行為法（有斐閣・2017）
我妻栄=有泉亨=清水誠=田山輝明・コンメンタール民法[第5版]（有斐閣・2018）
我妻栄・新訂 債権各論上巻（民法講義V_1）・中巻一（民法講義V_2）・中巻二（民法講義V_3）・下巻一（民法講義V_4）（岩波書店・1954～1972）
我妻栄・事務管理・不当利得・不法行為[復刻版]（日本評論社・1989）
潮見佳男=道垣内弘人編・民法判例百選Ⅰ総則・物権[第8版]（有斐閣・2018）
窪田充見=森田広樹編・民法判例百選Ⅱ債権[第8版]（有斐閣・2018）
水野紀子=大村敦志編・民法判例百選Ⅲ親族・相続[第2版]（有斐閣・2018）
注釈民法(1)～(26)（有斐閣・1964～1987）
新版注釈民法(1)～(28)（有斐閣・1989～2017）
重要判例解説（有斐閣）
判例時報（判例時報社）
判例タイムズ（判例タイムズ社）
最高裁判所判例解説民事編（法曹会）

法務省事務当局作成の法制審議会民法（債権関係）部会席上配布資料（部会資料）
民法（債権関係）の改正に関する中間試案（中間試案）
民法（債権関係）の改正に関する中間試案の補足説明（中間試案補足説明）

伊藤 真
試験対策講座
ITO MAKOTO
SHIKENTAISAKU
KOUZA

4

債権各論
第4版

もくじ

第1章 契約総論　002

序. 債権各論の全体像……………………002
1. 契約——総説……………………004
  1 契約——序説————004
    【1】契約の意義
    【2】契約の分類
  2 契約自由の原則とその制限————007
    【1】契約自由の原則
    【2】契約自由の原則の制限
  3 契約の拘束力————010
    【1】契約の拘束力の根拠
    【2】事情変更の原則

2. 契約の成立……………………014
  1 序説————014
    【1】契約成立の要件
    【2】契約成立の態様
  2 申込みと承諾による契約の成立————016
    【1】申込み
    【2】承諾
    【3】契約の成立時期——到達主義
  3 契約の競争締結————025
  4 約款による契約————025
    【1】約款(普通取引約款)による契約
    【2】定型約款
  5 懸賞広告————030
    【1】意義
    【2】撤回
    【3】効果
    【4】優等懸賞広告
  6 契約締結上の過失————034
    【1】総説
    【2】契約交渉の不当破棄
    【3】情報提供義務(説明義務)——契約締結前の義務

3. 契約の効力……………………045
  1 序説————045
    【1】民法の規定——「契約の効力」
    【2】牽連性
    【3】本節の構成

XX 目次

2　成立上の牽連関係　046
- 【1】かつての伝統的見解
- 【2】平成29年改正民法下での理解

3　履行上の牽連関係――同時履行の抗弁権　047
- 【1】意義
- 【2】要件
- 【3】効果
- 【4】双務契約以外における同時履行の抗弁権
- 【5】不安の抗弁権

4　危険負担　064
- 【1】改正前民法の立場――存続上の牽連関係（債権消滅構成）
- 【2】平成29年改正民法の立場――履行拒絶権構成

5　第三者のためにする契約　072
- 【1】意義
- 【2】要件
- 【3】効果

4. 契約の解除　080

1　序説　080
- 【1】意義
- 【2】種類――約定解除と法定解除
- 【3】解除と類似の制度
- 【4】解除権の行使
- 【5】解除制度の目的――平成29年改正下における解除制度の位置づけ

2　各種の解除類型　084
- 【1】催告解除
- 【2】無催告解除
- 【3】その他の解除

3　解除権の発生障害――債権者の責めに帰すべき事由による債務不履行　096
- 【1】総説
- 【2】債務者の反対債務の履行請求と利得の償還

4　解除権の消滅　097
- 【1】民法の規定する特殊な消滅原因
- 【2】一般的な消滅原因

5　解除の効果　102
- 【1】総説
- 【2】解除の法的性質
- 【3】履行請求権の消滅
- 【4】原状回復義務
- 【5】損害賠償請求

○×問題で実力チェック　113

第2章 契約各論　117

序．典型契約の法的性質 …… 117

1. 贈与 …… 118

1　意義────118
【1】贈与とは
【2】性質

2　贈与の成立────119
【1】贈与の成立
【2】贈与の解除

3　贈与の効力────120
【1】贈与者の引渡義務等
【2】他人物贈与の処理

4　特殊の贈与契約────122
【1】定期贈与(552条)
【2】負担付贈与(551条2項、553条)
【3】死因贈与(554条)
【4】忘恩行為による贈与の解除

2. 売買 …… 124

1　意義────124
【1】売買とは
【2】性質

2　売買の成立────124
【1】売買の成立
【2】売買契約の成立過程
【3】売買契約に関する費用

3　売買の効力────133
【1】売主の義務
【2】買主の義務

4　特殊売買────165
【1】特殊販売
【2】その他の特殊な売買
【3】消費者契約

5　買戻し────168
【1】買戻し
【2】再売買予約

3. 交換 …… 176

1　意義────176

XXII　目　次

        【1】 交換とは
        【2】 性質
    2 　交換の成立────────176
    3 　交換の効力────────176
        【1】 通常の交換の場合
        【2】 補足金付交換の場合

4. 消費貸借……………………………………………177
    1 　意義────────177
        【1】 消費貸借とは
        【2】 性質
    2 　消費貸借の成立────────179
        【1】 要物契約としての消費貸借の成立
        【2】 諾成的消費貸借の成立
    3 　消費貸借の効力────────179
        【1】 貸主の権利・義務
        【2】 借主の権利・義務
    4 　終了────────182
        【1】 目的物授受前の終了
        【2】 返還時期の定めがある場合
        【3】 返還時期の定めがない場合
        【4】 借主の期限前弁済
    5 　準消費貸借（588条）────────185
        【1】 意義
        【2】 要件──準消費貸借の成立
        【3】 効力

5. 使用貸借……………………………………………188
    1 　意義────────188
        【1】 使用貸借とは
        【2】 性質
    2 　使用貸借の成立────────189
        【1】 使用貸借の成立
        【2】 借用物受取り前の貸主による使用貸借の解除
    3 　使用貸借の効力────────190
        【1】 貸主の義務
        【2】 借主の権利・義務
        【3】 借主の第三者に対する関係
    4 　終了────────194
        【1】 当然終了
        【2】 解除

6. 賃貸借……………………………………………198
    1 　意義────────198
        【1】 賃貸借とは
        【2】 性質

伊藤　真
試験対策講座
ITO MAKOTO
SHIKENTAISAKU
KOUZA

4

債権各論
第4版

　　　【3】賃貸借契約のポイント
　2　賃貸借の成立────202
　　　【1】賃貸借契約
　　　【2】短期賃貸借
　　　【3】賃貸借の存続期間の制限
　3　賃貸借の効力────206
　　　【1】賃貸人の権利義務
　　　【2】賃借人の権利義務
　　　【3】他人物賃貸借の法律関係
　4　終了────224
　　　【1】期間の定めがある場合の賃貸借の終了
　　　【2】期間の定めがない場合の賃貸借の終了
　　　【3】解除による賃貸借の終了
　　　【4】その他の事由による賃貸借の終了
　5　賃貸借契約と第三者────229
　　　【1】賃借人側の第三者との関係
　　　【2】賃借人側でない第三者との関係
　6　宅地・建物・農地賃貸借の特別法────248
　　　【1】はじめに
　　　【2】宅地賃貸借の特別法──借地借家法における借地関係
　　　【3】建物賃貸借の特別法──借地借家法における借家関係
　　　【4】農地賃貸借の特別法──農地法

7. 雇用……270
　1　意義────270
　　　【1】雇用とは
　　　【2】性質
　2　雇用の成立────270
　3　雇用の効力────271
　　　【1】労働者の義務
　　　【2】使用者の義務
　4　終了────272
　　　【1】期間の定めのある雇用の期間満了または解除
　　　【2】期間の定めのない雇用の解約の申入れ
　　　【3】その他の終了原因

8. 請負……277
　1　意義────277
　　　【1】請負とは
　　　【2】性質
　　　【3】製造物供給契約
　　　【4】建設請負契約と請負契約約款
　2　請負の成立────278
　　　【1】請負の成立
　　　【2】建設業法19条──書面作成の意義
　3　効力────278
　　　【1】請負人の義務

【2】注文者の義務
　4　終了────────288
　　　【1】総説──解除
　　　【2】注文者による任意解除(641条)
　　　【3】注文者の破産による解除(642条)
　5　請負目的物の所有権の帰属────────291
　　　【1】問題の所在
　　　【2】注文者・請負人間の問題
　　　【3】下請負人が存在する場合
　6　仕事の完成に障害が生じた場合────────294
　　　【1】目的物の引渡しを要しない請負において仕事完成が不可能になった場合
　　　【2】目的物の引渡しを要する請負における目的物の滅失・損傷──危険の移転
　　　【3】仕事の目的物が受領されなかった場合──受領遅滞による危険の移転

9. 委任 ……………………………………………………………299
　1　意義────────299
　　　【1】委任とは
　　　【2】性質
　2　委任の成立────────299
　3　委任の効力────────300
　　　【1】受任者の義務
　　　【2】委任者の義務
　4　終了────────305
　　　【1】両当事者による任意の解除
　　　【2】その他委任に特有な終了事由
　　　【3】委任終了時の特別措置

10. 寄託 …………………………………………………………309
　1　意義────────309
　　　【1】寄託とは
　　　【2】性質
　2　寄託の成立────────310
　3　寄託の効力────────310
　　　【1】受寄者の義務
　　　【2】寄託者の義務
　4　終了────────315
　　　【1】寄託物引渡前の解除
　　　【2】返還時期の定めがない場合
　　　【3】返還時期の定めがある場合
　5　特殊な寄託────────317
　　　【1】混合寄託
　　　【2】消費寄託

11. 組合 …………………………………………………………323
　1　意義────────323
　　　【1】組合とは

【2】性質
　2　組合の成立────────325
　　　【1】2人以上の当事者があること
　　　【2】組合の合意があること
　　　【3】出資があること
　　　【4】共同の事業を営むものであること
　3　組合の業務執行────────326
　　　【1】内部的業務執行
　　　【2】対外的業務執行(組合代理)
　4　組合の財産関係────────328
　　　【1】組合財産の合有
　　　【2】組合の債権
　　　【3】組合の債務(組合の債権者の権利の行使)
　　　【4】組合の損益分配
　5　組合員の変動────────331
　　　【1】組合員の加入
　　　【2】組合員の脱退
　　　【3】組合員の地位の譲渡
　6　組合の解散と清算────────333
　　　【1】組合の解散
　　　【2】組合の清算

12. 終身定期金……………334

　1　意義────────334
　　　【1】終身定期金とは
　　　【2】性質
　2　終身定期金の成立────────334
　3　終身定期金の効力────────334

13. 和解……………335

　1　意義────────335
　　　【1】和解とは
　　　【2】性質
　2　和解の成立────────335
　　　【1】争いの存在
　　　【2】当事者の譲歩(互譲の存在)
　　　【3】当事者が処分の行為能力・権限を有すること
　　　【4】紛争終結の合意
　3　和解の効力────────336
　　　【1】法律関係の確定効
　　　【2】和解と錯誤
　　　【3】不法の和解
　　　【4】後遺症と示談

　　○×問題で実力チェック　338

第3章 事務管理　348

1. 事務管理 …………………………………… 348

1　総説────348
【1】意義
【2】法的性質

2　成立要件────349
【1】他人の事務を管理すること（697条1項）
【2】他人のためにする意思があること（697条1項）
【3】法律上の義務がないこと（「義務なく」）（697条1項）
【4】本人の意思および利益に適合すること

3　効果────353
【1】違法性の阻却
【2】管理者の義務
【3】本人の義務
【4】事務管理の対外的効力

4　準事務管理────358
【1】問題の所在
【2】準事務管理の肯否

○×問題で実力チェック　360

第4章 不当利得　361

1. 不当利得（総論） …………………………………… 361

1　総説────361
【1】意義
【2】不当利得制度の特徴

2　不当利得制度の本質────362
【1】改正前民法下の議論
【2】平成29年改正民法下

3　一般不当利得の要件────366
【1】総説
【2】要件

4　一般不当利得の効果────370
【1】原則

【2】 返還義務の範囲

2. 不当利得（各論）································373

1　侵害利得────373
　　　【1】 意義
　　　【2】 要件
　　　【3】 効果

2　給付利得（総論）────380
　　　【1】 意義
　　　【2】 要件
　　　【3】 効果
　　　【4】 権利の行使期間

3　特殊の給付利得────386
　　　【1】 総説
　　　【2】 狭義の非債弁済
　　　【3】 期限前の弁済（706条）
　　　【4】 不法原因給付

4　費用利得・求償利得────399
　　　【1】 総説
　　　【2】 費用利得
　　　【3】 求償利得

5　多当事者間の不当利得────402
　　　【1】 総説
　　　【2】 直線連鎖型（直線型）
　　　【3】 三角関係型（三角型）

○×問題で実力チェック　422

第5章　不法行為　　424

序.不法行為概説································424

1　意義・機能────424
　　　【1】 不法行為制度の意義
　　　【2】 不法行為制度の機能

2　不法行為法の構造────425
　　　【1】 はじめに
　　　【2】 概観

1. 一般不法行為の要件································428

1　故意・過失────428

    - 【1】 意義
    - 【2】 故意・過失の立証責任
  - 2 権利または法律上保護される利益 ————433
    - 【1】 権利侵害と違法性
    - 【2】 被侵害利益の諸相
  - 3 損害 ————441
    - 【1】 損害の意義
    - 【2】 損害の種類
  - 4 因果関係 ————442
    - 【1】 意義
    - 【2】 相当因果関係説とその問題点
    - 【3】 事実的因果関係の意義
    - 【4】 事実的因果関係の立証
  - 5 不法行為の成立を阻却する事由 ————448
    - 【1】 責任能力
    - 【2】 正当防衛・緊急避難
    - 【3】 その他

2. 一般不法行為の効果 ……………452
  - 1 損害賠償の方法 ————452
    - 【1】 金銭賠償の原則
    - 【2】 一時金方式と定期金方式
    - 【3】 原状回復・差止め
  - 2 賠償範囲と金銭的評価 ————455
    - 【1】 損害賠償の範囲
    - 【2】 損害の金銭的評価
  - 3 損害賠償額の減額調整 ————464
    - 【1】 過失相殺
    - 【2】 被害者側の過失・被害者の素因
    - 【3】 損益相殺
  - 4 損害賠償請求権 ————469
    - 【1】 請求権者
    - 【2】 賠償者の代位
    - 【3】 損害賠償請求権の性質
    - 【4】 権利消滅期間（消滅時効）

3. 特殊の不法行為 ……………479
  - 1 監督者責任（714条）————479
    - 【1】 意義
    - 【2】 要件
    - 【3】 効果（賠償義務者）
  - 2 使用者責任（715条）————486
    - 【1】 意義
    - 【2】 要件
    - 【3】 効果
    - 【4】 注文者の責任（716条）
  - 3 工作物責任（717条）————493

- 【1】意義
- 【2】要件
- 【3】効果

4 動物の占有者の責任(718条)――497
- 【1】意義
- 【2】要件
- 【3】効果

5 共同不法行為(719条)――498
- 【1】意義
- 【2】要件
- 【3】効果

6 特別法上の不法行為――509
- 【1】国家賠償法
- 【2】自動車損害賠償保障法
- 【3】製造物責任法(ＰＬ法)
- 【4】失火責任法

○×問題で実力チェック 519

論証カード１～38――523
附則(平成29年６月２日法44号)に定められた経過規定[債権各論]――544
改正条文一覧――545
旧司法試験論文本試験問題――551
司法試験予備試験論文式試験問題[民法]――562
平成29・30年司法試験論文式試験問題[民法]――569
平成29年司法試験論文式試験問題出題趣旨――574
司法書士試験ランク表――578
事項索引――582
判例索引――586

している最中の問題点、契約が終了する場面の問題点などについて、各種契約において共通する論点を取り上げて検討していく。そのなかでも、特に同時履行の抗弁権、危険負担、契約の解除の3項目が重要である。

なお、従来は、契約総論のなかで担保責任を説明することにしていたが、平成29年改正民法では、担保責任の法的性質を売主の債務不履行による責任とした。すなわち、契約責任説を採用し、特定物ドグマ・法定責任説を否定したため、民法典の規定どおり売買のところで説明することにした。

1-2 債権法の体系

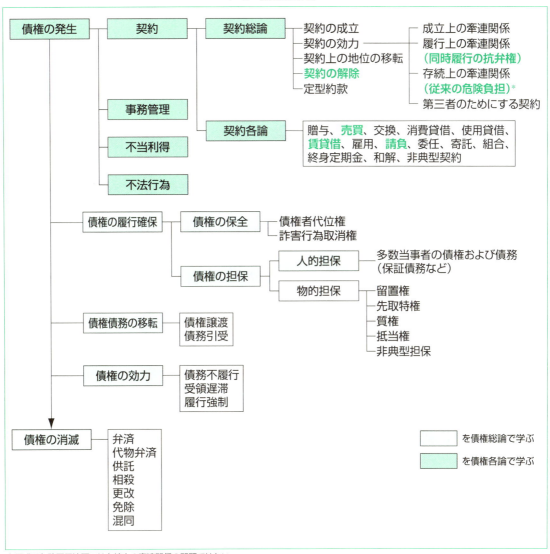

＊平成29年改正民法下では存続上の牽連関係の問題ではない。

第1章 契約総論

1. 契約——総説

1 契約——序説

【1】契約の意義

契約とは、当事者の相対立する意思表示が合致することによって成立する法律行為をいう。売買を例にすると、AがBに対し「甲車を100万円で売ろう」という意思を表示し(**申込み**)、BがAに対し「甲車を100万円で買おう」という意思を表示(**承諾**)するように、原則として、A・B間の意思表示の合致によって契約が成立する(**諾成契約**、522条1項。この内容については、本章2節で詳しく述べる)。このように、契約は、個人の自由意思に基づいて締結される。つまり、人間の自由な意思に基づく合意が契約である。

← 契約の成立

このような契約が有効に成立すると、上記の例でいえば、AはBに対し代金の支払を、BはAに対し甲車の譲渡・引渡しを、それぞれ求めることができる。自由な意思に基づく合意が成立すれば、それによって当事者が欲したとおりの効果が法律上付与されるのである。このように、契約は、両当事者の合意によって相互間の権利・義務関係に変動をもたらすものである。

もっとも、契約は広い意味では、以上のような義務(債務)の発生を目的とする契約(**債権契約**)のほか、所有権の移転や抵当権の設定を目的とする物権的な合意(**物権契約**)や、夫婦関係の発生を目的とする婚姻のような**家族法上の合意**も

1-3

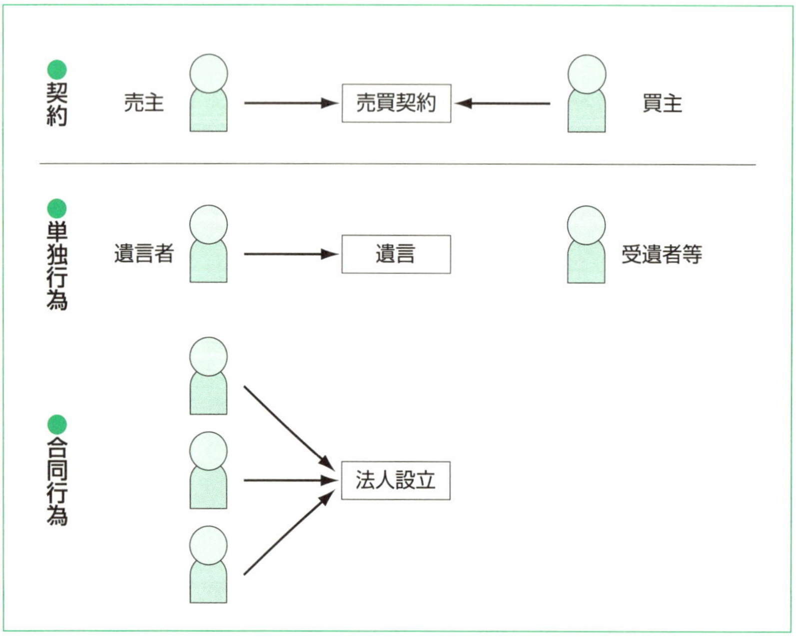

- ● 契約　売主 → 売買契約 ← 買主
- ● 単独行為　遺言者 → 遺言　受遺者等
- ● 合同行為　→ 法人設立

含まれるが、ここでは、債権契約のみを対象として解説することにする。

また、契約は自由な意思に基づく合意であるから、遺言や債務免除のように、一個の意思表示からなる、いわゆる単独行為は契約ではないし、さらに、民法総則で学習した、法人を設立しようとする行為（合同行為）も契約ではないことに注意してほしい。

【2】契約の分類

契約は、さまざまな観点から種々に分類されている。

(1) 典型契約（有名契約）・非典型契約（無名契約）

典型契約とは、民法の定める13種類の契約をいう。民法第3編第2章第2節「贈与」から第14節「和解」までの契約であり、これは、民法典に名称が与えられているという意味において、有名契約ともいう。具体的には、①贈与、②売買、③交換、④消費貸借、⑤使用貸借、⑥賃貸借、⑦雇用、⑧請負、⑨委任、⑩寄託、⑪組合、⑫終身定期金および⑬和解である。

←「典型契約」とは

これに対して、非典型契約とは、民法の定める13種類の契約以外の契約、すなわち民法に規定のおかれていない契約類型をいい、無名契約ともいう。

なお、混合契約とは、典型契約の内容をいくつか合わせた内容をもつ契約のことをいう。たとえば、洋服を注文して作るような場合には、請負と売買とが混合した契約といえる。

典型契約に関する民法の諸規定も、その多くは当事者の意思を補充する任意規定にすぎない。したがって、典型契約といっても、後述する契約自由の原則（521条、522条2項）のもと、当事者の異なる合意によってその適用を排除することができる。また、非典型契約（および混合契約）の内容は当然、契約自由の原則が妥当することから、まったく千差万別である。現代においては、非典型契約による取引が多く行われている。具体的には、出版契約、ホテル・旅館宿泊契約、リース契約などがあげられる。

(2) 双務契約・片務契約

双務契約とは、契約の各当事者が互いに対価的な意義を有する債務を負担する契約をいう。互いに対価的な意義を有するとは、たとえば、売買でいうと、売主が品物を引き渡す義務を負うのは、買主が代金を支払う義務を負担するからであるという関係にあることを意味する。売主・買主が互いに対価的な債務を負担し合うということである。

←「双務契約」とは

> ただし、ここにいう対価的な意義を有する、あるいは対価的な債務を負担し合うというのは、客観的に同一価格を有することをいうのではありません。対価的か否かは、当事者の主観で決せられるのです。なぜなら、売買の代金がいくら（客観的には）安かったとしても、当事者が売買のつもりであるなら、その代金は（主観としては）対価的な意義があるからです。そういう意味では、双務契約は、当事者双方が互いに経済的に見合っていると思っている、言い換えると、もちつもたれつの債務を負担する契約のことといえます。

双務契約の例としては、典型契約のうち、売買、交換、賃貸借、雇用、請負、有償委任、有償寄託、組合、和解があげられる。

これに対して、片務契約とは、一方の当事者のみが債務を負うか（たとえば、贈与）、または双方の当事者が債務を負担するが、それが互いに対価たる意義を

←「片務契約」とは

有しないもの(たとえば、使用貸借)をいう。

> 後者の使用貸借についてもう少し説明すると、貸主は借主に対し使用させる義務を負い、借主は貸主に対し返還する義務を負いますが、このような使用させる義務と返還する義務とは対価関係には立ちません。ですから、双方に義務があったとしても双務契約ではなく、片務契約なのです。

片務契約の例としては、典型契約のうち、贈与、消費貸借、使用貸借、無償委任、無償寄託があげられる。

以上のような双務契約と片務契約との区別の実益は、同時履行の抗弁権(533条)、危険負担(536条)などが、もっぱら双務契約に適用されることにある(詳しくは、本章3節で説明する)。

(3) 有償契約・無償契約

有償契約とは、互いに対価的意義を有する出えん(経済的損失)をする契約をいい、そうでない契約を**無償契約**という。ここにいう対価的意義を有するというのは、(2)の双務契約で述べた対価的意義を有するというのと同じである。

← 「有償契約・無償契約」とは

ところで、双務契約と片務契約の区別と、有償契約と無償契約の区別が、ともに当事者が対価的意義を有する給付をなすか否かにあるとすると、その差異はどこにあるのであろうか。この点については、双務・片務の区別が、契約の効果としての債務(契約に基づく債務)を対象とするのに対し、有償・無償の区別は、契約の成立からその効果である債権関係のその内容の実現までの過程を対象とするとされる。言い換えると、双務・片務の区別が、債務の負担の有無という形式面に着目したものであるのに対し、有償・無償の区別は、対価的な財産上の支出を伴うかどうかという実質面に着目したものである。たとえば、利息付消費貸借についてみると、この場合には、貸主は金銭その他の物の給付をする義務を負い、借主は金銭その他の物の返還義務と利息支払義務を負うが、貸主の給付は、契約の成立要件であって(587条)、契約に基づく債務ではない(契約の効果として債務が発生するわけではない)から、言い換えると貸主は出えん(経済的損失)はするが、債務は負担しないから、双務契約ではない。しかし、貸主と借主の各義務は、契約の成立からその効果である債権関係のその内容の実現までの過程をみれば対価関係にある(出えんはする)といえるから、有償契約である。したがって、双務契約はことごとく有償契約であるが、利息付消費貸借のように、有償契約は必ずしも双務契約ではないことになる。

有償契約の例としては、売買、賃貸借、請負などを、無償契約の例としては、贈与、使用貸借をあげることができる。消費貸借、委任および寄託については、利息または報酬を支払うか否かによって、有償契約にも無償契約にもなる。

以上のような有償契約と無償契約との区別の実益は、有償契約にはすべて売買の規定が原則として準用されることにある(559条)。

(4) 要物契約・諾成契約

諾成契約とは、当事者の意思表示の合致のみで成立する契約をいう。後述するように、契約自由の原則のもと、契約は、契約の内容を示してその締結を申し入れる意思表示(申込み)に対して相手方が承諾したときに成立するのが原則である(**諾成主義**、522条1項)。

← 「諾成契約」とは
→ 本節2【1】(1)

これに対して、**要物契約**とは、当事者の合意のほかに、一方の当事者が物の

← 「要物契約」とは

006　1章　契約総論

引渡しその他の給付をなすことを成立要件とする契約をいう。

要物契約は、典型契約のうちでは消費貸借のみであって、そのほかの典型契約は、すべて諾成契約である。ただし、平成29年改正法下では、諾成的消費貸借（587条の2）も認められる。

(5) 要式契約・不要式契約

要式契約とは、契約の成立に書面の作成その他の方式を具備することが必要な契約をいい、そうでない契約を不要式契約という。後述するように、契約自由の原則のもと、契約の成立には原則として合意のみが求められ、「書面の作成その他の方式を具備することを要しない」のが原則であるが（方式の自由）、「法令に特別の定めがある場合」には、書面の作成その他の方式を具備することが必要となる（522条2項）。

要式契約は、典型契約のうち諾成的消費貸借のみであって、そのほかの典型契約は、すべて不要式契約である。典型契約ではないが、保証契約も書面等によることが必要とされている要式契約である（446条2項、3項。そのほかの特別法の例として、定期借地権についての借地借家22条など）。

← 「要式契約・不要式契約」とは

(6) 継続的契約・一回的契約

継続的契約（継続的給付契約）とは、契約期間中継続する給付を目的とする契約をいい、一回的契約（一回的給付契約）とは、一回的な給付の履行によって契約関係が終了する契約をいう。前者の例としては、賃貸借や雇用が、後者の例としては、贈与や売買があげられる。

両者の区別は相対的であって、たとえば売買であっても継続的・回帰的な給付義務が発生することもあるし、他方で、賃貸借であっても一時的な駐車場利用契約のように継続性を問題とする必要がない場合もある。

継続的契約の特質としては、解約告知（告知）の制度をあげることができる。解約告知とは、継続的契約関係において、契約の効力を将来に向かって消滅させる一方的意思表示をいい、これは、契約を過去に遡及して消滅させる解除とは本質的に異なるものである。ただし、民法は、このような解約告知の性質の場合であっても、「解除」（607条、620条）、「解約」（618条）との文言を使用している。

← 「継続的契約・一回的契約」とは

← 「解約告知」とは

→ 4節①【1】

2 契約自由の原則とその制限

【1】契約自由の原則

(1) 意義

契約自由の原則とは、契約当事者の自由な意思に従って契約関係が形成されるという原則をいう。契約自由の原則は、所有権絶対の原則および過失責任の原則と並ぶ近代法の古典的私法原理のひとつといわれている。

契約自由の原則の前提とされている人間像は、相互に自由で対等に交渉することができる古典的自由人であった。すなわち、私的自治の原則のもとに、自由競争によって能力のある人が自由に財産を取得することができるという考え方に基づくものだったのである。

← 「契約自由の原則」とは

(2) 内容

このような契約自由の原則の内容は、契約を締結または締結しない自由（契約締結の自由）、契約の相手方を選択する自由（相手方選択の自由）、契約の内

1-1 契約——総説　007

容を決定する自由(**内容決定の自由**)および契約締結の方式の自由(**方式の自由**)となる。

平成29年改正民法は、これらの自由について、次のように明文化した。

← 平成29年改正

まず、521条1項は、「何人も、法令に特別の定めがある場合を除き、契約をするかどうかを自由に決定することができる」と規定し、**契約締結の自由**と**相手方選択の自由**を明文化している。なお、相手方選択の自由は、特定の相手方との間でその相手方と契約をするかどうかの自由と捉えることができるから、「契約をするかどうかを自由に決定することができる」という表現に包摂されると説明されている。

➡ 部会資料75A・1頁

次に、521条2項は、「契約の当事者は、法令の制限内において、契約の内容を自由に決定することができる」と規定し、**内容決定の自由**を明文化している。

そして、522条2項は、「契約の成立には、法令に特別の定めがある場合を除き、書面の作成その他の方式を具備することを要しない」と規定し、**方式の自由**を明文化している。

平成29年改正事項	契約自由の原則の内容の明文化	B3

契約自由の原則には、①契約を締結しまたは締結しない自由(契約締結の自由)、②契約の相手方を選択する自由(相手方選択の自由)、③契約締結の方式の自由(方式の自由)、④契約の内容を決定する自由(内容決定の自由)が含まれ、法令の規定などによる修正を受けることはあるものの、原則としてこれらの自由が認められることについては争いがない。

しかし、改正前民法上はこれらの自由に関する規定はおかれていなかった。

そこで、平成29年改正民法は、これらの自由について明文化することにした(521条、522条2項)。

➡ 部会資料75A・1頁、一問一答216頁

1-4 契約自由の原則の内容の明文化

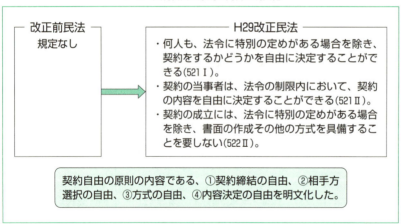

【2】契約自由の原則の制限

以上のように、契約自由の原則が妥当するとしても、現代ではその修正が必要である。すなわち、資本主義が発展した今日の社会においては、富が偏在していることから、契約の自由を形式的に貫くと、かえって企業や裕福な人たちの自由だけを尊重することになって、一般市民の利益が害される。そのため、現代においては、弱者から奪われた実質的自由を回復するために、多くの点で契約自由の原則に修正が加えられるにいたっている。

たとえば、契約締結の自由・相手方選択の自由については、一定の場合には、申込みに対する契約の承諾が強制されている（医師法19条１項、道路運送法13条、鉄道営業法６条、ガス事業法47条１項、２項、水道法15条１項、電気事業法17条１項等）。また、契約内容の自由については、給付すべき目的物の品質についての行政法的規制（ガス事業法138条１項等）だけでなく、合意された契約条項の効力が否定されることもある（借地借家９条、労基13条等）。

> 部会資料75Ａ・１頁、一問一答216頁

平成29年改正事項　契約締結の自由・相手方選択の自由とその制限　B3

当事者は、原則として契約を締結するかどうかを決定する自由を有する（契約締結の自由・相手方選択の自由）。

しかし、当事者の一方が契約の締結を拒絶することができないことが法律上定められている場合がある（医師法19条１項、道路運送法13条、鉄道営業法６条、ガス事業法47条１項、２項、水道法15条１項、電気事業法17条１項など）。また、契約の締結が義務づけられているわけではないものの、契約締結の拒絶が損害賠償義務を発生させ、当事者がその自由を完全に有するとはいえない場合もある。

そこで、平成29年改正民法は、原則として当事者が契約をするかどうかを決定する自由を有することとしつつ、「法令に特別の定めがある場合を除き」という留保を付すこととした（521条１項）。

1-5　契約締結の自由・相手方選択の自由とその制限

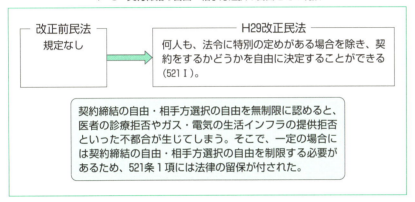

平成29年改正事項　内容決定の自由とその制限　B3

当事者は、原則として、契約の内容を自由に決定することができる（内容決定の自由）。

しかし、どのような内容であっても当事者が合意した以上それが契約内容になるというわけではなく、強行規定に反したり、公序良俗に反する内容の合意をしたりするときは、強行規定に反する部分の効力が否定されたり、契約自体が無効になったりする場合がある。

そこで、平成29年改正民法は、契約内容を決定する自由に対するこのような制約を「法令の制限内において」と表現することとした（521条２項）。

1-6　内容決定の自由とその制限

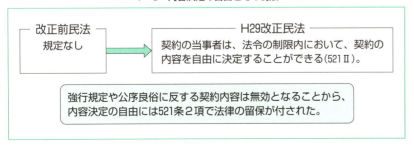

> 部会資料75Ａ・２頁、一問一答216頁

方式の自由の例外である「法令に特別の定めがある場合」としては、諾成的消費貸借（587条の2第1項）、保証契約（446条2項、3項）、定期借地権（借地借家22条）などにおける書面の具備（要式契約）があげられる。また、遺言、法人の設立などの行為については要式行為としており、さらに、婚姻・養子縁組など家族法上の行為は、戸籍上の届出という特別の方式を要するものとしている。

| 平成29年改正事項 | 方式の自由とその制限 | B3 |

　契約の成立には、原則として合意のみが求められ、書面の作成その他の方式を具備することを要しないのが原則である（方式の自由）。
　しかし、法律上、契約が成立するために一定の方式を備えることを要件とする規定があるところ（保証契約に関する446条2項等）、このような場合には、合意のみによってただちに契約が成立するのではなく、契約が成立するためには、法定の方式が具備されることが必要である。
　そこで、平成29年改正民法は、基本的には契約は合意のみによって成立することとしつつ、「法令に特別の定めがある場合」をその例外として定めた（522条2項）。

→ 部会資料75A・1頁、80-3・31頁、一問一答216頁

1-7　方式の自由とその制限

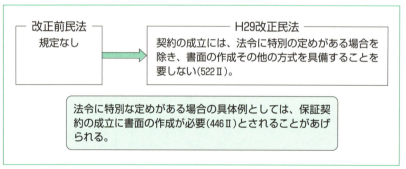

3 契約の拘束力

【1】契約の拘束力の根拠

　「契約（合意）は守られなければならない」、あるいは「契約は守られるべきである」という原則は、法取引における当然の前提となっている。
　このように、契約が人を拘束する根拠は、近代においては、それがみずからの自由意思に基づくものであるからと理解されている。すなわち、私法関係を個人の意思によって自由に規律することができるとする私的自治の原則が、契約の拘束力の根拠といわれている。

← 「契約の拘束力」とは

　もう少し厳密にいうと、私的自治の原則は、みずからの生活関係をみずからの意思により形成した者は、みずからの意思により決定した結果に拘束され、責任を負担しなければならないとの考え方、すなわち自己決定に基づく自己責任の原則（自己決定権、自己責任原則）を派生的に生みだします。そして、こうした考え方は、契約の世界では、当事者はみずからの意思で契約を締結した以上、締結した契約に拘束されるという考え方として現れるのです。
　このように、契約の拘束力の根拠を当事者の合意（意思）に求める立場は、古典的契約理論あるいは合意主義といわれています。契約の拘束力の根拠としては、ほかに、実定法の政策決定に依存するところが大きいとする立場や、関係的契約理論などで説明する立場もありますが、上記のような古典的契約理論をおさえておけば十分でしょう。

→ 潮見・新債権総論Ⅰ85頁

論証カード 一覧

1. 請求を問題とする場合の同時履行の抗弁(B⁺ランク) ... 524
2. 解除の有効性を問題とする場合の同時履行の抗弁(B⁺ランク) ... 524
3. 催告解除──二重の催告の問題(Bランク) ... 525
4. 催告解除──541条本文の「相当の期間」の意義(Bランク) ... 525
5. 545条1項ただし書の「第三者」の意義(直接効果説)(Aランク) ... 526
6. 違約手付と同時に解約手付と認定できるか(B⁺ランク) ... 527
7. 557条1項ただし書の「履行に着手」の意義(Bランク) ... 527
8. 法律上の制限も種類・品質の契約不適合に含まれるか(Bランク) ... 528
9. 借地権付建物売買における敷地の欠陥(Aランク) ... 528
10. 目的物の契約不適合と錯誤の関係(選択可能説)(Bランク) ... 529
11. 敷金関係の承継──賃借人の交替(Aランク) ... 529
12. 他人物賃貸借の法律関係(Aランク) ... 530
13. 継続的契約と541条、542条(Aランク) ... 530
14. 賃借権の無断譲渡・賃貸目的物の無断転貸がなされた場合の解除の可否(Aランク) ... 531
15. 債務不履行に基づく解除の場合に、転借人への催告が必要か(不要説)(Bランク) ... 531
16. 賃借権登記の名義人は賃借人本人でなければならないか(Aランク) ... 532
17. 借家人が死亡し相続人が存在する場合の相続権なき同居人の保護(Bランク) ... 532
18. 請負人が完成させた製作物の所有権の帰属(Aランク) ... 533
19. 仕事の目的物に滅失・損傷が生じたが仕事の完成が可能な場合の処理(Bランク) ... 533
20. 事務管理としてなされた法律行為の効果は本人に帰属するか(B⁺ランク) ... 534
21. 708条の「不法」の意義(Bランク) ... 534
22. 給付者側にも不法性がある場合における708条ただし書による返還請求の可否(Bランク) ... 535
23. 所有権に基づく返還請求権と708条(B⁺ランク) ... 535
24. 騙取金銭による弁済(Aランク) ... 536
25. 転用物訴権(Aランク) ... 536
26. 過失相殺Ⅰ──被害者の責任能力の要否(Aランク) ... 537
27. 過失相殺Ⅱ──被害者側の過失(Aランク) ... 537
28. 被害者の特殊事情(Aランク) ... 538
29. 慰謝料請求権の相続の可否(Aランク) ... 538
30. 被害者が傷害を受けた場合における、その父母等の慰謝料請求の可否(Aランク) ... 539
31. 加害者である未成年者が責任能力を有する場合の監督義務者の責任(Aランク) ... 539
32. 責任無能力者の失火責任(Aランク) ... 540
33. 使用者責任Ⅰ──被用者の職務の範囲(Aランク) ... 540
34. 使用者責任Ⅱ──取引的不法行為で相手方が悪意・重過失の場合(Aランク) ... 541
35. 使用者責任Ⅲ──求償権の制限(Aランク) ... 541
36. 工作物責任と失火責任法(B⁺ランク) ... 542
37. 共同不法行為(Aランク) ... 542
38. 共同不法行為における求償権(B⁺ランク) ... 543

伊藤 真 試験対策講座 4

債権各論

第4版

第1章 契約総論

序. 債権各論の全体像

　本書では、債権各論として、**契約**、**事務管理**、**不当利得**、**不法行為**を検討していく。これらはみな債権発生原因として民法が規定したものである。
　ここでもう1度民法全体の構造を振り返ってみよう。

← 民法の全体構造の復習

　民法は、大きく財産法と家族法とに分けられるが、財産法を民法総則、物権、債権に、家族法は親族、相続に分けることができる。民法総則は家族法にも関わるが、主に財産法で問題になることが多いので、便宜上、財産法に分類しておく。そして、物権は物権変動と物権の各論、各論のなかでは占有権と所有権、用益物権と担保物権が規定されていた。債権は債権総論と債権各論に分かれるが、債権総論では債権の効力、消滅原因、移転や多数当事者という債権全般に共通する項目について検討した。そして、本書は、債権各論として債権の発生原因を分析する。

1-1　民法の全体構造

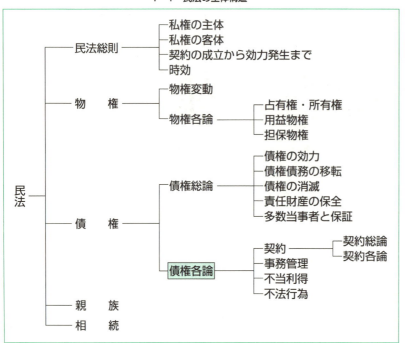

　これから、まず、契約について検討していく。契約は、民法が規定する債権発生原因のうち、もっとも重要なものである。契約について規定している部分を**契約法**というが、この契約法は、すべての契約に共通する問題点を取り上げた**契約総論**と、売買や賃貸借など各種契約の個別の問題点を検討していく**契約各論**とから成り立っている。
　契約総論の部分においては、契約が成立していく場面での問題点、契約が存続

← 契約法の分類

← 契約総論のポイント

【2】事情変更の原則

(1) 意義

私的自治の原則を尊重すると、「契約は守られなければならない」ことが原則となる。しかし、契約の締結後に、その基礎となった事情が当事者の予見しえなかった事実(たとえば、法令の改廃、インフレ・デフレによる経済状況の変化)の発生によって変更し、したがって当初の契約内容を維持することが当事者にとって苛酷となる場合がある。

← 「事情変更の原則」とは

> たとえば、AがBに対し100万円を貸して、弁済期が10年後であるとしましょう。その後、インフレが急速に進行し、10年前の100万円が、1万円ほどの価値しかなくなったとしましょう。このような場合に、BがAに対し100万円をそのまま返済したとしたら不公平であり、Aにとって苛酷といってよいでしょう。

そこで、中世教会法(ローマ・カノン法)以降、すべての契約には「その基礎となる事情が変わらないかぎり効力を存続する」という黙示の条項が含まれ、その結果、事情が変更すれば契約の拘束力は失われると解されてきた。

このように、契約締結後、その基礎となった事情の当事者の予見しえない変更のために、当初の約束に当事者を拘束することがきわめて苛酷になった場合に、契約の解除または改訂が認められるという法理を、**事情変更の原則**または**事情変更の法理**という。

この事情変更の原則は、1920年代のドイツにおいて激しいインフレに見舞われたことから、裁判所が契約の価格を改訂するために唱えられた「行為基礎の喪失」理論を採用したものであって、日本においてもこれを受けて、大審院は、土地の売買契約成立後、その履行期前に統制令(宅地建物等価格統制令)が施行されて売買価格につき認可を要するにいたった場合に、長期間その履行を延期せざるをえない「不安定ナル契約」から免れられないというのは、「信義ノ原則ニ反スルモノ」であり、当事者は契約を解除することができると判示した(その後の判例については、(2)要件のなかで触れることにする)。

→ 大判昭和19年12月6日民集23巻613頁

なお、特別法で事情変更の原則を取り入れたものとして、一定の場合に地代・借賃増減請求権を認めた借地借家法11条、32条があげられる。これは、かつての判例の処理を立法的に解決したものである。

> 事情変更の法理に関しては、平成29年改正過程において採否が検討されましたが、事情変更の法理の効果を解除権に限定したとしても、規定を設けることについては裁判外において紛争を惹起しかねないとの意見が強かったこと、他方で、そのような懸念を条文の文言上払拭することについて検討を重ねたものの、技術的に困難を伴うものであり、かつ、これを制限的なものにしすぎると、かえって判例法理よりも厳格なルールになるとして、取り上げないことになりました。

→ 部会資料82-2・9頁

(2) 要件

通説は、事情変更の原則が認められるためには、以下の要件が必要であると解している。判例も、一貫して、これらの要件を暗黙の前提としているといわれている。

→ 新版注民(13)72頁[五十嵐]
→ 百選Ⅱ82頁[小粥]

(a)	契約の成立当時その基礎となっていた事情が変更すること
(b)	事情の変更は、当事者の予見したもの、または予見できなかったものでないこと
(c)	事情の変更が当事者の責めに帰することができない事由によって生じたこと
(d)	事情変更の結果、当初の契約内容に当事者を拘束することが信義則上著しく不当と認められること

(a) **契約の成立当時その基礎となっていた事情が変更すること**

契約の成立当時に、契約の基礎となっていた事情が変更することが必要である。戦争の勃発や極端なインフレ、契約の効力を規制する法令の公布・施行などである。前述した統制令施行の判例があげられる。

また、事情が客観的に変更することが必要であり、個人的事情の変更では足りない。判例も「事情の変更は客観的に観察せられなければならない」としている。

→ 大判昭和19年12月6日（前出）

→ 最判昭和29年2月12日民集8巻2号448頁

(b) **事情の変更は、当事者の予見したもの、または予見できたものでないこと**

当事者が事情の変更を予見することができなかったことが必要である（判例）。

→ 最判昭和29年1月28日民集8巻1号234頁

(c) **事情変更が当事者の責めに帰することができない事由によって生じたこと**

事情の変更が当事者の責めに帰することのできない事由によって生じたことが必要である。したがって、このような観点からすると、債務者の履行遅滞中にインフレ等によって事情の変更があっても解除は許されないことになる（判例）。

→ 最判昭和26年2月6日民集5巻3号36頁

(d) **事情変更の結果、当初の契約内容に当事者を拘束することが信義則上著しく不当と認められること**

事情変更の結果、当初の契約内容に当事者を拘束することが信義則上著しく不当と認められることが必要である（判例）。

→ 最判昭和29年2月12日（前出）

★**重要判例**（最判平成9年7月1日〔百選Ⅱ40事件〕）

「事情変更の原則を適用するためには、契約締結後の事情の変更が、当事者にとって予見することができず、かつ、当事者の責めに帰することのできない事由によって生じたものであることが必要であり、かつ、右の予見可能性や帰責事由の存否は、契約上の地位の譲渡があった場合においても、契約締結当時の契約当事者についてこれを判断すべきである。したがって、Bにとっての予見可能性について説示したのみで、契約締結当時の契約当事者であるAの予見可能性及び帰責事由について何ら検討を加えることのないまま本件に事情変更の原則を適用すべきものとした原審の判断は、既にこの点において、是認することができない。」

「さらに進んで検討するのに、一般に、事情変更の原則の適用に関していえば、自然の地形を変更しゴルフ場を造成するゴルフ場経営会社は、特段の事情のない限り、ゴルフ場ののり面に崩壊が生じ得ることについて予見不可能であったとはいえず、また、これについて帰責事由がなかったということもできない。けだし、自然の地形に手を加えて建設されたかかる施設は、自然現象によるものであると人為的原因によるものであるとを問わず、将来にわたり災害の生ずる可能性を否定することはできず、これらの危険に対して防災措置を講ずべき必要の生ずることも全く予見し得ない事柄とはいえないからである。

本件についてこれをみるのに、原審の適法に確定した前記二の事実関係によれば、本件ゴルフ場は自然の地形を変更して造成されたものであり、Aがこのことを認識していたことは明らかであるところ、同社に右特段の事情が存在したことの主張立証もない本件においては、事情変更の原則の適用に当たっては、同社が本件ゴルフ場におけるのり面の崩壊の発生について予見不可能であったとはいえず、また、帰責事由がなかったということもできない。そうすると、本件改良工事及びこれに要した費用130億円が必要最小限度のやむを得ないものであったか否か並びにAに対して本件改良工事の費用負担を求めることが

事実上不可能か否かについて判断するまでもなく、事情変更の原則を本件に適用することはできないといわなければならない」。
【争点】①事情変更の原則と契約締結時の当事者の予見可能性および帰責事由の要否。
　　　　②ゴルフクラブ入会契約締結後のゴルフ場ののり面の崩壊という事情の変更とゴルフ場経営会社の予見可能性および帰責事由の存否。
【結論】①事情変更の原則を適用するためには、契約締結後の事情の変更が、契約締結時の当事者にとって予見することができず、かつ、当事者の責めに帰することのできない事由によって生じたものであることが必要である。
　　　　②自然の地形を変更してゴルフ場を造成したゴルフ場経営会社は、ゴルフクラブ入会契約締結後にゴルフ場ののり面が崩壊したとしても、事情変更の原則の適用に関しては、特段の事情のないかぎり、崩壊について予見不可能であったとはいえず、また、これについて帰責事由がなかったということもできない。

(3) 効果

　事情変更の原則の効果は、契約の解除と改訂（契約改訂）とされる。契約の解除については、後に詳しく説明する。

→ 4節①【1】

　従来は、改訂については、第三者または当事者の一方による契約内容の改訂が両当事者を拘束する根拠を容易に見いだせないという問題があるとして、解除を第1、改訂を第2の効果と解していたが、現在の通説は、改訂を第1、解除を第2の効果と解している。なぜなら、契約をいったん締結したからには、内容を修正してでも契約の目的を実現すること（改訂）を第1に考えるべきだからである。要するに、契約の維持あるいは尊重を重視すべきということである。これに対して、契約の解除は契約の否定であるから安易に認められるべきではないが、事案によっては解除を求めることもできると解してよいとして、契約の解除と改訂には優先関係はなく、当事者の選択によるべきであるとする見解もある。

→ 百選Ⅱ83頁[小粥]

→ 中舎・債権法81頁

　契約内容の改訂は、売買代金の増額あるいは減額請求などである。また、前述のように、改訂を第1、解除を第2の効果と解するのであるから、契約の解除は、契約内容の改訂の可能性がない場合にはじめて認められるものと解すべきである。

> 事情変更の原則の効果として、再交渉をあげる見解もあります。当事者間でまずなされるべきは、再交渉による契約内容の自主的変更であるとし、当事者に再交渉の申出権があり、相手方に再交渉に応じる義務があるというのです。ただし、現行法には再交渉に関する規定がない以上、これを民事訴訟の手続上どのように処理したらよいかが明確ではなく、実際には多くの場合に、当事者が裁判所で契約の解除と改訂を主張するにとどまっていると指摘されているところです。

→ 中舎・債権法80頁

第1章……契約総論

2. 契約の成立

　民法総則で学習したように、契約によって債権債務が有効に発生するためには、成立要件、有効要件、効果帰属要件および効力発生要件をみたさなければならないが、この成立要件の段階において、契約の成立が問題となる。
　以下、契約成立の要件から検討していくことにする。

1 序説

【1】契約成立の要件

(1) 要件

　契約は、原則として、AがBに対し「甲車を100万円で売ろう」と言い（**申込み**）、BがAに対し「甲車を100万円で買おう」と言って（**承諾**）、A・B間の**意思表示の合致**によって成立する（**諾成契約**、522条1項）。この意思表示の合致は、通常、Aが「買ってくれないか」と申し出たのに対し、Bが「買いましょう」と返答するという形式で行われ、先の申出（契約の内容を示してその契約を申し入れる意思表示）が**申込み**であり、後の返答が**承諾**である（その他の態様については【2】で触れる）。

　そして、契約が成立するためには、「売ろう」「買おう」というような相対立する意思表示が存在し、この意思表示が「甲車を100万円で売買する」というように、**契約の客観的な内容において一致（客観的合致）**するとともに、**相手方の意思表示と結合して契約を成立させようとしているとみられること（主観的合致）**が要件となる。

　諾成契約の場合には、以上の要件を具備するだけで契約が成立するが（522条1項）、要物契約や要式契約などの場合には、以上の要件のほかに特別の要件（物の交付、契約書など）が必要となる（522条2項参照）。詳しくは、前節で触れた。

　なお、契約に際して契約書が作成される場合が多いが、契約書は、要式契約（諾成的消費貸借、保証契約など）を除いて、契約の成立とその内容を証拠づけるだけであり、契約の成立そのものの要件ではないことに注意してほしい。

(2) 不合致と錯誤

　AがBに対し「甲車」を100万円で売ろうと言い、BがAに対し「乙車」を100万円で買おうと言っても、この両者には、契約の客観的な内容における一致（客観的合致）を欠くから、合意がない。このような不合意（不合致）には、当事者が知っている**意識的不合意**と、Aが「甲車」と言ったのを、Bが「乙車」と誤解して一致しない表示をした場合のように、当事者の一方または双方が不合致を自覚しない**無意識的不合意**とに分けられるが、いずれの場合であっても契約は成立しない。

　問題は、Aが「甲車」と言ったのを、Bが「乙車」と誤解しながらも、単に「その車」を買おうと言った場合に、合意があったといえるか否かである。この点につ

← 「契約の成立」とは

→ 1節1【2】(4)、(5)

いて、判例は、合意の成立には**当事者が内心に有していた真意が合致することが必要であるとの立場**(意思合致説)から、この場合には、合意はなく契約は不成立とみる。これに対して、通説は、**合意は双方の表示行為の客観的な意味内容が合致することによって成立するとの立場**(意思表示合致説)から、この場合には、客観的合致があり契約は成立するとし、ただ、客観的に合致した内容と表意者の真意との間に食い違いがある場合には、錯誤(95条)の問題で処理する。

→ 大判昭和19年6月28日（百選Ⅰ18事件）

【2】契約成立の態様

(1) 申込みと承諾による契約の成立

契約は、「売ろう」「買おう」という意思表示の合致によって成立するが、この合致は、前述したように、通常、Aが「買ってくれないか」と申し出た(**申込み**)のに対し、Bが「買いましょう」と返答する(**承諾**)という形式で行われる。

← 「申込みと承諾による契約の成立」とは

このように、普通は、申込みと承諾の合致によって契約が成立する。そのため、民法は、「契約は、契約の内容を示してその締結を申し入れる意思表示(以下「申込み」という。)に対して相手方が承諾をしたときに成立する」と規定している(522条1項)。また、民法は、この申込みと承諾の形式で契約が成立する場合について、後述するように詳細な規定を設けている(2で詳しく説明する)。

← 平成29年改正

| 平成29年改正事項 | 申込みと承諾 | B3 |

民法には、隔地者間における意思表示が遅着したり到達しなかったりした場合や、意思表示の発信後到達までに一定の事由が生じた場合の扱いなど、申込みと承諾に関してイレギュラーな事態が生じた場合の取扱いが詳細に定められている(523条から528条まで)。他方で、申込みと承諾によって契約が成立するという原則については、これまで規定がなかった。

そこで、平成29年改正民法は、契約の成立に関する基本的な原則を明らかにするため、申込みと承諾によって契約が成立することを明文化した(522条1項)。

なお、522条1項は、どの時点で契約が成立したかまでを規律するものではない。

→ 部会資料67A・43頁

→ 部会資料81-3・6頁、一問一答214頁

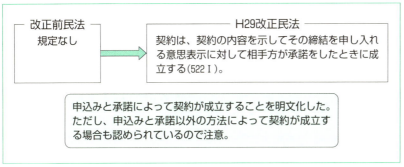

1-8 申込みと承諾

民法は、契約の成立を申込みと承諾による場合にかぎっているわけではなく、次のような契約の成立の態様もある。

(2) 交叉申込みによる契約の成立

交叉申込みとは、契約の当事者が互いに偶然に申込みをなし、双方の申込みの内容が合致する現象をいう。たとえば、AがBに対し「甲車を100万円で買わないか」と申し出たところ、Bもまた、この申出を知らずに、Aに対し「甲車を100万円で売らないか」と申し出た場合には、AあるいはBの申出は、申込みの性質

← 「交叉申込みによる契約の成立」とは

をもつ意思表示であって、いずれか一方を承諾とみることはできない。こうした現象を、交叉申込みというのである。

契約の成立には申込みと承諾という本質的に異なる意思表示の合致による必要があると考えれば、交叉申込みによる契約の成立は認められないことになるが、契約の成立は相対立する当事者の2個の意思表示の合致によるとの通説の立場(意思表示合致説)からすれば、交叉申込みの場合であっても、意思表示の客観的合致があるのみならず、当事者は契約を締結することを欲していることから主観的合致もあり、契約の成立が認められることになる。

この場合の契約は、後からの申込みが到達した時に成立する(97条1項参照)。

(3) 意思実現による契約の成立(527条)

申込者の意思表示または取引上の慣習により承諾の通知を必要としない場合には、契約は、承諾の意思表示と認めるべき事実があった時に成立する(527条)。いわゆる**意思実現による契約の成立**である。

←「意思実現による契約の成立」とは

承諾そのものがされなくても、契約の成立を認める趣旨である。たとえば、申込みとともに送付されてきた物品(いわゆる現実申込み)を処分(使用・消費等)した場合や、客から客室のリザーブの申込みを受けたホテルがそれに従って特定の客室を準備した場合などには、承諾と認めるべき事実があったとみて、その処分や準備の時に契約の成立が認められる。

この場合の契約は、「承諾の意思表示と認めるべき事実があった時」に成立する。

2 申込みと承諾による契約の成立

【1】申込み

(1) 意義

申込みとは、契約の内容を示してその締結を申し入れる意思表示をいう(522条1項)。たとえば、AがBに対し「甲車を100万円で買ってくれないか」と申し出ることである。申込みは相手方に到達した時からその効力を生ずる(97条1項)。この申込みに対して相手方が承諾したときに、契約が成立する(522条1項)。

←「申込み」とは

(2) 申込みと申込みの誘引の区別

申込みの前の段階に、**申込みの誘引**がある。たとえば、ショーウインドーに商品を陳列したり、不動産売買の新聞折込み広告をしたりするなど、客に申込みを促すための行為である。これは、相手方に申込みをさせようとする**意思の通知**であり、相手方がそれに応じて申込み、申込みの誘引をした者が更に承諾してはじめて契約が成立する。

←「申込みの誘引」とは

→ 部会資料67A・43頁、一問一答214頁

| 平成29年改正事項 | 申込みの定義 | B3 |

民法には、どのような行為が申込みであるかについての規定がなかった。

しかし、ある当事者間で契約が成立したかが問題となる場面で、その前提となる一方当事者の意思表示が申込みであったか、申込みの誘引であったかが争点になる場合が生じていた。たとえば、自動販売機やインターネットのショッピングサイトによる売買は、立法当時には想定されていなかったものであるが、このような売買においてトラブルが生じて取引が中断されたような場合や、そもそもの商品や価格の表示に誤りがあった場合に、自動販売機を設置する行為や、ショッピングサイトへ商品等を表示する行為が申込みであったか申込みの誘引にすぎな

→ 大阪地判平成15年7月30日
金判1181号36頁
→ 東京地判平成17年9月2日
判時1922号105頁

かったかによって契約の成否の判断が異なる。しかし、ある行為が申込みであるか申込みの誘引であるかの手掛かりとなる規律が民法にないため、予測可能性を欠く状況にあった。

そこで、平成29年改正民法は、申込みにあたるか申込みの誘引にあたるかの解釈の指針として、申込みは契約の締結を申し入れる意思表示であることを定めた（522条1項）。

すなわち、申込みの誘引は、相手方の申込みを促す事実行為であって、申込みの誘引をする者は相手方の申込みがあった後に改めて契約を締結するかどうかを判断することを予定している。これに対して、申込みは、契約の締結を申し入れる意思表示であって、承諾があれば契約が成立することとなる。平成29年改正民法は、このような違いに着目して申込みの定義を表すものである。

1-9 申込みの定義

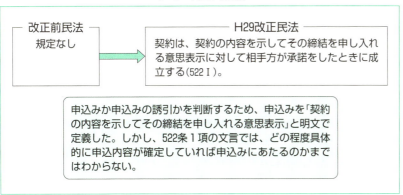

前述したように、平成29年改正民法は、申込みと申込みの誘引の違いに着目して申込みの定義をしたが、どの程度内容が確定していれば申込みであると評価できるかについては、なお解釈に委ねられている。

→ 部会資料67A・43頁、81-3・6頁

(3) 申込みをめぐる問題

(a) 承諾の期間の定めのある申込み

承諾の期間を定めてした申込みは、撤回することができない（523条1項本文）。申込みという一方的意思表示に対し拘束力（撤回の禁止）を与えているのである。これを**申込みの拘束力**（形式的効力）という。この趣旨は、承諾期間中は申込みを撤回されないということを前提に承諾の可否の判断に向けた調査や準備を行う被申込者が、損失を被ることを防ぐことにある。

← 「承諾の期間の定めのある申込み」について

ただし、申込者が撤回する権利を留保したときは、撤回することができる（523条1項ただし書）。

← 平成29年改正

平成29年改正事項　承諾期間の定めのある申込み　B2

改正前民法521条1項は、申込者が承諾期間を定めていたが、申込みを撤回することを留保していた場合に撤回が可能であるかを定めていなかった。また、同項が任意規定であれば、91条を根拠として当事者の意思が優先するとも考えられるが、申込み自体は法律行為ではないため、少なくとも形式的には同条は適用されない。そのため、申込みの撤回を留保した場合の撤回の可否が、民法上明らかではなかった。

しかし、改正前民法521条1項（現523条1項本文）の趣旨は、承諾期間中は申込みを撤回されないということを前提に承諾の可否の判断に向けた調査や準備を行う被申込者が損失を被ることを防ぐことにある。そうだとすると、承諾期間中であっても申込みが撤回される可能性があることがあらかじめ表示されていれば、撤回があっても相手方に不当な損害を及ぼすとはいえない。

そこで、平成29年改正民法は、承諾期間の定めがある場合であっても、申込者が撤回権を留

→ 部会資料67A・45頁、83-2・35頁、一問一答214頁

保した場合の例外を明記した(523条1項ただし書)。

1-10 承諾期間の定めのある申込み

```
┌─ 改正前民法 ─────────┐      ┌─ H29改正民法 ──────────┐
│ 521条1項は、申込者が承諾  │      │ 承諾の期間を定めてした申込み │
│ 期間を定めていたが、申込み │  ➡  │ は、撤回することができない。た │
│ を撤回することを留保してい │      │ だし、申込者が撤回をする権利を │
│ た場合に、撤回が可能である │      │ 留保したときは、このかぎりでな │
│ かを定めていなかった。   │      │ い(523Ⅰ)。           │
└──────────────────┘      └────────────────────┘
```

┌──┐
│ 承諾期間中であっても申込みが撤回される可能性がある │
│ ことがあらかじめ表示されていれば、撤回があっても相 │
│ 手方に不当な損害を及ぼすとはいえないため、申込者が │
│ 撤回権を留保した場合の例外を明記した。   │
└──┘

　申込者が上記の申込みに対して承諾期間内に承諾の通知を受けなかったときは、その申込みは、その効力を失う(523条2項)。このように、承諾を受けて契約を成立させる申込みの効力を**申込みの承諾適格**(実質的効力)という。

　承諾は、申込みの承諾適格がある間になさなければ、契約を成立させることができない。そのため、申込みの承諾適格の存続期間は、承諾をなしうる期間と同一に帰する。そして、承諾の期間の定めのある申込みは、その期間が承諾適格の存続期間となる。したがって、期間内にあるかぎり、承諾をすることができるが、それは期間内に到達しなければならないのである(523条2項)。

(b) **承諾の期間の定めのない申込み**

(i) 原則

　承諾の期間を定めないでした申込みは、申込者が承諾の通知を受けるのに相当な期間を経過するまでは、撤回することができない(**申込みの拘束力**、525条1項本文)。ただし、申込者が撤回をする権利を留保したときは、撤回することができる(525条1項ただし書)。

← 平成29年改正
←「承諾の期間を定めないでした申込み」について

| 平成29年改正事項 | 承諾の期間の定めのない申込み | B3 |

➡ 部会資料67A・46頁、一問一答214頁

　改正前民法524条は、申込みの撤回をすることができない期間(申込みの拘束力の存続期間)を定めていた。この趣旨は改正前民法521条1項と同様であり、申込みを受けた者が承諾をするまでには調査や一定の準備をすることが往々にしてあるため、突然に申込みを撤回されることで被申込者が損失を被ることを防ぐことにあった。この規定の対象は隔地者に対する申込みに限定されていたため、対話者に対して期間の定めのない申込みがされた場合の撤回の可否が明らかでなかった。また、申込者が反対の意思を表示していた場合に、撤回が可能かどうかについても民法に規定がなかった。申込みは法律行為ではないので、少なくとも形式的には91条の適用はない。そのため、申込者が同項と反対の意思を表示した場合の扱いを明示する必要がある。

　そして、改正前民法524条の趣旨にかんがみると、相手方に承諾の可否を判断するための時間的猶予が与えられた場合に、諾否を決するために準備を開始した申込みの相手方の扱いは、申込み自体が隔地者間でされたか否かで異ならないと考えられる。そこで、平成29年改正民法は、改正前民法524条の適用対象を隔地者に限定しないこととし、同条の「隔地者」という文言を削除することとした(525条1項本文)。

　また、改正前民法524条の趣旨からは、あらかじめ反対の意思が表示されているのであれば、

撤回があっても相手方に不当な損害を及ぼすことはなく、撤回を認めてよいと考えられる。そこで、平成29年改正民法は、承諾期間の定めがある場合であっても、申込者が撤回権を留保した場合には撤回が可能であるという点を明らかにするため、その旨のただし書を加えることとした（525条1項ただし書）。

1-11　承諾の期間の定めのない申込み

改正前民法	H29改正民法
承諾の期間を定めないで隔地者に対してした申込みは、申込者が承諾の通知を受けるのに相当な期間を経過するまでは、撤回することができない（524）。	承諾の期間を定めないでした申込みは、申込者が承諾の通知を受けるのに相当な期間を経過するまでは、撤回することができない。ただし、申込者が撤回する権利を留保したときは、このかぎりではない（525Ⅰ）。

523条1項と同様の趣旨で、承諾の相当期間内に撤回権の留保が認められることを明文化した。承諾の期間の定めのない申込みの拘束力は、承諾の相当期間が経過すれば消滅するものの、承諾適格はそこから更に相当期間が経過しないと消滅しないと解されている。

なお、承諾を受けるのに相当な期間を経過した後は申込みの拘束力はなくなる、すなわち申込みを撤回することができるものの、申込みの承諾適格は存続する。それでは、承諾期間の定めのない申込みに対しては、その撤回がないかぎり、永久に承諾ができるのであろうか。この点について、改正前民法下の通説は、取引慣行および信義則からみて、撤回しうる時から更に相当期間経過後に申込みの承諾適格も消滅（失効）するとしており（商508条1項参照）、この点は平成29年改正民法のもとでも維持されるといわれている。

→ 潮見・改正法218頁

1-12

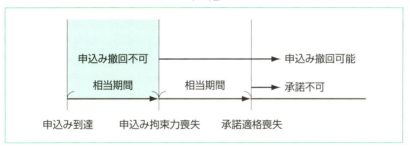

(ⅱ) 対話者間の場合の特則

対話者に対して承諾の期間を定めないでした申込みは、525条1項の規定にかかわらず、その対話が継続している間は、いつでも撤回することができる（525条2項）。

← 平成29年改正

平成29年改正事項　対話者間における承諾期間の定めのない申込みの撤回　B3

承諾期間の定めがない申込みについては、対話者間に関する規定が改正前民法になかったが、改正前民法524条（525条1項）を適用すると、申込みの撤回はできないことになる。
しかし、対話継続中は、申込者が相手方の反応を察知して新たな内容の提案をすることが予

→ 部会資料67A・47頁、一問一答217頁

1-2　契約の成立　019

定されることや、そもそも対話が継続する期間にも限度があることから、対話が継続する間に相手方が準備を進めるとは考えにくく、撤回によって相手方に不当な損害が生ずることはほとんどないと考えられる。申込みの撤回が制限される趣旨が、申込みを受けた相手方は諾否を決するために準備をするのが通常であることから、そのような相手方に不測の損害が生じないようにするためであることをふまえると、対話継続中であれば撤回を自由に認めるのが適当である。そのため、対話者間の申込みがあった場合の対話継続中の撤回について規定を整備する必要がある。

そこで、平成29年改正民法は、対話者間における承諾期間の定めのない申込みがあった場合において、その対話が継続している間は、申込みをいつでも撤回することができると規定した（525条2項）。

1-13 対話者間における承諾期間の定めのない申込みの撤回

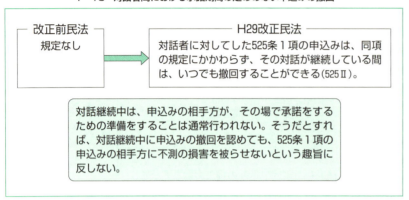

また、対話者に対してした承諾の期間を定めないでした申込みに対して、対話が継続している間に申込者が承諾の通知を受けなかったときは、申込みは、効力を失う（525条3項本文）。ただし、申込者が対話の終了後も申込みが効力を失わない旨を表示したときは、申込みの効力は失われない（525条3項ただし書）。

← 平成29年改正

平成29年改正事項　対話者間における承諾期間の定めのない申込みの承諾適格　B3

承諾期間の定めがない申込みが対話者間でされた場合の申込みの承諾適格の存続期間については、改正前民法に規定がなかった。この期間については、改正前商法507条と同様に解釈して、承諾されないかぎり対話が終了するとともに申込みの効力（承諾適格）が失われると考えるのが一般的であった。判例にも、対話者間で承諾期間の定めがない申込みがされた場合には、ただちに承諾をすべきであるとするものがあった。

しかし、このような解釈は、改正前民法の規定からは明らかでないことから、承諾適格の存続期間を明文で定める必要があった。すなわち、改正前商法507条は、対話者間で申込みがされた場合にはその場で即答することが求められるのが通常であることをふまえ、相手方がただちに承諾をしなければ原則として承諾適格が失われると定めていた。この規定は、そもそもは商取引の迅速性の要請に基づく特則であるとされていたが、対話者間における申込者の通常の意思をふまえれば、後日改めて諾否の返事をするといったような特段の事情がないかぎりは、民法上の契約であってもその対話の終了によって申込みは承諾適格を失うと考えられていた。また、この場合において、同条にいう「直ちに」とは対話者関係の継続する間であることを意味していると考えられている。

そこで、平成29年改正民法は、対話者間で承諾期間の定めがない申込みがされた場合には、対話が継続している間に承諾しなければ申込みの効力が失われるとしたうえで、申込者が対話の終了後もその申込みの効力が失われない旨を表示した場合の例外を明記した（525条3項）。

なお、525条の新設に伴い、改正前商法507条（対話者間における契約の申込み）の規定は削除される。

→ 部会資料67A・48頁、一問一答217頁

→ 大判明治39年11月2日民録12輯1413頁

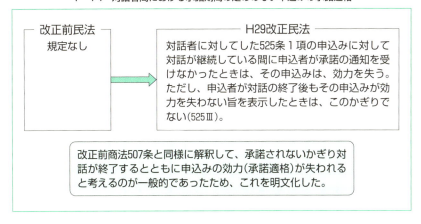

1-14 対話者間における承諾期間の定めのない申込みの承諾適格

申込みの撤回の可否と失効

	一般の意思表示 （承諾を含む）		申込み
撤回	到達後不可	承諾期間の定めあり	原則：不可（523Ⅰ本文） 例外：撤回権留保で可（523Ⅰただし書）
		承諾期間の定めなし	【隔地者間】 相当期間経過後可（525Ⅰ） 【対話者間】 対話中可（525Ⅱ）
失効	不到達で失効	承諾期間の定めあり	承諾期間内に承諾不到達で失効（523Ⅱ）
		承諾期間の定めなし	【隔地者間】 撤回しうる時から更に相当期間経過後に失効（通説） 【対話者間】 原則：対話終了で失効（525Ⅲ本文） 例外：効力を失わない旨表示で失効しない（525Ⅲただし書）

(c) 申込者の死亡等

申込みをした後、申込者が死亡したり、意思能力を有しない常況にある者となったり、行為能力の制限を受けたりした場合には、意思表示の一般原則によれば、表意者が通知を発した後にそのようなことがあっても、意思表示の効力は失われない（97条3項）。しかし、526条は、その例外を設けた。

すなわち、申込者が申込みの通知を発した後に①死亡し、②意思能力を有しない常況にある者となり、または③行為能力の制限を受けた場合に、**申込者がその事実が生じたとすればその申込みは効力を有しない旨の意思を表示していたとき、またはその相手方が承諾の通知を発するまでにその事実が生じたことを知ったときは、その申込みは、その効力を有しない**（526条）。

← 平成29年改正

死亡等の事由が生じた場合の申込みの効力

	一般の意思表示 （承諾を含む）	申込み
死亡・能力喪失等	効力は失われない（97Ⅲ）	(ⅰ)申込者がその事実が生じたとすればその申込みは効力を有しない旨の意思を表示していたとき (ⅱ)相手方が承諾の通知を発するまでにその事実が生じたことを知ったとき →(ⅰ)(ⅱ)のいずれかにあたる場合は、効力を失う（526）

1-2 契約の成立 021

| 平成29年改正事項 | 申込者の死亡等 | B3 |

→ 部会資料67A・49頁、一問一答219頁

改正前民法97条2項は、「隔地者に対する意思表示は、表意者が通知を発した後に死亡し、又は行為能力を喪失したときであっても、そのためにその効力を妨げられない」と規定し、改正前民法525条は、「第97条第2項の規定は、申込者が反対の意思を表示した場合又はその相手方が申込者の死亡若しくは行為能力の喪失の事実を知っていた場合には、適用しない」と規定していた。

(1) 改正事項1——意思能力を喪失した場合の追加

改正前民法525条は、申込者が、申込みの発信後に自分自身が死亡した場合や行為能力を喪失した場合等にそのまま契約の成立を求めるとは考えられないことにかんがみて、一定の場合に申込みの効力を否定するものであるところ、判断能力を欠く状態であるという点では意思能力を喪失した場合も行為能力を喪失した場合と同様であるから、この趣旨をふまえて特に区別する理由がないのであれば、意思能力を喪失した場合についても525条の対象とすべきである。ただし、酩酊状態になった場合など一時的な意思能力の喪失状態を排除するため、意思能力が喪失した常況にあることを要する。

そこで、平成29年改正民法は、申込者が「意思能力を有しない常況にある者」となった場合を付加することとした（526条）。

(2) 改正事項2——行為能力の喪失から行為能力の制限への変更

申込みにかかる契約についての判断能力を欠くという点では申込者にとって行為能力が喪失したか制限されたかは違いがなく、行為能力が制限される類型の契約に関する申込みについては525条の趣旨があてはまると考えられる。

そこで、平成29年改正民法は、「行為能力の喪失」の文言を「行為能力の制限」に改めることとした（526条）。

(3) 改正事項3——申込者の死亡等の事由の時期

改正前民法525条の規定は、承諾者に申込みの到達後、承諾の発信までに生じた死亡等にも適用されることとしていた。

しかし、同条の趣旨を申込者が死亡した場合等における契約の帰すうに関する申込者の通常の意思に求めるのであれば、死亡等の事由が申込みの到達までに生じたか到達後に生じたかによって扱いが異なることは適切ではない。また、申込みは、相手方に到達するのみでは法律効果を発生させない暫定的・経過的な意思表示にすぎず、申込みを受けた者が申込者の死亡等の事実を知っているのであれば、申込みが到達した後に申込みの効力を否定しても影響が少ないと考えられる。そこで、平成29年改正民法は、申込みの到達後、承諾の通知の発信までの間の死亡等にも適用することとして、「申込みの通知を発した後」の死亡等の事由に適用を広げた。

ただし、契約が成立すると信頼した相手方の利益を害しないように、平成29年改正民法は、申込者の死亡等についての相手方の認識の時点を「相手方が承諾の通知を発するまでにその事実が生じたことを知ったとき」と明記した（526条）。

(4) 改正事項4——効果の明記

改正前民法525条の要件に該当した場合の効果については、改正前民法97条2項を適用しないこととされていた。

しかし、前述したように、平成29年改正民法は、525条を申込みの到達後、承諾の通知の発信までの間の死亡等にも適用することとしており、この場合には意思表示の発信から到達までの間の死亡等を問題とする改正前民法97条2項とは適用範囲が異なることになる。そのため、525条の適用対象をこのように定める場合には、効果について97条2項を適用しないと定めることは適当でない。そして、その効果としては、申込者が死亡した場合には申込みの効力が失われ、行為能力が制限された場合には取り消しうるものになるという考え方もあるが、申込みの発信後に申込者が死亡した場合等にそのまま契約を成立させることが申込者の通常の意思に反するという同条の趣旨や、申込みがあるだけでは法律効果が生じていない暫定的・経過的な状態であることをふまえると、同条の効果としては、申込みを取り消される可能性があるという不安定な状態にするのではなく、その効力を否定するのが適切である。

そこで、平成29年改正民法は、効果として「その効力を有しない」と明記した（526条）。

(5) 改正事項5——「反対の意思」の具体的書き下し

526条の効果を改正前民法97条2項から離れて規定する場合には、改正前民法525条にいう

「申込者が反対の意思を表示した場合」の意味が明らかでなくなる。そのため、その意味するところを具体的に表す必要がある。

そこで、平成29年改正民法は、「反対の意思」の内容を、「申込者がその事実が生じたとすればその申込みは効力を有しない旨の意思を表示していたとき」と具体的に書き下した（526条）。

(6) 改正事項6——隔地者に対する申込みに限定しない

改正前民法525条は、隔地者に対する意思表示を対象とする改正前民法97条2項を受けた規定であって、同様に隔地者に対する申込みを規律している。

しかし、同条の趣旨をふまえれば、対話者に対する申込みについても適用を否定するべきではないと考えられる。たとえば、申込者が対話者に対して申込みをした直後、承諾をする間もなく死亡した場合などについては、隔地者における申込みの扱いと異なる扱いをする合理的理由はない。

そこで、平成29年改正民法は、隔地者に対する申込みに限定しないこととした（526条）。

1-15　申込者の死亡等

改正前民法	H29改正民法
97条2項の規定は、申込者が反対の意思を表示した場合またはその相手方が申込者の死亡もしくは行為能力の喪失の事実を知っていた場合には、適用しない(525)。	申込者が申込みの通知を発した後に死亡し、意思能力を有しない常況にある者となり、または行為能力の制限を受けた場合において、申込者がその事実が生じたとすればその申込みは効力を有しない旨の意思を表示していたとき、またはその相手方が承諾の通知を発するまでにその事実が生じたことを知ったときは、その申込みは、その効力を有しない(526)

平成29年改正民法のもとでは、相手方が申込者の死亡等を知る時的限界は承諾の通知を発するまでとなるため、97条3項の相手方が申込者の死亡等を知る時的限界である申込みを発してから相手方に到達するまでとは整合しなくなる。

【2】承諾

(1) 意義

承諾とは、申込みを受けてこれに同意することにより契約を成立させる意思表示をいう。たとえば、AがBに対し「甲車を100万円で買ってくれないか」と申し込んだのに対して、BがAに対し「買いましょう」と応諾することを承諾といい、これによって契約は成立する。

承諾は、契約を成立させる意思表示をもって、申込受領者から申込者に対してなされる必要がある（**主観的合致**）。また、承諾の内容は、申込みの内容と一致することを要する（**客観的合致**）。

←「承諾」とは

(2) 承諾をめぐる問題

(a) 遅延した承諾の効力

前述したように、承諾は、申込みが効力を有する期間内、すなわち申込みの承諾適格の存続中になされることが必要である。したがって、承諾が遅延すると、契約は成立しないのが原則である。しかし、民法は取引の敏活のため、申込者は、遅延した承諾を新たな申込みとみなすことができると規定した（524条）。これに対して申込者が改めて承諾をして契約を成立させることができる。

(b) 申込みに変更を加えた承諾

承諾者が、申込みに条件を付し、その他変更を加えてこれを承諾したときは、その申込みの拒絶とともに新たな申込みをしたものとみなす(528条)。

前述したように、承諾の内容は、申込みの内容と一致することを要する(客観的合致)。したがって、違約金約款、解除権留保などを条件としたり、代金の減額を要求したりするなどの変更を加えた応諾は、承諾ではない。そのため、条件その他変更を加えた承諾は、申込みの拒絶であるとともに、新たな申込みとみなされるのである。

【3】契約の成立時期——到達主義

申込みに対する承諾の意思表示についても、97条1項が適用され、到達した時から効力が生ずることになる(到達主義)。

← 平成29年改正

← 「到達主義」とは

→ 部会資料67A・51頁、一問一答221頁

平成29年改正事項　改正前民法526条1項(発信主義)の削除　C1

民法は、意思表示の効力発生時点に関して到達主義(97条1項)を原則としているが、契約の成立を欲する取引当事者間においては承諾の発信があればその到達を待たないでただちに契約が成立することが取引の円滑と迅速に資すると考えられたことから、改正前民法526条1項は、97条1項の例外を定め、隔地者間の契約の成立時期について発信主義を採っていた。

しかし、通信手段が発達した現代においては、当事者が発信から到達までの時間の短縮を望めばさまざまな手段が提供されており、到達主義の原則に対する例外を設ける必要性が乏しい。

そこで、平成29年改正民法は、改正前民法526条1項を削除することとした。これにより、申込みに対する承諾の意思表示についても97条1項が適用され、到達した時から効力が生ずることになる(到達主義)。

なお、これに伴い、電子承諾通知に関する民法の特例を定めた「電子消費者契約及び電子承諾通知に関する民法の特例に関する法律〔電子承諾通知に関する民法の特例〕」4条は削除された。法律名も、「電子消費者契約に関する民法の特例に関する法律」に変更された。

1-16　改正前民法526条1項(発信主義)の削除

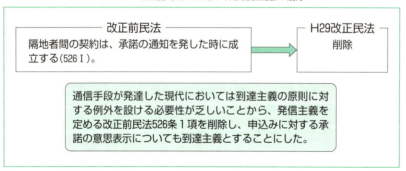

平成29年改正事項　改正前民法527条(申込みの撤回の通知の延着)の削除　C1

→ 部会資料67A・52頁、一問一答222頁

申込みの撤回は相手方に到達した時に効力が生ずるが、発信主義のもとでは、その到達前に承諾の通知が発信されれば契約が成立する。この場合において、承諾者は、承諾の通知の発信と申込みの撤回の先後、つまり契約の成否を認識することができるが、申込者は認識することができない。そのため、改正前民法527条では、契約が成立しなかったことを知らない申込者が不測の損害を被らないよう、承諾者が延着の通知をする義務を定めていた。

しかし、前述したように、改正前民法526条1項が削除された場合には、契約が成立するか否かは、承諾の通知の到達と申込みの撤回の通知の到達の先後によって判断されることになる。そうすると、その先後は承諾者にも認識ができないため、このような場面で承諾者のみが撤回

の通知の延着について通知義務を負う理由がない。
　そこで、平成29年改正民法は、契約の成立時期について発信主義の特則を廃止することに伴って、527条を削除することとした。

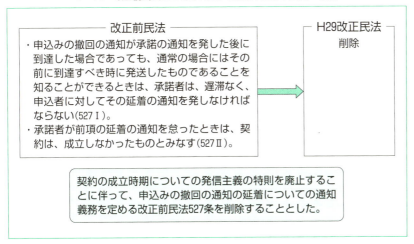

1-17　改正前民法527条(申込みの撤回の通知の延着)の削除

3 契約の競争締結

　競売や入札のように、契約条件につき複数の相手方に競争させて、もっとも有利な条件で契約を締結するという方法がとられることが少なくない(民執64条2項、188条、地自234条1項等参照)。
　競争者が互いに申出の条件を知りうる場合が競売、知りえない場合が入札であるが、これらは試験対策という観点からは重要ではないので、割愛する。

4 約款による契約

　まず、約款の一般を述べたうえで、定型約款を説明する。定型約款は、平成29年改正により新設されたものである。

【1】 約款(普通取引約款)による契約

(1) 意義

　約款(普通取引約款)とは、多数の契約に用いるためにあらかじめ定式化された契約条項の総体をいう。付合契約ともいう。今日では、各種の契約において、たとえば運送約款、銀行取引約定書、請負約款のように企業側・事業者側によって作成される約款が用いられることが多い。
　約款を利用する取引は、一方で、多数の利用者との契約を大量・迅速・画一的に処理することを可能とするものであって、現在の取引は、約款の利用なくしてもはや成り立たないといってよい。しかし、他方で、企業側によって一方的に作成された約款のなかには、作成者側(企業側、事業者側)にとって一方的に有利な、すなわち利用者側(消費者側)にとって不利益な条項が含まれていることも少なくない。ただ、このような場合であっても、利用者は、契約を締結するか否かを選択することができるにすぎず、約款の内容について交渉したり、変更したりする

← 「約款」とは
→ 民法改正検討委員会の試案が採用した定義。潮見・新債権総論 I 29頁注67

ための社会的・経済的・法律的な力や機会を与えられていない。しかも、給付が生活必需品に関わる場合にいたっては、契約締結を拒否する自由すら存在しないこともありうる。この場合には、契約自由の原則(521条、522条2項)は、実質的には機能していないこともある。

(2) 拘束力の根拠

←約款の拘束力の根拠

以上のような約款は、個別具体的な合意がなくても契約の当事者を法的に拘束するところ、その法的拘束力の根拠については争いがある。

この点については、約款をある団体の自主的な法規とみる見解(自治法規説)、約款によって契約が結ばれる慣習があるとする見解(白地商慣習説)もあるが、今日では、約款による契約もやはり当事者の合意に基づく契約であり、約款の相手方(利用者)が約款による意思を有していることが必要であるとする見解(契約説)が有力である。

判例も、契約説によりつつ、当事者双方が特に約款によらない旨の意思を表示しないで契約をしたときは、反証がないかぎりその約款による意思をもって契約したものと推定している。

→大判大正4年12月24日(百選Ⅱ46事件)

(3) 約款の効力の制限

以上のような約款については、消費者大衆を保護するために、約款に対する国家の司法・行政・立法にわたる規制・監督が必要である。

具体的には、裁判例では、信義則、権利濫用、公共の福祉、公序良俗等の一般条項を適用して、その効力を制限する。また、重要な事業の約款の作成・変更には、行政庁による約款の許認可制がとられている(普通保険約款、運送約款、倉庫寄託約款、供給規程など)。さらに、約款は任意法を背景にして作成されたものであるから、各取引法分野に強行法規を導入してその立法的規制がなされている(鉄道業法、郵便法など)。

【2】定型約款

(1) はじめに

平成29年改正民法は、548条の2から548条の4までにおいて、多種多様なものが想定される約款のうち、規定の対象を定型約款に限定し、定型約款にのみ適用される規定を設け、定型約款の定義、定型約款の拘束力の根拠、限界等について規律を設けることにした。

←平成29年改正
←「定型約款」とは

したがって、平成29年改正民法にいう定型約款に関する規律は、約款の一般的定義や、約款一般に妥当する準則を扱うものではない点に注意してほしい。

(2) 定型約款の合意

(a) 総説

548条の2第1項は、定型取引を行うことの合意(定型取引合意)をした者は、「定型約款を契約の内容とする旨の合意をしたとき」(1号)、または「定型約款を準備した者(以下「定型約款準備者」という。)があらかじめその定型約款を契約の内容とする旨を相手方に表示していたとき」(2号)は、定型約款の個別条項についても合意したものとみなすと規定する(みなし合意〔合意擬制〕)。

ここにいう定型取引とは、①ある特定の者が不特定多数の者を相手方として行う取引であって、②その内容の全部または一部が画一的であることがその双方にとって合理的なものをいう(548条の2第1項柱書括弧書)。たとえば、鉄道・

バス・航空機等の旅客運送取引、電気・ガス・水道の供給取引、保険取引、預金取引等である。

また、定型約款とは、定型取引において、契約の内容とすることを目的として、その特定の者により準備された条項の総体をいう(548条の2第1項柱書括弧書)。たとえば、鉄道・バス・航空機等の旅客運送約款、電気・ガス・水道の供給約款、生命保険約款、預金規定等である。

> 条文の構造がわかりにくいのですが、鉄道などの旅客運送取引を例にすると、旅客運送取引を行うことの合意をした者(鉄道会社と乗車取引をした者)が、旅客運送約款を契約の内容とする旨の合意をしたときには、旅客運送約款の個別条項についても合意したものとみなされるということです。

(b) 要件

定型約款といえるためには、次の(i)から(iii)までの要件をみたす必要がある。

← 定型約款の要件

(i) 定型取引に用いられるものであること

①ある特定の者が不特定多数の者を相手方として行う取引であること

これは、相手方の個性に着目せずに行う取引であるか否かに注目した要件である。したがって、たとえば、労働契約は相手方の個性に着目して締結されるものであり、「不特定多数の者を相手方として行う取引」という要件を充足しないため、労働契約において利用される契約書のひな形は定型約款にあたらないことになる。

また、一定の集団に属する者との間で行う取引であればただちに「不特定多数の者を相手方として行う取引」に該当しないわけではなく、相手方の個性に着目せずに行う取引であれば、「不特定多数の者を相手方として行う取引」に該当しうる。

→ 潮見・改正法225頁
→ 部会資料86-2・1頁

→ 部会資料86-2・1頁

②その内容の全部または一部が画一的であることがその双方にとって合理的なものであること

「その内容の全部又は一部が画一的であることがその双方にとって合理的なもの」とは、多数の相手方に対して同一の内容で契約を締結することが通常であり、かつ、相手方が交渉を行わず、一方当事者が準備した契約条項の総体をそのまま受け入れて契約の締結にいたることが取引通念に照らして合理的である取引(交渉による修正の余地のないもの)をいう。

→ 部会資料86-2・1頁、潮見・改正法225頁

(ii) 契約の内容とすることを目的として準備されたものであること

「契約の内容とすること」を目的とするとは、当該定型約款を契約内容に組み入れることを目的とすることをいう。

→ 部会資料83-2・38頁、潮見・改正法226頁

(iii) 当該定型取引の当事者の一方により準備されたものであること

定型約款の定義では、(i)の定型取引の要件が加わっている点において、最初に述べた約款の定義よりも狭い定義になっていることが重要である。

→ 潮見・新債権総論Ⅰ36頁

(c) 効果

以上の要件をみたすものであれば、事業者・利用者間の取引のみならず、事業者間の取引において用いられるものであっても、定型約款として取り扱われ、定型約款に関する規定の適用を受ける(548条の2第1項)。

→ 潮見・改正法225頁

すなわち、定型約款、定型取引についての規定は、消費者契約法とは異なり、利用者(消費者)と事業者との間の取引に限定されずに、事業者間の取引にも適用されることに注意してほしい。

→ 平野・民法Ⅴ8頁

(3) 定型約款による契約内容の補充

(a) 個別条項についての合意擬制（みなし合意）

民法は、定型約款によって契約の内容が補充されるための要件、すなわち個別条項についてのみなし合意の要件を、以下のように規定している（548条の2第1項）。

(i) **定型取引合意をした者が定型約款を契約内容とする旨の合意をしたとき（1号）**

ここにいう「定型約款を契約内容とする旨の合意をした」とは、組入れの合意をした、という意味で理解されるべきであるとされる。

(ii) **定型約款準備者（定型約款を準備した者）があらかじめその定型約款を契約の内容とする旨を相手方に表示していたとき（2号）**

(iii) なお、取引自体の公共性が高く、かつ、約款による契約内容の補充の必要性が高い一定の取引で用いられる定型約款については、定型約款準備者が当該定型約款によって契約の内容が補充されることをあらかじめ公表していた場合にも、当事者がその定型約款の個別の条項について合意したものとみなしている（相手方に対する事前の表示すら不要である）。たとえば、鉄道・バス等による旅客運送取引、高速道路等の通行に関する取引、郵便事業や電気通信事業に関する取引などである。これらにあたるものは、民法ではなく、特別法で定められている（鉄道営業法18条ノ2、軌道法27条ノ2、海上運送法32条の2、道路運送法87条、航空法134条の3、道路整備特別措置法55条の2、電気通信事業167条の2）。

(b) 個別条項合意擬制からの除外

①相手方の権利を制限し、または相手方の義務を加重する条項であって、②その定型取引の態様およびその実情ならびに取引上の社会通念に照らして民法1条2項に規定する基本原則（信義則）に反して相手方の利益を一方的に害すると認められるものについては、合意をしなかったものとみなす（548条の2第2項）。

①および②は、消費者契約法10条（消費者の利益を一方的に害する条項の無効）と同様の枠組みを採用するものであるが、消費者契約法や約款の不当条項規制に関する理論と異なり、不当条項はそもそも契約に組み入れない、つまり契約内容とならないことを述べるものである。言い換えると、契約内容となったうえで、不当性ゆえに無効とされるという枠組みではないということである。

また、①は、合意内容の希薄性（契約の内容を具体的に認識しなくても定型約款の個別の条項について合意をしたものとみなされるという定型約款の特殊性）、契約締結の態様、健全（合理的）な取引慣行等を考慮に入れて当該条項の不当性の有無が評価されることを含意するものとされる。消費者契約法10条における不当条項規制と異なり、事業者・消費者間の構造的な情報格差・交渉力格差を基礎にしたものではない。

(4) 定型約款の内容の開示義務

(a) 定型約款準備者が開示義務を負う場合

定型取引を行い、または行おうとする定型約款準備者は、定型取引合意の前または定型取引合意の後相当の期間内に相手方から請求があった場合には、遅滞なく、相当な方法でその定型約款の内容を示さなければならない（548条の3第1項本文）。相手方からの請求がなかった場合には、開示をしなくても、定型約款は契約内容になる。

この趣旨は、定型条項を用いて契約を締結する場面では、相手方も定型条項の

← みなし合意の類型

→ 潮見・改正法227頁

→ 部会資料86-2・2頁、潮見・改正法227頁、潮見・新債権総論Ⅰ43頁

→ 部会資料83-2・40頁、潮見・改正法229頁

→ 部会資料86-2・4頁、潮見・新債権総論Ⅰ45頁

→ 部会資料75B・11頁、部会資料81B・16頁、潮見・改正法231頁

中身を逐一見ようとしない場合が多くあると考えられるため、常に相手方に事前に内容を開示しなければ契約内容とならないとすると、かえって煩雑になることと、相手方がみずから締結しようとし、または締結した契約に用いられる定型約款の内容を確認できるようにすることが必要であることとの間でバランスをとった点にある。

(b) **定型約款準備者が開示義務を負わない場合**

定型約款準備者が、定型取引合意前に、相手方に対して定型約款を記載した書面を交付し、またはこれを記録した電磁的記録を提供していたとき(CDやメールでのPDFファイルの送信など)は、定型約款準備者には合意時・合意後の開示義務はない(548条の3第1項ただし書)。

この趣旨は、定型取引合意の前に定型約款を記載した書面等の交付があれば、これによって相手方は定型約款の内容を確認する機会を得たものと評価することができると考えられた点にある。

→ 潮見・改正法232頁

(c) **定型約款準備者が開示請求を拒絶した場合の効果**

定型約款準備者が定型取引合意の前にされた相手方からの開示請求を拒んだときは、一時的な通信障害が発生した場合その他正当な事由がある場合を除き、定型約款の個別条項についての合意擬制(548条の2第1項、2項)ははたらかない。したがって、その定型約款は契約内容にならない(548条の3第2項本文)。

(5) **定型約款の変更**

(a) **定型約款の変更要件**

定型約款を用いて多数の取引をした後に、定型約款準備者が定型約款中の条項について変更の必要が生じた場合に、多数の者との間で個別に約款条項の変更の合意をしなければならないとするのは困難である。しかし、他方で、定型約款準備者による一方的意思表示によって約款条項の内容を変更できるとすれば、取引の相手方の保護に欠けることになる。

← 定型約款の変更の要件

そこで、民法は、以下の①または②の要件をみたせば、定型約款の変更をすることにより、変更後の定型約款の条項について合意があったものとみなし、個別に相手方と合意することなく契約の内容を変更することができるとしている(548条の4第1項)。

① 定型約款の変更が、相手方の一般の利益に適合するとき(**利益適合性**、1号)
② 定型約款の変更が、契約をした目的に反せず、かつ、変更の必要性、変更後の内容の相当性、548条の4の規定により定型約款の変更をすることがある旨の定めの有無およびその内容その他の変更にかかる事情に照らして合理的なものであるとき(**変更の合理性**、2号)

(b) **定型約款準備者の周知義務**

定型約款準備者は、定型約款の変更をするときは、その効力発生時期を定め、かつ、定型約款を変更する旨および変更後の定型約款の内容ならびにその効力発生時期をインターネットの利用その他の適切な方法により周知しなければならない(548条の4第2項)。

そして、548条の4第1項2号(変更の合理性)による定型約款の変更は、変更後の定型約款の効力発生時期が到来するまでに周知しなければ、その効力を生じない(548条の4第3項)。これに対して、548条の4第1項1号(利益適合性)に

→ 潮見・新債権総論Ⅰ50頁

よる定型約款の変更は、548条の4第3項の適用対象外である。相手方の一般利益に適合する変更ゆえ、周知義務を課すことで変更を制約する必要はないからである。

(c) 548条の2第2項(個別条項合意擬制からの除外)の適用除外

548条の4第1項の定型約款の変更については、548条の2第2項(個別条項合意擬制からの除外)の規定は適用されない(548条の4第4項)。この趣旨は、定型約款の変更が548条の2第2項の規制よりも厳格であり、考慮要素も異なるので、定型約款の変更の判断に適用されないことを確認的に規定した点にある。

→ 部会資料88-2・6頁

5 懸賞広告

> 懸賞広告は、試験との関係ではさほど重要な分野ではありませんが、平成29年改正が多かったところなので、やや詳しく説明します。その点に留意して読み進めてください。

【1】意義

懸賞広告とは、ある行為をした者に一定の報酬を与える旨を広告した者(懸賞広告者)が、その行為をした者がその広告を知っていたかどうかにかかわらず、その者に対してその報酬を与える義務を負う行為をいう(529条)。

← 「懸賞広告」とは
← 平成29年改正

不特定多数の者に了知させることを**広告**といい、それらのうちの1人が懸賞広告に定めた要件に合致した行為をすると、報酬請求権が発生することになる。たとえば、ある事件について犯人逮捕に結びつく情報を提供した者に報酬を支払うという広告をする場合である。

なお、コンテストで選ばれた者に賞金を与えるという広告の場合は、懸賞広告ではなく、贈与の一種である。一定の状態にある者に利益を与える旨の広告であり、一定の**行為**を対象とするものではないからである。

> 広告と指定行為を、申込みと承諾に類似する関係と捉えれば、懸賞広告は特殊な契約であるといえます(後述する契約説の立場です)。この契約説の立場からは、懸賞広告の条文が「第一款　契約の成立」のなかに位置づけられていることが納得できることでしょう。

→ 潮見・民法(全)375頁

| 平成29年改正事項 | 懸賞広告の意義 | B2 |

→ 部会資料67A・53頁、一問一答223頁

改正前民法529条は、懸賞広告者が懸賞広告を知らずに指定行為をした者に対しても報酬を与える義務を負うかを定めておらず、どのように解するかに争いがあった。たとえば、ある事件について犯人逮捕に結びつく情報を提供した者に報酬を支払う旨の懸賞広告があった場合で、その広告を知らないで有益な目撃情報を提供した者がいたときに、報酬請求権が生ずるかは、条文からは導かれない。そのため、この点について条文上明らかにする必要があった。

ところで、懸賞広告者としては、特段の限定がないかぎりは、期待される結果が実現することを目的としているのであるから、懸賞広告を知らない者が指定行為を行ったとしても目的は達成される。上記の例のようなある事件について犯人逮捕に結びつく情報を提供した者に報酬を支払う旨の懸賞広告があった場合に、有益な目撃情報を提供した者がいれば懸賞広告者の目的は達成されるにもかかわらず、その者が懸賞広告を知っていれば報酬請求権が生ずるが、知らなければ生じないという区別をする合理的理由はないと考えられる。

そこで、平成29年改正民法は、「その行為をした者がその広告を知っていたかどうかにかかわらず」との文言を追加して、指定行為をした者が懸賞広告を知らない場合であっても、懸賞

広告者は報酬を与える義務を負うことを明確化した(529条)。

1-18　懸賞広告の意義

---改正前民法---
ある行為をした者に一定の報酬を与える旨を広告した者(懸賞広告者)は、その行為をした者に対してその報酬を与える義務を負う(529)。

→

---H29改正民法---
ある行為をした者に一定の報酬を与える旨を広告した者(懸賞広告者)は、その行為をした者がその広告を知っていたかどうかにかかわらず、その者に対してその報酬を与える義務を負う(529)。

懸賞広告者が懸賞広告を知らずに指定行為をした者に対しても、報酬を与える義務を負うことを明確化した。

　懸賞広告の法的性質については、契約説と単独行為説との対立があります。
　契約説は、懸賞広告者の広告を契約の申込み、指定行為の完了が承諾で、これによりただちに報酬請求権が発生するという説です。これに対して、単独行為説は、懸賞広告に応じた相手方がその要件をみたした行為をすれば、懸賞広告者は広告に定めた報酬の支払義務を当然に負うという説です。
　両者の違いは、相手方が、懸賞広告のあることを知らないで広告に定められた行為をした場合に生じます。この点について、契約説によると承諾があるとはいえないので報酬請求権は発生しないのに対し、単独行為説によると報酬請求権が発生するとされる点にあるとされていました。ただ、契約説によっても、信義則(1条2項)による修正は可能であり、上記の例の場合でも報酬支払義務を認めることはできると考えられていましたので、法的性質を論じる実益はあまりないと思われます。
　平成29年改正のもとでは、前述したように、「その行為をした者がその広告を知っていたかどうかにかかわらず」との文言を追加していますので、懸賞広告の法的性質いかんにかかわらず、報酬請求権は発生することになります。ですので、今後は更に懸賞広告の法的性質を論じる実益はなくなると思われます。

【2】撤回

(1) 指定した行為をする期間の定めのある懸賞広告の場合

　懸賞広告者は、その指定した行為をする期間を定めてした広告を撤回することができない(529条の2第1項本文)。ただし、その広告において撤回をする権利を留保したときは、撤回することができる(529条の2第1項ただし書)。

← 平成29年改正

| 平成29年改正事項 | 指定した行為をする期間の定めのある懸賞広告① | C1 |

➡ 部会資料67A・55頁

　改正前民法530条3項は、「懸賞広告者がその指定した行為をする期間を定めたときは、その撤回をする権利を放棄したものと推定する」と規定し、撤回の可否は懸賞広告者の反証に委ねられていたため、指定行為をする者にとって、撤回がされうるかが明らかでなかった。
　しかし、指定行為が完了された後に撤回する権利の放棄があったかどうかを争う余地を残すのは法的安定性を欠く。また、特に懸賞広告者が指定行為をする期間を定めた場合には、その期間は猶予が与えられていると期待するのが通常であると考えられるため、このような期待を一定程度保護すべきである。
　そこで、平成29年改正民法は、改正前民法530条3項の規律を改め、指定行為をする期間の定めがある懸賞広告では撤回をすることができないこととしつつ、広告者の意思を尊重する観点から、懸賞広告者が撤回をする権利がある旨を表示したときは、懸賞広告を撤回することが

1-2　契約の成立　031

できるとした(529条の2第1項)。

1-19　指定した行為をする期間の定めのある懸賞広告①

― 改正前民法 ―
懸賞広告者がその指定した行為をする期間を定めたときは、その撤回をする権利を放棄したものと推定する(530Ⅲ)。

→

― H29改正民法 ―
懸賞広告者は、その指定した行為をする期間を定めてした広告を撤回することができない。ただし、その広告において撤回をする権利を留保したときは、このかぎりでない(529の2Ⅰ)。

指定行為が完了された後に撤回する権利の放棄があったかどうかを争う余地を残すのは法的安定性を欠き、また、指定行為をする期間が定められている場合には、その期間は猶予が与えられている、という期待を一定程度保護すべきであるから、このような規定をおいた。

また、指定した行為をする期間の定めのある懸賞広告は、その期間内に指定した行為を完了する者がないときは、その効力を失う(529条の2第2項)。

← 平成29年改正

| 平成29年改正事項 | 指定した行為をする期間の定めのある懸賞広告② | C1 |

→ 部会資料67A・53頁

改正前民法においては、懸賞広告の効力の存続期間の定めはなかった。
　しかし、懸賞広告者が撤回をしないかぎり、指定行為を完了した者がいればいつまでも報酬を与える義務を負うことになるのは適当でなく、懸賞広告にも存続期間があることを定める必要がある。そして、指定行為をする期間を定めた懸賞広告者は、指定行為を行うための時間的な猶予を認めつつ、その期間内に指定行為をすることを求める意思であると考えられる。
　そこで、平成29年改正民法は、指定行為をする期間の定めのある懸賞広告について、その期間内に指定した行為を完了する者がないときは、効力が失われるとした(529条の2第2項)。

1-20　指定した行為をする期間の定めのある懸賞広告②

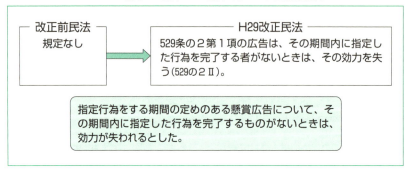

(2)　**指定した行為をする期間の定めのない懸賞広告の場合**

　懸賞広告者は、その指定した行為を完了する者がない間は、その指定した行為をする期間を定めないでした広告を撤回することができる(529条の3本文)。ただし、その広告中に撤回をしない旨を表示したときは、撤回することができない(529条の3ただし書)。指定行為をする期間を定めていない場合の改正前民法530条1項の規律を維持するものである。

(3)　**撤回の方法と効力**

　前の広告と同一の方法による広告の撤回は、これを知らない者に対しても、そ

← 平成29年改正

の効力を有する(530条1項)。

また、広告の撤回は、前の広告と異なる方法によっても、することができる(530条2項本文)。ただし、その撤回は、これを知った者に対してのみ、その効力を有する(530条2項ただし書)。

> **平成29年改正事項** 前の広告と異なる方法による広告の撤回　C1
>
> 改正前民法530条2項は、他の方法によって撤回した場合にはそれを知らない者に不測の損害を与えるおそれがあることから、懸賞広告の撤回は、前の広告と同一の方法によってすることができない場合にかぎって、他の方法によることができるとしていた。
>
> しかし、この規定については、その趣旨を全うするのであれば、他の方法によって撤回したときにはこれを知った者に対してのみ効果が生ずれば足りるのであるから、前の広告と同一の方法によってすることができないという場合以外にも、他の方法による撤回を認めてよいと考えられる。
>
> そこで、平成29年改正民法は、改正前民法530条2項を改め、撤回の方法は当事者が選択することができるとしたうえで、前の広告の方法と異なる方法によって撤回した場合にはこれを知った者に対してのみ効果が生ずることとした(530条2項)。

→ 部会資料67A・56頁、一問一答224頁

1-21　前の広告と異なる方法による広告の撤回

改正前民法	H29改正民法
530条1項本文に規定する方法によって撤回をすることができない場合には、他の方法によって撤回をすることができる。この場合において、その撤回は、これを知った者に対してのみ、その効力を有する(530Ⅱ)。	広告の撤回は、前の広告と異なる方法によっても、することができる。ただし、その撤回は、これを知った者に対してのみ、その効力を有する(530Ⅱ)。

他の方法によって撤回したときにはこれを知った者に対してのみ効果が生ずれば足り、前の広告と同一の方法によってすることができないという場合以外にも他の方法による撤回を認めてよいと考えられるため、このように530条2項を改正した。

【3】効果

懸賞広告に定めた行為をした者は、その広告を知っていたかどうかにかかわらず、報酬請求権を有する(529条)。

広告に定めた行為をした者が数人あるときは、最初にその行為をした者のみが報酬を受ける権利を有する(531条1項)。ある事件について犯人逮捕に結びつく情報を提供した者に報酬を支払うという広告をする場合に、犯人を通報した者が数人いるときには、最初の通報者だけが報酬請求権を有することになる。

また、数人が同時にその行為をした場合には、各自が等しい割合で報酬を受ける権利を有する(531条2項本文)。ただし、報酬がその性質上分割に適しないとき、または広告において1人のみがこれを受けるものとしたときは、抽選でこれを受ける者を定める(531条2項ただし書)。

これらの規定は、広告中にこれと異なる意思を表示したときは、適用しない(531条3項)。

【4】優等懸賞広告

(1) 意義

優等懸賞広告とは、広告を定めた行為をした者のうち、優等者のみに報酬を与える旨の特殊な懸賞広告をいう。たとえば、あるテーマで論文を募集して1等入選者に10万円、2等入選者に5万円、佳作の者に1万円を与えると広告する場合をいう。

広告を定めた行為をした者が数人ある場合に、その優等者のみに報酬を与えるべきときは、その広告は、応募の期間を定めたときにかぎり、その効力を有する（532条1項）。

(2) 要件

優等懸賞広告は、応募期間の定めがあることを要件とする。応募期間の定めがないと、永久に、より優等の応募者が現れる可能性があって、優等者を判定することができないからである。

そして、この応募期間内に、指定行為の完了または完了せんとする旨の通知（**応募**）がなされることが必要である。応募は、通常指定行為完了後になされるが、懸賞競技のような場合には応募が先になる。

(3) 効果

懸賞広告者は、応募があったときは、優等者を判定する義務を負う。

この判定とは、応募者の指定行為の結果の優劣を判断する行為をいう。この場合に、応募者中のいずれの者の行為が優等であるかは、広告中に定めた者が判定し、広告中に判定をする者を定めなかったときは懸賞広告者が判定する（532条2項）。判定の基準は「優等」であるが、この「優等」は、原則として、応募者中の比較的(相対的)優等を意味する。したがって、優等者なしの判定は原則として許されない。他方、学術論文の募集のように、ある程度の客観的標準を予定するような特別の事情があるときは、一般の標準に従っての優等(絶対的・客観的優等)を意味する。したがって、この基準に達する者がなければ、優等者なしと判定することも許される。

応募者は、上記の判定に対して異議を述べることができない（532条3項）。この趣旨は、判定の価値判断の自由を尊重する点にある。そのため、判定の根拠が客観的事実に反するような場合には、判定の無効の主張は許されよう。

数人の行為が同等と判定された場合には、531条2項の規定を準用する（532条4項）。すなわち、その数人は平等の割合の権利を有するのが原則であるが、性質上分割に適しないとき、または広告で1人のみが報酬を受けるべきものとしたときは、抽選による。前例でいうと、1等10万円を2人の者が5万円ずつ受け取ることもありうる。

← 「優等懸賞広告」とは

6 契約締結上の過失

【1】総説

(1) 意義

契約締結上の過失は、契約が成立するまでの過程において、当事者の一方に過失があり、これによって相手方に損害を与えた場合に、その者は損害賠償責任を負わなければならないか、損害賠償責任を負うとしたら、どのような責任を負

← 「契約締結上の過失」とは

うのかという問題である。そして、このような場合に、信義則（1条2項）に基づき契約責任と同様の法的保護を認める考え方を、**契約締結上の過失責任論（契約締結上の過失の理論）**という。

> 契約締結上の過失責任論は、ドイツのイェーリングの提唱によるもので、ドイツにおいて一般に承認されている法理といわれています。同理論は、契約交渉段階での注意義務違反を理由とする責任は契約責任またはこれに類似する責任であって、不法行為責任ではないとの主張に結び付けられて、展開されてきました。
> すなわち、不法行為責任が特別の接触関係のない者同士における責任を扱うものであるのに対し、契約交渉段階での注意義務違反を理由とする責任は、特別の接触関係にある者同士における責任を扱うものであるから、ここにいう損害賠償責任は、契約締結上の過失という独立の範ちゅうに属する契約責任あるいはこれに類似する責任として捉えるべきであるとされてきたのです。

→ 潮見・債権各論Ⅰ5頁

(2) 類型

平成29年改正民法下において、契約締結上の過失責任論が考えられる場面は、①契約締結型かつ不当勧誘型、②契約非締結型かつ契約破棄型、③契約非締結型かつ偶然事故型の3つの類型である。

← 契約締結上の過失の類型

> 契約締結上の過失は、もともと、契約締結上の過失があり契約が無効となった場合（契約締結型かつ契約無効型）に信頼利益を賠償させるものでした。この契約締結型かつ契約無効型といわれるものは、締結された契約の内容が客観的に不能（原始的不能）であるために、契約が不成立あるいは無効となる場合です。たとえば、売買の目的物である建物が、売買契約が締結された前日に焼失していたという場合です。
> 従来（かつての伝統的見解によれば）、この場合に、各契約当事者は、契約を締結するにあたって、特に注意して無効な契約を締結することによって相手方に不測の損害を被らせないようにする信義則上の義務を負っているから、過失によって無効な契約を締結した者は、相手方がその契約を有効なものと誤信したことによって被る損害（信頼利益）を賠償する義務があると構成されていました。
> しかしながら、平成29年改正のもとでは、原始的不能については、契約に基づく債務の履行がその契約の成立の時に不能であったときであっても、契約は、そのためにその効力を妨げないとの考え方を基礎にしたうえで、そのもっとも代表的な法的効果として債務不履行を理由とする損害賠償、いわゆる履行利益の賠償を条文上に表記したとされています（412条の2第2項）。かつての伝統的見解のような原始的不能のドグマを否定し、原始的不能の場合であっても、契約自体は有効に成立するとしたうえで、履行不能として扱うことにしたのです。ですから、平成29年改正法のもとでは、そもそもこの類型は契約締結上の過失には分類されなくなります。
> そして、この場合には、412条の2第1項および第2項によって処理されることになります。要するに、このような契約も有効に成立するが、売主が履行できない（履行不能）という問題として処理されることになるのです。

→ 潮見・改正法62頁、野澤・契約法35頁

(a) ①契約締結型かつ不当勧誘型

これは、契約締結の準備段階に過失があり、不利な内容の契約を締結させられた場合である。言い換えると、契約は成立したが、契約を締結するに際して十分な情報が提供されなかった場合である。

たとえば、顧客が銀行に委任をなすために問合せをしたところ、銀行が誤った指示をし、これに基づいて委任をしたため顧客が損害を被った場合や、電気器具商が顧客に誤った使用方法を告げ、その品物を買った顧客が後で損害を被った場合などである。

(b) 契約非締結型

次に、契約締結の準備段階において過失があったが、契約締結にいたらなかった場合である。この場合は、さらに2つに分けられる。

(i) ②契約破棄型——契約交渉の不当破棄

これは、当事者の一方の言動から契約が締結されるものと信じた相手方に損害を与えた場合である。言い換えると、契約の交渉が不当に破棄されて契約成立にいたらなかった場合である。

たとえば、甲が契約締結の準備のため調査費用を支出したが、乙が調査日に協力しなかったため契約も締結されなかった場合の調査費用の賠償(契約準備行為中の過失)や、甲が契約締結の準備のために、乙の案内で目的物を見る場合において、乙の故意・過失による照明の不十分や階段の破損あるいは商品の倒壊等によって損害が生じたとき(契約準備行為に機縁をもつ過失)である。

(ii) ③偶然事故型

これは、契約締結の準備段階で相手方の身体、健康、財産等に損害を与えた場合である。

たとえば、甲がデパートに出かけ、カーペット売場で物色していたところ、立てかけてあったカーペットが突然倒れてきてその下敷きになり、怪我をしてしまった場合である。

(3) 問題点

日本においては、契約締結上の過失責任論については、現在、懐疑的評価が強いとの指摘がなされ、その理由として、次の3点があげられている。

➡ 中田・契約法136頁、野澤・契約法35頁

第1に、日本の不法行為法では、ドイツと異なり、成立要件についての制限はないから、契約責任のほうが不法行為責任よりも立証の負担が軽いとは必ずしもいえないし、この理論は、損害賠償の範囲が信頼利益(契約が無効または不成立であるのに、それを有効と信じたことによって債権者が被った損害)にかぎられるとするが、信頼利益の概念も明確ではないから、同理論の意味は大きくない。これは、沿革的・比較法的観点からの批判である(ただし、信頼利益の概念に対する批判は、履行利益と信頼利益とを区別する考え自体に向けられたものといえる)。

第2に、契約締結上の過失責任論として論じられる類型は、前述したように、さまざまなものがあるが、そこで取り上げられる諸問題には性質の異なるものが含まれており、ひとまとめにして説明する意味は乏しい。要するに、統一的把握はできないという批判である。

第3に、議論の出発点のひとつであった原始的不能の契約は無効であるという前提が、現在では批判を受けている(平成29年改正民法は、前述したように、原始的不能であっても、契約は有効であることを基礎にしている〔412条の2第2項〕)。これは、原始的不能の給付を目的とする契約は無効である、という命題に対する批判である。

そのほか、契約締結上の過失責任理論に対しては、次のような批判があります。同理論が前提とする、不法行為責任が特別の接触関係にない者同士での責任に妥当するという前提自体がおかしいという点です。たとえば、医療過誤事件や取引的不法行為の事件では、特別の抵触関係において不法行為責任が機能しており、そのような領域は少なく

➡ 潮見・債権各論Ⅰ6頁

ありません。
　また、契約交渉段階における注意義務は、当事者に対し、契約の締結に向けた義務として課されるものであるにもかかわらず、その義務違反を理由とする責任を、その後に成立した契約を根拠として契約責任と捉えたり、これを同視したりするのは背理であるという点です（この点は、後述する判例も指摘しています）。

→ 最判平成23年4月22日（後出重要判例）

(4) 評価

以上の各問題点から、本書では、契約締結上の過失責任論は不要であるという立場を採用し、同理論による前記類型を個別に考えていくことにする。

→ 潮見・債権各論Ⅰ6頁、中田・契約法136頁、野澤・契約法35頁

以下では、契約交渉の不当破棄（契約非締結型かつ契約破棄型に対応する）と、情報提供義務・説明義務（契約締結型かつ不当勧誘型に対応する）について検討していくことにする。なお、契約非締結型かつ偶然事故型は、不法行為責任で対処することができるため、特に論じない。

　ただし、契約非締結型かつ偶然事故型に類似するものとして、契約は成立したものの、交渉過程で相手方の身体、健康、財産等に損害を与えた場合も考えられます。
　この場合に、契約責任と構成する見解では、契約とは直接の関わりはないものの、信頼関係を基礎に損害賠償を請求できる点にポイントがあるとの指摘がされています。

→ 中舎・債権法37頁

　契約成立前の法律関係について、これまでの判例・学説によって確立されてきた基本的な考えを基礎として、損害賠償を請求するための要件・効果を明確化することが課題とされていました。
　そのため、平成29年改正の過程において、契約交渉の自由、契約交渉の不当破棄、情報提供義務の明文化が提案されましたが、契約締結前の状況における信義則違反を逐一具体化する規定をおく必要はないとの疑問がだされ、これらについては、結局、明文化されませんでした。
　今後は、明文化にあたって、一方で、自由な交渉が委縮したり、無用な紛争が増発したりすることを避けつつも、他方で、ルールの明確化、一般化を図ることが課題であるといわれています。

→ 中舎・債権法40頁

【2】契約交渉の不当破棄

(1) 総説

(a) 意義

契約交渉の不当破棄とは、契約の交渉において、交渉を不当に破棄して相手方に損害を与えた場合をいう。たとえば、交渉が煮詰まり契約の締結を待つばかりになっていたにもかかわらず、合理的な理由なく一方的に交渉を打ち切ったような場合である。

← 「契約交渉の不当破棄」とは

判例上問題となったものとして、マンションの購入希望者において、その売却予定者と売買交渉に入り、その交渉過程で歯科医院とするためのスペースについて注文したり、レイアウト図を交付したりするなどしたうえ、電気容量の不足を指摘し、売却予定者が容量増加のための設計変更および施工をすることを容認しながら、交渉開始6か月後にみずからの都合により契約を結ぶにいたらなかった事例があげられる。

→ 最判昭和59年9月18日（判例シリーズ39事件）

(b) 問題の所在

契約自由の原則（521条、522条2項）からすれば、契約交渉の破棄も許される

はずであって、契約交渉の費用がかかったとしても、各当事者の自己負担であるのが原則である。

しかし、交渉当事者の一方の言動によって、相手方が契約の成立は確実であると信頼したところ、その後、その当事者の一方が契約交渉を破棄した場合には、その交渉破棄が信義に反し、不誠実であると評価されれば、その者は、この言動によって相手方が被った損害を賠償する責任を負うべきであろう。このように、当事者の一方が契約交渉を理由なく打ち切った場合には、その当事者が相手方に対して損害賠償責任を負うことがあるという点では、判例・学説上争いはない。

問題は、契約自由の原則との関係において、契約交渉の不当破棄が損害賠償責任を生ぜしめるのはいかなる場合であるか、その法的性質は何かである。

(2) 判例の立場

判例は、前述したマンションの事例において、購入希望者は、**契約準備段階における信義則上の注意義務違反**を理由として、売却予定者がその設計変更および施工をしたために被った損害を賠償する責任を負うとした。

➡ 最判昭和59年9月18日（前出）

上記判例は、契約交渉の不当破棄における損害賠償責任の法的性質について、債務不履行責任類似の責任であるか、それとも不法行為責任であるかを明らかにしていないと評価されている。上記「信義則上の注意義務」を不法行為上の注意義務と同質のものと捉えることもできるからである（ただし、この判例を契約類似の信頼関係に基づく信義則上の賠償責任を負うものとして捉え、契約責任規範に接合して理解しているとする評価もある）。

➡ 野澤・契約法37頁

➡ 近江・講義Ⅴ35頁

その後の判例でも、売買契約締結の過程において、その目的物、代金の額および支払時期、契約締結の時期などを当事者の双方が了解し、買主となる者が、売主となる者に確実に契約が成立するとの期待を抱かせるにいたったにもかかわらず、一方的、無条件に契約の締結を拒否し、これを正当視すべき特段の事情もないなど原判示の事実関係のもとにおいては、買主となる者は、売主となる者に対し、信義則上の義務違反を理由とする不法行為責任を負うとしたものがある（厳密には、「契約準備段階における信義則上の義務違反を理由とする不法行為に基づく損害賠償請求を認容した原審の判断は、正当として是認することができる」と判示した）。

➡ 最判平成2年7月5日集民160号187頁

そのほかの判例として、下請業者が施工業者との間で下請契約を締結する前に下請の仕事の準備作業を開始した場合に、施主が下請業者の支出費用の補てん等の措置を講ずることなく施工計画を中止することが不法行為にあたるとされた事例や、ゲーム機の買取契約が確実に締結されるとの過大な期待を抱かせてゲーム機の開発、製造にいたらせた後に交渉を破棄した場合に、契約準備段階における信義則上の注意義務に違反したものとして損害賠償責任を負うとした事例がある。

➡ 最判平成18年9月4日判時1949号30頁

➡ 最判平成19年2月27日判時1964号45頁

以上からすれば、最高裁は、契約交渉の不当破棄における損害賠償責任の法的性質について明言していないと考えられる。

➡ 野澤・契約法37頁

(3) 損害賠償責任（損害賠償請求）

(a) 法的性質

契約交渉を不当破棄したことによる損害賠償責任の法的性質をどのように構成すべきかについては、争いがある。

この点については、学説上、大きく、不法行為責任として構成すべきという見解と契約責任(債務不履行責任)と構成すべきという見解とに分かれています。その具体的な違いは、情報提供義務違反における損害賠償責任の法的性質のところで述べます。

　損害賠償責任の根拠が、契約に向けての特別の抵触関係(人的関係)に入ったことにあると考えれば、一種の契約責任(債務不履行責任)と考えることもできます。しかし、それではなぜ契約成立前に契約責任が発生するのか、また、契約が結局成立にいたらない事例において、契約責任が問いうるのかという問題点が指摘されています。ですので、この責任は不法行為責任と構成されることが少なくないのです。

→ 内田Ⅱ25頁

　損害賠償責任の根拠をどのように構成すべきかの点はともかく、契約交渉の不当破棄については、学説上、契約交渉の開始から契約の締結にいたるまでの3つの段階に分けて考察するとされています。

→ 野澤・契約法38頁

　第1段階は、当事者の接触が始まり、契約交渉が具体的に開始されるまでです。この段階では、一般不法行為上の注意義務を除いて、当事者間で特段の義務は生じません。

　第2段階は、契約交渉が開始され、契約内容が具体化されるなど交渉が進展し、主たる事項が定まるまでです。この段階では、交渉当事者の一方がその相手方に対し、契約が成立するであろうという信頼を与えた場合には、その信頼を裏切らないように行動する義務を負います。この義務は、信義則中の禁反言を根拠とするものです。

　第3段階は、契約の具体的内容がほぼ合意に達し、正式契約の締結日が定められるにいたった段階です。この段階では、当事者は契約の成立に向けて期待を有しますから、その期待を保護すべきであって、以後は契約の成立に向かって誠実に交渉する義務(誠実交渉義務)を負います。

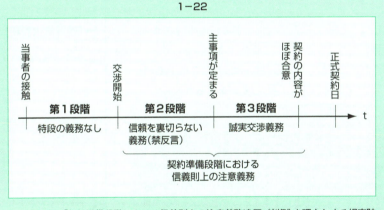

1-22

　このうち、「契約準備段階における信義則上の注意義務違反」(判例)を理由とする損害賠償責任が認められるのは、第2段階または第3段階の場合です。

→ 最判昭和59年9月18日(前出)

(b) 判断事情

　交渉を破棄したことが契約準備段階における信義則上の注意義務に違反するか否かを判断する際には、

→ 潮見・債権各論Ⅰ7頁

　　①相手方が契約の締結や債務の履行に必要な準備行為を始めたことを知りながら黙認するなどの当事者の先行行為があったかどうか、
　　②交渉の進捗状況がどの程度にまで達しているか(契約条項の大部分が合意されているか)のほか、
　　③当事者の属性や当事者間の従来の関係

など、その取引に関する諸般の事情が考慮される。

(c) 効果

　契約交渉の不当破棄を理由として賠償されるべき損害は、信頼利益、すなわち契約が無効または不成立であるのに、それを有効と信じたことによって債権者が被った損害であると解されている。ここでは、次のようなものがあげられる。

①現地調査費用など相手方が契約交渉段階で投下した費用
②相手方が契約交渉段階で金融機関と融資契約を締結したために支払わなければならなくなった借入金利息
③契約が成立すると信じたことによって相手方が他の有利な契約の機会を失った場合における期待利益(機会の喪失による損失)

➡ 潮見・債権各論Ⅰ7頁

> 　これに対して、契約交渉の不当破棄の場合には、一般的に、履行利益、すなわち債務の本旨に従った債務がなされていたら債権者が得られたであろう利益は、賠償すべき損害にはあたらないと解されています。その理由としては、履行利益の賠償まで認めると、契約が成立したのと同じ経済的価値を相手方に与えることになってしまい、これでは、本件で契約は成立しなかったと評価することと矛盾する結果になるという点があげられています。
> 　ただし、前述した、契約交渉の開始から契約の締結にいたるまでの3つの段階に分けて考察する立場から、第2段階の損害賠償は信頼利益の賠償であるのに対し、第3段階のそれは履行利益の賠償まで認められるとする見解もあります。

➡ 野澤・債権法Ⅰ38頁

【3】情報提供義務(説明義務)——契約締結前の義務

(1) 総説

(a) 意義

　情報提供義務(**説明義務**)とは、契約の一方当事者が、契約を締結するかどうかの判断にあたって必要な情報を他方当事者に対して提供する義務をいう。
　たとえば、金融商品販売業者が顧客に対して負う義務(金融商品3条1項)や、事業者が消費者に対して負う義務(消費契約3条1項)などがあげられる。

← 「情報提供義務」とは
➡ 中田・債権総論124頁

> 　債権総論でも触れましたが、情報提供義務(説明義務)については多義的であり、ここにいう契約締結前の義務を問題にする内容のものとは異なり、成立している契約上の説明義務(契約の付随義務)の場合、言い換えると情報提供自体が契約の目的である場合(情報サービス契約やコンサルタント契約等)をあげることができます。この場合には、当然、**契約上の債務**(**契約上の情報提供義務・説明義務**)となっていますから、その違反は債務不履行の問題となります。判例では、マンション売主による買主に対する防火戸の説明義務、フランチャイズ運営者による加盟店に対する報告義務、預金契約における銀行の取引経過開示義務などが問題となっています。
> 　このような契約上の情報提供義務・説明義務は、ここでいう契約締結前の義務である情報提供義務・説明義務とは、その内容を異にするので、注意してください。
> 　また、平成29年改正では、保証の場合に、主たる債務者による、①契約締結時の情報提供義務(465条の10)と、債権者による、②主たる債務の履行状況に関する情報提供義務(458条の2)および③主たる債務者が期限の利益を喪失した場合における情報提供義務(458条の3)が規定されました。この点は、債権総論の保証のところで触れましたので、確認しておいてください。
> 　情報提供義務といっても、その内容はさまざまですから、具体的な内容をしっかりと把握するようにしてください。

➡ 『債権総論』2章3節②【2】(4)(b)(ⅱ)

➡ 最判平成17年9月16日判時1912号8頁、最判平成20年7月4日判時2028号32頁、最判平成21年1月22日(百選Ⅱ74事件)

➡ 『債権総論』6章5節④【4】、⑤【3】(6)(c)

(b) 問題の所在

　契約自由の原則のもとでは、私人は、原則として、契約をするかどうか、および、どのような内容の契約を締結するかを自由に決定することができる(**契約**

締結の自由、521条1項、内容形成の自由、521条2項）。この自由は、締結しようとする契約について必要な情報をみずから収集し（情報収集リスクの自己負担）、検討のうえ、判断し、決定すること（判断・決定リスクの自己負担）を前提としている。契約当事者は対等な関係にあるから、情報の収集や処理が不十分であった当事者は、それが詐欺や錯誤にあたらないかぎり、不利益を甘受すべきこととなる。したがって、契約の相手方は、原則として、他方当事者に対し、みずからの有する情報を提供する義務を負わない。

しかし、このような原則論を、当事者間に情報量や情報処理能力で大きな格差がある場合にまで貫徹しようとすると、不適当な帰結を招くことになる。

そこで、契約締結前であっても、一定の場合には、契約の一方当事者に情報提供義務あるいは説明義務が認められることがある。

たとえば、判例では、変額保険（受け取ることのできる保険金が運用実績に応じて変動する保険商品であり、運用実績次第では元本割れのおそれがあるもの）の募集に際して将来の運用実績に関する説明が不適切であったことを理由として、生命保険会社に対して説明義務違反に基づく損害賠償責任を認めたものがある。

→ 最判平成8年10月28日金法1469号51頁

> 民法では、情報提供義務（説明義務）が尽くされなかったために不利な契約を締結してしまった場合に当事者を救済する方法として、大きく2つのものがあります。
> 1つは、契約の有効・無効にかかわらず、事業者の情報提供義務（説明義務）違反を理由として不法行為または債務不履行に基づく損害賠償請求をする場合です。この点については、次の(2)で説明します。
> もう1つは、錯誤取消し（95条）、詐欺取消し（96条）を主張する場合です。情報提供義務違反が尽くされなかった場合には、そもそも契約を締結しなかったこともありえますので、錯誤や詐欺を理由として契約を取り消すことも考えられるのです（なお、民法ではありませんが、誤認による取消し〔消費契約4条1項、2項〕もあります）。また、公序良俗違反による無効（90条）、目的物の契約不適合による解除（564条・541条、542条）や、情報提供義務違反そのものを債務不履行として解除を主張することも考えられます。

→ 野澤・契約法40頁、中舎・債権法37頁

(2) 損害賠償責任（損害賠償請求）

(a) 法的性質

契約締結前の情報提供義務（説明義務）に違反したことによる損害賠償責任の法的性質をどのように構成するべきかについては、争いがある。大きくは、不法行為責任として構成すべきという立場と、信義則上の付随義務違反による契約責任（債務不履行責任）と構成すべきという見解とに分かれる。

● 論点Aランク
（債権総論・論証6）

> この問題は、従来、契約締結上の過失における責任（損害賠償責任）の法的性質のひとつとして議論されてきたことと同様の議論です。本書では、契約締結上の過失責任論を不要とする立場を採用しましたので、情報提供義務違反の問題と位置づけましたが、これを必要とする立場であれば、契約締結上の過失における損害賠償責任の法的性質として論じることができます。

→ 『債権総論』2章3節②【2】(4)(b)(ii)

(i) 不法行為責任として構成すべきという見解（不法行為構成）

契約締結前の情報提供義務に違反した場合には、過失ある者の不法行為（709条）と構成すれば十分であり、特別な法理は不要であるという見解である。

この見解は、その根拠として、情報提供義務が契約締結前の段階における義務であることや、契約の締結を左右する情報を提供する義務を当該義務から導くこ

とはできない(背理である)という論理的関係をあげる。

また、このような不法行為構成では、故意・過失の立証責任や損害賠償の消滅時効の点では後述する契約責任構成よりも被害者に不利になるが、それは不法行為法の解釈(立証責任の転換、時効起算点の解釈)によって克服することができるとする(なお、平成29年改正民法下では、消滅時効の点の差異は縮小している)。

	不法行為	債務不履行
故意・過失の立証責任	被害者(債権者)	加害者(債務者)
消滅時効	主観的起算点から3年あるいは5年(724①、724の2) 客観的起算点から20年(724②)	主観的起算点から5年(166Ⅰ①) 客観的起算点から10年あるいは20年(166Ⅰ②、167)

> 改正前民法のもとでは、不法行為構成の立場から、従業員の過失による場合には、契約責任構成では特別な法理(履行補助者の故意・過失の理論)が必要となるのに対し、不法行為構成では、端的に使用者責任(715条)を問えるということが指摘されていました。
> しかし、平成29年改正民法のもとでは、契約責任構成でも、端的に債務者(使用者に該当する者)について帰責事由があるか否かが問題となりますから、この点では不法行為構成が有利になることはないと思われます。

→ 『債権総論』2章3節②【3】(3)

(ⅱ) **信義則上の付随義務違反による契約責任(債務不履行責任)と構成すべきという見解(契約責任構成)**

契約が成立していない段階であっても、信義則上の付随義務違反による契約責任(債務不履行責任)と構成する見解である。

この見解は、その根拠として、契約交渉過程にある者同士の関係はまったく無関係な者同士の関係とは異なるという当事者の関係性や、義務の存否・内容が当該契約の内容と強い関連性を有することをあげる。

> ただし、契約責任構成の立場であっても、その多くの見解は、契約成立前の段階において、その契約とは別物として一種の契約責任を考えるのであり、後に契約が成立した場合であっても、その契約に基づく責任であると構成しているわけではないという指摘がなされています。
> たとえば、売買契約が成立する以前の段階で、十分な情報が提供されず、損害を被った場合に、後に成立する売買契約とは別の一種の契約責任を論じるのであって、売買契約に基づく責任と構成するわけではないということです。
> ですから、不法行為構成をする立場(後述する判例を含みます)がその根拠としてあげる、契約の締結を左右する情報を提供する義務を当該義務から導くことはできない(背理である)という論理的関係という点は、根拠とはならないと捉えるのです。
> 近時では、このほかに、信義則上の付随義務違反による契約責任(債務不履行責任)を基礎として、現実の契約は一連のプロセスであって、契約の成立から始まるわけでないとして、プロセスとしての契約という考え方や、契約前の信義則は交渉の過程で次第に煮詰まってゆくものであって、その熟度に応じて責任が重くなるという考え方などが示されています。

→ 中舎・債権法38頁

→ 最判平成23年4月22日(後出重要判例)

(b) **判例とその評価**

(ⅰ) **判例の立場**

以上のように、契約締結前の情報提供義務違反における損害賠償責任の法的性質については、学説上の対立があるが、近時の判例には、契約の締結を左右する

→ 『債権総論』2章3節②【2】(4)(b)(ⅱ)
→ 最判平成23年4月22日(後出重要判例)

情報を提供する義務を当該契約から導くことができないという論理的関係を強調して、不法行為構成を採用したものがある。

> ★**重要判例**（最判平成23年4月22日〔判例シリーズ40事件〕）
> 「契約の一方当事者が、当該契約の締結に先立ち、信義則上の説明義務に違反して、当該契約を締結するか否かに関する判断に影響を及ぼすべき情報を相手方に提供しなかった場合には、上記一方当事者は、相手方が当該契約を締結したことにより被った損害につき、不法行為による賠償責任を負うことがあるのは格別、当該契約上の債務の不履行による賠償責任を負うことはないというべきである。
> なぜなら、上記のように、一方当事者が信義則上の説明義務に違反したために、相手方が本来であれば締結しなかったはずの契約を締結するに至り、損害を被った場合には、後に締結された契約は、上記説明義務の違反によって生じた結果と位置付けられるのであって、上記説明義務をもって上記契約に基づいて生じた義務であるということは、それを契約上の本来的な債務というか付随義務というかにかかわらず、一種の背理であるといわざるを得ないからである。契約締結の準備段階においても、信義則が当事者間の法律関係を規律し、信義則上の義務が発生するからといって、その義務が当然にその後に締結された契約に基づくものであるということにならないことはいうまでもない。」
> 【争点】契約締結に先立つ信義則上の説明義務違反に基づく損害賠償請求の法的性質は、不法行為責任か債務不履行責任か。
> 【結論】不法行為責任である。
> 【備考】本判決は、その射程が限定されており、契約締結上の過失といわれているもの一般についての責任の法的性質について最高裁の判断が示されたものではないといわれている（契約準備段階の説明義務違反の法的性質について、その一場面について判断したものである）。

→ 百選Ⅱ4事件

→ 判例タイムズ1348号89頁

(ii) 判例の評価

上記判例の立場に対しては、判例がいうように、後に成立した契約をもって契約成立前の義務を論ずることが背理であるとしても、そのことから、契約締結の準備段階での信義則上の義務違反が不法行為責任であることが必然的に導かれるわけではないとの指摘がある。すなわち、契約責任構成を採用する多くの学説は、後の契約（成立した契約）とは別の一種の契約責任を論じるのであるから、判例がいうような背理を説くものではないと反論しているのである。

また、上記判例の射程が限定されており、契約締結上の過失といわれているもの一般についての責任（損害賠償請求権）の法的性質について判断がなされたものとはいえないとの指摘もある。

試験対策としては、いずれの見解に立ってもよいが、その根拠の内容はしっかりと理解しておこう。

→ 中舎・債権法39頁

(c) 要件

> 情報提供義務違反による損害賠償責任の要件については、さまざまな考えがありますが、ここでは、平成29年改正の過程（中間試案）で検討されていた要件をあげておくことにします。ただし、これには反対意見があって結局採用されなかったので、今後の議論が待たれるところです。

→ 中間試案の補足説明340頁、部会資料75B・1頁

① 相手方が当該情報を契約締結前に知り、または知ることができたこと
② その当事者の一方が当該情報を契約締結前に知っていれば当該契約を締結せず、またはその内容では当該契約を締結しなかったと認められ、かつ、それを相手方が知ることができたこと

● **論点Aランク**
（債権総論・論証6）

③契約の性質、当事者の知識および経験、契約を締結する目的、契約交渉の経緯その他当該契約に関するいっさいの事情に照らし、その当事者の一方がみずから当該情報を入手することを期待することができないこと
　④その内容で当該契約を締結したことによって生ずる不利益をその当事者の一方に負担させることが、上記③の事情に照らして相当でないこと

(d)　**効果**

　契約締結前の情報提供義務違反を理由として賠償されるべき損害は、履行利益の賠償まで認められる。具体的には、次のように理解されている。

→ 潮見・債権各論Ⅰ9頁

　①十分な説明・情報提供などがされていたならば、相手方がおよそ契約の締結などしなかったであろうと評価されるときは、契約がなかった状態(自己決定をしなかった状態)を金銭で原状回復させることを内容とする損害賠償(原状回復的損害賠償)が認められる。
　②①にまでいたらないときであっても、説明・情報提供等に対する義務の違反の効果として相手方の財産状態がどのように推移したかに着目し、現実の財産状態と仮定的財産状態の差額のうち、義務違反と相当因果関係にあるものの賠償を認める(判例)。

→ 最判平成23年9月13日民集65巻6号2511頁

第 1 章 ……… 契約総論

3. 契約の効力

1 序説

【1】民法の規定——「契約の効力」

民法は、第3編第2章第1節第2款「契約の効力」として、533条から539条までにおいて、双務契約における同時履行の抗弁権、危険負担および第三者のためにする契約の効力という特別の効果を規定している。

前二者は、双務契約に関する基本原則に関するものであるのに対し、第三者のためにする契約の効力は、契約の効力が例外的に第三者に及ぶ場合について規定したものである。しかし、これらの規定は、契約の効力のうちのごく一部を定めたにすぎない。本節3【5】で触れる不安の抗弁権や、1節3【2】で触れた事情変更の原則も契約の効力に関連する。

【2】牽連性

(1) はじめに

契約が存続している最中にさまざまな問題が生じるが、特に双務契約においては、互いに対価関係にある債務がどのような関係をもっているかという点に関連して、問題点が生じる。

←「牽連性」とは

すなわち、双務契約とは、各契約の各当事者が互いに対価的な意義を有する債務を負担する契約をいい、各当事者はそれぞれ、相手方に出えんを義務づけることを前提としてのみ、みずからも出えんすることを約するものである。このように、各当事者の債務が対価的な依存関係にあるため、一方の債務と他方の債務との関係が問題となるわけである。

このような関係のことを、牽連関係あるいは牽連性という。

(2) 3つの牽連性

以上のような双務契約における牽連性は、従来、

　①一方の債務が成立しないときに、他方もまた成立しないのか(成立上の牽連関係)、

　②一方の債務を履行するときに、他方と同時履行となるのか(履行上の牽連

1-23

関係)、
③一方の債務が消滅したときに、他方の債務もまた消滅するのか(存続上の牽連関係)

という3つの場面で問題となるとされてきた。

【3】本節の構成

以下では、改正前民法下における上記3つの牽連性と平成29年改正民法によるその変容について順次説明したうえで、その後に、第三者のためにする契約の効力について検討していくことにする。

2 成立上の牽連関係

【1】かつての伝統的見解

かつての伝統的見解のもとでは、成立段階における関係では、契約の成立時に一方の債務が存在していることが必要であり、これが存在していないと他方の債務も存在しないと理解されていた。

すなわち、たとえば、家屋の売買にあたって、契約の成立時にすでに家屋が消滅していると、契約の一方の当事者である売主の引渡義務(債務)は原始的不能であって、双務契約における2つの債務の密接な関係という見地からすると、他方当事者である買主の代金支払債務も生じないとされていた。結局、原始的不能な給付を目的とする契約の場合には、契約全体が無効とならざるをえないと理解されていたのである。ただし、改正前民法のもとでも、原始的不能な給付を目的とする契約も有効であると考える有力な見解も存在した。

【2】平成29年改正民法下での理解

平成29年改正民法では、412条の2第2項は、「契約に基づく債務の履行がその契約の成立の時に不能であったことは、第415条の規定によりその履行の不能によって生じた損害の賠償を請求することを妨げない」と規定された。

この規定は、原始的不能について、かつての伝統的見解とは異なり、契約に基づく債務の履行がその契約の成立の時に不能であったときであっても、契約は、そのためにその効力を妨げられない(有効)との考え方を基礎にしたうえで、そのもっとも代表的な法的効果として債務不履行を理由とする損害賠償、いわゆる履行利益の賠償を条文上に明記したものとされている。

したがって、平成29年改正民法のもとでは、原始的不能な給付を目的とする契約も有効となるので、その限度において成立上の牽連関係の問題は妥当しないことになる。

← 「成立上の牽連関係」とは

← 平成29年改正

→ 潮見・改正法62頁

| 平成29年改正事項 | 履行不能(原始的不能) | C2 |

契約に基づく債務が契約締結時にすでに履行不能であった場合の当該契約の効力について、改正前民法は規定を設けていなかった。そのため、このような契約の効力は解釈に委ねられており、判例には、傍論ではあるが、原始的に不能である場合には契約は無効であるとしたものがあった。

しかし、学説上は、原始的不能の契約は必ずしも無効ではないという見解が現在はむしろ多

→ 部会資料75A・3頁、一問一答72頁

→ 最判昭和25年10月26日民集4巻10号497頁

数となっており、原始的不能の契約が無効であるという理解は揺らぎつつあるとされていた。その理由としては、第1に、契約に基づく債務の履行が成立時から不能であったか成立後に不能になったかは偶然の事情に基づくものであり、場合によってはきわめて小さい時間差しかない場合もあるのに、契約の効力の有無や損害賠償の範囲の点で効果が大きく異なるのは相当ではないこと、第2に、契約を締結した当事者はそれに基づく債務の履行が可能であると考えて契約を締結するのであり、その履行がされなかった場合には、それが原始的に不能であったかどうかにかかわらず履行利益の賠償を認めなければ、債権者に不測の損害をもたらす場合があることがあげられていた。

そこで、平成29年改正民法は、契約の効力が妨げられないことによって実現されるもっとも代表的な法的効果として損害賠償を取り上げ、契約に基づく債務の履行がその契約の成立の時に不能であることによって生じた損害の賠償を請求することを妨げないことを明記した(412条の2第2項)。

なお、412条の2第2項の規定は、原始的不能の場合における履行利益の賠償が唯一の効果であることを定めるものではなく、原始的不能を理由とする契約解除を否定するものではないし、代償請求権その他の履行不能に妥当する規定の適用を否定するものではないとされている。

➡ 潮見・改正法62頁

1-24　履行不能（原始的不能）

改正前民法	H29改正民法
・規定なし ・判例には、傍論で、原始的不能である場合には契約は無効であるとしたものがあった。	契約に基づく債務の履行がその契約の成立の時に不能であったことは、415条の規定によりその履行の不能によって生じた損害の賠償を請求することを妨げない(412の2Ⅱ)。

学説上、原始的不能の契約は必ずしも無効ではないという見解が多数となっていたため、契約に基づく債務の履行がその契約の成立の時に不能であることによって生じた損害の賠償を請求することができると明記し、原始的不能でも契約の効力が妨げられないことを示した。

もっとも、契約に基づく債務の履行がその成立時にすでに不能であったことが他の無効原因に該当する場合には、その契約は無効になる。たとえば、当事者が、履行が可能であると認識して契約を締結したところ、実は契約成立時にすでに履行は不能であった場合には、錯誤取消しの要件(95条)をみたすのであれば、契約は取消しによって無効になる(121条)。また、契約の解釈によって、当事者が、履行が不能であれば契約を無効とする合意をしていたと解される場合には、その合意の効力として契約が無効となることもありうる。

➡ 部会資料75A・3頁

したがって、以上の限度においてはなお、成立上の牽連関係が妥当することになる。

3 履行上の牽連関係──同時履行の抗弁権

【1】意義

(1) 同時履行の抗弁権とは

同時履行の抗弁権とは、1つの双務契約から生じた対立する債務の間に履行上の牽連関係をもたせる制度をいう。たとえば、買主が代金支払債務の履行の提供(493条本文)をしないで、売主に対して目的物の引渡しを請求した場合には、

← 「同時履行の抗弁権」とは

売主は、買主の代金支払と引換えでなければ目的物を引き渡さないと抗弁できるようなことをいう。

すなわち、1つの双務契約から生じた各債務、上記の例でいうと、売主の目的物引渡債務と買主の代金支払債務の一方の履行が、他方の債務の履行と無関係になされるというのでは、公平でなく、また、通常の場合の当事者の意思にも反しようし、さらに取引の簡易迅速な処理に適さない。

そこで、双務契約から生じた各債務の間には、履行上の牽連関係が認められている。すなわち、533条は、「双務契約の当事者の一方は、相手方がその債務の履行(債務の履行に代わる損害賠償の債務の履行を含む。)を提供するまでは、自己の債務の履行を拒むことができる。ただし、相手方の債務が弁済期にないときは、この限りでない」と規定しているのである。

同時履行の抗弁権の法的性質について、通説は、同時履行の抗弁権は、当事者間の公平に基づき法が特に認めた権利であると解しているが、双務契約における両債務が対価的牽連性を有していることに内在する権利であると捉える見解もある。

→ 中舎・債権法61頁

(2) 留置権との異同

(a) 共通点

同時履行の抗弁権は、公平の見地(観念)から認められる点(通説)や、債務者に自己の債務の履行を拒否する機能を認める効果の点では、留置権(295条から302条まで)と共通する。

← 留置権との異同

(b) 相違点

しかし、同時履行の抗弁権が双務契約の効力の一種(債権法上認められる権利)であるのに対し、留置権が担保物権の一種(物権法上認められる権利)であることから、次のような差異が認められる。特に両者は、同じような場面で問題となることが多いため、両者の相違点が問題となる。

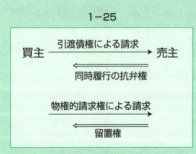

たとえば、売買契約において、買主が売主に対して「目的物を引き渡せ」と請求をした場合に、売主のほうは「引き渡すけれども、代金を払ってほしい。代金の支払と引換えに引渡しをする」と反論したとします。

このときの反論は、同時履行の抗弁権を主張することもできますし、また、代金債権を担保するために、留置権が認められるので、留置権の行使を主張することもできるわけです(留置権・同時履行競合説)。このように、売買契約における売主は、通常同時履行の抗弁権の主張と留置権の主張のどちらもなすことができます。

← 同時履行の抗弁権と留置権の競合

(i) 拒絶の内容について

まず、留置権では、他人の物を留置するにとどまる、すなわち物の引渡しを拒絶できるにとどまるのに対し、同時履行の抗弁権では、給付の履行の内容いかんを問わず、履行を拒絶することができる。拒絶しうる給付の内容は多様なのである。

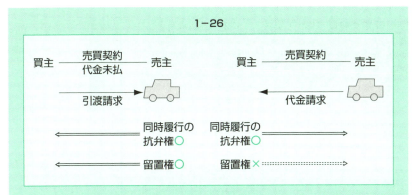

たとえば、上記図1-26の場合に、同時履行の抗弁権を行使すると、売主が買主に対して物の引渡しを拒絶できるだけでなく、買主が売主に対して物の引渡しがなければ代金の支払を拒絶できるということになります。

これに対して、留置権は、あくまでも物の引渡しを拒絶できるにとどまるものですから、ここでは売主が、買主による代金の支払がない場合に、自動車（物）の引渡しを拒絶することができますが、反対に、買主が代金の支払を拒絶することはできないのです。

(ⅱ) 対第三者について

同時履行の抗弁権は、双務契約の相手方に対してしか主張することができないのに対し、留置権は物権であるから、すべての者に対して主張することができる。

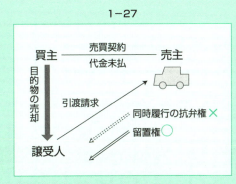

たとえば、売買の目的物（自動車）が買主から第三者（譲受人）に譲渡されたような場合には、売主は、その譲受人に対して同時履行の抗弁権を主張することはできませんが、留置権であればその譲受人からの引渡請求に対しても主張することができます。

(ⅲ) 不可分性について

同時履行の抗弁権で履行を拒絶する債務は、相手方の不履行の度合いに応じて割合的でありうるのに対し、留置権には不可分性がある（296条）。

つまり、留置権では、被担保債権を全額弁済してもらうまで、目的物の全部について留置権を及ぼすことができるということです。これは、被担保債権の履行を確実なものとするために、原則として最後の1円を支払ってくれるまでは目的物をすべて返さない、渡さないと主張することができるということです。

これに対して、同時履行の抗弁権は、被担保債権の担保という趣旨はあまりありませんので、履行を拒絶する債務は相手方の不履行の度合いに応じて割合的に考えることができます。たとえば、代金の全額を支払わない相手方に対しては「全額の代金を支払うまでは品物全部を引き渡さない」と拒絶することになりますが、代金の半分だけを支払ってきた

相手方に対しては、こちら側も品物を半分は渡さなければならないというわけです。もちろん、目的物が可分であることが前提となりますが、代金を支払わないその半額分に相応する目的物の引渡しを拒絶できるだけ、と考えていくのです。双務契約における対価関係のバランスという観点から、価値的な均衡を考えているわけです。

(iv) 担保の供与による消滅について

留置権では、債務者が代担保を提供することによって消滅させることができる（301条）のに対し、同時履行の抗弁権では、代担保で消滅させることができない。

前述したように、留置権には不可分性がありますので、たとえば、売主は、100万円の売買代金債権を担保するために、買主がすでに90万円を支払って被担保債権が残り10万円しかない場合であっても、100万円相当の商品全部について、その引渡しを拒絶することができることになります。しかし、これでは価格的に不均衡が生じ、買主の利益が害されてしまいます。そのため、この不均衡を是正するために、担保の供与（代担保の提供）による留置権の消滅という制度（301条）が認められているのです。
これに対して、同時履行の抗弁権には不可分性が認められていませんので、担保の供与による消滅という制度を認める必要はないのです。

(v) 競売申立権の有無について

留置権者には競売申立権がある（民執195条）のに対し、同時履行の抗弁権にはこの機能はない。

同時履行の抗弁権と留置権の異同

		同時履行の抗弁権(533)	留置権(295)
共通点	趣　旨	公平の見地	
	効　果	債務者に、自己の債務の履行を拒否する権能を認める	
相違点（法的性質の相違の現れ）	法的性質	双務契約の効力の一種（債権法上認められる権利）	担保物権の一種（物権法上認められる権利）
	拒絶の内容	給付の内容を問わず履行を拒絶できる	物の引渡しを拒絶できる
	対第三者	主張できない	主張できる
	不可分性	履行を拒絶する債務は相手方の不履行の度合いに応じて割合的でありうる	不可分(296)
	担保の供与による消滅	不可	可(301)
	競売申立権	なし	あり（民執195）

【2】要件

同時履行の抗弁権が認められるためには、次の要件が必要である。

←同時履行の抗弁権の要件

①同一の双務契約から生ずる両債務の存在（債務の履行に代わる損害賠償の債務の履行を含む）
②双方の債務がともに弁済期にあること
③相手方が履行または履行の提供をしないで履行を請求すること

順に検討していこう。

(1) ①同一の双務契約から生ずる両債務の存在（債務の履行に代わる損害賠償の債務の履行を含む）

同時履行の抗弁権の成立要件の第1は、1個の双務契約から生じた対立する債務が存在することである。履行の場所が同一であることは要件ではない（判例）。

→ 大判大正14年10月29日民集4巻522頁

この両債務の存在には、債務の履行に代わる損害賠償の債務の履行を含む（533条本文括弧書）。平成29年改正により追加されたものであり、この点については後述する。

← 平成29年改正

また、双務契約から生じた一方の債権が譲渡されたり（466条から469条まで）、債務が引き受けられたり（470条から472条の4まで）した場合であっても、債権・債務の同一性は失われないので、同時履行の抗弁権は存続する。たとえば、不動産の売主Aの買主Bに対する代金債権について転付命令（民執159条）を受けたC（Aの債権者）は、Aが所有権移転登記手続を完了するのと引換えでのみ、Bに対し代金支払を請求することができる。

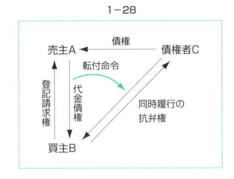

1-28

さらに、代金債務を目的として準消費貸借（588条）を締結したときも、原則として、両債務の同一性が維持され、同時履行の抗弁権は失われないと解されている。判例においても、売買代金債務を目的とする準消費貸借契約が締結された場合であっても、売主は、自己の所有権移転登記手続に基づいて有していた同時履行の抗弁権を失わないと述べたものがある。しかし、当事者の交代による更改（514条、515条）の場合には、債務の同一性は失われるから、同時履行の抗弁権は失われる（判例）。

→ 最判昭和62年2月13日判時1228号84頁

→ 大判大正10年6月2日民録27輯1048頁

(2) ②双方の債務がともに弁済期にあること

第2に、相手方の債務が弁済期にないときは、同時履行の抗弁権は認められない（533条ただし書）。

> 同時履行の抗弁権は、こちらが相手方に対して「履行してくれるまではこちらも支払わない」と主張するわけですから、相手方に対して間接的に履行を請求することを意味します。したがって、**相手方**の債務が弁済期にあることが必要となるのです。
> もっとも、同時履行の抗弁権は、相手方からの請求を拒絶するものである以上、そもそも相手方がこちらに履行を請求することができるような場面でなければ問題となりませんから、**自己**の債務も弁済期であることが必要となります。
> 以上より、同時履行の抗弁権の第2の成立要件は結局、**双方の債務がともに弁済期にあること**、となるのです。

以下、この要件に関連する問題点を検討していく。

(a) 契約の趣旨によって、一方の債務者が先履行義務を負担する場合

契約の趣旨によって、一方の債務者が先履行義務を負担する場合には、その義

務者はもとより、相手方の履行を期待しうる立場にはないのであるから、同時履行の抗弁権は有しない。

たとえば、Aが建物をBに売り渡し、Bがまずは代金を支払い、建物はその1か月後に引き渡すという特約があった場合に、AはBに対しとりあえず代金を請求することができ、Bは、代金支払について先履行義務があるから、Aに対し建物の引渡しの提供があるまで代金の支払を拒むという主張をすることはできない。

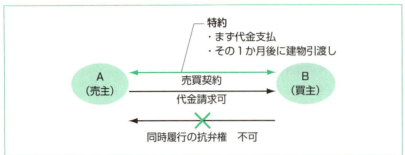

(b) 後履行義務の期限到来後における先履行義務者の同時履行の抗弁権

先履行義務が履行されないうちに後履行義務の弁済期が到来した場合には、先履行義務者は同時履行の抗弁権を有するにいたるであろうか。たとえば、A・B間の自動車の売買契約において、Aが9月末に自動車を引き渡し、10月末にBが代金を支払うという契約があったところ、Aが履行しないでいる間に、10月末日が過ぎてしまったら、本来は先履行義務を負担しているAにも、同時履行の抗弁権が認められるであろうか。

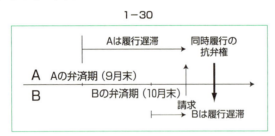

この点について、通説は、同時履行の抗弁権の行使が認められるかどうかは、履行の請求がされる時を基準とするという立場から、その行使を肯定する（同時履行肯定説）。

> この場合には、たしかに、売主Aは1か月間、履行遅滞をしてしまっているわけですから、公平の観点から、同時履行の抗弁権を認めないという考え方もできます。しかし、履行遅滞責任を問われるということと、代金支払期限が過ぎているので代金を支払ってくれるまでは品物（自動車）を渡さない、という同時履行の抗弁権を認めるかということは、別問題として切り離して考えることもできます。したがって、通説のように、履行遅滞に陥っている売主のほうからも、同時履行の抗弁権を主張することができると考えてよいでしょう。そして、このように考えても、先履行義務者はすでに生じた履行遅滞責任まで免除されるわけではありませんので、実際上の不都合はそれほど生じないといえるでしょう。

なお、原則として同時履行肯定説に立ちつつ、例外的に、先履行義務者の履行を前提に相手方の履行が可能な場合や、契約の趣旨からみて先履行の義務者の履

行の利益を相手方がまず受けることとされているような場合には、同時履行の抗弁を否定する見解もある（折衷説）。

(3) ③相手方が履行または履行の提供をしないで履行を請求すること

同時履行の抗弁権の成立要件の第3は、相手方が自己の債務の履行またはその提供をしないで当方の債務の履行を請求（単純請求）してきたことである。

> 533条は、「相手方がその債務の履行……を提供するまでは」と定めています。すなわち、**履行**をした場合には当然同時履行の抗弁権を行使することはできなくなりますが、履行そのものではなく、その前段階である**履行の提供**があったときも同様です。なぜなら、履行の提供により、債務者としては弁済につきなすべきことを完了したのであって、あとは債権者の受領を待つだけだからです。
> 492条は、「債務者は、弁済の提供の時から、債務を履行しないことによって生ずべき責任を免れる」と定めています。そのため、相手方が弁済の提供（履行の提供）をした時は、同時履行の抗弁権を主張することはできません。
> 以上から、相手方の履行の提供がないということが、同時履行の抗弁権の成立要件となるのです。

以下、この要件に関連する問題点を検討していく。

(a) 相手方の不完全な履行と同時履行の抗弁権

相手方が自己の債務の一部のみを履行したり、不完全な履行をしたりした場合には、当方は同時履行の抗弁権を行使することができるであろうか。

この点については、具体的な事例にもよるが、一般的には、同時履行の抗弁権の制度が立脚する公平の趣旨・原則に従って決定すべきものといわれている。

すなわち、①給付が可分であれば、未履行または不完全履行の部分に相当するだけの債務の履行を拒絶することができるのが原則であるが、②未履行または不完全な部分が軽微であれば、反対給付の一部についても抗弁権はなく、逆に、③未履行または不完全な部分が重大であれば、反対給付の全部について抗弁権があると理解されている。

(b) 一方の明白な不履行の意思

相手方が履行の提供をしない場合であっても、自己の債務を履行しない意思を明らかにした者は、同時履行の抗弁権を主張することはできない。

たとえば、判例は、不動産の売主が買主に対して自己の債務を履行しない意思を明らかにした場合には、買主が代金の提供をしなかったときでも売主は同時履行の抗弁権を主張することはできず、したがって売主には債務不履行の責任があるとする。

➡ 最判昭和41年3月22日民集20巻3号468頁

(c) 相手方の提供による抗弁権の消滅

相手方が履行の提供をすると同時履行の抗弁権を行使することができなくなるが、それでは、同時履行の抗弁権を喪失させるためには、相手方の提供は一度あれば足りるのであろうか、それとも継続することが必要なのであろうか。言い換えれば、一度履行の提供をすれば、相手方の同時履行の抗弁権は永久に消滅してしまい、相手方は二度と同時履行の抗弁権を主張することができなくなるのかという問題である。

●論点B⁺ランク（論証1）

> たとえば、買主Aが売主Bに対して目的物の引渡しを請求するとします。この場合、売主Bには同時履行の抗弁権がありますから、代金を払ってくれるまでは品物を引き渡さ

1-3 契約の効力　053

ないということが当然主張できます。したがって、買主Aのほうは代金の弁済の提供をするわけです。そうすると、弁済の提供をされて請求された売主Bのほうは、もはや代金を払ってくれるまでは引き渡さない、という同時履行の抗弁権は行使できなくなります。にもかかわらず、売主Bのほうが事実上品物の引渡しを拒絶してずるずると履行期を過ぎてしまったとしましょう。買主Aのほうは、しばらくしてから再び目的物を引き渡してくれと請求してきます。この場合に、売主B側は、先ほど買主Aが弁済提供をして請求してきたときに同時履行の抗弁権が奪われてしまっている以上、今回の請求においては、同時履行の抗弁権を主張することができないのかという問題です。

1-31

```
       請求＋提供          請求
  A       ↓              ↓
  B       ↓    事実上拒絶  ↓         → t
       533条行使不可      533条行使可
```

　この点について、判例・通説は、一方当事者は履行の提供をしてもその債務は免れないので、両債務の履行上の牽連関係はなお存続し、他方の当事者は、なお同時履行の抗弁を主張することができると解するのが公平にかなうとする（提供継続必要説）。同時履行の抗弁権は、一時的（延期的）な抗弁であると解されるので、この立場でよいであろう。

→ 大判明治44年12月11日民録17輯772頁、最判昭和34年5月14日民集13巻5号609頁

　買主の側が**請求する場合**には再び弁済の提供をして相手方の同時履行の抗弁権を奪わなければならないことになります。これは別の言い方をすれば、買主のほうは売主の同時履行の抗弁権を消滅させるためには、**弁済の提供を継続しなければならない**ということです。
　なぜ、このように弁済の提供が再び必要なのかというと、売主Bのほうからすれば、再び請求された場面においても、やはり債権債務関係は存続して継続しているので、履行上の牽連関係というものを認めていく必要性があるからです。また、売主が事実上履行を拒絶している間に、買主のほうが代金を払えなくなる無資力状態に陥ったとしましょう。そのあと買主が目的物の引渡しを請求してきたからといって、売主が無条件で品物を引き渡さなければならないとすると、売主にとって酷であり、不公平になるでしょう。

← 弁済提供の継続の必要性

　なお、以上に対して、契約の解除を主張する場合には、再び弁済の提供をする必要はないと考えられている。

● 論点B⁺ランク
（論証２）

　買主が売主に対して目的物の引渡しを代金の弁済提供と同時に請求したとします。ところが、売主は事実上引渡しを拒絶し、ずるずると履行期を徒過してしまったとします。このとき、買主側は売主に対して「履行しないのならば契約を解除する」といえますが、この契約の解除の主張の際に再び弁済の提供をしなければならないのかというと、これは不要であるとされています。買主側は売主に対して一度弁済の提供をして相手方の同時履行の抗弁権を奪っておけば、契約解除の意思表示をする際に再び弁済の提供をする必要はないのです。言い換えれば、その際売主は、買主に対してもはや同時履行の抗弁権を主張しえないというわけです。
　なぜ、解除の場合には同時履行の抗弁権を主張しえなくなるのでしょうか。そもそも同時履行の抗弁権は、履行上の牽連関係を認めようとするものですが、契約を解除するという場面では、契約を解消させてしまうわけですから、履行上の牽連関係というものはもはや問題とならなくなるわけです。したがって、解除の場面においては**一度弁済の提供をすれば**、それで相手方の同時履行の抗弁権を奪ってしまうことができるということにな

るのです。

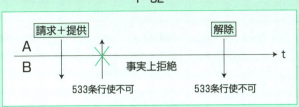

このように、再び請求する場合と解除をする場合とで、同時履行の抗弁権がなくなるかどうか、言い換えれば、弁済の提供を続けなければいけないのかについて結論が違ってくるので、注意してください。

(4) 同時履行関係の主張の要否——存在効果説と行使効果説

次の【3】で述べる同時履行の抗弁の効果を生じさせるためには、双務契約の当事者の一方(債務者)は、相手方(債権者)に対して同時履行の抗弁を行使(援用)することが必要かという問題がある。すなわち、同時履行の抗弁権が認められることによって発生する法律効果は、同時履行の抗弁権を基礎づける事実が存在しているということ自体の効果(存在効果説)なのか、それとも債務者が同時履行の抗弁権を行使したことによる効果(行使効果説)なのかが問題となる。

533条本文は、相手方からの履行請求に対して「自己の債務の履行を拒むことができる」と規定しています。これは、いわゆる抗弁の提出ですから、これを提出する者(同時履行の抗弁権の効果を欲する者)には後述するように引換給付判決がなされることになりますが、そうすると、反対に、その効果を欲しない者は保護する必要はないことになります。そう解すれば、同時履行の抗弁権の行使(援用)を要件とする、すなわち同時履行の抗弁権を行使(援用)することが必要となります。

他方で、同時履行の抗弁の主張を要するとすると、たとえば相手方が履行またはその提供をしないで請求した場合には、当事者の一方は、抗弁権を行使しない以上は履行遅滞となることになりますが、そのような結論でよいのかという疑問も生じます。そのように考えると、同時履行の抗弁権を行使(援用)することは要しないことになります。

この点について、通説は、①本来的給付の履行請求について、債務者が履行拒絶をすることが正当化されるには、債務者が同時履行の抗弁権を行使しなければならないとしつつも、②履行遅滞に結び付けられるその余の効果(遅延賠償請求権の発生・解除権の発生、同時履行の抗弁権の付着した債権を自働債権とする相殺の禁止)については、同時履行の抗弁権の存在自体から生じるとする(存在効果説)。

注意してほしいのは、存在効果説といわれる上記立場であっても、①本来的給付の履行請求について、債務者が履行拒絶をすることが正当化されるには、債務者が同時履行の抗弁権を行使しなければならないという点です。すなわち、債権者が訴えを提起した場合には、債務者が同時履行の抗弁を主張すれば引換給付判決となりますが、債務者が主張しなければ債権者の請求はそのまま認められ、単純な給付判決となるのです(判例)。ですので、①の場面では、次に述べる行使効果説に立つか、上記の存在効果説に立つかに関わりなく、債務者は同時履行の抗弁権を行使しなければならないのです。

→ 大判大正7年5月2日民録24輯949頁

これに対して、実務では、行使を待たずに機能する抗弁権を認めるのは抗弁の

本旨に反して不当であるとし、同時履行の抗弁権の行使(援用)がなければ、その効果が生じないとする(行使効果説)。

> このような学説の対立があるのですが、他方で、次のように理解する考え方もあります。
> すなわち、533条本文は、双務契約上の双方の債務を、公平および当事者の意思という観点から同時履行として「履行を拒むことができる」という構成で表したにすぎません。ですから、抗弁権という権利を強調して抽象的な議論(存在効果説と行使効果説)を展開することは、公平および当事者の意思という制度趣旨から離れていくおそれがある、したがって、同時履行の抗弁権の効果については、具体的な効果ごとにそれぞれの要件の問題として考えればよく、存在効果説または行使効果説から演繹する必然性はないとの指摘がなされています。

→ 星野・概論Ⅳ43頁、中田・契約法153頁

【3】効果

(1) 引換給付判決

(a) 行使と引換給付判決

同時履行の抗弁権が行使されると、裁判所は、被告に対し、原告の給付と引換えに給付すべき旨を命ずる判決(引換給付判決)をすることになる。これは、留置権(295条)の場合の処理と同じである。引換給付は、執行官等が容易に判断することができるように、判決主文に明瞭に確定されていることが必要である(判例)。

← 引換給付判決とは

→ 大判昭和9年6月15日民集13巻1000頁

> たとえば、実際の裁判の場合に、原告が被告に対し「代金を支払え」という請求をしたとします。ところが、被告は、「代金は支払うけれども、品物の引渡しがあるまでは代金の支払を拒絶する」と同時履行の抗弁権を主張したとします。この場合、裁判所は、原告の「代金を支払え」という請求をまったく認めないのではなく(認めない場合のことを「請求を棄却する」といいます)、「被告は、原告の給付と引換えに、原告に対し、代金を支払え」と命じる判決をだすことになるのです。

(b) 引換給付判決の執行

引換給付判決に基づいて強制執行をする場合には、原告が履行または提供をしたことの証明は、執行文付与の要件ではなくて、執行開始の要件である(民執31条1項)。ただし、意思表示が反対給付との引換えの場合には、執行文付与の要件とされている(民執174条1項、2項)。

> この部分は、民事訴訟法および民事執行法を勉強しないとよくわからないはずですので、それらを学習した後に立ち返って理解すれば足ります。

(2) 履行遅滞責任の免除

同時履行の抗弁権を有する者は、抗弁権の存在または行使によって履行の拒絶が正当化されるので、**履行遅滞責任を免れる**。したがって、**債権者による損害賠償請求や契約の解除は認められない**。

> これは、債務不履行の損害賠償の場面のところで検討しましたが、債務不履行というのは、履行しないことが違法でなければ、その責任は生じません。すなわち、弁済期になっても履行しない者が履行を拒絶する正当な理由を有していた場合には、違法ではなく債務不履行責任を問われることはないわけです。

→ 『債権総論』2章3節[2]【2】

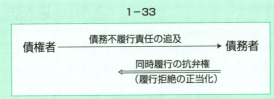

具体的には、弁済期が到来したとしても同時履行の抗弁権を主張できる場合には、履行を拒絶する正当理由があるわけですから、債務不履行責任として損害賠償を負わされることはありません。また、この場合には、債務不履行を理由に解除されることもないということも意味しています。

(3) 相殺の無効

同時履行の抗弁権を相手方(債務者)が有するときは、その抗弁権の付着する債権を自働債権として相殺すると、相手方に抗弁権行使の機会を失わせることになるので、そのような相殺は許されない(505条1項ただし書。判例)。この点については、債権総論で学習した。

→ 大判昭和13年3月1日民集17巻318頁
→ 『債権総論』4章4節[2]【1】(5)

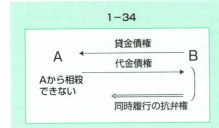

これは、相殺が一方的に自働債権の履行を強制するという意味をもっているため、その自働債権に相手方の同時履行の抗弁権が付いている場合には、履行を強制することができないからです。なお、抗弁権が付着した受働債権については、相殺は許されます。

【4】双務契約以外における同時履行の抗弁権

双務契約によらない場合であっても、当事者間の公平を図るため、明文の規定によって、法律の規定による準用や解釈による類推適用によって同時履行の抗弁権が認められる場合がある。双務契約における当事者の一方が履行不能となり、債務の履行に代わる損害賠償債務(填補賠償債務)が発生した場合(533条本文括弧書)についても、ここで述べておく。

← 双務契約以外における同時履行の抗弁権の類型

(1) 明文の規定による場合

(a) 填補賠償債務(533条本文括弧書)

平成29年改正民法は、双務契約における当事者の一方の債務が履行不能となり、債務の履行に代わる損害賠償債務(填補賠償債務)が発生した場合にも、その填補賠償債務と他方当事者の債務とが同時履行の関係に立つことを確認する規定を設けた(533条本文括弧書)。

← 平成29年改正

すなわち、533条本文括弧書により、履行に代わる損害賠償・追完に代わる損害賠償請求権と売主の代金請求権との同時履行関係や、注文者の追完に代わる損害賠償請求権と請負人の報酬請求権との同時履行関係を扱うルールが、一般ルールとして採用された。

→ 潮見・改正法236頁

この結果、改正前民法571条(売主の担保責任と同時履行)、改正前民法634条2項後段(仕事の目的物に瑕疵があったことを理由とする損害賠償と請負報酬との同時履行)の各規定は、削除された。

| 平成29年改正事項 | 填補賠償債務との同時履行 | B2 |

→ 部会資料84-3・13頁、一問一答226頁

　改正前民法533条は、双務契約における相手方の債務と自己の債務とが同時履行の関係に立つ旨を定めていたが、実務上は、双務契約における当事者の一方の債務が履行不能となり当該債務の履行に代わる損害賠償債務（填補賠償債務）が発生した場合にも、その填補賠償債務と他方当事者の債務とが同時履行の関係に立つと解されていた。

　そして、改正前民法571条は、売主の担保責任に基づく填補賠償債務と買主の代金支払債務とが同時履行の関係に立つ旨を定めていたが、平成29年改正では、売主の担保責任を契約に基づく通常の債務不履行責任と同じものとして構成し直すことから、533条が直接適用されるものと整理するのが相当であり、改正前民法571条については存在意義の乏しい規定になると考えられた（同様のことは請負に関する改正前民法634条2項後段についても問題となる）。そのため、法制的な規定の整理という観点から改正前民法571条（および改正前民法634条2項後段）の規定を削除することが考えられるが、その際、これまで存在していた規律を単に削除するのみでは、改正後は当該規律が積極的に妥当しなくなるとの誤解を生じかねないことから、533条の同時履行が填補賠償債務との関係でも妥当する旨を同条に明記する必要がある。

　そこで、平成29年改正民法は、改正前民法533条に括弧書を追加し、533条の同時履行が填補賠償債務との関係でも妥当する旨を明確化した。

1-35 填補賠償債務と同時履行

― 改正前民法 ―
双務契約の当事者の一方は、相手方がその債務の履行を提供するまでは、自己の債務の履行を拒むことができる。ただし、相手方の債務が弁済期にないときは、このかぎりでない（533）。

→

― H29改正民法 ―
双務契約の当事者の一方は、相手方がその債務の履行（債務の履行に代わる損害賠償の債務の履行を含む）を提供するまでは、自己の債務の履行を拒むことができる。ただし、相手方の債務が弁済期にないときは、このかぎりでない（533）。

売主の担保責任を契約に基づく通常の債務不履行責任と同じものと構成し直すことから、改正前民法571条は存在意義が乏しい規定となるが、単に削除するのでは填補賠償債務と代金支払債務とが同時履行の関係でなくなるとの誤解が生じうるから、533条の同時履行が填補賠償債務との関係でも妥当する旨を明確化した。

(b) 受取証書の交付と弁済

　弁済をする者は、弁済と引換えに、弁済を受領する者に対して受取証書の交付を請求することができる（486条）。この趣旨は、債務者が二重弁済をさせられるおそれを防止する点にある。平成29年改正により、「弁済と引換えに」との文言が付加され、受取証書の交付請求が弁済の提供と同時履行の関係にあることが明らかにされた。

← 平成29年改正

→ 潮見・改正法183頁

　なお、債権証書の返還（487条）と弁済との関係は、同時履行の関係にはないと解されている。

　これらの点については、債権総論で学習した。

→ 『債権総論』4章1節4【2】

(2) 法律による準用

　民法上、契約解除による原状回復義務（546条）、終身定期金契約の元本返還請求（692条）について533条が準用される。負担付贈与（553条）でも、負担の限度において同時履行の抗弁権が認められる。

　また、特別法上、533条が準用される場合がある。仮登記担保法における清算

金の支払の債務と土地等の登記移転・引渡債務との関係(仮登担3条2項)である。なお、平成29年改正により、引渡しにより対抗できる賃借権のある建物・農地の売買における売主の担保責任(改正前借地借家31条2項、3項、改正前農地16条2項、3項)の規定は削除された。

(3) 解釈上同時履行が問題とされる場合

(a) 契約の無効・取消しの場合

契約が無効または取り消された場合の、当事者相互の原状回復義務(121条の2)については、判例・学説ともに、同時履行の関係を認めている(533条類推適用)。

▶平成22年度第1問

→ 最判昭和28年6月16日民集7巻6号629頁(未成年者の取消し)、最判昭和47年9月7日民集26巻7号1327頁(第三者による詐欺取消し)

→ 4章1節[4]【1】参照
→ 最判昭和47年9月7日(前出)

> 契約が無効であったり取り消されたりした場合、すでに履行がなされてしまっていると、お互い相手方に対してその履行済みのものを「返してくれ」と請求することができるはずです。すなわち、原状回復義務が双方に生じますが、この相互の原状回復義務に同時履行の抗弁権を類推して認めていこうというのが、今日の判例・通説の考え方です。

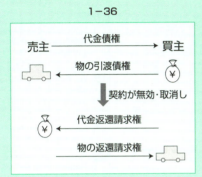
1-36

> 契約が無効または取り消された場合の双方の原状回復義務というのは、本来の契約関係を元へ戻す関係になるから、本来の契約関係の影響を受けるのがふさわしいであろうと考えることができます。したがって、そもそも売買契約において物の引渡債務と代金債務には同時履行の関係があるため、それぞれが履行された後の代金の返還、物の返還という原状回復義務相互においても、売買契約の影響を受けて同時履行の関係を認めるのが公平であろうというわけです。

もっとも、学説のなかには、詐欺または強迫による取消しの場合には、詐欺または強迫をなした者については、留置権についての295条2項の趣旨(不法行為によって占有した者に対して留置権を認めてその債権を特別に保護する必要はないこと)をここに及ぼして、同時履行の抗弁権を否定する見解もある(詐欺考慮説)。しかし、判例は、第三者による詐欺(96条2項)を理由として売買契約を売主が取り消した場合に、当事者双方の返還義務は533条の類推適用により同時履行の関係にあるとしている(詐欺不考慮説)。

→ 最判昭和47年9月7日(前出)

被詐欺者に生じる不利益は不法行為に基づく損害賠償(709条)によって図ることができるし、同時履行関係を否定したとしても、詐欺者からの反訴は認めざるをえず、実際上の意義は小さいうえ、敗訴することになる被詐欺者が訴訟費用を負担することになって、むしろ不合理であることなどを考えると、詐欺等の場合であっても、同時履行の関係を認めてよいであろう。

> 契約の無効・取消しによる原状回復義務(121条の2)における同時履行の関係は、給付利得における契約の清算の問題です。給付利得については、不当利得のところで詳しく解説しますが、詐欺等の場合であっても、同時履行の関係を認める見解は、その理由として、このような契約の清算は、詐欺者の有責性とは無関係に価値中立的に行われるべきこともあげています。

→ 4章2節[2]

(b) 弁済関連と同時履行の抗弁権

前述した受取証書の交付請求が弁済の提供と同時履行の関係にあることのほか、

1-3 契約の効力 059

次のような問題がある。
(i) 既存債務の支払確保のため手形・小切手が交付された場合
　判例は、既存債務の支払の確保のために債務者が手形を振り出した場合には、「債務者は、特段の事由のないかぎり、既存債務の支払は手形の返還と引換にする旨の同時履行の抗弁を為し得るもの」としている。そうでないと、手形の所持人から手形金を請求されて二重払いとなるおそれがあるからである。

→ 最判昭和33年6月3日民集12巻9号1287頁、最判昭和35年7月8日民集14巻9号1720頁

> 　この点については、手形法小切手法で詳しく学習することになりますが、ここでの抗弁権は、二重払いを避けるための特別の抗弁権にすぎません。ですから、抗弁権を有する債務者であっても、その債務の履行期を徒過している以上、履行遅滞の責任を負わなければならないといわれています。同時履行の抗弁権の本来の効力である履行遅滞責任の免除が認められないのです。

→ 『商法・手形法小切手法』6章1節[2]【4】(1)

(ii) 弁済と担保権消滅手続
　この点について、判例は、以下のように判断している。
　　①弁済と留置権目的物との返還とは、同時履行の関係に立つことを肯定する。
　　②弁済と抵当権登記の抹消登記手続との関係については、同時履行の関係を否定するが、弁済することを条件としての抹消登記手続であるならば認められる。
　　③債務の弁済と譲渡担保の目的物の返還とは、同時履行の関係に立たず、弁済が先履行の関係にある。
　　④弁済と担保仮登記の抹消登記手続との関係についても、同時履行の関係に立つものではなく、弁済が先履行の関係に立つ。

→ 最判昭和33年3月13日民集12巻3号524頁、最判昭和33年6月6日民集12巻9号1384頁
→ 最判昭和57年1月19日判時1032号55頁
→ 最判昭和63年4月8日判時1277号119頁
→ 最判平成6年9月8日判時1511号71頁
→ 最判昭和61年4月11日集民147号515頁

(c) 借地借家関連と同時履行の抗弁権
　借地借家関連では、以下の場合が問題となる。
(i) 建物買取請求権

> 　借地借家法13条、14条に、**建物買取請求権**という制度が規定されています。これは、借地上に建物を建てた借地人の投下資本回収の途を保障してあげようという制度です。
> 　すなわち、借地上に自分で建物を建てて住んでいる借地人は、その借地契約の期間が満了した際、民法の原則によると、借地上の建物を取り壊し、借りる前のきれいな更地の状態に復して返還しなければなりません（民622条・599条1項）。そうなると、せっかく建てた建物を壊さなければなりませんから、これは借地人にとって負担になりますし、また、社会経済上も大きな損失といえます。そこで、借地借家法13条は、土地を返還する際に借地人は土地所有者（地主）に対して借地上の建物を買い取ってくれと請求することができると定めているのです。これを建物買取請求権といいます。同様に、借地借家法14条は、第三者の建物買取請求権を規定しています。
> 　建物買取請求権が行使されると、土地所有者と借地権者との間に自動的に売買契約が成立したことになってしまいます。すなわち、建物買取請求権の法的性質は**形成権**なのです。土地所有者にしてみれば、建物買取請求権を行使されるとほしくもない建物の代金を支払わなければならず負担になってしまいますが、借地上に建物が存在する以上、その建物を買い取って有効活用しなさいというわけです。

← 「建物買取請求権」とは

→ 2章6節[6]【2】(2)(c)、(5)(c)

　借地借家法13条または14条により建物買取請求権が行使されたときは、地主（土地所有者）と買取請求権者（賃借人・借地権者）との間で建物の売買契約が成立したのと同じことになるから、建物の引渡し・移転登記と建物代金の支払とが、本来の同時履行の関係に立つことは当然である。

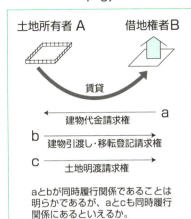

問題は、賃借人は土地の引渡しも拒絶することができるか、言い換えると、建物代金の支払と土地の引渡しとが同時履行の関係に立つかである。

当該建物の建っている土地を返還して、しかも、建物の引渡しだけを拒絶することは不可能に近いから、判例・学説ともに、土地の引渡しも拒絶することができるとする。留置権についても同様である（判例）。

→ 最判昭和35年9月20日民集14巻11号2227頁
→ 『物権法』9章2節②【1】
→ 大判昭和18年2月18日民集22巻91頁

> そもそも、建物代金は、あくまでも建物の代金なのであって、土地とは関係ないはずです。したがって、形式的にみれば建物代金と土地の明渡しは同時履行の関係には立たないのですが、もしこれを否定してしまうと、借地権者はまず土地を明け渡し、それから「建物の代金を払ってくれるまでは建物は渡さない」と主張していくことになります。しかし、建物を明け渡さずに土地だけを明け渡すということは事実上不可能です。まさか借地権者はヤドカリのように建物を担いで土地を明け渡し、そのうえで「建物の代金を払ってくれるまでは建物を渡さないぞ」というふうにするわけにはいきません。そもそも、土地所有者は土地さえ明け渡してもらえればそれですむわけですから、土地の明渡しが終わった後、もともとほしくもない建物の代金などは払おうとはしないでしょう。「建物代金を払ってくれるまでは建物を渡さない」といくら借地権者が主張したとしても、土地所有者のほうは「いや、わたしは土地さえ明け渡してもらえればいいのだから、建物の明渡などはいいですよ。その代わり代金は払いませんからね。そのままずっと建物を担いだままでいてください。ご苦労さま」と言われかねません。これでは、建物買取請求権を認めた意味がまったくなくなってしまいます。
> そこで、形式的には同時履行の関係には立たないはずの建物代金の支払と土地の明渡しにおいても同時履行の関係を認めようというわけです。

なお、この場合に、借地権者が土地を占有していることは違法（不法行為）とはならないが、権原なく占有していることになるので、土地の使用収益による利得を得ていれば、その利得は不当利得になるとされている（判例）。

→ 最判昭和35年9月20日（前出）

Q1 建物買取請求権（借地借家13条、14条）が行使された場合、建物の明渡しおよび移転登記のみならず、土地の明渡しも代金支払と同時履行の関係に立つか。

● 論点Aランク

▶結論：同時履行の関係に立つ。ただし、建物買取請求権者が敷地の使用収益による利得を得ていれば、その利得は不当利得となる（判例）。
▶理由：当該建物の建っている土地を返還して、建物の引渡しだけを拒絶することは不可能に近い。本来、代金支払と同時履行の関係に立つのは、建物の引渡し・移転登記のみであるが、このことの反射作用あるいは反射的効力として敷地の明渡しを拒絶できる。
　もっとも、明渡拒絶が認められることで敷地の占有が不法占拠にはならないとしても、敷地についての使用収益権を有するわけではないので、建物の買取を請求した者が敷地の使用収益による利得を得ていれば、その利得は不当利得となる。

→ 最判昭和35年9月20日（前出）

(ii) 造作買取請求権

> 造作買取請求権(借地借家33条)という制度があります。これは、**造作**、すなわち**賃貸人の承諾を得て**賃借人がその建物に付加した建物の効用を高めるための動産について、「これを買い取ってくれ」と一方的な形成権を行使することができるという制度です。畳や建具などが造作の典型例ですが、それ以外にも、たとえば賃貸人の承諾を得てエアコンを備え付けたような場合は、そのエアコンを造作と考えることもできます。借家人は部屋を出る際に、そのような造作を家主に買い取ってほしいと請求することができるわけです。

← 「造作買取請求権」とは
← 「造作」の典型例
→ 2章6節⑥【2】(4)参照

1-38

家主 ←―― 借家人
  賃貸 ／ 造作
  ←―――― a
  造作買取請求権
  b ――――→
  造作引渡請求権
  c ――――→
  建物明渡請求権

aとbが同時履行関係であることは明らかであるが、aとcも同時履行関係にあるといえるか。

借地借家法33条により造作買取請求権が行使された場合には、家主と借家人との間で造作売買契約が成立したのと同じことになるから、造作引渡義務と代金支払義務とが、本来の同時履行の関係に立つことは当然のことである。

問題は、造作代金の提供を受けるまで建物自体の明渡しを拒絶することができるか、言い換えると、造作代金と建物の明渡しとが同時履行の関係に立つかである。

学説の多くは肯定すべきであるとするが、判例は否定している。なお、判例は、留置権についても否定している。

→ 最判昭和29年7月22日民集8巻7号1425頁
→ 『物権法』9章2節②【2】
→ 大判昭和7年9月30日民集11巻1859頁、最判昭和29年1月14日民集8巻1号16頁

> 造作代金は、もともと建物の価格に比べてきわめて少額である場合が多いため、ここで同時履行の関係を認めてしまうと、かえって不公平になってしまうということがその実質的な理由です。たとえば、10万円相当のエアコンの代金と、1000万円相当の建物の明渡しを同時履行の関係に立たせてしまうということは、かえって不公平になってしまうのではないか、それは公平という趣旨から認められる同時履行の考え方に反するのではないか、というわけです。学説は、建物買取請求権の場合と同じように、この場面でも認めてよいと考える立場が多いのですが、判例は、価格の差があまりにも大きいので不公平であると考えているようです。

Q2 造作買取請求権(借地借家33条)が行使された場合、造作のみならず建物についても明渡しと代金支払は同時履行の関係に立つか。

● 論点Aランク

A説 否定説(判例)

▶ 結論：同時履行の関係に立たない。
▶ 理由：①造作代金は造作について生じた造作の対価であって、建物の対価ではない。
　　　　②一般に建物は造作よりもはるかに高価であるから、建物の明渡しについてまで拒絶を認めるのはかえって不公平である。

→ 最判昭和29年7月22日(前出)

B説 肯定説(多数説)

▶ 結論：同時履行の関係に立つ。
▶ 理由：造作は建物から分離してはその価値を失う。

→ 内田Ⅱ217頁

(iii) 敷金返還と土地・建物の明渡し

平成29年改正民法において、622条の2第1項1号は、敷金返還債務は明渡時

に発生する旨明言している。ところが、敷金返還債務と明渡義務との同時履行の有無については言及しておらず、争いがある。

判例は、敷金が賃貸借契約終了後の明渡義務履行までに賃貸人が賃借人に対して取得することがあるいっさいの債権を担保するものであるという理由で、明渡義務が先履行であり、両者は同時履行の関係にないとしている。この点については、賃貸借のところで詳しく触れることにする。

(iv) 立退料と土地・建物の明渡し

賃貸借終了時における、土地・建物の明渡しと正当事由の補完としての立退料支払とは同時履行の関係に立つかであるが、判例（借家の事例）・通説は、同時履行の関係に立つとしている。立退料、正当事由の内容については、賃貸借のところで詳述する。

【5】不安の抗弁権
(1) 意義

不安の抗弁権とは、先履行義務者が、相手方の債務の履行について不安な状態を根拠にして履行を拒みうる権利をいう。

このような不安の抗弁権を認めるべきかどうかについて、学説は分かれる。

> たとえば、商品の引渡しが先履行で、代金は翌月に後払という契約をしたとします。引渡しの期日になったなら、売主Aは品物を引き渡さなければならないのですが、買主Bの資産状況がきわめて悪化し1か月後の代金支払期日において代金を支払える見込みがまったくないということが明らかな場合でも、売主は先履行としてまず品物を引き渡さなければいけないのでしょうか。しかし、これでは、売主のほうはほぼ確実に代金回収ができないとわかっているにもかかわらず、品物を引き渡さなければいけないことになってしまい、きわめて不公平な結果を強いられることになります。
>
> そこで、本来、先履行義務がある以上、同時履行の抗弁権など主張しえないはずの売主にも、信義則上、不安の抗弁権といって、相手方の資産状況が回復するまでは品物の引渡しを拒むことができるという抗弁権を認めてあげてよいのではないかという問題です。そもそも同時履行の抗弁権は、公平という趣旨から認められているので、信義則上公平の観点からこのような不安の抗弁を認めることもできるのではないかというわけです。

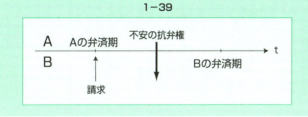

1-39

(2) 不安の抗弁権の肯否

この点について、立法論としては不安の抗弁権を認める必要があるとしつつも、民法上の定めがないので、解釈論としてはこれを否定する見解がある。しかし、通説は、先履行義務を負うのは、相手方の履行可能性を信頼したからであり、相手方の財産状態が悪化して、先履行義務者の信頼の基礎が失われた場合には、信義則上、双務契約における対価関係の一般原則に戻り、履行を拒絶できるとする（不安の抗弁権肯定説）。

なお、不安の抗弁権肯定説の立場ではあるが、不安の抗弁権は同時履行の抗弁権とともに防御的なものにすぎず、それのみでは、相手方の信用不安に対する救

→ 百選Ⅱ133頁[髙嵜]

→ 最判昭和49年9月2日（判例シリーズ71事件）

→ 2章6節③【2】(2)(a)(iii)

→ 最判昭和38年3月1日民集17巻2号290頁、最判昭和46年11月25日民集25巻8号1343頁

→ 2章6節⑥【3】(2)(d)

← 「不安の抗弁権」とは

済として不十分であることから、契約締結後の相手方の信用不安を契約の危殆とみて、先履行義務者に攻撃的な救済として、担保の請求や解除などを認める必要があるとする見解もある(危殆責任説)。

> 平成29年改正民法の立案過程において、不安の抗弁権の明文化が検討されましたが、コンセンサス形成が困難であるとして、立法化は見送られました。

⇒ 部会資料80-3・32頁

4 危険負担

【1】改正前民法の立場──存続上の牽連関係(債権消滅構成)

(1) 意義

危険負担とは、従来、双務契約上の債務の一方が債務者の責めに帰することができない事由によって消滅した場合に、他方の債務も消滅するのか存続するのかという問題をいうとされてきた(存続上の牽連関係)。

← 「危険負担」とは

たとえば、AとBとがA所有の家屋について売買契約を締結した後に、その家屋がAの過失なくして滅失した場合には、Aの履行義務は客観的に不能となり(後発的不能)、また、Aには帰責事由がないから損害賠償義務も発生せず(改正前民法415条参照)、結局、Aの債務は消滅することになる。

この場合に、Bの代金債務が存続するとすれば、Aの債務消滅の危険を負担するのは、その債権者であるBということになるし、反対に、Bの代金債務も消滅するとすれば、Aの債務消滅の危険は債務者であるAが負担することになる。前者が債権者主義、後者が債務者主義という。

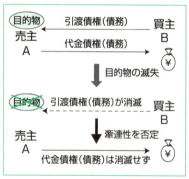
1-40 債権者主義

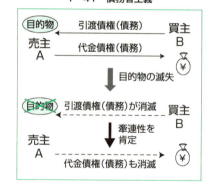
1-41 債務者主義

(2) 原則──債務者主義(改正前民法536条1項)

改正前民法は、原則としては債務者主義を採用していた。すなわち、「前2条に規定する場合を除き」という例外を定めつつも、「当事者双方の責めに帰することができない事由によって債務を履行することができなくなったときは、債務者は、反対給付を受ける権利を有しない」という原則を定めていた(改正前民法536条1項)。

(3) 例外──債権者主義(改正前民法534条1項)

ところが、改正前民法は、これに対する重大な例外を認めていた。すなわち、「前2条に規定する場合」(改正前民法536条1項)のひとつとして、「特定物に関する物権の設定又は移転を双務契約の目的とした場合において、その物が債務者の

責めに帰することができない事由によって滅失し、又は損傷したときは、その滅失又は損傷は、債権者の負担に帰する」という債権者主義を採用していた（改正前民法534条1項）。典型的には、不動産の売買のような場合であり、目的物の引渡しなどの債務について債権者の立場にある買主が危険を負担すると定められたのである。これは、前述したように例外の場合とされているが、実際上、危険負担の多くはこの場合に生ずるので、債権者主義が改正前民法の原則となっているといわれていた。

(4) 債権消滅構成

以上のように、改正前民法下の危険負担の制度は、双務契約において、債務者の責めに帰することができない事由によって債務の履行が不能となったときに、反対債務が当然に消滅するか（債務者主義）、または存続するか（債権者主義）という効果と結び付けられていた（債権消滅構成）。

【2】平成29年改正民法の立場——履行拒絶権構成

(1) 解除制度との関係

ところで、次節で詳しく説明するが、平成29年改正民法のもとでは、解除は、債権者を契約の拘束力から解放するための制度とされたことから、債権者は、債務者の帰責事由の有無を問うことなく、契約を解除することができる。解除をするには帰責事由は不要なのである。逆にいうと、双務契約において、債務の履行が不能である場合に、債権者が自己の負担する反対債務から解放されたければ、債権者は、契約解除の意思表示をしなければならない。履行不能になったからといって、反対債務が当然に消滅するわけではないのである。この点については、債権総論で触れた。

そこで、平成29年改正民法は、このような解除制度と矛盾することのないかたちで危険負担の制度を存置させるため、改正前民法における危険負担の制度（債権消滅構成）に対して本質的な変更を加えた。

すなわち、平成29年改正民法のもとでの危険負担の制度は、双務契約において、債務者の責めに帰することができない事由によって債務の履行が不能となった場合には、債権者が債務者からの反対債務の履行請求を拒絶することができるか否かという効果と結び付けられた（履行拒絶権構成）。換言すれば、この場合にも、債権者は反対債務の履行を拒絶することができるだけであって、反対債務が消滅するものではなく、債権者が、債務の履行不能を理由として反対債務を消滅させるためには、解除の意思表示をしなければならないのである。

> 結局、平成29年改正民法のもとでは、危険負担の制度は、双務契約において、一方の債務が履行不能（後述するように、原始的不能を含みます）である場合に、債権者は**反対債務の履行を拒絶することができるか**という問題となります。
> このように、危険負担について履行拒絶権構成を採用した平成29年改正民法下においても、これを存続上の牽連関係と捉える立場もあります。

(2) 危険負担制度——履行拒絶権構成

(a) 総説

(i) 原則

平成29年改正民法は、「当事者双方の責めに帰することができない事由によっ

▶平成22年度第1問

← 危険負担と解除制度の関係
→ 潮見・改正法247頁、248頁

→ 『債権総論』2章3節[2]【2】
→ 潮見・改正法248頁、潮見・新債権総論Ⅰ617頁

→ 新ハイブリット債権各論29頁[滝沢]

1-3 契約の効力　065

て債務を履行することができなくなったときは、債権者は、**反対給付の履行を拒むことができる**」と規定し（536条1項）、履行拒絶権構成を採用した。これが危険負担の原則である（履行拒絶権の肯定）。

> 改正前民法の伝統的な考え方によれば、双務契約の一方の債務が原始的不能であった場合には、債務は不成立であり、契約は無効となるから、そもそも他方の債務がどうなるかを考える余地はありませんでした。あとは契約締結上の過失が問題となるのみだったのです。この考え方によれば、危険負担は、契約成立後の不能、すなわち後発的不能（無効）の場合にのみ問題となりました。
> しかし、平成29年改正により、契約成立前に履行が不能（原始的不能）であることによって、契約の成立は妨げられることはなく（契約を有効にしたうえで）、債務が実現するか否かはすべて履行上の問題として処理されることになりました（412条の2第2項参照。この点は、債権総論で詳しく説明しました）。ですので、契約締結前であるか否かを問わず、双務契約における一方の債務が履行不能となった場合でも、他方の債務は存続し、その履行がどうなるかだけが問題となります。危険負担の規律の適用範囲が拡大したのです。注意してください。

→ 潮見・改正法248頁

→ 中舎・債権法70頁

→ 『債権総論』2章3節②【2】

→ 一問一答225頁

平成29年改正事項　反対給付の履行拒絶　C1

改正前民法536条1項は、当事者双方の帰責事由によらずに債務者がその債務を履行することができなくなったときは、債権者の反対給付債務も消滅する旨を定めていた。もっとも、当事者双方の帰責事由によらずに債務者がその債務を履行することができなくなった場合でも債権者は契約の解除をすることができるとの考え方（平成29年改正民法の立場）を前提とすると、一方で履行不能による契約の解除によって債権者は自己の反対給付債務を自らの意思表示により消滅させることができるとしつつ、他方で危険負担によって債権者の反対給付債務は自動的に消滅していることになり、制度間の不整合（重複）を生ずる結果となる。

そもそも、履行不能による契約の解除と危険負担との重複の問題は、危険負担の制度が債権者の反対給付債務を自動的に消滅させるものである点に起因するものである。したがって、危険負担の制度を、債権者の反対給付債務を消滅させるものではなく、債権者が反対給付債務の履行を拒むことができるというものに改めれば、両制度の重複の問題は回避されることになると考えられる。

そこで、平成29年改正民法は、危険負担に関する改正前536条1項の規定を改めて、当事者双方の帰責事由によらずに債務を履行することができなくなったときは、債権者は反対給付の履行を拒むことができる旨を定めた（履行拒絶権構成）。

→ 部会資料79-3・16頁、一問一答227頁

1-42 反対給付の履行拒絶

改正前民法	H29改正民法
534条、535条に規定する場合を除き、当事者双方の責めに帰することができない事由によって債務を履行することができなくなったときは、債務者は、反対給付を受ける権利を有しない（536Ⅰ）。	当事者双方の責めに帰することができない事由によって債務を履行することができなくなったときは、債権者は、反対給付の履行を拒むことができる（536Ⅰ）。

履行不能による契約の解除と危険負担との重複を避けるために、危険負担の制度を、債権者の反対給付債務を消滅させるものではなく、債権者が反対給付債務の履行を拒むことができるというものに改めた。

この履行拒絶権の効果によって、債権者は、反対給付債務の履行期を徒過しても、遅延損害金の賠償責任を負わないことになる。

> 一問一答228頁

平成29年改正事項　改正前民法534条（債権者の危険負担）の削除　C1

> 部会資料68A・33頁、一問一答225頁

　改正前民法534条1項は、「特定物に関する物権の設定又は移転」を目的とする双務契約における危険負担について、いわゆる債権者主義を採用する旨を定めていた。たとえば、売買契約の締結後にその目的物（特定物）が滅失した場合には、債権者である買主は、売買代金の全額を支払わなければならない。その趣旨は、起草者によれば、売買契約の締結後に目的物の価額が騰貴した場合には買主がその利益を享受するのであるから、目的物の価額が下落した場合や目的物が滅失した場合にも買主がその不利益を負担すべきであるというものであり、当事者の通常の意思を推測したものであると説明されていた。

　しかし、現在では、むしろ、債権者（買主）が目的物に対するなんらかの支配（引渡しなど）を得る前に目的物が滅失した場合には、債権者（買主）は売買代金を支払う必要はないというのが、当事者の通常の意思であるとされている。また、改正前民法534条1項を形式的に適用すると、たとえば、二重売買の事案（ある物の所有者であるAがその物をBとCに対して二重に売却した後、その物が滅失した事案）や、他人物売買の事案（Bの所有する物をAがCに対して売却した後、その物が滅失した事案）において、売主Aは、二重売買の事案ではBとCの双方から売買代金の支払を受けられることになりかねず、他人物売買の事案でもCから売買代金の支払を受けられることになりかねない。この結論は、双務契約の対価関係からすると、きわめて公平性を欠くことになる。

　そこで、平成29年改正民法は、534条を削除することとした。

1-43　改正前民法534条（債権者の危険負担）の削除

改正前民法	H29改正民法
・特定物に関する物権の設定または移転を双務契約の目的とした場合において、その物が債務者の責めに帰することができない事由によって滅失し、または損傷したときは、その滅失または損傷は、債権者の負担に帰する（534Ⅰ）。 ・不特定物に関する契約については、401条2項の規定によりその物が確定した時から、534条1項の規定を適用する（534Ⅱ）。	削除

> 現在では、債権者が目的物に対するなんらかの支配を得る前に目的物が滅失した場合には、債権者は売買代金を支払う必要はないというのが、当事者の通常の意思であり、また、改正前民法534条1項を形式的に適用すると不公平な結論が生じうるため、改正前民法534条を削除することとした。

平成29年改正事項　改正前民法535条（停止条件付双務契約における危険負担）の削除　C1

> 一問一答225頁

　改正前民法535条1項は、停止条件付双務契約の目的物が条件の成否未定の間に滅失した場合には、その後に停止条件が成就したとしても、改正前民法534条は適用されず、債権者は反対給付を受ける権利を有しない旨を定めていた。しかし、前述のとおり、改正前民法534条を削除すれば、そもそも停止条件が成就した後に目的物が滅失した場合であっても、債権者は反対給付を受ける権利を有しないことになる。したがって、改正前民法534条の適用を除外する旨を定める改正前民法535条1項は、改正前民法534条の削除により不要となる。

　また、改正前民法535条2項は、停止条件付双務契約の目的物が条件の成否未定の間に「損傷」した場合には、改正前民法534条が適用され、債権者は反対給付の全部を受ける権利を有す

る旨を定めていた。もっとも、上記のとおり改正前民法534条を削除すれば、停止条件が成就した後に目的物が損傷した場合には、債務者は反対給付の全部を受ける権利を有しないことになる。したがって、改正前民法534条と同様の帰結を定める改正前民法535条2項は、改正前民法534条の削除に伴いその内容の正当性に問題を生ずることになる。

さらに、改正前民法535条3項は、停止条件付双務契約の目的物が条件の成否未定の間に債務者の責めに帰すべき事由によって「損傷」した場合において、その後に停止条件が成就したときは、債権者は、①契約どおりの債務の履行請求、②債務不履行による解除、③債務不履行による損害賠償請求をすることができる旨を定めていた。もっとも、この規律の内容は、停止条件の成就前に損傷が生じたか、成就後に損傷が生じたかにかかわらず妥当するものである。起草者も、改正前民法535条3項は、同条1項および2項が停止条件付双務契約の目的物が条件成就前に滅失または損傷した場合に関する規律を定めていることから、それとの対比で債務者の責めに帰すべき事由による損傷の場合における当然の規律を明瞭にしておくためのものにすぎない旨の説明をしていた。したがって、上記のとおり同条1項および2項を削除するのであれば、同条3項も削除するのが相当であると考えられる。

そこで、平成29年改正民法は、535条を削除することとした。

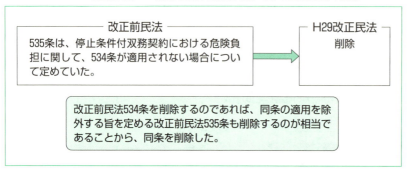

1-44 改正前民法535条(停止条件付双務契約における危険負担)の削除

　　主張立証責任の問題ですから、初学者は読み飛ばしてよいですが、債権者が、536条1項に基づいて履行を拒絶するためには、債務の履行が不能であることを主張・立証するだけでは足りず、反対債務の履行を拒絶するという主張(権利主張)をする必要があります(権利抗弁)。危険負担制度は、債権者の権利行使意思に裏づけられた制度になっているのです。

→ 潮見・新債権総論Ⅰ 617頁

(ii) 同時履行の抗弁権との関係

平成29年改正民法下において、同時履行の抗弁権(533条)と危険負担の制度(536条1項)との関係について整理すると、同時履行の抗弁権は、債務の履行が不能とはなっていないが履行はされていない場合に、債権者が自己の反対給付債務の履行を拒む根拠として機能するものである。これに対して、危険負担の制度は、債務の履行が不能となった場合に、債権者が自己の反対給付債務の履行を拒む根拠として機能するものである。

→ 部会資料79-3・17頁

いずれの場合においても、自己の反対給付債務を確定的に消滅させたい債権者は、債務不履行による契約の解除をすることになる。

なお、債務者が債権者の反対給付債務の履行を求める給付訴訟を提起した場合に、被告である債権者が533条の同時履行の抗弁権を主張すると、引換給付判決(債務者による債務の履行との引換え)がされるのに対し、危険負担における履行拒絶権を主張すると、請求棄却判決がされることになる(576条の支払拒絶権や会社法581条2項の履行拒絶権が主張された場合と同様の取扱いである)。すなわち、

→ 潮見・新債権総論Ⅰ 617頁

危険負担における履行拒絶の抗弁は、同時履行の抗弁のような一時的(延期的)抗弁ではなく、履行不能を理由とした永久的な抗弁であるから、この抗弁が認められたときには、同時履行の抗弁権の場合のような引換給付判決ではなく、請求棄却判決がされることになるのである。

(iii) 536条1項の適用範囲

債務の履行が不能となった場合のうち、①その履行不能について債務者に帰責事由があるときは、債務者は本来の債務の履行に代わる填補賠償債務を負担し、危険負担の規律(536条1項)は適用されない。この場合に、債権者が自己の反対給付債務を拒む根拠として機能するのは、533条の同時履行の抗弁権(債務者の填補賠償債務の履行との同時履行)である。

➡ 部会資料79-3・17頁
▶2018年第1問

他方、②その履行不能について債権者に帰責事由があるときは、後述する536条2項の規律が適用され、債権者は自己の反対給付債務の履行を拒絶することができないことになる。

このように、債務の履行が不能となった場合のうち、①債務者に帰責事由がある場合、②債権者に帰責事由がある場合には、いずれも危険負担の規律(536条1項)は適用されない。したがって、危険負担の規律が適用されるのは、上記①および②の場合を除く場合、すなわち③当事者双方に帰責事由がない場合のみである。以上の理解を前提に、536条1項は「当事者双方の責めに帰することができない事由によって債務を履行することができなくなったとき」との要件を定めている。

536条1項の適用範囲

	債務者の帰責性	債権者の帰責性	適用条文	反対債務の履行拒絶
双務契約上の債務の履行不能	○	×	533	○
	×	○	536Ⅱ	×
	×	×	536Ⅰ	○

もっとも、「当事者双方の責めに帰することができない事由」(536条1項)について、文言上は、反対債務の履行拒絶権を訴訟で主張する債権者が「当事者双方の責めに帰することができない事由」について主張・立証責任を負うかのようであるが、危険負担の規律(536条1項)によって自己の反対給付債務の履行を拒絶したい債権者の側は、債務者の債務が履行不能となったことのみを主張立証すれば足り(抗弁)、これに対して、債権者による履行拒絶の主張を否定したい債務者の側が、その履行不能について債権者に帰責事由があることを主張・立証することになる(再抗弁)と考えられる。

➡ 部会資料79-3・18頁、大江・新債権法の要件事実129頁

> 536条1項は「当事者双方の責めに帰することができない事由」による履行不能という表現を用いていますが、これは、「一般市民にわかりやすくするためにこのように記したものであるが、それ以上に出ない。むしろ、主張立証責任の観点からは、この要件は、無用である」と、潮見先生は指摘しています。
> すなわち、「債務者からの反対債務の履行請求に対して、債権者が履行不能の事実を主張して反対債務の履行拒絶の意思表示をすれば、債務者は、履行不能が『債権者の責めに帰すべき事由』によるものであったこと(本条2項参照)を主張して自己の履行請求を正当化するしかない。この枠組みのもとでは、『債務者の責めに帰することができない事由』も

➡ 潮見・改正法249頁

➡ 潮見・改正法249頁

> 『債権者の責めに帰することができない事由』も、およそ問題とならない(この意味で、規定の構造は、主張立証責任に配慮したものとはなっていない)」といわれています。
> 　以上の主張立証責任の点は、民事訴訟法および要件事実を学習しないとよく理解できないと思いますので、その学習後に立ち返ってください。

　また、債務者としては、その履行不能について債務者自身に帰責事由があることを主張立証することによっても、危険負担の規律(536条1項)による履行拒絶権の主張を否定することができる。もっとも、その場合には、債権者としては、同時履行の抗弁権(債務者の填補賠償債務の履行との同時履行)を主張することができる。

→ 部会資料79-3・18頁

> 　本文で、「①債務者に帰責事由がある場合……には、……危険負担の規律(536条1項)は適用されない」、「債務者としては、その履行不能について債務者自身に帰責事由があることを主張立証することによっても、危険負担の規律(536条1項)による履行拒絶の主張を否定することができる」と説明しましたが、これは、立案担当者の立場にすぎません。
> 　つまり、上記立場は、改正前民法の危険負担の制度は文言上、当事者双方の帰責事由によらないで履行不能となった場合にのみ適用されるもので、債務者に帰責事由がある場合には適用されなかった、そういった改正前民法との連続性を意識しながら制度設計をすることも求められるとして、平成29年改正民法のもとでも、債務者に帰責事由がある場合には、536条1項は適用されないという考え方に基づいています。
> 　以上の理解と同様に、学説のなかにも、「履行不能が債務者の責めに帰すべき事由によるときは、債務者の債務不履行であり、その規律に従う。すなわち、債権者はその債務の履行を請求することはできないが、反対給付を履行して履行に代わる損害賠償を請求でき(新412条の2、415条2項1号)、また、契約を解除できる(新542条)」という見解があります。
> 　ただ、以上のような立場に対して、債務者の帰責事由がある場合であっても、536条1項により反対債務の履行を拒絶することを認めるべきであるとの意見がなされています。たとえば、
> 　「目的を同じくする解除と危険負担の2つの制度で反対債務の負担者について結論を異にする事態を招くべきではありませんから、債権者は、債務者からの反対債務の履行請求に対して、解除ではなくて危険負担の制度に依拠して履行拒絶権によることで対応するときでも、反対債務の履行を拒絶することができるということにしなければ矛盾が生じます」、
> 　「請求した側が自分の引渡債務の履行不能について自分自身に責めに帰すべき事由があることを主張・立証すれば代金の支払請求が認められるということ」は奇妙であるが、「より一層問題なのは、それで代金の支払請求が認められるかといいますと、請求を受けた側が払いたくないと思えば、解除すればよいわけです。契約解除は、もはや債務者の責めに帰すべき事由の有無に関わりなく認められるわけですので、解除はできる。とすると、一体何のためにこの場合に履行拒絶を否定するのか」
> などという意見です。
> 　この点の対立については、今後の議論の推移を見守りたいと思います。

→ 部会第91回議事録21頁(金発言)

→ 中舎・債権法73頁

→ 部会第91回議事録16頁(潮見発言)

→ 部会第91回議事録20頁(山本(敬)発言)

→ 大江・新債権法の要件事実129頁

▶平成6年度第2問

(iv) 反対債務をすでに履行していた場合——反対給付の返還請求

　債権者が債務者に反対債務を先履行したところ、その後に債務者の債務の履行不能が生じた場合や、債務の履行がすでに不能となっていることを債権者が知らずに、債務者に対して反対債務の履行をした場合には、債権者は債務者に対しすでに履行した給付の返還を請求することができるか(なお、債務の履行が不能となった後に、債権者が履行不能の事実を知って反対債務の履行をしたときは履行拒絶の抗弁権を放棄したものと扱ってよい)。

→ 潮見・新債権総論Ⅰ618頁注147

これらの場合には、履行拒絶権としての危険負担では十分ではなく、解除権を行使して原状回復請求に基づいて既払代金の返還請求をすべきであるとする見解があるが、他方で、抗弁権の存在を知らないでされた弁済は非債弁済と同様に扱われるから、不当利得として既払代金の返還を請求することができるとも考えられる。

　この点について、有力な見解は、536条1項はこれらの場合の処理を明示するものではないが、履行済みの給付の返還を求めることができないとしたのでは、履行不能を理由に債権者が契約を解除した場合との平仄が合わないとして、善意の債権者は既履行の反対給付の返還を請求することができるとする。

(b) 例外——履行拒絶権の否定

　民法は、債権者が反対債務の履行を拒絶することができないとするのが適切な場合として、次の2つを認めている。

　①債権者の責めに帰すべき事由によって債務の履行をすることができなくなった場合（536条2項前段）
　②受領遅滞が生じた後に、当事者双方の責めに帰することができない事由によって債務の履行が不能となった場合（413条の2第2項）

　①については、次の(c)で扱う。②については、受領遅滞の効果の箇所で説明した。

　なお、危険負担については、売買に特別の規定が設けられた（567条。559条本文を媒介にして、他の有償契約にも適用される。特に、請負において問題となる）。重要な特則である。売買および請負のところで触れることにする。

(c) 債権者の責めに帰すべき事由による履行不能の場合

(i) 履行拒絶権の否定

　債権者の責めに帰すべき事由によって債務を履行することができなくなったときは、債権者は、反対給付の履行を拒むことができない（536条2項前段）。平成29年改正民法は、536条1項の危険負担の制度を反対給付債務の消滅構成から履行拒絶権構成に改めたことに伴い、536条2項前段についても履行拒絶権構成を前提とする規律に改めた。

> しかも、この場合には、債権者は、履行不能を理由として契約を解除することもできません（543条）。ただし、契約の解除ができなくなるのは、履行不能の場合だけでなく、債務不履行一般（履行遅滞や不完全履行を含みます）の場合です。

(ii) 債務者の利益償還義務

　債権者の責めに帰すべき事由によって債務を履行することができなくなった場合に、債務者は、自己の債務を免れたことによって利益を得たときは、これを債権者に償還しなければならない（536条2項後段）。

　この利得償還の法的性質は、不当利得返還請求権とされている。

(d) 536条2項の拡張——労務提供契約における具体的報酬請求権の発生根拠

　536条2項は、すでに生じている反対債務の履行拒絶権を否定することを述べた規定にとどまらず、これに加え、労務提供契約類型（雇用、委任、請負）において、具体的報酬請求権の発生を基礎づける規定としての意味をあわせもつものとされている（雇用〔賃金請求権〕に関する従前の判例法理でもある）。

たとえば、雇用契約において、使用者(債権者)の責めに帰すべき事由により労働者(債務者)の労務給付義務が履行不能となったり、有償の委任契約において、委任者(債権者)の責めに帰すべき事由により受任者(債務者)の事務処理義務が履行不能となったりしたとする。

　これらの場合に、何らの規定もなければ、前者では、ノーワーク・ノーペイの原則(役務給付がなければ具体的報酬請求権は発生しないとの原則)から、労働者が労働することのできなかった期間に対応する賃金請求権(履行請求権)は発生しない。そのため、労働者は、使用者に対して賃金の支払を請求することができない。また、後者にあっても、受任者が履行できなかった事務処理に対応する報酬請求権(履行請求権)は発生しない。そのため、受任者は、委任者に対して報酬の支払を請求することができない。

→ 2章7節③【2】(1)(a)

　しかし、これでは、反対債務についての危険を負担するのが、帰責事由のある使用者・委任者(債権者)ではなく、労働者・受任者(債務者)となってしまい、不都合である。

　そこで、労務提供契約にあっては、債権者(使用者・委任者)の責めに帰すべき事由による履行不能の場合には、536条2項前段を根拠として、当該不能となった給付に対応する反対債務の履行請求権(具体的報酬請求権)が発生するとして、債務者(労働者・受任者)からの履行請求を肯定すべきである(536条2項は、反対債務の履行請求権〔具体的報酬請求権〕を発生させる根拠として用いられる)。ただし、債務者(労働者・受任者)が労働従事義務・委任事務を免れたことによって利益を得たときは、これを債権者(使用者・委任者)に償還しなければならない(536条2項後段)。

→ 潮見・新債権総論Ⅰ 624頁

→ 潮見・民法(全)385頁

5　第三者のためにする契約

> 　フランスでは、「契約は、契約当事者の間でなければ債務関係を生じない。第三者は、契約の履行を請求することができず、その履行を強制されることもない」と規定し、契約の相対的効力の原則(契約の相対効)を規定しています。この原則は、私的自治の原則に基づくもの、すなわち人はみずからの意思のみによって権利を得て義務を負うという考えに基づくものです。
>
> 　日本の民法典は、契約の相対効を当然の原則と考えて規定を設けておらず、その例外である第三者のためにする契約のみを規定しています。

【1】意義

(1)　第三者のためにする契約とは

　第三者のためにする契約とは、当事者以外の第三者に直接権利を取得させる契約をいう(537条1項)。

← 第三者のためにする契約とは

　たとえば、Bが所有する動産甲をAに売り渡し、BがAに対し動産甲を引き渡すのではなく、第三者CがBに対して給付請求権を有するという契約をする場合である。

(2)　当事者の名称・当事者間の関係

　前述した例において、Aのように第三者(C)への給付を請求しうる者を**要約者**、Bのように第三者(C)へ給付する債務を負担する者を**諾約者**、Cのように

契約上の利益を受ける第三者を受益者という。

また、要約者と諾約者との関係を補償関係（資金関係）といい、要約者と第三者との関係を対価関係という。

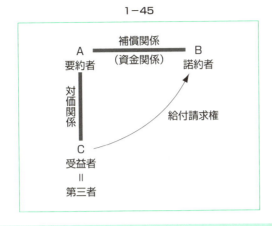
1-45

> 第三者のためにする契約が行われるには、要約者Aと第三者Cとの間になんらかの関係が存在しています。前述した例において、Aは本来なら、Bに対して動産甲の給付請求権を有するはずですが、第三者Cから借金をしていてその代物弁済の趣旨でCに給付請求権を取得させることがありえます。
> このように、第三者のためにする契約を結ぶ背景として、要約者と第三者との間に存在する契約が対価関係なのです。

> AがBから動産甲を買い受けて、これをCに対し贈与しようとする場合には、AがBから動産甲の引渡しを受け、AC間において贈与契約を締結して履行するという方法も考えられます。しかし、この場合、AB間の契約において第三者CがBに対して直接に動産甲の給付を請求する権利を与えるように合意することができます。これを第三者のためにする契約というのです。
> 第三者のためにする契約は、以上のように、当事者間の給付を容易に決済する手段として用いられます。AがBからの給付を受領したうえでこれを第三者Cに給付するという手間を省略することができます。

民法は、「契約により当事者の一方が第三者に対してある給付をすることを約したときは、その第三者は、債務者に対して直接にその給付を請求する権利を有する」と規定している（537条1項）。

> このような第三者のためにする契約というのは、そのような名称の契約があるというのではなく、売買契約や賃貸借契約といったさまざまな契約を、第三者のためという特別の形態で締結することができるというものです。言い換えると、第三者のためにする契約というのも、契約であって、（売買契約などと）独立した契約の類型があるわけではなく、第三者が債務者（諾約者）に対する権利を取得するという特約が付されている、という特色があるにすぎないものなのです。

(3) 具体例

併存的債務引受は、債務者と引受人となる者との契約ですることができ、この場合には、債権者が引受人となる者に対して承諾をした時に効力を生ずるが（470条3項）、この併存的債務引受は、第三者のためにする契約に関する規定（537条から539条まで）に従う（470条4項）。この点は、債権総論で学習した。

← 平成29年改正

→ 『債権総論』3章2節②

また、第三者を受取人とする保険契約（損害保険契約、生命保険契約、傷害疾病定額保険契約）は、第三者のためにする契約の一場合であるが、保険法に特別の規定がおかれている（保険8条、42条、71条）。さらに、第三者を受益者とする信託〔信託88条1項本文〕なども、法律の規定により第三者のためにする契約となるものに含まれる。

　通説は、弁済のためにする供託（民494条）も、第三者のためにする契約（寄託契約）の性質を有すると解している。第三者を荷受人とする運送契約（商581条1項）も同様である。

→ 『債権総論』4章3節①【2】
← 平成30年（商法）改正

　いわゆる電信送金契約が第三者のためにする契約であるかについては争いがあるが、判例は、これを否定している。

→ 最判昭和43年12月5日民集22巻13号2876頁

　　電信送金契約の仕組みは次のとおりです。たとえば、東京在住のAが、大阪在住のBに頼まれて電信送金することになったとします。そのため、Aは、近所の甲銀行に対し電信送金を依頼（委託）したところ、甲銀行はその取引先である大阪の乙銀行に対し支払を委託しました（電信送金委託契約）。そうすると、乙銀行からBに対し支払がなされることになるという仕組みです。電信送金契約では、通常、このよう経過をたどることになります。送金を依頼された甲銀行のことを仕向銀行といい、それと取引関係があって送金分の金銭を支払う乙銀行のことを被仕向銀行といいます。仕向銀行と被仕向銀行との関係は、同じ銀行の本店と支店あるいは支店同士ということもありますし、別の銀行相互間ということもあります。
　　ところが、乙銀行が間違えてBではなく、Cに対し支払をしてしまった場合に、Bが乙銀行に対し金銭交付請求（支払請求）をすることができるかが問題となります。もし、これが第三者（B）のためにする契約であれば、Bには乙に対する直接請求権があるはずだからです（第三者の権利取得については【2】で触れます）。

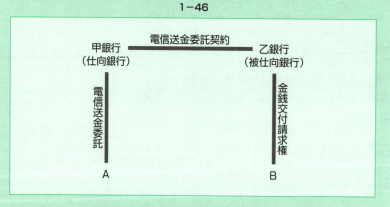

1-46

　　この点について、判例は、「とくに反対の事情の存在したことの立証がないかぎり」、「本件電信送金契約においても、黙示的にせよ、第三者たる送金受取人」「のためにする約旨は存在しなかったものと解するのが相当」であるとして、電信送金契約は第三者のためにする契約ではないとしたのです。これに対して、学説の多くは、電信送金契約は迅速かつ安全な送金をするための第三者のための契約であると解しています。
　　ただし、現在では、送金手段そのものが簡便化・多様化しており、電信送金契約自体が利用されるケースが少なくなっています。また、たとえば、銀行実務では振込みがなされています。
　　振込みとは、銀行（仕向銀行〔甲銀行〕）が、振込依頼人（A）による振込依頼の委託に基づいて、受取人（B）の取引銀行（被仕向銀行〔乙銀行〕）に対し、その受け取った資金を受取人の預金口座に入金するよう依頼し、これを受けた被仕向銀行が受取人の口座に入金記帳することをいいます。この場合には、一般に、A・甲銀行間には振込みの準委任契約（振込委託契約、656条）が、甲銀行・乙銀行間には提携契約が、乙銀行・B間には預金契約（消

→ 最判昭和43年12月5日（前出）

費寄託契約、666条1項）が、それぞれ締結されており、それが組み合わされているにすぎないと解されています。

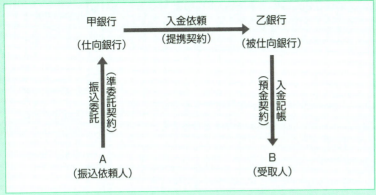
1-47

ただし、この振込みの場合にも、第三者のためにする契約にあたるとする見解もあります。

(4) 代理との差異

第三者のためにする契約は、契約当事者以外の者に契約の効力が及ぶという点において、代理（99条）と共通する。

しかし、両者には、次のような違いがある。

第1に、代理においては、代理人が自己の名ではなく第三者（本人）の名において行為をするのに対し、第三者のためにする契約は、要約者、諾約者ともに、自己の名において行為をする（判例）。

→ 大判大正7年1月28日民録24輯51頁

第2に、効果の点において、代理では、行為者である代理人には権利義務が帰属しないのに対し、第三者のためにする契約では、行為者である要約者、諾約者にも権利義務が帰属する。

代理との差異

第三者のためにする契約	代理
①要約者・諾約者は自己の名において行為 ②要約者にも権利義務が帰属	①代理人は第三者（本人）の名において行為 ②代理人には権利義務が帰属しない

【2】要件

第三者のためにする契約の成立要件としては、以下の点があげられる。

← 第三者のためにする契約の成立要件

(1) 要約者・諾約者間に契約があること

まず、要約者と諾約者との間での契約の有効な成立が必要である。なお、その背後にある補償関係について成立・効力要件を備えていることが必要である。

(2) 第三者に直接権利を取得させるという契約であること

(a) 第三者の権利取得

第三者に直接権利を取得させることが必要であり、第三者に事実上の利益を与えるだけでは、第三者のためにする契約にあたらない。

前述した例において、Bの履行地をCの自宅としただけで、Aのみが履行請求権を有す

1-3 契約の効力

る場合には、第三者のためにする契約にはあたらないのです。

　第三者の権利取得は、債権の取得だけでなく、物権の取得でもよいと解されている（判例・通説）。また、判例は、第三者のためにする契約の内容が給付であると免除であるとを問わないとし、さらに、諾約者の第三者に対する免除の意思表示は必要としないとしている。加えて、判例は、第三者の権利は付随的な負担を伴うこともありうるとする。

(b)　第三者の現存・特定の不要

　平成29年改正により、537条1項の第三者のためにする契約は、その成立の時に第三者が現に存在しない場合または第三者が特定しない場合であっても、そのために効力を妨げられないと規定された（537条2項）。

　これは、胎児や設立中の法人が受益者となる場合を想定し、将来出現する者を受益者とする第三者のためにする契約も有効であることを規定するものである。もっとも、受益者とされた者が現実に出現した場合には、この者による受益の意思表示が必要である（詳しくは、後述する）。

> **平成29年改正事項**　**第三者の現存・特定の不要**　B3
>
> 　第三者のためにする契約の要件として、受益者である第三者が契約の当時に現存する必要があるかどうかという点については、解釈に委ねられていた。
> 　この点について、判例は、第三者のためにする契約の締結時に受益者が現存している必要はなく、胎児や設立中の法人のように将来出現することが予期された者を受益者として第三者のためにする契約を締結することができるとし、さらに、契約締結時には受益者が特定されていなくてもよいとした。
> 　そこで、平成29年改正民法は、この判例法理を明文化し、第三者のためにする契約の要件に関する疑義を解消するために、その締結時に受益者が現に存しない者である場合または受益者が特定されていない場合であっても、契約の効力を生ずることを明らかにした（537条2項）。

1-48　第三者の現存・特定の不要

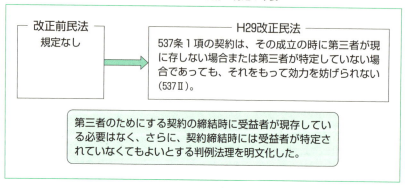

【3】効果

(1) 第三者の権利

(a)　受益の意思表示による権利（履行請求権）の発生

　第三者は、諾約者に対して権利を行使することができるが、そのためには**受益の意思表示**が必要である。すなわち、第三者の権利は、その第三者が債務者に対して契約の利益を享受する意思を表示した時に発生する（537条3項）。これを受益の意思表示といい、一種の**形成権**である。これは、黙示の意思表示でも

よい。受益の意思表示は、第三者の権利の発生要件であって、契約の成立要件や効力要件ではない。

なお、法律により受益の意思表示を不要とする場合がある（保険42条、信託88条1項本文）。また、供託（民494条）も、第三者のためにする契約（寄託契約）の性質を有するが、供託によって利益を受ける債権者の受益の意思表示は不要と解されている。この点は債権総論で説明した。

→『債権総論』4章3節[1]【2】

(b) 第三者の権利の変更・消滅

第三者のためにする契約の内容は、契約当事者である要約者と諾約者との間の合意によって自由に変更することができるのが原則である。

しかし、第三者の受益の意思表示によって第三者の権利が発生した後は、当事者は、これを変更し、または消滅させることはできない（538条1項）。この趣旨は、第三者が受益の意思表示をして権利を取得した後に当事者がこれを変更、消滅させると第三者は不利益を受けるから、これを禁ずる点にある。

(c) 第三者の地位

第三者は、契約の当事者ではないから、解除権や取消権を有しない。また、意思の不存在や意思表示の瑕疵の有無も、第三者についてではなく契約当事者である要約者、諾約者について決せられる。

受益者である第三者が諾約者を欺いたときに、96条2項の第三者の詐欺となるかどうかについて争いがあるが、通説は、第三者のためにする契約においては、第三者のみでなく要約者も権利義務を取得するのであるから、要約者を保護する必要があるとして、第三者の詐欺にあたるとする。

→ 我妻・講義V₁124頁

さらに、要約者の詐欺を理由として諾約者が契約を取り消した場合において、第三者は96条3項の善意・無過失者として保護を受けるのであろうか。この点については、第三者の権利は契約から直接生じたものであり、第三者は法律行為の外形を信じて新たな利害関係に立ったものとはいえないのであるから、96条3項の「善意でかつ過失がない第三者」には該当しないと解されている。同じく、第三者のためにする契約が虚偽表示により無効のときも、第三者は94条2項の「善意の第三者」として保護されることはない。さらに、この第三者は、契約の解除の場合における545条1項ただし書の「第三者」にもあたらない。

→ 4節[5]【2】(3)(a)

(2) 要約者の地位

(a) 第三者への履行請求権

受益者による受益の意思表示の先後を問わず、要約者も、諾約者に対して、第三者への給付を請求することができると解されている。

> 平成29年改正民法の立案過程において、上述のような、要約者が諾約者に対して、諾約者が受益者に対して負担する債務の履行を請求することができる旨の規定を新たに設ける案が取り上げられました。
> しかし、このような規定を設けるのであれば、要約者の諾約者に対する訴訟における判断が、受益者の諾約者に対する訴訟における判断と矛盾する内容となった場合に、当事者間の権利関係を調整する規律を設けなければならないのではないかという指摘がなされたところ、この問題については十分に検討が深まっているとはいいがたいとして、規定を設けることは見送られました。

→ 部会資料67A・57頁

→ 部会資料80-3・32頁

(b) 損害賠償請求権

諾約者の債務不履行の場合に、第三者が受益の意思表示をする前には、要約者

は、諾約者に対し損害賠償を請求することができるが(判例)、第三者が受益の意思表示をした後には、第三者と要約者のいずれが損害賠償請求権を有するかについては争いがある。有力な見解は、第三者および要約者は、それぞれ自己の損害について賠償の請求をすることができるとしている。

(c) 取消権・解除権

(i) 取消権

意思表示に瑕疵があったことなどを原因として、要約者が取消権を行使する場合においては、受益者の承諾を要しないと解されている。

(ii) 解除権

他方で、第三者の受益の意思表示によって第三者の権利が発生した後に、債務者(諾約者)がその第三者に対する債務を履行しない場合には、契約の相手方(要約者)は、その第三者の承諾を得なければ、契約を解除することができない(538条2項)。この趣旨は、第三者が受益の意思表示をした後は、諾約者である債務者が受益者に対する債務を履行しないからといって、受益者の諾約者に対する権利を要約者が受益者に無断で奪うのは相当でないとの考慮から、要約者が、受益者の承諾を要件として、契約を解除することができるとした点にある。

→ 大判大正3年4月22日 民録20輯313頁

→ 我妻・講義V₁126頁

→ 部会資料67A・60頁

← 平成29年改正

→ 部会資料67A・60頁、一問一答230頁

平成29年改正事項　要約者の解除権行使　B3

第三者のためにする契約の内容は、契約当事者である要約者と諾約者との間の合意によって自由に変更することができるのが原則であるが、そうすると、受益者の期待を不当に害することがあるので、受益者が受益の意思表示をした後は、受益者の権利を自由に変更または消滅させることができないとされている(改正前民法538条、現538条1項)。

上記のような改正前民法538条の趣旨を前提とすると、第三者のためにする契約に基づく債務について不履行があった場合における要約者による解除権の行使や、第三者のためにする契約に取消原因があった場合における要約者による取消権の行使のために、受益者の承諾を要するか否かについては、同条の規律の対象ではないため、要約者による解除権や取消権の行使の要件については、解釈に委ねられている。

このうち、意思表示に瑕疵があったことなどを原因として要約者が取消権を行使する場合に、受益者の承諾を要しないという点については、異論がみられない。

他方、改正前民法では、第三者のためにする契約に基づき第三者の権利が発生した後に、債務者の第三者に対する債務不履行を理由として、契約の相手方が契約を解除することができるかどうかについては明確でなかった。

この点、諾約者が債務を履行しない場合に、受益者は諾約者に対して強制履行を求めることができるのであるから、諾約者が債務を履行しない場合に、強制履行を求めるのではなく契約を解除することについても、受益者の意思にかからしめることが適当であるという点で、取消権の行使とは異なる考慮が必要であるといえる。また、要約者が反対債務を負担する場合に解除権が制約されるのが不当であるとの指摘については、要約者が自ら債務の履行を受けて、受益者に引き渡すという方法があるにもかかわらず、第三者のためにする契約という方法をとった以上、解除権が制約されるのはやむをえないといえるうえに、第三者のためにする契約の内容は、当事者である要約者と諾約者との間で自由に決められるので、解除権の行使に受益者の承諾を不要とする合意をすることによって、要約者に生じうる不利益を回避することは可能である。

そこで、平成29年改正民法は、第三者の受益の意思表示によって第三者の権利が発生した後に、債務者がその第三者に対する債務を履行しない場合には、契約の相手方は、その第三者の承諾を得なければ、契約を解除することができないと規定した(538条2項)。

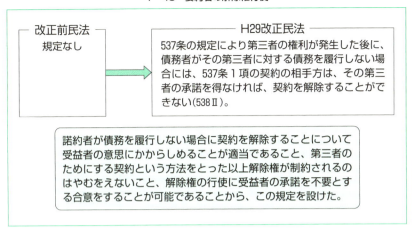

1-49 要約者の解除権行使

| 改正前民法 規定なし | → | H29改正民法 537条の規定により第三者の権利が発生した後に、債務者がその第三者に対する債務を履行しない場合には、537条1項の契約の相手方は、その第三者の承諾を得なければ、契約を解除することができない（538Ⅱ）。 |

諾約者が債務を履行しない場合に契約を解除することについて受益者の意思にかからしめることが適当であること、第三者のためにする契約という方法をとった以上解除権が制約されるのはやむをえないこと、解除権の行使に受益者の承諾を不要とする合意をすることが可能であることから、この規定を設けた。

(3) 諾約者の地位

　諾約者は、契約に基づいて第三者に対して給付をすべき義務を負う。諾約者は、第三者が受益の意思表示をしない場合であっても、第三者に対して履行の提供をして（493条本文）、受領を促す義務があり、それを怠ったときは要約者に対して債務不履行責任を負う（判例）。

　これに対して、債務者（諾約者）は、第三者のためにする契約に基づく抗弁をもって、その契約の利益を受ける第三者に対抗することができる（539条）。「契約に基づく抗弁」とは、契約から生ずる事由のうち権利の行使を妨げるいっさいの事由をいう。

→ 大判大正3年4月22日（前出）

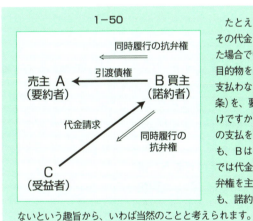

1-50

たとえば、BがAから建物を購入し、その代金1000万円をCに支払うものとした場合でいえば、買主である諾約者Bは、目的物を引き渡してくれるまでは代金を支払わないという同時履行の抗弁権（533条）を、要約者Aに対して主張できたわけですから、受益者Cが1000万円の代金の支払を諾約者Bに請求してきたときでも、BはAが建物を引き渡してくれるまでは代金を払わないという同時履行の抗弁権を主張できるというわけです。これも、諾約者の立場を不当に不利益にさせないという趣旨から、いわば当然のことと考えられます。

第1章　契約総論

4. 契約の解除

1 序説

【1】意義

　契約の解除とは、契約が締結された後に、その一方の当事者の意思表示によって、その契約がはじめから存在しなかったのと同様の状態に戻す効果を生じさせる制度をいう（540条1項、545条1項本文）。たとえば、売買契約において、売主が品物を引き渡したのに、買主が約束した期日までに売買代金を支払わず、売主が一定の期間を指定して売買代金を支払うように催告したにもかかわらず、なお買主が支払わなかったとする。その際、売主は、買主の債務不履行を理由として、一方的な意思表示（単独行為）によって、売買契約を解除できる。

　そして、このような解除がなされると、その効果として、まだ履行されていない債務（**未履行債務**。ここでは買主の代金支払債務）は消滅し、すでに履行（給付）された債務（**既履行債務**。ここでは売主の財産権移転義務〔物品の引渡債務〕）については返還することによって、法律関係が清算される（545条1項本文参照）。解除の効果については、後に詳述する。

← 「契約の解除」とは

→ 本節⑤

【2】種類──約定解除と法定解除

　540条1項は、両当事者の「契約」が存在する場合と、「法律の規定」が存在する場合に、解除権の発生を認めている。前者を**約定解除**、後者を**法定解除**という。

　ただし、約定解除権には、両当事者の合意に基づくもののほか、明確な合意がなくても、法律の規定によって解除権が認められたものと解釈される場合があるので注意をしてほしい。たとえば、手付が授受されると、（解約手付にするという明確な合意がなくても）、その手付は557条1項によって**解約手付であると推定**される。また、不動産の売買契約において、売主は、契約と同時にした**買戻特約**により、受け取った代金と契約費用を一定期間内に買主に返還して、売買契約を解除することができる（579条）。この買戻特約も、売主に対して約定解除権を認めるものである。買戻しについては、売買のところで詳しく説明する。

← 約定解除と法定解除について

→ 2章2節⑤

　これに対して、法定解除権については、債務不履行を理由とする一般的な法定解除権（541条、542条）と、個別契約類型に特殊な法定解除権（たとえば、550条、594条3項、607条、610条、611条2項、612条2項など）とがある。

　個別契約類型に特殊な法定解除権については、それぞれの規定のところで説明し、本節では、債務不履行を理由とする一般的な法定解除権を中心に説明する。

【3】解除と類似の制度

　以上のように、契約の解除（契約総則における解除）は、その一方の当事者の意

思表示によって、その契約がはじめから存在しなかったのと同様の状態に戻す効果を生じさせる制度であるが、これによく似た概念として、以下のものがあげられる。契約の解除との違いを確認してほしい。

(1) 合意解除（解除契約）

合意解除とは、両当事者の合意（解除契約）によって契約を終了させることをいう。前述した契約の解除が、解除権を有する者が解除するという意思表示によってなされ、しかも、その意思表示は相手方の同意を要することなく、解除権者が一方的になしうるものである（単独行為）のに対し、合意解除は、解除権の有無を問わず、契約当事者が今までの契約を解消して、契約がなかったのと同一の状態をつくることを内容としてする新たな契約（相互の合意）である。

← 「合意解除」とは

```
1-51
         ┌─ 単独行為 ──── 解除 ┬─ 法定解除
         │                    └─ 約定解除
         └─ 契  約 ──── 解除契約（合意解除）
```

(2) 解除条件（失権約款）

解除条件とは、将来一定の事実が発生した場合に契約の効力が失われるとする特約をいう。履行遅滞があればただちに契約が解除されるというような失権約款も、解除条件の一種といえる。

条件が成就すると契約は当然に効力を失い（127条2項）、解除の意思表示が不要とされる点において、解除と異なる。

← 「解除条件」とは

(3) 解約告知

解約告知とは、契約によって生じている継続的な法律関係を当事者の一方的な意思表示によって終了させることをいう。

解約告知が解除と異なる点は、その効力について、契約がはじめから存在しなかったのと同様の状態に戻す（原状回復）という効果がなく、将来に向かってのみ契約を解消させることにある。たとえば、賃貸借に関する620条前段は、「賃貸借の解除をした場合には、その解除は、将来に向かってのみその効力を生ずる」と規定している。

← 「解約告知」とは

> 一般の解除について、解除の遡及効を認める直接効果説（その内容は後述します）からは、遡及効のない解除（賃貸借の場合など）として位置づけられるため、特に解約告知とよばれることがあります。

→ 本節5【2】(b)(i)

(4) 任意解除権

任意解除権とは、債務不履行が存在しないときでも、特別に、一方当事者に対し、一方的意思表示で契約を終了させる権利をいう。

債務不履行が存在しないときでも、解除権を行使することができる点において、解除と異なる。たとえば、請負に関する641条は「請負人が仕事を完成しない間は、注文者は、いつでも損害を賠償して契約の解除をすることができる」とし、委任に関する651条1項は「委任は、各当事者がいつでもその解除をすることができる」と規定している。それぞれの内容は、請負および委任のところで説明する。

← 「任意解除権」とは

→ 2章8節、9節

1-4 契約の解除　081

(5) 取消し

　取消しは、取消権者の一方的な意思表示によって法律行為の効力を遡及的に消滅させるものをいい、この点では解除と同じである。

　しかし、解除が債務の不履行がある場合に発生するものであるのに対し、取消しは制限行為能力、意思表示の瑕疵、錯誤等、契約締結時に存在する事由を根拠として契約の効力を消滅させるものである。

> もう少し詳しく説明します。解除が、契約が有効に成立していることを前提としたうえで、すなわち契約を締結した後に、債権者を契約の拘束力から解放するための制度であるのに対し、取消しは、契約の有効性の問題、すなわち契約締結の時点においてさまざまな問題点があったときに、制限行為能力者などの取消権者を保護するための制度です。

　なお、取消しの効果は121条、121条の2が、解除の効果は545条が、それぞれ規定している（取消しの効果は民法総則で、解除の効果については後述する）。

(6) クーリング・オフ

　クーリング・オフとは、契約の締結に冷却期間をおこうとするものであって、契約が成立しても一定の期間が経過するまでは確定的に効力が生じないとする制度をいう。

　クーリング・オフと称される解除権は、割賦販売法や特定商取引法などの特別法に定められており、理由を問うことなく契約を終了させる権利である点で、契約総則における解除と異なる。その内容については、売買の項で説明する。

【4】解除権の行使

(1) 解除の方法

　解除権は形成権であって、解除は、契約の相手方に対する一方的意思表示（単独行為）によって行う（540条1項）。そして、解除は、この意思表示が相手方に到達することによって、その効力が生じる（到達主義、97条1項）。解除権行使の方法は、裁判上においても裁判外においても、することができる。

　解除の意思表示は、撤回することができない（540条2項）。撤回を認めたのでは、相手方の地位や法律関係の安定を害することになるからである。また、解除の意思表示に条件を付けることもできないと解されている。

(2) 解除権の不可分性

　当事者の一方が数人ある場合には、契約の解除は、その全員からまたはその全員に対してのみ、することができる（解除権不可分の原則、544条1項）。この趣旨は、法律関係が複雑になるのを避ける点にあり、このことが当事者の通常の意思にかなうからである。

　このように、解除権の行使を一体不可分のものとすれば、その消滅も不可分としなければ、首尾一貫しない。そこで、民法は、法律関係の複雑化を避けるため、当事者の一方が数人ある場合において、解除権が当事者のうちの1人について消滅したときは、他の者についても消滅するものとした（544条2項）。

【5】解除制度の目的——平成29年改正下における解除制度の位置づけ

(1) 債権者を契約の拘束力から解放するための制度——債務者の帰責事由は不要

　改正前民法においては、履行不能による解除の要件として債務者の帰責事由が

必要とされていた(改正前民法543条)。また、同様の規定を欠く改正前民法541条(履行遅滞)および542条(定期行為の履行遅滞)による解除においても、改正前民法543条と同様に、債務者の帰責事由が必要と解されていた。これは、債務不履行による解除の制度を、債務者に対して債務不履行の責任を追及するための制度と位置づけていたからである。

これに対して、平成29年改正民法のもとでは、解除の要件として**債務者の帰責事由は不要**とした(541条、542条)。これは、債務不履行による解除の制度を、**債権者を契約の拘束力から解放するための制度**と位置づけたからである。

すなわち、債務不履行があった場合であっても、債務者に帰責事由がなければ契約の解除をすることができないとすると、債権者は、債務不履行があっても契約に拘束され続けることになって、不都合である。たとえば、天災等により債務の履行の目途が立たない状況下でその契約に代えて他の取引先と必要な契約をするなどの対応をとることについて躊躇せざるをえないという事態が生じてしまう。また、解除制度の意義は、債務の履行を怠った債務者に制裁を課すのではなく、債務の履行を得られない債権者を契約の拘束力から解放するためであるとすれば、債務者に帰責事由があることは理論的には解除の要件ではないことになる。そこで、平成29年改正民法は、債務不履行があれば債務者に帰責事由がない場合であっても、債権者は、契約を解除することができると規定した(541条、542条)。

→ 一問一答234頁

> 解除権は、債務不履行の効果として認められるものですから、従来は、債務者に対して債務不履行責任を追及することができるか、という観点から解除の可否を位置づけようと考えられていました。ですので、一般に、債務者の帰責事由が必要と解釈されていたのです。
>
> しかし、改正前民法のもとにおいても、解除の可否については、契約を締結したことによってその契約に拘束されることになった債権者が、債務者の債務不履行が発生した場合に、いかなるときにその契約から離脱することが正当化されるか、という観点から判断されるべきであるという考え方が有力に唱えられていました。解除権を契約の拘束力から離脱する権利である、言い換えると、解除を契約からの解放事由であると位置づけていたのです。このような考え方によれば、解除にとって、債務者の帰責事由というものが不要となります。
>
> 平成29年改正民法は、541条、542条において、直接、債務者の帰責事由について触れていませんが、以上のような考え方に基づいて、債務者の帰責事由を意図的に解除の要件から外しているのです。
>
> そして、債務者に対する制裁の点については、損害賠償制度に委ねることとしたのです。

(2) 解除の正当化根拠──重大な契約違反

以上のように、解除は債権者を契約の拘束力から解放するための制度であると位置づけ、かつ、解除に債務者の帰責事由は不要であるとの立場をとるのであれば、債務者が債務不履行をしたという事実から、ただちに契約の拘束力からの離脱である解除権を債権者に認めるのは相当でなく、それなりの合理的な理由が必要となる。

そこで、平成29年改正民法は、債権者を当該契約のもとに拘束しておくことが、当該債務不履行を受けた債権者にとってもはや合理的にみて期待することができないという事態がある場合、すなわち**重大な契約違反**がある場合にのみ、解除が認められるとの考え方を基礎に、まず**催告による解除**(541条)を基本形として、次に**催告によらない解除**(542条)の規定を設けている。

→ 潮見・新債権総論Ⅰ 556頁

> 本章1節3で説明したように、契約の拘束力の根拠は、私的自治の原則あるいは当事者の合意(意思)に求められます。自己決定に基づく自己責任の原則(自己決定権、自己責任の原則)の観点から、当事者は契約に拘束されるのです。そして、契約の有効性を否定する理由がないにもかかわらず、いったん生じた自己決定権に基づく契約の拘束力が生じた状態から、契約当事者(債権者・債務者)を解放するのですから、そのためには、それなりの合理的な理由が必要となります。
>
> すなわち、債権者からみれば、契約の拘束力からの離脱が認められないとして契約関係が維持されるとしても、債務不履行によって被る不利益が別の手段、たとえば損害賠償を請求することによって満足できるとしたら、不利益はありません。他方、債務者からみても、契約関係が維持されるほうが、契約のもとで行ってきた活動が否定されなくてすみます。ですから、債務不履行による解除が認められるためには、単に債務不履行があったという事実だけでは足りず、債権者を契約に拘束しておくことが合理的にみて期待することができない、言い換えると、契約を維持する利益あるいは期待を失っている、というような重大な契約違反(重大な不履行)がある場合にかぎられるべきなのです。こうした重大な契約違反がある場合にはじめて、債権者に解除権が与えられるべきなのです。

2 各種の解除類型

　平成29年改正民法は、重大な契約違反がある場合に解除が正当化されるという考え方を基礎にしているが、どのような場合に解除が正当化されるかという点については、**催告による解除(催告解除)** の場合と**催告によらない解除(無催告解除)** の場合とで異なってくる。

　平成29年改正民法は、まず催告解除(541条)を基本形として掲げたうえで、次に無催告解除の類型(542条)を掲げている。順に見ていくことにする。

> 改正前民法においては、解除は、履行遅滞による解除権(改正前民法541条)、定期行為の履行遅滞による解除権(改正前民法542条)、および履行不能による解除権(改正前民法543条)の3類型に整理されていました。
>
> これに対して、平成29年改正民法においては、上記の類型を基本的に維持しつつも、大きく、催告による解除(催告解除)(541条)と、催告によらない解除(無催告解除)(542条)との2本立てに整理していますので、注意してください。

1-52

```
┌─ 改正前民法 ─────┐         ┌─ H29改正民法 ──────────────┐
│○履行遅滞による解除  │         │○催告による解除(541)          │
│  (541)           │         │ ・542Ⅰ各号以外の重大な契約違反 │
│○定期行為の履行遅滞  │   →    │○催告によらない解除(542Ⅰ)     │
│  による解除(542)   │         │ ・履行不能                   │
│○履行不能による解除  │         │ ・明確な履行拒絶              │
│  (543)           │         │ ・給付義務の一部履行不能・一部履行拒絶│
│                 │         │ ・定期行為の不履行             │
│                 │         │ ・契約目的の達成不能           │
└────────────────┘         └──────────────────────┘
```

【1】催告解除

(1) 総説

　541条は、催告による解除(催告解除)について、次のように規定している。すなわち、「当事者の一方がその債務を履行しない場合において、相手方が相当の期間を定めてその履行の催告をし、その期間内に履行がないときは、相手方は、

←「催告解除」
▶平成11年度第1問

契約の解除をすることができる」(541条本文)。「ただし、その期間を経過した時における債務の不履行がその契約及び取引上の社会通念に照らして軽微であるときは、この限りでない」(541条ただし書)。

> それでは、このような催告解除について、前述した解除の正当化根拠である重大な契約違反(重大な不履行)との関係は、どのように理解すればよいのでしょうか。有力な見解は次のように説明します。
> この点について、債権者が履行の催告をして、相当の期間が経過した時点において、さらに当初の債務不履行後の催告に対する無応答という債務者の態度も加味すれば、その債務不履行により債権者が契約を維持する利益・期待を失っているといえます。言い換えると、契約目的の達成が依然として可能であるか否かに関係なく、債権者を当該契約のもとに拘束しておくことが、当該債務不履行を受けた債権者にとってもはや合理的にみて期待することができないと理解することができるのです。それゆえ、全体として重大な契約違反となり、契約の拘束力から解放を認めてよいとの考え方が採用されていると説明されています。
>
> 債務不履行＋催告＋相当期間の経過＝重大な契約違反
>
> 他方、上記のように、債務不履行＋催告＋相当期間の経過、を全体として考慮したならば、債務不履行が**軽微**と評価される場合には、当該債務不履行により債権者が契約を維持する利益あるいは期待を失っていない(したがって、債権者を当該契約のもとに拘束しておくことが、当該債務不履行を受けた債権者にとってもはや合理的にみて期待することができないという事態ではない)から、解除権が否定されるという考え方が採用されているのです(**軽微性の抗弁**)。
> 債務者は、契約目的の達成がなお可能であるということを主張・立証したとしても、それだけでは解除を免れることはできません。

→ 潮見・改正法241頁

→ 部会資料79-3・14頁

以下では、催告解除の要件をみていこう。

(2) 要件

← 催告解除の要件

催告解除の要件は、以下のとおりである。

(a) 履行遅滞が発生していること 　①債務が履行期に履行可能であること 　②履行期を徒過したこと 　③履行しないことが違法であること
(b) 催告(履行を催告したこと)
(c) 相当期間の経過(催告後に相当期間が経過したこと)
(d) 解除の意思表示

(a) 履行遅滞が発生していること

履行遅滞とは、履行が可能であるのに履行期が来ても履行しないことをいう(415条1項本文前段)。履行遅滞となるためには、以下の3つの要件をみたす必要がある。この点については、債権総論で触れたので、簡単に示すこととする。

→ 『債権総論』2章3節②【2】

①債務が履行期に履行可能であること

　なお、履行が不可能である場合には、履行遅滞ではなく、履行不能の問題となる。

②履行期を徒過したこと

　履行期とは、履行すべき時期をいう。履行期と履行遅滞については、**確定期限付債務**について412条1項、**不確定期限付債務**について412条2項、**期限の定めのない債務**について412条3項が、それぞれ規定して

いる。詳細は、債権総論で学習した。

③履行しないことが違法であること

債務者は、弁済の提供をすれば履行遅滞の責任を免れる(492条)。そのため、履行遅滞となるためには、債務者が弁済の提供すらしていないことが必要となる。

また、債務者が弁済の提供をしていない場合であっても、そのことを正当化する事由があれば、履行遅滞とならない。したがって、履行遅滞となるためには、履行しないことが違法であることが必要となる。履行しないことが違法でない事由として、同時履行の抗弁権(533条)や留置権(295条)などがあげられる。

→『債権総論』2章3節②【2】

(b) 催告(履行を催告したこと)

(i) 意義

履行の「催告」(541条本文)とは、債権者が債務者に対して債務の履行を促すことをいう。412条3項の「履行の請求」と同じ意味である(この点は、後述する二重催告の要否に関係する)。「催告」を要件とした趣旨は、債務者に履行または追完の機会を与えることにより、契約の拘束力の尊重と債務者の契約利益の保護を図る点にある。

← 「催告」とは

もっとも、契約自由の原則(521条、522条2項)の観点から、契約当事者間において催告不要の特約を結ぶのも有効である(判例)。ただし、そのような特約が有効かどうかは、契約の具体的事情や信義則に従って判断しなければならない。

→ 最判昭和43年11月21日民集22巻12号2741頁

(ii) 債務の指示の程度

催告として認められるためには、履行すべき債務を示すことが必要であるが、それには、**債務の同一性が債務者にわかる程度の表示があればよい**と解されている。したがって、債務者が本来給付すべきよりも過大な数量を示して催告した場合(**過大催告**)、または過小の数量を示して催告した場合(**過小催告**)に、その催告が有効か否かが問題となるが、基本的には、債務の同一性が認められれば催告は有効と解してよい。

すなわち、過大催告の場合に、債務者の給付すべき数量との差が比較的僅少であり、債務の同一性が認められ、債権者の真意が本来給付すべき数量を請求したのであると判断されるかぎり、催告は、本来給付すべき数量の範囲で有効である(判例)。これに対して、催告した数量があまりにも多すぎて、債務者が本来の債務額を給付しても、債権者が絶対に受け取らないことが明らかである場合には、催告としての効力がない(判例)。

→ 最判昭和34年9月22日民集13巻11号1451頁

→ 大判昭和5年5月22日法律評論19巻民402頁

他方、過小催告の場合にも、債務の同一性がわかれば有効であるが、過小催告に基づく解除は、原則として催告に示された数量だけについて生ずると解される。なぜなら、債権者は、債務者の給付すべき数量の一部について、特にすみやかに履行せよと催告することは自由だからである。もっとも、過小の度合いが非常に軽少で、その債務全部の履行を催告しているのだということがわかれば、信義則からいって、催告は全額についてその効力を生ずると解すべきである(裁判例)。

→ 金沢地判昭和31年3月24日下民集7巻3号741頁

← 同一性に関する具体例

> たとえば、「この前貸した100万円を返してくれよ」と言ったような場合、本当の債務額は99万9000円であったとしても、100万円と言われたら、「この前の99万9000円のことだな」ということがわかるのならば、同一性が認められて催告の効果が生じるというわけ

> です。また、101万円貸していたような場合、「この前の100万円返してくれよ」と言った場合には、「この前の101万円のことだな」ということがわかるのならば、催告の効果が生じるというわけです。
> ところが、101万円貸していたにもかかわらず、「50万円返してくれよ」という催告をしたような場合には、これは50万円の限度でしか催告の効果は生じないと考えていくわけです。

(ⅲ) 催告の内容

催告の内容について、判例・通説は、一定の期日(何月何日)、または一定の期間内(何月何日まで)に履行すべき旨を示せば足り、履行がなければ契約を解除するという警告を付け加える必要はないとしている。これに対して、解除予告までは必要がないとしても、契約解除という重大な効果を生む以上、少なくとも債権者からの履行の請求により、債務者が無応答の場合の解除を予期することができたことが必要であるとする見解も有力である。

→ 大判昭和15年9月3日法律評論30巻民52頁
→ 我妻・講義V₁159頁

→ 潮見・新債権総論Ⅰ569頁

(ⅳ) 二重催告の要否

期限の定めのない債務の場合には、債務者を履行遅滞に陥れるためには催告(「履行の請求」)が必要なところ(412条3項)、さらに541条本文の「催告」をしなければ解除できないのかが問題となる。

●論点Bランク
(論証3)

> 期限の定めのない債務の場合には、まず「払ってくれ」と履行の請求(催告)をし(412条3項)、相手方を遅滞に陥らせ、次に541条本文の解除をするために、また「払ってくれ」と二度の催告をしなければ解除することができないのかが問題となります。
> 債務者が履行期を徒過することは債権者が催告するための要件であるとすれば、二重催告が必要となるのに対し、債務者が履行期を徒過することは解除権を生ずるための要件にとどまるとすれば、1度の催告で足りることになります。

この点については、前述したように、履行の「催告」(541条本文)とは、債権者が債務者に対して債務の履行を促すことをいい、412条3項の「履行の請求」と同じ意味であるから、「履行の請求」とは別に541条本文の「催告」をしなければならないとする必要はない。また、公平の原則からしても、債権者に二重の催告という厳しい要件を要求しなくてもよい。したがって、412条3項の「履行の請求」(催告)と541条本文の催告との二重催告は不要である、すなわち債権者が一度相当の期間を定めて履行を催告し、相手方を遅滞に陥れれば、重ねて催告する必要はなく、相手方が催告期間内に履行しなければ解除権を取得すると解されている(判例)。

→ 大判大正6年6月27日民録23輯1153頁

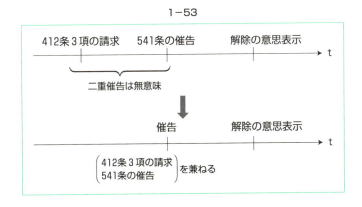

1-53

1-4 契約の解除

なお、判例は、確定期限の定めのある場合についても、両当事者がともにその期限を徒過したときは、期限の定めのないものとなり、二重の催告をする必要はないとする。

(c) 相当期間の経過（催告後に相当期間が経過したこと）

541条本文には、「相手方が相当の期間を定めてその履行の催告をし、その期間内に履行がないときは……」と規定されている。そのため、一般的には、相当期間についての催告と相当期間の経過が解除の要件とされている。

しかし、判例は、猶予期間を何ら指定しない催告も有効であって、催告の後、客観的にみて相当な期間を経過すれば解除権は発生するとし、さらに、催告に定めた履行期間が不相当の場合であっても、その催告は有効であり、解除の意思表示をするまでに相当の期間を経過していれば、解除権が発生するとしている。

> かつての判例は、催告で示した期間が相当でない場合には、法律の定めた要件に適さないから無効であるとしていました。学説にも、もし期間が相当でない場合にも催告として有効であり、催告から客観的に相当な期間が経過すれば解除権が発生するとすれば、期間が相当かどうかを判断する危険を債務者が負担することになって不公平だとして、この判例を支持するものがありました。
>
> しかし、そうすると、このような期間の相当性判断に関する危険を逆に債権者側に負担させることになって、かえって不公平になります。また、猶予期間の相当でない催告を幾度繰り返しても何らの解除権も生じないと解することは不合理であり、信義則に反します。
>
> そのため、相当期間を定めないで催告をした場合や、不相当に短い期間を定めた催告も、無効とすべきではないとされたのです。

以上から、現在では、客観的にみて相当な期間を経過すれば、解除権が発生すると解されている。

> その結果、解除の要件は、(b)履行を催告したこと、(c)催告後に相当期間を経過したこと、と整理されているのです。

ただし、相当期間の経過によって解除権が発生した場合にも、債権者が解除の意思表示をする前は、契約は存続しているのであるから、この場合に債務者が遅延賠償を含めて契約の内容に適合した履行をしたならば、解除権は消滅する（判例）。他方で、相当期間が経過する前であっても、債務者が債務の履行を確定的に拒絶した場合には、相当期間の経過を待たずに解除権が発生する（判例）。

(d) 解除の意思表示

前述したように、解除権は形成権であって、解除は、契約の相手方に対する一方的意思表示によって行う（540条1項）。

(3) 催告解除が認められない場合──不履行が軽微な場合（541条ただし書）

(a) 総説

541条本文が催告解除を規定しながらも、541条ただし書は、「その期間を経過した時における債務の不履行がその契約及び取引上の社会通念に照らして軽微であるときは、この限りでない」として、相当期間経過時に不履行が軽微な場合には、催告解除が認められないと規定している（軽微性の抗弁）。この趣旨は、不履行が軽微な場合には、契約を維持することへの債権者の利益が脱落したとはいえない点に求められる。言い換えると、不履行を受けている債権者の契約の拘束

→ 大判大正10年6月30日民録27輯1287頁

← 「相当の期間」とは
● 論点Bランク（論証4）

→ 大判昭和2年2月2日民集6巻133頁、最判昭和29年12月21日民集8巻12号2211頁
→ 大判昭和13年8月31日判決全集5巻18号6頁、最判昭和44年4月15日判時560号49頁
→ 大判大正6年7月10日民録23輯1128頁

→ 大判大正6年7月10日（前出）
→ 大判昭和7年7月7日民集11巻1510頁

← 「軽微性の抗弁」とは

→ 中田・契約法205頁

からの解放を基本としつつ、契約の拘束力の尊重と債務者の契約利益への配慮との調和を図ったものである。

また、前に触れたとおり、債務者は、契約目的の達成がなお可能であるということを主張・立証したとしても、それだけでは契約の解除を防ぐことができない点に注意してほしい。言い換えると、契約をした目的を達成することができる場合であっても、債務の不履行が軽微であるとはいえないときは、催告解除をすることができるのである。

→ 部会資料79-3・14頁

軽微性の抗弁という枠組みを採用することとした立案担当者は、判例に依拠し、「土地の売買契約において付随的約款で定められた義務の不履行を理由に売主が催告解除をした事案について、『右特別の約款……は……、売買契約締結の目的には必要不可欠なものではないが、売主……にとつては代金の完全な支払の確保のために重要な意義をもつものであり、買主……もこの趣旨のもとにこの点につき合意したものである……。そうとすれば、右特別の約款の不履行は契約締結の目的の達成に重大な影響を与えるものであるから、このような約款の債務は売買契約の要素たる債務にはいり、これが不履行を理由として売主は売買契約を解除することができる』と判示している」として、契約をした目的を達することができる場合であっても、一定の場合に催告解除が認められているとの法理を導いています。

しかし、上記判決は、「付随的合意の不履行があった場合に『要素たる債務』の不履行を理由として契約の解除ができるか否かについて判示したものであって、催告解除の障害事由について判示したものではないばかりか、解除が認められない場合として不履行の『軽微』性を述べたものではないから、軽微性の抗弁を正当化するものとしてこの判決を引用するのは、不適切である」との指摘があります。そのため、上記判例の位置づけには気を付けてください。

→ 部会資料79-3・14頁
→ 最判昭和43年2月23日（百選Ⅱ43事件）

→ 潮見・改正法240頁、中田・契約法206頁、百選Ⅱ89頁[福本]

(b) 軽微性の判断の基準時

軽微性の判断の基準時について、有力な見解は、解除権の発生時である催告期間の経過時（「その期間を経過した時」〔541条ただし書〕）において判定されるべきであり、催告時において判定されるべきではないと解している。

→ 中田・契約法206頁、一問一答237頁

債務不履行があって、履行または追完が可能である場合には、不履行の程度や態様のいかんにかかわらず、債権者は、債務者に対し、履行請求（412条の2第1項）または追完請求（562条）をすることができます。そして、催告が、前述したように、債務者に履行または追完の機会を与えることにより、契約の拘束力の尊重と債務者の契約利益の保護を図る点にあることにかんがみると、催告時において不履行が軽微であったか否かを区別する必要はありません。軽微性は解除権発生の障害事由（抗弁事由）なのですから、そのような観点からすれば、催告時ではなく催告期間経過時において、不履行が軽微であるか否かを判断すれば足りるのです。

このようなことから、催告をすることによって、軽微な債務不履行が軽微でない債務不履行に、格上げされるか否かという問題は生じない（格上げされることはない）といわれているのです。言い換えると、履行期における不履行が軽微と評価される場合に、債権者は、そもそも541条による解除の要件としての催告をすることができるのかという問題について、履行期において軽微な不履行が、履行期間の経過時に軽微でない不履行に転じることはありえず、したがって履行期の段階で催告解除の要件をみたさないと考えるのです。

以上に対して、「催告期間を経過した時の『軽微』性は、不履行の数量的および質的・内容的要素だけでなく、催告期間中における債務者の態度・非難されるべき度合い、その他の諸事情をも考慮し、『その契約及び取引上の社会通念に照らして』（541条但書）判断されるのであるから、履行期には541条による解除の要件としての催告を認めた上で、その期間を経過した時を基準として『軽微』か否かを判断すればよい、という考え方」もありうる

→ 百選Ⅱ87頁[渡辺]

と指摘され、この考え方を原則とすべきという見解もあります。ただし、この見解によっても、「明らかに数量的に僅少な不履行があったにすぎないような場合には、本来的な契約の履行を求めるという意味で不足分の履行を請求することができるのは当然として、解除を前提とした催告(541条本文)は、履行期の段階で解除されると解する余地もあると考えられる。もっとも、それは541条但書の適用とは別の問題(信義則による解除権の否定、解除権の濫用など)であろう」と指摘されています。

(c) 軽微性の判定基準

催告期間経過時における債務不履行が軽微か否かは、「その契約及び取引上の社会通念に照らして」(541条ただし書)判定される。たとえば、数量的にわずかな部分の不履行にすぎない場合であっても、その不履行の部分が当該契約においてはきわめて重要な役割を果たしているときには、軽微であるとはいえないと判断されることがある。

平成29年改正事項　軽微性の抗弁　C1

→ 部会資料79-3・13頁、一問一答236頁

1　「軽微」性

改正前民法541条は、催告解除の前提となる債務不履行について、「当事者の一方がその債務を履行しない場合」とのみ定めている。そのため、債務不履行の程度をいっさい問わずに催告解除をすることができるかどうかについて疑義を生じ、判例が、不履行の部分が数量的にわずかである場合や、付随的な債務の不履行にすぎない場合には、同条の催告解除は認められない旨を示していた。そのため、この判例法理を明文化する必要があると考えられる。

そこで、平成29年改正民法は、上記の問題の所在をふまえ、541条にただし書を加えて、「その期間を経過した時における債務の不履行が……軽微であるときは」、催告解除は認められない旨を定めた。

→ 大判昭和14年12月13日判決全集7輯4号10頁、最判昭和36年11月21日(百選Ⅱ42事件)

2　「契約及び取引上の社会通念」——軽微性の判定の基準

債務の不履行が軽微であるかどうかは、当該契約および取引上の社会通念に照らして判断される。たとえば、数量的にわずかな部分の不履行にすぎない場合であっても、その不履行の部分が当該契約においてはきわめて重要な役割を果たしている場合がありうる。そのような場合には、その不履行は当該契約および取引上の社会通念に照らして軽微であるとはいえないため、債権者は催告解除をすることができる。

そこで、平成29年改正民法は、541条ただし書では、「その契約及び取引上の社会通念に照らして軽微であるとき」との表現を用いている。なお、「取引通念」ではなく「取引上の社会通念」との表現を用いたのは、両者の意味が異なることを前提とするものではなく、「取引通念」との表現が比較的難解であることを理由とする。

1-54　軽微性の抗弁

改正前民法
当事者の一方がその債務を履行しない場合において、相手方が相当の期間を定めてその履行の催告をし、その期間内に履行がないときは、相手方は、契約の解除をすることができる(541)。

→

H29改正民法
「ただし、その期間を経過した時における債務の不履行がその契約及び取引上の社会通念に照らして軽微であるときは、この限りでない」とのただし書を加えた(541)。

- 不履行の部分が数量的にわずかである場合や、付随的な債務の不履行にすぎない場合には、改正前民法541条の催告解除は認められないとする判例法理を明文化した。
- 軽微性の基準を「契約及び取引上の社会通念」とした。

【2】無催告解除

(1) 総説

542条は、無催告解除について規定している。542条1項1号から5号までは、いずれも債務不履行により契約目的の達成が不可能になったと評価することができる場合の規定である。

> 債務不履行の結果、契約目的の達成が不可能となった場合には、債権者は当該債務不履行により契約を維持する利益ないし期待を失っています。そのため、この場合には、債務者に対し催告をして履行あるいは追完をする機会を与える必要はなく、債権者を契約の拘束力から解放することが妥当です。そこで、債務不履行により契約目的の達成が不可能となった場合には、無催告解除を認めたのです。その意味では、無催告解除も、催告解除と同様に、重大な契約違反の一類型です。以上のような理解は、解除の一般的な要件を重大な契約違反に一元化し、催告解除も無催告解除も、重大な契約違反の一類型とする見解による説明です。
> これに対して、催告解除と無催告解除の二類型論(二元化)と捉える見解もあります。両者を統一的に説明する必要はないという考え方です。

← 無催告解除の類型
→ 部会資料79-3・14頁

→ 潮見・改正法242頁

→ 契約責任の法学的構造443頁[森]

(2) 無催告解除が認められる場合(542条1項各号)

(a) 履行不能(1号)——「債務の全部の履行が不能であるとき」

全部の履行不能を理由とする契約解除の場合である。履行不能の場合には、履行遅滞の場合と異なり、催告は不要となる(542条1項1号)。改正前民法543条に対応する規定である。ここにいう履行不能は、後発的不能のみならず、原始的不能も含む(412条の2第2項参照)という点については、注意してほしい。

履行不能が生じたときに解除権は発生し、たとえ履行期前に履行不能となったとしても、履行期の到来を待つ必要はない。履行不能はただちに重大な契約違反といえるからである。

(b) 明確な履行拒絶(確定的な履行拒絶)(2号)——「債務者がその債務の全部の履行を拒絶する意思を明確に表示したとき」

債務者による明確な履行拒絶を理由とする契約解除の場合である。催告解除における催告は、債務者に翻意の機会を与えるためのものであるから、債務者の態度から判断して催告が徒労に終わることが明白である場合にまで、催告を要求する必要はない。そこで、履行拒絶の意思を明確に表示した場合には、無催告解除をすることができる(542条1項2号)。

このような「履行を拒絶する意思を明確に表示したとき」には、履行期後だけでなく、履行期前の履行拒絶の場合も含むと解されている。なぜなら、履行期前に履行拒絶の意思を明確に表示したとしても、債務者が履行期までに翻意をして履行するかもしれないが、債権者にこれを期待して履行期まで待つように求めるのは過度の負担を強いるからである。

→ 潮見・新債権総論Ⅰ572頁

(c) 給付義務の一部履行不能・一部履行拒絶(3号)——「債務の一部の履行が不能である場合又は債務者がその債務の一部の履行を拒絶する意思を明確に表示した場合において、残存する部分のみでは契約をした目的を達することができないとき」

一部の履行不能または一部の履行拒絶が契約目的達成不能をもたらすことを理由とする契約全部無効の場合である。この点については、【3】(1)において説明する。

(d) **定期行為（4号）**——「契約の性質又は当事者の意思表示により、特定の日時又は一定の期間内に履行をしなければ契約をした目的を達することができない場合において、債務者が履行をしないでその時期を経過したとき」

定期行為における不履行を理由とする契約解除の場合である。**定期行為**とは、契約の性質または当事者の意思表示により、特定の日時または一定の期間内に債務の内容に適合した履行がされなければ契約目的を達成することができないものをいう。

← 定期行為とは

定期行為には2種類あって、「契約の性質」、すなわちその契約の客観的性質からその定期行為の趣旨が判断できる**絶対的定期行為**と、その契約の客観的性質ではなく「当事者の意思表示」、すなわち当事者の主観的な動機から定期行為性が判断される**相対的定期行為**とがある。前者の例としては、お中元の品物の引渡しやクリスマスケーキの引渡しなどがあげられ、後者の例としては、結婚式に出席するための礼服のクリーニングや締切間際の原稿を作成するためのパソコンの購入などがあげられる。

このような定期行為では、債務不履行があればただちに解除権が発生するのであって、催告を要しない（542条1項4号）。これは、期日に遅れたこと自体が重大な契約違反と評価されるからである。改正前民法542条に対応する規定である。

もっとも、定期行為の場合であっても、債務不履行の事実が認められるときに、契約が自動的に終了するわけではないし、債権者も解除の意思表示をすることが強制されるわけではない点に注意をしてほしい。つまり、債権者は、契約を解除するのか、それとも本来の履行を請求するかの選択権を有しているのである。

> たとえば、クリスマスケーキは、遅くとも12月25日までに引き渡さなければ意味をなしませんが、その日を過ぎたとしても、おいしいケーキなので後日食べようと思う場合もあるでしょう。ですので、定期行為の期日が経過したといっても、ただちに契約が終了するわけではなく、債権者は契約を解除してもよいし、本来の履行であるケーキの引渡しを請求してもよいのです。

なお、定期行為が商人間の売買である場合（**定期売買**）には、買主が期間経過後ただちに履行の請求をしなければ、契約の解除をしたものとみなされる（商法525条）。

(e) **契約目的の達成不能（5号）**——「前各号に掲げる場合のほか、債務者がその債務の履行をせず、債権者が前条の催告をしても契約をした目的を達するのに足りる履行がされる見込みがないことが明らかであるとき」

契約目的の達成不能を理由とする契約解除の場合であり、542条1項5号はいわゆる受け皿規定である。当事者の一方（債務者）がその債務を履行しない場合に、当該債務不履行が履行不能や履行拒絶と評価されなくても、相手方（債権者）が履行の催告をしても契約をした目的を達するに足りる履行がされる見込みがないことが明らかであるときは、相手方は、履行の催告をすることなく、ただちにその契約の解除をすることができる（542条1項5号）。

たとえば、売買契約において目的物の種類・品質・数量に関する契約不適合がある場合（562条以下）に、債務者が追完をせず、債権者が追完の催告をしても契約をした目的を達するに足りる追完がされる見込みがないことが明らかであるときなどである。

→ 潮見・債権各論 I 101頁以下

【3】その他の解除

(1) 契約の一部解除

契約上の債務の一部について不履行がされた場合には、債権者は、一部のみを捉えて契約を解除することができるのか、それとも契約全体の解除をすることができるのかが問題となる。この点については、一部不履行の態様（給付義務の一部履行遅滞の場合、給付義務の一部履行不能・一部履行拒絶の場合、付随義務・保護義務違反の場合）ごとに論じるべきとされる。

→ その他の解除の類型

→ 潮見・新債権総論Ⅰ 577頁

> ここでは、一部解除が認められる場合だけでなく、全部解除が認められる場合も検討していることに注意してください。あくまでも、契約の一部に不履行がある場合（給付義務の一部が履行遅滞・履行不能・履行拒絶の場合だけでなく、給付義務そのものは履行がされているが、付随義務・保護義務が履行されていない場合を含みます）について論じています。

1-55

(a) 給付義務の一部履行遅滞の場合

<u>給付義務の一部履行遅滞</u>の場合とは、たとえば数量不足であるが、残部の調達が可能な場合である。

(i) この場合に、債権者がその一部について相当期間を定めて催告をし、その期間内に当該部分（一部）について履行がされないときは、債権者は、契約の一部解除（催告解除）をすることができる（541条本文）。ただし、当該部分（一部）の履行がされないことが軽微なときには、債権者は、一部解除をすることができず（541条ただし書）、損害賠償による保護を受けるにすぎない。

(ii) これに対して、遅れた一部履行では契約をした目的を達成することができないときは、債権者は契約全体を解除（無催告解除）することができる（有力な見解は、542条1項5号にその根拠を求めるべきと解している）。

→ 潮見・新債権総論Ⅰ 577頁

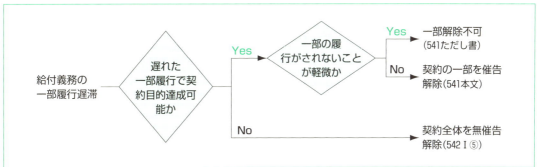

(b) 給付義務の一部履行不能・一部履行拒絶の場合

<u>給付義務の一部履行不能</u>の場合には、当該一部が可分か不可分かに分けて解

→ 潮見・新債権総論Ⅰ 577頁

すべきとされる。

(i) **当該一部が可分であるとき**

このときは、①債権者は、催告なしに、その一部のみについて一部履行不能を理由として解除(無催告解除)をすることができる(542条2項1号)。また、②「残存する部分のみでは契約をした目的を達することができないとき」は、債権者は、催告なしに、契約全体を解除(無催告解除)することができる(542条1項3号)。

(ii) **当該一部が不可分であるとき(当該一部を他の部分と区別して捉えることができないとき)**

このとき、特に質的一部不能(不完全履行の一種)の多くの場合には、一部解除(無催告解除。542条2項)はありえない。

> ここでは、有償契約の場合には、代金減額請求権(563条)の制度が、一部解除の機能を果たすと説明されることがあります。この点については、売買のところで詳しく説明します。

→ 2章2節③【1】(4)(c)(ii)b

この場合には、契約全体の不完全履行として捉え、債務者による一部履行では契約をした目的を達成することができないときは、債権者は、契約全体を解除(無催告解除)することができる(542条1項3号)。

1-57

以上の給付義務の一部履行不能における(i)および(ii)の議論は、**給付義務の一部履行拒絶**の場合にも妥当する((i)①のときは542条2項2号、(i)②のときは542条1項3号、(ii)のときは542条1項3号が、それぞれ根拠となる)。

→ 潮見・新債権総論Ⅰ577頁

1-58

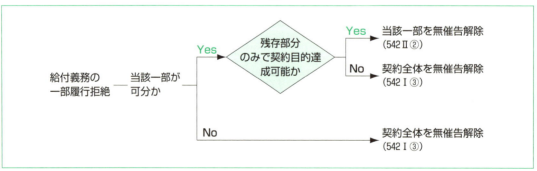

(c) **付随義務・保護義務違反の場合**

給付義務について履行がされたものの、付随義務・保護義務に違反があった場合については、違反された付随義務・保護義務の履行(追履行)が可能か不能に

分けて考えてみる。なお、付随義務(情報提供義務・説明義務など)、保護義務の内容については、債権総論および契約締結上の過失の説明を参照してほしい。

(ⅰ) 違反された付随義務・保護義務の履行(追履行)が可能なとき

①債権者は、当該義務の履行を独立かつ可分なものとして観念することができる場合には、相当期間を定めて当該義務の履行を催告し、その期間内に付随義務・保護義務の履行がされなければ、その義務にかかる部分のみを解除(催告解除)することができる(542条2項類推適用)。たとえば、機械の売買契約で取替え用の予備の部品(他の業者からも調達可能なもの)の供給が滞ったような場合である。ただし、当該付随義務・保護義務の違反が軽微であったときは、当該義務違反を理由とする解除(催告解除)をすることはできない(541条ただし書)。

> ①の場合(かつ軽微でないとき)については、一部解除に準じて542条2項類推適用との有力な立場に依拠していますが、前述した給付義務の履行遅滞の場合とパラレルに考えて、541条本文を類推適用してもよいのではないかとも思えます。私見ですが、ここでの解除は催告解除を意味するでしょうから、541条本文を類推適用するほうが、座りがよいのではないでしょうか。今後議論されるところではないかと思います。
>
> なお、当該義務の履行が給付義務と**不可分**としか観念できない場合には、そもそもここで検討している一部不履行の態様ではなく、全部不履行の問題となります。

これに対して、②催告後相当期間が経過し、義務違反が契約全体からみて軽微でないときは、契約全体を解除(催告解除)することができる(541条本文)。また、その義務違反の結果、契約をした目的が達成できないときも、契約全体を解除(無催告解除)することができる(542条1項5号)。

(ⅱ) 違反された付随義務・保護義務の履行(追履行)が不能なとき

違反された付随義務・保護義務の履行(追履行)が不能な場合に、当該義務の履行を独立かつ可分なものとして観念できるときには、当該部分を解除(無催告解除)することができる(542条2項1号)。

> ここでも、当該義務の履行が給付義務と不可分としか観念できない場合には、全部不履行の問題となります。

(2) 複数契約の解除

同一の当事者間で締結された複数の契約について、そのうちの1つの契約に債務不履行による解除の原因があり、これによって複数の契約を締結した目的が全体として達成できないときに、相手方は、複数の契約をすべて解除することができるであろうか。判例上、いわゆるリゾートマンションの購入時に、これに付随してスポーツクラブ会員権契約を行った者が、スポーツクラブで予定されていた施設の完成遅滞を理由に、マンション売買も含む契約全体の解除をすることができるかが争われた。

> 上記の事案においては、判例は、本件契約をマンションの売買契約にスポーツクラブの入会契約の要素が付加された1個の混合契約(複数の契約類型が混合された契約)ではなく、マンションの売買契約と会員権契約は2個の契約であることを前提としています。

この点について、判例は、複数契約相互の目的面での密接関連性、目的達成面での複数契約の一体性、1つの契約についての債務不履行により目的が全体とし

→ 『債権総論』2章3節②【2】(4)、『債権各論』1章2節⑥【3】

→ 潮見・新債権総論Ⅰ 578頁

→ 最判平成8年11月12日(後出重要判例)

て達成できないことを基準として、他の契約の解除可能性を判断している。

> ★**重要判例**（最判平成8年11月12日〔百選Ⅱ44事件〕）
> 「同一当事者間の債権債務関係がその形式は甲契約及び乙契約といった2個以上の契約から成る場合であっても、それらの目的とするところが相互に密接に関連付けられていて、社会通念上、甲契約又は乙契約のいずれかが履行されるだけでは契約を締結した目的が全体としては達成されないと認められる場合には、甲契約上の債務の不履行を理由に、その債権者が法定解除権の行使として甲契約と併せて乙契約をも解除することができるものと解するのが相当である」。
> 【争点】同一当事者間で締結された2個以上の契約のうち1個の契約の債務不履行を理由に他の契約を解除することができる場合はあるか。
> 【結論】同一当事者間の債権債務関係がその形式は甲契約および乙契約といった2個以上の契約からなる場合であっても、それらの目的とするところが相互に密接に関連づけられていて、社会通念上、甲契約または乙契約のいずれかが履行されるだけでは契約を締結した目的が全体としては達成されないと認められる場合には、甲契約上の債務の不履行を理由に、その債権者は、法定解除権の行使として甲契約とあわせて乙契約をも解除することができる。

(3) 継続的契約の解除

継続的契約とは、契約期間中継続する給付を目的とする契約をいう。たとえば、賃貸借や雇用などである。

継続的契約においても、債務不履行を理由として契約を解除することができるが、債務不履行があったからといって、必ずしもその事実のみをもって契約を解除することができるわけではない。この点については、特に賃貸借契約における賃借人の債務不履行（賃料不払、用法遵守義務違反、善管注意義務違反等）を理由とする解除で議論されているが、賃貸借契約のところで説明する。

→ 2章6節4【3】(2)

3 解除権の発生障害——債権者の責めに帰すべき事由による債務不履行

【1】総説

債務の不履行が**債権者の責めに帰すべき事由によるもの**であるときは、債権者は、契約の解除をすることができない（543条）。このような場合にまで解除を認めて、債権者を契約の拘束から解放し、債務者の契約利益を剥奪すれば、公平に反するだけでなく、債権者の不当な行動を誘発することになるからである。前述した、危険負担に関する536条2項と同趣旨の規定である。

→ 1章3節4

| 平成29年改正事項 | 債権者の帰責事由と解除権の不発生 | C1 |

平成29年改正民法のもとでは、契約の解除の要件として、債務者の責めに帰すべき事由を要しないことになったが、その債務不履行が債権者の責めに帰すべき事由によるものである場合にまで債務不履行解除を認めるのは相当でない。

そこで、平成29年改正民法は、債務の不履行が債権者の責めに帰すべき事由によるものであるときは、債権者は、541条および542条による契約の解除をすることができないと規定した（543条）。

→ 部会資料68 A・28頁、79-3・14頁、一問一答234頁

1-59 債権者の帰責事由と解除権の不発生

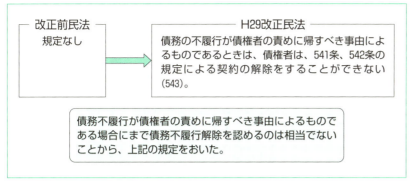

なお、543条は、履行不能の場合のみを対象としている536条2項と異なり、債務不履行一般にその範囲を拡張している点に注意してほしい。履行不能かその他の債務不履行かによって異なるところはないからである。

結局、平成29年改正民法では、債務不履行についての帰責事由は、①債権者にあるか、②債務者にあるか、③いずれにもないかのいずれかであることを前提に整理されています。②③の場合には、債権者は、541条、542条により契約の解除をすることができるのに対し、①の場合には、債権者は、543条により契約の解除をすることができないのです。もとより、債務不履行の原因が双方にあるという場合も考えられますが、その場合にも、その原因の内容や寄与の度合いに応じて①②③のいずれかに振り分けることになります。

➡ 一問一答235頁

【2】債務者の反対債務の履行請求と利得の償還

前述した債権者の責めに帰すべき事由による債務不履行により契約の解除をすることができない場合には、債務者は、履行不能により自己の債務の履行を免れるときであっても、債権者に対し反対債務の履行を請求することができる。

もっとも、債務者が債権者に対し反対債務の履行を請求する場合に、債務者が自己の債務を免れたことによって利益を得たときは、その利益を債権者に償還しなければならない。たとえば、売主Aと買主B間の売買契約で、履行期前に、Bの責めに帰すべき事由によってAのもとで売買目的物が滅失した場合には、AはBに対して売買代金の履行を請求することができるが、Aがその物品の滅失によって節約することができた物品の運送費用や保管費用に相当する額については、AがBに対して請求することができる代金債権額から控除されることになる。

➡ 潮見・新債権総論Ⅰ588頁

4 解除権の消滅

解除権の消滅原因としては、民法の規定する特殊な消滅原因と、一般的な消滅原因とに分けられる。

← 解除権の消滅原因について

【1】民法の規定する特殊な消滅原因
(1) 相手方の催告による解除権の消滅

契約の一方当事者が解除権を行使することができる場合には、解除の相手方は、解除されるかどうかについて不安定な状態におかれる。特に、解除権の行使期間が定められていないときには、不安定な状態が長く続くことになって、解除原因があるとはいうものの、相手方の保護に欠ける。そこで、解除権の行使につい

て期間の定めがないときは、相手方は、解除権を有する者に対し、相当の期間を定めて、その期間内に解除をするかどうかを確答すべき旨の催告をすることができる(547条前段)。この場合に、その期間内に解除の通知を受けないときは、解除権は、消滅する(547条後段)。

なお、解除権の行使について期間が定められている場合(合意による期間制限がある場合のほか、566条、637条および641条の場合)には、547条の適用はなく、相手方の催告による解除権の消滅はない点に注意してほしい。なぜなら、その期間内は解除権者に解除権を行使する可能性が保障されていると考えられるし、相手方の不安定な状態の継続も限定されているので、その期間内は解除されるおそれを求めても不当ではないからである。

(2) 解除権者の故意・過失による滅失・損傷・返還不能等の場合

解除権を有する者が故意もしくは過失によって契約の目的物を、①著しく損傷し、もしくは②返還することができなくなったとき、または③㋐加工もしくは㋑改造によって他の種類に変えたときは、解除権は、消滅する(548条本文)。

← 平成29年改正

> 基本的なことですが、ここで条文の構造を示しておきます。条文では同じレベルで複数の語句を並べる場合には「又は」(本書では「または」と表記しています)でつなげればよいのですが、複数のレベルで並べる場合には、もっとも大きなレベルに1回だけ「又は」を用いて、それよりもレベルが小さい場合には、すべて「若しくは」(本書では「もしくは」と表記しています)を用いることとされています。ですので、548条本文は、次のような構造となります(「故意若しくは過失」の点は省略しました)。
>
> 1-60
>
> ①② ─┬─ ①著しく損傷したとき
> 　　　│　　もしくは
> 　　　└─ ②返還することができなくなったとき
> または
> ③ ─┬─ ㋐加工によって他の種類に変えたとき
> 　　│　　もしくは
> 　　└─ ㋑改造によって他の種類に変えたとき

この趣旨は、上記①②③の各場合には、解除権者はその解除権を黙示に放棄したものといえるし、解除による原状回復として契約の目的物を従前の状態で返還することができないため、解除を認めると相手方との間の公平を害する点にある。

ただし、解除権を有する者がその解除権を有することを知らなかったときは、解除権は消滅しない(548条ただし書)。このときには、解除権の黙示の放棄があったとはいえないし、価額の償還が認められることから、公平をそれほど害するとはいえないからである。

平成29年改正事項 解除権者による故意による目的物の損傷等による解除権の消滅　C1

改正前民法548条1項は、「解除権を有する者が自己の行為若しくは過失によって契約の目的物を著しく損傷し、若しくは返還することができなくなったとき、又は加工若しくは改造によってこれを他の種類の物に変えたときは、解除権は、消滅する」とのみ規定し、解除権者が解除権を行使することができることを知らない場合であっても適用された。

しかし、そのため、たとえば売買の目的物に瑕疵があった場合に、買主がその瑕疵の存在を

→ 部会資料68A・31頁、一問一答232頁

知らずに加工等をしたときであっても、解除権は消滅してしまうことになるが、この帰結は妥当でないとの指摘がされていた。また、改正前民法548条1項の1点目の趣旨（解除権者が契約の目的物を著しく損傷したり、加工したりした場合には、解除権を黙示に放棄したものといえること）との関係でみても、解除権を行使することができること（上記の例でいえば、売買の目的物に瑕疵があったこと）を知らないのに解除権の黙示の放棄があったと評価するのは相当でないとも考えられる。さらに、2点目の趣旨（解除による原状回復として契約の目的物を従前の状態で返還することができないため相手方との間の公平を害すること）との関係でみても、解除権者が契約の目的物を著しく損傷したり、加工したりした場合であっても、解除による原状回復としてはその価額を償還することになるのであるから、金銭による原状回復では必ずしも十分でない場合があるとはいえ、相手方との間の公平をそれほど害するとまではいえないと考えられる。そのため、改正前民法548条1項の適用は解除権者が解除権を行使することができることを知っていた場合に限定する必要がある。

そこで、平成29年改正民法は、上記の問題の所在をふまえ、「自己の行為」を「故意」と改めたうえで、ただし書を付加し、解除権者が解除権を行使することができることを知らなかったときは、解除権は消滅しない旨を定めた（548条）。

1-61　解除権者による故意による目的物の損傷等による解除権の消滅

```
―― 改正前民法 ――
解除権を有する者が自己の行為もしくは過失によって契約の目的物を著しく損傷し、もしくは返還することができなくなったとき、または加工もしくは改造によってこれを他の種類の物に変えたときは、解除権は、消滅する（548Ⅰ）。
```
→
```
―― H29改正民法 ――
・「自己の行為」を「故意」と改めた。
・「ただし、解除権を有する者がその解除権を有することを知らなかったときは、この限りでない」とのただし書を加えた（548）。
```

改正前民法548条を解除権者が解除権を行使することができることを知らない場合であっても適用すると不当な帰結を導くこと、このような場合には同条の趣旨はそれほど妥当しないことから、「自己の行為」を「故意」と改めたうえで、上記のただし書を付加した。

平成29年改正事項　改正前民法548条2項の削除　C1

改正前民法548条2項は、「契約の目的物が解除権を有する者の行為又は過失によらないで滅失し、又は損傷したときは、解除権は、消滅しない」と規定していた。

しかし、改正前民法548条2項の内容は、同条1項の要件をみたさない場面の一部を取り出したものにすぎない確認的規定であり、同条1項の内容から明らかである。

そこで、平成29条改正民法は、548条2項を削除することとした。

1-62　改正前民法548条2項の削除

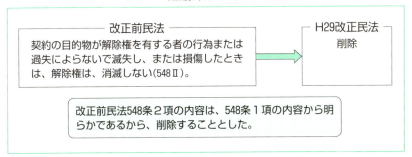

他方で、解除権者の故意・過失によらない目的物の損傷等の場合には、解除権は消滅しない（548条本文反対解釈）。問題は、この場合の原状回復をどのように処理するかである。

> ここは、解除権者が原状回復に代わる損害賠償をすべきか（相手方の価格賠償を認めるべきか）という点と、解除権者が反対給付の返還を請求することができるかという点が問題となり、その組合せによって、①いずれも否定する見解、②前者は否定し、後者は肯定する見解、③いずれも肯定する見解に分かれています。

→ 中舎・債権法151頁

この点について、③相手方の価格賠償と解除権者の返還請求のいずれも肯定する見解からは、一方で、①いずれも否定する見解では、解除権者に一方的に不利であり、他方で、②相手方の価格賠償は否定し、解除権者の返還請求は肯定する見解では、相手方に一方的に不利であるとして、当事者間の公平の観点から、いずれも肯定すべきであるとする。

これに対して、②目的物の返還に代わる賠償をすることなく（相手方の価格賠償を否定し）、解除して反対給付の返還を請求することができるとする見解は、目的物の給付前に目的物が債務者の責めに帰すことができない事由によって滅失・損傷したときは、債務者は債務不履行責任を負わないところ（415条1項ただし書）、これとの均衡を考えるならば、相手方の価格賠償は否定し、解除権者の返還請求は肯定すべきであるとする。

解除権者に故意・過失がない場合には、解除権者に損害賠償をさせる必要はないから、②相手方の価格賠償は否定し、解除権者の返還請求は肯定する見解を採用すればよいであろう。

→ 中舎・債権法152頁

以上に対して、目的物の損傷等について相手方に帰責事由がある場合には、解除権者は価格賠償をする必要はないとするのが判例であり、学説上もこの結論に争いはない。

→ 最判昭和51年2月13日（判例シリーズ67事件）

(3) 解除権の消滅に関する解除権不可分の原則

前述したように、法律関係の複雑化を避けるため、当事者の一方が数人ある場合において、解除権が当事者のうちの1人について消滅したときは、他の者についても消滅する（544条2項）。

→ 本節①【4】(2)

【2】一般的な消滅原因

(1) 債務不履行の解消

履行遅滞に陥ったとしても、解除される前に、本来の給付と遅延賠償の弁済をすれば、解除権は消滅する。また、契約の内容に適合しない履行をした場合であっても、解除される前に、追完（目的物の修補、代替物の引渡し、不足分の引渡し。562条参照）と不適合な履行に伴う損害賠償の弁済の提供をしたときも、解除権は消滅する。

(2) 解除権の放棄

解除権は、放棄することができる。あらかじめ解除権を放棄することもできる（判例・通説）。

→ 大判明治37年9月15日民録10輯1115頁

(3) 解除権の消滅時効

解除権は、取消権と同じく形成権であるが、取消権の場合（126条）と異なり、その消滅時効の定めがない。そこで、解除権の消滅時効についてどのように考え

るかが問題となる。

> 解除権の消滅時効については、本来の債権(債務)、解除権(形成権)、原状回復請求権(原状回復義務)の関係をどのように理解するかが問題となります。

改正前民法下での判例は、以下のように判断していた。
① 解除権は形成権であるが、消滅時効については「債権」(改正前民法167条1項)に準じて扱うことができる。
② 時効期間は10年間(改正前民法167条1項)であり、商行為の解除権については5年間(改正前商法522条)である。
③ 消滅時効の起算点は、解除権を行使できる時(債務不履行時、無断転借人の使用収益開始時)である。
④ 契約の解除による原状回復請求権は解除によって新たに発生する請求権であるから、消滅時効は解除時から進行する。また、原状回復請求権が履行不能により損害賠償請求権に変じたとしても、消滅時効の起算点は本来の請求権の履行を請求しえた解除時である。

平成29年改正民法のもとでも、上記判例法理は等しく妥当し、次のようにして存続するといわれている。
①②および③については、解除権は、債務不履行時から10年間または債権者が債務不履行の事実を知ったときから5年間の消滅時効にかかる(166条2項ではなく、「債権」に準じて166条1項で処理する)。
④については、原状回復請求権および損害賠償請求権(原状回復義務の履行不能により変じた損害賠償請求権)は、解除時から5年間で時効消滅する(166条1項1号)。

→ 大判大正5年5月10日民録22輯936頁、最判昭和56年6月16日民集35巻4号763頁
→ 最判昭和56年6月16日(前出)、最判昭和62年10月8日民集41巻7号1445頁
→ 大判大正5年5月10日(前出)、大判大正6年11月14日民録23輯1965頁
→ 大判大正6年11月14日(前出)、最判昭和62年10月8日(前出)、大判大正7年4月13日民録24輯669頁
→ 最判昭和35年11月1日民集14巻13号2781頁
→ 潮見・債権各論Ⅰ59頁、中田・契約法246頁

> 客観的起算点からの解除権の消滅時効に関して、改正前民法のもとでの判例は、解除権は債務不履行時から10年の消滅時効にかかるとしていました(商行為を除きます)。改正前民法167条2項(債権または所有権以外の財産権)ではなく、「債権」に準じて改正前民法167条1項で処理していたのです。この判例法理は、平成29年改正下においても等しく妥当するとされています。そして、平成29年改正で新たに設けられた主観的起算点からの5年の消滅時効(166条1項1号)に関しても、「権利を行使することができることを知った時」とは、特段の事情がなければ債務不履行時を意味すると解すべきとされています。要するに、主観的起算点と客観的起算点はほとんどの場合に一致しますので、10年の消滅時効が問題となることはまれであるといわれています。ですから、その結果、平成29年改正のもとでは、実質的には5年間の消滅時効により処理されるのが通例になるとされているのです。

→ 潮見・新債権総論Ⅰ622頁注155、潮見・債権各論Ⅰ59頁

以上に対して、改正前民法下の学説ではあるが、債務不履行による解除権は本来の債務が時効消滅した後はもはや行使できないものであるから、本来の債務の消滅時効のほかに解除権の消滅時効を考える余地はないという見解がある。この見解によれば、解除権は原状回復請求の手段にすぎないから、解除権とその行使の結果である原状回復請求権を一体とみて、解除権の存続中に両者を主張するべきことになる(本来の債務が消滅した後に、解除権および原状回復請求権を行使することは許されないことになる)。そのほか、法定解除権ではそのように解するが、約定解除権については独立の消滅時効を認める見解もある。

→ 星野・概論Ⅳ95頁

→ 我妻・講義V₁208頁、213頁

(4) 権利失効の原則

権利失効の原則とは、解除権者が長期間にわたって解除権を行使せず、相手方がもはや行使されないものと正当に信頼し、その行使が信義則に反すると認められる場合には、解除権の行使は許されないという理論をいう。判例は、このような考え方を一般論としては認めたが、当該事案においては認めなかった。

この理論によれば、解除権も失効する場合がありうることになる。

← 権利失効の原則とは

→ 最判昭和30年11月22日民集9巻12号1781頁

5 解除の効果

【1】総説

解除の効果については、545条が規定している。

すなわち、当事者の一方が解除権を行使したときは、当事者は、その相手方を原状に復させる義務(**原状回復義務**)を負う(545条1項本文)。ただし、第三者の権利を害することはできない(545条1項ただし書)。

また、原状回復義務を負う場合に、金銭を返還するときは、その受領の時から利息を付さなければならず(545条2項)、金銭以外の物を返還するときは、その受領の時以後に生じた果実をも返還しなければならない(545条3項)。

さらに、解除権の行使は、損害賠償の請求を妨げない(545条4項)。

以下、順に検討していくことにする。

【2】解除の法的性質

(1) 法的性質

(a) 問題の所在

以上の諸規定を前提とする解除の諸効果をどのように統一的・理論的に説明するかについては、従来から争いがある。解除の法的性質(法律構成)の問題である。

> 解除の法的性質は、ドイツ民法学の影響を受けて改正前民法のもとで議論されてきたものですが、平成29年改正民法のもとでも、この問題は依然として解釈に委ねられています。
> なお、改正前民法には、現545条3項についての規定はなかったので(平成29年改正により新設)、本文で示した諸規定とは、現在の545条1項、2項および4項についてのことです。

(b) 学説

解除の法的性質については、大別して、解除によって契約は遡及的に消滅するという構成(遡及構成)を採る直接効果説と、遡及的に消滅するものではないという構成(非遡及構成)を採る間接効果説、および両者の折衷的な説明をする折衷説がある。

(i) 各説の内容

直接効果説は、契約が解除されると、解除の直接の効果として、契約上の債権・債務は初めからさかのぼって消滅し、その結果、当事者は、契約を結ばなかった状態に戻ると説明するものであり、改正前民法のもとでの判例・通説の立場である。直接効果説の概要は、以下のとおりである。

← 直接効果説(判例・通説)の考え方
●論点Aランク(論証5)

→ 大判大正7年12月23日民録24輯2396頁、大判大正8年9月15日民録25輯1633頁
→ 我妻・講義V₁188頁

①解除の効果は契約の遡及的消滅である。
②未履行の債務は当然に消滅する。
③既履行の給付の原状回復は、既履行の債務の遡及的消滅に伴う不当利得の返還である。
④処分的効果(契約によって生じた物権または債権の移転などの処分的な法律効果)も遡及的に消滅するが、第三者保護(取引の安全)のため、民法(545条1項ただし書)は解除の遡及効に制限を加え、第三者の権利に影響を及ぼさないものとした。
⑤契約による債務の遡及的消滅を貫徹すると、その不履行による損害賠償請求権も消滅することになるが、債権者保護のため、民法は解除の遡及効の範囲を制限することにした。したがって、545条4項で解除権者に認められている損害賠償請求の性質は、債務不履行による損害賠償請求権である。

　直接効果説の立場は判例・通説であり、とても重要なので、その考え方に立った内容と処理を詳しく説明しておくことにします(後にも触れます)。

　直接効果説は、解除によって債権・債務が遡及的に消滅すると考えるため、当事者は、未履行債務については当然に履行の義務を免れることになりますし、既履行債務については、遡及的消滅によって、本来、相手方に渡したものは不当利得として返還請求ができるはずです。しかし、不当利得返還債務の問題にすると、相手方が善意のときには、現存利益の返還で足りることになってしまうため(703条)、渡したものすべてが返ってくるわけではないことになりますが、それでは、契約がなかった状態に戻すという解除の趣旨は全うされません。そのため、法的性質は不当利得返還債務ではあるものの、返還債務の範囲については、引き渡したものをすべて返してもらえるという範囲にまで拡大したものが、545条1項本文、2項の原状回復義務であると解釈するのです(全部返還義務)。要するに、**545条1項本文、2項による原状回復義務は、703条、704条の特則**として考えるわけです。

　そして、契約が遡及的に消滅してしまうことから、利害関係のある第三者が害されてしまう場合があることになります。たとえば、解除前に目的物(動産・不動産)を取得した第三者は、その契約の遡及的消滅によって、遡及的に無権利者から譲り受けたことになってしまいますが、それでは第三者は保護されないことになってしまいます。そのため、解除による遡及効を制限する趣旨で、545条1項ただし書の規定がおかれていると考えるのです。要するに、**545条1項ただし書は、解除前の第三者を保護するために遡及効を制限する規定**であると解することになるのです。

　これに対して、**解除後の第三者**は、(物権変動についての判例・通説の立場[物権的効果説]に立って)解除によって復帰的に物権変動が生じた(権利の遡及的復帰)と解釈し、解除による物権の復帰と解除後の第三者への譲渡が、あたかも二重譲渡類似の関係に立つとして、**177条、178条によって処理**することになります。この点は、民法総則で学習した詐欺取消前の第三者の保護と、詐欺取消後の第三者の保護の場面とよく似ています。詐欺取消前の第三者は取消しの遡及効を制限する(96条3項)ことによって保護されたのに対し、詐欺取消後の第三者は177条、178条によって二重譲渡類似の関係として処理されたのと同様の処理をするのです。ただし、96条3項の場合には、第三者に善意・無過失が要求されますが、545条1項ただし書で保護される第三者は、**善意・悪意を問わず、その代わりに権利保護要件(権利保護資格要件)としての登記・引渡しが必要**となっています。この点については、「(3) 解除と第三者」のところでもう一度触れます。

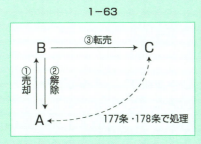

1-63

　最後に、545条4項の損害賠償請求の規定の趣旨についてですが、本来、債務が解

除によって遡及的に消滅した場合には、債務不履行という事実もなかったことになるはずですから、これを貫徹すれば、損害賠償請求もできなくなるはずです。しかし、これでは債権者の保護に欠けるので、債務不履行があったという事実を残すかぎりにおいて、遡及効を制限するのが545条4項です。要するに、545条4項は、債権者保護の観点から、遡及効を制限し、履行利益の損害賠償請求(415条)ができるということを規定したものと解釈するわけです。

間接効果説は、契約が解除されても、解除の直接の効果として、契約上の債権債務が消滅するのではなく、ただ、当事者間に原状回復の債権・債務関係を発生させるにとどまり、それが履行されることによって、はじめて契約関係は消滅すると説明するものである。間接効果説の概要は、以下のとおりである。

← 間接効果説の考え方

①解除は債権・債務を消滅させるのではなく、その作用を阻止するにすぎない。
②未履行の債務は消滅せず、債務者に履行拒絶権が発生する。
③既履行の給付の原状回復は、解除により発生する新たな返還請求権によるものである(解除による原状回復は不当利得とは何ら関係のないものである)。
④処分的効果は解除によって直接の影響を受けないから、第三者保護の問題はすべて対抗問題(177条、178条)として処理されうる(545条1項ただし書は単なる注意規定)。
⑤解除に契約上の債権・債務の消滅効を与えないから、すでに発生した債務不履行による損害賠償責任は残る(545条4項は当然の規定)。

　間接効果説を論理的に貫徹すると、未履行給付については、解除をしたからといって契約が消滅するのではないのですから、履行拒絶権(履行拒絶の抗弁権)が発生するだけで、履行請求権が消滅することにはなりませんが、その履行によって契約関係全体が消滅すると説明します。しかし、これでは原契約関係の最終的消滅を説明したことにはなりません。ですので、今日、間接効果説をそのままのかたちで採用する見解はないといわれています。
　未履行債務の説明以外では、次に紹介する折衷説と共通するので、ここでそのほかの説明・処理について説明しておきます。
　間接効果説・折衷説では、既履行債務については、解除によっても消滅せず、新たな返還請求権が発生すると法律構成することになります。
　また、545条1項ただし書についても、単なる注意規定にすぎず、解除前の第三者か解除後の第三者かを問わず、新たな原状回復義務と第三者への譲渡は、二重譲渡の関係としてすべて177条、178条によって解決することになります。言い換えると、解除前の第三者との関係では、原状回復義務は第二譲渡の位置づけとなり、解除後の第三者との関係では原状回復義務が第一譲渡の位置づけとなる、という違いがあるだけで、ともに二重譲渡の関係であることは変わらないというわけです。間接効果説や折衷説に立った場合には、545条1項ただし書は単なる確認規定にすぎず、ある意味では無意味な規定となっていまします。
　さらに、545条4項の損害賠償請求の規定についても、債務は遡及的に消滅するわけではないため、債務不履行があったという事実も残るため、当然の規定ということになるわけです。

折衷説は、原契約上の債権・債務からの解放と原状回復義務の発生を解除の効果として認め、解除の意思表示により未履行債務は将来に向かって消滅し、既履行債務については原状回復義務が発生すると説明する。折衷説の概要は、以下のとおりである。

← 折衷説の考え方

➡ 広中・債権各論352頁

①解除の効力は将来に向かって生じる。

②未履行債務は当然に消滅する。

③既履行の給付の原状回復は、解除により発生する新たな返還請求権によるものである（解除による原状回復は不当利得とは何ら関係のないものである）。

④処分的効果は解除によって直接の影響を受けないから、第三者保護の問題はすべて対抗問題（177条、178条）として処理されうる（545条1項ただし書は単なる注意規定）。

⑤解除に契約上の債権・債務の消滅効を与えないから、すでに発生した債務不履行による損害賠償責任は残る（545条4項は当然の規定）。

折衷説に対しては、なぜそのような制度理解が妥当するのかという理論的正当化の点において、直接効果説と間接効果説の主張を折衷し、結果の相当性を説くだけでは説明がつかないと批判されます。

そのため、現在では、解除によって原契約上の債権関係は、原状回復の債権関係に変容するとみる説（**原内容変更説**）が有力です。この説の概要は以下のとおりです（④⑤は折衷説と同じなので、割愛します）。

①契約により、契約は消滅するのではなく、原状回復に向けた債権関係に変容する。
②未履行債務は消滅する（すでに原状回復がなされているとみる）。
③既履行給付については、変容した契約のもとで、原状回復のための新たな返還請求権が発生する（契約に基づく清算関係そのもの〔実現された給付の巻き戻し〕であって、不当利得という観点から捉えられるべきものではない）。

ただし、折衷説と原内容変更説の違いは、契約が将来に向かって消滅するのか、清算されるまで存続するのかにあり、実際上の違いは大きくないと説明されることもあります。

→ 潮見・新債権総論Ⅰ598頁

(ⅱ) 検討

直接効果説に対しては、545条2項の規定と不当利得における利得返還の範囲の規定（703条、704条）とが異なることを説明することができないなどの批判はあるが、試験対策という観点からは、直接効果説を採用すれば足りよう。

そして、545条1項本文、2項の原状回復義務の説明方法、545条1項ただし書の第三者保護規定の趣旨、545条4項の損害賠償請求の説明方法などをしっかりと理解しておいてほしい。次頁に、解除の効果の学説を整理した表をあげておくので、参考にしてほしい。

以下では、直接効果説の立場を中心として、解除の効果を具体的に検討することにする。

(2) 解除の遡及効

(a) 権利の遡及的復帰

特定物の売買において、目的物の所有権が買主に移転しているときには、解除に伴い当然に売主に復帰する（判例。ただし、物権行為の独自性肯定説からは、権利の当然復帰を否定することになる）。

また、債権の譲渡契約が解除された場合にも、債権は譲受人から譲渡人へ当然に復帰する（判例）。

(b) 解除される契約によって消滅した権利の復活

判例は、更改契約が解除されたときは旧債務は復活し、また、和解契約が解除されたときも、それによって免除された権利は復活するとしている。

→ 大判大正6年12月27日民録23輯2262頁

→ 大判明治45年1月25日民録18輯25頁、大判昭和3年12月19日民集7巻1119頁
→ 大判昭和3年3月10日新聞2847号15頁
→ 大判大正10年6月13日民録27輯1155頁

1-4 契約の解除　105

解除の効果の学説整理

	直接効果説（判例）	折衷説	間接効果説
特徴	遡及効を中心として構成	原状回復義務を中心として構成	
解除の直接的な効果	契約が遡及的に消滅する	契約が遡及的に消滅するのではなく、原状に回復させる債権債務関係が発生する →原状回復義務が履行されてはじめて契約関係が消滅する	
未履行債務	遡及的に消滅するので当然に履行義務を免れる	将来に向かって消滅する	消滅しない（履行拒絶の抗弁権が発生する）
既履行債務	遡及的に消滅するので、債務者の利得を正当化する法律上の原因が消滅する ↓ 不当利得返還義務が発生 ↓ 545Ⅰ本文による原状回復義務は703、704の特則である	消滅しない（新たに返還請求権が発生する）	
545Ⅰただし書の趣旨	遡及効により第三者が害されることを防ぐ	（単なる注意規定）	
解除前の第三者	545Ⅰただし書により保護される	177・178により解除権者との優劣を決する	
解除後の第三者	177・178により解除権者との優劣を決する		
545Ⅳの趣旨	債務が遡及的に消滅する以上、債務不履行もなかったことになるはず ↓とすれば 債権者は損害賠償を請求できないことになりそう ↓しかし 債権者に酷 ↓そこで 遡及効の範囲に制限を加えて債権者を保護したのが545Ⅳである	債務が遡及的に消滅するわけではないので、債務不履行責任は残る ↓ 545Ⅳは当然の規定	

　さらに、契約によって発生した債権が解除以前に相殺に用いられた場合には、契約が解除されればその債権ははじめから存在しなかったとみなされるから、相殺も無効となり、反対債権が復活する（判例）。

⇒ 大判大正9年4月7日民録26輯458頁

　具体的には、**図1-64**を参照してください。たとえば、特定物売買契約をした買主Aは売主Bに対して貸金債権aを有していたので自己に対する代金債権bと相殺したとします（①）。その後で、目的物を引き渡してもらおうとしたところ、Bが目的物を引き渡さないので、履行不能に基づく解除をしたような場合を考えてみましょう。解除によって売買契約は遡及的に消滅し、代金債権・目的物引渡請求権は最初から存在しなかったことになります（②）。そうすると、Aはa債権と存在しないb債権とを相殺したこととなり、そのような相殺は無効ですから、存在するa債権のみが復活することになります（③）。なお、この場面でBの側から代金債権を相殺に供することは、代金支払が先履行の関係にあるような場合を除き、できません。なぜなら、自働債権に同時履行の抗弁権が付着しており、Bによる相殺を認めるとAが不利な立場に立たされるからです。これに対して、Aによる相殺は、みずから同時履行の抗弁権を放棄するものであるから認められます。

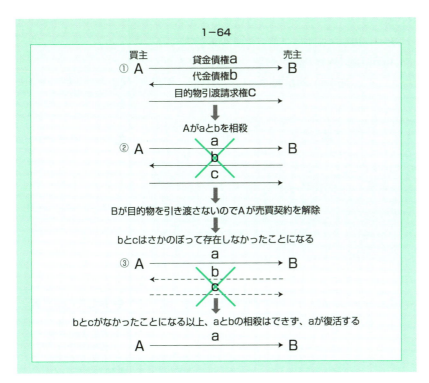

(3) 解除と第三者

(a) 「第三者」の範囲

　直接効果説の立場からは、545条1項ただし書は第三者保護（取引の安全）のため解除の遡及効を制限した規定であると解することになる。したがって、545条1項ただし書の「第三者」（解除の影響を受けない第三者）とは、解除された契約から生じた法律効果を基礎として、解除までに新たな権利を取得した者ということになる。具体的には、①契約に基づく給付の目的たる物または権利の譲受人・抵当権者・質権者・差押債権者、②給付目的物の賃借人である。

　これに対して、①解除によって消滅する契約上の債権そのものの譲受人・転付債権者・差押債権者、②第三者のためにする契約の受益者は、「第三者」にあたらない。さらに、③借地契約が解除された場合の借地上の建物の借家人、借地上の建物の抵当権者・抵当権実行による競落人（買受人）も、借地契約の解除による清算関係で利害関係に立つ者ではないから、「第三者」にあたらない（判例）。

▶昭和63年度第2問

←「第三者」とは

→ 我妻・講義V₁198頁

→ 最判昭和47年3月7日 判時666号48頁

> 以上のような545条1項ただし書の「第三者」にあたるか否かの区別の基準は、契約上の債権そのものは解除によって遡及的に消滅する立場を前提として、その物権的遡及効を制限し、給付の目的についての第三者の利益が解除権者との関係で保護されるべきかどうかを考慮するものですので、注意してください。間接効果説あるいは折衷説によるときは、解除による原状回復につき利害関係を有するものは、広く「第三者」に含まれることになります。

　なお、「第三者」の善意・悪意は問わない。なぜなら、解除原因があっても解除されるとはかぎらない（解除権者は履行請求を選ぶかもしれないし、後に解除原因が解消されるかもしれない）から、第三者が解除原因の存在を知っていてもその帰責性は大きくないし、また、意思表示に問題のない有効な契約を前提とする後続の取引の安全を一般に保護する要請があるからである。

(b) 権利保護要件としての登記等

　何ら帰責性のない債権者のもとで保護される以上、「第三者」が保護を受けるためには、権利の取得についての**権利保護（資格）要件（登記、引渡し）**を必要とすると解すべきである（通説）。ただし、判例は、**対抗要件としての登記、引渡し**が必要であるとする。

⇒ 大判大正10年5月17日民録27輯929頁

⇒ 中田・契約法237頁

> 　通説と判例の違いを述べますと、たとえば、**権利保護要件としての登記**を求められる者は、登記がない場合には、無権利者として扱われることになります。したがって、原則として権利者に対して所有権を対抗することができないのはもちろんのこと、登記を具備していない権利者から訴えられた場合にも、自己が登記を具備していない以上は、敗訴してしまうことになります。
> 　これに対して、**対抗要件としての登記**を求められる者（権利者であることを前提とします）は、登記を具備していなくても、相手方（原告）が登記を具備していない以上は、被告としては177条の「第三者」として保護されうることになります。

(c) 解除後の第三者

　契約が解除された後に登場した第三者は、545条1項ただし書にいう「第三者」には該当しない。対抗問題（177条、178条）として処理することになる（判例〔不動産の事例〕）。

← 解除後の第三者

⇒ 大判昭和14年7月7日民集18巻748頁、最判昭和35年11月29日（百選Ⅰ56事件）

●論点Aランク
▶2008年第1問

解除後、解除権を行使した債権者が登記を復帰させる前に登場した第三者の保護をいかにして図るか。解除権を行使した債権者との利益調整をいかに図るかが問題となる。

▶結論：両者は対抗関係に立ち、登記を先に備えたほうが勝つ。
▶理由：①解除がなされた以上、これによる法律関係の変動は迅速に公示して取引の安全を図るべきであり、これを怠る者は不利益を受けてもやむをえない。
②遡及的消滅という解除の効果は双務契約の拘束から債権者を解放するための擬制であり、現実には解除がなされるまでは権利が存在したのであるから、解除によって物権が復帰すると考えることも可能である。

【3】履行請求権の消滅

　明文の規定はないが、契約が解除されたときは、各当事者は、その契約に基づく債務の履行を請求することはできない。

> この効果は、解除の法的性質をどのように考えるかに関係なく、認められる効果です。前述した直接効果説からは、解除によって契約が遡及的に消滅した結果、契約に基づく履行請求権も当然に発生しないことになると説明することになります。

【4】原状回復義務

(1) 意義

　解除権が行使されると、「各当事者は、その相手方を原状に復させる義務を負う」（545条1項本文）。すなわち、相手方を元の状態に戻す義務（**原状回復義務**）がある。
　直接効果説によれば、解除によって契約は遡及的に消滅するから、契約に基づいてなされた給付は、「法律上の原因」を失い、その受領者は不当利得としてこれを返還すべき義務を負う。そして、特別の規定がなければ、703条、704条の不

←「原状回復義務」とは

当利得に関する規定によって、その給付の返還をすべきことになるはずであるが、民法は特則を設けて、その返還義務の範囲を原状回復義務にまで拡大したことになる。

> 545条1項本文の原状回復義務と不当利得返還義務との関係については、給付利得の捉え方に関連して問題があります。この点は、不当利得のところで説明します。

→ 4章2節②[2](2)(b)

(2) 問題点

以上のように、直接効果説に立って、解除による原状回復義務の性質を不当利得返還義務と解すれば、それは本来の契約上の債務とは別個の債務である。しかし、本来の契約があっての原状回復であるから、両者の間には因果的な牽連性が認められる。そのため、当事者双方が原状回復義務を負う場合には、両者の義務は同時履行の関係にある（546条）。

それでは、本来の債務の保証人は原状回復義務についても責任を負うか。

たしかに、原状回復義務が不当利得返還義務であるとすれば（直接効果説）、それは契約上の義務とは別個独立の義務であるから、契約上の義務を保証した者は原状回復義務についてまで責任を負わないことになろう。しかし、保証人が契約当事者のために保証する場合の通常の意思は、その契約の当事者として負担するいっさいの債務を保証し、その契約の不履行によっても相手方に損害を被らせない趣旨であると解すべきであろう。したがって、本来の債務の保証人は原状回復義務についても責任を負うと考える。この点については、保証のところでも説明したので、参照してほしい。

→ 『債権総論』6章5節③【3】

判例は、原状回復義務の性質にこだわることなく、特定物売買における売主のための保証や請負契約における請負人のための保証においては、反対の特約がないかぎり、保証人は原状回復義務についても保証の責めに任ずべきであるとする。

→ 最大判昭和40年6月30日
（判例シリーズ52事件）
最判昭和47年3月23日
民集26巻2号274頁

(3) 原状回復義務の内容

(a) 原状回復義務の主体

原状回復義務を負う主体は、解除の効力の及ぶ当事者全員である。すなわち、解除の相手方だけでなく、解除した者も原状回復義務を負う。

また、双務契約から生じる債権の譲渡があった場合には、その譲受人も原状回復義務を負うし、譲受人が債務者から弁済を受けていれば、それを返還しなければならない。

(b) 原状回復義務の範囲

(i) 原物返還の原則

解除による原状回復の際に、受給者のところに給付対象そのもの（原物または現物）が存在していれば、相手方は、原物（現物）の返還を請求することができる（判例。原物返還の原則）。

← 「原物返還の原則」とは
→ 大判明治37年2月17日
民録10輯153頁
→ 潮見・新債権総論Ⅰ600頁

なお、原物が受領者のもとで滅失・毀損しても、原物または毀損部分に代わる経済的利益（代償。たとえば、損害賠償請求権や保険金請求権等）が存在していれば、原物返還の延長形態として、その代償の返還を請求することができる（代償返還義務・価格返還義務）。

> 以上のような代償が存在しない場合には、(ii)で述べる価額での償還（価額償還）の問題と

なります。

(ii) 原物の返還の不能と価額償還義務の有無

原物が受領者のもとで滅失・毀損して、原物返還が不能となった場合の処理については争いがある。

←原物返還不能の場合の処理

> たとえば、売買の目的物が売主から買主に引き渡され、代金が買主から売主に完済されたとします。その後、買主のもとでその物が滅失したが、買主には故意・過失（548条参照）がなかったため、その後、買主が、売買の目的物の契約不適合を理由として（562条・564条参照）、契約を解除したとします（前述した代償返還義務がないことを前提とします）。このような解除前に目的物が滅失・毀損した場合だけでなく、解除後に目的物が滅失・毀損した場合も同様です（ただし、解除前の滅失等と解除後の滅失等とに分けて分析する見解もあります）。
> 以上のような場合に、目的物の返還が不可能となった買主は価額賠償義務を負うか、また、売主は代金返還義務を負うかが問題となります。
> ちなみに、買主に故意・過失があった場合には、解除権が消滅していますので（548条本文）、上のような問題はでてこない（売主は、代金の支払を求めるだけなので、解除する必要はありません）点に注意してください。

→平野・民法Ⅴ100頁

この点については、返還できない原因が両当事者の責めに帰すべからざる事由によるか、受領者（買主）の責めに帰すべからざる事由によるかを問わず、当事者は原物の価額を償還する義務を負うと解してよいであろう。すなわち、売買の目的物が焼失した場合には、買主は、原状回復義務からは解放されることなく、滅失した目的物の客観的価値を賠償すべき義務（価額賠償義務）を負うと考える。

→潮見・新債権総論Ⅰ601頁

その理由としては、原物返還不能の場合の価額償還は解除による原状回復の一態様であり、受領者の保護義務違反というような過失責任に基づくものではないこと、原状回復義務が有償双務契約関係における等価交換的給付の回復にあることがあげられている。

→末川・契約法（上）（総論）243頁

そして、買主の価額賠償義務と売主の代金返還義務とは、同時履行の関係となる（546条）。

> 改正前民法のもとでは、①危険負担の考え方（債務者主義）を類推適用して、滅失・毀損が受領者の責めに帰すべき場合にも原状回復義務（原物の価額を償還する義務）を負うという見解や、②危険負担の考え方（債務者主義）を出発点にしつつ、可能なかぎり原状への復帰をめざすという見解（債務者主義に内在する自己支配領域内のリスク負担の原則を原状回復の局面に適応させる）などが主張されていました。
> しかし、平成29年改正民法のもとでは、危険負担の制度が債権消滅構成から履行拒絶権構成に変更され、履行不能を理由とするのみでは債務の消滅が認められないことになったため、従来の危険負担構成（債権消滅構成）を基礎にして、ここでの問題を処理する構成を正当化することはできなくなったという指摘がなされています。本文の立場は、危険負担とは別の清算法理によって説明するものです。
> ただし、平成29年改正民法のもとでも、双務契約の債権相互の牽連性から出発する②説の方向をなお探究すべきではないかと述べる見解もあります。

→我妻・講義Ⅴ₁195頁

→内田Ⅱ99頁

→潮見・新債権総論Ⅰ602頁

→中田・契約法232頁

(iii) 代替物の場合

代替物の場合には、同種・同等・同量のものを返還すればよい。

←代替物の場合

(iv) 原物返還がはじめから不能な給付の場合

原物返還がはじめから不能な給付、たとえば労務その他無形のものの給付であ

る場合には、その客観的な価格を金銭に見積もって返還することになる（価格返還義務）。

(v) 利息、果実・使用利益の返還

契約当事者が金銭を受領した場合には、原状回復として、その「受領の時から利息を付さなければならない」(545条2項)。この点については、受領者が解除権者であるか、解除の相手方であるかを問わないし、受領者の善意・悪意も問題とならない点は注意してほしい。

また、金銭以外の物を受領した場合にも、原状回復として、その「受領の時以後に生じた果実をも返還しなければならない」(545条3項)。平成29年改正民法により、545条2項と平仄を合わせたものである。

← 平成29年改正

| 平成29年改正事項 | 果実の返還 | B3 |

改正前民法545条2項は、同条第1項の原状回復義務により金銭を返還するときは、その受領の時から利息を付さなければならない旨を定めているが、上記のとおり金銭の受領の時から利息を付すとのみ定めているため、金銭以外の物の受領の時以後に生じた果実は返還しなくてよいとの誤解を生じかねない。そのため、利息以外の果実も返還しなければならない旨を条文上も明記し、同項の趣旨を明確にする必要があると考えられる。

そこで、平成29年改正民法は、上記の問題の所在をふまえ、金銭以外の物を返還するときはその受領の時以後に生じた果実を返還しなければならない旨を定めた(545条3項)。

なお、545条3項の新設により、従来の545条3項の規定（損害賠償請求）は4項に移動した。

→ 部会資料68A・30頁、一問一答232頁

1-65 果実の返還

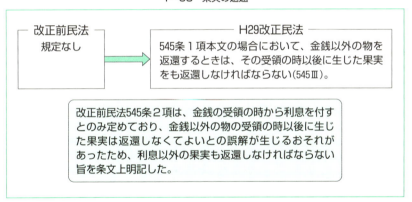

使用利益の返還については明文の規定が設けられておらず、解釈に委ねられているが、545条3項と同様に、現実に得た使用利益をも返還しなければならないと解すべきである。使用利益は法定果実と同視すべきであるから、「果実」には使用利益も含まれると考えられよう。改正前民法下での判例は、原物の使用利益をも返還しなければならないとしている。

→ 最判昭和34年9月22日民集13巻11号1451頁、最判昭和51年2月13日（後出重要判例）

★重要判例（最判昭和51年2月13日〔判例シリーズ67事件〕）

「売買契約解除による原状回復義務の履行として目的物を返還することができなくなった場合において、その返還不能が、給付受領者の責に帰すべき事由ではなく、給付者のそれによって生じたものであるときは、給付受領者は、目的物の返還に代わる価格返還の義務を負わないものと解するのが相当である」。

「売買契約が解除された場合に、目的物の引渡を受けていた買主は、原状回復義務の内容として、解除までの間目的物を使用したことによる利益を売主に返還すべき義務を負うものであり、この理は、他人の権利の売買契約において、売主が目的物の所有権を取得し

→ 百選Ⅱ45事件

1-4 契約の解除 111

て買主に移転することができず、(改正前)民法561条の規定により該契約が解除された場合についても同様であると解すべきである。けだし、解除によって売買契約が遡及的に効力を失う結果として、契約当事者に該契約に基づく給付がなかったと同一の財産状態を回復させるためには、買主が引渡を受けた目的物を解除するまでの間に使用したことによる利益をも返還させる必要があるのであり、売主が、目的物につき使用権限を取得しえず、したがって、買主から返還された使用利益を究極的には正当な権利者からの請求により保有しえないこととなる立場にあったとしても、このことは右の結論を左右するものではないと解するのが、相当だからである。

そうすると、他人の権利の売主には、買主の目的物使用による利得に対応する損失がないとの理由のみをもって、被上告人が本件自動車の使用利益の返還義務を負わないとした原審の判断は、解除の効果に関する法令の解釈適用を誤ったものというべきであり、その違法は原判決の結論に影響を及ぼすことが明らかであるから、論旨は理由があり、原判決は破棄を免れない」。

【争点】 売買契約に基づき目的物の引渡しを受けていた買主は、改正前民法561条により契約を解除した場合でも、原状回復義務の内容として、解除までの間目的物を使用したことによる利益を売主に返還しなければならないか。

【結論】 返還しなければならない。

【備考】 平成29年改正民法下では、権利の全部が他人に属する場合に、売主がその売却した権利を買主に移転することができないときは、担保責任ではなく、債務不履行の一般原則によって処理される(この点は、売買のところで触れる)。

→ 2章2節③【1】(3)

(vi) 投下費用の償還

返還義務者が目的物について必要費・有益費を支出したときは、その償還を請求することができると解されている。

その法的構成としては、すべてを545条1項本文の原状回復義務の内容として捉える見解、196条の類推適用を基本としつつ、解除の原状回復の局面に応じた規律を考えるべきであるとする見解、契約に基づく債務の履行として投下された費用は545条1項本文の原状回復義務(価額償還の問題)として処理し、契約上の義務の履行と関係なく投下された費用は不当利得(費用償還)の返還として処理するという見解などがある。

→ 我妻・講義V₁195頁
→ 好美・現代契約法体系Ⅱ194頁
→ 潮見・新債権総論Ⅰ606頁

【5】損害賠償請求

解除権の行使は、損害賠償の請求を妨げない(545条4項)。

通説は、これを債務不履行による損害賠償(415条)とみている。すなわち、解除権の行使は、契約を遡及的に消滅させ、当事者間に原状回復義務を発生させるが、これだけでは債務不履行によって債権者が受けた損害を償うに足りない場合が多い。そこで、民法は、債権者を保護するため、解除の遡及効に制限を加えて、債務不履行による損害賠償請求権を存続させたのである(直接効果説からの説明)。

以上のような理解によれば、損害賠償の要件は415条に従い、損害賠償の範囲は416条の一般原則によることになる。損害賠償請求の要件、範囲については、債権総論で説明した。

← 解除権と損害賠償請求の関係

→ 我妻・講義V₁200頁

→ 『債権総論』2章3節③【3】

○×問題で実力チェック

01　典型契約のうち要物契約であるものは、消費貸借のみである。　　→ ○　587条。なお、587条の2参照

02　申込者の意思表示又は取引上の慣習により承諾の通知を必要としない場合には、契約は、承諾の意思表示と認めるべき事実があった時に成立する。('17-23問-イ)　　→ ○　527条

03　Aは、対話者Bに対して、承諾期間を定めることなく、自己所有の美術品甲を代金100万円で売却すると申し込んだ。しかし、Aは、Bと話をしているうちに、甲をより高額で売れそうだと思いいたり、申込みを撤回した。Bは、申込み撤回後であっても、対話が継続している間は、承諾して契約を成立させることができる。　　→ ×　525条2項

04　Aは、Bに対して、自己所有の美術品を代金100万円で売却するとの通知を発したが、Bが通知を受け取った後に死亡した。Bは、Aが死亡していることを知ったうえで、承諾の通知を発した。この場合、承諾の通知がAの相続人に到達したとしても、AB間に契約は成立しない。　　→ ○　526条

05　隔地者間の契約は、承諾の通知を発した時に成立する。　　→ ×　到達主義(97条1項)。改正前526条1項は削除

06　Aが承諾期間を1週間と定めて自己所有の美術品を代金200万円で売却するとBに申し込んだ。Bの承諾通知が承諾期間経過後にAに到着したので、Aは、それに応じて、200万円で売却するとBに通知したところ、Bは100万円であれば買い取ると条件変更を申し出た。この場合、AB間に契約は成立しない。
（H.9-27問改題、'17-23問-エ）　　→ ×　524条

07　承諾期間の定めのある申込みに対し、その承諾の通知がその期間内に発送された場合には、その承諾の通知が申込者に到達しなかったときであっても、契約は成立し、その効力が生ずる。('17-23問-ウ)　　→ ×　523条2項

08　承諾者が申込みに条件を付して承諾し、その他変更を加えてこれを承諾したときは、その申込みの拒絶とともに新たな申込みをしたものとみなされる。('17-23問-ア)　　→ ○　528条

09　AとBが定型取引合意をした場合に、Aが準備した定型約款を契約の内容とする旨をBに表示していたときは、その定型約款の条項のひとつにBを一方的に害するものが含まれていたとしても、すべての条項について合意したものとみなされる。　　→ ×　548条の2第2項

10　定型約款準備者は、定型約款を変更する場合には、相手方に不意打ちにならないように、インターネットの利用その他の適切な方法により周知したうえで、変更内容について相手方から個別に承諾を得なければならない。　　→ ×　548条の4第1項

11　懸賞広告者は、その行為をした者がその広告を知っていたかどうかにかかわらず、その者に対してその報酬を与える義務を負う。　　→ ○　529条

12　懸賞広告の撤回は、前の広告と同一の方法によらなければ第三者に対抗することができない。　　→ ×　530条2項

13　債権の消滅時効の進行は、債務者が同時履行の抗弁権を有することによって妨げられない。（S.53-65問）　　→ ○

14　債務者は相当の担保を提供して、留置権の消滅を請求することができるが、同時履　　→ ○

行の抗弁権についてこのような請求をすることはできない。(S.54-83問)

15　土地の売買契約における売主の所有権移転登記義務と買主の代金支払義務は、同時履行の関係にある。('12-24問-ウ) → ○　大判大正7年8月14日

16　有償寄託において、寄託者の報酬支払債務と受寄者の目的物返還債務は、同時履行の関係にある。('12-24問-オ) → ○　大判明治36年10月31日

17　売買契約が詐欺を理由として取り消された場合において、相互に返還されるべき給付は、同時履行の関係にある。('12-24問-ア) → ○　533条類推適用。最判昭和47年9月7日

18　金銭消費貸借契約に基づく貸金債務の弁済と当該債務の担保のためにされた抵当権設定登記の抹消登記手続は、同時履行の関係にある。('12-24問-イ) → ×　最判昭和57年1月19日

19　建物の賃借人が造作買取請求権の行使をした場合、賃貸人の造作代金支払債務と賃借人の建物引渡債務は、同時履行の関係にある。('12-24問-エ) → ×　最判昭和29年7月22日

20　判例によれば、家屋の賃貸借契約の締結時に敷金が差し入れられた場合、その賃貸借契約の終了に伴う賃借人の家屋明渡債務と賃貸人の敷金返還債務とは、同時履行の関係にない。('15-21問-ア) → ○　最判昭和48年2月2日、最判昭和49年9月2日

21　Aは、Bに対して、A所有の中古住宅を代金3000万円で売却し、Bへの所有権移転登記と同時に代金全額を受け取るという約束でBにこの住宅を引き渡したが、Bに引き渡した2日後に、この住宅は隣人の失火によって全焼した。この場合、Bは、Aに対して、代金3000万円を支払わなければならない。('11-24問-2) → ○　567条1項

22　Aは、Bに対して、A所有の中古住宅を代金3000万円で売却し、Bへの所有権移転登記と同時に代金全額を受け取るという約束でBにこの住宅を引き渡したが、Bに引き渡した2日後に、この住宅はBの失火によって全焼した。この場合、Bは、Aに対して、代金3000万円を支払わなければならない。 → ○　536条2項前段

23　危険負担の効力は反対給付の履行を拒絶することができるにとどまるため、危険負担の抗弁が認められた場合には、代替給付との引換給付判決が言い渡される。 → ×　請求棄却判決である

24　甲は乙との間で、もし今年乙が試験に合格したら、甲所有の自動車を乙に売却する旨の契約を締結した。乙の合否未定の間に、不可抗力で自動車が滅失した場合、乙が合格したときには、甲は乙に代金を請求することができる。(S.49-58問改題) → ×　536条1項

25　第三者のためにする契約は、契約成立時点で受益者たる第三者が存在しない場合には成立しない。 → ×　537条2項

26　第三者のためにする契約に関して、Aが宝石をBに売り、代金は、AがDと連帯してCに対して負っている借入金債務を弁済するため、BがCに支払うとの契約を締結した場合において、すでにDがCに対する債務を弁済していたときは、Cが受益の意思表示をした後であっても、Aは、Bとの契約を合意解除することができる。('06-23問改題) → ×　538条の趣旨が第三者を害することを禁ずる趣旨である以上、受益の意思表示後は合意解除できない

27　甲乙間の契約により、乙はその建物の所有権を丙に移転し、代金は甲が支払うことを約束した。丙は、甲乙間の契約の成立によって当然に乙に対する権利を取得し、その権利は丙が乙に対して拒絶の意思表示をすると、契約成立時にさかのぼって消滅する。(S.44-4問改題) → ×

114　1章　契約総論

#	問題	解答
28	甲所有の土地を甲乙間で、丙に取得させる契約をし、乙が代金全額を支払った。乙の詐欺による場合、甲は取り消すことができるし、丙の善意悪意にかかわらず、丙から土地を取り戻すことができる。（S.40-10問改題）	○ 受益者たる第三者は96条3項の「第三者」にあたらない
29	解除の意思表示に条件又は期限を付すことはできないから、債権者が相当な期間を定めて催告をし、当該期間内に履行がないことを停止条件として解除の意思表示をしたとしても、解除の効力は生じない。（'13-20問-4）	× 大判明治43年12月9日
30	契約の全部の履行不能を理由に契約を解除するためには、履行不能が債務者の責めに帰すべき事由によるものでなければならない。	× 542条1項1号参照
31	金銭債務の履行の催告においては、必ずしも金額を明示する必要はない。（'07-23問）	○ 大判昭和9年6月2日。4節②【1】(2)(b)(ⅱ)
32	解除の要件としての催告は、相手方が履行遅滞に陥った後にしなければならないから、期限の定めのない債務の履行遅滞を理由に契約を解除するには、あらかじめ履行の請求をすることによって当該債務を履行遅滞に陥れた後、改めてその履行の催告をする必要がある。（'13-20問-1）	× 大判大正6年6月27日
33	履行遅滞による契約の解除をするに先立ち、期間を定めて履行の催告をしたが、その期間が不相当に短かった場合であっても、催告時と解除時の間に相当な期間が経過していれば、解除は有効である。（'09-26問）	○ 大判昭和2年2月2日。4節②【1】(2)(c)
34	買主Aと売主Bがある製品の部品に関する売買契約を締結したところ、BがAに引き渡した部品に数量的にわずかな不足があったため、AはBに対して合理的な期間を定めて履行の催告をした。Bが催告期間内に履行しない場合であっても、Bの不履行が契約および取引上の社会通念に照らして軽微であるときは、Aは契約を解除することができない。	○ 541条ただし書
35	売主が、売買目的物の引渡しの提供をした上、相当期間を定めて代金の支払を催告した場合、催告期間の経過後、解除権行使前に、買主から弁済の提供を受けたとしても、売主は、これを拒絶して解除権を行使することができる。（'06-27問-イ）	× 大判大正6年7月10日。4節②【1】(2)(c)
36	売主が目的物を引き渡したが、買主が代金を履行期の経過後も支払わない場合において、売主が買主に対して相当の期間を定めて代金の支払を催告したにもかかわらず、買主が代金の支払を拒絶する意思を明確に表示したときは、売主は、相当の期間が経過する前であっても、当該売買契約を解除することができる。（'17-24問-エ）	○ 542条1項2号
37	AB間の売買契約が一定期間内に履行をしなければ契約をした目的が達成できないものである場合に、債務者Bが履行をしないでその時期を経過したときは、Aは、催告をすることなくただちに契約を解除することができる。ただし、経過した期間がその契約および取引上の社会通念に照らして軽微であるときは、このかぎりでない。	× 542条には541条ただし書のような例外はない
38	売買契約における双方の債務の履行期が同じである場合において、その履行期が経過したときであっても、一方の当事者は、自己の債務について弁済又はその提供をしなければ、債務不履行に基づく契約の解除をすることができない。（'15-21問-ウ）	○ 最判昭和29年7月27日
39	双務契約上の債務が同時履行の関係に立つ場合において、一方の当事者が相当の期間を定めて催告をしたときは、その当事者は、当該期間中弁済の提供を継続しなければ契約を解除することはできない。（'13-20問-2）	× 大判昭和3年5月31日

40 同一当事者間の債権債務関係がその形式は甲契約および乙契約といった2個以上の契約からなる場合であっても、それらの目的とするところが相互に密接に関連づけられていて、社会通念上、甲契約または乙契約のいずれかが履行されるだけでは契約を締結した目的が全体としては達成されないと認められる場合には、甲契約上の債務の不履行を理由に、その債権者は、法定解除権の行使として甲契約とあわせて乙契約をも解除することができる。

→ ○ 最判平成8年11月12日

41 甲は乙に対して有する売買代金債権を丙に譲渡し、その旨を乙に通知した。乙は甲の債務不履行を理由に、売買契約を解除した。乙は丙に対する代金支払義務を免れる。(S.39-51問改題)

→ ○ 解除で消滅する債権の譲受人は545条1項ただし書の「第三者」ではない

42 契約解除により契約が遡及的に失効すると解する立場を純粋に貫けば、債務者の本来の債務の保証人の責任は契約解除による原状回復義務には及ばない。(S.60-68問改題)

→ ○ 保証債務も付従性によって消滅するはず

43 契約解除により契約が遡及的に失効すると解する立場を純粋に貫けば、契約を解除された債務者は履行利益を賠償しなければならない。(S.60-68問改題)

→ × この立場を貫くと信頼利益の賠償となる

44 解除の効果について直接効果説をとると、既履行の債務は、遡及的に消滅し、その給付は法律上の原因のないものとなり、民法545条1項本文は不当利得の特則となる。(H.元-28問改題)

→ ○

45 AがBに対してA所有の甲土地を売る契約を結び、Bが登記名義人となったが、Bの債務不履行を理由にAがこの売買契約を解除した。一方、BはCに甲土地を転売した。この場合において、直接効果説によると、Cが解除前に登場した場合、民法第545条第1項ただし書によって解除の遡及効が制限される結果、Cは登記名義を得れば保護される。('06-12問改題)

→ ○ 大判大正10年5月17日。4節5【2】(3)(b)

46 甲は乙に対して、自己所有の土地を1000万円で売り渡す契約を締結した。売買代金のうち内金として500万円が即日支払われ、残額は1カ月後に、登記所において両者立会のうえ、所有権移転登記と引き換えに支払われることになった。乙に債務不履行があった場合、甲はすでに受け取っている500万円を費消した後であっても、契約を解除できないというわけではない。(S.51-54問改題)

→ ○ 金銭は費消しても返還できるので548条本文で解除権は消滅しない

47 特定物の売買契約において、売主の責めに帰すべき事由により目的物引渡債務が履行不能になった場合、その売買契約の効力は法律上当然に失われ、買主は、代金を支払う義務を免れる。('15-22問-1)

→ × 542条1号、545条1項本文。契約を解除しないかぎり代金債務を免れることはない

48 建物の賃貸借契約において、賃借人の責めに帰すべき事由により建物が滅失した場合、その賃貸借契約は法律上当然に終了し、賃借人は、それ以降賃料を支払う義務を負わない。('15-22問-2)

→ ○ 最判昭和32年12月3日、最判昭和42年6月22日参照

49 建物の建築を目的とする請負契約において、当事者双方の責めに帰することができない事由により建築途中の建物が滅失した場合であっても、請負人は、新たに建物を建築し、これを完成させなければ、注文者に対し、請負代金全額の支払を請求することはできない。('15-22問-3)

→ ○ 633条本文参照。仕事の完成が先履行の関係にある

50 AがBに対し美術品を売却した際、BのAに対する美術品の代金債務とAのBに対する美術品の引渡債務の履行期を同一とすることが合意された場合、Aは、BのAに対する美術品の代金債務についてその履行期が到来しても、AのBに対する美術品の引渡債務について弁済又はその提供をしていないときは、AのBに対する美術品の代金債権とそれとは別にBがAに対して有する貸金債権とを対当額で相殺することができない。('15-21問-オ)

→ ○ 大判昭和13年3月1日参照

第2章 契約各論

序. 典型契約の法的性質

　それでは、民法が予定する**13種類の典型契約**について、その概略をみていくことにしよう。

　民法が予定する典型契約は、いくつかに分類することができるが、所有権の移転を目的にした**贈与**、**売買**、**交換**のグループ、貸借型の契約として、**消費貸借**、**使用貸借**、**賃貸借**のグループ、そして、労務供給型の契約として、**雇用**、**請負**、**委任**、**寄託**のグループがある。そのほか、**組合**や**終身定期金**、**和解**がある。このなかで重要なものは**売買**、**賃貸借**、**請負**である。この３つの契約はそれぞれのグループを代表するものなのでしっかりと理解しておこう。もちろん、試験との関係でも重要である。

　ここで各種契約の性質を一覧にしておく。有償・無償、双務・片務、諾成・要物、要式・不要式という分類を思い出しておいてほしい。次節から、個別に検討していく。

←民法が予定する典型契約

→『民法総則』4章1節[2]参照

典型契約の法的性質

名称	有償・無償	双務・片務	要物・諾成	要式・不要式
贈与	無償	片務	諾成	不要式
売買	有償	双務	諾成	不要式
交換	有償	双務	諾成	不要式
要物契約としての消費貸借	無償（有償でもよい）	片務	要物	不要式
諾成的消費貸借＊	**無償**＊（有償でもよい）	**片務**＊	**諾成**＊	**要式**＊
使用貸借	無償	片務	諾成＊	不要式
賃貸借	有償	双務	諾成	不要式
雇用	有償	双務	諾成	不要式
請負	有償	双務	諾成	不要式
委任	無償（有償でもよい）	片務（双務もある）	諾成	不要式
寄託	無償（有償でもよい）	片務（双務もある）	諾成＊	不要式
組合	有償	双務	諾成	不要式
終身定期金	有償・無償	双務・片務	諾成	不要式
和解	有償	双務	諾成	不要式

＊は平成29年改正により修正・新設されたもの

第2章 契約各論

1. 贈与

1 意義

【1】贈与とは

贈与とは、当事者の一方がある財産を無償で相手方に与える意思を表示し、相手方が受諾をすることによって、その効力を生ずる契約をいう(549条)。

民法は、「ある財産」の贈与と定めているにすぎないから、他人の財産を目的とする贈与契約(他人物贈与)も有効である。

← 「贈与」とは

| 平成29年改正事項 | 贈与契約の意義 | B1 |

改正前民法549条は、贈与について、「当事者の一方が自己の財産を無償で相手方に与える」ことと規定し、あたかも他人物の贈与は有効に成立しないことを前提とした規定ぶりになっていた。

しかし、売買(改正前民法560条、現561条)と同様に、他人の財産を目的とする贈与契約(他人物贈与)も有効に成立し、他人物贈与の贈与者は、他人物を取得してこれを受贈者に移転する義務を負うと解されていた(判例)。

そこで、平成29年改正民法は、この判例と齟齬する「自己の財産」の文言を「ある財産」と改めることによって、贈与契約の成立要件として、贈与財産が贈与者の所有に属するものである必要がないことを明らかにした(549条)。

⇒ 部会資料75A・34頁、潮見・改正法252頁、一問一答264頁

⇒ 最判昭和44年1月31日判時552号50頁

2-1 贈与契約の意義

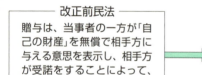

他人物贈与を認めていた判例との齟齬を解消するために、贈与契約の成立要件として、贈与財産が贈与者の所有に属するものであることが必要でないことを条文上明らかにした。

【2】性質

贈与は、贈与者が対価なしに財産を受贈者に与えるものであるから、無償・片務契約であり、口約束だけでも成立する諾成契約である。この点はしっかりと覚えておこう。ただし、通常の契約と異なり、単なる贈与契約の効力は弱く、後述するように、書面によらない贈与の解除が認められる(550条本文)。

2 贈与の成立

【1】贈与の成立

贈与契約は諾成契約であるから、特別の方式は必要ではなく、贈与者と受贈者間の合意によって成立する。

【2】贈与の解除

(1) 書面によらない贈与の解除

(a) 趣旨

諾成契約であっても、書面によらない贈与契約は、各当事者が解除をすることができる(550条本文)。この趣旨は、贈与者が軽率に贈与をすることを防止し、かつ、贈与の意思を明確にすることによって後日の紛争を避けるためである(意思明確化説)。判例も同様の理解をしている。同じ趣旨から、受贈者による解除も認められる。

なお、平成29年改正により、贈与の「撤回」から「解除」に表現が変更された。

←書面によらない贈与契約の解除

→ 我妻・講義 V₂ 228頁、川井・債権各論112頁
→ 最判昭和60年11月29日（百選Ⅱ 47事件）
→ 部会資料84-3・15頁、一問一答264頁

| 平成29年改正事項 | 書面によらない贈与の解除 | B1 |

平成16年改正により、550条本文は、「書面ニ依ラサル贈与ハ各当事者之ヲ取消スコトヲ得」から「書面によらない贈与は、各当事者が撤回することができる」と改められた。このように、「取消」が「撤回」に改められたのは、学説上の一般的な理解として、意思表示に瑕疵があることを理由として効力を消滅させるものについて「取消」の語を用い、それ以外の理由により効力を消滅させるものについて「撤回」の語を用いるとされていることに従って整理したものである。

しかし、この改正の結果として、意思表示に瑕疵があることを理由としないで契約の効力を消滅させる行為を意味する語として、「解除」と「撤回」とが併存することになったが、その意味での「撤回」は550条本文においてのみ用いられ、それ以外は「解除」という語が用いられていた(540条から548条まで、557条、561条から563条まで、566条から568条までほか)。他方で、「撤回」の語については、550条本文を除けば、意思表示の効力を消滅させる意味で用いられていた(407条、521条、524条、530条ほか)。

そこで、平成29年改正民法は、550条本文の「撤回」の文言を「解除」に改めた。

2-2 書面によらない贈与の解除

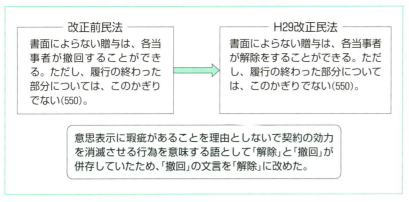

(b) 解除の適用範囲

平成29年改正民法が、「撤回」を「解除」に改めたことに伴って、解除権に関する総則的な規定(540条、544条から548条まで)が書面によらない贈与の解除について適用されるかが問題となる。

この点については、贈与の性質に反しないかぎり、これらの規定が適用される

→ 一問一答264頁

と考えられる。そこで、検討すると、まず、贈与の無償性からすると、解除権の消滅を定める547条については、書面によらない贈与における贈与者の解除には適用されないと解される。次に、既履行部分の原状回復等を定める545条および546条や、財産の給付を受けた者が解除権を有する場合の規定である548条は書面によらない解除について適用される余地はないと解される。

　結局、書面によらない贈与の解除について実際に適用されるのは、解除権の行使に関する540条、および解除権の不可分性に関する544条にかぎられると解される。

(c)　**履行の終了による解除の制限**

　書面によらない贈与であっても、履行の終わった部分については解除することができない(550条ただし書)。履行が終わったということは、贈与者の贈与意思が明確になっているから、この場合にはもはや解除することができないということである。

　このような贈与の解除が許されなくなる履行の完了とは、動産では、引渡し(現実の引渡し・占有改定・簡易の引渡し・指図による占有移転)である。また、不動産について、判例は、引渡し(現実の引渡しにかぎられない)があれば、登記の移転がなくても履行が完成したものとし、反対に、引渡しがなくても登記の移転があれば履行が完成したものとしている。要するに、贈与の意思が明確となる外形的行為が存在すれば、履行が完了したものと考えるべきであろう。

(2)　**書面による贈与**

　書面による贈与は、解除することができない(550条本文反対解釈)。ここにいう「書面」の要件はゆるやかに解されている。すなわち、前述したように、書面を要する趣旨が、軽率な贈与を防止し、贈与意思を明確にして後日の紛争を避けるところにあることにかんがみれば、「書面」は、贈与意思が受贈者に対する関係で明確にされていれば足りるからである。たとえば、判例は、受贈者の意思表示については書面を要しないとし、また、受贈者の氏名を記載する必要もないとする。

　さらに、判例は、「民法550条が書面によらない贈与を取り消〔現解除〕しうるものとした趣旨は、贈与者が軽率に贈与することを予防し、かつ、贈与の意思を明確にすることを期するためであるから、贈与が書面によってされたといえるためには、贈与の意思表示自体が書面によっていることを必要としないことはもちろん、書面が贈与の当事者間で作成されたこと、又は書面に無償の趣旨の文言が記載されていることも必要とせず、書面に贈与がされたことを確実に看取しうる程度の記載があれば足りるものと解すべきである」としている。

3 贈与の効力

【1】贈与者の引渡義務等

　贈与者は、贈与の目的である物または権利を、贈与の目的として特定した時の状態で引き渡し、または移転することを約したものと推定する(551条1項)。これによって、当事者間でこれと異なる合意等がされていることが立証されないかぎり、贈与者は、特定物売買であれば契約時などの目的物が「特定」した時の状態で目的物を引き渡せば足りることになり、贈与者の担保責任を軽減しようという改正前民法551条1項の趣旨が維持されている。

← 履行の終了による解除の制限

→ 大判大正9年6月17日民録26輯911頁
→ 最判昭和40年3月26日民集19巻2号526頁

← 書面による贈与の解除の可否

→ 大判明治40年5月6日民録13輯503頁
→ 大判昭和2年10月31日民集6巻581頁
→ 最判昭和60年11月29日(前出)

← 平成29年改正

→ 一問一答266頁

「贈与の目的として特定した時の状態」とは、特定物贈与においては贈与契約の時の状態であり、種類物贈与においては目的が特定した時の状態である。

→ 部会資料81B・20頁、83-2・43頁

| 平成29年改正事項 | 贈与者の引渡義務等 | C1 |

改正前民法551条1項は、「贈与者は、贈与の目的である物又は権利の瑕疵又は不存在について、その責任を負わない。ただし、贈与者がその瑕疵又は不存在を知りながら受贈者に告げなかったときは、この限りでない」と規定し、贈与の無償性を考慮して贈与者の責任を軽減していたところ、平成29年の改正過程においても、贈与一般について、現在もこの規定の趣旨が妥当すると認められることから、同条項の実質的な規律内容は維持するのが適当であると考えられた。

そして、契約に適合した物の移転等をすることが贈与者の債務の内容となることを基本的な前提としたうえで(担保責任における契約責任説の採用)、当事者の意思に照らすと、その内容はより軽減されたものであるのが通常であると整理するのが相当と考えられる。

ただし、善管注意義務から自己の財産と同一の注意義務への軽減についてまでも規定しようとすると、贈与の目的の移転・引渡義務の内容の軽減との関係に議論が生じることになる。

そこで、平成29年改正民法は、端的に、「贈与者は、贈与の目的である物又は権利を、贈与の目的として特定した時の状態で引き渡し、又は移転することを約したものと推定する」と規定した(551条1項)。

なお、本条項は、単なる任意規定とすると特定物ドグマに立脚しているとの誤解を招くおそれがあることなどから、いわゆる任意規定(デフォルト・ルール)とせずに、意思推定の規定として設けられた。

→ 部会資料81B・19頁、一問一答264頁

→ 部会資料81B・20頁

2-3 贈与者の引渡義務等

―― 改正前民法 ――
贈与者は、贈与の目的である物または権利の瑕疵または不存在について、その責任を負わない。ただし、贈与者がその瑕疵または不存在を知りながら受贈者に告げなかったときは、このかぎりでない(551Ⅰ)。

→

―― H29改正民法 ――
贈与者は、贈与の目的である物または権利を、贈与の目的として特定した時の状態で引き渡し、または移転することを約したものと推定する(551Ⅰ)。

担保責任における契約責任説を採用し、贈与者の債務の内容は売買等の場合よりも軽減されたものであるのが当事者の通常の意思である、という理解を端的に条文に規定した。

また、特定物贈与の場合には、贈与者は引渡しの時まで**善管注意義務**を負う(400条)。他方、種類物贈与の場合には、贈与者は特約がないときは中等の品質の物を給付する義務を負う(401条1項)。

贈与者に引渡義務等の債務不履行があった場合には、受贈者は、贈与者に対し、債務不履行の一般的規律によって損害賠償請求(415条)、契約の解除(541条、542条)をすることができ、また、履行の追完の請求(562条参照)もすることができる。

→ 一問一答266頁

【2】他人物贈与の処理

平成29年改正民法のもとで、前述のように、他人物贈与は有効とされたが、他人物贈与の処理に関しては、引き続き解釈に委ねられている。

この点については、贈与者は他人から物を取得する義務を負うという見解と、贈与者は取得義務までは負わないが、その権利を取得した場合には、それを受贈

→ 部会資料81B・20頁、潮見・改正法254頁

2-1 贈与 121

者に移転する義務を負うという見解が考えられよう。

4 特殊の贈与契約

贈与においては、これまで説明した通常の贈与のほかに、特殊な贈与として、次のようなものが認められている。

【1】定期贈与(552条)

定期贈与とは、継続的・回帰的に一定の財産を贈与するものをいう。たとえば、学生に対し親元から毎月生活費として仕送りがなされるような場合である。

定期贈与においては、かりに期間を定めていたとしても、特約がないかぎり、贈与者または受贈者の死亡によって、契約の効力を失う(552条)。定期贈与は、当事者その人に重きがおかれている信頼関係に基づくものだからである。

← 「定期贈与」とは

【2】負担付贈与(551条2項、553条)

負担付贈与とは、贈与に際して、受贈者もなんらかの給付を負担するものをいう。たとえば、自分のバイクをあげるから、その代わりに民法を教えてほしい、というように受贈者に給付を負担させるものである。

受贈者の負担(民法を教えること)は法的な対価ではない(無償・片務契約)としても、実質的には贈与者の負担(バイクをあげること)と対価的な性格をもつ。そのため、負担付贈与については、その性質に反しないかぎり、有償・双務契約に関する規定が適用される(553条)。具体的には、同時履行の抗弁権(533条)、危険負担(536条)や解除(541条、542条)の適用がある。また、贈与者は、**負担の限度において、売主と同じく担保の責任を負う**(551条2項)。

← 「負担付贈与」とは

> このように、負担付贈与については、551条2項が売主と同じ担保責任を負うと規定していますから、受贈者の負担が金銭債務である場合には、その減額請求(563条参照)が可能となると解されます。
> なお、改正前民法551条2項では、「負担の限度において」というのは、一般に、負担付受贈者が負担を履行することによって損失を被らない限度までの意味であると理解されており、これは買主の代金減額請求の考え方とは異なりますが、負担付きであったとしても、贈与については、売買のように対価的均衡を考慮する必要はないことをふまえたものであり、このような解釈は、平成29年改正民法下でも維持することができると考えられています。

→ 一問一答267頁

【3】死因贈与(554条)

死因贈与とは、贈与者が生前に受贈者と贈与契約を締結し、贈与者の死亡を効力発生条件(停止条件)としておくものをいう。たとえば、自分が死んだらこの土地をあなたにあげる、という贈与契約をする場合である。

← 「死因贈与」とは

贈与はあくまでも相手方(受贈者)との間の契約であるのに対し、遺贈(遺言による財産の無償供与)は遺言者の単独行為である。しかし、贈与は、贈与者の死亡に伴う相続開始の時点において、相続人に帰属する財産がその分減少する点で、遺贈に似ている。そのため、死因贈与については、その性質に反しないかぎり、**遺贈に関する規定が準用**される(554条)。

← 遺贈との関係

→ 『親族・相続』12章3節 ②参照

たとえば、遺贈は、遺言者の死亡以前に受遺者が死亡したときは、その効力を生じないが(994条1項)、死因贈与の場合でも、994条1項が準用され、贈与者よりも先に受贈者が死亡したときは、その効力は生じないことになる。このように、遺贈の効力に関する規定は準用されるが、他方で、遺言の単独行為たる側面に関わる能力・方式・承認・放棄に関する規定は準用されない。下の表を参照してほしい。

死因贈与と遺贈の比較

	遺贈	死因贈与
法的性質	単独行為	契約
行為能力	15歳で単独でなしうる(961)	20歳で単独でなしうる(5)*
効力発生要件	遺言者の死亡(985)	贈与者の死亡(554)
書面によらない場合	書面によると否とを問わず、いつでも撤回可(1022)	左に同じ
遺留分侵害額請求	○(1047)	左に同じ
代理	×	○
負担付き	○(1002)	○(551Ⅱ)

＊　成年年齢の引下げに関する民法改正(平成30年改正)により、成年に関する4条は「年齢18歳をもって、成年とする」と改められ、未成年者は、18歳未満ということになる。

←平成30年改正

【4】忘恩行為による贈与の解除

贈与をしたところ受贈者が贈与者に対して信頼を裏切る忘恩行為をしたときに、贈与の前提となっている信頼関係を欠いているとして、贈与者は贈与契約の解除をすることができるのであろうか。諸外国の立法例では、忘恩行為による贈与の解除を規定するものがあるが、わが国の民法では、書面によらない贈与の解除のみを定めているにすぎないことから問題となる。

この点については、信義則を根拠として忘恩行為ないし不信行為による解除を認める見解が有力である。判例において、養親が養子に対し養親を扶養するという負担付きで不動産を贈与した後、養子に、養親から受けた恩愛に背く行為があったことにより負担付贈与の解除を認めたものがあるが、これは、実質的にみると忘恩行為を理由とする解除の趣旨を含むものと評価されている。

←忘恩行為による贈与の解除の可否

→ 最判昭和53年2月17日判タ360号143頁

第2章 契約各論

2. 売買

売買契約は、所有権移転型の契約の中心であって、また、13種類の典型契約のなかでもっとも重要な契約といってよいであろう。売買契約における最大の問題は担保責任であるが、この点は平成29年改正により、大幅にその内容が変わった。また、それ以外にも重要な事項がたくさんあり、試験対策との関係でももっとも重要な分野である。

1 意義

【1】売買とは

売買とは、当事者の一方(売主)がある財産権を相手方(買主)に移転することを約束し、相手方(買主)がその代金を支払うことを約する契約をいう(555条)。

← 「売買」とは

たとえば、スーパーマーケットやコンビニエンスストアで日用品を手に入れたり、小売店が卸売業者から商品を仕入れたり、企業が外国へ製品を輸出したりするのもすべて売買であって、売買は取引上きわめて重要な地位を占めている。

【2】性質

売買は、**有償、双務、諾成契約**である。

2 売買の成立

【1】売買の成立

(1) 諾成契約

売買は、「ある財産権を相手方に移転すること」(財産権の移転)と、「その代金を支払うこと」(代金の支払)の合意、すなわち売主と買主の意思の合致によって成立する(**諾成契約**)。

> 売買が諾成契約であるということは、当事者の合意によって、売主は財産権の移転という債務を、買主は代金支払という債務を負い、物の引渡自体や代金の支払自体はその債務の履行としてなされることを意味します。ところが、コンビニエンスストアで陳列してある商品をとってレジで代金を支払ったり、自動販売機でジュースを買ったりする場合には、売買の目的物と代金とがいきなり交換され、売ろう・買おうという合意が先にあるとはみられません。このように、先行する売買契約の履行としてではなく、その場で物が引き渡され、現金が支払われることによってなされる売買を、**現実売買**といいます。
> 　現実売買については、従来から、民法上の売買と同様に扱ってよいのか、債権契約か否かなどの学説の対立がありましたが、現在では、民法の売買の節の規定の多くが適用されるから売買と解してよいとか、適用の余地のない規定(573条など)もあるので、民法の想定する売買そのものではないとかいわれています。ただ、説明の違いにすぎず、試験との

➡ 星野・概論Ⅳ112頁、中田・契約法282頁
➡ 内田Ⅱ113頁

関係では特に気にする必要はありません。

> 売買契約は、売主と買主の意思の合致だけで成立しますが（諾成契約）、実際の取引では売買契約書が作成されることが少なくありません。不動産取引においては、裁判実務上、契約書の作成と手付金等の金銭の授受がなければ、契約の成立は認められないと指摘されているところです。
> しかし、売買契約書の作成は、民法上、売買契約の成立要件ではありませんから（不要式契約）、注意してください。

(2) 財産権の移転

「財産権」とは、財産上の権利をいう。財産的価値があり、譲渡性があるものであれば、すべて売買の対象となることができる。動産や不動産という所有権、地上権などの物権、債権（569条参照）、無体財産権（特許権、著作権など）、株式・手形などを含む。また、特定物であっても不特定物であってもよいし、他人に属する権利であってもよい（561条参照）。さらに、将来において取得する財産権（たとえば、出願中の鉱業権）の売買も原則として有効である（判例）。

→ 大判昭和13年12月14日民集17巻2412頁

(3) 代金の支払

「代金」は、反対給付たる金銭をいう。すなわち、財産権の移転の対価は金銭にかぎられる。対価が金銭以外の財産権である場合には、典型契約のひとつである交換（586条）となる。

もっとも、交換も有償契約であり、売買の規定が準用されるから（559条本文）、法律効果という点からみれば、売買と交換とを区別する意味はあまり大きくない。交換については、3節で説明する。

→ 3節

【2】売買契約の成立過程

売買契約の成立過程において問題となるものとして、売買の予約と手付とがある。以下では、この2つの制度を説明する。

(1) 売買の予約

(a) 意義

予約とは、将来本契約を締結することを内容とする契約をいう。したがって、売買の予約とは、当事者間に将来売買契約（本契約）を生じさせる契約をいうことになる。たとえば、「自動車を買いたいが、今は手元にお金がないので、将来お金が入ってきたときに買います」というように、将来買うことをあらかじめ約束しておくことである。

← 「予約」とは
← 「売買の予約」とは

(b) 区別

予約には、(i)片務予約と双務予約の区別と、(ii)双方の予約と一方の予約の区別というものがある。紛らわしいので、その違いをしっかりと理解してほしい。そのうえで、明文のある、(c)売買の一方の予約（556条）を説明することにする。

(i) 片務予約と双務予約

これは、承諾（予約完結の意思表示）する義務（債務）を経由するものである。すなわち、当事者が本契約を締結することを求めて申込みをすれば、相手方は承諾しなければならない義務（債務）を負う形態である。

これには、当事者の一方のみが本契約を成立させる権利をもち、他方のみが義

務を負うもの(片務予約)と、当事者双方が本契約を成立させる権利をもち、双方がそれに対応する義務を負うもの(双務予約)とがある。

この場合には、申込みによって契約がただちに成立するのではなく、相手方の承諾によって成立する。相手方が承諾しなければ、承諾の意思表示を求める訴えを提起し、その裁判をもって承諾の意思表示に代える(民執174条)。

(ii) 双方の予約と一方の予約

これは、予約完結権の行使によるものである。すなわち、当事者の一方または双方が一方的な意思表示によって予約を本契約にする予約完結権をもち、その者(予約権利者)が予約完結の意思表示をすると、相手方(予約義務者)の承諾を必要とせずにただちに本契約としての売買契約が成立するという形態である。

これには、予約完結権を当事者の一方のみが有するもの(一方の予約)と、当事者の双方が予約完結権をもつもの(双方の予約)とがある。

(c) 売買の一方の予約(556条)

承諾する義務(債務)を経由する予約は、片務予約であれ双務予約であれ、いずれの場合であっても、契約自由の原則により有効であるが、迂遠であり、実際にはあまり役に立たない。

> 承諾する義務(債務)を経由する場合には、前述したように、片務契約であるか双務契約であるかを問わず、一方当事者が本契約の締結の申込みをしたにもかかわらず、他方が承諾を拒否した場合には、申込みをした当事者は、承諾の意思表示を求める訴えを提起し、その裁判をもって承諾の意思表示に代えることになります(民執174条)。そして、その裁判で承諾の意思表示に代わる判決を得ることによって、本契約が成立したのと同じ効果が生じることになります。そこで次に、申込みをした当事者は、相手方に対して物の引渡しを請求することになります。しかし、承諾を拒否するような相手方は物の引渡しも拒むのが通常ですから、再び物の引渡しを求める裁判を提起しなければならないことになります。これでは二度手間になってしまい迂遠であり、実際にはあまり役に立たないのです。

他方で、予約完結権の行使による場合のうち、双方の予約においては、当事者の双方が予約完結権をもっているため、みずからの意思のみで本契約を成立させることができ、これに基づいて履行請求をすることができるから、すでに売買契約が成立したのと実質的に変わらない。

そこで、民法は、契約のなかでも代表的な売買について、一方の予約についてのみ規定した(556条1項)。すなわち、「売買の一方の予約は、相手方が売買を完結する意思を表示した時から、売買の効力を生ずる」。ここにいう「売買を完結する意思」を表示して売買の効力を生じさせる権利が予約完結権である。

以上のような予約完結権を契約で一定の期間内に行使すべきものと定められている場合には、その期間内に行使されなければ予約完結権は消滅するが、他方で、行使の期間が定められていない場合には、予約完結権行使の相手方(予約者)は、相手方(予約完結権を有する者)の欲するときはいつでも売買契約上の義務を履行しなければならないという不安定な地位におかれる。そこで、この不安定な地位から生じる不利益を解消するため、民法は、予約完結権の意思表示について期間を定めなかったときは、予約者は、相手方に対し、相当の期間を定めて、その期間内に売買を完結するかどうかを確答すべき旨を催告することができ(556条2項前段)、この場合に、相手方がその期間内に確答をしないときは、売買の一方の

← 「片務予約」とは
← 「双務予約」とは

← 「一方の予約」とは
← 「双方の予約」とは

← 「予約完結権」とは

予約は、その効力を失う(556条2項後段)と規定した。

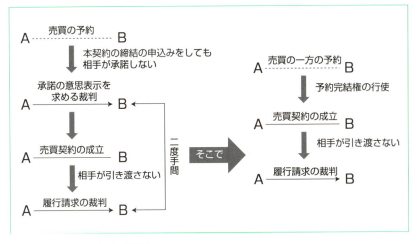

(d) 売買の予約の担保的機能

売買の一方の予約は、実際には債権担保の目的で利用されている。この点については、非典型担保のところで説明した。

➡ 『物権法』11章3節
▶ 昭和54年度第2問

(2) **手付**

(a) 意義

手付とは、契約締結の際に、当事者の一方から他方に対して支払われる金銭その他の有価物または支払う原因となる当事者間の契約をいう。

← 「手付」とは

手付は、売買、特に不動産売買でもっともよく行われるが、他の有償契約(賃貸借契約など)で行う場合にも、売買について述べることがあてはまる(559条参照)。また、手付は金銭にかぎられず、その他の有価物であってもよいとされるが(判例〔立木を手付としたものと理解〕)、金銭である場合がほとんどである。

➡ 大判明治34年5月8日民録7輯5巻52頁

手付の交付は、本契約締結に付随した従たる契約であるが、本契約とは別個独立の契約であり、しかも、要物契約という性質を有する。

(b) 目的・種類

手付には、目的によって、証約手付、解約手付、違約手付の3種類がある。

> 売買契約は諾成契約ですから、売買契約を成立させる趣旨で交付された手付(この趣旨で交付される手付は**成約手付**とよばれます)と解釈することはできません。このように成約手付ではないとすれば、手付が交付される目的の主なものは次の3つになると説明されます。

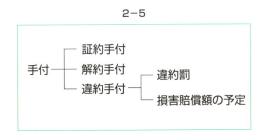

2-2 売買　127

(i) 証約手付

証約手付とは、契約を締結したということを示し、その証拠という趣旨で交付される手付をいう。

手付は、以下で述べる解約手付、違約手付という2つの効果をもつ場合でも、**常にそれと兼ねて最低限度、証約手付としての性質をもっている**と考えられている。

← 「証約手付」とは

(ii) 解約手付

解約手付とは、手付の金額だけの損失を覚悟すれば、相手方の債務不履行がなくても契約を解除できるという趣旨で交付される手付をいう。

いわば約定解除権を留保する趣旨で交付される手付である。すなわち、債務不履行がなければ契約を解除することができないのが一般原則であるが(541条、542条)、解約手付の趣旨で手付が交付された場合には、交付した者(買主)が手付を放棄するか(**手付流し**という)、交付を受けた者(売主)が手付金額の倍額を買主に返すか(**手付倍返し**という)をすれば、債務不履行の事実がなくても契約を解除することができる(557条1項本文参照)。

← 「解約手付」とは

> 解約手付が問題となる場面として、たとえばお店に行って20万円のスーツを見つけたとしましょう。どうしても欲しい。しかし今、手元に20万円の現金なんか持っていないといったときに、2万円を手付として差し入れて、残りは翌日持ってきますから、ということにしたとします。この場合に、その買主は家へ帰ってよく考えてみたら、「20万円のスーツなんていうのはちょっと自分には贅沢すぎるから、売買契約をしてしまったけれどもやっぱりいらないや」と思い直しました。この場合には、2万円はもったいないけれどもこれを放棄することによって、契約を解除することができるのです。
>
> また、お店のほうとしては、すでに20万円でそのスーツをお客さんに売って、手付も受け取っているのだけれども、別のお客さんがやってきて、そのスーツをどうしても25万円で買いたい、と言ってきた場合などのように、最初の20万円で買ってくれたお客さんのほうをキャンセルして、そのうえで新しいお客さんに売ったほうが儲かるという場合があります。その場合に、店のほうとしては、受け取っている2万円を倍返しすることになります。したがって、4万円を返還することになりますが(うち2万円が店側の出費)、それでもなお25万円で売れたほうがより利益になる(差し引き3万円儲かる)というわけです。
>
> このように、相手方の債務不履行がないにもかかわらず、契約をキャンセル、すなわち解除することができる権利を留保する手付を解約手付とよぶのです。

(iii) 違約手付

違約手付とは、当事者が債務を履行しない場合の損害賠償としての作用を営む手付をいう。この違約手付には、次の2種類がある。

a 違約罰としての手付

違約罰としての手付とは、買主が債務の履行をしないときに、違約金として没収されるという趣旨で交付されるものをいう。損害賠償額が手付の額に制限されず、売主は、更に現実の損害額について損害賠償を請求しうる趣旨の手付である。要するに、**損害賠償とは別に違約金がとれる**ということである。

b 損害賠償額の予定としての手付

損害賠償額の予定としての手付とは、当事者の一方が債務を履行しない場合に、手付を交付した者はそれを没収され、手付を受領した者はその倍額を返還し、それ以上に損害賠償を請求しない趣旨の手付をいう。

この場合に、違約金としての手付と異なるのは、**損害賠償額が手付の額に制**

← 「違約手付」とは

← 「違約罰としての手付」とは

← 「損害賠償額の予定としての手付」とは

限されることである。

c　違約罰と損害賠償額の予定の関係

違約手付のうち、違約罰と損害賠償額の予定は、まず損害賠償額の予定として推定されることになる(420条3項参照)。

> 手付と似て非なるものとして、内金(うちきん)がありますので、ここで手付との違いについて説明しておきます。
>
> 後述するように、手付は解約手付と推定されますが(557条1項)、契約中に手付という言葉ではなく、手金、内金(判例)、約定金(判例)、保証金(判例)とよばれていても、解約手付と解釈されることは否定されません。ですから、当事者が内金という言葉を使っても解約手付と解釈されるのが原則ですが、同じように契約締結の際に授受される金銭であっても、当事者の意思や取引慣行によって、手付と異なる性質をもつと解されるものとして、**内金**があります。
>
> ここにいう内金とは、後日売買代金の一部に充当される目的をもって契約締結に際し授受される金銭をいいます。たとえば、建設請負契約においては、契約締結時に注文者から請負人に対し請負代金の1割から3割程度の金銭が支払われる慣行があるといわれていますが、この金銭は解約手付と解すべきではなく、融資の目的で交付されるものであって、代金の一部支払とみるべきものと考えられています。
>
> 一般的には、交付される金銭の代金に対する割合が大きいもの(3割から5割)が内金、そうでないもの(1割くらい)が手付と認定すべきであるといわれていますが、割合だけが決定的な決め手となるわけではないとされています。結局は、契約の解釈によって決めるほかはありません。試験との関係でも、問題文中に「内金」という言葉がでてくる場合がありますが、これが内金か、手付かは、結局解釈によって決めるしかありません。
>
> なお、代金の一部払いとしての内金ではなく、手付の場合には、理論的には代金全額を支払わなければならないとされていますが、実務上は、「履行着手後は、代金の一部に組み込まれる」という約定がされている場合がほとんどです。また、かりに上記約定がなかったとしても、実際上は、代金全額を支払う必要はありません。すでに渡している手付金は不当利得として返還してもらえますから、それと相殺をし、その差額を支払えば足ります。

→ 大判昭和7年7月19日民集11巻1552頁
→ 大判大正10年11月3日民録27輯1888頁
→ 最判昭和29年1月21日民集8巻1号64頁

(c)　解約手付の原則

557条1項本文は、「買主が売主に手付を交付したときは、買主はその手付を放棄し、売主はその倍額を現実に提供して、契約の解除をすることができる」と規定し、手付を解約手付と推定している(解約手付の原則)。これは、わが国古来の慣習(手付損倍返し)を取り入れ、民法上の原則として採用されたものである。

契約当事者は、手付にあたる額の損を覚悟しさえすれば解除できることになる。すなわち、買主は手付を放棄することになるし、売主はそれ以前に手付の交付を受けているから、結局失うのは手付と同額のものとなるわけである。

← 平成29年改正

平成29年改正事項　売主からの手付解除(手付倍返し)　B1

改正前民法557条1項は、「買主が売主に手付を交付したときは、当事者の一方が契約の履行に着手するまでは、買主はその手付を放棄し、売主はその倍額を償還して、契約の解除をすることができる」と規定し、売主からの手付解除(いわゆる手付倍返し)の要件として「倍額を償還」と定めていたところ、「償還」という文言からは現実の払渡し(買主が受領を拒んだ場合には倍額の供託)を要するようにも読めた。他方で、判例は、現実の払渡しをしなくても売主が買主に倍額の提供をすることにより手付解除をすることができるが、その「提供」は相手方の態度いかんによらず「現実の提供」を要するとしていた。そして、買主が受領を拒絶している場合にまで現実の払渡しを要するのであれば、売主に不可能を強いることになること、「現実の提供」

→ 部会資料75 A・7頁、一問一答271頁

→ 大判大正3年12月8日民録20輯1058頁、最判平成6年3月22日民集48巻3号859頁

2-2 売買　129

を要するとすることにより買主の手付解除との均衡もとることができることなどから、この判例法理は合理的であり、一般的にも支持されていたため、この判例法理も明文化する必要がある。

そこで、平成29年改正民法は、売主からの手付解除の要件を「現実に提供して」と規定した（557条1項本文）。

なお、買主の態度いかんによって例外的に口頭の提供等で足りる場面があるか否かについては、解釈に委ねるものとされている。

2-6　売主からの手付解除（手付倍返し）

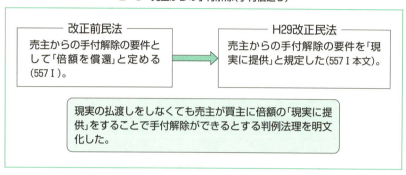

ちなみに、宅地建物取引業法39条2項は、「宅地建物取引業者が、みずから売主となる宅地又は建物の売買契約の締結に際して手附を受領したときは、その手附がいかなる性質のものであっても、当事者の一方が契約の履行に着手するまでは、買主はその手附を放棄して、当該宅地建物取引業者はその倍額を償還して、契約の解除をすることができる」とし、**手付を常に解約手付とみなす**趣旨の規定をおいている。これは、買主の多くが消費者であることにかんがみ、買主の保護のために規定されたものである。

(d)　解約手付と違約手付との関係

損害賠償額の予定として手付が授受された場合には、違約手付であることは認定されるとしても、そのうえで更に解約手付と推定される規定は適用されるであろうか。すなわち、違約手付であると同時に解約手付であると認定することができるかが問題となる。

●論点B⁺ランク
（論証6）

> 違約手付は、当事者が債務を履行しない場合の損害賠償としての作用を営む手付ですから、当事者が契約の拘束力を強めようとして授受されるものです。他方で、解約手付は、手付の金額だけの損失を覚悟すれば、相手方の債務不履行がなくても契約を解除できるという趣旨で交付される手付ですから、契約の拘束力を弱める結果となります。ですから、このような違約手付と解約手付を同時に認めることは矛盾しているのではないかという疑問が生じるわけです。

この点について、判例は、当事者の合意で、当該手付に、解除権留保とあわせて違約の場合の損害賠償額の予定をなし、その額を手付の額によるものと定めることは少しも差し支えなく、十分考えられるべきところであるとしている。交付した手付金の額や損害賠償額によっては、一概に契約の拘束力の強弱を区別することはできないため、判例の立場でよいであろう。

→ 最判昭和24年10月4日民集3巻10号437頁

(e) 解約手付による解除
(i) 総説

解約手付による解除は、「相手方が契約の履行に着手した後は」することができない（民557条1項ただし書）。解約手付による解除の主張に対し、これを争う相手方は、履行に着手したことと、その履行の着手が売買契約解除の意思表示よりも先であったことを主張・立証して、売買契約の解除を阻止することができる。

(ii) 履行の着手

履行の着手とは、「債務の内容たる給付の実行に着手すること、すなわち、**客観的に外部から認識し得るような形で**履行行為の一部をなし又は履行の提供をするために欠くことのできない前提行為をした場合」をいう（判例）。

判例上、代金を現実に提供して受け取りを求めた場合や、代金を支払うに足りる多額の預貯金を手元にとどめていた場合、農地売買許可申請書を知事宛てに提出した場合には、履行の着手ありとされている。

履行の着手があったか否かは、「当該行為の態様、債務の内容、履行期が定められた趣旨・目的等諸般の事情を総合勘案して決すべきである」とされる（判例）。履行期前の行為も、履行の着手と認められることはあるが（判例）、一般には、「履行の着手の有無を判定する際には、履行期が定められた趣旨・目的及びこれとの関連で債務者が履行期前に行った行為の時期等もまた、右事情の重要な要素として考慮されるべきである」（判例。履行期前の行為について履行の着手と認めなかった例）とされている。

(iii) 解除の「相手方」による履行の着手

解約手付による解除ができなくなるのは、解除の「相手方」が履行に着手した場合にかぎられる（557条1項ただし書）。この趣旨は、履行に着手をした相手方が手付解除によって不測の損害を被ることを防止する点にある。

これに対して、履行に着手した当事者がみずからの履行の着手の後に手付解除をすることは妨げられない。

平成29年改正事項　解除の「相手方」による履行の着手　B1

改正前民法557条1項は、手付解除の要件について、「当事者の一方が契約の履行に着手するまでは」と規定しており、この文言からは、手付解除をしようとする者自身が履行に着手した場合にも手付解除ができなくなるように読めた。

しかし、判例は、同項が契約の履行に着手した後の手付解除をすることができないとした趣旨は、履行に着手した解除の相手方を保護する点にあるという理解に立って、相手方が履行に着手するまでは、履行に着手した当事者による手付解除が可能であるとしていた。

これに対して、履行に着手した当事者による手付解除を無制限に認めると、相手方に不測の損害を与えるおそれがあるとの学説も有力であったが、履行を信頼したことにより損害を被る場合はその当事者について履行の着手があると評価できることが多いと考えられるうえ、手付解除をしようとする当事者本人が履行の着手をしたことにより相手方に契約が手付解除されることはないとの期待を抱かせたにもかかわらず、それを不当に裏切るような行為に対しては、信義則等による救済も可能であると考えられる。また、実務上も、不動産売買に関してこの判例法理に基づく取扱いが定着しているといわれている。そのため、改正前民法557条1項の文言と上記の判例法理との齟齬を解消する観点から、これを明文化する必要があった。

そこで、平成29年改正民法は、上記判例法理を明文化する趣旨から、「当事者の一方」を「相手方」に変更した（557条1項ただし書）。

●論点Bランク
（論証7）
←「履行の着手」とは

→ 最大判昭和40年11月24日
（百選Ⅱ48事件）
→ 最判昭和51年12月20日
判時843号46頁
→ 最判昭和57年6月17日
判時1058号57頁
→ 最判昭和43年6月21日
民集22巻6号1311頁
→ 最判平成5年3月16日
（判例シリーズ66事件）
→ 最大判昭和40年11月24日
（前出）

→ 最判平成5年3月16日
（前出）

←平成29年改正

→ 部会資料75A・6頁、一問一答271頁

→ 最大判昭和40年11月24日
（前出）

2-7 解除の「相手方」による履行の着手

```
┌─ 改正前民法 ─────────┐      ┌─ H29改正民法 ──────────┐
│ 手付解除の要件について、「当 │      │ 「当事者の一方」ではなく、「相手 │
│ 事者の一方が契約の履行に着 │ ──> │ 方」が履行に着手するまでは手付 │
│ 手するまでは」と規定してい │      │ 解除できるという文言に変更した │
│ た(557Ⅰ)。            │      │ (557Ⅰただし書)。           │
└──────────────┘      └───────────────┘

       ┌─ 相手方が履行に着手するまでは、履行に着手した当事者 ─┐
       │  による手付解除が可能とする判例法理を明文化した。   │
       └────────────────────────────┘
```

(f) 手付と損害賠償

解約手付による解除の場合には、「解除権の行使は、損害賠償の請求を妨げない」とする545条4項の規定は適用されない(557条2項)。この趣旨は、手付解除の相手方は手付放棄・倍返しにより損害が補償されているので、さらに損害賠償請求を認める必要がない点にある。要するに、解約手付による解除が債務不履行による解除ではないためである。そうであれば、たとえ解約手付が授受されても、一方当事者が債務不履行に陥れば、解約手付とは無関係に損害賠償を請求することができる。

→ 我妻・講義V₂265頁

→ 後藤・契約法講義286頁

> 557条2項の意義は、手付解除前に解除者に履行遅滞等の債務不履行があったとしても、手付分とは別に損害賠償責任を負うことはないという点にあります。相手方に債務不履行がある場合には、解除者は、債務不履行による解除と損害賠償請求をすれば足ります。結局、解除者が手付解除をしつつ損害賠償を請求するのは、債務不履行による解除はできないが、損害賠償は請求できるという例外的な場面と説明されています。

→ 中田・契約法123頁

【3】売買契約に関する費用

売買契約に関する費用は、特約がないかぎり、当事者双方が等しい割合で負担する(558条)。この趣旨は、売買では当事者がともに平等の利益を受けるという点にある。

「売買契約に関する費用」とは、目的物の評価にかかった費用や売買契約書の作成にかかった費用などをさす。

← 「売買契約に関する費用」とは

これに対して、売買契約を履行するために要した費用は、「弁済の費用」として、原則として債務者の負担となる(485条本文。増加費用は債権者の負担となる〔485条ただし書〕)。この点は、債権総論で学習した。

古い判例には、不動産の売買において所有権移転登記手続に要する費用は「売買契約に関する費用」にあたるとするものがある(折半説・558条説)。その理由は、登記は権利移転の第三者対抗要件を完備させ、契約を確実にするのに欠かせない手続だからである。そのほか、契約の履行行為であるから債務者である売主が負担するという説(売主負担説・485条説)、買主が自己の権利を確保するためのものであるから買主が負担するという説(買主負担説)もある。

→ 『債権総論』4章1節②【2】(4)
→ 大判大正7年11月1日民録24輯2103頁

> 不動産売買の取引では、不動産仲介業者が買主と売主の間に入って売買契約を成立させることになりますが、売買契約が成立する際には、売主・買主は、不動産仲介業者に成約価格(代金額)に応じて仲介手数料を支払います(国土交通大臣の告示により、成約価格が

> 400万円を超える場合、成約価格の3パーセント＋6万円を上限とすると定められています）。この場合に、かりに、登記費用を売主が負担するとなると、売主はその分を売買の代金額の上乗せることになって、代金額が増額し、ひいては成約価格（代金額）に応じて支払うべき不動産仲介業者に対する仲介手数料も増えることになります。そのため、実務上は、所有権移転登記手続に要する費用は買主が負担することになっています。

3 売買の効力

　売買契約が成立すると、売主は買主に対し財産権を移転する義務を負い、買主は売主に対し代金を支払う義務を負う（555条）。民法典の売買の節の「第2款　売買の効力」（560条から578条まで）は、売主の義務と買主の義務に関する規定である。以下で、【1】売主の義務と【2】買主の義務とに分けて説明するが、あらかじめその内容を示しておくと、以下の表のとおりである。

売主の義務	買主の義務
①財産権移転義務	①代金支払義務
②果実の帰属	②受領義務（引取義務）。ただし、争いあり
③担保責任	―

　ただし、平成29年改正民法では、権利の全部が他人に属する場合には、担保責任の問題とはならないので、売主の義務のうち、担保責任とは別項目で、「(3)他人物の売主の責任」として説明することとする。

【1】売主の義務
(1)　総説

　売主の義務としては、一般に、**財産権移転義務**と**担保責任**とに分けて検討されているので、本書においてもこれに従って説明することにする。

→ 中田・契約法287頁

> 　改正前民法のもとでは、担保責任が売主の契約上の債務とは別に法律が特に定めた責任（法定責任）であるのか（法定責任説）、それとも売主の不履行による責任（債務不履行責任、契約責任）であるのか（債務不履行責任説、契約責任説）という点が問題となっていました。
> 　後に詳しく説明しますが、平成29年改正民法は、売主の担保責任全体が債務不履行責任であることを前提として規定しています（特定物ドグマ・法定責任説の否定。契約責任説の採用）。ですから、担保責任も、財産権移転義務と同様に、売主の契約上の債務に関するものとなります。
> 　なお、担保責任は、債務不履行責任とされたので、「売主の義務」とはいわないで、「売主の債務」あるいは「売主の債務不履行責任」とよぶこともできますが、本書では、「売主の義務」の一内容として解説することにします。

(2)　財産権移転義務
(a)　財産権移転義務の内容

　財産権移転義務とは、「ある財産権を相手方に移転する」義務をいう（555条）。売主は、売買の目的である財産権を買主に完全に移転する義務を負う。売買の中心的な効力のひとつである。具体的には、①権利を移転する義務、②対抗要件を具備させる義務、③権利の移転に必要な行為をする義務、④引渡義務などの占有

を移転する義務に分けて説明することにする。

> 本文の分類は便宜上整理したものですから、そのほかの分類もありえます。分類にこだわる必要はありません。
> ところで、財産権移転義務の内容として、契約の内容に適合した権利を供与すべき義務（権利移転義務・所有権供与義務）と、物の種類・品質・数量に関して売買契約の内容に適合した物を引き渡すべき義務をあげることもできます。
> これは、後述する担保責任（債務不履行責任）の前提として、①の義務を再構成するものといえます。なお、この分類でも、本文の②③④も財産権移転義務以外の義務（対抗要件を備えさせる義務、その他の付随義務）として売主の義務としてあげられています。

➡ 潮見・債権各論Ⅰ83頁

(i) 権利を移転する義務

売主は、買主に対して目的たる財産権を移転しなければならない（555条）。

また、他人の権利（権利の一部が他人に属する場合におけるその権利の一部を含む）を売買の目的としたときであっても、売主は、その権利を取得して買主に移転する義務を負う（561条）。

平成29年改正民法は、他人物売買に関する改正前民法560条の規定を維持したうえで、「他人の権利」について、「（権利の一部が他人に属する場合におけるその権利の一部を含む。）」という内容の括弧書を加えることによって、権利の全部が他人に属する場合だけでなく、権利の一部が他人に属する場合を含めて、売主に対し、権利を取得して買主に移転する義務があることを明確にした（561条）。

➡ 潮見・改正法256頁

権利の全部が他人に属する場合に、その権利の移転ができないときは、売主は、債務不履行責任を負うことになり（415条、541条、542条）、権利の一部が他人に属する場合に、その権利の移転ができないときは、売主は、担保責任を負うことになる（565条・562条から564条まで・415条、541条、542条）。この各責任の内容については後述する。

> 物権法で学習したように、判例・通説は、売買契約を締結すると、それによって債権・債務が発生すると同時に所有権が移転すると考えています（物権行為独自性否定説）。そして、所有権の移転時期に関して、特定物の場合には特約がないかぎり、売買契約の時点で移転すると考えています。このように、売買契約の時点で所有権が移転すると考えれば、改めて権利を移転する義務を考える必要はなさそうです。しかし、判例・通説の立場に立っても、特約があれば売買契約時よりも後になりますから、少なくともそれまでの間は権利を移転する義務を観念することができます。なお、登記・引渡し、あるいは代金支払の時点で物権変動が生じるという最近の有力説に立てば、売買契約時と登記・引渡し・代金支払時との間は権利を移転する義務を観念することができます。
> これを別の角度から次のように説明されることもあります。すなわち、176条によれば、物権は当事者の意思表示のみによって移転する（意思主義）ところ、この意思とは、売買のように売るという意思表示と、買うという意思表示との合致のことと理解するのが判例・通説です（物権行為独自性否定説）。言い換えると、物権変動が生じるためには、当事者間に債権債務を発生させる以外に特別の行為は必要ないという考え方です。この考え方からすれば、555条でいう財産権移転義務とは、対抗要件を具備させる義務や引渡義務などの占有を移転させる義務などのことであり、これ以外に財産権移転義務が別に存在しているわけではないと理解することになります。要するに、財産権移転義務を実在化しない考え方です。そして、売買の場合には、売買契約の締結により、目的物の所有権は、売主の引渡義務の履行を通じて買主に移転することになるのです。

➡ 『物権法』2章2節②
➡ 大判大正2年10月25日民録19輯857頁、最判昭和33年6月20日（百選Ⅰ52事件）

➡ 中舎・債権法169頁、172頁

売買の対象物に従たる権利がある場合には、その従たる権利も移転しなければならない。判例は、借地上の建物の売買の場合には、売主は原則として敷地の借

➡ 最判昭和47年3月9日民集26巻2号213頁

地権も譲渡したものと解され、それを移転する義務を負うとする（したがって、この場合には、(iii)で触れる、権利の移転に必要な行為をする義務の内容として、売主は地主の承諾を得る義務も負う）。

(ii) **対抗要件を具備させる義務**

売主は、買主に対し、登記、登録その他の売買の目的である権利の移転についての対抗要件を備えさせる義務を負う（560条）。完全な権利を取得するには、対抗要件を備えておく必要があるからである。平成29年改正により、学説で異論のない点を明文化したものである。

← 平成29年改正

具体的には、不動産であれば登記（177条）、動産であれば通常は引渡し（178条）であるが、自動車のように登録が対抗要件であるものもある（道路運送車両法5条1項）。債権であれば確定日付のある証書による譲渡通知または承諾が対抗要件となる（民467条）。

(iii) **権利の移転に必要な行為をする義務**

権利の移転のためになんらかの行為が必要である場合には、売主は、その行為をしなければならない。

まず、売主の行為が権利移転の要件である場合がある。たとえば、株券発行会社の株式の売買における株券の交付（会社128条1項本文）、指図証券・記名式所持人払証券・無記名証券の交付（民520条の2、520条の13、520条の20）、手形の売買における裏書（手14条・77条1項1号）、電子記録債権の売買における譲渡記録（電子記録債権17条）などである。

次に、法律上一定の要件を備えなければ完全な権利とはならない場合には、それを備えるのも売主の義務である。たとえば、賃借権の売買の場合には、売主は、賃貸人の承諾（民612条）を得なければならないし（判例）、農地の売買の場合には、農業委員会の許可を得なければ効力を生じないので（農地3条1項、7項）、許可申請手続に協力する義務を負う。

→ 最判昭和34年9月17日民集13巻11号1412頁

(iv) **引渡義務などの占有を移転する義務**

売主は、目的物を引き渡すなど目的物の占有も移転しなければならない。占有が対抗要件でない場合でも同様である（引渡しが対抗要件の場合には(ii)の内容にもなる）。たとえば、買主に直接に占有させる目的で借家人のいる家を売った場合には、借家人を立ち退かせて家を買主に引き渡す義務を負う（なお、特別法上の保護により立ち退かすことができない場合〔借地借家28条など〕があることは別論である）。

また、従物（民87条2項）がある場合には、これも引き渡さなければならない。絵画の鑑定書、犬の血統書などその財産権の存在・価値等を証明する書類は、売買契約の解釈により、あるいは従物として引き渡さなければならないことが多いとされている。

さらに、登記済証（いわゆる権利証、権利書）、債権証書など、売買の目的が売主に属することを証する証書がある場合には、それらも買主に交付しなければならないとされる。

(b) **果実の帰属**

まだ引き渡されていない売買の目的物が果実を生じたときは、その果実は、売主に属する（575条1項）。果実の帰属（果実収取権）については、89条が原則を規定しているが、売買の目的物については、この特則によって、目的物の引渡し時

2-2 売買　135

に果実収取権が移転することになる。この趣旨は、**果実を収取する利益と管理費用との差額が代金の利息に等しいとして、売主は目的物を引き渡すまでは、果実を取得し管理費用を負担するとともに、買主は代金の利息を払う必要はないと定めることによって、複雑な権利関係を簡単かつ画一的に解決した点**にある。

> 目的物の所有権が、売買契約時に買主に移転すると考える判例・通説の立場からすれば、本来、果実収取権も所有権に伴って買主に移転し、売主は目的物の引渡し前であっても、買主に対しその生じた果実を引き渡さなければならないはずです。しかし、果実マイナス管理費は代金の利息(575条2項参照)に等しいと考えられるので、それぞれ両当事者に取得させることにしたのです。そして、どちらが果実を取得するかというと、それは物を占有している側というわけです。
>
>
>
> したがって、物を引き渡すまでは、売主が果実を収取し、物を引き渡した後は買主が果実を収取することになりますが、その代わりにそれと対価関係に立つと考えられる(客観的等価関係ではなく、あくまでも主観的等価関係と捉えられる)利息は、物の引渡しまでは買主が取得することができることになります(要するに、物の引渡しがあるまでは利息を支払わなくてもよいのです)。よって、物の引渡しがなされた時から、買主は利息を支払う義務を負うことになります(575条2項本文)。利息の支払については、【2】でも触れます。
>
>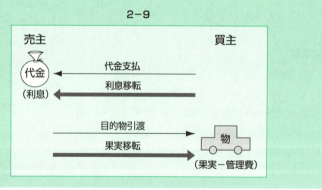

→ 大判大正2年10月25日（前出）、最判昭和33年6月20日（前出）

(3) 他人物の売主の責任──権利の全部が他人に属する場合

(a) 平成29年改正下での他人物売買の位置づけ

　他人物売買で真の所有者が所有権の移転を確定的に拒絶している場合など、売主が買主に対し権利の全部を移転しない場合には、単純な債務不履行の場面であり、債務不履行の一般法則をそのまま適用すれば足りる。すなわち、後述する担保責任は、不完全な履行がされた場合についての規律であり、まったく履行されていない場合には担保責任の規定を設ける必要はない。

　そのため、平成29年改正民法は、権利の全部が他人に属する場合については、担保責任の規定を設けていない。したがって、権利の全部が他人に属する場合には、権利の一部が他人に属する場合と同様に、売主は、その権利を取得して買主

▶昭和53年度第2問
←平成29年改正
→部会資料84-3・13頁

に移転する義務を負うが(561条)、その権利の移転ができないときは、債務不履行責任(415条、541条、542条)を負うことになる。

> 555条の財産権移転義務と561条の権利を移転する義務の関係について、もう少し詳しく説明します。
> 前述したように、判例・通説は、物権変動が生じるためには、当事者間に債権債務を発生させる以外に特別の行為は必要ないとします(物権行為独自性否定説)。この見解は、555条の規定する財産権移転義務の本質は、売買は代金と引換えに目的物の所有権を買主に移転することにあると理解することになります。それゆえ、財産権移転義務は、売主の契約上の義務です。ただし、この義務は、通常の場合には、目的物の引渡しを通じて尽くされるのであって、引渡義務とは別に、所有権移転義務が顕在化することはありません。
> これに対して、他人の物(全部か一部かを問いません)を売買の目的物としたという場合(他人物売買の場合)には、売主は、引渡義務を尽くしただけでは、所有権移転という売主の本質的な義務を果たしたことにはなりません。ですから、561条はこのことを特に規定しており、555条の財産権移転義務とは別に、「他人の権利(権利の一部が他人に属する場合におけるその権利の一部を含む。)を売買の目的としたときは、売主は、その権利を取得して買主に移転する義務を負う」と定めたのです。それゆえ、ここでの所有権移転義務は、他人の物を売買した売主にとって契約上の義務というべきです。したがって、所有権移転義務の違反は、債務不履行責任ですが、通常の履行遅滞や履行不能のような具体的な履行義務の不履行に対する責任とは異なり、特殊な債務不履行責任となります。
> なお、権利の一部が他人に属する場合に、その権利が移転できないときは、売主は、担保責任(565条・562条から564条まで・415条・541条・542条)を負うことになります。この点は後述します。

→ 大判大正2年10月25日(前出)、最判昭和33年6月20日(前出)
→ 中舎・債権法172頁

(b) 他人物売買の意義

他人物売買の意義について、判例は、「第三者が一旦其権利を売主に売渡すべきことを約したるに拘わらず、之を他に移転したるが為めに売主が之を取得して買主に移転すること能はざる場合を包含す」るとしている。すなわち、他人物売買とは、第三者(真の所有者)が権利を売主(他人物売買の売主)に売り渡すことを約束している場合だけでなく、第三者が他の者に移転してしまったため、売主がこの権利を取得して移転することができなかった場合も含まれる。そのため、この立場では、たとえば不動産の二重譲渡がなされ、第二譲受人に登記がされた場合であっても、結果的に他人物売買とされることになる。ただし、平成29年改正民法は、他人物売買も債務不履行の一般法則をそのまま適用することになったので、不合理はなくなったと指摘されている。

→ 大判大正10年11月22日民録27輯1978頁

→ 平野・民法Ⅴ129頁

(c) 他人物の売主の責任
(i) 権利取得義務

他人物売買は、所有権移転が原始的に不能であるが、民法は、契約を無効とはしないで、いちおう有効なものとして、売主に対し、目的物の所有権を取得して買主に権利を移転する義務を負わせている(561条)。たとえ売主が無過失であったとしても、この権利移転義務は免れず、その違反は債務不履行責任となる。

▶予備2016年 平成18年度第1問

> 他人の物を他人の物と承知したうえで売買の目的物とした場合には事情が異なるとして、以下のように説明する見解があります。
> 他人の物を他人の物と承知したうえでの他人物売買は、売主・買主双方が、第三者が目的物を所有していることを認識しつつ、売主が、その目的物を取得して買主に移転することを約束する契約です。ですから、売主は、通常の売買契約上の債務以外に、第三者から

→ 中舎・債権法173頁

> 所有権を取得して移転するという債務を顕在的に負っています。この債務は、売買の本質としての所有権移転義務とは異なって、契約による具体的な義務としての所有権移転義務です。したがって、売主は、もし第三者から所有権を取得することができなかったことについて帰責事由があれば、買主に対し、契約上の履行義務の違反として債務不履行責任を負うことになるのです。

他人物売買の場合に、売主を所有者が単独相続したときには、無権代理人を本人が単独相続したときと同様に、所有者(本人)は追認を拒絶することができる(判例)。この点については、民法総則で学習した。

→ 最大判昭和49年9月4日　民集28巻6号169頁
→ 「民法総則」6章4節③【2】

平成29年改正民法は、次に述べる担保責任については、目的物が何であるかという限定はなく、特定物であるか不特定物かであるかを区別していないが、561条については、「他人の権利……を売買の目的としたとき」と規定しているので、**特定物売買に限定**している。したがって、不特定物売買(種類物売買)で他人の物を引き渡した場合には、即時取得に関する192条を類推適用するか(動産の場合)、476条(弁済として引き渡した物の消費または譲渡がされた場合の弁済の効力等)によって規律されることになる。他人の不特定物の売主は、引き渡した物の所有権を取得する義務ではなく、新たに自己所有の物を引き渡すべき義務を負うにすぎない。

→ 平野・民法Ⅴ130頁

> 不特定物売買(種類物売買)の場合には、契約時に、自己の物の売買、他人の物の売買、他人の物の他人の物としての売買、といった区別はありません。その種類に属する物のうち、売主の所有である物を引き渡すことが、売買契約上の債務となります。したがって、その自己所有の物を引き渡す義務の違反が、債務不履行責任となるのです。

→ 中舎・債権法173頁

(ii) **所有権を取得できなかった場合の責任――買主の権利**

売主が所有権を取得できなかった場合には、全部他人物の買主は、売主に対し、債務不履行責任として損害賠償請求(415条)・解除(541条、542条)をすることができる。平成29年改正民法下では、改正前民法とは異なり、買主が悪意であるからといって当然には損害賠償請求が否定されることはない点に注意してほしい。

← 平成29年改正

> 改正前民法561条後段は、他人の権利の売買における売主の担保責任の内容について、「契約の時においてその権利が売主に属しないことを知っていたときは、損害賠償の請求をすることができない」と規定していました。これを前提として、判例は、「他人の権利を売買の目的とした場合において、売主がその権利を取得してこれを買主に移転する義務の履行不能を生じたときにあって、その履行不能が売主の責に帰すべき事由によるものであれば、買主は、売主の担保責任に関する〔改正前〕民法561条の規定にかかわらず、なお債務不履行一般の規定(〔改正前〕民法543条、415条)に従って、契約を解除し損害賠償の請求をすることができる」としていました。
>
> しかし、平成29年改正民法では、改正前民法561条後段の規定は、「売主が売買の目的たる権利の移転をどこまで引き受けていたかについての契約解釈が重要な意味を有する」という認識のもと、「義務を履行したか否かを問題とすれば足り、買主が悪意であることのみを理由に一律に救済を否定すべき理由はない」ものとして、削除されました。
>
> そのため、上記判例のような事案では、端的に、債務不履行責任として損害賠償請求権(415条)・解除権(541条、542条)の問題となります。その際、買主の善意・悪意の問題は、売主・買主の合意のなかで権利を取得することができない場合のリスクの対処として、売主がどこまで引き受けていたかの判断要素のひとつとして考慮されることになります。

→ 最判昭和41年9月8日(百選Ⅱ49事件)

→ 百選Ⅱ101頁[髙]
→ 部会資料75A・8頁
→ 部会資料75A・21頁

→ 百選Ⅱ101頁[髙]

(4) 担保責任
(a) 総説
(ⅰ) 担保責任の内容

　平成29年改正民法は、担保責任の内容として、売主が買主に対し目的物を引き渡したり、権利を移転したりしたが、その契約の内容に適合しない場合(**目的物の契約不適合・移転した権利の契約不適合**)について、買主の**追完請求権**、**代金減額請求権**、**損害賠償請求・契約の解除**を認めている。

> 　担保責任について、あらかじめ条文の構造を説明しておきます。特に改正前民法を一通り勉強したことのある人は、条文の構造が変わってしまっているので、しっかりと把握してください。
> 　まず、**目的物の契約不適合**の場合について、買主の追完請求権(562条)、代金減額請求権(563条)、損害賠償請求・契約の解除(564条)を認め、そのうえで、これを**移転した権利の契約不適合**の場合に準用しています(565条)。
> 　目的物の契約不適合とは、「引き渡された目的物が**種類**、**品質**又は**数量**に関して契約の内容に適合しないものであるとき」(562条1項本文)をいいます。
> 　移転した権利の契約不適合とは、「売主が買主に移転した権利が契約の内容に適合しないものである場合(権利の一部が他人に属する場合においてその権利の一部を移転しないときを含む。)」(565条。なお、括弧内は561条にも規定されています)をいいます。
> 　このように、平成29年改正民法は、担保責任の内容について、目的物の契約不適合と移転した権利の契約不適合とに分けて、共通の規定をおいています。
> 　ただし、目的物の契約不適合については、その一部についてのみ特別の規定をおいています。すなわち、前述したように、目的物の契約不適合とは、目的物の**種類・品質・数量**に関しての契約不適合なのですが(562条から564条)、目的物の**種類・品質**に関しての契約不適合(逆にいうと、目的物の**数量**に関しての契約不適合を除いて)については、担保責任の期間の制限があり(566条)、また、競売における担保責任の特則の対象(568条1項から3項まで)から除外されています(568条4項)。

不適合の種類		規律の内容	条文
目的物の契約不適合	種類、品質または数量の契約不適合	追完請求権	562
		代金減額請求権	563
		損害賠償請求・契約の解除	564
	種類または品質の契約不適合(追加的規律)	担保責任の期間の制限	566
		競売における担保責任の特則の対象外	568Ⅳ
移転した権利の契約不適合	移転した権利の契約不適合(他人に一部が帰属する権利の不移転を含む)	追完請求権、代金減額請求権、損害賠償請求権・契約の解除	565
	契約に適合しない抵当権等	費用の償還請求	570

(ⅱ) 担保責任の法的性質　　　　　　　　　　　　　　　　　　　　　▶2007年第2問

　改正前民法のもとでは、担保責任の法的性質について、売主の契約上の債務とは別に法律が特に定めた責任(法定責任)であるのか(法定責任説)、それとも売主の不履行による責任(債務不履行責任、契約責任)であるのか(契約責任説)について争いがあった。

> 　通説は、**法定責任説**といって、特定物に関しての原始的な瑕疵・不能のときのみ適用されるのが担保責任であると考えていました。なぜなら、そもそも特定物売買においては、

←法定責任説の考え方

目的物を現状で引き渡せば足りるわけですから(改正前483条)、その物さえ引き渡せば、たとえ原始的な瑕疵があろうと何だろうと、債務者としては債務を免れてしまうわけです。したがって、買主たる債権者としては、もはや売主たる債務者に債務不履行責任を問うことはできません。

しかし、それでは、100万円という代金を払っておきながら、瑕疵ある90万円相当の自動車しか引き渡してもらえなかった買主の保護に欠けるといわざるをえません。**有償契約における等価的な均衡が保てないわけです。**そこで、**法が特に買主保護のために認めた規定**、それが担保責任というわけです。

逆に、不特定物売買契約の場合には、かりに瑕疵ある物を給付したとしても、それは債務の本旨に従った履行とはいえないため、買主側は依然として「まともな物を引き渡せ」という完全履行請求が可能です。したがって、特に担保責任というもので買主を保護してやる必要性がありません。このようなことから、**担保責任は特定物売買についてのみ認められる**と考えていくのが法定責任説という考え方です(特定物ドグマ)。

これに対して、**契約責任説**という有力説が主張されていました。この考え方は、たとえ特定物であったとしても、瑕疵ある物を引き渡しただけでは、債務の本旨に従った履行をなしたとはいえず、あくまでも契約当事者は、「まともな性質をもったこの物」がほしいといって契約をしたのですから、まともな性質をもった物を渡さないかぎりは、約束どおりのことをしたとはいえないと考えるわけです。

すなわち、特定物売買契約について、法定責任説が、「この物」の引渡しがなされれば足りるというふうに、「この物」という点に重点をおくのに対し、契約責任説は、「まともな性質を有するこの物」というふうに考え、言い換えれば、目的物の性状も特定物売買契約の債務の内容になっていると考えるわけです。したがって、性状に着目をしている以上、まともな性質を有する物を渡さないかぎりは、約束どおりのことをしたとはいえないと解釈していくのです。

この契約責任説の立場に立った場合には、**特定物売買であろうと不特定物売買であろうと、瑕疵担保責任の規定は適用される**ことになりますし、また、原始的な瑕疵であろうと後発的な瑕疵・不能であろうと、約束どおりの物を引き渡さないということが問題なのですから、原始的な瑕疵、後発的な瑕疵を問わず、瑕疵担保責任の規定は適用されることになります。

したがって、特定物の場合であったとしても、依然として完全履行請求(瑕疵修補請求・代物請求)を認めることになるのです。

それでは、債務不履行責任と瑕疵担保責任の関係はどうなるのかというと、この契約責任説の立場に立った場合には、あくまでも**担保責任は債務不履行責任の一種**であり、売買の目的物に隠れた瑕疵があった場合には1年間にかぎり無過失責任として損害賠償などを問えるという意味の特則にすぎないと考えていくことになります(改正前民法570条本文・566条3項)。法的な性質は債務不履行責任そのものですし、改正前民法570条の適用がない場合においては、原則に戻って債務不履行責任が問えると考えるわけです。

なお、判例は、法定責任説か契約責任説かはっきりしませんでした。不特定物を給付の目的物とする債権において、給付されたものに隠れた瑕疵があった場合に、判例は、**債権者が瑕疵の存在を認識したうえでこれを履行として認容し債務者に対しいわゆる瑕疵担保責任を問うなどの事情が存在すれば別として**、それ以外のときは、債権者は受領後も完全な給付の請求をする権利を有し、その不完全な給付が債務者の責めに帰すべき事由に基づくときは、債務不履行の一場合として、損害賠償請求権および契約解除権をも有するとしていました。

これは、不特定物売買契約でありながら、瑕疵担保責任が生じる場合があるといっているわけですから、法定責任説とはいいがたいです。しかし、常に瑕疵担保責任が生じるというのではなく、瑕疵の存在を認識したうえでこれを履行として認容した場合には、という限定をつけているため、そういう意味では純然たる契約責任説でもありませんでした。

← 契約責任説の考え方

← 判例の見解
→ 最判昭和36年12月15日(判例シリーズ69事件)

これに対して、平成29年改正民法は、売主の担保責任の法的性質を売主の債務不履行による責任(債務不履行責任、契約責任)としている。改正前民法下での

契約責任説を採用したものである。

> 　売買の担保責任に関する規律は、売主に次の3つの義務があることが前提となっています。
> ①売主は、契約の内容(他人の地上権、抵当権その他の権利の設定の有無を含む)に適合した権利を移転する義務を負う。
> ②売買の目的が物であるときは、売主は、種類、品質および数量に関して、契約の内容に適合するものを買主に引き渡す義務を負う。
> ③他人の権利(権利の一部が他人に属する場合における当該権利の一部を含む)を売買の目的としたときは、売主は、その権利を取得して買主に移転する義務を負う。
> 　そうすると、売主が買主に対し目的物を引き渡したり、権利を移転したりしたものの、その目的物または権利が契約に適合しなかった場合には、これらの義務が履行されていないことになる、すなわち不完全な履行(債務不履行)がなされたことになります。以上のようなことを規律するのが担保責任についての規定ですから、担保責任の法的性質は、当然に債務不履行責任となるのです。したがって、平成29年改正下においては、担保責任の法的性質を法定責任と解する余地はないことになります(契約責任説の採用)。
> 　ちなみに、平成29年民法改正の過程において、当初は、①から③までの義務に関して規定したうえで、更に担保責任の規定をおくという方向で検討されていましたが、結局、①②に関する売主の義務の規定は、562条1項等から導くことができることから、重複を避けるため設けられませんでした。
> 　ところで、他方で、③の義務は561条に規定され、更に担保責任に関して565条が規定され、①②と異なり、重複しています。これは、**権利の全部が他人に属する場合**については、売主には561条の義務がありますが、565条の担保責任の規定は適用されないというように、規律の仕方を異にするからです。565条のところでも説明しますが、前にも触れたように、売主が買主に対し権利の全部を移転しない場合には、単純な債務不履行の場面であり、債務不履行の一般法則をそのまま適用すれば足り、担保責任の規定を設ける必要はない、というように考えられたのです。

⇒ 部会資料83-2・42頁

⇒ 中田・契約法316頁

⇒ 部会資料84-3・13頁

> 　債務不履行責任という意味での「担保責任」という用語は、平成29年改正民法のもとでも、民法その他の関連規定において残っています。たとえば、565条の見出しは「移転した権利が契約の内容に適合しない場合における売主の担保責任」ですし、566条の見出しは「目的物の種類又は品質に関する担保責任の期間の制限」となっていますし、さらに、572条の法文中に「担保の責任」という文言が使用されています。
> 　しかし、平成29年改正民法のもとでは、契約責任説を採用したことから、担保責任は解体され、債務不履行に一元化されるので、「担保責任」というカテゴリーはもはや特別の意味をもたなくなったという評価があります。
> 　これに対して、「担保責任を、各種の典型契約の特質に結びついた一定の債務不履行責任に関するデフォルト・ルールを示すものだと考え」れば、担保責任という言葉を残したことの意味が説明できるという評価もあります。
> 　ただ、いずれのように考えるにせよ、「担保責任」という用語を使用すること自体には問題はありません。

⇒ 潮見・改正法259頁、

⇒ 中田・契約法315頁

　以下では、担保責任について、目的物の契約不適合(562条から564条まで)と、移転した権利の契約不適合(565条・562条から564条まで)とに分けて検討する。

(b)　**目的物の契約不適合**(562条から564条まで)

▶昭和34年度第2問

> 　改正前民法570条(瑕疵担保)では、目的物の契約不適合に関係する概念として、物の「**瑕疵**」という表現を用いていました。
> 　そして、物の「瑕疵」とは、その物が備えるべき品質・性能を欠いていることをいいましたが(**性状の瑕疵**)、この「瑕疵」の概念をめぐっては、学説上対立がありました。一方で、

2-2 売買　141

> 　**客観説**（**客観的瑕疵概念**）は、契約内容から切り離して、売買の目的物が通常備えるべき品質・性能を有しているかを基準とするのに対し、他方で、**主観説**（**主観的瑕疵概念**）は、契約内容に照らして、当該契約において当事者がどのような品質・性能を予定していたかという契約の解釈を問題としていました。この点について、判例は、売買目的物である土地の土壌に、契約締結後に設定された規制基準によれば基準値を超えるフッ素が含有されている事案において、売買契約締結時の取引観念上、当事者間において予定されていた性質を欠いているとはいえず、「瑕疵」にあたらないとして、**主観説**に立つことを明らかにしました。
>
> 　これに対して、**数量不足**は、物の瑕疵ではなく、不足した数量に対応する財産権が欠けているという点から、**権利の瑕疵**として捉えられ、改正前民法565条（数量不足・物の一部滅失）において、改正前民法570条（瑕疵担保）とは別の規律に服していました。
>
> 　以上について、平成29年改正民法は、以下で述べるように、基本的には、種類・品質に関する契約不適合と数量に関する契約不適合とを共通のルールとして位置づけています（明文で両者を区別しているのは、566条と568条4項なのですが、この点は後に触れます）。

→ 最判平成22年6月1日（百選Ⅱ50事件）

→ 中間試案の補足説明399頁

（i）意義

　目的物の契約不適合とは、「**引き渡された目的物が種類、品質又は数量に関して契約の内容に適合しないものであるとき**」をいう（562条1項本文）。

　平成29年改正民法は、改正前民法の「瑕疵」の概念に代わるものとして、契約不適合という概念を基礎においている。そして、種類・品質・数量の点において契約適合性を欠くことをもって、契約不適合、すなわち債務不履行であるという評価をしている。

→ 潮見・債権各論Ⅰ90頁

> 　以上のことから、潮見先生は、「その意味では、売買契約の当事者が当該売買契約において目的物の種類・品質・数量に対してどのような意味を与えたかを契約の解釈を通じて探究し、こうして導かれた契約の内容に即してみたときに『あるべき』種類・品質・数量が欠如している場合が契約不適合であるということになります（主観的瑕疵概念による場合と同様の手法です。契約の解釈を通じた契約内容の確定が、以前にもまして重要となります）」としています。

→ 潮見・債権各論Ⅰ90頁

平成29年改正事項　「瑕疵」概念の不使用　　　　　　　　　　　C1

　改正前民法570条本文は、「売買の目的物に隠れた瑕疵があったときは、第566条の規定を準用する」として、「瑕疵」という文言を使用していた。

　しかし、「瑕疵」という言葉は、法律専門家でない者にとってなじみの薄い言葉であるうえ、裁判実務においては、物理的な欠陥のみならず、いわゆる環境的・心理的瑕疵も「瑕疵」に含める解釈がされるなど、実務における「瑕疵」の用語法は、国民一般から見てわかりにくいことは否定できない。また、「瑕疵」という用語は、契約と切り離された客観的な基準によるもの（客観的瑕疵概念）として理解される可能性がある。そうすると、法律用語としては定着しているといわれる「瑕疵」という用語を条文上維持するか否かにかかわらず、これまでの「瑕疵」についての解釈の蓄積等をふまえ、その意味内容を可能なかぎり条文上明らかにする方途を講じることが望ましいと考えられる。

　そこで、平成29年改正民法は、「瑕疵」という文言に代えて、「瑕疵」に関する解釈の蓄積および裁判実務における取扱いをふまえ、「引き渡された目的物が種類、品質又は数量に関して契約の内容に適合しないものであるときは」と規定することとした（562条1項本文）。

→ 中間試案の補足説明399頁以下

→ 一問一答275頁

2-10 「瑕疵」概念の不使用

改正前民法	H29改正民法
「売買の目的物に隠れた瑕疵があったときは、第566条の規定を準用する」として、「瑕疵」という文言を使用していた(570)。	「瑕疵」という文言に代えて、「引き渡された目的物が種類、品質又は数量に関して契約の内容に適合しないものであるときは」と規定した(562Ⅰ本文)。

「瑕疵」の用語法が国民一般から見てわかりにくいことから、「瑕疵」についての解釈の蓄積等をふまえて、その意味内容を可能なかぎり条文上明らかにした。

「引き渡された目的物」については、目的物が何であるかという限定はなく、特定物であるか不特定物であるか、あるいは代替物であるか不代替物であるかを問うものではない。

> 試験(特に論述式試験)対策という観点からは、改正前民法下での通説の立場(法定責任説)とは異なり、事例処理をするにあたって特定物か不特定物かで場合分けをする必要はなくなりましたので、注意してください。

もっとも、「引き渡された」ことが必要となる。したがって、引渡しのない履行遅滞や履行不能は目的物の契約不適合にはあたらないので、債務不履行の一般的規律によって処理されることになる。

「種類、品質又は数量に関して契約の内容に適合しない」というのは、改正前民法570条(瑕疵担保)と改正前民法565条(数量不足・一部滅失)の両者を包含して適用するものである。言い換えると、原則として、種類・品質の契約適合性と数量の契約適合性を同列に位置づけている。

> 「品質」に関しては、改正前民法にいう「瑕疵」(改正前民法570条)についていわれていた、備えるべき品質・性能を欠いていることの性能も含む概念です。
> また、「品質」と「種類」との区別は、契約の内容に応じて決まるとされていますが、後述するように、その効果(救済方法)に違いはありません。ですので、両者の区別にこだわる必要はないという指摘がなされています。　　　　　　　　　　　　　　　　　➡ 中田・契約法317頁
> なお、改正前民法にいう「瑕疵」の存在時期(評価基準時)については、法定責任説からは、原始的にすなわち契約締結時と解され、契約責任説からは、債務不履行責任の性質をもつと考えるので、契約締結時よりも後の時点、具体的には、危険移転時や受領時、あるいは引渡し時と解されていました。法定責任説・特定物ドグマを否定し、契約責任説を採用した平成29年改正民法下では、「品質」不適合の存在時期は、売買目的物の危険が移転する**引渡し時点**とされています(567条1項)。　　　　　　　　　　➡ 平野Ⅵ140頁、民法5契約143頁[北居]
> 以上に対して、「数量」に関しては、「品質」・「種類」と同様に、特定物売買だけでなく不特定物(種類物)売買における一部の不履行にも適用されますが、特定物売買の場合には、数量が**契約の内容**になっていることが必要です。ですので、改正前民法565条にいう数量指示売買という概念は、残されることになります。数量指示売買については、後述します。

このような不適合は、「隠れた」(改正前民法570条本文)ものであることを要件としない。

| 平成29年改正事項 | 「隠れた」不適合にかぎらないこと | C1 |

　改正前民法570条本文は、「売買の目的物に隠れた瑕疵があったときは、第566条の規定を準用する」と規定していた。瑕疵が「隠れた」ものであるとの要件は、明白な瑕疵は代金に織り込まれているはずであるとの想定に基づくとされていた。その意義について、判例は、瑕疵に関する買主の(契約締結時における)善意無過失と解していると一般にいわれ、瑕疵担保責任につき売主の契約責任と理解しない立場(法定責任説)からは、買主が瑕疵担保責任による救済に値するか否かのメルクマールとしての意義を有すると説明されることもあった。

　しかし、要件につき買主の善意無過失という一般理解に従うと、過失があった買主については救済をすべて否定することになるが、このような帰結については、買主に酷であるとの疑問が呈され、むしろ、買主の過失で瑕疵を見落としたような場合でもそれは過失相殺(418条)で考慮するほうが事案に応じた弾力的な解決が可能であるとの指摘があった。

　また、契約当事者が契約締結時点では瑕疵の存在を認識していても、売主が当該瑕疵を修補したうえで買主に引き渡す義務を負うと解すべき事案があることからしても、契約締結時点における買主の主観的要件で一律に救済の可否を決する規律のあり方は適切でないと考えられた。むしろ、価格決定のプロセス等から当該売買契約で目的物に予定された品質等が何かを確定したうえで、その品質等に適合しているか否かを問題にするほうが、適切な解決を図ることができる。

　さらに、「隠れた」の要件は、従来は、もっぱら特定物売買を念頭に契約締結時の善意・無過失を意味すると解されてきたが、目的物が契約不適合の場合の売主の責任につき特定物か不特定物かの区別をしないにもかかわらず、種類物売買について「隠れた」という要件を適用するとなると、引渡し(受領)時点での買主の善意・無過失を問う要件であるとの理解にいたりうる。しかし、これは非商人を含めた買主一般に受領時点での検査義務を課してその懈怠に失権効を規定するのに等しいものとなる可能性があり、著しく買主に酷である。

　そこで、平成29年改正法は、目的物の契約不適合は隠れたものであることを要件としないことにした(562条1項本文)。

2-11　「隠れた」不適合にかぎらないこと

```
┌─ 改正前民法 ─┐      ┌─ H29改正民法 ─┐
│売買の目的物に隠れた瑕疵が│ ───▶ │目的物の契約不適合は隠れたもの│
│あったときは、566条の規定│      │であることを要件としないことに│
│を準用する(570本文)。 │      │した(562Ⅰ本文)。       │
└──────────┘      └──────────┘
```

　買主の過失は過失相殺で考慮するほうが弾力的な解決が可能であること、目的物に予定された品質等を確定し、それに適合しているかを問題にするほうが適切な解決を図れること、買主一般に受領時点での検査義務を課し、その懈怠に失権効を規定するのに等しいものになりうることから、目的物の契約不適合は隠れたものであることを要件にしないことにした。

　①**種類・品質**の契約不適合には、物質的な欠陥のみならず、**環境的瑕疵**(その物を取り巻く外部状況の欠点、たとえば近くに暴力団事務所のある建物など)、**心理的瑕疵**(その物に付着する心理的な負担、たとえば自殺来歴のある建物など)も含まれる。

　法律上の制限(**法律的瑕疵**、たとえば都市計画法上の用途制限、建築基準法上の建築制限など)について、改正前民法下の判例は、この場合も改正前民法570条(瑕疵担保)が適用されるとしていたが、学説では、改正前民法566条(地上権等がある場合等における売主の担保責任)を類推適用すべきという見解が有力であった。この解釈の対立は、平成29年改正民法でも引き継がれるとされている。

➡ 中間試案補足説明407頁、一問一答275頁

➡ 大判昭和5年4月16日民集9巻376頁参照

● 論点Bランク（論証8）

➡ 最判昭和41年4月14日民集20巻4号649頁、最判平成13年11月27日(判例シリーズ68事件)

➡ 我妻・講義V₂284頁、内田Ⅲ136頁

➡ 潮見・債権各論Ⅰ92頁

> 両者の結論の違いは、改正前民法570条の問題（物の瑕疵）であるとすると、強制競売の場合は売主が責任を免除されることになる（改正前民法570条ただし書は、「強制競売の場合は、この限りでない」と規定していました）のに対し、改正前民法566条の問題（権利の瑕疵）とすると、強制競売の場合でも売主は責任を免れないという点にありました。
> 平成29年改正民法でも、種類・品質の契約不適合の問題とすれば、568条4項が適用され、強制競売の場合には売主の責任が免除されることになるのに対し、移転した権利の契約不適合の問題とすれば、強制競売の場合でも売主は責任を免れません。この点は、568条（競売における担保責任等）のところでもう一度触れます。

　建物および敷地賃借権の売買における敷地の欠陥があった場合について、改正前民法下における判例は、敷地賃貸人の修繕義務（606条）の履行により補完されるべきものであるとして、売買の目的物に瑕疵があるということはできないとした。この判例の立場によれば、平成29年改正民法下においても、このような敷地の欠陥は、目的物の品質の契約不適合にはあたらないことになろう。

　以上に対して、②数量の契約不適合についてであるが、数量指示売買に関する改正前民法565条のもとでの判例法理は、平成29年改正民法のもとでも数量に関する契約不適合性を判断する際の基準として維持されるといわれている。

　すなわち、改正前民法下の判例は、数量指示売買の意味について、「当事者において目的物の実際に有する数量を確保するため、その一定の面積、容積、重量、員数または尺度あることを売主が契約において表示し、かつ、この数量を基礎として代金額が定められた売買を指称するものである」として、明確な基準を示していた。要するに、数量指示売買を、単位数量×金額──→代金額確定という定式によることにしたのである。

　そして、平成29年改正民法のもとでも、上記議論は基本的に妥当する。したがって、売買の目的物に数量不足があったすべての場合に、数量の契約不適合があったということになるわけではなく、売買契約の当事者が当該契約のもとで「数量」に特別の意味を与え、それを基礎として売買がされた（単位数量×金額）という場合にはじめて、数量の契約不適合があったと評価されることになる。

(ii)　効果──買主の救済方法

　次に、目的物の契約不適合の場合の効果（買主の救済方法）について説明していくことにする。

　a　追完請求権（562条）

　目的物の契約不適合がある場合には、買主は、売主に対し、①目的物の修補、②代替物の引渡しまたは③不足分の引渡しによる履行の追完を請求することができる（**追完請求権**、562条1項本文）。

> 追完請求とは、本文で示したとおり、①目的物の修補、②代替物の引渡しまたは③不足分の引渡しによる履行の追完の請求のことです。これは、改正前民法下の講学上の概念である完全履行請求権を追完請求権と、代物請求を代替物の引渡しの請求と、それぞれよぶようにしたものです。

　そもそも売主は、買主に対し、種類・品質・数量に関して契約の内容に適合した物を給付する義務を負っている。したがって、目的物の契約不適合がある場合には、売主は不完全な履行（債務不履行）をしたことになるから、買主は、売主に対し追完請求をすることができることになる。逆にいうと、売主には**追完義務**

●論点Aランク
（論証9）
→ 最判平成3年4月2日
（判例シリーズ70事件）

▶平成15年度第2問
→ 潮見・改正法259頁

→ 最判昭和43年8月20日
民集22巻8号1692頁

→ 潮見・債権各論Ⅰ92頁

▶平成5年度第2問

がある。そして、買主には①②および③の追完方法の選択権が与えられている。この趣旨は、適切な追完がされることにもっとも強い利害を有するのは買主であるから、買主に第一次的な選択権を与えるのが相当である点にある。

> 注意してほしいのは、目的物の契約不適合が売主の責めに帰すべき事由(帰責事由)によるものであることは、追完請求権の要件とはされていないことです。

→ 部会資料75-A・12頁

もっとも、次の2つの制約がある。

第1に、売主は、買主に不相当な負担を課するものでないときは、買主が請求した方法と異なる方法による履行の追完をすることができる(売主の追完権、562条1項ただし書)。たとえば、買主の修補請求に対し、売主は、買主に対し不相当な負担を課するものでなければ、代替物を引き渡すことによって追完することができる。

> 売主の追完権が設けられた趣旨は、以下の点にあります。
> すなわち、562条1項本文は目的物の契約不適合の場合には、原則として買主の選択する追完方法によることとしましたが、契約不適合の目的物を引き渡した売主に対する非難可能性はさまざまであって、買主による追完方法の選択を常に甘受すべきであるとはいえません。この点について、債務不履行をした売主に権利的な対抗手段を認めることには違和感があるとして、信義則や権利濫用(1条2項、3項)等の一般条項による解決に委ねれば足りるとも考えられますが、追完方法の適否は、売主と買主の利害が最も先鋭的に対立し、深刻な紛争となりやすい場面でもあるから、追完方法の選択をめぐる紛争の解決を一般条項の解釈に委ねるのみでは、紛争解決の透明性を確保する観点からは不十分です。
> そこで、平成29年改正民法は、買主に追完方法の第一次的な選択権を与えつつも、買主に不相当な負担を課するものでないときは、例外的に売主の提供する追完方法が優先する旨の規定を設けたのです(562条1項ただし書)。

→ 部会資料75-A・13頁

第2に、目的物の契約不適合が買主の責めに帰すべき事由によるものであるときは、買主は、売主に対し、履行の追完の請求をすることができない(562条2項)。

> この趣旨は、契約不適合が買主の帰責事由による場合にまで買主に履行の追完の権利を認めるのは売主に酷であること、履行の追完も買主がとりうる他の救済手段と整合的である必要があるところ、契約の解除(564条・541条・542条)、代金減額請求権(563条3項)および損害賠償請求(564条・415条1項ただし書)は買主に帰責事由がある場合には行使することができないとされていることから、これと要件面で平仄を合わせた点にあります。

→ 部会資料81-3・9頁

b 代金減額請求権

目的物の契約不適合がある場合に、買主が相当の期間を定めて履行の追完の催告をし、その期間内に履行の追完がないときは、買主は、その不適合の程度に応じて代金の減額を請求することができる(代金減額請求権、563条1項)。

平成29年改正事項	代金減額請求権	C1

改正前民法570条は、物の瑕疵がある場合の買主の救済手段として、代金減額請求権を規定していなかった。その理由として、起草者は、物の瑕疵については減少すべき金額の算定が困難であると説明していた。

しかしながら、瑕疵による減価分についての損害賠償が認められている以上、代金減額請求

→ 部会資料75 A・14頁、一問一答278頁

権を否定する理由として必ずしも説得的なものとはいえないと考えられる。売買契約のような典型的な有償契約において対価関係にある債権債務の等価的均衡を維持する必要性があることには異論がないと考えられるが、そうであれば、権利の一部移転不能や数量不足の場合（改正前民法563条、565条）と同様に、目的物に契約不適合があった場合にも、等価的均衡を維持するための代金減額請求権を認めるのが相当である。

そこで、平成29年改正民法は、引き渡された目的物が契約不適合である場合における買主の救済手段として、その不適合の程度に応じて代金の減額を請求する権利（代金減額請求権）を付与する旨の規定を設けた（563条1項）。

2-12 目的物の契約不適合の場合における代金減額請求権

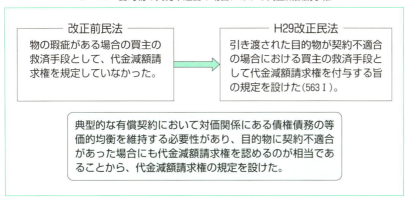

この代金減額請求権は、**形成権**であって、訴訟外における買主の一方的な意思表示で効力が生ずる。また、代金減額請求は、「不適合の**程度**に応じて」することができる。これは、買主の救済手段として、不適合の**割合**に応じて対価である売買代金を減額するという意味である。

→ 部会資料75A・15頁

> 潮見先生があげている例を参考に、具体的に考えてみましょう。
> 「たとえば、甲土地（評価額1000万円）を1500万円で売買する契約が結ばれたところ、甲土地に土壌汚染があり、その評価額が実際には800万円であった場合に、買主は、売主に対して、代金を300万円減額して1200万円にするよう求めることができます」と説明しています。
> 一見すると、評価額1000万円が実際には800万円なのだから、－200万円である1300万円（1500万円－200万円）にしか減額を求めることができないように思えます。しかし、「不適合の**程度**（**割合**）」に応じて減額するのですから、評価額800／1000の程度（割合）（要するに、4／5）に応じて売買代金1500万円を減額することになり（1500万円の4／5に減額する）、結局、買主は、売主に対して、1200万円（300万円減額）に減額するよう求めることができることになるのです。

→ 潮見・債権各論Ⅰ96頁

代金減額請求権の要件としては、売主の側で不適合の追完をする利益に配慮する観点から、買主は、その前提として、売主に対して**追完の催告**をし、**相当の期間の経過**を待って代金減額をしなければならないのが原則である（563条1項）。この規定は、代金減額請求権に対する追完請求権の優位性を認める意味をもっていると説明される。

→ 潮見・債権各論Ⅰ100頁

もっとも、次の各場合には、例外的に、買主は、**催告することなく、ただちに**代金の減額を請求することができる（563条2項各号）。この趣旨は、履行の追完をする売主の利益に配慮する必要がない場合には、履行の追完の催告は無意味な点に求められる。

①履行の追完が不能であるとき（1号）
②売主が履行の追完を拒絶する意思を明確に表示したとき（2号）
③契約の性質または当事者の意思表示により、特定の日時または一定の期間内に履行をしなければ契約をした目的を達することができない場合（定期行為）に、売主が履行の追完をしないでその時期を経過したとき（3号）
④買主が催告をしても履行の追完を受ける見込みがないことが明らかであるとき（4号）

> 以上の各号は、厳密には異なるところもありますが、無催告解除ができる場合（542条1項各号）と同様の規律に従っていることになります。

　目的物の契約不適合が買主の責めに帰すべき事由によるものであるときは、買主は、代金減額請求をすることができない（563条3項）。この趣旨は、代金減額請求は契約の一部解除の性質を有するところ、契約の解除の場合（543条）と同様に、契約不適合が買主の帰責事由によるものである場合にまで代金減額請求を認めるべきではない点にある。

> 代金減額請求権についても、目的物の契約不適合が売主の責めに帰すべき事由（帰責事由）によるものであることは、要件ではないことに注意してください。代金減額請求権（563条1項、2項）は、契約の一部解除の性質を有するものであり、損害賠償請求権（415条1項）ではありませんので、売主の帰責事由によるものであることは、解除の場合と同様に、その要件（抗弁）とはならないのです。

　それでは、民法の規定とは反対に、売主が契約で定めた数量を超過して引き渡した場合に、売主は、買主に対し、超過分の代金の増額を請求することができるであろうか。

　この点について、改正前民法下の判例は、特段の合意がなければ、改正前民法565条（数量の不足または物の一部滅失の場合における売主の担保責任）を類推適用して増額請求をすることはできないとしていた。

→ 最判平成13年11月27日民集55巻6号1380頁

　平成29年改正民法下でも、否定説と肯定説のいずれの立場も考えられる。

　否定説は、その理由として、「そもそも数量の問題は契約解釈の問題というべきであり、通常は多少の超過があっても代金は請求しない趣旨であることがほとんどであろうし（日常の買い物における『オマケ』など）、そうでなければ、合意がない以上、超過した現物を返還すればよい。返還しない場合でも、新563条1項は代金増額請求まで認めたものとは解されないであろう」という点をあげる。

→ 中舎・債権法187頁

　これに対して、肯定説は、その理由として、「改正法は特定物ドグマ否定を基本としているため、約束の数量を引き渡す義務（売主）・約束の数量の引渡しを受ける権利（買主）しかないので、数量不足の場合には債務不履行責任——一部履行遅滞ないし不能——他方で、数量超過の場合には買主は約束の数量しか受領することができないので、それを超える部分の受領は不当利得になる（種類物売買では当然）。しかし、不当利得部分が特定されていないため（現物返還義務はなく、買主は全部の所有権を取得できる）、利得分を金銭に評価した価額返還義務を認めることができると考えるべきである」という点をあげる。

→ 平野・民法Ⅴ137頁

　今後、更なる議論がされることが予想されるが、ひとまずは否定説を採用しておけばよいであろう。

c　損害賠償請求権・解除権

　目的物の契約不適合がある場合には、買主には、前述した追完請求権および代金減額請求権が認められるが、それによって債務不履行による**損害賠償請求**(415条)および**解除権**の行使(564条・541条、542条)は妨げられない。

　ここでの損害賠償は債務不履行による損害賠償請求であるから、その要件は**415条**によって規律されるし、その効果としても**履行利益**(契約に適合した履行がされたならば買主が受けたであろう利益)の賠償となるし、その賠償範囲は、**416条**によって決せられることになる。各々の内容は債権総論で確認してほしい。

→『債権総論』2章3節③【3】

> 　買主が数量不足の契約不適合で損害賠償を請求する場合について、不足分につき値上がりした価格相当分の損害賠償を請求することができるかという問題があります。改正前民法下の判例は、一般論として、数量の表示が契約の目的を達成するうえで特段の意味を有するときは損害賠償に含まれうるとしていました。改正前民法下では、これを担保責任とは別の保証合意に関するものと考えるのか、履行義務の範囲に関するものと考えるのかという点について、担保責任の法的性質(法定責任説、契約責任説)の対立と相まって争いがありました。
> 　しかし、平成29年改正により、契約責任説が採用されたので、今後、数量不足の問題は契約の解釈問題であり、その不履行は債務不履行であるから、損害賠償の範囲は416条の解釈に委ねられることになります。

→最判昭和57年1月21日（百選Ⅱ52事件）

→中舎・債権法187頁

　また、契約の解除についても、**540条以下**で規律されることになる。契約の解除については、1章4節を参照してほしいが、ここでも解除の要件として債務者の帰責事由は不要であることに注意してほしい。

d　相互の関係

　それでは、以上の追完請求権、代金減額請求権および損害賠償請求権・解除権はどのような関係にあるのであろうか。

　まず、**追完請求権と代金減額請求との関係**であるが、前述したように、買主が売主に対して代金減額請求をする場合には、その前提として、売主に対し、追完の催告をしなければならないのが原則である。言い換えると、買主は、追完請求をしたが、これが奏功しなかったときにはじめて、代金減額請求をすることができることになる(563条1項)。**追完請求権が代金減額請求権に優位**するのである。

→潮見・債権各論Ⅰ97頁、100頁

　次に、**追完請求権と損害賠償請求との関係**であるが、買主が売主に対し、目的物の不適合を理由として追完に代わる損害賠償請求(一部填補賠償請求)をする場合には、まず、追完の催告をしなければならず、追完請求をして、これが奏功しなかったときにはじめて、追完に代わる損害賠償請求をすることができるのが原則である。**追完請求権が追完に代わる損害賠償請求権に優位**するのである。

> 　潮見先生は、債権総則におかれている「債務の履行に代わる損害賠償」の規定(415条2項3号、541条)を手掛かりとして、追完に代わる損害賠償請求権に対する追完請求権の優位性をみてとることができると説明しています。

→潮見・債権各論Ⅰ100頁

　さらに、**代金減額請求権と損害賠償請求・解除権との関係**であるが、代金減額請求権は前に説明したように形成権であって、訴訟外における買主の一方的な意思表示で効力が生ずるのであるから、買主は、**代金減額請求権を行使した**

場合には、追完に代わる損害賠償請求をしたり、契約(全部)を解除したりすることはできないというべきである。ただし、付随義務違反や保護義務違反という他の債務不履行による損害がある場合には、その損害賠償は否定されないし、他の解除原因がある場合にはその解除の可能性が否定されるわけでもない。

> 564条は、条文上、「前2条の規定は、第415条の規定による損害賠償の請求並びに第541条及び第542条の規定による解除権の行使を妨げない」となっています。そして、この564条は「代金減額請求権が行使された場合に、これと両立しない損害賠償請求権や解除権を行使できるものではないことを前提とする規定の仕方になっている」と説明されていますが、どうしてそのように読み取ることができるのでしょうか。これは、部会資料のなかで次のように説明されています。
> たとえば、「……の規定による権利の行使」は、損害賠償請求や解除権の行使を妨げない、と規定すれば、代金減額請求権を行使するとともに、これと両立しない損害賠償請求権や解除権の行使もできるかのように誤読されるおそれがあります。しかし、564条のように「……の規定は……損害賠償の請求……解除権の行使を妨げない」という表現であれば、代金減額請求権が行使された場合に、これと両立しない損害賠償請求権や解除権を行使することができる旨を定めているものではないことは明らかになると考えられているのです。言い換えると、「権利の行使」という文言がないことにより、「代金減額請求権が行使された場合に、これと両立しない損害賠償請求権や解除権を行使できるものではないことを前提とする規定の仕方になっている」と説明されるのです。
> このような規定の仕方は、613条2項(「前項の規定は」)における賃貸人の賃借人に対する権利と、賃貸人の転借人に対する権利との関係と同じです。この場合には、賃貸人は、賃借人と転借人の両者に権利を行使することはできないのです。

➡ 中田・契約法320頁

➡ 部会資料84-3・12頁

最後に、**損害賠償請求権と解除権との関係**であるが、買主が売主に対し、追完に代わる損害賠償請求をしたとしても、損害金を売主から受け取らない間は、買主の解除権は失われない。これは、履行に代わる損害賠償請求権と解除権の関係に対する債務不履行一般の場合と同様の理解に基づくものである。

他方で、買主が目的物の契約不適合を理由に売買契約を解除した場合に、履行に代わる損害賠償請求権を失うものではないこと(545条4項参照)についても、債務不履行一般の場合と同様の理解に基づくものである。

(iii) **目的物の種類・品質に関する担保責任の期間制限(566条)**

以上のように、目的物の契約不適合がある場合には、買主には、追完請求、代金減額請求、損害賠償請求、解除という4つの救済方法が認められているが、契約不適合が種類または品質に関するものであるときは、その期間が制限される。

すなわち、売主が**種類**または**品質**に関して契約の内容に適合しない目的物を買主に引き渡した場合において、買主がその**不適合を知った時**から**1年**以内にその旨を売主に**通知**しないときは、買主は、その不適合を理由として、履行の追完の請求、代金減額請求、損害賠償の請求・契約の解除をすることができない(566条本文)。**不適合を知った買主に通知義務**を課すとともに、**通知懈怠による失権効**を認めたものである。このような失権効を認めた趣旨は、目的物の引渡し後は履行が終了したとの期待が売主に生じることから、このような**売主の期待を保護**する必要があるし、種類・品質に関する契約不適合の有無は目的物の使用や時間経過による劣化等により比較的短期間で判断が困難となるため、短期の期間制限を設けることにより**法律関係を早期に**安定化する必要があるからである。

➡ 部会資料75A・23頁

1年の期間の始期は、「不適合を知った時」である。改正前民法下での判例は、「事実ヲ知リタル時」（改正前民法566条3項）とは、「買主が売主に対し担保責任を追及し得る程度に確実な事実関係を認識した」時でなければならないとしていたが、平成29年改正民法下では、このような認識までは不要であるとされている。

　また、不適合の「通知」とは、まさに不適合を通知することで足りるとされている。すなわち、改正前民法下での判例は、改正前民法566条3項の期間内に買主がすべき権利行使の内容について、「売主に対し、具体的に瑕疵の内容とそれに基づく損害賠償請求をする旨を表明し、請求する損害額の算定の根拠を示すなどして、売主の担保責任を問う意思を明確に告げる必要がある」としていたが、平成29年改正民法下では、このようなことを告げる必要はないとされている。

> 少し補足すると、大審院判例は、商人間の売買に関する改正前商法526条2項（当時は商法288条1項）の通知の内容について、売主に善後策を講ずる機会をすみやかに与えるためのものであるから、瑕疵の種類および大体の範囲を明らかにすることで足りるとしていました。そこで、平成29年改正民法566条本文の「通知」についても、これと同程度のものになると考えられているのです。

　ただし、売主が引渡しの時にその不適合を知り、または重大な過失によって知らなかったときは、この期間制限は適用されない（566条ただし書）。悪意・重過失のある売主は保護する必要がないからである。

　以上のような規律は、債権の消滅時効に関する一般原則の適用を排除するものではない。すなわち、改正前民法下での判例は、買主が売買の目的物の引渡しを受けてから10年の消滅時効を認めていたが、この判例は平成29年改正民法下においても、引渡時（客観的起算点）から10年（166条1項2号）の消滅時効について妥当する。また、種類・品質に関する契約不適合を買主が知ってから1年以内に売主に対し通知をした場合には、買主が契約不適合を知った時（主観的起算点）から5年（166条1項1号）の消滅時効が妥当する。

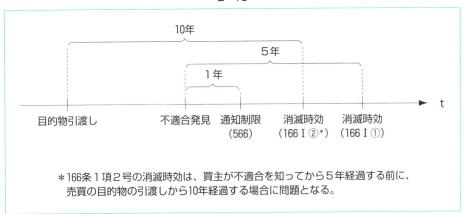

2-13

＊166条1項2号の消滅時効は、買主が不適合を知ってから5年経過する前に、売買の目的物の引渡しから10年経過する場合に問題となる。

> 以上に対して、**数量**に関する契約不適合の場合には、566条の期間制限の適用はなく、消滅時効の一般原則に従うこととされています。①種類・品質に関する契約不適合と異なり、数量不足は外形上明白であり、履行が終了したとの期待が売主に生ずることは通常考えがたく、買主の権利に期間制限を適用してまで売主を保護する必要性は乏しいと考えられること、②数量不足の場合には、種類・品質に関する契約不適合と異なり、目的物の使

> 用や時間経過による劣化等により比較的短期間で瑕疵の有無の判断が困難となることから、法律関係の早期安定という期間制限の趣旨が妥当しない場面が多いからと説明されます。
> ただし、**商人間の売買**の場合には、種類・品質だけでなく、数量に関する契約不適合の場合についても、検査・通知義務の対象となります（商法526条2項）。

(c) 移転した権利の契約不適合（565条・562条から564条まで）

(i) 意義

「売主が買主に移転した権利が契約の内容に適合しないものである場合（権利の一部が他人に属する場合においてその権利の一部を移転しないときを含む。）」には、562条から564条までの規定が準用される（565条）。

すなわち、平成29年改正民法下では、売主は契約の内容に適合した権利を移転する義務を負っており、その違反（契約不適合）は債務不履行として評価される（契約責任説の採用）。したがって、移転した権利が契約の内容に適合しないものである場合と、権利の一部が他人に属する場合には、買主は、売主に対し、目的物の契約不適合の場合と同様の救済方法（追完請求権、代金減額請求権、損害賠償請求権・解除権）を求めることができるのである。

このうち、移転した権利が契約の内容に適合しないものである場合とは、以下のような場合である。

　①売買の目的物の上に地上権、永小作権、地役権、留置権、質権、先取特権、抵当権の負担があった場合（改正前民法566条1項、567条参照）
　②売買の目的である不動産のために存すると称した地役権が存在しなかった場合およびその不動産について登記をした賃貸借があった場合（改正前民法566条2項参照）
　③売買の目的である不動産の上に対抗力を有する他人の賃借権が存在している場合（改正前借地借家法10条3項、31条2項、改正前農地法16条2項参照）

➡ 潮見・改正法265頁

> 要するに、移転した権利が契約の内容に適合しないものである場合とは、改正前民法下での権利の制限（用益的権利による制限、担保物権による制限、存在しているといわれていた地役権の不存在など）をまとめたものということになります。

また、権利の一部が他人に属する場合において、売主がその権利の一部を取得して買主に移転しないときも、担保責任を負う（565条括弧書）。たとえば、売買された土地の一部に他人の所有地が紛れ込んでいた場合である。

なお、前述したように、権利の全部が他人に属する場合において、売主がそれを取得して買主に移転しないときは、「移転した権利」が不完全であったのではなく、そもそも履行がなされていないのであるから担保責任の問題とはならず、一般の債務不履行責任（415条、541条、542条）を負うことになる。

> 繰り返しになりますが、売主が買主に対し権利の全部を移転しない場合（たとえば、他人物売買で真の所有者が所有権の移転を確定的に拒絶している場合）は、単純な債務不履行の場面であり、債務不履行の一般法則をそのまま適用すれば足ります。換言すれば、担保責任は不完全な履行がされた場合についての規律であり、まったく履行されていない場合には担保責任の規定を設ける必要はありません。ですから、平成29年改正民法のもと

➡ 部会資料84-3・13頁

> においては、権利の全部が他人に属する場合については、担保責任の規定が設けられていないのです。

(ⅱ) 効果——買主の救済方法

買主には、追完請求権(565条・562条)、代金減額請求権(565条・563条)、損害賠償請求権・解除権(565条・564条)が認められる。そのほか、抵当権等がある場合には費用の償還請求権が認められている(570条)。

a 追完請求権(565条・562条)

履行の追完は、たとえば所有権の移転はしたけれども、契約の内容に適合しない抵当権の負担があった場合には、売主がその抵当権を消滅させることである。

b 代金減額請求権(565条・563条)

代金減額請求権については、改正前民法では、権利の一部が他人に属する場合に認められていたが(改正前民法563条1項)、平成29年改正により、移転した権利の契約不適合一般に認められた。

売買の目的である権利に抵当権等の金銭債務の担保を内容とする権利の負担がある場合についても、この規定が適用される。買主においてその金銭債務を弁済することを前提に、売主との法律関係については代金減額請求権の行使により終局的に処理することも想定されるからである。

→ 部会資料75A・20頁

c 損害賠償請求権・解除権(565条・564条)

損害賠償請求権および解除権は、債務不履行に関する規定によって認められる。

平成29年改正事項 買主の主観的要件の削除 C1

→ 部会資料75A・20頁、一問一答272頁

1 改正前民法561条、563条、566条

改正前民法561条、563条および566条は、権利の瑕疵についての善意悪意といった買主の主観的要素を、損害賠償および契約の解除の要件とし、債務不履行の一般原則とは異なる規律を設けていた。

しかし、平成29年改正民法は、売主が移転すべき権利の内容は売買契約の内容に適合しなければならないとの規律を前提とするところ、そうであれば、売主がいかなる内容の権利移転義務を負っているかを契約解釈により確定したうえで、その義務を履行したか否かを問題にすれば足り、買主が悪意であることのみを理由に一律に救済を否定すべき実質的理由はない。とりわけ、改正前民法566条1項は、地上権等がある場合における売主の担保責任の要件として買主の善意を要求していたが、地上権等は登記をしなければ第三者に対抗することができず(177条)、不動産について登記を確認しないで売買がされる事態は実際上想定しがたいから、買主の善意悪意を問題にするより、むしろ登記されている地上権等の負担につき当事者の間でいかなる約定があったかを契約解釈により明らかにするほうが適切な解決を導くことができると考えられ、買主の主観的要件で救済の可否を区別する改正前民法の規定は合理性に乏しい。

そこで、平成29年改正民法は、改正前民法561条、563条および566条で規定されている買主の主観的要件は、これを不要とした。

2 改正前民法562条

改正前民法562条は、他人物売買における善意の売主の解除権を定めていた。これは、他人の権利であっても売主にはこれを取得して買主に移転する義務が生ずるので(改正前民法560条)、契約の解除を認めて善意の売主を保護する趣旨の規定である。

→ 部会資料75A・21頁
→ 一問一答272頁

しかし、他人物であることにつき善意であることのみで売主に契約から離脱する権利を認めることは、売主に他人の権利を取得して買主に移転する義務を負わせたこと(561条)と矛盾するものである。

そこで、改正前民法562条は削除された。

2−14 買主の主観的要件の削除

改正前民法
- 561条、563条および566条は、権利の瑕疵についての善意悪意といった買主の主観的要素を、損害賠償および契約の解除の要件としていた。
- 562条は、他人物売買における善意の売主の解除権を定めていた。

H29改正民法
- 改正前民法561条、563条および566条で規定されている買主の主観的要件を不要とした。
- 改正前民法562条を削除。

- 当事者間でいかなる約定があったかを契約解釈により明らかにするのが適切であり、買主の主観的要件で救済の可否を区別するのは合理性に乏しい。
- 他人物であることにつき善意であることのみで売主に契約から離脱する権利を認めることは、売主に他人の権利を取得して買主に移転する義務を負わせたこと(561)と矛盾する。

d 抵当権等がある場合の買主による費用の償還請求権(570条)

買い受けた不動産について契約の内容に適合しない先取特権、質権または抵当権が存在していた場合において、買主が費用を支出してその不動産の所有権を保存したときは、買主は、売主に対し、その費用の償還を請求することができる(570条)。具体的には、買主が、被担保債権の第三者弁済(474条)、代価弁済(378条)、または抵当権消滅請求(379条)をした場合である。

平成29年改正民法下において、改正前民法567条2項の規定を引き継ぐものである。

平成29年改正事項　改正前民法567条1項および3項の削除　C1

　改正前民法567条1項および3項は、先取特権または抵当権の負担のある不動産の買主がこれらの権利の行使によりその所有権を失ったときに、買主が契約の解除および損害賠償をすることができることを定めていた。
　しかし、平成29年改正により、契約の内容に適合しない先取特権または抵当権の負担がある場合には、これらの権利が実行される前後を問わず、債務不履行の一般原則により、契約の解除および損害賠償をすることができることから(565条・564条)、改正前民法567条1項および3項の規定は重複した規定となる。
　そこで、平成29年改正民法は、これらの規定を削除することとした。

→ 部会資料75A・21頁、一問一答282頁

2−15 改正前民法567条1項および3項の削除

改正前民法
先取特権または抵当権の負担のある不動産の買主がこれらの権利の行使によりその所有権を失ったときに、買主が契約の解除および損害賠償をすることができることを規定(567Ⅰ、Ⅲ)。

H29改正民法
改正前民法567条1項および3項を削除。

契約の内容に適合しない先取特権または抵当権の負担がある場合には、債務不履行の一般原則により契約の解除および損害賠償をすることができることから、規定の重複を避けるために改正前民法567条1項および3項を削除した。

(iii) 期間制限

移転した権利の契約不適合の場合については、566条(目的物の種類・品質に関する担保責任の期間制限)の適用はなく、債権の消滅時効の一般原則(166条1項、主観的起算点から5年、客観的起算点から10年)によって処理される。この趣旨は、権利に関する契約不適合については、売主が契約の目的に適合した権利を移転したという期待を抱くことは想定しがたいし、短期間で契約不適合の判断が困難になるともいいがたい点にある。

→ 潮見・改正法268頁

| 平成29年改正事項 | 改正前民法564条・566条3項の削除 | C1 |

→ 部会資料75 A・24頁、一問一答284頁

改正前民法564条(権利の一部が他人に属する場合の担保責任)および566条3項(用益物権による制限等の場合の担保責任)は、担保責任の権利行使について、事実を知った時から1年以内という期間制限を設けていた。

しかし、権利移転義務の不履行については、売主が契約の趣旨に適合した権利を移転したという期待を生ずることは想定しがたく、短期間で契約不適合の判断が困難になるともいいがたいので、目的物の種類・品質に関する契約不適合について論じられているような、消滅時効の一般原則と異なる短期の期間制限を必要とする趣旨が妥当しないと考えられる。

そこで、平成29年改正民法は、期間制限に関する改正前民法564条および566条3項の規定を削除することとした。

2-16 改正前民法564条・566条3項の削除

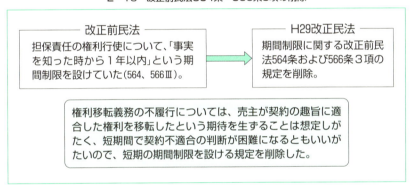

(d) その他の問題

以下では、担保責任に関するその他の問題について説明していくことにする。

(i) 目的物の滅失等についての危険の移転(567条)

売買目的物に滅失・損傷があった場合に、買主は、売主に対し、各権利主張(追完請求、代金減額請求、損害賠償請求・契約解除)をすることができるか、また、売主は、買主に対し、代金全額の支払を求めることができるか。

この点について、民法は、引渡し後の滅失・損傷(特定された物の引渡しによる危険の移転)と、売主の提供した物が受領されなかった場合(受領遅滞による危険の移転)とに分けて規定している。危険負担(536条)の特則である。

→ 1章3節[4]【2】(2)

a 引渡し後の滅失・損傷——特定された物の引渡しによる危険の移転

i 原則

売主が買主に目的物(特定物の売買および種類物売買で目的物が特定されている場合)を引き渡した場合において、その引渡し(正確には、引渡受領)があった時以後にその目的物が「当事者双方の責めに帰することができない事由」(=売主の責めに帰することができない事由)によって滅失し、または損傷したときは、買主は、その滅失または損傷を理由として、上記各権利主張(追完

→ 潮見・債権各論Ⅰ110頁

請求、代金減額請求、損害賠償請求・契約解除)をすることができない(567条1項前段。562条から564条までの不適用)。また、この場合に、買主は、代金の支払を拒むことができない(567条1項後段。536条1項の例外)。

> 567条1項前段括弧書は、「目的物」について「売買の目的として特定したものに限る。」と規定しています。この文言は、**特定物**と**特定した種類物(不特定物)**を意味するものとされています。ですので、本文のように理解することになります。

→ 部会資料83-2・43頁

> 567条1項は、「当事者双方の責めに帰することができない事由」による滅失または損傷と規定していますが、買主の責めに帰すべき事由による滅失または損傷の場合には、そもそも、買主は追完請求や代金減額請求はできませんし(562条2項、563条3項)、解除もすることはできませんし(543条)、さらに、損害賠償請求も「債務者(売主)の責めに帰することができない事由」(415条1項ただし書)によるものとされて否定されます。
> したがって、567条1項にいう「当事者双方の責めに帰することができない事由」とは、**売主の責めに帰することができない事由**による滅失・損傷の場合にかぎられるのです。

ⅱ 例外

逆に、引渡し後の滅失または損傷が**売主の責めに帰すべき事由**による場合には、買主は、目的物の滅失または損傷を理由として、上記各権利主張をすることができるし、また、代金の支払を拒むことができる(567条1項反対解釈)。

目的物の引渡し後の滅失等──買主の権利主張(追完請求、代金減額請求、損害賠償請求・契約解除)の可否

	買主の帰責事由なし	買主の帰責事由あり
売主の帰責事由なし	不可(567Ⅰ前段)	不可(562Ⅱ、563Ⅲ、543、415Ⅰただし書)
売主の帰責事由あり	可(567Ⅰ前段反対解釈)	─

> 解除のところで説明したのと同様に、ここでも売主と買主の双方に帰責事由がある場合も考えられますが、この場合にも、その原因の内容や寄与の度合いに応じて、上記3つの類型に振り分けられることになると思います。

→ 1章4節3【1】

なお、**引渡し時に提供された目的物にすでに契約不適合があった場合**には、567条の規律対象ではなく、買主は、売主に対し、目的物の契約不適合の観点から、上記権利主張をすることができる(562条から564条まで)。また、引渡しが遅滞した場合についても、567条の規律対象ではなく、履行遅滞という観点から債務不履行責任を追及することができる。

ところで、**種類物売買**(かつ目的物が特定されていない場合)では、売主が契約の内容に適合しない目的物を選定して引き渡しても、401条2項にいう特定(集中)の効果が生じないと解される。したがって、この場合には、567条の適用はなく(567条1項前段括弧書参照)、買主は、売主に対し、引渡し時における契約不適合を理由とする前記各権利主張をすることができる。

> 以上の考えは、種類物(不特定物)で契約の内容に適合しない物が引き渡されたとしても特定(401条2項)は生じないので、567条の対象とはならず、売主は依然として調達義務

を負うという考え方によるものです。この考え方によれば、特定と危険移転は合致することになります。

これに対して、不適合な物であっても特定が生じることはあり（軽微な不適合の場合には特定が生じたものとして扱ってよい）、あとは追完義務の問題となるとの考えに立つのであれば、引渡しによる実質的支配の移転があるので、567条の対象となると考えることもできます。また、401条2項の意味での特定は生じないものの、567条1項の意味での特定があったとみてよいという立場に立てば、567条の対象となると考えることができます（特定と危険移転の区別）。ただ、この考え方によっても、そもそも契約不適合の目的物を引き渡したことになるので、結果的には、買主は、売主に対し、引渡し時における契約不適合を理由とする前記各権利主張をすることができることになります。

➡ 中舎・債権法75頁

b 売主の提供した物が受領されなかった場合——受領遅滞による危険の移転

上記aの規律は、売主が契約の内容に適合する目的物をもって、その引渡しの債務の履行を提供したにもかかわらず、買主がその履行を受けることを拒み、または受けることができない場合に、その履行の提供があった時以後に当事者双方の責めに帰することができない事由によってその目的物が滅失し、または損傷したときに、同様に適用される（567条2項）。受領遅滞の効果の特則といえるものである。

➡ 部会資料75A・31頁

なお、567条2項と413条の2第2項（受領遅滞中の履行不能）との関係については、債権総論で述べた。

➡ 『債権総論』2章4節②【2】

(ⅱ) 競売における担保責任（568条）

競売における担保責任について、特別の規定がある（568条）。民事執行法その他の法律の規定に基づく競売によって買い受けた物または権利について、数量不足または権利に関する不適合があった場合には、買受人は、次の救済方法を求めることができる。

568条はわかりにくい構造になっていますから、条文に沿ってあらかじめ注意すべき点を指摘しておきます。

まず、568条4項は、「前3項の規定は、競売の目的物の種類又は品質に関する不適合については、適用しない」と規定しています。ですから、競売によって取得した物の**種類・品質**に関する不適合があっても、買受人は、それを甘受せざるをえません。この場合に担保責任が否定される理由については、後述します。

次に、568条1項は、「第563条（**第565条**において準用する場合を含む。）」と規定しています。ですから、物の不存在または数量に関する不適合の場合だけでなく、**権利の不存在・権利**に関する不適合の場合にも、代金減額請求をすることができます。移転した権利に契約不適合があった場合にかぎって異なる扱いをする理由はないと考えられるからです。

➡ 部会資料75A・26頁

また、568条1項は、562条（買主の追完請求権）が摘示されていません。ですから、競売における担保責任の場合には、**追完請求をすることはできません**。強制競売においては、その性質上、請求債権の債務者による追完を観念することができないからです。これに伴って、代金減額の請求および契約の解除をする際における履行の追完の催告も、解釈上不要とされています。

➡ 部会資料75A・27頁

さらに、568条3項は、競売における担保責任の場合において、一定のときにかぎって、損害賠償請求を認めています。ですから、逆にいうと、買受人は、債務者または債権者に対し**損害賠償請求をすることができないのが原則**です。これは、競売が債務者の意思に基づいて行われるものではない点を考慮したものです。

➡ 潮見・債権各論Ⅰ108頁

以上を前提として、以下の本文を読み進めてください。

第1に、「民事執行法その他の法律の規定に基づく競売」によって買い受けた物に、物の不存在・数量に関する不適合または権利の不存在・権利に関する不適合があった場合には、買受人は、債務者に対し、541条、542条、563条、565条により、契約の解除をし、または代金減額請求をすることができる（568条1項）。これにより、買主は、債務者に対し、支払った代金の返還（原状回復）または減額分の代金の返還（減額請求）をすることができる。

　ここにいう「民事執行法その他の法律の規定に基づく競売」（以下単に「競売」という）とは、強制執行としての強制競売（民執45条以下）、担保権実行としての競売（民執188条など）、その他の国家による強制的な換価のことをいう。

　なお、この場合における買主の権利の消滅は、消滅時効の一般原則（民166条1項、主観的起算点から5年、客観的起算点から10年）に服することになる。

→ 部会資料75A・27頁

　第2に、競売によって買い受けた物に、物の不存在・数量に関する不適合または権利の不存在・権利に関する不適合があった場合に、債務者が無資力であるときは、買受人は、代金の配当を受けた債権者に対し、その代金の全部または一部の返還を請求することができる（568条2項）。

　第3に、競売によって買い受けた物に、物の不存在・数量に関する不適合または権利の不存在・権利に関する不適合があった場合に、①債務者が物・権利の不存在を知りながら申し出なかったとき、または②債権者が物・権利の不存在を知りながら競売を請求したときは、買受人は、これらの者に対し、損害賠償請求をすることができる（568条3項）。

　第4に、以上のような規律は、競売の目的物の種類・品質に関する不適合については、適用されない（568条4項）。この場合に担保責任が否定される趣旨としては、競売ではある程度の種類・品質の不適合を織り込んで買受けの申出をするのが通常であるし、種類・品質の不適合の有無はその判断が困難であって、所有者である債務者の意思に反して行われるという競売の性質上、種類・品質の不適合をめぐる円満な解決は期待できず、そのトラブルが深刻なものとなりやすいことなどがあげられている。

→ 中間試案の補足説明421頁

> 第4（568条4項）の点から、法律上の制限（法律的瑕疵、たとえば都市計画法上の用途制限、建築基準法上の建築制限など）がある場合には、種類・品質の契約不適合にあたるのか、それとも権利に関する不適合にあたるのかが問題となります。ここでは、競売における買受人の権利を考えるうえで、重要な問題となるのです。繰り返しになりますが、種類・品質の不適合の問題とすれば、568条4項が適用され、強制競売の場合には売主の責任が免除されることになるのに対し、移転した権利の不適合の問題とすれば、強制競売の場合でも売主は責任を免れなくなるのです。改正前民法下での判例の立場は前に触れましたので、そちらを参照してください。

　なお、改正前民法下の判例は、建物の強制競売において借地権が存在しなかった場合に、買受人は、そのために建物を買い受けた目的を達することができず、かつ、債務者が無資力であるときは、改正前民法568条1項、2項および改正前民法566条1項、2項の類推適用により、強制競売による建物の売買契約を解除したうえで、売却代金の配当を受けた債権者に対して、その返還を請求することができるとした。平成29年改正民法下においては、競売の内容が借地権付きの建物である場合にその借地権がなかったとすれば、移転した権利に関する契約不適

→ 最判平成8年1月26日民集50巻1号155頁

→ 中田・契約法327頁

合の場合(565条)として、568条1項から3項までが適用されることになる。

(iii) **債権の売主の担保責任**(569条)

債権の売買においても、売主が買主に対し、債権の売主としての担保責任を負うことがある。

債務者が弁済するに足る資力を有しない場合には、そもそも債権の存在に問題がある場合ではないから、担保責任は生じない。そのため、債務者の無資力のリスクは、買主が負担するのが原則である。

> 債権の存在自体に問題(不適合)がある場合には、売主は、これまで述べてきた一般原則に従って担保責任を負います。
> たとえば、債権が質権・先取特権の目的である場合や、売買の目的たる債権の一部が他人に属する場合には、移転した権利が契約の内容に適合しない場合として、565条(562条から564条までを準用)が適用されます。また、債権が用益物権によって制限されるということは考えられませんが、目的物の契約不適合(562条から564条まで)の規定が、法律的瑕疵(法令上の制限)が存在する場合にも適用されるべきとの立場からは、債権が担保権や保証を伴うものとして売買されたのに、それを伴っていないときは、562条から564条までが適用されるべきことになります。さらに、競売の場合には、前述した568条が適用されることになります。
> このように、債権の存在に問題(不適合)がある場合には、担保責任を負うことになりますが、ここにいう債権の資力いかんは債権そのものに不適合がある場合ではありません。ですから、売主は、債務者の資力について責任を負わないのが原則なのです。

しかし、債権の売主が買主に対し完全に弁済するに足りる資力を有することを担保する旨の特約をすることもありうる。民法は、このような場合について、特約の内容に疑念が生じないよう2つの推定規定をおいている。

第1に、債権の売主が債務者の資力を担保したときは、契約の時における資力を担保したものと推定する(569条1項)。そのため、契約締結後になって債務者の資力が低下した場合には、売主は責任を負わない。

第2に、弁済期に至らない債権の売主が債務者の将来の資力を担保したときは、弁済期における資力を担保したものと推定する(569条2項)。

以上のような「資力を担保した」(569条)とは、無資力によって弁済されない部分を売主が債務者に代わって弁済するということである。言い換えると、債務者の資力を担保した売主は、債務者に代わって弁済する責任を負うことになる。

(iv) **担保責任を負わない旨の特約**(572条)

契約不適合を理由とする担保責任に関する民法の規定は、任意規定であるから、当事者間の契約不適合を免除する特約(担保責任免除特約、免責特約・責任制限特約)によってこれを排除することができるのが原則である。しかし、572条は、次の2つの場合には信義則に反することから、担保責任免除特約による免責の効果を認めない(特約は無効となる)。

第1に、売主が、目的物・権利の契約不適合を「知りながら告げなかった事実」についてである(572条前段)。これは、売主が責任を負うべきことを知りながら事実を隠して担保責任免除特約をするのは、詐欺的でさえあるからである。

第2に、売主が「自ら第三者のために設定し又は第三者に譲り渡した権利」についてである(572条後段)。たとえば、土地の売買において、売主が第三者に対する地上権を設定した場合である。もっとも、売買契約前に売主が譲渡または設定

➡ 我妻・講義V₂300頁

をなすことを要すると解されている。

なお、担保責任を免除する特約の効力が特別法で制限されることがある（消費契約8条1項5号、2項、10条、宅建業40条）。

(e) 目的物の契約不適合と錯誤の関係

(i) 改正前民法下での議論

改正前民法下において、売買の目的物に隠れた瑕疵がある場合に、そのような瑕疵がないと信じて買った買主には、目的物の性状に関する錯誤があるともいえる。これは、動機の錯誤のひとつである性状の錯誤とされることが多い。そのため、瑕疵担保責任（改正前民法570条）と錯誤（改正前民法95条）の優先関係を明らかにする必要が生じるため、両者の関係が問題となる。この点については、錯誤優先説、瑕疵担保責任優先説、選択可能説に分かれる。

錯誤優先説は、錯誤により契約が無効であれば、契約の有効を前提とする瑕疵担保が問題となることはないので、錯誤の規定が優先するという説である。判例もこの立場と解されている。

瑕疵担保責任優先説は、瑕疵担保責任の要件がみたされる場合には、錯誤の主張はできないとする説である。

選択可能説は、原告が改正前民法95条（錯誤）によるか、改正前民法570条（瑕疵担保責任）によるかを選択できるという説である。この説は、前記判例の立場についても、当事者の選択する主張に応じた判断をしたにすぎないと評価している。

● 論点Bランク
（論証10）

➡ 大判大正10年12月15日民録27輯2160頁、最判昭和33年6月14日（百選Ⅱ76事件）

> 改正前民法下において、瑕疵担保責任優先説は、その理由として、そもそも特定物の性質は動機にすぎず、契約内容とならないのではないか、錯誤の効果は無効であり、無効主張には期間の制限がないため、錯誤無効の主張を許すならば法律関係の不安定な状態が長く続くこととなって、取引の安全を害するのではないか、との点があげられていました（瑕疵担保責任では、期間制限が設けられていました〔改正前民法570条・566条〕）。他方で、選択可能説は、その理由として、錯誤と担保責任は、場面（成立段階か履行段階か）、要件（要素の錯誤か隠れた瑕疵か、買主の主観的要件、権利行使期間）、効果（無効か解除か、売主の損害賠償責任）が異なっているから、それぞれの要件をみたせば、その効果を認めてよいという点をあげていました。

(ii) 平成29年改正民法

平成29年改正民法下でも、目的物の契約不適合（562条以下）と錯誤（95条）との関係が問題となる。

ところで、平成29年改正民法下においては、売主の担保責任を契約不適合責任（特定物ドグマ・法定責任説の否定、契約責任説の採用）としつつ、種類・品質に関する物の不適合については期限制限を付した（566条）。他方で、錯誤については、その要件が明確化され、効果が取消しとなったことから（95条）、錯誤の主張権利者の制限（120条2項）、追認の可能性（124条、125条）、期間制限（126条前段）の規制が及ぶことになった。そのため、担保責任の効果と錯誤のそれとの差は小さくなった。ただし、依然として競合の問題は生じうる。

> 改正前民法下における瑕疵担保責任優先説の理由としてあげられていた錯誤を優先する場合の懸念については、平成29年改正により、契約不適合責任について契約責任説が採用されたこと（特定物ドグマ・法定責任説の否定）と、錯誤取消しの主張も期間制限に服す

> ることなどから、ほぼ解消されたといわれています。ただし、動機の錯誤(「法律行為の基礎とした事情」に関する錯誤〔事実錯誤〕)を取り込んだ結果(95条1項2号、なお2項)、競合の可能性があることが明確になったとも指摘されています。
> なお、95条の解釈については、民法総則で学習しました。

→ 中田・契約法325頁

→ 『民法総則』5章2節⑤

この点について、両方の請求権が成立している以上、その選択は買主の判断に任せるのが妥当であり、選択可能説を採用しておけばよいであろう。

→ 潮見・債権各論Ⅰ113頁、中田・契約法325頁、後藤・契約法講義295頁

【2】買主の義務

(1) 代金支払義務

(a) 総説

買主は、売主に対して代金を支払う義務を負う(**代金支払義務**、555条)。この義務は、売主の財産権移転義務に対応する中心的な義務である。代金額は売買契約で一定額に決められることが多いが、時価によるという定めも有効であり、代金を定めなかったときは時価によるものと推定されると解されている。

> 代金支払義務については、419条の規定の存在に注意してください。すなわち、賠償額は遅延利息とされていますし(419条1項)、遅延利息について債権者は損害を立証する必要がありませんし(419条2項)、さらにその不履行を理由とする損害賠償責任は絶対無過失責任とされています(419条3項)。
> 詳しくは、債権総論で学習しました。

→ 『債権総論』1章2節④

売買の代金支払義務については、以下のような特別の規定があるので、順に説明していこう。

(b) 支払時期(573条)

代金支払の時期については、当事者が契約中で定めること(合意・特約)が多いが、合意(特約)のない場合に、売買の目的物の引渡しについて期限があるときは、代金の支払についても同一の期限を付したものと推定される(573条)。

(c) 支払場所(574条)

代金支払の場所についても、当事者が契約中(合意・特約)で定めることが多いが、慣習によって定まることもある(92条)。合意(特約)や慣習が明らかでない場合には、一般的には、債権者である売主の現在の住所で支払うべきことになるが(**持参債務の原則**、484条1項)、売買については**特則**がある。

すなわち、売買の目的物の引渡しと同時に代金を支払うべきときは、その引渡しの場所において支払わなければならない(574条)。ただし、判例は、目的物の引渡しと同時に代金を支払う旨の契約があっても、買主が引渡しを受けただけで代金を支払わなかったときには、その後は484条1項の原則どおり売主の現在の住所で支払うべきものとしている。

→ 大判昭和2年12月27日民集6巻743頁

(d) 代金の利息(575条2項)

買主は、引渡しの日から、代金の利息を支払う義務を負う(575条2項本文)。前述した売主の果実の帰属に関する575条1項の規定と関連するものである。買主が代金の支払を遅滞している場合であっても、引渡しを受けないかぎり、利息を支払う義務はない(判例)。

ただし、代金の支払について期限があるときは、その期限が到来するまでは、

→ 大判大正4年12月21日民録21輯2135頁

利息を支払う義務はない(575条2項ただし書)。これは、当事者の意思を推測したものである。

(e) **代金支払拒絶権**(576条から578条まで)

買主は同時履行の抗弁権(533条)や、あるいは不安の抗弁権によって代金の支払を拒むことができるが、売買契約においては、更に次の2つの場合には、買主は代金の支払を拒絶することができる(代金支払拒絶権)。

→ 1章3節③
→ 1章3節③【5】

第1に、「売買の目的について権利を主張する者があることその他の事由により、買主がその買い受けた権利の全部若しくは一部を取得することができず、又は失うおそれがあるとき」である。この場合には、買主は、その危険の程度に応じて、代金の全部または一部の支払を拒むことができる(576条本文)。平成29年改正民法は、「その他の事由」、「取得することができず」という文言を付加することによって、改正前民法下で「売買の目的について権利を主張する者があるために」を柔軟に解釈(類推適用)していた部分を明文化した。

← 平成29年改正

> **平成29年改正事項** 代金支払を拒絶できる場合 B2
>
> 改正前民法576条は、売買の目的について「権利を主張する者がある」ために買主が買い受けた権利を「失うおそれがあるとき」に、買主保護の見地から、買主に代金支払拒絶権を与えていた。
>
> しかし、この代金支払拒絶権については、目的物上に用益物権があると主張する第三者が存在する場合が含まれるとされるほか、債権売買において債務者が債務の存在を否定した場合にも類推適用されると解されていた。そのため、「権利を主張する者がある」場面だけでなく、これらの場合も代金支払拒絶権があることを明文化する必要がある。また、この代金支払拒絶権は、買主がすでに取得した権利を失うおそれがある場合だけでなく、買主が権利を取得することができないおそれがある場合にも適用があると解されていた。そのため、買主が買い受けた権利を「失うおそれがあるとき」だけでなく、権利を取得することができないおそれがある場合にも代金支払拒絶権があることも明文化する必要がある。
>
> そこで、平成29年改正民法は、「権利を主張する者がある」という改正前民法の要件に「その他の事由」という文言を付け加えるとともに、「失うおそれがある」場合のほかに「取得することができ」ないおそれがある場合も掲げることにより、買主は、権利の取得の前後を問わず、また売買の目的について所有権のみならず用益物権があると主張する者がいる等の場合についても、代金支払を拒絶することができることを条文上明示した(576条本文)。

→ 部会資料75A・28頁、一問一答269頁

2-17 代金支払を拒絶できる場合

改正前民法	H29改正民法
代金支払を拒絶できる場合を「売買の目的について権利を主張する者があるために買主がその買い受けた権利の全部又は一部を失うおそれがあるとき」と規定していた(576本文)。	代金支払を拒絶できる場合を「売買の目的について権利を主張する者があることその他の事由により、買主がその買い受けた権利の全部若しくは一部を取得することができず、又は失うおそれがあるとき」とした(576本文)。

「権利を主張する者」がある場面以外でも代金支払拒絶権があり、また、権利を取得することができないおそれがある場合にも代金支払拒絶権があるという従前の解釈を明文化した。

> 576条本文は、たとえばAがBから土地を買おうとしたときに、第三者Cがその目的物は自分のものと主張したり、その土地を通行できる地役権を主張したりしたという状況において適用されるものです。Cが、その主張どおり、その土地について確定的に権利を取得した場合には、買主Aは、売主Bに対し、債務不履行責任や売主の担保責任を追及することができますが、そのおそれがある段階で、買主Aが代金の支払を拒絶することができるとしたものです。

→ 部会資料75A・29頁

「その他の事由」とは、「売買の目的について権利を主張する者があること」を、権利の喪失または権利の取得不能を疑うにつき客観的かつ合理的な理由を要することを示すためのひとつの例示と見て、これと同等の事由がある場合を含むものである。また、「おそれがあるとき」という要件は、権利の喪失または権利取得不能を疑うことについて客観的に合理的な根拠を要する趣旨であり、単なる主観的な危惧感では足りない。

ただし、買主が代金の支払を拒絶したのに対し、売主が相当の担保を提供したときは、買主の損失は担保によって保障されるから、買主は支払を拒絶することはできない(576条ただし書)。また、売主は、買主に対して代金の供託を請求することができる(578条)。

第2に、不動産売買において、「買い受けた不動産について契約の内容に適合しない抵当権の登記があるとき」である。この場合には、買主は、抵当権消滅請求の手続(379条から386条まで)が終わるまで、その代金の支払を拒むことができる(577条1項前段)。この場合に、売主は、買主に対し、遅滞なく抵当権消滅請求をすべき旨を請求することができる(577条1項後段)。

> 上記の例で、AがBから買った土地に抵当権という担保物権がある場合には、買主Aは、抵当権消滅請求の手続をすることによって、抵当権を消滅させることができ(379条から386条まで)、そのために支出した費用の償還を売主Bに請求することができます(570条)。そうすると、買主Aが抵当権消滅請求の手続をする場合には、代金の支払を留保し、この償還金を差し引くことにするのが簡便かつ公平です。そこで、577条1項前段は、買主Aの代金支払拒絶権を認めているのです。

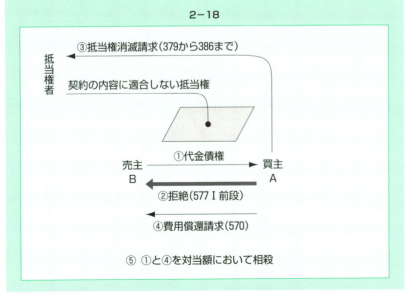

2-18

平成29年改正民法577条1項前段は、「契約の内容に適合しない」という文言を

→ 潮見・改正法275頁

加えたが、改正前民法下における解釈に本質的な変更を加えるものではなく、当事者が抵当権の存在を考慮して代金額を決定していたときは、577条の適用がないことを示すためのものである。

> 部会資料75A・29頁、一問一答269頁

平成29年改正事項　抵当権等の登記がある場合の買主による代金の支払の拒絶　B2

改正前民法577条は、抵当権等の負担のある不動産の買主が抵当権消滅請求（379条）をする機会を確保するため、抵当権消滅請求の手続が終わるまで、買主は代金支払を拒絶することができるとするものであった。

しかし、抵当権等の登記がある場合でも、当事者が抵当権等の存在を考慮して代金額を決定していたときは、抵当権消滅請求の機会を与える必要がないことから、その場合に改正前民法577条が適用されないことには異論がなかった。そのため、条文と解釈論との齟齬を解消する観点から、この異論のない解釈を明文化する必要がある。

そこで、平成29年改正民法は、抵当権等の存在を考慮して代金額が定められていない場合、つまり契約の内容に適合しない抵当権等の登記がある場合にかぎり、民法577条が適用されることを明らかにする趣旨で、577条1項前段に「契約の内容に適合しない抵当権の登記」という文言を加えることとした。

2-19　抵当権等の登記がある場合の買主による代金の支払の拒絶

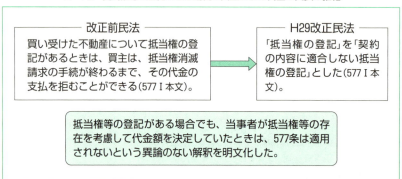

また、577条1項の規定は、買い受けた不動産について契約の内容に適合しない**先取特権**または**質権**の登記がある場合について、準用される（577条2項。341条、361条参照）。

なお、577条の場合にも、売主は、買主に対して代金の供託を請求することができる（578条）。

(2)　受領義務（引取義務）

目的物を引き渡そうとしても買主が受け取らない場合には、売主には目的物の保管などの負担が生じることになる。もとより、買主が代金を支払わなければ、売主は、その債務不履行を理由として解除すればよいが、買主が代金支払済みの場合などではそれを理由として解除することはできない。そこで、買主（債権者）に**受領義務**（**引取義務**）があるか否かが問題となる。また、受領義務を認めることの具体的効果として、買主の受領義務違反を理由として、売主が損害賠償請求や解除をすることができるかが問題となる。

この点に関連して、平成29年改正民法は受領遅滞の効果について明記したが（債務者の目的物保存義務の軽減、413条1項、債権者に対する増加費用の償還請求権、413条2項、受領遅滞中に生じた履行不能の危険の債権者負担、413条の2第2項）、平成29年改正民法のもとにおいても、債権者に受領義務が認められるかは依然として解釈に委ねられている。

この点については、債権総論でも学習したが、個別の事案における当事者意思解釈を通じて、事案に応じて受領義務が認められるか否かを検討すべきであろう。

→ 大村・新基本債権編49頁
→ 『債権総論』2章4節[3]【4】

4 特殊売買

民法の規定する特殊売買としては、買戻しがあるが(579条)、この点は[5]で触れることとし、ここでは特別法や判例が定める特殊売買について説明する。

> 民法では、契約自由の原則(521条、522条2項)が妥当しますが、交渉力や情報力で優越する一方当事者が自己に有利な契約条項を定めてしまうと、民法の規定はほとんど無視されてしまいます。そのため、いわゆる消費社会のなかで、製造・販売業者に対して交渉力の劣る消費者を保護する観点から、強行法規的内容をもつ売買に関する特別法が制定されており、重要な問題を含んでいます。
> ただ、試験対策という観点からは、おおざっぱに内容を理解しておけば足ります。

【1】 特殊販売

(1) 割賦販売

割賦販売とは、売買代金を分割して毎年あるいは毎月定期的に支払うことを約束した売買をいう。たとえば、自動車のディーラーから中古車を24回払で購入するような月賦販売の場合があげられる。

← 「割賦販売」とは

割賦販売は、動産の割賦販売と不動産の割賦販売とがあるが、一般に行われるのは動産の割賦販売であり、これは割賦販売法による規制を受けている。

割賦販売法は、クレジット取引等を対象に、事業者が守るべきルールを定めるものであり、①購入者等の利益を保護すること、②割賦販売等にかかる取引を公正にすること、③商品等の流通、役務の提供を円滑にすることを目的とする(割賦1条)。割賦販売には、ある程度代金が積み上がってから買主に目的物を引き渡す場合(前払式割賦販売、たとえばミシンの割賦販売)と、最初に目的物を買主に引き渡してしまう場合(後払式割賦販売・信用販売)とがある。

その特徴としては、割賦販売条件の表示等(割賦3条、4条、4条の2)、クーリング・オフ(契約の申込みの撤回等)(割賦35条の3の10、35条の3の11)、契約の解除等の制限(割賦5条)、損害賠償額の制限(割賦6条1項)、所有権に関する推定(割賦7条)などがあげられる。なお、クーリング・オフの意味については、解除のところで説明したので、確認しておいてほしい。

→ 1章4節[1]【3】(6)

> 割賦販売法は、割賦販売、ローン提携販売、信用購入あっせん(いわゆるクレジットのこと)の大きく3類型に分けて規制しています。
> 割賦販売は、販売業者がみずから購入者に対して信用を供与して割賦販売を行う方式です。

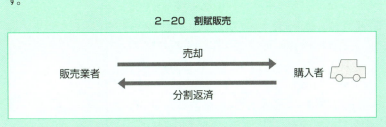

2-20 割賦販売

ローン提携販売は、B自動車販売会社が、あらかじめ提携しているC銀行に対し自動車の買主Aを紹介し、Aの自動車購入代金相当額をBが連帯保証人となってCから融資を受けさせて、融資金を代金に充当して自動車をAに引き渡す方法です。Aは、C銀行に対し借金を分割返済することになります。

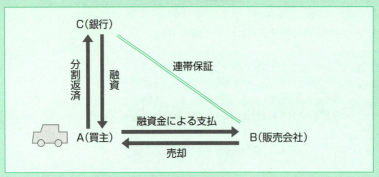

2-21　ローン提携販売

　信用購入あっせんは、AがBから商品を購入するに際し、C信販会社(信用購入あっせん業者)が代金を代位弁済(立替払い)し、その立替金をAがCに対し分割返済していく方法です。

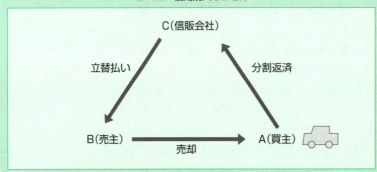

2-22　信用購入あっせん

　この信用購入あっせんは、AがBから買う個別商品についてCが代金を立て替える個別信用購入あっせんと、CがAに対しクレジットカードを発行しておいて、Aがカードを示してCと提携関係にあるBから商品を購入する際に、Cが代金を立て替える包括信用購入あっせんとに分かれます。

　なお、不動産の割賦販売では、宅地建物取引業法と積立式宅地建物販売業法が規制を行っている。

(2)　**訪問販売・通信販売・電話勧誘販売・連鎖販売取引**

(a)　**訪問販売**

　訪問販売とは、販売員が営業所以外の場所で、相手方を訪問したり、路上で呼び止めたりして売買を成立させ、またサービスの提供につき対価の支払を約束させることをいう。路上で客を呼び止めて商品を売りつけるという、いわゆるキャッチセールスにみられるように、消費者が勧誘に応じて軽率に契約を締結することが多い。そこで、公正な取引と購入者等の利益を図るため、特定商取引に関する法律(特定商取引法)による規制がなされている。

　具体的には、販売業者等は、相手方に対する販売業者等の氏名の明示(特定商取引3条)、商品・権利の販売価格、代金の支払時期・方法・商品の引渡時期等

← 「訪問販売」とは

166　2章　契約各論

を記載した書面を契約の申込者に交付する義務を負う(特定商取引4条)とともに、クーリング・オフの制度(申込みの撤回等)(特定商取引9条、9条の2)、契約の解除等に伴う損害賠償額の制限(特定商取引10条)などがあげられる。

(b) 通信販売

通信販売とは、郵便などによりカタログを送付して売買や有償の役務の提供契約を締結することをいう。特定商取引法は、消費者保護のため、販売業者・労務提供事業者が広告をする場合において、販売価格・役務の対価、代金・対価の支払時期・方法・商品の引渡時期、役務の提供時期などを表示すべき旨を定め(特定商取引11条)、誇大広告を禁止している(特定商取引12条)。

← 「通信販売」とは

(c) 電話勧誘販売

電話勧誘販売とは、販売業者・役務提供事業者が、消費者に電話をかけ、または特定の方法により電話をかけさせ、その電話において行う勧誘によって、消費者からの売買契約または役務提供契約の申込みを郵便等により受け、または契約を締結して行う商品、権利の販売または役務の提供のことをいう。

← 「電話勧誘販売」とは

不当な電話勧誘販売による被害が目立ったため、平成8年改正により、電話勧誘販売における氏名等の明示(特定商取引16条)、不当な勧誘の禁止(特定商取引17条)、契約の申込みの撤回等(特定商取引24条)が定められた。

(d) 連鎖販売取引

連鎖販売取引とは、特定商取引法33条で定義される販売形態のことをいい、日本では俗称としてマルチ商法(マルチ・レベル・マーケッティング・プラン)などとよばれている。マルチ商法とは、商品販売の組織において、加盟者が次々に他の者を加入させることによって組織内の上位のランクに昇進して組織を拡大させる仕組みであり、そのような加盟・昇進(総称してリクルートという)に伴い金銭(リクルート料)が授受される。

← 「連鎖販売取引」とは

このようなマルチ商法の場合には、上位の加盟者は多額の出資をさせられるものの、その者の商品購入の割引率が高く、また、リクルート料も多い。しかし、新規加盟者を次々に勧誘することは困難であり、やがては行き詰まってしまい、出資金も取り戻せないこととなる。

そこで、法は、このような取引を連鎖販売取引と定義し、一定の禁止行為(特定商取引34条)、広告の規制(特定商取引35条、36条)、一定の書面の交付義務(特定商取引37条)、クーリング・オフ(特定商取引40条から40条の3まで)を規定している。

【2】その他の特殊な売買

(1) 見本売買

見本販売とは、見本を示して行う売買をいう。この場合には、売主は見本に示した商品の品質・性能を保証していることになるから、見本と現実に給付された物とが食い違っているときには、契約の目的不適合として担保責任(民562条から564条まで)を負う。また、錯誤(95条)や詐欺(96条)の問題が生じることになる。

← 「見本販売」とは

(2) 試味売買(試験売買)

試味売買(試験売買)とは、買主が目的物を試しに使用してみて、気に入ればこれを買い受けるという売買をいう。試味売買の法的性質については、通説は、買主が気に入ったことの表示を停止条件とする売買であると解している。

← 「試味売買」とは

2-2 売買　167

試味売買においては、買主が気に入るか入らないかを決める時期について特約がない場合にはどのように処理するかが問題となるが、通説は、売主の催告権（556条2項）を類推して売主は相当の期間を定めて表示すべき旨を催告し、その期間内に確答がないときは、売買は成立しないと解している。

(3) 継続的供給契約

継続的供給契約とは、電気・ガス・水道・新聞など一定種類のものを、期間を定めて、あるいは定めずに、引き続き供給する趣旨の売買契約をいう。

継続的供給契約では、買主は代金を定期的にまとめて支払い、売主は先に履行するのが普通であるので、同時履行の抗弁権（533条）や契約の解除について特殊の考慮が必要となるとされている。たとえば、契約の解除については、1回の代金遅滞を理由にただちに541条による解除を認めるのは妥当でないであろう。

← 「継続的供給契約」とは

【3】消費者契約

消費者契約とは、消費者と事業者との間で締結される契約（労働契約を除く全取引をさす）をいうが、実際に問題となるケースのほとんどは、売買契約と考えられる（そのほか、賃貸借契約の敷引特約や更新料でも問題となる）。

消費者が事業者と契約をするとき、両者の間には、もっている情報の質・量や交渉力に格差がある。このような状況をふまえて消費者の利益を守るため、平成13年4月1日に消費者契約法が施行された。

消費者契約法は、消費者契約について、不当な勧誘による契約の取消し（消費者契約4条）と不当な契約条項の無効等（消費者契約8条）を規定していている。また、平成18年改正により消費者団体訴訟制度が導入され（消費者契約13条、41条から47条まで）、平成20年改正では、消費者団体訴訟制度の対象が景品表示法と特定商取引法に、平成25年改正では、食品表示法に拡大された。

平成28年改正では、高齢化の進展を始めとした社会経済情勢の変化等に対応した改正が行われた。さらに、平成30年改正では、事業者の行為により消費者が困惑した場合について意思表示を取り消すことができる類型の追加等がなされた。

← 「消費者契約」とは

→ 2章6節③【2】(2)(a)(v)、(c)

5 買戻し

【1】買戻し

(1) 意義

買戻しとは、不動産の売買契約において、売買契約と同時に、買主が支払った代金と契約費用を売主が買主に返還して売買契約を解除することができることを内容とした買戻特約をすることによって、売主が売却した不動産を取り戻す制度をいう（579条前段）。

買戻しの法的性質は、売主の解除権留保特約である。また、買戻権は、単なる解除権の性格だけではなく、一種の物権取得権の性格をもつと解されている。

← 買戻しとは

> たとえば、AがBから1000万円の融資を受けたいと考えていた場合に、Aに1000万円相当の土地があったとします。この場合に、AはBに対してその土地を売却し、代金というかたちで融資を受ける代わりに、土地をBに売買契約で移転するというかたちで担保として提供するわけです。そして、Aがその1000万円の借金を返済する時期になったら、

← 買戻しの特約付き売買の具体例

168　2章　契約各論

> 今度はその売買契約を解除することによって土地を取り戻し、融資として受け取った代金を返還するということになります。このような買戻しの特約をあらかじめ設定して売買契約を行います。これが、買戻しの特約付きの売買というかたちの債権担保です。

(2) 買戻権設定の要件

(a) 売買契約と同時に特約をすること

買戻しの合意は**売買契約と同時に**なされることが必要である（579条前段）。そのため、売却した不動産を取り戻すための解除権留保特約が売買契約よりも遅れて締結された場合には、買戻しではなく、後述する再売買の予約となるから、579条以下の規律が及ばないことになる。

➡【2】

(b) 対象が不動産であること

契約の目的物は**不動産**に限定される（579条前段）。もっとも、動産についての買戻しも有効であるが（判例）、それは民法典上の買戻しとは異なり、579条以下の規律が及ばないことになる。

➡ 大判明治44年5月20日民録17輯306頁

(c) 代金・契約費用の返還を約すること

買戻しの代金は、売買の代金に契約の費用を加えたものである（579条前段）。ただし、別段の合意をした場合には、その合意により定めた金額となる（579条前段括弧書）。平成29年改正民法は、売主の返還すべき額を代金と契約の費用とする改正前民法（強行法規と解されていた）を改め、別段の合意を許容する任意規定とした。この趣旨は、買戻しが金融担保以外の目的で用いられる場面を念頭に、売主が返還しなければならない金銭の範囲について柔軟な取扱いを認めて、買戻制度を用いやすくする点にある。

⬅ 平成29年改正
➡ 中田・契約法341頁

平成29年改正事項　返還すべき金銭の範囲の規律の任意規定化　B2

改正前民法579条前段は、売主が買戻権を行使する際に、売主が返還しなければならない金銭の範囲を「買主が支払った代金及び契約の費用」と定めており、これは強行規定と解されていた。

しかし、この規定の適用を避けるために実務上再売買の予約が用いられているという実態をふまえると、売主が返還しなければならない金銭の範囲を強行法的に固定する実益は乏しく、合理性もない。担保以外の目的で買戻しが用いられる場面を念頭に、売主が返還しなければならない金銭の範囲につき柔軟な取扱いを認めて、実務上も買戻制度を用いやすくするために、返還しなければならない金銭の範囲については、任意規定とし、当事者の合意で定めることができることとする必要がある。

他方で、改正前民法579条前段が定める返還すべき金銭の範囲の規律を任意規定に改めると、返還しなければならない金銭の範囲について特に規定を設ける必要がないのではないかとの疑問も生じうる。しかし、改正前においても、買戻特約は特別法のなかで種々に規定されており、売主が返還しなければならない金銭の範囲については、原則として「買主が支払った代金及び契約の費用」であると定めておく必要性は少なくない。また、こうした原則を定めておくことは、目的物である不動産の価格上昇や下落について、投機的な行動を抑止するメリットがあるとの指摘もある。そのため、買戻特約がされた場合に、売主が返還しなければならない金銭の範囲については、「買主が支払った代金及び契約の費用」とする旨の同条の定めを任意規定として残すのが相当であると考えられる。

そこで、平成29年改正民法は、改正前民法579条を基本的に維持したうえで、前段に括弧書を付すことによって、売主が提供すべき金額に関するルールが任意規定であることを明記した。

➡ 部会資料75A・32頁、一問一答269頁

➡ 潮見・改正法276頁

2-23 返還すべき金銭の範囲の規律の任意規定化

改正前民法	H29改正民法
579条前段は、売主が買戻権を行使する際に、売主が返還しなければならない金銭の範囲を「買主が支払った代金及び契約の費用」と定めており、これは強行規定と解されていた。	「買主が支払った代金(別段の合意をした場合にあっては、その合意により定めた金額……)及び契約の費用」と任意規定であることを明らかにした。

売主が返還しなければならない金銭の範囲を強行法規的に固定する実益が乏しく合理性もない一方で、買戻特約が特別法のなかで種々に規定されており、原則を定めておく必要はあるから、削除はせず、任意規定であることを示すにとどめた。

なお、売買代金および契約費用の償還と、目的不動産の返還とは、同時履行の関係にある(546条)。

(d) 利息・果実の返還を要しないこと

当事者が別段の意思を表示しなかったときは、不動産の果実と代金の利息とは相殺したものとみなされる(579条後段)。すなわち、本来、買主は果実を返還し(545条3項)、売主は代金に利息を付して返還すべきであるが(545条2項)、複雑さを避け、かつ、公平を図るため、両者を相殺したものとみなした。その結果、買主は果実収取権を有することとなるから、買戻しは収益的効力を伴うものといえる。

(e) 買戻しの期間

買戻しの期間は、**10年を超えることができない**(580条1項前段)。特約でこれより長い期間を定めたときは、その期間は、10年とする(580条1項後段)。また、買戻しについて期間を定めたときは、その後にこれを伸長することができない(580条2項)。以上に対し、買戻しについて**期間を定めなかったとき**は、**5年以内**に買戻しをしなければならない(580条3項)。

このように、厳格な期間の制限がある趣旨は、不動産所有権の帰属が不安定になるのを防ぐ点にある。

(f) その他

判例は、農地の買戻しの場合には都道府県知事(現農業委員会)の許可(農地3条)を必要としている。

→ 最判昭和42年1月20日判時476号31頁

(3) 買戻しの対抗要件

買戻しの特約では、買戻権を売買契約と同時に登記(買戻特約の付記登記)することによって、売主は、買戻しを第三者に対抗することができる(581条1項、不登96条、不登規則3条9号)。

不動産登記法4条2項は、付記登記の意義について、「権利に関する登記のうち、既にされた権利に関する登記についてする登記であって、当該既にされた権利に関する登記を変更し、若しくは更正し、又は所有権以外の権利にあってはこれを移転し、若しくはこれを目的とする権利の保存等をするもので当該既にされた登記に関する登記と一体のものとして公示する必要があるもの」としています。詳しくは、不動産登記法で学習することですが、簡単にいえば、既存の特定の登記(主登記)に付記して、その一部を変更等する登記

のことです。
　さて、買戻権は、買戻特約の付記登記をしておけば、この買戻し、すなわち解除の意思表示は、第三者に対しても対抗することができます。本来、解除は、登記を備えた第三者に対しては主張できないのが原則ですが（民545条1項ただし書）、それでは買戻しの特約を付けておいた意味がなくなってしまうため、買戻特約を登記しておけば第三者にも対抗することができるというわけです。

→ 1章4節⑤【2】(3)(a)

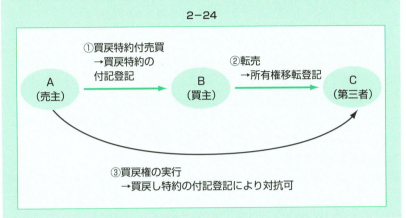

　もっとも、対抗要件（605条の2第1項参照、605条、借地借家10条、31条）を備えた不動産賃貸借の賃借人の権利は、その残存期間中1年を超えない期間にかぎり、売主に対抗することができる（民581条2項本文）。ただし、売主を害する目的で賃貸借をしたときは、このかぎりではない（581条2項ただし書）。この趣旨は、担保不動産の用益権を保護する点にある。

　581条2項の規定は、目的不動産に登記をした賃借人がいるような場合には、売主を害する目的をもってなされた賃貸借を除いて、残存期間中1年にかぎり売主に対抗することができるとしています。これは、買戻特約の実行によって、目的不動産を返還請求することができるのですが、この場合であっても、その目的不動産を借りた賃借人を1年間だけ保護してあげようというものです。

　以上と異なり、買戻しが登記されていない場合には、買戻しは当事者間で効力をもつにとどまる。

(4) **買戻権の譲渡**

　売主は、買戻権を譲渡することができる（判例）。すなわち、買戻権は単なる解除権ではなく、物権取得権の性格をもつ財産権であるので、取引の対象となるし、売主は、買主の承諾なくして買戻権を他に譲渡することができると解されている。

→ 大判明治34年9月14日民録7輯8巻5頁、大判明治41年7月8日民録14輯859頁

　たとえば、目的不動産の価額があがっているような場合には、その値上がり分と、買戻しの費用との差額がいわば買戻権の経済的な価値になるわけです。

　買戻権の譲受人は不動産の買主に対して買戻権を行使することができ、これによって所有権は当然譲受人に帰属するが（判例）、その前提として対抗要件が必要とされる。買戻権の譲渡の対抗要件は、買戻権が登記されているか否かで異なる。
　すなわち、買戻権が登記されている場合には、買戻権の譲渡の対抗要件は移転登記の方法により（判例）、債権譲渡の対抗要件（467条）をみたす必要はない。この場合には、買戻権は、物権取得権としての性格をもつ。

→ 大判明治41年7月8日（前出）

→ 大判大正11年12月21日民集1巻786頁

これに対して、買戻権が登記されていない場合には、買戻権の譲渡の対抗要件は、一般の債権譲渡の方法(467条)による。すなわち、譲渡人(売主)Aから買主Bへの通知またはBの承諾があれば、譲受人Cは、Bに対し買戻権を対抗することができる(判例)。この場合にも、買戻権は物権取得権の性格をもつが、それは債権的なものにとどまることになる。

→ 最判昭和35年4月26日民集14巻6号1071頁

(5) 買戻しの実行
(a) 買戻権の行使
　買戻権は、買戻権者(売主)が買戻義務者に対して買戻期間内(580条)に、代金および契約の費用を提供して、買戻しの意思表示によってこれを行使する(583条1項)。提供は、一般理論に従って解釈されており、原則として現実の提供(493条本文)を要するが、買主が買戻特約の存在を争っている場合には、口頭の提供(493条ただし書)で足りる(判例)。

→ 大判大正7年11月11日民録24輯2164頁

　目的不動産が第三者に譲渡されているときには、買戻権が登記されているかぎり、前述(3)のように買戻権者は買戻権を転得者に対抗することができるが(581条1項)、買戻しの意思表示は転得者に対してすべきであると解されている(判例)。

→ 最判昭和36年5月30日民集15巻5号1459頁

(b) 費用の償還
　買主または転得者が不動産について費用を支出したときは、売主は、196条の規定に従い、その償還をしなければならない(583条2項本文)。ただし、有益費については、裁判所は、売主の請求により、その償還について相当の期限を許与することができる(583条2項ただし書)。この期限を許与されれば、この費用の償還について同時履行の抗弁権(533条)または留置権(295条1項ただし書参照)を有しないことになる。

> 　物権法の復習になりますが、買主または転得者が不動産について必要費を支出したときは、売主は、その金額の償還が必要となりますが(196条1項本文)、買主または転得者が果実を取得したときは、通常の必要費は償還する必要はありません(196条1項ただし書)。
> 　また、有益費については、売主は、買主または転得者が支出した金額または現存する増加額を償還する必要がありますが(196条2項本文)、裁判所は、売主の請求により、相当の期限を許与することができるのです(583条2項ただし書)。

→ 『物権法』3章3節③【2】

(c) 買戻権の代位行使
　買戻権は債権者代位権(423条)の対象となる。ただし、債権者は、買戻権自体についてではなく、目的不動産の時価と買戻代金との差額が自己の債権の弁済にあてられることについて利益を有するので、民法は特別の規定を設け、買主の利益と債権者の利益との調整を図った。

　すなわち、売主の債権者が423条の規定により売主に代わって買戻しをしようとするときは、買主は、裁判所において選任した鑑定人の評価に従い、不動産の現在の価額から売主が返還すべき金額を控除した残額に達するまで売主の債務を弁済し、なお残余があるときはこれを売主に返還して、買戻権を消滅させることができる(582条)。

> 　たとえば、売主Aが買主Bから6000万円で不動産を買い戻すことができる場合に、Aに対して5000万円の債権を有する債権者Cが423条によってAに代わって買戻しをしようとするときを考えてみましょう。この場合には、Bは、不動産の現在の価額1億円より

売主が返還すべき金額6000万円を控除した残額4000万円に達するまで売主Aの債務を弁済し、なお余剰（かりに、Cの債権が3000万円である場合には、1000万円が余剰となる）があるときは、これを売主Aに償還して買戻権を消滅させることができるのです。

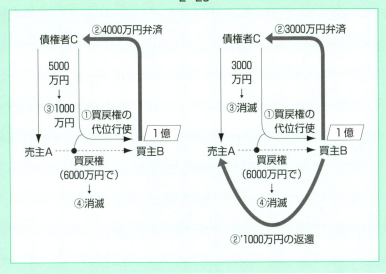

2-25

(d) 共有持分の買戻特約付売買

共有持分の買戻しについて、民法は特別の規定をおいている。

すなわち、A・B共有の不動産について、Aが買戻しの特約付きで持分をCに売却した後、その不動産の分割または競売があると、売主Aは、買主Cが受けたか、もしくは受けるべき部分または代金について、買戻しをすることができる（584条本文）。ただし、売主Aに通知しないでした分割および競売は、売主Aに対抗することができない（584条ただし書）。そのため、Aは、分割または競売がないものとして共有持分を買い戻すことができる。もっとも、対抗の問題であるから、この場合に、売主Aから進んで分割があったと主張することは差し支えない（判例）。

以上の場合に、買主Cが不動産の競売における買受人となったときは、売主Aは、競売の代金および583条に規定する費用を支払って買戻しをすることができ（585条1項前段）、その不動産の全部の所有権を取得する（585条1項後段）。また、他の共有者Bが分割を請求したことにより、買主Cが競売における買受人となったときは、売主Aは、その持分のみについて買戻しをすることはできない（585条2項）。この趣旨は、せっかく共有関係を消滅させたCの立場を尊重する点にある。

→ 大判大正10年9月21日 民録27輯1539頁

(e) 買戻実行の効果

買戻権行使の結果、所有権は当然に復帰するが、判例は、買戻権の行使による所有権の復帰については、抹消登記ではなく、移転登記の方法によるべきであるとしている。

→ 大判大正5年4月11日 民録22輯691頁

(6) 買戻権の消滅

買戻権は、買戻期間の経過によって消滅する。また、合意により買戻しの特約を消滅させることは可能とされている（判例）。登記されている買戻特約の消滅は、

→ 大判大正3年6月30日 民録20輯557頁

登記を抹消しなければ買戻権の譲受人に対抗することができない(判例)。

そのほか、目的物の滅失により買戻権は消滅する。

→ 大判大正13年4月21日民集3巻191頁

【2】再売買予約
(1) 意義

再売買予約とは、いったん売主Aから買主Bに目的物が売却されたが(第1売買)、その際に、その目的物を再びBからAに売買する(第2売買)ことを予約する制度をいう。売買の当事者間で予約(556条)というかたちで設定される。Aは、この場合に、**予約完結権**をもつ。予約完結権の意義については、売買の予約のところで説明した。

← 再売買予約とは

→ 本節[2]【2】(1)

> 実質的には買戻しと同じですが、形式的には、買戻しが売買契約の解除という構成をとるのに対し、再売買予約は、文字どおり第2売買を予定し、それについての予約を行う点で区別されます。また、買戻しの要件が厳格であるため、実務上、買戻しを避けて再売買予約が活用されることが多いです。ただし、前に述べたように、平成29年改正民法は、実務上、買戻制度を用いやすくするために、返還しなければならない金銭の範囲については任意規定とし、当事者の合意で定めることができることにしました(579条前段括弧書)。

(2) 買戻しとの区別

> ともに**担保の機能**を果たします。これは、担保物権における非典型担保のところで触れたとおり、売渡担保として売買契約のかたちをとりながら、いわば売買契約における代金の支払というかたちで融資を受けることになります。また、売買代金における目的物を相手方に渡すというかたちで担保を提供することになります。

→ 『物権法』11章3節参照

以下では、買戻しとの区別を中心に説明することとする。なお、両者の区別は実際上は困難であり、用語の使用にかかわらず、客観的に契約の解釈により認定するほかない。

(a) 対象
買戻しの対象は不動産にかぎられる(579条前段)のに対し、再売買予約は不動産に限定されることはない。

(b) 特約の時期
買戻しの特約は売買契約と同時になされなければならない(579条前段)のに対し、再売買予約はそのような制限はない。

したがって、売買契約の後に買い戻すことが約されたときは再売買予約が約されたとみることができる(判例)。

→ 大判昭和9年3月9日新聞3675号13頁

(c) 返還すべき額
買戻しの場合に返還すべき額は、代金および契約の費用である(579条前段)。ただし、平成29年改正民法により、別段の合意をすることができる(579条前段括弧書)。また、提供は一般理論によって必要とされている。

これに対して、再売買予約については、返還すべき額に制限はないし、提供の必要もない。ただし、実質的に利息制限法の制限に反する場合には、公序良俗(90条)違反の見地から制限が加えられる。

(d) 設定の対抗要件
買戻特約は売買契約と同時に付記登記がなされる(581条1項)のに対し、再売

買予約は予約完結権について**仮登記**が認められるにとどまる。

(e) 譲渡の対抗要件

買戻権譲渡の対抗要件については、買戻権が登記されている場合には、買戻権の譲渡の対抗要件は移転登記の方法によれば足り（判例）、債権譲渡の対抗要件（467条）をみたす必要はないが、買戻権が登記されていない場合には、一般の債権譲渡の方法（467条）による（判例）。

→ 大判大正11年12月21日（前出）

→ 最判昭和35年4月26日（前出）

これに対して、再売買予約における予約完結権譲渡の対抗要件は、仮登記による。

(f) 権利行使期間

前述したように、買戻しの期間は、10年を超えることができず（580条1項前段）、特約でこれより長い期間を定めたときは、その期間は、10年とし（580条1項後段）、買戻しについて期間を定めたときは、その後にこれを伸長することができない（580条2項）。買戻しについて期間を定めなかったときは、5年以内に買戻しをしなければならない（580条3項）。

これに対して、再売買予約をなしうる期間は、買戻しのように10年に限定されない。判例は、再売買予約における予約完結権の行使には期間の制限はなく（580条の類推適用はない）、また、その行使に始期を付すことができるとしている。ただし、消滅時効の一般原則（166条1項、主観的起算点から5年、客観的起算点から10年）に服することになろう。

→ 大判大正9年9月24日民録26輯1343頁

(g) 目的物の譲渡と権利行使の相手方

買戻しの場合には、目的不動産が第三者に譲渡されているときは、買戻しの意思表示は転得者（譲受人）に対してなすべきであると解されている（判例）。

→ 最判昭和36年5月30日（前出）

これに対して、再売買予約の予約完結権の意思表示は譲渡人（予約の相手方）に対してなすべきものと解されている（判例）。

→ 大判昭和13年4月22日民集17巻770頁

以上の点を表にまとめると以下のとおりである。

買戻しと再売買予約との異同

	買戻し	再売買予約
適用条文	579以下	556（売買の予約）
対象	不動産	制限なし
特約の時期	売買契約と同時	制限なし
返還すべき額	代金および契約の費用 →提供が必要	制限なし →提供不要
設定の対抗要件	付記登記 →売買契約と同時	仮登記
譲渡の対抗要件	登記 （登記なければ通知・承諾）	仮登記 （仮登記なければ通知・承諾）
権利行使期間	・期間を定めたとき →10年以内（580 I） →伸長不可（580 II） ・期間を定めなかったとき →5年以内（580 III）	5年、10年 （消滅時効）
目的物が譲渡された場合の権利行使の相手方	譲受人 （判例）	譲渡人 （予約の相手方）

→ 最判昭和36年5月30日（前出）

第2章 契約各論

3. 交換

1 意義

【1】交換とは

　交換とは、当事者が互いに金銭の所有権以外の財産権を移転することを約することによって、その効力を生ずる契約をいう(586条1項)。たとえば、AとBとが各々不動産を所有していて、互いにその所有権を移転し合うような場合である。

← 「交換」とは

【2】性質

　交換は、売買と同様に、**有償**、**双務**、**諾成契約**である。

2 交換の成立

　交換は、当事者が互いに「金銭の所有権以外の財産権」を移転することを約することによって、その効力を生ずる(586条1項)。

3 交換の効力

【1】通常の交換の場合

　交換は、当事者間に特約がないかぎり、有償・双務契約であるから、それらに関する規定が適用・準用される(有償契約として559条本文、双務契約として533条以下)。

【2】補足金付交換の場合

　交換する財産権の価格差を補うために当事者に一方が金銭の支払を約束したときは、その金銭については売買の代金に関する規定を準用する(586条2項)。

> 　通常の交換契約においては、本文で述べたとおり、売買の規定(555条から585条まで)や双務契約についての規定(533条から548条の4まで)が適用・準用されるため、売買で問題となるような論点は、すべてあてはまります。ですので、この点を理解しておけば、どのような問題が出題されても対処できるはずです。

第2章 契約各論

4. 消費貸借

1 意義

【1】消費貸借とは

消費貸借とは、当事者の一方が種類、品質および数量の同じ物をもって返還をすることを約して相手方から金銭その他の物を受け取ることによって、その効力を生ずる契約をいう(587条)。たとえば、近隣住民間で調味料を貸し借りする場合や、金銭を貸し借りする場合である。今日、もっとも典型的な消費貸借は、金銭を目的物とする金銭消費貸借である。

なお、この定義は要物契約としての消費貸借であるところ、後述するように、広義の消費貸借には、要物契約としての消費貸借のほか、諾成的消費貸借が含まれることに注意してほしい。

← 「消費貸借」とは

【2】性質

平成29年改正民法は、要物契約としての消費貸借のほかに、諾成的消費貸借を規定した。すなわち、広義の消費貸借には、**要物契約としての消費貸借**と**諾成的消費貸借**の2種類の消費貸借が存在することになる。

← 平成29年改正

(1) **要物契約としての消費貸借**

要物契約としての消費貸借は、貸主が借主に目的物を交付することにより成立する(587条)。そのため、貸主は貸す債務を負わず、借主が「返還」する債務を負うにすぎない。また、消費貸借は、原則として無利息である(589条1項)。

したがって、要物契約としての消費貸借は、**無償**、**片務**、**要物契約**である。ただし、**利息付消費貸借**の場合は、貸主が目的物を使用収益できないという経済的負担を負うのに対し、借主は利息支払義務を負い、両者は対価的関係に立つため、**有償**、**片務**、**要物契約**である。

また、要物契約としての消費貸借は、書面によらなくても成立するため、**不要式契約**である。

(2) **諾成的消費貸借**

諾成的消費貸借は、書面により、当事者の一方が金銭その他の物を引き渡すことを約し、相手方がその受け取った物と種類、品質および数量の同じ物をもって返還をすることを約することによって成立する(587条の2第1項)。そのため、貸主は貸す債務を負い、借主は返還する債務を負う。もっとも、借主は、諾成的消費貸借の成立によってただちに返還する債務を負うものではなく、目的物の引渡しを受けることによって返還する債務を負うこととなる。すなわち、貸主と借主の債務は一方が貸して他方がそれを返すという関係にあるため、双務契約ではないと解される。また、諾成的消費貸借も、原則として無利息である(589条1

→ 詳解・基本方針Ⅳ376頁

2-4 消費貸借 177

項)。

諾成的消費貸借は、書面によらなければ成立しないため、**要式契約**である。要式契約とした趣旨は、安易な合意により消費貸借が成立することを防止する点にある。

したがって、諾成的消費貸借は、**無償、片務、諾成、要式契約**である。ただし、**利息付諾成的消費貸借**は、**有償、片務、諾成、要式契約**である。

平成29年改正事項　諾成的消費貸借の明文化　C1
改正前民法は、587条において、要物契約としての消費貸借のみを規定していた。要物契約とされていた趣旨は、ローマ法以来の沿革と改正前民法制定当時には不都合がなかった点にある。しかし、現代社会では諾成的消費貸借に対する実務上のニーズがあり、判例・学説も、諾成的消費貸借を認めていた。 　そこで、平成29年改正民法は、諾成的消費貸借が認められることを明らかにした(587条の2)。

→ 部会資料70 A・50頁、潮見・改正法280頁、一問一答290頁

→ 最判昭和48年3月16日金法683号25頁

2-26　諾成的消費貸借の明文化

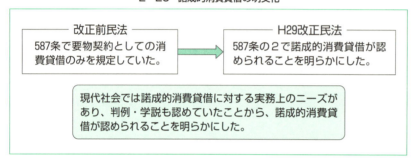

諾成的消費貸借に関する明文規定をおいていなかった改正前民法のもとでも、判例・通説は、契約自由の原則をもとに諾成的消費貸借を認めていました。もっとも、借主の「返還」する債務の発生時期について、①契約の成立と同時に発生するという理解と、②目的物の引渡しによって発生するという理解の、2つの理解がありました。

諾成的消費貸借の法的性質について、①の理解を前提とすれば双務契約に、②の理解を前提とすれば片務契約になると考えられます。

平成29年改正民法は、②の理解を前提として諾成的消費貸借を明文化したものと考えられます。

→ 最判昭和48年3月16日（前出）

→ 部会資料70 A・50頁、潮見・改正法280頁

2-27

平成29年改正事項　消費貸借の予約の削除　C1
改正前民法589条は、「消費貸借の予約は、その後に当事者の一方が破産手続開始の決定を受けたときは、その効力を失う」と規定し、消費貸借の予約を認めていた。この趣旨は、改正前民法のもとでは要物契約としての消費貸借のみが規定されていたところ、消費貸借の予約(予

→ 部会資料70 A・52頁、潮見・改正法282頁、一問一答294頁

→ 新注民(15)34頁

約自体は諾成契約である)を認めることで、貸主に「貸す債務」を設定する余地を認める点にある。

しかし、平成29年改正民法は諾成的消費貸借を認めており、これによって消費貸借の予約の目的を達成することができる。また、諾成的消費貸借は要式契約であるところ、書面によらない消費貸借の予約を認めたのでは、諾成的消費貸借を要式契約とした趣旨が没却される。

そこで、平成29年改正民法は、消費貸借の予約の規定を削除した。

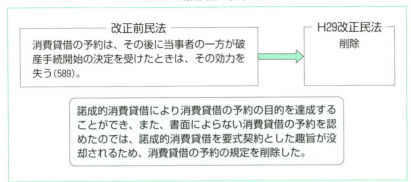

2-28　消費貸借の予約の削除

2 消費貸借の成立

【1】要物契約としての消費貸借の成立

要物契約としての消費貸借は、①借主が目的物と種類、品質および数量の同じ物をもって返還することを約すること(返還合意)と、②目的物の授受によって成立する(587条)。

【2】諾成的消費貸借の成立

諾成的消費貸借は、①貸主が金銭その他の物を引き渡すことを約し、借主が目的物と種類、品質および数量の同じ物をもって返還することを約すること(当事者間の合意)と、②この合意を書面によってすることで成立する(587条の2第1項)。

消費貸借がその内容を記録した電磁的記録によってされた場合には、その消費貸借は、書面によってされたものとみなされる(587条の2第4項)。この趣旨は、電磁的記録によってされた場合でも、契約上の義務を負う意思が外部的に明らかになっており、安易な合意により消費貸借が成立することを防止するという目的が達成される点にある。

➡ 部会資料70A・51頁

3 消費貸借の効力

【1】貸主の権利・義務

(1) 「貸す債務」の存否

要物契約としての消費貸借の場合には、貸主は「貸す債務」を負わない。目的物の授受が契約の成立要件だからである。

これに対して、諾成的消費貸借の場合には、貸主は「貸す債務」を負う。目的物の授受の後は、貸主は、借主に対する目的物の返還請求権を取得する。

(2) 利息請求権——利息付消費貸借の場合

利息を支払う旨の合意をした場合には、貸主は、借主に対し、目的物を受け取った日以後の利息を請求することができる（589条2項）。この趣旨は、利息が目的物利用の対価としての意義を有する点にある。

> 利息の発生時期について、当事者間の合意によって、目的物の受領日より遅らせることはできると解されています。
>
> これに対して、当事者間の合意によっても、利息の発生時期を目的物の受領日より早めることはできないと解されます（強行規定）。利息は、目的物利用の対価であり、目的物の利用を開始した日から、かつ現実にそれを利用している期間にかぎって発生するものだからです。

➡ 部会資料70A・55頁、潮見・改正法283頁

➡ 部会資料70A・55頁、潮見・改正法283頁

➡ 部会第81回議事録6頁（中井委員発言）

(3) 貸主の引渡義務等

消費貸借において貸主が交付した目的物が契約の内容に適合しないものである場合には、次のように処理される。なお、金銭消費貸借ではこの種のことは生じないため、もっぱら近隣住民間で調味料を貸し借りする場合などに問題となる。

(a) 利息付消費貸借の場合

利息付消費貸借は、有償契約のため、売買の規定が準用される（559条）。すなわち、借主は、貸主に対し、目的物の修補、代替物の引渡しまたは不足分の引渡しによる履行の追完を請求することができる（562条）。

➡ 部会資料70A・56頁、潮見・改正法284頁

(b) 無利息消費貸借の場合

利息を支払う旨の合意がない場合には、贈与契約における贈与者の引渡義務等の規定（551条）が準用される（590条1項）。すなわち、貸主は、消費貸借の目的物を消費貸借の目的物として特定した時の状態で引き渡すことを約したものと推定される。この趣旨は、無利息消費貸借は無償契約であることから、同じ無償契約である贈与契約と同様に処理する点にある。

➡ 部会資料70A・56頁、潮見・改正法284頁

平成29年改正事項　貸主の引渡義務等　　C1

改正前民法590条1項は、「利息付きの消費貸借において、物に隠れた瑕疵があったときは、貸主は、瑕疵がない物をもってこれに代えなければならない。この場合においては、損害賠償の請求を妨げない」と規定していた。この趣旨は、改正前民法は要物契約たる消費貸借しか規定していなかったため、貸主が借主に一定の物を引き渡す債務を負うことがなかったところ、有償契約たる利息付消費貸借契約については、借主を保護するため、代替物の引渡請求を認めた点にある。

また、改正前民法590条2項は、「無利息の消費貸借においては、借主は、瑕疵がある物の価額を返還することができる。この場合において、貸主がその瑕疵を知りながら借主に告げなかったときは、前項の規定を準用する」と規定していた。この規定の後段は、無利息消費貸借については、貸主が瑕疵を知りながら借主に告げなかった場合にかぎり、利息付消費貸借の貸主と同じ責任を負うことを定めたものである。

平成29年改正民法により、売主の担保責任が債務不履行責任と構成され、代替物の引渡請求権等も明文上認められることとなった（562条1項）。この規定は、売買以外の有償契約にも準用される（559条）。そのため、改正前民法590条1項において代替物の引渡請求権を規定する必要がなくなった。また、無償契約である贈与についても担保責任の規定が整備されることとなったため、同じく無償契約である無利息消費貸借についても、担保責任の規定を整備する必要が生じた。

そこで、平成29年改正民法は、無利息消費貸借について贈与契約における贈与者の引渡義務等の規定（551条）を準用する旨規定した（590条1項）。

➡ 部会資料70A・55頁、81-3・12頁、潮見・改正法284頁、一問一答296頁

なお、利息付消費貸借については、559条により買主の追完請求権の規定(562条)が準用される。

2-29 貸主の引渡義務等

改正前民法	H29改正民法
貸主の担保責任について、590条1項で利息付消費貸借の、590条2項で無利息消費貸借の代替物の引渡請求を定めていた。	無利息消費貸借については590条1項で贈与契約における贈与者の引渡義務等の規定(551)が準用され、利息付消費貸借については559条により買主の追完請求権の規定(562)が準用される。

売主の担保責任が債務不履行責任と構成され、代替物の引渡請求権等も明文上認められることとなり(562Ⅰ)、また、無償契約である贈与についても担保責任の規定が整備されたことにより、消費貸借についてもそれらと規定を合わせる必要が生じた。

【2】借主の権利・義務

(1) 目的物返還義務

要物契約としての消費貸借の場合には、借主は、貸主に対して目的物と種類、品質および数量の同じ物をもって返還する義務を負う。

これに対して、諾成的消費貸借の場合には、借主は、契約の成立時に、貸主に対する目的物の引渡請求権を取得する。目的物の授受の後は、要物契約としての消費貸借と同様に、貸主に対する目的物の返還義務を負う。

→ 潮見・改正法280頁

(2) 借主の価額返還

利息を支払う旨の合意の有無にかかわらず、貸主が交付した目的物が種類または品質に関して契約の内容に適合しないものである場合には、借主は、その物の価額を返還することができる(590条2項)。この趣旨は、目的物が種類または品質に関して契約の内容に適合しない以上、借主が目的物と同程度の物を調達して返還することは通常困難であるため、価額の返還を認める点にある。

なお、金銭消費貸借ではこの種のことは生じないため、前に触れたように、もっぱら近隣住民間で調味料を貸し借りする場合などに問題となる。

→ 部会資料70A・56頁、潮見・改正法284頁

平成29年改正事項　貸主の引渡義務等　C1

改正前民法590条2項は、「無利息の消費貸借においては、借主は、瑕疵がある物の価額を返還することができる。この場合において、貸主がその瑕疵を知りながら借主に告げなかったときは、前項の規定を準用する」と規定していた。この規定の前段は、借主には原則として代替物の引渡請求権がないため、瑕疵ある物の引渡しを受けてその返還をしなければならないところ、引渡しを受けた物と同程度に瑕疵ある物を調達して返還することは通常困難であるため、価額の返還を認める規定である。そして、改正前民法590条2項の趣旨は、利息付消費貸借にも妥当する。

そこで、平成29年改正民法は、利息の有無にかかわらず、契約内容に適合しない物が引き渡された場合に価額による返還を認めることとした(590条2項)。

→ 部会資料70A・55頁、潮見・改正法284頁、一問一答297頁

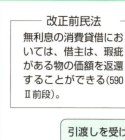

2-30 貸主の引渡義務等

(3) 借主の価額償還責任

借主が貸主から受け取った物と種類、品質および数量の同じ物をもって返還をすることができなくなったときは、その時における物の価額を償還しなければならない(592条本文)。ただし、金銭消費貸借において特殊の通貨で支払う約束があった場合に、当該通貨が弁済期に強制通用力を失ったときは、他の通貨で弁済しなければならない(592条ただし書・402条2項)。この趣旨は、目的物と種類、品質および数量の同じ物をもって返還をすることができなくなった場合において、現物の返還に代えて、借主に価額償還責任を負わせることで、貸主を保護する点にある。

→ 新注民(15)48頁

4 終了

改正前民法のもとでは、明文上は要物契約としての消費貸借しか存在しなかった。そのため、消費貸借の終了について、返還時期の定めの有無によって区分して検討すれば足りた。

ところが、平成29年改正により諾成的消費貸借が明文化された。諾成的消費貸借の場合には、目的物が授受される前に消費貸借が終了することがありうる。そのため、以下では、時系列に従い、諾成的消費貸借に特有の問題である目的物授受前の終了(後記【1】)について説明した後、広義の消費貸借に共通する問題として返還時期の定めのある場合と定めのない場合(後記【2】【3】)について説明する。また、借主は返還時期の定めの有無にかかわらず、いつでも返還をすることができる(591条2項)ことから、最後に借主の期限前弁済(後記【4】)について説明する。

【1】 目的物授受前の終了

諾成的消費貸借の場合、目的物が授受される前に消費貸借が終了することがある。

← 平成29年改正

(1) 借主からの解除

諾成的消費貸借の借主は、貸主から目的物を受け取るまで、契約を解除することができる(587条の2第2項前段)。この趣旨は、目的物の引渡し前に契約の必要がなくなった借主に対し、契約の拘束力からの解放手段を与える点にある。こ

→ 部会資料70A・51頁、潮見・改正法280頁

182　2章 契約各論

の規定は、借主には目的物の受領義務がないことおよび目的物を受領するまでは利息の支払義務が発生しないことを裏面から定めている。

借主が解除権を行使した場合に、貸主が解除により損害を受けたときは、貸主は、借主に対し、その賠償を請求することができる（587条の2第2項後段）。この趣旨は、借主による解除によって貸主に資金調達コスト等の損害が発生することがありうるため、その賠償責任を明記する点にある。貸主は、自身が受けた損害を主張立証した場合にかぎり、借主に対してその賠償を請求することができる。

(2) 当事者の一方の破産手続開始決定

諾成的消費貸借は、借主が貸主から目的物を受け取る前に当事者の一方が破産手続開始の決定を受けたときは、その効力を失う（587条の2第3項）。この趣旨は、次の点にある。すなわち、借主が破産手続開始決定を受けた場合には、借主に弁済の資力がないことは明らかである。この場合にまで、貸主に貸す債務を負わせるのは不公平である。また、貸主が破産手続開始決定を受けた場合には、借主は破産債権者として配当を受ける権利を有するにとどまる。そして、借主が配当を受けると、貸主の借主に対する目的物返還請求権が発生し、破産財団を構成することとなり、手続が煩雑になる。

なお、当事者の一方が民事再生手続や会社更生手続の開始決定を受けた場合における諾成的消費貸借の効力については、民事再生法49条や会社更生法61条、民法587条の2第3項の解釈に委ねられている。

▶ 部会資料70A・52頁、潮見・改正法281頁

2-31

●借主が破産した場合

・貸主に貸す債務が残ったままだと、貸主は、借主破産後も借主に金銭を貸さなければならない。
・破産した借主に金銭を貸しても、貸主は、破産配当の限度でしか返済を受けられない。
・貸主は、ほとんど返済を受けられないと知りつつ、金銭を貸し付けなければならなくなり、不公平である。そこで、契約の効力を失わせることにした（587の2Ⅲ）

●貸主が破産した場合

・貸主に貸す債務が残ったままだと、借主は、破産配当の限度で金銭を借りることになる。
・貸主の借主に対する貸金返還請求権は、破産財団を構成する。すなわち、破産管財人は、借主から返済を受けた後、改めて破産配当をしなければならない。
・破産手続がなかなか終わらず、手続が煩雑化する。そこで、契約の効力を失わせることにした（587の2Ⅲ）

【2】返還時期の定めがある場合

返還時期の定めがある場合には、返還時期の到来によって終了する。すなわち、返還時期が確定期限のときは期限の到来によって終了し(412条1項)、不確定期限のときは期限の到来した後に借主が履行の請求を受けた時、または借主が期限の到来を知った時のいずれか早い時に終了する(412条2項)。

【3】返還時期の定めがない場合

返還時期の定めがない場合には、貸主は、相当の期間を定めて返還の催告をすることができる(591条1項)。この趣旨は、借主に返還の準備をさせるための猶予期間を与える点にある。

→ 新注民(15)45頁

貸主が期間を定めないで返還の催告をした場合や、相当でない期間を定めて返還の催告をした場合には、当該催告の時から返還の準備をするのに相当な期間が経過した時に契約が終了する(判例)。

→ 大判昭和5年1月29日民集9巻97頁

【4】借主の期限前弁済

借主は、返還の時期の定めの有無にかかわらず、いつでも返還をすることができる(591条2項)。

← 平成29年改正

貸主は、返還の時期の定めがある場合に、借主の期限前弁済によって損害を受けたときは、借主に対し、その賠償を請求することができる(591条3項)。貸主は、自身が受けた損害を主張立証した場合にかぎり、借主に対してその賠償を請求することができる。

→ 部会資料70A・58頁、81-3・13頁、潮見・改正法285頁

平成29年改正事項 　返還の時期　　　　　　　　　　　　　　　B2

改正前民法のもとでは、591条2項において「借主は、いつでも返還をすることができる」と規定されていた。改正前民法591条2項は、改正前民法591条1項が返還時期を定めなかったときの規定であることから、期間の定めのない消費貸借についての規定と理解されていた。すなわち、返還時期の定めのある消費貸借について、期限前弁済を定めた規定はないと理解されていた。

また、改正前民法のもとでは、返還時期の定めのある消費貸借における期限前弁済を、期限の利益の放棄(136条2項)と解されていた。すなわち、借主は、返還時期の定めのある消費貸借の場合、期限の利益を放棄して期限前弁済をすることができるものの、相手方の利益を害することはできない。相手方の利益を害した場合には、損害賠償責任を負うこととなる(136条2項)。

しかし、改正前民法の文言からは、上記のようなルールがわかりにくく、規定を整理する必要があるといわれていた。

そこで、平成29年改正民法は、591条2項で「借主は、返還の時期の定めの有無にかかわらず、いつでも返還をすることができる」と規定したうえで、591条3項で返還時期を定めた場合の期限前弁済に関する規定を設けた。

なお、591条3項において借主が賠償すべき貸主の損害とは、期限までの利息を当然に意味するわけではない。すなわち、たとえば、借主が弁済期の1年前に弁済したからといって、早まった1年分の利息が当然に貸主の損害となるわけではない。なぜなら、貸主は、1年早く弁済を受けたことで弁済金を運用して利益をあげることもできるからである。

したがって、貸主は、借主の期限前弁済によって損害を受けたときは、損害の発生およびその額、期限前弁済と損害の因果関係を証明しなければならない。

また、591条3項における期限前弁済と損害賠償とが引換給付の関係にあるか否かは、解釈に委ねられている。

→ 部会資料70A・58頁、81-3・13頁、潮見・改正法285頁、一問一答299頁

2-32 返還の時期

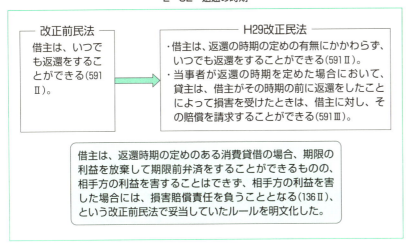

5 準消費貸借(588条)

【1】意義

準消費貸借とは、金銭その他の物を給付する義務を負う者がある場合において、当事者がその物を消費貸借の目的とすることを約することをいう(588条)。

たとえば、AとBが売買契約を締結したところ、買主Bが代金の支払を遅滞したことから、売主Aの買主Bに対する代金債権を消費貸借の目的として、改めて弁済方法や利息について約定することがあげられる。ほかにも、弁済期や利率の異なる複数の消費貸借契約を締結しているAB間で、複数の貸金債権をまとめて1つの消費貸借の目的とし、弁済期や利率を統一する場合にも利用される。

← 準消費貸借とは

| 平成29年改正事項 | 「消費貸借によらないで」という文言の削除 | B2 |

改正前民法588条は、「消費貸借によらないで金銭その他の物を給付する義務を負う者がある場合において、当事者がその物を消費貸借の目的とすることを約したときは、消費貸借は、これによって成立したものとみなす」と規定していた。「消費貸借によらないで」という文言は、旧債務が消費貸借ではないことが普通の場合であろうことから設けられたものと考えられている。

しかし、判例は、消費貸借に基づく返還債務を旧債務とする準消費貸借を認めている。また、この判例に対する異論もみられない。そこで、平成29年改正民法は、「消費貸借によらないで」という文言を削除し(588条)、判例法理との整合性を確保した。

→ 部会資料70A・54頁、潮見・改正法281頁、一問一答290頁

→ 大判大正2年1月24日民録19輯11頁

2-33 「消費貸借によらないで」という文言の削除

―改正前民法―
消費貸借によらないで金銭その他の物を給付する義務を負う者がある場合において、当事者がその物を消費貸借の目的とすることを約したときは、消費貸借は、これによって成立したものとみなす(588)。

→

―H29改正民法―
「消費貸借によらないで」という文言を削除した(588)。

判例は、消費貸借に基づく返還債務を旧債務とする準消費貸借を認めていたため、「消費貸借によらないで」という文言を削除し、判例法理との整合性を確保した。

【2】要件――準消費貸借の成立

　準消費貸借は、①金銭その他の物を給付する義務を負う者がある場合(旧債務の存在)に、②当事者がその物を消費貸借の目的とすることを約すること(当事者間の合意)によって成立する(588条)。

　準消費貸借は、諾成、不要式契約である。この理由は、準消費貸借は、契約に基づく目的物の引渡しを予定していないため、目的物の引渡しに代えて書面を要求することにより軽率な消費貸借の締結を防ぐという趣旨が妥当しない点にある。

→ 部会資料70A・54頁、潮見・改正法281頁

　なお、判例は、①の旧債務の存在について、準消費貸借の効力を争う者が旧債務の不存在について立証責任を負うとする(被告説)。この判例の見解によれば、①の旧債務の存在は成立要件(請求原因事実)ではなく、その不存在が抗弁事由となる。旧債務が存在しない場合や、その原因が公序良俗違反等による無効の場合には、準消費貸借に基づく新債務は成立せず、その原因が取消しや解除の場合には、準消費貸借に基づく新債務は遡及的に効力を失う。

→ 最判昭和43年2月16日民集22巻2号217頁

> 　立証(証明)責任については、初学者のうちは読み飛ばしてしまってかまいません。民事訴訟法や要件事実を勉強してから戻ってきてください。
> 　準消費貸借が成立するためには、旧債務の存在が必要です。もっとも、この点について、準消費貸借の成立を主張する者が旧債務の存在を積極的に立証しなければならないという見解と、準消費貸借の成立を争う者が旧債務の不存在を立証しなければならないという見解が対立しています。前者を原告説といい、後者を被告説といいます。
> 　判例は被告説を採用していますが、学説上は原告説も有力です。

【3】効力

　準消費貸借が成立すると、旧債務は消滅し、準消費貸借に基づく新債務が発生する。もっとも、単純に旧債務が消滅し、別個独立の新債務が発生すると理解してよいかについては、次のような、新旧債務の同一性とよばれる問題がある。

(1) 旧債務についての担保

　たとえば、旧債務について保証人がいる場合や、抵当権等の担保権が設定されている場合には、単純に旧債務が消滅すると考えると、付従性により担保も消滅することとなる。

　しかし、判例は、保証債務に関する事案において、当事者の意思によって決定すべきであるとして、新旧債務の同一性を肯定する余地を認めた。当事者の意思は、通常、新旧債務の同一性を維持する点にあると考えられるので、旧債務についての担保は消滅せず、新債務を担保するものと解すべきである。

→ 大判大正7年3月25日民録24輯531頁

　なお、判例は、旧債務について詐害行為取消権を行使できる場合には、準消費貸借成立後も新債務について詐害行為取消権を行使できるとした。

→ 最判昭和50年7月17日民集29巻6号1119頁

(2) 旧債務についての抗弁権

　たとえば、旧債務について同時履行の抗弁権等の抗弁権が付着している場合には、準消費貸借成立後の新債務についても抗弁権を行使することができるかが問題となる。

　この点、判例は、売買契約における同時履行の抗弁権について、新債務についても行使を認めたものがある。

→ 大判昭和8年2月24日民集12巻265頁、最判昭和62年2月13日判時1228号84頁

(3) 旧債務についての消滅時効期間

消滅時効期間は、当事者の意思によって決めるべきものではないため、準消費貸借を基準として決まることとなる。

たとえば、旧債務が短期間の消滅時効にかかるものである場合（改正前民法173条1号等）であっても、準消費貸借の成立後は、当該準消費貸借を基準として消滅時効期間（166条1項）が決まることとなる（判例）。

➡ 大判昭和8年6月13日民集12巻1484頁

第2章 契約各論

5. 使用貸借

1 意義

【1】使用貸借とは

　使用貸借とは、当事者の一方がある物を引き渡すことを約し、相手方がその受け取った物について無償で使用および収益をして契約が終了したときに返還をすることを約することによって、その効力を生ずる契約をいう(593条)。簡単にいえば、ただで貸す契約を使用貸借という。

　593条の規定により、借主は、使用貸借が終了した後に目的物返還債務が生ずることが定められている。

← 「使用貸借」とは
← 平成29年改正

【2】性質

　使用貸借は、**無償**、**片務**、**諾成契約**である。

> 諾成的消費貸借のところで述べたことと同様の説明になりますが、使用貸借の借主は、使用貸借の成立によってただちに「返還」債務を負うわけではなく、使用貸借が終了した後に「返還」債務を負うことになります。ですから、貸主と借主の債務は一方が貸して他方が終了後にそれを返還するという関係にあるため、双務契約ではなく、片務契約となるのです。

　改正前民法では要物契約とされていたが、平成29年改正により、諾成契約に変更された。この趣旨は、使用貸借が、単に親族間などで行われるだけでなく、経済的な取引の一環として行われることもあるので、目的物の引渡し前でも、契約の拘束力を付与しておこうという点にある。なお、契約の拘束力を緩和するため、後述するように、書面によらない使用貸借の場合には、貸主は、借主が借用物を受け取るまでは、契約の解除をすることができるとされた(593条の2本文)。

← 平成29年改正

➡ ②【2】

| 平成29年改正事項 | 使用貸借の諾成契約化 | C1 |

　改正前民法593条は、「使用貸借は、当事者の一方が無償で使用及び収益をした後に返還をすることを約して相手方からある物を受け取ることによって、その効力を生ずる」と規定し、使用貸借は要物契約とされていた。その根拠としては、無償契約としての恩恵的な性格を有するためなどと説明されていた。

　しかし、使用貸借は、親族等の情誼的な関係によるものだけでなく、経済的な取引の一環として行われることも多くなっており、目的物が引き渡されるまで契約上の義務が生じないのでは取引の安全が害されてしまうことや、現代社会においては、目的物の引渡し前でも、使用貸借に契約の拘束力を認める必要があることなどが指摘されていた。

　そこで、平成29年改正民法は、使用貸借を諾成契約とすることとした(593条)。

➡ 部会資料70A・60頁、一問一答301頁
← 使用貸借契約の諾成契約化

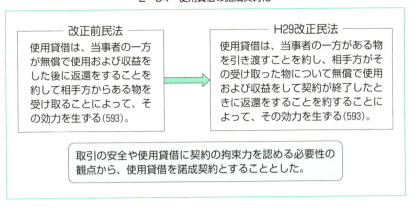

2-34 使用貸借の諾成契約化

これに対して、6節で説明する賃貸借は、賃料をとって、すなわち有償で目的物を貸すものであり、有償、双務、諾成契約である。

2 使用貸借の成立

【1】使用貸借の成立

(1) **諾成契約**

使用貸借は、前述したように諾成契約であるから、貸主と借主間の合意によって成立する(593条)。

← 平成29年改正

(2) **賃貸借との区別**

使用貸借は、借主の地位が弱く、特に、賃貸借における借主を保護する特別法(借地借家法など)の適用もない。そのため、使用貸借と賃貸借の区別が問題となる。

まず、使用貸借の借主は、賃貸借の場合と異なり、使用収益の対価(賃料)を支払う必要はないから、借主が貸主に対して何らの給付をしない場合には、使用貸借にあたることに問題はない。しかし、実際には、借主が一定の給付をする場合があり、その給付が目的物を使用収益の対価といえるか否かが、両者を区別する判断基準となる。

この点について、判例は、家屋使用の対価としてその家屋の留守管理をする旨の契約(留守番代の場合)は、賃貸借契約とはいえないとする。また、判例は、一畳あたり月1000円で貸すことができる6畳と7畳の2室を借り受けて使用(ただし7畳のほうは家主と共用)する間借人が、毎月室代名義で1000円ずつを家主に支払っていても、間借人が家主の妻の伯父という関係にあるときは、その金員は室使用の対価というよりはその関係に基づく謝礼とみるのが相当であり、その使用契約は賃貸借でなく使用貸借であるとした。さらに、判例は、建物の借主が建物を含む貸主所有の不動産に賦課された固定資産税等の公租公課の支払を負担する等の事実があるとしても、その負担が建物の使用収益に対する対価の意味をもつものと認めるに足りる特段の事情のないかぎり、貸借関係は使用貸借であると認めるのが相当であるとして、賃料相当額の4分の1程度の公租公課の負担では賃貸借ではないとしている。

→ 最判昭和26年3月29日民集5巻5号177頁
→ 最判昭和35年4月12日民集14巻5号817頁

→ 最判昭和41年10月27日民集20巻8号1649頁

【2】借用物受取り前の貸主による使用貸借の解除

書面によらない使用貸借の場合には、貸主は、借主が借用物を受け取るまで、契約の解除をすることができる（593条の2本文）。ただし、書面による使用貸借は、解除することができない（593条の2ただし書）。

この趣旨は、貸主保護の見地から、軽率な使用貸借を予防し、貸主の意思の明確を期して後日紛争が生じることを避ける必要があるので、借主が借用物を受け取るまでは解除権を与え、ただし、書面による使用貸借の場合には解除権を与えないとしたものである。

← 平成29年改正

| 平成29年改正事項 | 借用物受取り前の貸主による使用貸借の解除 | C1 |

使用貸借の合意に拘束力を認める必要があるが、他方で、無償の合意には軽率に行われるものも少なくないため、契約の拘束力を緩和するなどして、貸主の保護を図る必要もある。

この点については、同じ諾成・無償の類型である贈与契約において、贈与者保護のため軽率な贈与を予防し、贈与者の意思の明確を期して後日紛争が生ずることを避ける見地から、書面による贈与契約は解除することができないが（550条本文）、書面によらない贈与契約は履行するまでは解除することができるという規律があるところ（550条ただし書）、使用貸借についても、貸主保護の見地から、軽率な使用貸借を予防し、貸主の意思の明確を期して後日紛争が生じることを避ける必要がある。

そこで、平成29年改正民法は、借主が借用物を受け取るまでは貸主に解除権を与え、書面による使用貸借の場合には解除権を与えないこととした（593条の2）。

→ 部会資料70A・61頁、一問一答301頁

2-35 借用物受取り前の貸主による使用貸借の解除

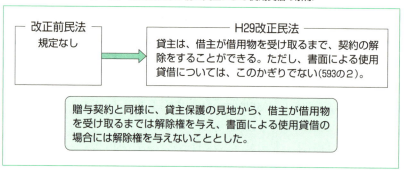

③ 使用貸借の効力

【1】貸主の義務

貸主は、目的物を使用貸借の目的として特定した時（使用貸借契約の時）の状態で引き渡すことを約束したものと推定される（596条・551条1項）。その時から引渡しまでは、善管注意義務（400条）を負う。また、負担付使用貸借においては、貸主は、負担の限度において、売主と同様に担保責任を負う（596条・551条2項）。逆にいうと、借主は、貸主に対し、負担の限度で、負担軽減請求権、解除権、損害賠償請求権、追完請求権を有することになる。なお、平成29年改正民法においては、贈与者の担保責任に関する551条1項の規定が改正されていることから、596条はそれ自体の条文の表現には変更はないものの、使用貸借の貸主の担保責任の実質的な規律を改めている。551条1項の内容については、贈与のところの説明を参照してほしい。

また、貸主は、借主の使用収益を妨げない消極的義務を負うが、賃貸借の場合

← 平成29年改正

→ 1節③【1】

（606条1項本文）と異なり、修繕などをする積極的義務は負わない。

【2】借主の権利・義務

(1) 使用収益権

借主は、契約で定めた方法で目的物を使用収益することができる(**使用収益権**)。特に約束がなければ、借主は、契約またはその目的物の性質によって定まった用法に従い、その物の使用および収益をしなければならない(**用法遵守義務**、594条1項)。

借主が契約の本旨に反する使用または収益によって貸主に対し損害を与えた場合には、貸主は借主に対し損害賠償を請求することができるが、この損害賠償請求は、貸主が返還を受けた時から1年以内にしなければならない(600条1項)。また、この損害賠償請求権については、貸主が返還を受けた時から1年を経過するまでの間は、消滅時効は完成しない(時効の完成猶予、600条2項)。さらに、借主が用法遵守義務違反をしたとき、たとえば、借主が下宿として借りた部屋を事務所として使用したような場合には、貸主は、契約の解除をすることができる(594条3項)。

← 平成29年改正

| 平成29年改正事項 | 損害賠償請求権に関する期間制限 | C2 |

借主の用法遵守義務違反による貸主の損害賠償請求権は、貸主が目的物の返還を受けた時から起算される1年の除斥期間(改正前民法600条、改正後600条1項)のほかに、借主が用法遵守義務違反をした時から起算される10年の消滅時効(改正前民法167条1項、改正後166条1項2号)にも服するとされている。

しかし、貸主は目的物の状況を把握することが困難なため、貸主が借主の用法遵守義務違反の事実を知らない間に消滅時効が進行し、貸主が目的物の返還を受けた時にはすでに借主が用法遵守義務違反をした時から10年を経過し消滅時効が完成しているといった不都合な事態が生じうるので、これに対処する必要がある。

そこで、平成29年改正民法では、契約の本旨に反する使用収益によって生じた貸主の損害賠償請求権および借主の費用償還請求権の権利行使期間を、貸主が返還を受けた時から1年とする旧600条を維持した(600条1項)うえで、契約の本旨に反する使用収益によって生じた損害賠償請求権は、貸主が目的物の返還を受けた時から1年を経過するまでは時効が完成しない(時効の完成猶予)とする規定を追加した(600条2項)。

→ 部会資料69A・63頁、潮見・改正法291頁、一問一答302頁

← 損害賠償の期間制限

2-36　損害賠償請求権に関する期間制限

改正前民法	H29改正民法
契約の本旨に反する使用または収益によって生じた損害の賠償および借主が支出した費用の償還は、貸主が返還を受けた時から1年以内に請求しなければならない(600Ⅰ)。	・600条1項は維持 ・600条1項の損害賠償の請求権については、貸主が返還を受けた時から1年を経過するまでの間は、時効は、完成しない(600Ⅱ)。

貸主が借主の用法遵守義務違反の事実を知らない間に消滅時効が進行し、貸主が目的物の返還を受けた時にはすでに消滅時効が完成しているという不都合な事態が生じないよう、時効の完成を猶予する規定をおいた。

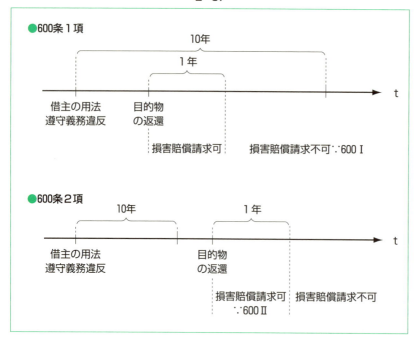

　また、借主は、貸主の承諾を得なければ、第三者に借用物を転貸したり、借主の地位を譲渡したりして、第三者に目的物の使用収益をさせることができないし（**無断譲渡転貸禁止**、594条2項）、この義務に違反した場合にも、貸主は、契約を解除することができる（594条3項）。

(2) **目的物保管義務**

　借主は、**善管注意義務**をもって目的物を保管しなければならないし（400条）、借用物の保管に通常必要な費用（**通常の必要費**）を負担しなければならない（595条1項）。通常の必要費とは、借りた建物の固定資産税のようなものである。

　これに対して、借主が、**特別な必要費**や**有益費**を負担したときは、196条の規定に従い、貸主に対し償還請求をすることができる（595条2項・583条2項）。特別な必要費とは建物が台風で壊れたときの修繕費などであり、有益費とはトイレの水洗化の費用などである。

(3) **目的物返還義務（債務）**

　使用貸借が終了した場合には、借主は、目的物を返還しなければならない（**目的物返還義務**、593条）。

(4) **収去義務・収去権**

　借主は、借用物を受け取った後にこれに附属させた物がある場合に、使用貸借が終了したときは、その附属させた物を収去する義務を負う（**収去義務**、599条1項本文）。ただし、壁に塗られたペンキや壁紙・障子紙など、借用物から分離することができない物や分離するのに過分の費用を要する物については、収去義務を負わない（599条1項ただし書）。

| 平成29年改正事項 | 借主の収去義務 | B2 |

　改正前民法598条は、「借主は、借用物を原状に復して、これに附属させた物を収去することができる」と規定し、借主の収去権のみを明記していたところ、借主の収去義務については、

→ 部会資料70 A・63頁、一問一答302頁

明文規定がないが、同条を根拠として借主は収去義務を負うと解されていた。しかし、借主の収去義務は、使用貸借契約における重要な義務であることから、これを明文化する必要がある。

また、収去義務が及ぶ附属物の範囲について、だれの所有物が附属されたかに関わりなく、借主が目的物を受け取った後にこれに附属された物については、借主が収去義務を負い、附属物を分離することができない場合や、附属物の分離に過分の費用を要する場合については、借主は収去義務を負わないと解されていた。しかし、上記の解釈も条文上読み取ることができず、かつ、目的物の附属物の収去をめぐっては実務的に問題となることが多く、特に法律関係を明確化する必要性が高い。

そこで、平成29年改正民法は、借主の収去義務とそれが及ぶ附属物の範囲を明文化した(599条)。

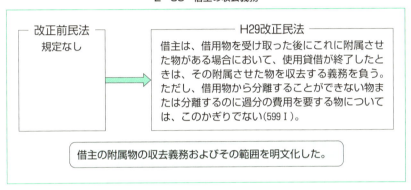

2-38 借主の収去義務

また、借主は、借用物を受け取った後にこれを附属させた物を収去することができる(収去権、599条2項)。改正前民法598条に規定していた借主の収去権を実質的に維持するものである。

(5) 原状回復義務

借主は、借用物を受け取った後にこれに生じた損傷がある場合に、使用貸借が終了したときは、その損傷を原状に復する義務を負う(原状回復義務、599条3項本文)。ただし、その損傷が借主の責めに帰することができない事由によるものであるときは、原状回復義務を負わない(599条3項ただし書)。

← 平成29年改正

| 平成29年改正事項 | 借主の原状回復義務 | B2 |

改正前民法598条は、「借主は、借用物を原状に復して、これに附属させた物を収去することができる」と規定し、借主の原状回復の権利を規定していたが、同時に原状回復義務を負うと解されていた。そして、この原状回復義務について、借主が目的物を受け取った後に生じた損傷については、借主が原状回復義務を負うのが原則であるが、目的物の損傷が借主の帰責事由によらないものである場合には、借主は原状回復義務を負わないとされていた。

しかし、改正前民法598条は、「借主は、借用物を原状に復して」と規定するのみであり、上記規律の解釈が明らかでないので、これらを明文化する必要があった。

そこで、平成29年改正民法は、借主が目的物を受け取った後に生じた損傷については、借主は、原則として原状回復義務を負うが、損傷について借主に帰責事由がない場合には原状回復義務を負わないことを明文化した(599条3項)。

なお、使用貸借においては、賃貸借の場合(621条本文括弧書)と異なり、通常損耗の回復が原状回復義務に含まれるかどうかについては、規定を設けていない。通常損耗について原状回復義務が及ぶか否かは、個々の使用貸借契約の趣旨によってさまざまであると考えられたため、合意がない場合を補う任意規定はおかないことにしたのである。

→ 部会資料70 A・64頁、一問一答307頁

2-39 借主の原状回復義務

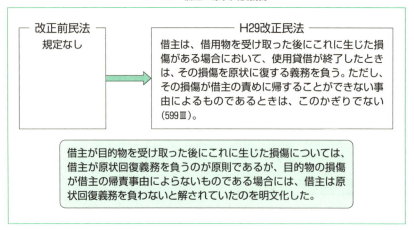

| 改正前民法
規定なし | → | H29改正民法
借主は、借用物を受け取った後にこれに生じた損傷がある場合において、使用貸借が終了したときは、その損傷を原状に復する義務を負う。ただし、その損傷が借主の責めに帰することができない事由によるものであるときは、このかぎりでない（599Ⅲ）。 |

借主が目的物を受け取った後にこれに生じた損傷については、借主が原状回復義務を負うのが原則であるが、目的物の損傷が借主の帰責事由によらないものである場合には、借主は原状回復義務を負わないと解されていたのを明文化した。

【3】借主の第三者に対する関係

貸主が目的物を第三者に賃貸したり、所有権を第三者に譲渡したりして、第三者が対抗要件を取得したときは、借主は、その第三者に対し、使用貸借上の権利を主張することはできない。使用借権には対抗力がないからである。

このように、使用貸借の借主には**第三者対抗要件・対抗力がない**という点は、賃貸借と比べて大きな特徴となるため、しっかりと覚えておいてほしい。

← 第三者との関係

2-40 借主の第三者に対する関係

4 終了

民法は、使用貸借の終了の場面一般の規律を、契約の当然終了と契約の解除の場面とに分けて整理している。

← 使用貸借の終了事由

【1】当然終了
(1) 期間満了・目的達成

当事者が使用貸借の期間を定めたときは、使用貸借は、その期間が満了することによって終了する（597条1項）。また、当事者が使用貸借の期間を定めなかった場合において、使用および収益の目的を定めたときは、使用貸借は、借主がその目的に従い使用および収益を終えることによって終了する（597条2項）。

(2) 借主の死亡

使用貸借は、貸主と借主との間の特別な関係（人的信頼関係）に基づく無償契約であるから、借主の死亡によって終了する（597条3項）。借主の地位は相続できない、すなわち使用貸借は相続されないことを意味している。賃貸借が借主の死亡によっても終了せず、借主の地位が相続されることとの違いをしっかりとおさえておこう。

→ 6節４【4】(3)

ところで、判例のなかには、共同相続人のひとりが相続開始前から被相続人の許諾を得て遺産である建物において被相続人と同居してきたときは、特段の事情のないかぎり、被相続人とその同居の相続人との間において、被相続人が死亡し相続が開始した後も、遺産分割により上記建物の所有関係が最終的に確定するまでの間は、引き続きその同居の相続人にこれを無償で使用させる旨の合意があったものと推認されるとしたものがある。そして、その結果、被相続人が死亡した場合には、この時から少なくとも遺産分割終了までの間は、被相続人の地位を承継した他の相続人等が貸主となり、その同居の相続人を借主とする建物の使用貸借契約関係が存続することになるものというべきであるとされた。これについては、実質的には、相続をめぐる紛争において、同居相続人以外の者が建物を相続した場合には、その効果が被相続人の死亡時にさかのぼる（909条本文）としても、それに伴う親族間での使用利益の不当利得返還請求権は認めないという点に力点がおかれていると評価されている。

→ 最判平成8年12月17日（百選Ⅲ71事件）

→ 中舎・債権法266頁

上記判例は、意思表示の推認の方法を用いて、配偶者の短期居住を確保しようとしたものである。無償で被相続人の建物に同居していた者が、相続と同時に賃料相当額の不当利得返還義務を負うのは妥当ではないので、この判例の結論は妥当であろう。

　　上記の平成8年判決については、「遺産分割協議中は従前通り無償使用させるのが妥当であり、遺産分割事件の円満な進行にも資するし、当事者の意思にも沿うものであろう。他方、遺産分割後の建物の使用については、遺産分割で定められた権利関係に従って処理されるべきであろう」と説明されていました。

→ 平成8年度最高裁判例解説民事編1003頁[野山]

　　しかし、このような意思表示の推認の方法では、たとえば反対の意思表示が明確である場合には妥当な結論を導くことができないため、一定の限界があるとの指摘がされていました。

　　相続の分野に関する2018（平成30）年改正民法（以下、「平成30年改正民法」といいます）は、平成8年判決の趣旨を一歩進めて、**配偶者短期居住権**という権利を新設し、遺産分割協議を終えるまでの間、配偶者の暫定的な居住を権利として確保しました（1037条から1041条まで）。

← 平成30年改正（相続分野）

　　また、この平成30年改正民法は、生存配偶者の終の棲家を権利として確保しようとして、所定の要件のもと、生存配偶者が、建物の全部について使用収益する権利（**配偶者居住権**）を取得することができると規定しました（1028条から1036条まで）。

　　平成30年改正民法のうち、配偶者短期居住権および配偶者居住権に関する規定部分（1028条から1041条まで）は、公布の日（平成30年6月13日）から起算して2年を超えない範囲内において政令で定める日に施行されます（附則1条4項）。詳しくは、相続法で学ぶことになります。

【2】解除

(1) 貸主の解除

(a) **借用物受取り前の貸主による使用貸借の解除**(593条の2)

この点については、前述した。平成29年改正により、使用貸借の諾成契約化に伴い、新しく定められたものである。

(b) **期間の定めがない場合において、使用収益の目的を定めたとき** ← 平成29年改正

貸主は、使用貸借の期間を定めなかった場合に、使用および収益の目的を定めたときは、その目的に従い借主が使用および収益をするのに足りる期間を経過したときに、契約の解除をすることができる(598条1項)。平成29年改正民法により、改正前597条2項ただし書の規定を実質的に維持したうえで、解除による使用貸借の終了として明文化したものである。

(c) **期間および使用収益の目的を定めなかったとき**

当事者が使用貸借の期間ならびに使用および収益の目的を定めなかったときは、貸主は、いつでも契約の解除をすることができる(598条2項)。この規定も、平成29年改正民法により、改正前597条3項の規定を実質的に維持したうえで、解除による使用貸借の終了として明文化したものである。

(2) 借主の解除

借主は、いつでも契約の解除をすることができる(598条3項)。 ← 平成29年改正

→ 部会資料70A・62頁、一問一答306頁

平成29年改正事項	借主の解除	B 1

改正前民法においても、使用貸借の借主は、いつでも目的物の返還をすることができると解されていたが、明文規定がなかった。借主の解除権を規定しなくても、使用貸借の目的の達成等の解釈を通じて対応することが可能とも考えられるが、これを規定しないと、条文の文言上は、貸主側からの解除権のみを規定していることになるので、借主側からの解除権が認められないかのような誤解も生じかねない。

そこで、平成29年改正民法は、使用貸借の借主が、いつでも使用貸借を解除することができる旨を明文化した(598条3項)。

2-42 借主の解除

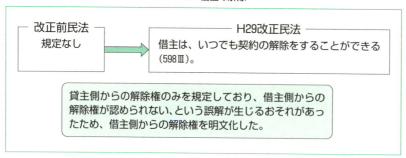

次節では、賃貸借について説明していくことになるが、あらかじめ使用貸借と

賃貸借との違いを明らかにしておくと、次の表になる。

使用貸借と賃貸借の差異

	使用貸借	賃貸借
契約の性質	無償・片務・諾成	有償・双務・諾成
対抗力	なし	あり：605
修繕義務	なし	あり：606Ⅰ本文
費用負担	通常の必要費は借主負担：595Ⅰ	賃貸人負担：608
担保責任	贈与の規定が準用される：596・551	あり：559本文
特別の終了原因	借主の死亡で終了：597Ⅲ	借主の死亡では終了しない
存続期間の定め	なし	最長50年：604*

＊建物所有目的の借地権・建物の賃貸借（借地権）については制限なし（借地借家3条ただし書、29条2項）

第2章 契約各論

6. 賃貸借

1 意義

【1】賃貸借とは

　賃貸借とは、当事者の一方(賃貸人)がある物の使用および収益を相手方(賃借人)にさせることを約し、相手方がこれに対してその賃料を支払うことおよび引渡しを受けた物を契約が終了したときに返還することを約することによって、効力を生じる契約をいう(601条)。たとえば、アパートの一室を借りるとか、レンタカー業者から自動車を借りるような場合である。平成29年改正により、601条には、賃借人の債務の内容として、賃料を支払うこと(**賃料支払義務〔債務〕**)に加え、引渡しを受けた物を賃貸借契約が終了したときに返還すること(**目的物返還義務〔債務〕**)が追加された。なお、賃貸人の使用収益させる義務とともに、上記それぞれの義務の内容については、③で説明する。

← 「賃貸借」とは

← 平成29年改正

平成29年改正事項	目的物返還義務(債務)の明示	B1

　賃貸借の冒頭規定である改正前民法601条は、賃借人が賃料支払債務を負うことを定める一方、目的物返還債務を負うことを定めていなかった。そして、賃借人の目的物返還債務については、改正前民法616条が使用貸借における借用物の返還時期について定めた改正前民法597条1項を準用するのみであり、必ずしも明示的に規定されていなかった。
　しかし、賃貸借における目的物返還債務は、賃借人の基本的な債務のひとつであって、各種契約のうちで賃貸借を特徴づけている重要な要素である。しかも、同様の特徴を有する消費貸借や使用貸借においては、冒頭規定において借主が返還債務を負う旨が明示されている(587条、593条)。そのため、賃貸借の冒頭規定においても、賃借人が目的物返還債務を負う旨を規定する必要がある。そこで、平成29年改正民法は、601条の規定を基本的に維持しつつ、賃貸借を成立させるための合意の内容として、賃借人が、賃料の支払に加え、契約終了後に目的物を返還することを約することが必要である旨を明記した(601条)。

➡ 部会資料69A・41頁、一問一答310頁

← 賃借人の目的物返還義務の明示

2-43　目的物返還義務(債務)の明示

改正前民法	H29改正民法
賃貸借は、当事者の一方がある物の使用および収益を相手方にさせることを約し、相手方がこれに対してその賃料を支払うことを約することによって、その効力を生ずる(601)。	賃貸借は、当事者の一方がある物の使用および収益を相手方にさせることを約し、相手方がこれに対してその賃料を支払うこと、および引渡しを受けた物を契約が終了したときに返還することを約することによって、その効力を生ずる(601)。

貸借人の基本的な債務である目的物返還債務を明文化した。

現代社会における重要な取引のひとつに、ファイナンス・リース(リース契約)があります。企業を中心に多く用いられている契約ですので、簡単に説明しておきます。

　ファイナンス・リースとは、サプライヤー(S)の所有する特定の物件(コンピュータ、事務機器、土木機械、医療機器、自動車など)を使用したいユーザー(U)が、Sから直接購入するのではなく、それをリース会社・業者(L)に買ってもらい、LからUが借り、リース期間中、UがLにリース料を支払うという取引形態です。

　契約書上は、SL間で(物件)売買契約、LU間で(物件)賃貸借契約(リース契約)という形態がとられています。要するに、LがSから購入した物件をUに賃貸するという形式になっているのです。UがLに支払うリース料は、Lの調達費用等を基礎に算出した支払回数により分割したものということになります。

← 「ファイナンス・リース」とは

2-44

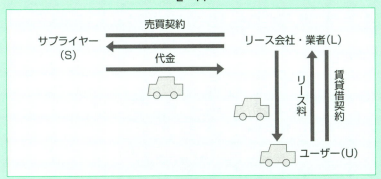

　ファイナンス・リース契約では、目的物の賃貸借に類似する側面と、目的物の資金調達の金融の面(LがUに対して金融の便宜を供与する)があり、また、たとえばLの修繕義務の有無や担保責任(特に解除の有無)などの問題が生じます。

　平成29年改正の過程においてファイナンス・リース契約に関する規定の新設が検討されましたが、見送られました。

【2】性質

　賃貸借は、**有償**、**双務**、**諾成契約**である。有償(賃料にあたる)といえるためには、目的物の使用収益の対価である必要がある。したがって、多少の負担や給付があったとしても、対価といえないときは、賃貸借には該当しない。使用貸借のところで触れたとおり、判例は、留守番代、謝礼、賃料相当額の4分の1程度の公租公課の負担では、賃貸借ではないとしている。

　また、使用貸借との違いは前節で述べたとおりであるが、不動産賃借権は、用益物権である地上権と類似するので、その違いを下記の表で確認しておこう。特に、⑤は、①の物権と債権という性質の違いがよく現れているといえるであろう。

→ 5節②【1】(2)
→ 最判昭和26年3月29日民集5巻5号177頁、最判昭和35年4月12日民集14巻5号817頁、最判昭和41年10月27日民集20巻8号1649頁
→ 5節

	地上権	不動産賃借権
①性質	物権	債権
②地代・賃料	地代は要素ではない(無償もあり)	賃料あり(有償)
③対抗力	登記可 登記に応じない場合には登記請求権あり	登記可(605) 登記に応じない場合でも登記請求権なし(判例)
④存続期間	永久の定めも可 定めない場合には20年以上50年以下(268Ⅱ)	50年以下(604) 定めのない場合には解約申入れ可(617Ⅰ)
⑤譲渡・転貸	自由	貸主の承諾必要(612Ⅰ)

→ 大判大正10年7月11日民録27輯1378頁

なお、後述する借地借家法によって、建物所有を目的とした土地賃借権と建物所有を目的とした地上権は、ともに借地権として同じように扱われることになっている。

【3】賃貸借契約のポイント

(1) 賃借権の物権化

不動産賃借権は、債権でありながら、物権である地上権と、目的不動産を使用収益するという点において共通している。しかしながら、賃借権では賃借人の地位が圧倒的に弱く、賃借人の保護が不十分である。そこで、賃借人の地位を強化すべく、「建物保護ニ関スル法律」(建物保護法)をはじめとする借地・借家・小作関係の特別法が制定された(借地・借家に関する特別法は、平成3年制定の借地借家法として一本に統合された)。その結果、賃借権が物権のような効力を有するにいたった。これを**賃借権の物権化**という。

> 後述するように、建物所有目的で地上権や賃借権の設定を受けて土地を使用収益する場合には、借地借家法の適用があります。また、居住用・事業用の使用目的による区別なく、建物とその一部の賃貸借(借家)には借地借家法の第3章「借家」の規定が適用され、民法の賃貸借の特別法として、建物賃借人(借家人)の保護が図られています。
> なお、借地借家法施行前(平成4年7月31日まで)までに設定された借地権に関わる契約の更新や、建物の賃貸借契約の更新の拒絶の通知および解約の申入れになどに関しては、「なお従前の例による」とされています(借地借家附則6条、12条)。それゆえ、これらについては、旧法(借地法、借家法)の規定と、旧法下の判例法の適用があるものとして扱われるのです。このことは、旧借地借家関係が更新されても、また、相続や譲渡により当事者の変更があっても、同じですので、注意してください。

(a) 不動産賃貸借の対抗力(民605条、借地借家10条1項、31条)

← 賃借権の物権化①
　対抗力

賃借権は債権であるから、「売買は賃貸借を破る」という法諺どおり、**賃貸目的物の新所有者は、賃借人に対して優先するのが原則**である。すなわち、目的物の新所有者は賃借人を追い出して自分の排他的な所有権を主張することができるはずである。しかし、不動産賃借権にかぎっては、㋐その**賃借権の登記を備える**か(民605条)、または㋑**借地の場合には借地上に登記した建物を所有する**か(借地借家10条1項)、㋒**借家の場合にはその借家の引渡しを受けること**(借地借家31条)によって、

新所有者に対しても対抗できることになる。

| 平成29年改正事項 | 不動産賃貸借の対抗力 | B2 |

改正前民法605条は、「不動産の賃貸借は、これを登記したときは、その後その不動産について物権を取得した者に対しても、その効力を生ずる」と規定していたところ、「その不動産について物権を取得した者に対しても、その効力を生ずる」という文言は、①物権を取得した者に対して賃借権を対抗することができること、②物権を取得した者に対して賃貸人の地位が移転すること（賃貸借契約が承継されること）を意味するものとされていた。

しかし、①は賃借権の対抗に関する規律であり、「物権を取得した者」には、二重に賃借をした者、不動産を差し押さえた者等も含まれると解されていたが、文言上は、これらの者等が含まれるかどうかが明らかでなかった。また、改正前民法605条には「その後」との文言があったが、判例は、賃借人と第三者との優劣は対抗要件の具備の先後によって決まるとしていたので、「その後」の文言はこの判例との整合性を欠いていた。さらに、①の規律では、二重に賃借をした者等のほか「物権を取得した者」に該当するすべての者が対象となるが、②の賃貸人の地位の移転に関する規律では、賃貸人である所有者からその所有権を譲り受けた者や賃貸人である地上権者からその地上権を譲り受けた者との関係でのみ問題となってしまい、①と②の規律では「物権を取得した者」の範囲も異なることになる。

このように、①の規律が条文上明らかでなく、適用場面が異なる①②の規律が整理されずに同一条文で規定されていることから、条文上①②の規律を分けたうえで、明文化する必要があった。

そこで、平成29年改正民法は、①の規律を明らかにするため、改正前民法605条の「その後その不動産について物権を取得した者」という文言について、「その他の第三者」を付加するとともに、「その後」を削除し、さらに、対抗問題であることを明らかにするために、「その効力を生ずる」という文言を「対抗することができる」に改めた（605条）。

なお、改正前民法605条の規律の内容のうち、②の賃貸人の地位の移転については、605条の2で規定している。

→ 部会資料69 A・45頁、一問一答316頁

→ 最判昭和42年5月2日判時491号53頁

2-46 不動産賃貸借の対抗力

――― 改正前民法 ―――
不動産の賃貸借は、これを登記したときは、その後その不動産について物権を取得した者に対しても、その効力を生ずる（605）。

――― H29改正民法 ―――
・不動産の賃貸借は、これを登記したときは、その不動産について物権を取得した者その他の第三者に対抗することができる（605）。
・賃貸人たる地位の移転についての規律を605条の2におく。

・「物権を取得した者」の範囲についての解釈を明らかにした。
・判例との整合性を欠いていた「その後」の文言を削除。
・対抗問題であることを明らかにした。
・賃貸人の地位の移転に関する規定と条文を分けた。

なお、605条は、「不動産の賃貸借は、これを登記したときは、その不動産について物権を取得した者その他の第三者に**対抗することができる**」と規定しているが、不動産譲受人との関係では、「売買は賃貸借を破る」のが原則であることから、賃借権の登記をしておけば、賃貸借は、不動産譲受人に対してその**効力を生ずる**、と読むべきであろうといわれている。

(b) 不動産の賃借人による妨害の停止の請求等（605条の4）

不動産の賃借人は、605条の2第1項に規定する対抗要件（605条、借地借家法10条または31条その他の法令の規定による賃貸借の対抗要件）を備えた場合に、

← 平成29年改正

→ 潮見・改正法294頁、潮見・債権各論Ⅰ175頁

← 平成29年改正
← 賃借権の物権化②賃借人の妨害停止請求等

2-6 賃貸借　201

①その不動産の占有を第三者が妨害しているときは、その第三者に対する妨害の停止の請求を、②その不動産を第三者が占有しているときは、その第三者に対する返還の請求をすることができる（民605条の4。詳しくは後述する）。

また、不動産の賃借人は、第三者が賃借権を侵害しているときは、その第三者に対して損害賠償を請求することができる。

(c) 処分可能性

賃借権は人的信頼関係に基礎をおいているため、これを譲渡・転貸する場合には賃貸人の承諾が必要となるのが原則である（612条1項）。しかし、かりに賃貸人が承諾しなかった場合であっても、例外的に譲渡・転貸が有効になる場合がある。また、借地の場合は、裁判所が賃貸人の承諾に代わる許可の裁判をすることがある（借地借家19条）。

(d) 賃借権の永続性

賃借権の存続期間は、民法の原則によると50年が上限となる（民604条1項）。しかし、借地借家法が適用されると、借地権の存続期間を30年未満とした場合には、一律に存続期間30年として扱われ、他方、存続期間の上限はなくなる（借地借家3条、9条）。また、借地契約の期間が満了した場合においても、契約の更新拒絶をするには「正当の事由」が必要となる（借地借家6条）ことから、事実上ほとんどの場合には、永続的に賃借権が存続することになる。借家権についても、借地借家法が適用されると、1年未満のものは期間の定めのないものとみなされ（借地借家29条1項）、民法604条は適用されない（借地借家29条2項）。また、賃貸人が解除する場合および更新拒絶の場合には、「正当の事由」が必要である（借地借家28条）。

以上のような借地借家法による修正は、賃借人に不利な特約は許さないという<u>片面的強行規定</u>となっている（借地借家9条、16条、21条、30条、37条）。

(2) 継続的契約（法律関係）であることからの信頼関係の尊重

賃貸借契約の問題点を検討するに際しては、継続的契約であることから信頼関係を尊重して、さまざまな論点を解釈していくことになる。一時的な契約である売買契約などと大きく異なる点である。特に契約の終了段階ではこの信頼関係が重要な意味をもってくる。

以上より、賃貸借契約におけるポイントは、賃借権の物権化の傾向と、継続的契約ゆえの信頼関係重視という2点になる。

2 賃貸借の成立

【1】賃貸借契約

(1) 賃貸借の成立——賃貸借の合意

賃貸借が成立するためには、目的物を使用収益させるという賃貸人の意思表示と、これに対して賃料を支払い、引渡しを受けた物を契約が終了したときに返還するという賃借人の意思表示とが合致する必要がある（諾成契約、601条）。

もっとも、他人の物を継続的に用益し、用益が賃借の意思によるものであることが客観的に表現されている場合には、賃借権は時効取得され（163条）、賃貸借関係は時効によっても成立する（判例）。この点は、民法総則で学習した。

→ 本節5【2】

← 賃借権の物権化③ 処分可能性

← 賃借権の物権化④ 賃借権の永続性

← 信頼関係の尊重

← 賃貸借契約の諾成契約化

→ 最判昭和43年10月8日（判例シリーズ13事件）

(2) **賃貸借の対象**

賃貸借の対象は「物」(601条)であるから、動産か不動産かを問わないが、権利や企業・営業は除外される。しかし、対価を得て権利などを使用収益させる事例においても、特別法の規定(特許78条など)がないかぎり、賃貸借の規定を類推適用すべきであると解されている。

→ 『民法総論』8章3節

(3) **他人物賃貸借**

他人の物の賃貸借も有効である(559条・561条)。ただし、判例は、錯誤(95条)によって解決する。具体的には、目的物が賃貸人に属することが特に賃貸借の重要な内容とされていたときはその賃貸借は無効(現取消し)であるが、そうでないときには錯誤は成立しないとする。しかし、学説の多くは、判例に反対し、561条以下の規定を準用すべきであるとする。

なお、他人物賃貸の法律関係については、後述する。

→ 大判大正7年3月27日民録24輯599頁

→ 大判昭和3年7月11日民集7巻559頁

【2】短期賃貸借

(1) **処分の権限を有しない者の賃貸借**

長期の賃貸借は処分行為をしたのと同様になるから、通常、賃貸借をするには処分権限が要求される。そのため、管理権は有するが処分権限を有しない者が賃貸借をする場合には、管理行為の範囲内においてのみ認めざるをえない。

そこで、処分の権限を有しない者が賃貸借をする場合には、次に掲げる賃貸借は、それぞれ定める期間を超えることができない(602条柱書前段)。

①樹木の栽植または伐採を目的とする山林の賃貸借　**10年**(1号)
②前号に掲げる賃貸借以外の土地の賃貸借　**5年**(2号)
③建物の賃貸借　**3年**(3号)
④動産の賃貸借　**6か月**(4号)

← 「短期賃貸借」とは

← 平成29年改正

> 「10年、5年、3年および6か月」なので、「とうごうさんろく」と記憶してください。

処分の権限を有しない者の例としては、不在者の財産管理人(25条)、権限の定めのない代理人(103条)、後見監督人がある場合の後見人(864条)、各種の場合の相続財産管理人(918条3項、943条2項、950条2項、953条など)などがあげられる。

平成29年改正事項	行為能力を制限された賃貸借の規定の削除	C1

改正前民法602条は、短期賃貸借のみを締結することができる者として、「処分の権限を有しない者」のみならず、「処分につき行為能力の制限を受けた者」を定めていた。これは、処分につき行為能力の制限を受けている者、すなわち未成年者、成年被後見人、被保佐人および被補助人が締結することができる賃貸借を限定したものとされていた。

しかし、制限行為能力者がどのような法律行為をすることができるかは、行為能力に関する規定(4条から21条まで)において規定されているところ、賃貸借に関しても、被保佐人および被補助人が締結することができない賃貸借の範囲は明示されており(13条1項9号、17条1項参照)、これに該当しない賃貸借はそれぞれ保佐人または補助人の同意なくして単独ですることができることが明らかである。他方、未成年者が法定代理人の同意を得ないで賃貸借契約を締結した場合と、成年被後見人が賃貸借契約を締結した場合については、いずれも、短期賃貸借かどうかにかかわらず、取り消すことができる(5条2項、9条本文)。このように、制限行為能力者がどのような賃貸借契約を締結することができるかは行為能力に関する事項であって、

→ 部会資料69A・42頁、一問一答310頁

行為能力の箇所にすでに規定が設けられているから、これと内容面で重複する規定を602条において更に設ける必要はない。

また、改正前民法602条が存在することにより、以下のような弊害が生じかねないと指摘されていた。すなわち、同条の文言上は、①制限行為能力者は、短期賃貸借であれば何ら制限なく締結することができ、また、②同条各号に定める期間を超える賃貸借契約を締結することはできないように理解することもできる。

しかし、上記のように、未成年者が法定代理人の同意を得ないで賃貸借契約を締結した場合や、成年被後見人が賃貸借契約を締結した場合には、いずれも、その期間の長短にかかわらず、取り消すことができる（5条2項、9条本文）。他方で、被補助人については、602条各号に定める期間を超える賃貸借であっても、家庭裁判所の審判により補助人の同意を要する行為とされていなければ単独ですることができ、被補助人は短期賃貸借のみをすることができるわけではない。

このように、上記①②の内容はいずれも誤っているが、同条の存在はこのような誤解を生じさせかねない。

そこで、平成29年改正民法は、「処分につき行為能力の制限を受けた者」が短期賃貸借をすることができる旨の規定を削除した（602条前段）。

2-47　処分の行為能力を有しない賃貸借の規定の削除

```
―― 改正前民法 ――
処分につき行為能力の制限を受けた者または処分の権限を有しない者が賃貸借をする場合には、次の各号に掲げる賃貸借は、それぞれ当該各号に定める期間を超えることができない（602柱書）。
```
→
```
―― H29改正民法 ――
処分の権限を有しない者が賃貸借をする場合には、次の各号に掲げる賃貸借は、それぞれ当該各号に定める期間を超えることができない（602柱書前段）。
```

総則の行為能力の箇所ですでに規定が設けられているうえに、誤解を生じさせるおそれがあったため「処分につき行為能力の制限を受けた者」が短期賃貸借をすることができる旨の規定を削除した。

(2) 602条違反の効力

処分の権限を有しない後見人のした長期の賃貸借は、取り消すことができる（865条1項前段）。そのほかの処分の権限を有しない代理人、財産管理人の行為は、無権代理となる。

そして、契約で602条柱書前段各号に定める各期間より長い期間を定めたときであっても、その期間は、それぞれの各号に定める期間とされる（602条柱書後段）。

←平成29年改正

| 平成29年改正事項 | 602条柱書前段各号違反の効力 | C1 |

→ 部会資料69A・43頁、一問一答310頁

改正前民法のもとでは、602条各号に定める期間を超える賃貸借契約を締結した場合の取扱いについて明文規定はなく、学説上、長期の契約期間を定めた以上契約はすべて無効であるという考え方と、超える部分のみが無効になるという考え方に分かれていたが、後者の考え方が一般的な理解であった。

そこで、平成29年改正により、後者の考え方を明文化し、602条柱書前段各号に定める期間を超える賃貸借をした場合にはその超える部分のみを無効とする旨を定めた（602条柱書後段）。

2-48 602条柱書前段各号違反の効力

改正前民法	H29改正民法
処分につき行為能力の制限を受けた者または処分の権限を有しない者が賃貸借をする場合には、次の各号に掲げる賃貸借は、それぞれ当該各号に定める期間を超えることができない（602柱書）。	処分の権限を有しない者が賃貸借をする場合には、次の各号に掲げる賃貸借は、それぞれ当該各号に定める期間を超えることができない。契約でこれより長い期間を定めたときであっても、その期間は、当該各号に定める期間とする（602柱書）。

602条各号に定める期間を超える賃貸借契約を締結した場合は、超える部分のみが無効であるという一般的な理解を明文化した。

(3) 短期賃貸借の更新

602条に定める期間は、更新することができる（603条本文）。ただし、その期間満了前、**土地**については**1年**以内、**建物**については**3か月**以内、**動産**については**1か月**以内に、その更新をしなければならない（603条ただし書）。

【3】賃貸借の存続期間の制限

賃貸借の存続期間は、**50年**を超えることができない（604条1項前段）。契約でこれより長い期間を定めたときであっても、その期間は、50年とする（604条1項後段）。また、賃貸借の存続期間は、更新することができる（604条2項本文）。ただし、その期間は、更新の時から50年を超えることができない（604条2項ただし書）。平成29年改正により、賃貸借の存続期間の上限は、20年から50年に延長された。

← 平成29年改正

| 平成29年改正事項 | 賃貸借の存続期間 | C1 |

→ 部会資料69A・43頁、83-2・44頁、一問一答311頁

改正前民法604条は、賃貸借の存続期間の上限を20年と規定していた。これは、長期の存続期間を一般的に認めると、賃借物の損傷や劣化が顧みられない状況が生じて社会経済上の不利益をもたらしかねないとの懸念や、長期間にわたる利用関係の設定は地上権や永小作権を利用すればよいとの考慮に基づく規定とされていた。

しかし、現代社会においては、技術の進歩により、長期間にわたる賃借物の維持・メンテナンス等が可能になり、大型プロジェクトにおける重機やプラントなど、地上権や永小作権を利用することができない目的物について、20年を超える利用契約を締結するニーズが生じている。また、土地の利用関係の設定についても、実際には地上権や永小作権はそれほど用いられておらず、賃貸借が多く用いられているところ、現代社会においては、土地賃借人の保護等の観点からは20年を超える存続期間を定める必要性が高い場合がある。たとえば、ゴルフ場の敷地や太陽光発電パネル設置のための敷地等の賃貸借などでは、20年を超える賃貸借契約のニーズがある。このように、賃貸借契約の存続期間についての20年の上限規定が経済活動上の不都合を生じさせる事態となっている。

他方で、あまりにも長期にわたる賃貸借は、目的物の所有権者にとって過度な負担になる等の弊害が生ずる懸念があり、このような弊害に対しては公序良俗等の一般原則によっては十分な対応ができないおそれがあることから、なんらかの存続期間の制限を設けるのが相当であると考えられた。

そこで、平成29年改正民法は、278条が物権である永小作権の存続期間の上限を50年と規定していること等を参照して、賃貸借の存続期間の上限を20年から50年に改めた（604条）。

2-49 賃貸借の存続期間

```
┌─ 改正前民法 ─────────────────────┐      ┌─ H29改正民法 ──┐
│ ・賃貸借の存続期間は、20年を超えることができ │      │ 賃貸借の存続期  │
│  ない。契約でこれより長い期間を定めたときで │ ───→ │ 間に関して、改  │
│  あっても、その期間は、20年とする(604Ⅰ)。 │      │ 正前民法604条  │
│ ・賃貸借の存続期間は、更新することができる。 │      │ が20年としてい  │
│  ただし、その期間は、更新の時から20年を超え │      │ たのを50年とし  │
│  ることができない(604Ⅱ)。          │      │ た(604)。    │
└──────────────────────────────┘      └─────────────┘

      ┌─────────────────────────────────┐
      │ 20年を超える賃貸借契約のニーズが生じており、経済活 │
      │ 動上の不都合を生じさせる事態となっている一方、あま │
      │ りにも長期にわたる賃貸借は目的物の所有者にとって過 │
      │ 度の負担となりうるから、永小作権の存続期間の上限を │
      │ 参照して上限を50年とした。             │
      └─────────────────────────────────┘
```

ただし、借地借家関係においては、特別法(借地借家法)による存続期間の修正がある。この点については、6で説明する。

3 賃貸借の効力

賃貸借の効力としては、大きく、賃貸人・賃借人間(当事者間)における効力の問題と、賃借人が賃借権を第三者に譲渡したり、賃借物を第三者に転貸したりすることによって生じる第三者との間(賃借人側の第三者との関係)の効力の問題や、賃貸人が賃借物を第三者に譲渡する場合等(賃借人側でない第三者との関係)の効力の問題とに分けることができる。

ここでは、賃貸人・賃借人間(当事者間)における効力の問題について説明し、後2者については、5で説明することとする。

【1】賃貸人の権利義務

(1) 使用収益させる義務(使用収益供与義務)　　　　　　　　　　　　　　　　← 使用収益させる義務

賃貸人は、賃借人に対し、目的物の使用および収益をさせる義務を負う(**使用収益させる義務・使用収益供与義務**、601条)。賃貸人の中心的義務である。また、このような使用収益させる義務から、賃貸人には、賃借人に対して目的物を引き渡す義務と、第三者による使用収益の妨害を排除する義務が生じる。

(2) 修繕義務　　　　　　　　　　　　　　　　　　　　　　　　　　　　　　← 修繕義務

(a) 総説

賃貸人は、賃貸物の使用および収益に必要な修繕をする義務を負う(**修繕義務**、606条1項本文)。ただし、賃借人の責めに帰すべき事由によってその修繕が必要　　　　　　　　　　　　　　　　　　　　　　← 平成29年改正
となったときは、賃貸人は修繕義務を負わない(606条1項ただし書)。

| 平成29年改正事項 | 賃借人に帰責事由がある場合 | B2 |

⇒ 部会資料69A・54頁、一問一答321頁、325頁

改正前民法606条1項は、「賃貸人は、賃貸物の使用及び収益に必要な修繕をする義務を負う」とだけ規定し、賃借人に帰責事由がある場合における賃貸人の修繕義務に関する明文規定をおいていなかった。

しかし、賃借人に帰責事由がある場合には、公平の観点から、賃貸人に修繕義務を負わせる

べきではないうえ、賃借人の帰責事由の有無により、権利義務の取扱いを異にしている他の規律、すなわち賃借人の帰責事由により賃借物の一部の使用収益が不可能となった場合には賃料の減額がされない規律(611条1項)、賃借人の帰責事由によらない賃借物の損傷は賃借人の原状回復義務の対象とならない規律(621条ただし書)と平仄を合わせる必要がある。

そこで、平成29年改正民法は、606条1項を維持し、本文において、賃貸人は原則として修繕義務を負うと規定するとともに、ただし書において、賃借人に帰責事由がある場合には賃貸人が修繕義務を負わない旨を新たに定めた。

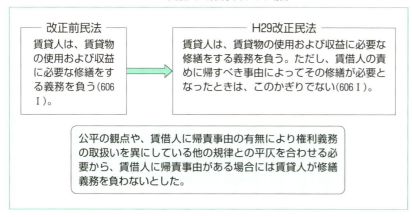

2-50 賃借人に帰責事由がある場合

また、修繕が不能であるときは、賃貸人は修繕義務を負わない。この場合には、履行不能の問題となる(後述する611条の問題となりうる)。

なお、特約により賃貸人は修繕義務を免れることができる(判例)。もっとも、この場合であっても、原則として、大修繕(たとえば、屋根替えや柱の根継ぎ、天災による大規模な破損の修理など)については、依然として賃貸人がその義務を負うものと解されている(判例)。

→ 大判明治37年11月2日民録10輯1389号、最判昭和29年6月25日民集8巻6号1224頁

→ 大判昭和15年3月6日新聞4551号12頁

(b) 賃借人の保存行為受忍義務(修繕受忍義務)と解除権

賃貸人が賃貸物の保存に必要な行為をしようとするときは、賃借人は、これを拒むことができない(606条2項)。すなわち、賃借人は、賃貸人のする修繕を受忍する義務を負う(**保存行為受忍義務・修繕受忍〔忍容〕義務**)。

もっとも、賃借人は、修繕受忍義務を負うことによって不利益を受ける場合には、契約の解除権を有する。すなわち、賃貸人が賃借人の意思に反して保存行為をしようとする場合に、そのために賃借人が賃借をした目的を達することができなくなるときは、賃借人は、**契約の解除**をすることができる(607条)。

(c) 賃借人による修繕

賃借物の修繕が必要である場合に、次に掲げるときは、賃借人は、その修繕をすることができる(607条の2)。

①賃借人が賃貸人に修繕が必要である旨を通知し、または賃貸人がその旨を知ったにもかかわらず、賃貸人が相当の期間内に必要な修繕をしないとき(1号)

②急迫の事情があるとき(2号)

すなわち、賃貸物の修繕は他人の所有権への干渉となるため、処分権限を有する賃貸物の所有者である賃貸人のみが行うことができるのが原則であるが、607条の2は、例外的に賃借人が修繕をすることができる2つの場合を明記した。

← 平成29年改正

→ 潮見・改正法300頁

607条の2第1号は、615条(賃借人の通知義務)を受けたものである。

なお、この場合に、賃借人が修繕したときには、賃貸人に対する必要費償還請求権(608条1項)が発生する。また、修繕が必要な損傷部分にかかる賃借人の原状回復義務(621条本文)は発生しない(必要費償還請求権〔必要費償還義務〕および原状回復義務については、後述する)。

→ 中間試案補足説明458頁

> **平成29年改正事項　賃借人による修繕**　B 3
>
> 賃貸人が修繕をしない場合には、賃借人は修繕権限を有すると解されていたところ、賃借人の修繕権限については、改正前民法では、必要費の償還請求権を定める608条1項が存するのみで、これを明示する規定がなかった。
> そのため、賃借人の修繕権限を明文化する必要があったところ、賃貸人は賃借物の所有者であることが多いが、賃借物の修繕は、賃借物の物理的変更を伴うことが多いので、処分権限を有する所有者である賃貸人のみが行うことができるのが原則と考えられる。
> そこで、平成29年改正民法は、賃借人がみずから修繕しうる要件については、契約に別段の定めがないかぎり、賃借物の修繕が必要である場合において、賃借人が賃貸人に修繕が必要である旨を通知し(615条参照)、または賃貸人がその旨を知ったにもかかわらず、賃貸人が相当な期間内に必要な修繕をしないとき、あるいは急迫の事情があるときにかぎって、例外を許容することとした(607条の2)。

→ 部会資料69 A・54頁、81-3・14頁、一問一答321頁

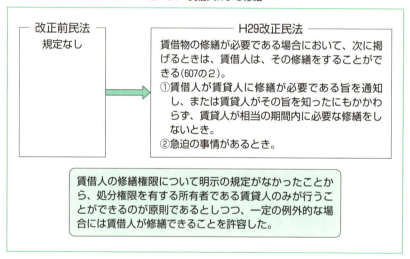

2-51　賃借人による修繕

(d)　修繕義務の不履行

　賃貸人が修繕義務を履行しない場合には、賃料は、使用収益できなくなった部分の割合に応じて、当然に減額される。すなわち、賃借物の一部が滅失その他の事由により使用および収益をすることができなくなった場合に、それが賃借人の責めに帰することができない事由によるものであるときは、賃料は、その使用および収益をすることができなくなった部分の割合に応じて、減額される(611条1項)。

← 平成29年改正

　平成29年改正により、賃借物の一部について使用収益をすることができなくなった場合一般が対象にされたことから、一部「滅失」の場合にかぎらず、「滅失」に該当しない故障、安全性の欠如、法令上の制約が発生した場合にも、611条1項が適用されることに注意してほしい。また、賃借人からの請求を待たずに当然に賃料が減額されることになったことにも注意してほしい。

| 平成29年改正事項 | 賃借物の一部滅失等による賃料の減額等 | C1 |

改正前民法611条1項は、賃借物の一部が「賃借人の過失によらないで」「滅失」したときは、その滅失した部分の割合に応じて賃借人が賃料の減額を「請求することができる」と規定していた。

しかし、一部「滅失」の場合に限定する必然性はないので、一部滅失の場合にかぎらず、賃借物の一部について使用収益をすることができなかった場合一般を対象として賃料の減額を認める必要があるとともに、賃料は賃借物が賃借人による使用収益の可能な状態におかれたことの対価として日々発生するものであるから、賃借物の一部滅失等によってその一部の使用収益ができなくなったときは、賃料もその一部の割合に応じて当然に発生しないと考えるべきである。

そこで、平成29年改正民法は、賃借物の一部滅失の場合にかぎらず、賃借物の一部の使用収益をすることができなくなった場合一般を対象として賃料の減額を認めるとともに、賃借人からの請求を待たずに当然に賃料が減額とすると規定した(611条1項)。

なお、賃借人に帰責事由がある場合にまで賃料の減額を認めるのは不相当であるうえ、他の規律(請負、委任、雇用、寄託の報酬請求権に関する規定)との平仄も合わないので、賃借人に帰責事由がある場合には、賃料減額を認めるべきでなく、この点についての改正前民法611条1項の内容は維持された。

→ 中間試案補足説明459頁、部会資料69A・56頁、一問一答322頁

2-52 賃借物の一部滅失等による賃料の減額等

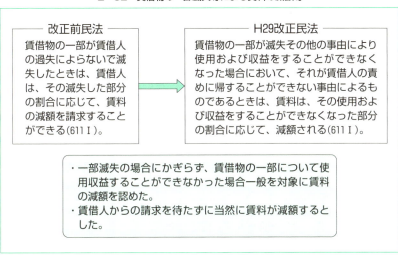

また、賃借物の一部が滅失その他の事由により使用および収益をすることができなくなった場合に、残存する部分のみでは賃借人が賃借をした目的を達することができないときは、賃借人は、契約の解除をすることができる(611条2項)。

平成29年改正民法は、改正前民法611条2項の規定を一部改め、一部滅失等により賃借物の一部の使用収益をすることができなくなった場合に、賃借人に帰責事由があるときであっても、賃借人の解除権を認めた(611条2項)。賃借人が賃借の目的を達することができない以上、「賃借人の責めに帰することができない事由によるものであるとき」(611条1項参照)か否かを問わず、賃借人による解除を認めるのが相当であると考えられるからである。賃借人に帰責事由がある場合には、賃貸人は、賃借人に対する損害賠償請求等によって対処することになる。

← 平成29年改正

→ 部会資料69A・57頁

→ 潮見・改正法302頁

(e) 「賃借人の責めに帰すべき事由」(606条1項ただし書)によって修繕が必要となった場合の効果

「賃借人の責めに帰すべき事由」(606条1項ただし書)によって修繕が必要とな

った場合には、どのような効果が生ずるであろうか。

第1に、賃料は減額されないが(611条1項反対解釈)、この場合に、賃貸人が賃貸借契約に基づく義務(たとえば、当該部分のメンテナンスに関する義務)を免れ、これによって利益を得たときは、賃貸人がそれを賃借人に償還しなければならないか、明文の規定がなく問題となる。この点については、536条2項後段の法意からは、これを肯定すべきであるとの見解が有力である。

→ 潮見・改正法299頁、302頁

→ 潮見・改正法302頁

第2に、賃借人が修繕をしたとしても、賃借人は、賃貸人に対して必要費償還請求権(608条1項)を有しないと解される。

→ 中間試案補足説明458頁、潮見・改正法299頁

第3に、修繕をしなかった場合には、賃借人は、賃貸借終了の際に原状回復義務(621条本文)を負うと解される。

→ 中間試案補足説明458頁、潮見・改正法299頁

(3) 費用償還義務

賃貸人は、目的物を賃借人に使用収益させる義務を負うから(601条)、賃借人が賃借物について支出した費用を償還する義務を負う(**費用償還義務**)。608条は、必要費と有益費について、それぞれ賃借人の費用償還請求権という形式で規定している。

(a) 必要費償還義務

▶予備2017年

賃借人は、賃借物について賃貸人の負担に属する必要費を支出したときは、賃貸人に対し、ただちにその償還を請求することができる(608条1項)。

←「必要費」とは

「**必要費**」とは、目的物の現状の維持および保存のために支出された費用をいい、物権法における196条1項の必要費と同じ意味である。たとえば、畳の入替えや、割れたガラスの交換費用、トイレの修繕費用などがこれにあたる。また、前述した賃貸人の負担すべき修繕費用を賃借人が支出したときも(607条の2参照)、その費用は必要費として償還請求の対象となる。

「**直ちに**」とは、費用の支出と同時にという意味であって、契約の終了を必要としない(判例)。

←「直ちに」とは
→ 大判昭和14年4月28日民集18巻484頁

(b) 有益費償還義務

賃借人が賃借物について有益費を支出したときは、賃貸人は、賃貸借の終了の時に、196条2項の規定に従い、その償還をしなければならない(608条2項本文)。ただし、裁判所は、賃貸人の請求により、その償還について相当の期限を許与することができる(608条2項ただし書)。

「**有益費**」とは、目的物を改良してその価格を増加させた費用をいい、物権法における196条2項の有益費と同じ意味である。たとえば、下水道を設置したり、壁紙を貼り替えたりしたときの費用がこれにあたる。

←「有益費」とは

償還額は、費用を投じた「価格の増加が現存する場合に限り」、現実に「支出した金額」または「増加額」のいずれかを**賃貸人**が選択して決する(196条2項)。

償還の時期は、賃貸借契約の終了の時である。契約が更新されたときは、更新された契約が終了した時となる。

(c) 費用償還請求権の行使

賃借人は、賃貸人が賃借物の**返還を受けた時から1年以内**に、必要費・有益費償還請求権を行使しなければならない(622条・600条1項)。

賃借人は、費用償還請求権に基づいて留置権(295条1項本文)を行使することができる。ただし、有益費については、裁判所によって期限の許与が認められた場合(608条2項ただし書)には、債権が弁済期にあることという要件をみたさな

くなるため、賃借人は、留置権を行使することができなくなる（295条1項ただし書）。また、賃借人が賃貸借契約解除後、目的物を不法に占有している間に支出した有益費については、295条2項の類推適用により留置権の行使は認められない（判例）。

→ 最判昭和46年7月16日（百選Ⅰ80事件）

さらに、必要費の支出が保存行為になるときは、先取特権が成立する（311条4号、320条、326条）。

加えて、賃貸人が賃貸の目的物の所有権を他人に譲渡して賃貸人が交替した場合には、新賃貸人は、費用償還義務を承継し、賃借人は、新賃貸人に対して費用償還請求権を行使することができる（判例）。

→ 最判昭和46年2月19日民集25巻1号135頁

(4) 担保責任

賃借物について物が契約に適合しないため、賃借人に賃借物を契約どおり使用収益させられない場合に関する賃貸人の責任について、売買に関する規定が準用される（559条・561条から585条まで）。したがって、賃借人は、損害賠償請求および解除のほか、追完請求（修補・代替物の引渡し、不足分の引渡し）および賃料減額請求をすることができる。ただし、このうち、修補請求（修繕義務）および賃料減額請求については、賃貸借に固有の規定があり（606条から607条の2まで、611条、615条）、これらの規定が適用される。その内容については、それぞれ説明したところを参照してほしい。

→ 中田・契約法397頁

> 賃貸借契約は有償契約ですから、賃貸人は売買の売主と同様に、担保責任を負います（559条・561条から578条まで）。しかし、実際上は、ほとんど問題にならないと指摘されています。
> 　まず、目的物の契約不適合ですが、賃借物の品質に関して契約不適合があれば追完請求（562条）、代金減額請求（563条）が問題となります。しかし、引渡しの前後を問わず、賃貸人には目的物を修繕する義務がありますし、また、賃料が当然減額されます（611条1項）。ですので、追完請求や代金減額請求が問題になる余地はほとんどないのです。また、目的物の一部が物理的に滅失したときにも同様の問題が生じますが、賃貸借ではこれについても明文の規定がおかれているので（611条1項）、実際には問題とならないのです。
> 　次に、移転した権利の契約不適合ですが、他人物賃貸借も有効であり、賃借人は有効に賃借権を取得できますので、売買のように、他人の権利またはその一部が帰属し、それが移転できないという問題は生じません。この場合には、賃借人による賃料支払拒絶（559条・576条）、所有者による賃料相当額の返還請求（703条、704条）が問題になるだけなのです。

→ 中舎・債権法230頁

【2】賃借人の権利義務

(1) 賃料支払義務

(a) 賃料

賃借人は、賃貸人に対し、目的物の使用収益の対価としての賃料を支払わなければならない（601条）。賃料は、金銭のほか、金銭以外の物であってもよい（判例）。賃料の額は契約によって定まるが、それが不明確なときは、客観的に相当な額を約したとみられ、裁判所がその額を決定する（判例）。

← 賃料支払義務

→ 大判大正11年3月16日民集1巻109頁

→ 最判昭和36年9月29日民集15巻8号2228頁

賃料支払時期は、通常、契約によって定められるが、その定めがないときや、それが不明確なときは、賃料は、動産・建物・宅地については毎月末に、その他の土地については、毎年末に、支払わなければならない（614条本文）。ただし、収穫の季節があるものについては、その季節の後に遅滞なく支払わなければなら

ない(614条ただし書)。

(b) **第三者が権利を主張する場合の賃料支払拒絶権**

他人の物の賃貸借において、その他人(所有者)が権利を主張する場合には、前述したように、559条による576条の準用により、賃借人の賃料支払拒絶権が認められる(判例)。

→ 最判昭和50年4月25日民集29巻4号556頁

(c) **減収による賃料の減額請求・解除**

耕作または**牧畜**を目的とする土地の賃借人は、不可抗力によって賃料より少ない収益を得たときは、その収益の額にいたるまで、賃料の減額を請求することができる(609条)。この場合に、609条の賃借人は、不可抗力によって引き続き2年以上賃料より少ない収益を得たときは、契約の解除をすることができる(610条)。

← 平成29年改正

| 平成29年改正事項 | 減収による賃料の減額請求・解除 | B2 |

改正前民法609条は、「収益を目的とする土地の賃借人は、不可抗力によって賃料より少ない収益を得たときは、その収益の額に至るまで、賃料の減額を請求することができる。ただし、宅地の賃貸借については、この限りでない」と規定し、改正前民法610条は、「前条の場合において、同条の賃借人は、不可抗力によって引き続き2年以上賃料より少ない収益を得たときは、契約の解除をすることができる」と規定していた。

しかし、当該賃貸借のもとで収益を得ることができるかどうかは、賃借物から収益活動を行う者がみずからの行動に伴うリスクとして負担するのが基本であるところ、このような観点からは、収益を目的とする賃貸借一般について改正前民法609条、610条のような規律を採用することには問題があった。

そこで、平成29年改正民法は、農地法2条1項に規定する農地および採草放牧地の賃借人を保護する観点から、上記リスクを賃貸人の側に負担させるのが相当である「耕作又は牧畜を目的とする土地」の賃貸借に限定して、改正前民法609条、610条の規律を維持することとした。

なお、減収を理由とする解除を規定する610条は、609条に依存する規定ぶり(「前条の場合において」)が用いられていることから、改正を要しないこととなった。

→ 潮見・改正法300頁、301頁、一問一答311頁

2-53 減収による賃料の減額請求・解除

―― 改正前民法 ――
・収益を目的とする土地の賃借人は、不可抗力によって賃料より少ない収益を得たときは、その収益の額にいたるまで、賃料の減額を請求することができる。ただし、宅地の賃貸借については、このかぎりでない(609)。
・609条の場合において、同条の賃借人は、不可抗力によって引き続き2年以上賃料より少ない収益を得たときは、契約の解除をすることができる(610)。

→ ―― H29改正民法 ――
・耕作または牧畜を目的とする土地の賃借人は、不可抗力によって賃料より少ない収益を得たときは、その収益の額にいたるまで、賃料の減額を請求することができる(609)。
・610条は維持。

賃貸借のもとで収益を得ることができるかどうかは、賃借物から収益活動を行う者がみずからの行動に伴うリスクとして負担するのが基本であるから、609条、610条は「耕作又は牧畜を目的とする土地」の賃貸借に限定して適用することとした。

(d) **賃借物の一部滅失等による賃料の減額等**

前述したように、賃借物の一部が滅失その他の事由により使用および収益をす

← 平成29年改正
▶ 2014年第1問

ることができなくなった場合に、それが賃借人の責めに帰することができない事由によるものであるときは、賃料は、その使用および収益をすることができなくなった部分の割合に応じて、減額される（611条1項）。

また、賃借物の一部が滅失その他の事由により使用および収益をすることができなくなった場合に、残存する部分のみでは賃借人が賃借をした目的を達することができないときは、賃借人は、契約の解除をすることができる（611条2項）。

これらの平成29年改正事項については、前述した修繕義務のところを参照してほしい。

(2) 敷金・権利金等の支払

← 敷金・権利金等の支払

土地・建物の賃貸借の成立にあたっては、賃借人から賃貸人に対し、敷金、権利金、保証金などの金銭が支払われることが多い。また、賃貸借契約が更新される際に、更新料が支払われることが少なくない。順にみていくことにする。

(a) 敷金

(i) 意義

敷金とは、いかなる名目によるかを問わず、賃料債務その他の賃貸借に基づいて生ずる賃借人の賃貸人に対する金銭の給付を目的とする債務を担保する目的で、賃借人が賃貸人に交付する金銭をいう（622条の2第1項柱書括弧書）。その法的性質については、一般に、停止条件付返還債務を伴う金銭所有権の移転と解されている。

← 平成29年改正
←「敷金」とは

ここにいう「賃貸借に基づいて生ずる賃借人の賃貸人に対する金銭の給付を目的とする債務」としては、賃料債務のほか、賃貸借終了後、賃貸物の返還済みまでに生ずる賃料相当損害金の支払債務、用法遵守義務違反によって賃貸人に損害が生じた場合の損害賠償債務などがある。

→ 部会資料69A・52頁

平成29年改正事項 | 敷金の定義その他の基本的な規定 | B3

建物等の賃貸借など、賃貸借においては賃借人が敷金を交付することが多くみられるが、改正前民法には、敷金に言及する規定（316条、619条2項）はあるものの、敷金の定義、敷金返還債務の発生要件や発生の範囲、充当関係など、敷金に関する基本的な規定は設けられていなかった。そのため、敷金に関する法律関係には解釈上疑義が生じており、敷金について、定義その他の基本的な規定を設ける必要があった。

そこで、平成29年改正民法は、敷金の定義について、判例や一般的な理解をふまえて明確にすることとし、「いかなる名目によるかを問わず、賃料債務その他の賃貸借に基づいて生ずる賃借人の賃貸人に対する金銭の給付を目的とする債務を担保する目的で、賃借人が賃貸人に交付する金銭」と定めた（622条の2第1項括弧書）。

→ 部会資料69A・52頁、一問一答327頁

→ 大判大正15年7月12日民集5巻616頁

2-54 敷金の定義その他の基本的な規定

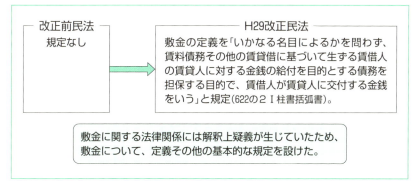

(ii) 敷金返還債務の発生要件・発生の範囲

622条の2第1項は、前述した敷金を定義するとともに、敷金返還債務の発生要件・発生の範囲を規定している。すなわち、賃貸人は、敷金を受け取っている場合に、次に掲げるときは、賃借人に対し、その受け取った敷金の額から賃貸借に基づいて生じた賃借人の賃貸人に対する金銭の給付を目的とする債務の額を控除した残額を返還しなければならない（622条の2第1項柱書）。

　①賃貸借が終了し、かつ、賃貸物の返還を受けたとき（1号）
　②賃借人が適法に賃借権を譲り渡したとき（2号）

| 平成29年改正事項 | 敷金返還債務の発生要件等 | B3 |

改正前民法において、賃貸借が終了した時に敷金返還債務が発生するのか（終了時説）、賃貸借が終了し賃貸物の返還がされた時に敷金返還債務が発生するのか（明渡時説）については、解釈上争いがあったが、判例は、賃貸借が終了し、かつ、目的物が返還された時に敷金返還債務が生ずるとしていた（明渡時説）。

また、判例は、賃借人が適法に賃借権を譲渡したときも、賃貸人と旧賃借人との間に別段の合意がないかぎり、その時点で敷金返還債務が生ずるとし、敷金返還債務は、賃貸物の返還完了の時に、それまでに生じた被担保債権を敷金額から控除し、なお残額がある場合に、その残額につき具体的に発生するものとしていた。

これらの判例法理は一般的に支持されているので、これらの判例法理を明文化する必要がある。

そこで、平成29年改正民法は、敷金を定義するとともに、①賃貸借が終了し、かつ、賃貸人が賃貸物の返還を受けたとき、または、②賃借権の譲渡がされたときに、賃貸人が賃借人に対して、賃借人の未払賃料、損害賠償等の額を控除した残額を返還しなければならないと規定した（622条の2第1項）。

→ 部会資料69A・52頁、81-3・14頁、一問一答327頁、潮見・改正法308頁

← 敷金返還請求権の発生時期
→ 最判昭和48年2月2日民集27巻1号80頁
→ 最判昭和53年12月22日（後出重要判例）
→ 最判昭和48年2月2日（前出）

2-55 敷金返還債務の発生要件等

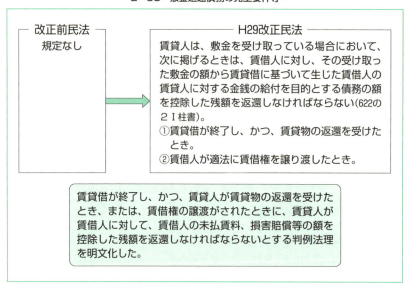

(iii) 返還との関係

622条の2第1項1号は、敷金返還請求権の発生時期は明渡時である旨明言しているが（明渡時説の採用）、敷金返還債務と明渡義務との同時履行の有無については明文を欠き、争いがある。

この点について、敷金返還債務を重視し、その確保のために明渡義務につき同

→ 百選Ⅱ132頁[髙嶌]

時履行の抗弁権を認める見解もあるが、判例は、敷金が賃貸借契約終了後の明渡義務履行までに賃貸人が賃借人に対して取得することがあるいっさいの債権を担保するものであるという理由で、明渡義務が先履行であり、両者は同時履行の関係にないとしている。「いかなる名目によるかを問わず、賃料債務その他の賃貸借に基づいて生ずる賃借人の賃貸人に対する金銭の給付を目的とする債務を担保する」（622条の2第1項柱書括弧書）という敷金の性質および役割からみて、同時履行を否定する判例の立場が妥当であろう。したがって、明渡義務が先履行義務となる。

→ 最判昭和49年9月2日（後出重要判例）

→ 潮見・民法(全)444頁

> 実務では、判例の立場に沿った取扱いが定着しています。たとえば、明渡し後1か月以内に返還する旨の約定がされることが多いです。

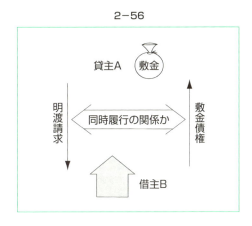

2-56

★重要判例（最判昭和49年9月2日〔判例シリーズ71事件〕）

→ 百選Ⅱ65事件

「期間満了による家屋の賃貸借終了に伴う賃借人の家屋明渡債務と賃貸人の敷金返還債務が同時履行の関係にあるか否かについてみるに、賃貸借における敷金は、賃貸借の終了後家屋明渡義務の履行までに生ずる賃料相当額の損害金債権その他賃貸借契約により賃貸人が賃借人に対して取得することのある一切の債権を担保するものであり、賃貸人は、賃貸借の終了後家屋の明渡がされた時においてそれまでに生じた右被担保債権を控除してなお残額がある場合に、その残額につき返還義務を負担するものと解すべきものである……。そして、敷金契約は、このようにして賃貸人が賃借人に対して取得することのある債権を担保するために締結されるものであって、賃貸借契約に附随するものではあるが、賃貸借契約そのものではないから、賃貸借の終了に伴う賃借人の家屋明渡債務と賃貸人の敷金返還債務とは、一個の双務契約によって生じた対価的債務の関係にあるものとすることはできず、また、両債務の間には著しい価値の差が存しうることからしても、両債務を相対立させてその間に同時履行の関係を認めることは、必ずしも公平の原則に合致するものとはいいがたいのである。一般に家屋の賃貸借関係において、賃借人の保護が要請されるのは本来その利用関係についてであるが、当面の問題は賃貸借終了後の敷金関係に関することであるから、賃借人保護の要請を強調することは相当でなく、また、両債務間に同時履行の関係を肯定することは、右のように家屋の明渡までに賃貸人が取得することのある一切の債権を担保することを目的とする敷金の性質にも適合するとはいえないのである。このような観点からすると、賃貸人は、特別の約定のないかぎり、賃借人から家屋明渡を受けた後に前記の敷金残額を返還すれば足りるものと解すべく、したがって、家屋明渡債務と敷金返還債務とは同時履行の関係にたつものではないと解するのが相当であり、このことは、賃貸借の終了原因が解除（解約）による場合であっても異なるところはないと解すべきである。そして、このように賃借人の家屋明渡債務が賃貸人の敷金返還債務に対し先履行の関係に立つと解すべき場合にあっては、賃借人は賃貸人に対し敷金返還請求権をもって

家屋につき留置権を取得する余地はないというべきである」。
【争点】家屋の賃貸借終了に伴う賃借人の家屋明渡債務と賃貸人の敷金返還債務とは、同時履行の関係に立つか。
【結論】特別の約定のないかぎり、同時履行の関係に立たない。

(iv) 債務への充当

　賃貸人は、賃借人が賃貸借に基づいて生じた金銭の給付を目的とする債務を履行しないときは、敷金をその債務の弁済にあてることができる（622条の2第2項前段）。この場合に、賃借人は、賃貸人に対し、敷金をその債務の弁済にあてることを請求することができない（622条の2第2項後段）。このように、敷金による充当をすることができるのは賃貸人の側であって、賃借人の側には充当請求権は存しないことを規定している。もっとも、改正前民法下の判例は、賃貸人が同意すれば充当してもかまわないとしていた。

→ 潮見・改正法308頁

→ 大判昭和5年3月10日民集9巻253頁

→ 部会資料・69A・53頁

　なお、賃貸人が622条の2第2項前段による充当の意思表示をしたときは、敷金はその充当される債務の金額に応じて減額され、賃貸借が終了して賃貸物が返還された（または賃借権が適法に譲渡された）時点で未履行の金銭債務がある場合には、更にその額を控除した額が具体的な敷金返還債務として生ずることとなる。

| 平成29年改正事項 | 賃貸人による敷金の充当 | B3 |

　敷金返還債務が生ずる前に、賃借人の賃貸人に対する債務の不履行が生じた場合において、賃貸人の意思表示によって敷金をその債務の弁済に充当することができるというのが判例法理であり、これは一般に異論のないところであった。また、622条の2第1項の規定のみがおかれた場合には、その場合のほかには、敷金を充当することができないと解されるおそれがあるので、上記判例を明文化する必要がある。
　そこで、平成29年改正民法は、敷金返還債務が622条の2第1項より具体的に生ずる前において、賃貸人の意思表示によって敷金の充当を認める判例法理を明文化した（622条の2第2項）。

← 賃貸人による敷金の充当

→ 部会資料・69A・53頁、一問一答328頁

→ 大判昭和5年3月10日（前出）

2-57　賃貸人による敷金の充当

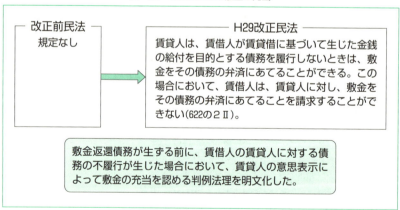

　また、賃貸人が充当を望めば当然に差引計算されるので、賃貸人による相殺の意思表示は不要である（判例）。複数の残債務間での充当の順序があらかじめ定められていればそれによるが、定められていない場合には、充当の規定によることとなり（489条、491条）、基本的には賃借人にとって有利な順となろう。さらに、建物の抵当権者が物上代位（371条、372条・304条）として未払賃料を差し押さえ

→ 大判大正15年7月12日（前出）

た場合には、敷金による差引計算との優劣が問題となる。この点について、改正前民法下の判例は、敷金返還請求権と未払賃料の差引計算については、当然充当であることを理由として、差引計算を優先させ、賃借人を保護しているが、平成29年改正民法下でも同様に考えてよい。

→ 最判平成14年3月28日（百選Ⅰ3事件）
→ 中舎・債権法211頁

なお、後述するように、賃貸不動産の譲渡がされ、不動産賃貸人の地位が譲受人に移転する場合には、敷金返還債務（622条の2第1項）は譲受人または承継人に承継される（605条の2第4項）。これに対して、不動産賃借権が賃貸人の承諾を得て譲渡された場合、すなわち賃借人の地位が移転した場合には、敷金返還請求権は新賃借人に承継されない（622条の2第1項2号）。もっとも、判例は、特段の事情があれば承継の余地を認める。

→ 最判昭和53年12月22日（後出重要判例）

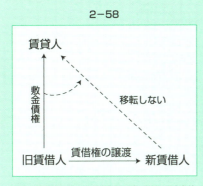

例外的に承継される可能性のある特段の事情とは、敷金交付者が賃貸人との間で敷金をもって新賃借人の債務不履行の担保とすることを約したり、または新賃借人に対して敷金返還請求権を譲渡したなどの事情があった場合をさします。

これらの場合には、旧賃借人、すなわち敷金交付者が他人の債務のために敷金を提供したことになるわけですが、本人が承知したうえでそのような結果を選んでいるのならかまわないのに対して、こうした事情もないのに当然に敷金返還請求権が移転するとしてしまうと、旧賃借人は新賃借人のために敷金を交付して提供していることになってしまい、旧賃借人の保護に欠けることになるからです。

また、賃貸人のほうからみても、賃貸人は賃借権の譲渡を612条1項前段により承諾するか否かの権限をもっているところ、かりに新賃借人が敷金を差し入れないような場合には、賃貸人は当該賃借権の譲渡を承諾しなければよいのですから、賃貸人の保護としても十分と考えられるわけです。

逆に、賃貸人の意思が反映されず保護されないという事情がある場合には、このような賃貸人を保護するため、当然に移転すると考えることもできます。たとえば、賃貸人が賃借権の譲渡を承諾しなかったにもかかわらず、裁判所の許可（借地借家19条1項、20条1項）がでてしまったような場合です。この場合には、賃貸人は譲渡の承諾の際に新たな敷金についての交渉ができなかったのですから、当然に敷金関係を移転させないと賃貸人が害されることになってしまうのです。

 土地賃貸借に際し敷金が差し入れられている場合、借地権（賃借権）が譲渡されると敷金関係も当然承継されるか。

● 論点Cランク
＊本論点は、立法化前のものであるが、判例時のものを紹介する。
→ 最判昭和53年12月22日（後出重要判例）

A説 否定説（判例）

▶結論：敷金交付者（旧賃借人）が賃貸人との間で敷金をもって新賃借人の債務不履行の担保とすることを約し、または新賃借人に対して敷金返還請求権を譲渡するなど特段の事情がないかぎり、当然承継されない。
▶理由：①当然承継するとすれば、敷金交付者に予期に反して不利益を被らせる結果となる。
②賃貸人は、賃借権の譲渡がなされるにあたって承諾を与える際、新賃借人と敷金の取決めをなすことができるから、敷金関係が当然に移転されるとしなくても賃貸人の保護に欠けるということにはならない。

B説　肯定説

▶結論：当然承継される。
▶理由：①賃貸人の賃借権譲渡に対する承諾の意思のなかに、敷金の担保的効力が譲受後の新賃借人の債務に及ぶという期待的意思が推測される。
②任意譲渡の場合には、旧賃借人は新賃借人の資力を担保すると解すべきである。

★**重要判例**（最判昭和53年12月22日〔判例シリーズ72事件〕）
「土地賃貸借における敷金契約は、賃借人又は第三者が賃貸人に交付した敷金をもって、賃料債務、賃貸借終了後土地明渡義務履行までに生ずる賃料額相当の損害金債務、その他賃貸借契約により賃借人が賃貸人に対して負担することとなる一切の債務を担保することを目的とするものであって、賃貸借に従たる契約ではあるが、賃貸借とは別個の契約である。そして、賃借権が旧賃借人から新賃借人に移転され賃貸人がこれを承諾したことにより旧賃借人が賃貸借関係から離脱した場合においては、敷金交付者が、賃貸人との間で敷金をもって新賃借人の債務不履行の担保とすることを約し、又は新賃借人に対して敷金返還請求権を譲渡するなど特段の事情のない限り、右敷金をもって将来新賃借人が新たに負担することとなる債務についてまでこれを担保しなければならないものと解することは、敷金交付者にその予期に反して不利益を被らせる結果となって相当でなく、敷金に関する敷金交付者の権利義務関係は新賃借人に承継されるものではないと解すべきである」。
【争点】土地賃貸借に際し敷金が差し入れられている場合、借地権が譲渡されると敷金関係も当然承継されるか。
【結論】特段の事情がないかぎり、承継されない。

→ 百選Ⅱ66事件

(v)　敷引特約

敷引特約とは、居住用建物の賃貸借において、契約終了時に、たとえ未払賃料がなくても、敷金のうち一定金額あるいは一定割合の金額を返還しないことをあらかじめ約しておく敷金契約の特約をいう。関西地方で多くみられるが、この特約は、損害賠償のほか、通常の損耗による補修費用、新たな賃借人を得るまでの空家損失料、(b)で述べる権利金のように、敷金とは異なる趣旨も含まれているといわれている。いずれにせよ、賃借人は、過大な負担を強いられることになり、その有効性が問題となる。特に、平成13年に施行された消費者契約法以降、賃借人が消費者である場合には、敷引特約は「民法第1条第2項に規定する基本原則に反して消費者の利益を一方的に害するもの」と規定する消費者契約法10条に反し、無効ではないかが争われた。

賃貸借終了の場合には、賃借人に原状回復義務があるところ（621条）、改正前民法下での判例では、通常の損耗は賃貸借契約の本質上当然に予定されるので、その原状回復義務は賃貸人の義務であると解されていた（621条本文括弧書参照）。しかし、判例は、「消費者契約である居住用建物の賃貸借契約に付された敷引特約は、当該建物に生ずる通常損耗等の補修費用として通常想定される額、賃料の額、礼金等他の一時金の授受の有無及びその額等に照らし、敷引金の額が高額に過ぎると評価すべきものである場合には、当該賃料が近傍同種の建物の賃料相場に比して大幅に低額であるなど特段の事情のない限り、信義則に反して消費者である賃借人の利益を一方的に害するものであって、消費者契約法10条により無効となる」としている。

(b)　権利金・保証金

権利金には、①営業を含めて賃借する場合に支払われる営業権の対価としての

← 「敷引特約」とは
→ 中田・契約法411頁、中舎・債権法212頁

→ 最判平成17年12月16日　判時1921号61頁

→ 最判平成23年3月24日　民集65巻2号903頁

← 「権利金」とは

性質を有するもの（営業上の利益の対価）、②賃料の前払的性質をもつもの（賃料の一部前払）、③賃借権の譲渡・転貸の承諾料の性質を有するもの（賃借権の譲渡についての賃貸人の承諾〔612条〕の対価）があるとされている。判例は、原則として、賃貸人の権利金返還義務を認めない趣旨といわれている。

　保証金には、新築建物の賃貸借にあたって賃借人が建物建築の協力金として支払うものや、その他のいろいろな性格のものがある。保証金の返還義務については、契約の趣旨を考慮して決めるべきであると解される。

← 「保証金」とは

(c) 更新料

　前述したように、賃貸借契約が更新される際に、更新料が支払われることが少なくない。

　東京都区内において、宅地の賃貸借契約の更新に際して更新料支払義務があるかについて、判例は、更新料の合意がない場合に、賃貸人の請求があれば当然に賃貸人に対する賃借人の更新料支払義務が生ずるという「商慣習ないし事実たる慣習が存在するものとは認めるに足りない」としている。

→ 最判昭和51年10月1日判時835号63頁

　他方で、賃貸借契約更新時に賃借人から賃貸人に対して一定の金員を支払う旨定める条項を**更新料条項**というが、このような条項が、消費者契約法10条にいう「民法第1条第2項に規定する基本原則に反して消費者の利益を一方的に害するもの」に該当するかが問題となる。判例は、賃貸借契約書に一義的かつ具体的に記載された更新料の支払を約する条項は、更新料の額が賃料の額、賃貸借契約が更新される期間等に照らし高額にすぎるなどの特段の事情がないかぎり、消費者契約法10条にいう「民法第1条第2項に規定する基本原則に反して消費者の利益を一方的に害するもの」にはあたらないとした。

← 「更新料条項」とは

→ 最判平成23年7月15日（百選Ⅱ63事件）

(3) 用法遵守義務（使用収益権）

　賃借人は、契約またはその目的物の性質によって定まった用法に従い、その物の使用および収益をしなければならない（**用法遵守義務**、616条・594条1項）。

← 用法遵守義務

(4) 目的物保管義務（善管注意義務・善管注意保存義務）

　賃借人は、賃貸期間中は、善良な管理者の注意をもって賃借物を保存する義務を負う（**目的物保管義務・善管注意義務・善管注意保存義務**、400条）。その具体的内容は、賃貸借契約の解釈によって定まる。

← 目的物保管義務

(5) 通知義務

　賃借物が修繕を要し、または賃借物について権利を主張する者があるときは、賃借人は、遅滞なくその旨を賃貸人に通知しなければならない（**通知義務**、615条本文）。ただし、賃貸人がすでにこれを知っているときは、通知義務はない（615条ただし書）。

← 通知義務

(6) 保存行為受忍義務（修繕受忍〔忍容〕義務）

　賃貸人が賃貸物の保存に必要な行為をしようとするときは、賃借人は、これを拒むことができない（**保存行為受忍義務**、606条2項）。

← 保存行為受忍義務

(7) 目的物返還義務（債務）

　賃借人は、引渡しを受けた物を契約が終了したときに返還する義務を負う（**目的物返還義務**、601条）。賃貸借における目的物返還義務は、賃借人の基本的な債務のひとつであって、平成29年改正により明文化された。この点は前述した。

← 目的物返還義務
← 平成29年改正

(8) 原状回復義務

　賃借人は、賃借物を受け取った後にこれに生じた損傷（通常の使用および収益

← 原状回復義務
← 平成29年改正

2-6 賃貸借　219

によって生じた賃借物の損耗ならびに賃借物の経年変化を除く）がある場合に、賃貸借が終了したときは、その損傷を原状に復する義務を負う（原状回復義務、621条本文）。ただし、その損傷が賃借人の責めに帰することができない事由によるものであるときは、原状回復義務は生じない（621条ただし書）。

> **平成29年改正事項　賃借人の原状回復義務**　B3
>
> 賃貸借契約が終了した場合における原状回復義務については、改正前民法616条が準用する改正前民法598条（「借主は、借用物を原状に復して、これに附属させた物を収去することができる」）の規定があった。
>
> しかし、賃借物に生じた通常損耗（賃借物の通常の使用および収益をしたことにより生じた賃借物の劣化または価値の減少のことをいい、経年変化を含む）にまで原状回復義務があるかどうかについては、条文上は明らかではなかった。この点について、判例は、通常損耗が生ずることは賃貸借の締結時に当然予定されており、通常は減価償却費や修繕費等の必要経費を織り込んで賃料の額が定められるものであって、賃借人が通常損耗の回復義務を負うとすると、賃借人にとって予期しない特別の負担を課されることになるから、特約がある場合を除いて賃借人は通常損耗の回復義務を負わないとした。この判例法理は一般に支持されており、実務上も、通常損耗の回復義務をめぐって紛争が生ずることも多く、法律関係を明確化する必要性が高いことから、この判例法理を明文化する必要があった。
>
> また、原状回復義務については、賃借人が賃借物を受け取った後にこれに生じた損傷については、賃借人が原状回復義務を負うのが原則であるが、賃借物の損傷が賃借人の帰責事由によらないものである場合には、賃借人は原状回復義務を負わないとされているところ、この点についても明文規定がないので、これを明文化する必要があった。
>
> そこで、平成29年改正民法は、賃借人は、通常損耗（経年変化を含む）以外の損傷について、原則として原状回復義務を負うが、賃借人の帰責事由によらないものである場合には原状回復義務を負わない旨規定した（621条）。

→ 部会資料69A・62頁、一問一答325頁

→ 最判平成17年12月16日（前出）

2-59　賃借人の原状回復義務

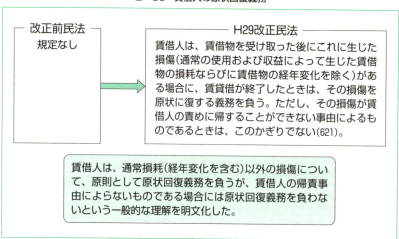

(9) 収去義務・収去権

賃借人は、賃借物を受け取った後にこれに附属させた物がある場合に、賃貸借が終了したときは、その附属させた物を収去する義務を負う（収去義務、622条・599条1項本文）。ただし、賃借物から分離することができない物または分離するのに過分の費用を要する物については、収去義務を負わない（622条・599条1項ただし書）。

また、賃借人は、賃借物を受け取った後にこれに附属させた物を収去すること

← 収去義務・収去権
← 平成29年改正

ができる(収去権、622条・599条2項)。もっとも、収去可能であることが前提となり、収去不能の場合には、費用償還請求権(608条)の問題となる。

> 潮見・改正法306頁

平成29年改正事項　賃借人の収去義務　B2

> 部会資料69A・61頁、一問一答325頁

　改正前民法においては、賃借人の収去義務については明文規定がなく、改正前民法616条が準用する改正前民法598条(「借主は、借用物を原状に復して、これに附属させた物を収去することができる」)を根拠として、賃借人は収去義務を負うと解されていた。しかし、賃借人の収去義務は、賃貸借契約における重要な義務であることから、これを明文化する必要がある。
　また、収去義務が及ぶ附属物の範囲については、①だれの所有物が附属されたかに関わりなく、賃借人が賃借物を受け取った後にこれに附属させた物については、賃借人が収去義務を負い、②附属物を分離することができない場合や、附属物の分離に過分の費用を要する場合(壁に塗られたペンキや、壁紙・障子紙など)については、賃借人は収去義務を負わないと解されていた。しかし、上記の解釈も条文上読み取ることができず、かつ、賃借物の附属物の収去をめぐっては実務的に問題となることが多く、特に法律関係を明確化する必要性が高い。
　そこで、平成29年改正民法は、賃借人の収去義務について、上記①②の規律を明文化した(622条・599条1項)。
　なお、賃借人の収去権については、改正前民法616条が準用する改正前民法598条を実質的に維持するものである(622条・599条2項)。
　また、借家関係において、建物の賃借人が造作買取請求権(借地借家33条)を行使した場合には、その賃借人は附属物の収去義務を負わず、収去権を行使することもできないが、622条が準用する599条1項および2項の規定は、このような現状を変更するものではない(造作買取請求権については、後述する)。

← 賃借人の収去義務の明文化

2-60　賃借人の収去義務

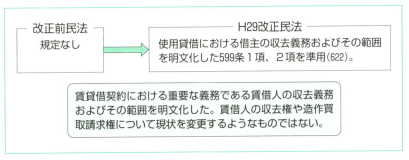

> 部会資料16-2・68頁

　原状回復義務と収去権・収去義務については、特に賃借物に物理的な増加がある場合において、賃貸人の費用償還義務(608条)や付合(242条)とも関連して問題となりますので、ここで整理しておきましょう。
　この点について、まず、①分離することが物理的にも経済的にも容易なもの(賃借人の持ち込んだ家具や照明器具など)は、依然として賃借人の所有物であり、賃借人は収去義務を負います(622条・599条1項)。
　次に、②分離することが物理的に不可能であるか、または経済的な損失が大きいもの(賃借人が貼った壁紙や障子紙、賃借人の塗ったペンキなど)は、付合によって賃貸人の所有物となり(242条)、賃貸人は608条の規定に従って必要費または有益費の費用償還義務を負うことになります。
　また、③これらの中間のもの(土地の賃借人が造った石垣、花壇など)は、付合している可能性があるものの、収去権の規定(622条・598条2項)があるため、賃借人は、個別に賃貸人の同意を得ないで収去権を行使することができ、また、収去権を行使しないで費用償還請求権を行使することもできると解されています。

2-6 賃貸借　221

附属の程度	所有権	収去義務	収去権	費用償還請求権
①分離することが物理的にも経済的にも容易	賃借人	○(622・599Ⅰ)	—	—
②分離が物理的に不可能・大きな経済的損失	賃貸人(242)	×	×	○(608)
③①②の中間	—	×	○*(622・599Ⅱ)	○*(608)

＊いずれか一方を行使可能

賃貸人と賃借人の権利・義務

	賃貸人		賃借人
権利	（賃借人の義務の裏返し）		（賃貸人の義務の裏返し）
義務	使用収益させる義務(601) 修繕義務(606Ⅰ本文) 費用償還義務(608)	賃料支払義務(601) 敷金、権利金等の支払(622の2等) 用法遵守義務(616・594Ⅰ) 目的物保管義務(400) 通知義務(615本文)	保存行為受忍義務(606Ⅱ) 目的物返還義務(601) 原状回復義務(621本文) 収去義務(622・599Ⅰ)

【3】他人物賃貸借の法律関係

他人の物の賃貸借も有効であるが(559条本文・561条)、この場合の法律関係を検討してみよう。

(1) 賃貸人・賃借人の責任

この場合にも、賃貸人は、賃借人に対し、賃貸物を使用収益させる義務(601条)を負う。他方で、賃借人は、賃貸物の引渡しを受けているかぎり、賃貸人に対し、賃料支払義務(601条)を免れないのが原則である。そして、賃借人が賃貸人に対して賃料を支払った場合には、賃料債務の支払は有効な弁済となる。賃貸借契約の成立を主張する者としては、賃貸物が賃貸人の所有物であることを主張・立証する必要はない(判例)。

もっとも、上記の関係は、賃貸人・賃借人間で正当化されるにすぎないから、賃借人は、賃貸物の所有者から明渡請求を受けた場合には、これに応じなければならないし、所有者が賃貸物を使用収益する権限を主張することにより賃借権を失うおそれが生じたものとして、それ以降、賃料支払拒絶権が認められる(559条・576条。判例)。また、賃借人は、賃借物を所有者に明け渡した場合など、賃借物を現実に使用収益できなくなった場合には、賃貸人の使用収益させる義務が履行不能により消滅し、賃貸借契約も終了する。この場合には、賃借人は当然、それ以降、賃料支払拒絶権が認められる(559条・576条)。

そして、賃借人は、賃借物の所有者から明渡しを求められた結果、賃借物を使用収益することができなくなった場合には、賃貸人に対し、債務不履行(履行不能)による損害賠償(填補賠償)を請求し(415条1項本文、2項1号。ただし、415条1項ただし書)、また、賃貸借契約の無催告解除をすることができる(542条1項1号)。

なお、賃借物について権利を主張する者があるときは、賃借人は、遅滞なくその旨を賃貸人に通知しなければならないが(615条本文)、賃貸人がすでに知っているときはその必要はない(615条ただし書)。

▶予備2011年

●論点Aランク
（論証12）

➡ 大判明治39年5月17日
民録12輯773頁、
大判大正7年5月17日
民録24輯971頁

➡ 最判昭和50年4月25日
（前出）
➡ 中舎・債権法233頁

➡ 中舎・債権法233頁

(2) 他人物賃貸借と不当利得

所有者は、他人物の賃貸人および賃借人に対して、いかなる請求をすることができるかを確認する。

(a) 所有者・賃貸人間の不当利得

所有者は、賃貸人に対して賃貸人が取得した賃料を不当利得として返還請求することが考えられるが、この場合の賃貸人は、目的物を占有しているため、「善意の占有者は、占有物から生ずる果実を取得する」と規定した189条1項が適用あるいは類推適用される（賃料について適用、使用利益〔客観的利用価値＝平均的賃料相当額〕について類推適用）。したがって、賃貸人には利用価値や賃料額を返還する義務はない。もっとも、賃貸人が賃貸物を自己の物と信じたことについて過失があるときには、所有者は、賃貸人に対し、不法行為に基づく損害賠償を請求することができる（709条）。

←所有者の賃貸人への不当利得返還請求

また、賃貸人が悪意の場合には、賃貸人が賃貸借契約を締結することにより現実に収益をあげた期間について、使用利益または法定果実である賃料額が、所有者に対して不当利得として返還されるべきである（190条1項の適用あるいは類推適用）。

→ 潮見・債権各論Ⅰ150頁、中田・契約法433頁

(b) 所有者・賃借人間の不当利得

所有者は、賃借人に対し所有権に基づいて賃借物の返還（明渡）を請求することができる。

また、所有者は、賃借人に対し、賃借物を使用収益したことについて、賃料相当額を不当利得として返還請求することができる。なお、この場合にも189条1項の適用（あるいは類推適用）があるかが問題となるが、一般的には、占有者が賃借人である場合には、189条1項は適用されないと解されている。賃借人はいずれにしても賃貸人に賃料を支払うべき立場にある以上、賃借人に果実収取権を認めることはできないからである。

←所有者の賃借人への不当利得返還請求

さらに、賃借人に故意・過失がある場合には、所有者は、賃借人に対し、不法行為に基づいて賃料相当損害金の損害賠償請求をすることができる（709条）。

2-61

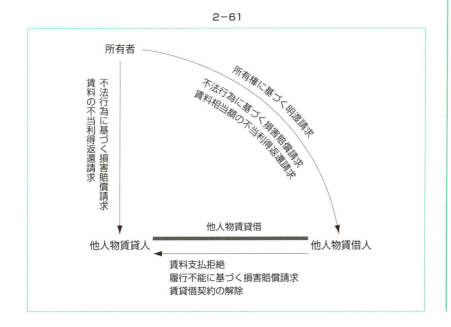

(3) 所有者と他人物賃借人との新たな賃貸借契約の締結

　それでは、他人物賃借人が所有者との間で新たな賃貸借契約を締結してしまった場合には、従前の他人物賃貸借契約はどのようになるのであろうか。

　まず、この場合には、他人物賃貸人のなす債務（使用収益させる義務）は履行不能となるから、従前の他人物賃貸借契約は解除を待たずに当然に終了する。

　次に、他人物賃貸人が賃借人に他人物を賃貸したことについて帰責事由がある場合には、賃借人は、賃貸人に対し、債務不履行（履行不能）による損害賠償（填補賠償）を請求することができる（415条1項、2項1号）。

　これに対して、他人物賃貸人に、賃借人に他人物を賃貸したことについて帰責事由がない場合はどうなるであろうか。この場合には、債権者（賃借人）の責めに帰すべき事由によって債務を履行することができなくなったとして、債権者（賃借人）は、反対給付の履行（賃料支払義務の履行）を拒むことができず（536条2項前段）、また、契約を解除することもできない（543条）とも考えられる。しかし、使用収益させる義務（債務）が履行不能であるにもかかわらず、その対価である賃料支払義務のみが存続するというのは、継続的法律関係である賃貸借契約においては現実性を欠く。そこで、賃借人に責めに帰すべき事由がある場合であっても、賃貸借契約は全体として当然に消滅し、後は賃貸人から賃借人に対する損害賠償請求の問題として処理すべきであろう。

2-62

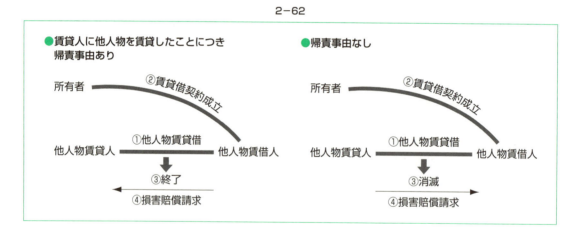

4 終了

【1】期間の定めがある場合の賃貸借の終了

(1) 期間が満了した場合

　賃貸借は、契約で定めた期間の満了によって終了する（622条・597条1項）。ただし、後述するように、特別法である借地借家法はこれを修正している。

(2) 解約権の留保の場合

　期間の定めがある場合であっても、契約自由の原則により、当事者が解除権を留保していれば、それを行使することができる。すなわち、当事者が賃貸借の期間を定めた場合であっても、その一方または双方がその期間内に解約をする権利を留保したときは、617条の規定（期間の定めのない賃貸借の解約の申入れ）を準用する（618条）。その結果、当事者はいつでも解約の申入れをすることができ、

←期間の定めがある場合の賃貸借の終了

617条1項に定めた期間を経過した時に賃貸借は終了する。

ただし、借地借家法は解約権の留保を認めていない。

(3) 黙示の更新

賃貸借期間満了後、賃貸人が、賃借人による賃借物の使用・収益の継続を知りながら異議を述べないときには、法律上、賃貸借は黙示の更新があったとみて、賃貸借契約を継続させるのが妥当である。そこで、民法は、賃貸借の期間が満了した後、賃借人が賃借物の使用または収益を継続する場合に、賃貸人がこれを知りながら異議を述べないときは、従前の賃貸借と同一の条件で更に賃貸借をしたものと推定すると規定した(619条1項前段)。この場合に、各当事者は、617条の規定により解約の申入れをすることができる(619条1項後段)。なお、後述するように、借地借家法はこれを修正している。

また、賃借人に保証人がいるようなときに、黙示の更新後その責任を存続させることは妥当でない。そこで、従前の賃貸借について当事者が担保を供していたときは、その担保は、期間の満了によって消滅する(619条2項本文)。判例は、この規定によって、賃借人の保証人の責任は期間の満了により当然に消滅するとしている。ただし、622条の2第1項に規定する敷金については、消滅しない(619条2項ただし書)。敷金は、賃貸借終了後引渡しまでに生じた賃料債務等を担保する目的で賃借人が賃貸人に交付するものであるから(622条の2第1項参照)、賃貸借の黙示の更新後もそれは担保として存続する。

→ 大判大正5年7月15日民録22輯1549頁

【2】期間の定めがない場合の賃貸借の終了

期間の定めのない賃貸借は、各当事者の解約の申入れにより、一定期間経過後将来に向かって終了する。すなわち、当事者が賃貸借の期間を定めなかったときは、各当事者は、いつでも解約の申入れをすることができる(617条1項前段)。この場合には、次の各号に掲げる賃貸借は、解約の申入れの日からそれぞれ各号に定める期間を経過することによって終了する(617条1項後段)。

①土地の賃貸借　1年(1号)
②建物の賃貸借　3か月(2号)
③動産および貸席の賃貸借　1日(3号)

また、収穫の季節がある土地の賃貸借については、その季節の後、次の耕作に着手する前に、解約の申入れをしなければならない(617条2項)。

なお、この解約の申入れについても、借地借家法および農地法による修正が施されている。

← 期間の定めがない場合の賃貸借の終了

【3】解除による賃貸借の終了

(1) 解除原因

賃貸借における契約の解除は、賃貸借関係の終了原因であるが、民法は、賃借人に対し、①607条(賃貸人の意思に反する保存行為)、②610条(減収による解除)、③611条2項(賃借物の一部滅失等による解除)において、④賃貸人に対し612条2項(賃借権の無断譲渡・転貸による解除)において、それぞれ解除権を与えている。①②および③についてはすでに触れた。④については、5 で触れることにする。

← 解除による賃貸借の終了

(2) 賃借人の債務不履行による解除
(a) 問題の所在

以上のように、賃貸借契約において、特に民法に規定されている場合のほか、契約法の一般的規律によれば、当事者の一方が契約違反（債務不履行）をしたときは、相手方は、債務不履行を理由として賃貸借契約を解除することができる。具体的には、債務者が債務を履行しないときは、債権者は相当期間を定めて催告をしたうえ、契約を解除することができ（541条）、債務の全部の履行が不能であるときは、債権者はただちに（催告することなく）契約を解除することができる（542条1項1号）。

しかし、特に不動産賃貸借においては、賃借している土地や建物が賃借人の生活や事業の基盤になっていることが多く、以上のような契約法の一般的規律をそのまま適用すると、賃借人に苛酷な結果となることがある。

他方で、賃貸人にとっては、相当の長期間にわたって自己の不動産の使用収益を委ねる賃借人の契約違反の度合いがあまりに過剰な場合には、催告することなく、解除が認められることが望まれる。

以上のような見地から、改正前民法において、契約法の一般的規律（改正前民法541条、催告による解除）をそのまま適用することについては疑問が呈されてきた。

(b) 信頼関係破壊の法理
(i) 意義

信頼関係破壊の法理とは、賃貸借契約上の義務違反があった場合でも、いまだ信頼関係を破壊するにいたらない場合には、契約の解除は認められないという考え方をいう。判例・学説により認められてきた法理である。

> この法理は、厳密には、①賃貸人の解除権の制限だけではなく、②賃貸人の解除権の拡張、という2つの相反する規律であると指摘されています。解除を制限するという機能とともに、解除を容易にするという機能もあわせ有しているといわれているのです。
> ①賃貸人の解除権の制限については、たとえば一度きりの賃料支払の遅延や、軽微な増改築などのように、賃借人の債務不履行があるとはいえ、解除を認めるほどに重大な債務不履行ではないという場合には、賃貸人の解除権は制限されるべきであるということです。この考え方は、後述する無断譲渡・無断転貸について背信的行為が認められない場合には解除権（612条2項）を制限するという法理で示されていましたが、その他の債務不履行においても妥当するものとして、学説上認められるようになりました。
> 他方で、②賃貸人の解除権の拡張については、賃借人の債務不履行が当事者間の信頼関係を破壊する場合には、賃貸人は催告をすることなく契約を解除することができるし（無催告解除）、その際には、債務不履行の前提となる債務の内容が必ずしも明確でないときにも、解除が認められるということです。要するに、賃貸人に有利にはたらく場合です。
> 結局、信頼関係破壊の法理は、賃借人の債務不履行そのものよりも、賃貸借の当事者間の信頼関係破壊の有無を重視し、破壊されているときは無催告解除を認め、破壊されていないときは解除権を制限するという考え方です。言い換えると、賃貸借関係全体の基盤となる法理となっているのです。

(ii) 内容

信頼関係破壊には、3つのレベルが考えられるとされる。
　①賃貸人に重大な経済的損失を与える場合
　②単に賃貸人の主観的・感情的な信頼を害するにすぎない場合

③両者の中間的な場合

> ①は、長期間にわたる賃料の不払や、著しく不相当な使用方法による賃借物の損傷などによって、賃貸人に重大な経済的損失を与える場合です。②は、挨拶の仕方が悪い、対立する宗派の信者だと判明した、賃料増額請求に応じないで裁判で争うなど、単に賃貸人の主観的・感情的な信頼を害する場合です。③は、借主の素行が悪く近所の人から苦情が絶えない、賃貸人に暴行をはたらくなど、①と②の中間的な場合です。

この点について、一方で、①が信頼関係破壊にあたり、他方で、②が信頼関係破壊にあたらないことには争いがない。問題は、①にかぎられるのか（即物的信頼関係）、それとも①のみならず③（人的信頼関係）も含まれるのかである。

一般的には、①のみならず③も含めて賃貸人の被る損失を総合的に評価するとの見解（総合事情判断説・総合判断説）が採られている。

(iii) 適用条文

a 改正前民法

改正前民法下においては、541条適用説（判例・通説）と541条非適用説との対立があった。

541条非適用説は、541条は売買のような一時的契約関係に適用されるものであって、継続的契約には適用がなく、628条、663条2項、678条2項等の類推適用により「やむを得ない事由」がないと解除することができないとする。しかし、この見解も催告を必要としており、他方で、541条適用説も借地借家の解除については先に述べた信頼関係破壊を要件とするから、実際には両説には差異がなく、結局、541条適用説が判例・通説の立場とされてきた。

b 平成29年改正民法

平成29年改正民法において、信頼関係破壊の法理は明文化されなかったが、この法理は依然として妥当する。そして、「今後は、解除及び債務不履行の一般的規律の新たな枠組みのなかで、その位置づけが検討されることになるだろう」と説明されている。

→ 中田・契約法426頁

> 中田先生は、「今後、信頼関係破壊法理は、より一般的な規律のなかで位置づけるのが適当である」として、以下の4点のように説明します。
> 　第1に、「**賃料不払の場合や用法遵守義務違反・善管注意保存義務違反の多くの場合**、信頼関係破壊の有無は、催告解除の要件である期間経過時の不履行の軽微性（新541条但書）の判定に際しての、借地・借家という契約類型における定型的な判断基準として位置づけられるべきである」とされます。541条本文は催告解除を規定しながらも、541条ただし書は相当期間経過時に不履行が軽微な場合には、催告解除が認められないと規定していますが、その軽微性の判定に際して、信頼関係破壊の有無を位置づけるのです。
> 　第2に、「**用法遵守義務・善管注意保存義務違反のなかには、債務者（賃借人）の履行拒絶（新542条1項2号）又は履行見込みの不存在（同項5号）を理由に無催告解除が認められるべき場合**もあるが、信頼関係破壊の有無はそれらに該当するか否かの判断基準としても考慮されるべきである」とされます。「債務者がその債務の全部の履行を拒絶する意思を明確に表示したとき」（542条1項2号）や、「債務者がその債務の履行をせず、債権者の前条の催告をしても契約をした目的を達するのに足りる履行がされる見込みがないことが明らかであるとき」（542条1項5号）には、無催告解除が認められていますが、これらの無催告解除の事由に該当するかの判断に際して、信頼関係破壊の有無を位置づけるのです。
> 　他方で、潮見先生は、「およそ一般に契約を解除するには重大な契約違反が存在するの

→ 中田・契約法426頁

← 賃料不払の場合、多くの用法遵守義務・全館注意保存義務違反の場合

← 用法遵守義務違反等のうち、無催告解除が認められる場合

→ 潮見・債権各論Ⅰ164頁

でなければならないとの立場」(契約の解除のところで説明しました)からは、この一般法理を賃貸借契約の場面で具体化したものが信頼関係破壊法理であると説明します。そして、その根拠規定として、542条1項5号をあげます。

第3に、「**不履行の前提となる債務の内容が不明確である場合**については、契約解釈により又は信義則上の義務として、賃借人の債務の内容を明確にしたうえ、その不履行について」第1または第2の規律に従って判断すべきであるとされます。

第4に、「**賃借権の無断譲渡・無断転貸**については、背信的行為論は、借地・借家という契約類型における信義則による612条2項の解除権行使の制限として、位置づけるべきである」とされます。賃借権の無断譲渡・無断転貸については、後に触れます。

← 不履行の前提となる債務の内容が不明確である場合

← 賃借の無断譲渡・無断転貸の場合

(3) 賃貸借の解除の効力

賃貸借の解除は、**将来に向かってのみ効力を生じる**(620条前段)。この趣旨は、継続的契約においては、当事者に原状回復義務(545条1項)を負わせ、双方に不当利得の返還をさせることは無意味だからである。

この場合には、損害賠償の請求は妨げられない(620条後段)。

一般の解除について、解除の遡及効を認める判例・通説の立場(直接効果説)からは、賃貸借の解除は、遡及効のない解除として位置づけられることになります。そのため、ここでの解除を解約告知とよぶこともあります。契約の解除のところも参照してください。

⇒ 1章4節[1]【3】(3)

【4】その他の事由による賃貸借の終了

(1) 賃借物の全部滅失等による賃貸借の終了

賃借物の全部が滅失その他の事由により使用および収益をすることができなくなった場合には、賃貸借は、これによって終了する(616条の2)。平成29年改正により、異論のない判例法理を明文化したものである。

← その他の事由による賃貸借の終了

← 平成29年改正

| 平成29年改正事項 | 賃借物の全部滅失等による賃貸借の終了 | B3 |

賃借物の全部滅失等により賃借物の全部の使用収益をすることができなくなった場合の賃貸借の終了については、改正前民法には明文規定がなかった。この場合に、判例は、賃借物の全部滅失等の場合には、賃貸借契約の目的を達することができないことが明らかであることなどから、賃貸借が当然に終了するとしており、これは一般に異論のないところであるから、明文化する必要がある。

そこで、平成29年改正民法は、上記判例法理に従い、賃借物の全部滅失その他の事由により賃借物の全部の使用収益をすることができなくなった場合に賃貸借が終了することとした(616条の2)。

⇒ 最判昭和32年12月3日民集11巻13号2018頁、最判昭和42年6月22日民集21巻6号1468頁

⇒ 部会資料69A・60頁、一問一答323頁

⇒ 最判昭和32年12月3日(前出)、最判昭和42年6月22日(前出)

2-63 賃借物の全部滅失等による賃貸借の終了

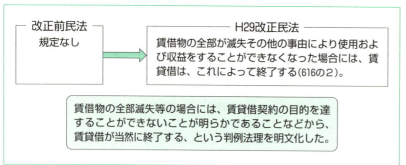

なお、賃借物の全部滅失等の原因が賃貸人にある場合や、賃借人の目的物保管

義務違反による滅失等の場合には、それぞれ債務不履行として相手方に対する損害賠償義務を負う。

(2) 混同

賃借人が賃貸借の目的物の所有権を取得するなどして、賃借人と賃貸人の地位が同一化した場合には、賃借権を存続させる利益がある場合を除いて、賃貸借は終了する(520条。ただし、後述する自己借地権〔借地借家15条〕の例外がある)。

(3) 賃借人の死亡

賃借人が死亡しても、賃貸借契約は終了せず、相続される。この点は使用貸借と異なるところである(597条3項参照)。賃貸借契約は人的信頼関係を基礎として成り立っているが、賃借権は財産的価値を有するからである。

→ 5節④【1】(2)

賃借人に相続人がいない場合には、賃貸借契約は終了する。もっとも、**建物の賃貸借契約**では、相続人でない同居人を保護するため、**建物賃貸借の承継**という特別の制度が設けられている(借地借家36条)。この点については、後に詳しく述べる。

また、建物賃貸借で相続人がいる場合の同居人の保護についても後述する。

5 賃貸借契約と第三者

【1】賃借人側の第三者との関係

賃借人側に第三者が現れる場合としては、賃借人が賃借権を譲渡したり、賃借物を第三者に転貸したりする場合がある。

(1) 原則——賃借権の無断譲渡・賃借物の無断転貸の禁止

賃貸借は、賃貸人と賃借人との間の**個人的信頼を基礎とする継続的法律関係を前提**とするものであるから、賃貸人の意思を無視した賃借権の無断譲渡と賃借物の無断転貸は許されない。すなわち、賃借人は、**賃貸人の承諾**を得なければ、その賃借権を譲り渡し、または賃借物を転貸することができない(612条1項)。そして、賃借人がこの規定に違反して第三者に賃借物の使用または収益をさせたときは、賃貸人は、契約の解除をすることができる(612条2項)。この場合には、譲受人・転借人が賃借物を現実に使用収益することが必要である点に注意してほしい。また、第三者に使用収益させたのが賃借物の一部であっても、契約全部の解除が認められうる。

← 承諾が必要な理由

> これに対して、地上権や永小作権といった物権では、その譲渡などにあたって所有権者の承諾は必要ありません。地上権との差異については、199頁の表を参照してください。

→ 本節①【2】

(2) 賃借権の譲渡・賃借物の転貸の事例

それでは、賃借権の譲渡または賃借物(目的物)の転貸にあたるかが問題となる事例を検討してみよう。

> 612条は、その見出しとして「賃借権の譲渡及び転貸の制限」と掲げています。これは、一見すると、「賃借権の譲渡の制限」と「賃借権の転貸の制限」とに読めてしまいますが、後者の「賃借権の転貸の制限」では意味をなしません。後者は、「(賃借物あるいは目的物の)転貸の制限」の意味ですので、注意してください。

→ 中田・契約法428頁

2-6 賃貸借 229

まず、建物所有を目的とする土地賃貸借契約を締結した賃借人が、借地上に建物を建築した後に、当該建物を第三者に対し譲渡した場合についてみると、この場合には、土地賃借権は建物所有の従たる権利といえることから、主たる権利である建物所有権の譲渡により従たる権利である土地賃借権も第三者に譲渡されることになる（87条2項類推適用）。

　これに対して、土地賃借人が借地上の建物を第三者に賃貸しても、敷地を第三者に「転貸」したことにはならないと解される（判例）。なぜなら、土地賃貸人は、建物所有のために土地を賃貸した以上、その建物の利用に伴う敷地の利用は当然甘受しなければならないし、建物を土地賃借人自身が利用するか、建物賃借人が利用するかによって、原則として敷地の利用形態に違いが生じないからである。

➡ 大判昭和8年12月11日
裁判例7巻民277頁
▶ 2017年第1問

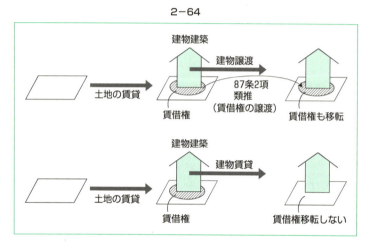

2-64

　次に、担保のため借地上の建物の名義を他人名義（譲渡担保権者の名義）にした場合であっても、従来の使用状態に変化がないときには、建物の敷地について612条にいう賃借権の譲渡または賃借物の転貸にあたらないと解されている（判例）。もっとも、その後の判例において、譲渡担保権の実行前であっても、譲渡担保権者が建物の引渡しを受けて使用または収益をするときは、建物の敷地について612条にいう借地権の譲渡または転貸がされたものとされている。

➡ 最判昭和40年12月17日
民集19巻9号2159頁
➡ 最判平成9年7月17日
民集51巻6号2882頁

　最後に、法人格をもつ小規模閉鎖会社が賃借人である場合に、経営者の交代があったときには、612条にいう賃借権の譲渡にあたるかが問題となる。この点について、判例は、賃借人が法人である場合に、その法人の構成員や機関に変動が生じても、法人格の同一性が失われるものではないから、賃借権の譲渡にはあたらず、この理は、特定の個人が経営の実権を握り、社員や役員がその個人およびその家族、知人等によって占められている小規模で閉鎖的な有限会社が賃借人である場合においても基本的に変わるところはないとした。

➡ 最判平成8年10月14日
（後出重要判例）

> ★重要判例（最判平成8年10月14日〔百選Ⅱ60事件〕）
> 　民法612条の「賃借権の譲渡が賃借人から第三者への賃借権の譲渡を意味することは同条の文理からも明らかであるところ、賃借人が法人である場合において、右法人の構成員や機関に変動が生じても、法人格の同一性が失われるものではないから、賃借権の譲渡には当たらないと解すべきである。そして、右の理は、特定の個人が経営の実権を握り、社員や役員が右個人及びその家族、知人等によって占められているような小規模で閉鎖的な有限会社が賃借人である場合についても基本的に変わるところはないのであり、右のような

230　2章 契約各論

小規模で閉鎖的な有限会社において、持分の譲渡及び役員の交代により実質的な経営者が交代しても、同条にいう賃借権の譲渡には当たらないと解するのが相当である。賃借人に有限会社としての活動の実体がなく、その法人格が全く形骸化しているような場合はともかくとして、そのような事情が認められないのに右のような経営者の交代の事実をとらえて賃借権の譲渡に当たるとすることは、賃借人の法人格を無視するものであり、正当ではない。賃借人である有限会社の経営者の交代の事実が、賃貸借契約における賃貸人・賃借人間の信頼関係を悪化させるものと評価され、その他の事情と相まって賃貸借契約解除の事由となり得るかどうかは、右事実が賃借権の譲渡に当たるかどうかとは別の問題である。賃貸人としては、有限会社の経営者である個人の資力、信用や同人との信頼関係を重視する場合には、右個人を相手方として賃貸借契約を締結し、あるいは、会社との間で賃貸借契約を締結する際に、賃借人が賃貸人の承諾を得ずに役員や資本構成を変動させたときは契約を解除することができる旨の特約をするなどの措置を講ずることができるのであり、賃借権の譲渡の有無につき右のように解しても、賃貸人の利益を不当に損なうものとはいえない」。

【争点】小規模・閉鎖的な有限会社において、持分の譲渡・役員の交代により実質的な経営者が交代した場合には、612条にいう賃借権の譲渡にあたるか。
【結論】あたらない。

なお、土地賃借権の譲渡・転貸の許可制度(借地借家19条、20条)については、後述する。

(3) 信頼関係破壊法理(背信行為論)による解除権の制限

前述したように、賃借人が無断譲渡・無断転貸をした場合には、賃貸人は、原則として契約の解除をすることができる(612条2項)。

もっとも、判例上、「賃貸借が当事者の個人的信頼を基礎とする継続的法律関係であることにかんがみ、……賃貸人に対する背信的行為と認めるに足らない特段の事情がある場合」には、無断譲渡・無断転貸を理由に契約を解除することはできないという、信頼関係破壊法理が確立されている。この信頼関係を破壊しない「特段の事情」の主張・立証責任は、賃借人(判例)または譲受人・転借人(判例)にある(賃貸人側が主張・立証する必要はない)。

▶2008年第1問
●論点Aランク
(論証14)

→ 最判昭和28年9月25日
民集7巻9号979頁
← 信頼関係を破壊しない「特段の事情」の主張・立証責任

→ 最判昭和41年1月27日
民集20巻1号136頁
→ 最判昭和44年2月18日
民集23巻2号379頁

> 前述したように、無断譲渡や転貸の場合、原則として612条2項によって解除ができます。賃借権の譲渡・転貸には612条1項で賃貸人の承諾を得ることが要求されているので、この承諾を得ずに譲渡・転貸すれば、それ自体が債務不履行であり信頼関係が破壊されたと考えることができます。賃貸人としては、その賃借人を信頼し、この人なら大丈夫だろうと安心して貸しているわけですから、賃貸人に何の相談もなく、勝手に他人に譲渡・転貸をすることは、それだけで、著しい信頼関係の破壊があったとされて、無催告解除が認められるのが原則とされるのです。ただ、例外的に、賃借人が賃借権の無断譲渡・無断転貸をした場合においても、それが背信的行為と認めるに足りない特段の事情があるときには、賃貸人は、契約を解除することができません。従来からともに暮らしてきた内縁の妻に賃借権を譲渡したとき(判例)など、配偶者(内縁の配偶者も含む)や同居の親族への賃借権の譲渡等で、利用の主体が実質的に変わっていないときがその典型です。また、いったんは転貸したものの賃貸人への迷惑を考えてすぐにやめたとか、広い借地のほんの一部を隣人に頼まれて自動車置き場として貸しているというときには、転貸の程度が軽微であるので、背信的行為と認めるに足りない特段の事情ありとして、やはり解除が認められないときもあります。賃借人側にしてみれば、解除により生活の基盤を失うことにもなるわけですから、具体的事情によってはそれらの者の保護を図って解除を制限しようというわけです。

→ 最判昭和39年6月30日
民集18巻5号991頁

また、いかなる場合に信頼関係の破壊(背信的行為)があると判断されるかについ

いて問題となるが、一般的には、使用収益の主体に変化があっても使用収益の実態に変化がない場合には、いまだ信頼関係の破壊はないと解されている。

さらに、ここにいう信頼関係破壊に人的信頼関係を含むかという議論があるが、賃借人の債務不履行による解除のところで述べたように、一般的には、人的信頼関係を含めて賃貸人の被る損失を総合的に評価するとの見解（総合事情判断説・総合判断説）が採られている。

> 上記見解では、たとえば賃借人が転貸により高額の中間利得を得ていることや、転借人の素行が悪いことなどが解除原因となりうることになります。

➡ 星野・概論Ⅳ213頁

(4) **賃借権の無断譲渡・無断転貸の効果**——解除できる場合における法律関係

それでは、無断譲渡と無断転貸に分けて、612条2項にいう解除ができる場合における法律関係についてみていこう。

(a) **無断譲渡の効果**

この場合には、賃貸人A、賃借人B、譲受人Cの三者の法律関係が問題となる。

← 賃借権の無断譲渡・無断転貸の効果

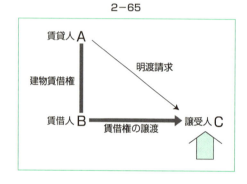

2-65

(i) **賃借人Bと譲受人Cとの関係**

この場合にも、ＢＣ間の賃借権譲渡契約自体は債権的に有効である。したがって、ＣはＢに対して売買契約に基づく代金支払義務を負い、Ｂはすみやかに賃貸人Ａの承諾を得る義務を負う。ＢがＡの承諾を得られない場合には、Ｃは、Ｂに対し、債務不履行（履行不能）による損害賠償（填補賠償）を請求することができるし（415条1項、2項1号）、ＢＣ間の賃借権譲渡契約を解除することができる（542条1項1号）。

← 賃借人と譲受人の関係

(ii) **賃貸人Ａと賃借人Ｂとの関係**

Ｃが現実に賃借物を使用収益した場合には、Ａは、ＡＢ間の賃貸借契約を解除することができる（612条2項）。

← 賃貸人と賃借人の関係

(iii) **賃貸人Ａと譲受人Ｃとの関係**

ＡＢ間の賃貸借契約が解除されると、Ｃは使用収益する権利を欠くことになるから、Ａは、Ｃに対し、所有権に基づいて返還請求をすることができ、また、不法行為に基づく損害賠償請求や不当利得に基づく利得金返還請求をすることができる。この場合に、Ａは、賃貸借契約の解除をしなくても、Ｃに対し所有権に基づいて返還請求をすることができるし（判例）、さらに、契約解除権が時効で消滅したときであっても、ＡはＣに対し、所有権に基づいて返還を請求することができる（判例）。加えて、賃貸借契約を解除しなくても、Ａは、Ｂから賃料の支払を

← 賃貸人と譲受人の関係

➡ 最判昭和26年4月27日民集5巻5号325頁

➡ 最判昭和55年12月11日判時990号188頁

受けたような特別の事情がないかぎり、Cに対し、不法行為に基づき賃料相当額の損害賠償を請求することができる（判例）。

(b) 無断転貸の効果

無断転貸の場合にも、賃貸人A、賃借人（転貸人）B、転借人Cの三者の法律関係が問題となる。

(i) 転貸人Bと転借人Cとの関係

BC間の賃貸借契約（転貸借契約）は債権的には有効となる。したがって、CはBに対して賃貸借契約に基づく賃料支払義務を負い、Bはすみやかに賃貸人Aの承諾を得る義務を負う。BがAの承諾を得られない場合には、Cは、Bに対し、債務不履行（履行不能）による損害賠償（填補賠償）を請求することができるし（415条1項、2項1号）、BC間の転貸借契約を解除することができる（542条1項1号）。

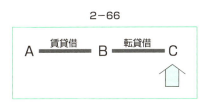

(ii) 賃貸人Aと賃借人Bとの関係

この場合にも、Cが現実に賃借物を使用収益したときには、Aは、AB間の賃貸借契約を解除することができる（612条2項）。この点について、判例は、賃借物の一部について無断転貸がなされたにすぎない場合であっても、Aは、原則として賃貸借契約の全部を解除することができるとしている。

(iii) 賃貸人Aと転借人Cとの関係

この場合にも、AB間の賃貸借契約が解除されると、Cは使用収益する権利を欠くことになるから、Aは、Cに対し、所有権に基づいて返還請求をすることができ、また、不法行為に基づく損害賠償請求や不当利得に基づく利得金返還請求をすることができる。この場合に、Aは、賃貸借契約の解除をしなくても、Cに対し、所有権に基づいて返還請求をすることができる（判例）。

(5) 適法（有効）な譲渡・転貸の効果——賃貸借の適法譲渡・適法転貸借の法律関係

以上に対して、適法（有効）な譲渡・転貸の法律関係については、どのようになるのであろうか。

> ここにいう適法（有効）な譲渡・転貸というのは、譲渡・転貸について賃貸人の承諾がある場合だけでなく、承諾はないものの、信頼関係の破壊とはいえない特段の事情がある無断譲渡・転貸も含みます。結果として適法（有効）な譲渡・転貸の場合を想定しています。

(a) 賃貸借の適法譲渡（承諾のある賃借権の譲渡等）

この場合には、譲渡人（旧賃借人）Bの契約上の地位が一体をなして譲受人（新賃借人）Cに移転し、Bは、賃貸借関係から離脱し、賃貸借関係は以後、賃貸人Aと新賃借人Cとの間でのみ存続することになる。したがって、賃借人の権利義務（使用収益権、賃料支払義務、目的物返還義務等）も、すべてCに移転する。

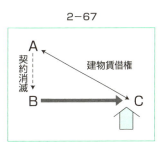

← 転貸人（賃借人）と転借人の関係

← 賃貸人と賃借人の関係

→ 最判昭和41年10月21日民集20巻8号1640頁

→ 大判昭和10年4月22日民集14巻571頁

← 賃貸人と転借人の関係

→ 最判昭和26年4月27日（前出）

(b) 適法転貸借（承諾のある転貸等）
(i) 適法転貸借の効果

まず、①転貸人Bと転借人Cとの関係であるが、基本的には、通常の賃貸借と同じとなる。

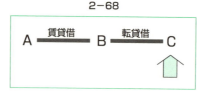

次に、②賃貸人Aと賃借人Bとの関係であるが、この関係は、転貸借契約によって影響を受けることはない。なお、③で述べるように、613条1項は、転借人Cは賃貸人Aとの間において直接法律関係に立つことなどを規定するが、この規定によっても、賃貸人Aが賃借人Bに対してその権利を行使することを妨げない（613条2項）。

最後に、③賃貸人Aと転借人Cとの関係であるが、民法は、賃貸人を保護するため、賃貸人Aと転借人Cとが直接法律関係に立つとした。すなわち、賃借人が適法に賃借物を転貸したときは、転借人は、賃貸人と賃借人との間の賃貸借に基づく賃借人の債務の範囲を限度として、賃貸人に対して転貸借に基づく債務を直接履行する義務を負う（613条1項前段）。「適法に賃借物を転貸したとき」には、適法賃貸借にとどまらず、前述した信頼関係の破壊とはいえない特段の事情がある無断転貸借も含まれる。平成29年改正民法は、「賃貸人と賃借人との間の賃貸借に基づく賃借人の債務の範囲を限度として」という文言を入れることにより、賃貸人に対する転借人の「転貸借に基づく債務」の直接履行義務の内容とその限度を明らかにした。

> この613条1項前段の規定により、たとえば賃貸人Aの転借人Cに対する直接の賃料請求権については、原賃貸借の賃料が転貸借の賃料より高い場合（AB間の賃料が10万円で、BC間の賃料が8万円の場合）であっても、転貸借の賃料の額（8万円）を超えて請求することはできませんし、逆に、転貸借の賃料が原賃貸借の賃料より高い場合（BC間の賃料が10万円で、AB間の賃料が8万円の場合）であっても、原賃貸借の賃料の額（8万円）を超えて請求することができなくなることになります。

なお、前述したように、613条1項前段は、賃貸人を保護するための規定であるから、転借人は、賃貸人に対して義務を負うのみであって、権利を有するものではない点に注意してほしい。したがって、Cは、Aに対して、前述の範囲で賃料支払義務を負うが、修繕や費用償還を求めることはできない。

また、賃貸人が転借人に対して賃料の支払を請求することができる場合に、転借人が賃借人に対して賃料を前払していると賃貸人が不利益を受けるので、転借人は、「賃料の前払をもって賃貸人に対抗することができない」と規定した（613条1項後段）。ここにいう「賃料の前払」とは、すでに賃料を支払ったことを意味するのではなく、転貸借契約における弁済期を基準とし、賃料をその弁済期よりも前に支払うという趣旨であって、したがって弁済期後に支払った賃料はこれに該当しないと解されている（判例）。

(ii) 原賃貸借の終了と転貸借の帰趨

AB間の原賃貸借が終了しても、別個の契約である転貸借が自動的に終了するわけではない。しかし、原賃貸借の終了により、転貸借の適法性の基盤が失われることになる。転貸借の帰すうは、原貸借の終了原因によってその結論を異にす

る。

以下、期間満了、合意解除、債務不履行解除に分けて説明する。

a　期間満了

賃貸借関係が期間満了によって終了した場合には、転貸借関係もその時に消滅する。ただし、借家の場合には、賃貸人が転借人に対し賃貸借関係が期間満了によって終了する旨の通知をしなければ、対抗することができず（借地借家34条1項）、通知をしたとしても、その後6か月を経過しなければ転貸借は終了しない（借地借家34条2項）。

b　合意解除

賃貸借関係が、**賃貸人と賃借人との合意によって終了**することに問題はないが、賃貸借関係が終了した場合に、転貸借関係はどのようになるであろうか。

この点について、改正前民法下での判例は、特段の事情がないかぎり、賃貸借の終了を転借人に対抗できないとしていた。その理由は、権利の放棄をしても他人の権利を害することができないこと、398条（抵当権の目的である地上権等の放棄）と類似性があること、転貸借を承諾していながらそれと矛盾する行為をすることは許されないことがあげられていた。その後の判例も同じであった。

平成29年改正民法は、上記判例を明文化し、賃貸人が適法に賃借物を転貸した場合には、賃貸人は、賃借人との間の賃貸借を合意により解除したことをもって転借人に対抗することができないと規定した（613条3項本文）。ただし、その解除の当時、賃貸人が賃借人の債務不履行による解除権を有していたときは、転借人に対抗することができる（613条3項ただし書）。この場面には、合意解除があっても、実質上は債務不履行による解除と異ならないと考えられるからである。

なお、613条3項本文には、上記判例にいう「特段の事情」の例外は規定されていないが、従来の解釈を維持してよいといわれている。具体的には、あらかじめ賃貸借の終了を了解して転貸借をしていた場合や、賃借人と転借人が一体とみられる場合である。

2-69

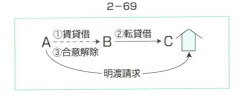

| 平成29年改正事項 | 賃貸借の合意解除と転貸借の帰すう | B3 |

　適法な転貸借がされた場合において、原賃貸人と転借人との間における賃貸借契約が合意解除されたときの転借人の地位については、改正前民法には規定がなかった。

　そして、転貸借は、原賃貸借を基礎として成立しているため、原賃貸借が消滅すれば転貸借はその存在の基礎を失うことになるとも考えられるところ、判例は、合意解除の時点において債務不履行解除の要件をみたしていたときを除き、原賃貸人はその合意解除の効力を転借人に主張することができないとしていた。この判例法理は一般に支持されているので、これを明文化する必要がある。

　そこで、平成29年改正民法は、上記判例法理に従い、適法な転貸借がされた後に原賃貸人と転借人との間の賃貸借契約が合意解除された場合には、合意解除の時点において債務不履行解除の要件をみたしていたときを除き、原賃貸人はその合意解除の効力を転借人に主張することができないと規定した（613条3項）。

→ 本節⑥【3】⑷(d)

▶昭和63年度第1問
▶予備2017年

→ 大判昭和9年3月7日民集13巻278頁

→ 最判昭和62年3月24日判時1258号61頁、最判昭和38年2月21日（判例シリーズ73事件）
← 平成29年改正

→ 潮見・債権各論Ⅰ167頁

→ 中舎・債権法245頁

→ 部会資料69A・60頁、一問一答312頁

→ 最判昭和62年3月24日（前出）、最判昭和38年2月21日（前出）

2-70 賃貸借の合意解除と転貸借の帰すう

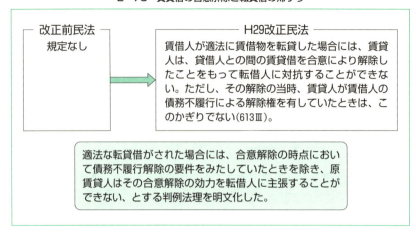

それでは、613条3項本文により合意解除が転借人に対抗することができない場合には、その後の法律関係はどうなるのであろうか。この点は、平成29年改正民法下でも解決していない問題である。この点について、原賃貸借も存続するという見解もあるが、多数説は、賃貸借関係は合意解除されているのに契約関係に強制的に引き止めることは妥当でないとして、賃貸人と転借人間の賃貸借関係になると解している。また、その場合の賃貸借契約の内容については、原賃貸借を基準とする見解もあるが、合意解除を転借人に対抗することができない以上、問題を転借人の側からみるべきであるとして、転貸借契約を基準とする見解が妥当であろう。

c　債務不履行解除

賃借人の債務不履行によって賃貸借が解除されると、転貸借はその根拠を失うので終了する。前述した613条3項ただし書の前提として、賃借人（転貸人）Bの債務不履行を理由とする賃貸借契約の解除をもって転借人Cに対抗することができるとする判例法理を採用することを含意しているとされている。この場合に、賃貸人は、転借人に対し賃料支払の機会を与えるために通知をする必要はないと解されている（判例）。なぜなら、転貸借は賃借人（転貸人）の賃借権のうえに成立しているものであるから、賃借人の賃借権が消滅すれば、転借人の転借権はその存在の基礎を失い、消滅すべき運命にあるといえるし、催告を要するとすると、（原）賃貸人の解除権が不当に制限されることになるからである。ただし、多数説は、転借人に不払賃料の第三者弁済（474条）の機会を与えるべきであるとして、判例に反対している。

また、このように賃借人の債務不履行によって賃貸借が解除された場合に、判例は、賃借人（転貸人）Bと転借人Cとの契約の効力が当然に消滅するわけではないが、賃貸借の解除によって転貸人の義務が履行不能となるので、転貸借は賃貸借の終了と同時に終了するとする。そして、終了の時期については、改正前民法のもとでの判例は、**賃貸人Aが転借人Cに目的物の返還を請求した時**としているが、平成29年改正民法のもとにおいても、返還請求をした時に、原則として、賃借人（転貸人）B・転借人C間の転貸借は、賃借物全部の使用収益が不能となり、終了すると解することができる（616条の2）。

→ 中舎・債権法246頁

●論点Bランク
（論証15）

→ 潮見・改正法304頁
▶平成10年度第1問

→ 最判昭和37年3月29日
民集16巻3号662頁、
最判平成6年7月18日
判時1540頁38頁

→ 最判昭和36年12月21日
民集15巻12号3243頁

→ 最判平成9年2月25日
（後出重要判例）

→ 中田・契約法432頁

★**重要判例（最判平成9年2月25日〔判例シリーズ74事件〕）**
「賃貸人の承諾のある転貸借においては、転借人が目的物の使用収益につき賃貸人に対抗し得る権原（転借権）を有することが重要であり、賃貸人が、自らの債務不履行により賃貸借契約を解除され、転借人が転借権を賃貸人に対抗し得ない事態を招くことは、転借人に対して目的物を使用収益させる債務の履行を怠るものにほかならない。そして、賃貸借契約が転貸人の債務不履行を理由とする解除により終了した場合において、賃貸人が転借人に対して直接目的物の返還を請求したときは、転借人は賃貸人に対し、目的物の返還義務を負うとともに、遅くとも右返還請求を受けた時点から返還義務を履行するまでの間の目的物の使用収益について、不法行為による損害賠償義務又は不当利得返還義務を免れないこととなる。他方、賃貸人が転借人に直接目的物の返還を請求するに至った以上、転貸人が賃貸人との間で再び賃貸借契約を締結するなどして、転借人が賃貸人に転借権を対抗し得る状態を回復することは、もはや期待し得ないものというほかなく、転貸人の転借人に対する債務は、社会通念及び取引観念に照らして履行不能というべきである。したがって、賃貸借契約が転貸人の債務不履行を理由とする解除により終了した場合、賃貸人の承諾のある転貸借は、原則として、賃貸人が転借人に対して目的物の返還を請求した時に、転貸人の転借人に対する債務の履行不能により終了すると解するのが相当である」。
【争点】賃貸人の承諾を得て適法に転貸借が行われた場合に、賃借人の債務不履行により賃貸借が解除されると、転貸借関係はどうなるか。
【結論】原則として、賃貸人が転借人に対して目的物の返還を請求した時に、転貸人の転借人に対する債務の履行不能により終了する。

→ 百選Ⅱ64事件

　なお、賃貸借契約が債務不履行により解除されたのではなく、転貸人の更新拒絶により終了した事例ではあるが、判例は、信義則上、賃貸借契約の終了をもって再転借人に対抗することができない場合があるとしている。

→ 最判平成14年3月28日（後出重要判例）

★**重要判例（最判平成14年3月28日〔百選Ⅰ3事件〕）**
　Xは自己の所有していた土地の上に1棟のビルを建てて、A（ビルの賃貸・管理会社）に一括して賃貸し、Aが第三者に転貸することをあらかじめ承諾していたが、この賃貸借契約がAの更新拒絶により終了した。そこで、Xは、転借人Bおよび再転借人Cに対して、賃貸借が終了する旨の通知をしたうえで、所有権に基づく本件転貸部分の明渡しと賃料相当額の損害金の支払を求めて提訴した。この事例において最高裁は、「このような事実関係の下においては、本件再転貸借は、本件賃貸借の存在を前提とするものであるが、本件賃貸借に際し予定され、前記のような趣旨、目的を達成するために行われたものであって、Xは、本件再転貸借を承諾したにとどまらず、本件再転貸借の締結に加功し、Cによる本件転貸部分二の占有の原因を作出したものというべきであるから、Aが更新拒絶の通知をして本件賃貸借が期間満了により終了しても、Xは、信義則上、本件賃貸借の終了をもってCに対抗することはできず、Cは、本件再転貸借に基づく本件転貸部分二の使用収益を継続することができると解すべきである」と判示した。
【争点】転貸借を予定した賃貸借契約が、賃借人の更新拒絶によって終了した場合、賃貸人は、本件賃貸借の終了をもって再転借人に対抗することができるか。
【結論】信義則上、できない。

【2】賃借人側でない第三者との関係

(1) 総説──賃借人側でない第三者

▶平成13年度第1問

　賃借権はあくまでも債権にすぎないから、賃借人は、本来、賃貸人に対してのみ権利を主張することができるのが原則である。
　しかし、不動産賃貸借の場合には、後述するように、賃借人が対抗要件を具備することによって、目的物を譲り受けた第三者に対しても対抗することができる

ようになるが、この場合の賃貸借関係がどうなるかが問題となる。

また、賃貸人が目的不動産を二重に賃貸した場合や二重譲渡した場合も問題となるし、賃借物の使用収益を妨害する者(不法占拠者など)との関係も問題となる。

(2) 目的物の新所有者等との関係

(a) 不動産賃借権の対抗力

← 不動産賃借権の対抗力

→ 『債権総論』1章1節②

(i) 売買は賃貸借を破るという原則

賃貸借に基づく賃借権は、あくまでも債権にすぎないから、債権総論で学んだように、特定人(賃借人)が特定人(賃貸人)に対して一定の行為を請求する権利にすぎない。それゆえ、賃借人(借地人)Bは、賃貸人(地主)Aに対してのみ使用収益を認めるよう求める権利があり、占有が正当化されるにすぎない。かりに、Aが土地を第三者Cに譲渡したとすれば、Bは、Cとは契約関係になく、自己の占有を正当化することができないので(不法占有となる)、Cからの明渡請求に応じなければならなくなる。これを、**売買は賃貸借を破る**という。

2-71

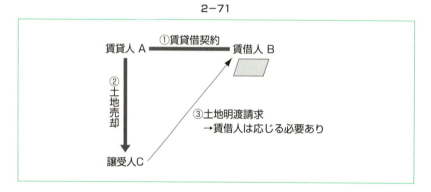

しかし、生活・経営の基盤をなす土地・建物などの賃貸借において、目的物の譲渡によって賃貸借関係が覆されては、賃借人は非常に不安定な地位に陥ってしまうので、売買は賃貸借を破るという原則を修正する必要が生ずる。

(ii) 不動産賃貸借の物権化

← 不動産賃借権の物権化

a 民法自体による修正

そこで、605条は、「不動産の賃貸借は、これを登記したときは、その不動産について物権を取得した者その他の第三者に対抗することができる」と規定した。これは**不動産賃借権の物権化**の現れである。この規定によって、賃借権は、物権と同様に、譲受人にも対抗することができることになった。

なお、平成29年改正により、改正前民法605条の「その後その不動産について物権を取得した者」という文言について、「その他の第三者」を付加するとともに、「その後」を削除し、さらに、対抗問題であることを明らかにするために、「その効力を生ずる」という文言を「対抗することができる」に改めた点については、前述した。

← 平成29年改正

ところで、605条の登記は、共同申請の原則(不登60条)により、賃借人と賃貸人とが共同で申請しなければならないため、賃借人は、賃貸人の協力がないときは登記請求をしなければ登記を得ることができない。ところが、判例は、賃借権が債権であることを理由として、賃借人に登記請求権を認めなかった。そのため、前述したように、賃貸人が土地を第三者に売却することによって、簡単に賃借人(借地人)を追い出せるという状況が生じた(これを**地震売買**という)。

→ 大判大正10年7月11日(前出)

b　特別法による修正

そこで、このような社会問題を解決するため、建物保護法が制定され（明治42年）、借地上に建てた建物を借地人が登記することで借地権（賃借権、地上権）の対抗力を確保する手段が与えられ（旧建物保護1条）、その後、借家、農地の賃借権についても、賃借権登記に代わる簡便な対抗要件の手段が定められた（賃借権登記に代わる対抗要件は、現在では、借地借家法10条、31条に受け継がれて規定されている）。

すなわち、借地権について、借地借家法10条1項は、「借地権は、その登記がなくても、土地の上に借地権者が登記されている建物を所有するときは、これをもって第三者に対抗することができる」と規定した。

また、借家権について、借地借家法31条は、「建物の賃貸借は、その登記がなくても、建物の引渡しがあったときは、その後その建物について物権を取得した者に対し、その効力を生ずる」と規定した。

これらの点については、更に後述する。

> 動産の賃借権の対抗要件については、民法上規定がありませんし、特別法上も存在しません。そのため、動産の賃借権の対抗要件をどのように考えるのかが問題となります。
> 通説は、賃借人が占有する動産を譲り受けた者は、賃借人に対する指図による占有移転（184条）によってみずからの所有権の対抗力を取得するが、それは賃貸借を承認していることになるとして、引渡し（占有）によって対抗要件を具備するとします。
> これに対して、動産の賃借権は不動産の場合と異なり、特別法によって強化されているわけではなく、原則どおり債権としての効力しかないとして、新所有者に対する対抗要件を具備する方法はないとする見解もあります。

→ 我妻・講義V₂ 452頁

→ 中舎・債権法251頁、近江・講義V 192頁

(iii)　対抗要件を具備しない賃貸借

不動産賃貸借において、対抗要件を具備していない賃借人は、目的物を取得した新所有者に対抗することができず、新所有者から明渡しを請求された場合には、これに応じなければならない。もっとも、例外的にではあるが、新所有者からの請求が権利濫用であるとして認められない場合がある（判例）。

また、賃借人が新所有者に賃借権を対抗することができずこれを失ったときは、賃貸人は、使用収益させる債務の履行不能として、賃借人に対し債務不履行責任を負う（判例）。

(b)　不動産の譲渡と賃貸人たる地位の移転

(i)　総説

賃借人が賃借不動産の譲受人に対し賃借権を対抗することができる場合には、譲受人からの所有権に基づく明渡請求を拒むことができるが、このときの賃貸借関係はどうなるであろうか。賃貸人たる地位の移転の問題が生じる。

(ii)　賃貸人たる地位の移転の諸類型

605条の2、605条の3は、不動産の賃貸人たる地位の移転について、以下のように規定している。平成29年改正により規定された事項である。順に説明していこう。

a　不動産賃貸借が対抗要件を備えている場合

605条の2第1項は、「前条〔605条〕、借地借家法（平成3年法律第90号）第10条又は第31条その他の法令の規定による賃貸借の対抗要件を備えた場合において、

← 対抗要件を具備しない賃貸借

→ 最判昭和38年5月24日民集17巻5号639頁

→ 大判昭和8年7月5日民集12巻1783頁

▶2008年第1問

← 平成29年改正

← 不動産賃貸借が対抗要件を備えている場合

その不動産が譲渡されたときは、その不動産の賃貸人たる地位は、その譲受人に移転する」と規定している。

このように、605条の2第1項は、**対抗要件を備えた不動産賃貸借の賃借人**は、賃貸不動産が譲渡された場合に、賃貸借の効力を不動産の譲受人に対し主張することができること（605条）を前提として、賃貸不動産の譲渡とともに、不動産賃貸人の地位も不動産の譲受人に当然に──**賃借人の承諾を要することなく**──移転するとする判例法理を明文化したものである。

この趣旨は、不動産の賃貸人が賃借人に対して負う各種の債務は不動産の所有権と結合した債務（**状態債務**〔不動産の所有者であれば履行することができ、不動産の所有者でなければ履行できない性質の債務〕）であるので、賃貸不動産の所有権を取得した者は、当然この種の債務を引き受け、賃貸不動産の所有権を手放した者は、当然この種の債務を免れると考えられる点にある。

→ 部会資料69A・46頁、潮見・改正法295頁

→ 大判大正10年5月30日民録27輯1013頁
→ 潮見・債権各論Ⅰ178頁

> 契約上の地位の移転については、契約の相手方の承諾を要するのが原則です（判例、539条の2参照）。そうすると、賃借人の承諾がない場合には、賃貸人の地位の移転は生じないことになりそうです。しかし、不動産賃貸人の債務（特に使用収益させる債務）は賃貸人がだれであるかによって履行方法が特に異なるものではありませんし、不動産所有権の移転があったときに新所有者にその債務の承継を認めるほうが賃借人にとって有利です。ですから、賃借人の承諾が不要とされているのです。

→ 最判昭和30年9月29日民集9巻10号1472頁

2-72

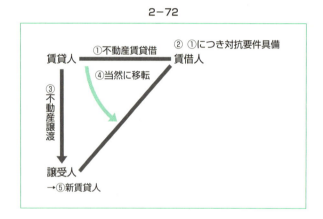

なお、605条の2第1項は、所有者が賃貸人である場合が典型なので、その場合の当該所有権の譲受人に関する規律を定めたものであるが、**地上権者**が賃貸人である場合の当該地上権の譲受人についても、605条の2第1項の規定が類推適用されることが想定されている。

b　不動産賃貸人の地位を譲渡人に留保する旨の合意をした場合

「前項〔605条の2第1項〕の規定にかかわらず、不動産の**譲渡人及び譲受人**が、**賃貸人たる地位を譲渡人に留保する旨及びその不動産を譲受人が譲渡人に賃貸する旨の合意**をしたときは、賃貸人たる地位は、譲受人に移転しない」（605条の2第2項前段）。これにより、一種の転貸借関係がつくり上げられることになる。

→ 部会資料69A・46頁、潮見・改正法296頁

←不動産賃貸人の地位を譲渡人に留保する旨の合意をした場合

→ 潮見・改正法296頁

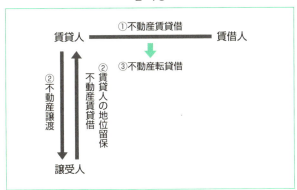

　そして、「この場合において、譲渡人と譲受人又はその承継人との間の賃貸借が終了したときは、譲渡人に留保されていた賃貸人たる地位は、譲受人又はその承継人に移転する」(605条の2第2項後段)。これにより、不動産賃貸人の地位をめぐる譲渡人と譲受人の関係がどのように展開しようが、不動産賃借人は、譲受人からの所有権に基づく明渡請求に応じなくてよいし、従前の内容での不動産賃借人としての地位を保持することができることになる。

→ 潮見・改正法296頁

平成29年改正事項　賃貸人の地位の留保の要件　B3

　605条の2第2項は、賃貸人の地位の当然承継が生ずる場面において、旧所有者(譲渡人)と新所有者(譲受人)との間の合意によって賃貸人の地位を譲渡人に留保するための要件について定めるものである。
　このような賃貸人の地位の留保の要件について、判例は、賃貸不動産を譲り受けた譲受人が賃借権の対抗を受けるときは、「特段の事情」がないかぎり、賃貸人の地位は譲受人に当然に承継されることを前提としたうえで、譲渡人と譲受人との間に賃貸人の地位を留保する旨の合意があるだけでは、「特段の事情」にはあたらないとしていた。
　もっとも、不動産取引の実務では、資産の流動化等を目的として賃貸不動産の譲渡が行われる場合に、譲受人と多数の賃借人との間で賃貸借関係が生ずることを避けるため、賃貸人たる地位を移転させることなく、譲渡人のもとに留保させる取扱いが行われていたところ、その際には、賃貸人たる地位が当然に移転するとする上記判例を前提として、多数の賃借人から個別に賃貸人たる地位を留保することについての同意を得ることで、賃貸人の地位の留保を行っていたが、非常に煩雑であり、多大な労力を要していた。そのため、賃貸人の地位の留保を認めるにあたっては、みずからの意思とは無関係に転借人と同様の地位に立たされることになる賃借人の不利益に配慮する必要がある。
　そこで、平成29年改正民法は、不動産の譲渡人および譲受人が、賃貸人たる地位を譲渡人に留保する合意をしたときは、賃借人の地位が転借人として保護されていることをふまえ、例外的に、賃貸人たる地位は譲受人に移転しないとした(605条の2第2項前段)。
　また、賃借人の保護を図るため、この場合に、譲渡人と譲受人間の賃貸借が終了したときは、譲渡人のもとに留保されていた賃貸人たる地位は、譲受人(承継があった場合には、承継人)に当然に移転するというルールを規定した(605条の2第2項後段)。
　なお、平成29改正の中間試案の段階では、605条の2第2項後段に相当する規定は「譲受人と譲渡人との間の賃貸借が終了したときは」としていたが、不動産の所有権が新所有者(譲受人)から新新所有者(承継人)に譲渡されたことに伴い新所有者(譲受人)の旧所有者(譲渡人)に対する賃貸人たる地位が新新所有者(承継人)に承継され、その後に旧所有者(譲渡人)と新新所有者(承継人)との間の賃貸借が終了した場合にも同じ規律が妥当するため、605条の2第2項後段では、「譲渡人と譲受人又はその承継人との間の賃貸借が終了したときは」と規定することとした。

← 賃貸人の地位の留保の要件
→ 部会資料69A・46頁、一問一答316頁
→ 最判平成11年3月25日判時1674号61頁

→ 部会資料69A・47頁

2-74 賃貸人の地位の留保の要件

改正前民法	H29改正民法
規定なし	605条の2第1項の規定にかかわらず、不動産の譲渡人および譲受人が、賃貸人たる地位を譲渡人に留保する旨およびその不動産を譲受人が譲渡人に賃貸する旨の合意をしたときは、賃貸人たる地位は、譲受人に移転しない。この場合において、譲渡人と譲受人またはその承継人との間の賃貸借が終了したときは、譲渡人に留保されていた賃貸人たる地位は、譲受人またはその承継人に移転する(605の2Ⅱ)。

賃貸人の地位の留保について、賃貸人の地位を留保する旨の合意に加えて、譲受人を賃貸人、譲渡人を賃借人とする賃貸借契約を締結することを要件とし、その賃貸借契約が終了したときは改めて賃貸人の地位が譲渡人から譲受人またはその承継人に当然に移転するというルールを規定した。

　605条の2第2項前段が、新所有者(譲受人)Bと旧所有者(譲渡人)Aとの間で賃貸借契約を締結することを要件としているのは、以下の3つの理由からです。
　①賃貸人の地位の留保合意がされる場合には、新所有者Bから旧所有者Aになんらかの利用権原が設定されることになりますが、その利用権原の内容を明確にしておくことが望ましいことがあげられます。
　②賃貸人の地位を留保した状態で新所有者Bが賃貸不動産を更に新新所有者Cに譲渡すると、その譲渡によって新所有者Bと旧所有者Aとの間の利用関係および旧所有者Aと賃借人Xとの間の利用関係がすべて消滅し、新所有者Bからの譲受人Cに対して賃借人Xが自己の賃借権を対抗することができなくなるのではないかとの疑義が生じます。そのため、このような疑念を生じさせないためには、新所有者Bと旧所有者Aとの間の利用関係を賃貸借としておくことが望ましいことがあげられます。
　③賃貸借に限定したとしても、それによって旧所有者Aと新所有者Bとの間の合意のみで賃貸人の地位の留保が認められることになるのですから、現在の判例法理のもとで賃借人の同意を個別に得ることとしている実務の現状に比べると、旧所有者と新所有者にとって不当な不便が課されるものでないからです。

→ 部会資料69A・47頁

c　合意による不動産の賃貸人たる地位の移転
　「不動産の譲渡人が賃貸人であるときは、その賃貸人たる地位は、賃借人の承諾を要しないで、**譲渡人と譲受人との合意**により、譲受人に移転させることができる」(605条の3前段)。
　判例法理を明文化し、賃貸人の地位の譲渡の合意に加えて、目的物の所有権を譲り受けたときには、賃借人の承諾がなくても、賃貸人の地位が移転すると規定したものである。
　以上の合意による賃貸人の地位の移転は、不動産の賃貸借が対抗要件を備えていない場合にも認められることに注意してほしい。

→ 最判昭和46年4月23日
(判例シリーズ61事件)

| 平成29年改正事項 | 合意による不動産の賃貸人たる地位の移転 | B3 |

　実務上、不動産の賃貸人の地位が第三者に譲渡されることがあるが、改正前民法には、賃貸人の地位の移転について明文の規定は設けられておらず、どのような要件が充足されれば賃貸人の地位が第三者に移転することになるのかは、規定上明確ではなかった。

→ 一問一答319頁

←合意による不動産の賃貸人たる地位の移転

この点について、判例は、目的物の所有権の移転とともに行うかぎりにおいては、相手方の承諾を不要としていた。賃貸人の地位の移転は契約上の地位の移転の一場面であるところ、一般に契約上の地位の移転は債務の引受けを伴うことから、契約の相手方の承諾が必要とされている。これに対して、賃貸人の主な債務は賃貸物を使用収益させることであり、賃貸物の所有権を有していれば履行することができるため、その地位の移転を受ける者が目的物の所有権を譲り受けていれば、賃貸人の地位の移転によって賃借人が不利益を被るとはいえない。したがって、賃借人の承諾を要しないという上記判例が示した法理は合理的であると考えられるので、契約上の地位の移転に関する一般原則の例外として、この法理を維持する必要がある。

　また、平成29年改正では、契約上の地位の移転については規定が設けられ、移転の効果が生ずるには、契約の一方当事者と第三者との間における契約上の地位の譲渡の合意を契約の相手方が承諾することが必要であるとされている（539条の2）。このような規定が設けられれば、上記のとおり、賃貸人の地位の移転は契約上の地位の移転の一場面である以上、賃借人が承諾しなければ賃貸人の地位の移転は生じないという理解がされるおそれがある。そのため、上記判例を維持するには、契約上の地位の移転に関する一般原則の例外として、賃貸人の地位の移転は、目的物の所有権の移転とともに行うかぎり、賃借人の承諾がなくても移転の効果が生ずることを明文化する必要がある。

　そこで、平成29年改正民法は、上記判例に従い、賃貸人の地位の譲渡の合意に加えて、目的物の所有権を譲り受けたときには、賃借人の承諾がなくても、賃貸人の地位が移転することとした（605条の3前段）。

→ 最判昭和46年4月23日（前出）

2-75　合意による不動産の賃貸人たる地位の移転

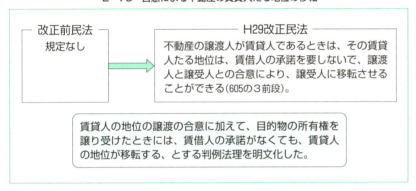

(iii)　不動産賃貸人としての地位の主張と所有権移転登記の要否

　①不動産賃借権に対抗力がある場合（605条の2第1項）、②不動産譲渡の際に賃貸人たる地位が譲渡人に留保され、かつ、譲受人が譲渡人に賃貸する合意がされたが、その賃貸借が終了した場合（605条の2第2項後段）、③不動産譲渡の当事者に合意がある場合（605条の3前段）には、賃貸人たる地位の移転は、賃貸物である不動産について所有権の移転の登記をしなければ、賃借人に対抗することができない（605条の2第3項、605条の3後段）。

　平成29年改正で、判例法理を明文化したものである。裏を返せば、譲受人は、所有権移転の登記をすれば、不動産賃借人の同意の有無に関係なく、不動産賃貸人の地位の移転をもって、不動産賃借人に対抗することができるということである。

▶昭和41年度第2問
▶昭和51年度第1問

→ 最判昭和49年3月19日（判例シリーズ20事件）
→ 潮見・改正法297頁

| 平成29年改正事項 | 賃貸人たる地位の主張と所有権移転登記 | B3 |

　賃貸人の地位の移転（当然承継）を賃借人に対抗するための要件について、改正前民法には規定がなかったところ、この点について判例は、賃貸人の地位の移転（当然承継）を賃借人に対抗するための要件として、所有権移転登記を必要としており、これは一般に異論のないところで

→ 部会資料69A・48頁、一問一答317頁

→ 最判昭和49年3月19日（前出）

あったため、これを明文化する必要がある。

そこで、平成29年改正民法は、上記判例に従い、賃貸人の地位の移転(当然承継)を賃借人に対抗するための要件として、所有権移転登記を必要とした(605条の2第3項)。

2-76　賃貸人たる地位の主張と所有権移転登記

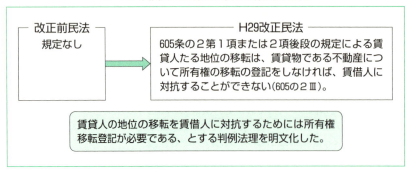

なお、判例は、所有権移転登記が未了であっても、賃借人が地位承継を承認すれば、賃借人に対して譲受人が賃貸人になるとしている。この判例は、平成29年改正のもとにおいても変更はないとされている。

→ 最判昭和46年12月3日判時655号28頁

→ 百選Ⅱ120頁[岡本]

(iv) **不動産賃貸人としての地位の主張と費用償還義務・敷金返還義務**

①不動産賃借権に対抗力がある場合(605条の2第1項)、②不動産譲渡の際に賃貸人たる地位が譲渡人に留保され、かつ、譲受人が譲渡人に賃貸する合意がされたが、その賃貸借が終了した場合(605条の2第2項後段)、③不動産譲渡の当事者に合意がある場合(605条の3前段)に、賃貸人たる地位が譲受人またはその承継人に移転したときは、608条の規定による費用の償還にかかる債務(費用償還義務)および622条の2第1項の規定による同項に規定する敷金の返還にかかる債務(敷金返還義務)は、譲受人またはその承継人が承継する(605条の2第4項、605条の3後段)。

このように、605条の2第4項および605条の3後段は、賃貸不動産の譲渡がされ、不動産賃貸人の地位が譲受人に移転する場合に、費用償還債務(必要費・有益費の償還義務〔608条〕)または敷金返還義務(622条の2第1項)が譲受人または承継人に承継されることを明記している(敷金全般については、前述したとおりである)。

→ 本節③【2】(2)(a)(iv)

→ 最判昭和44年7月17日民集23巻8号1610頁
→ 部会資料69A・48頁

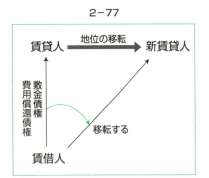

2-77

すなわち、判例は、旧所有者のもとで生じた延滞賃料等の弁済に敷金が充当された後の残額についてのみ敷金返還債務が新所有者に移転するとしていたが、実務では、そのような充当をしないで全額の返還債務を新所有者に移転させることが多い。そこで、平成29年改正民法は、上記判例法理のうち敷金返還債務が新所有者に移転するという点のみを明文化し、充当の関係については解釈・運用に委ねることにした。前述した622条の2第1項との違いに注意してほしい。

また、費用償還債務について、その償還債務は新所有者に当然に移転すると解されていることから(判例参照)、この一般的な理解を明文化するものである。た

→ 部会資料69A・48頁
→ 最判昭和46年2月19日民集25巻1号135頁

だし、有益費については、賃貸借契約終了時の賃貸人が償還義務を負うから(608条2項本文・196条2項)、605条の2第4項および605条の3後段の規定に特別の意味はないとされている。

(3) 賃借権の二重設定と二重譲渡

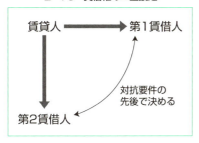

2-78 賃借権の二重設定

同一の不動産を対象に二重に賃貸借契約が結ばれた場合(賃借権の二重設定)や、すでに設定された賃借権を賃借人が二重譲渡した場合(賃借権の二重譲渡)についても、605条により、対抗要件の先後で優劣を決することになる。

平成29年改正により、605条の規定に「その他の第三者」が付加されたことになり、この点が文言上も明らかになった。

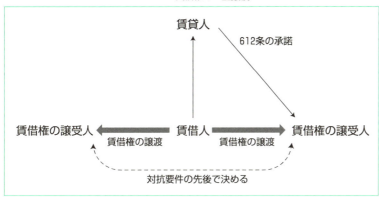

2-79 賃借権の二重譲渡

> ここで、賃借権の二重譲渡の事案についてもう少し詳しく考えてみましょう。賃貸人みずからがなす賃借権の設定の場合とは異なり、譲渡には賃貸人の承諾(612条1項)が必要です。そのため、対抗要件を先に備えたほうに賃貸人の承諾がなく、もう一方に賃貸人の承諾があるという事態が起こりえます。この場合、賃借権を取得できるのはどちらでしょうか。まず、譲受人相互間では、先に対抗要件を備えたほうが勝ちます。ところが、承諾がない以上、賃貸人に対してはその賃借権の譲受けを対抗できないので、その賃借権は瑕疵のあるものということになってしまいます。

(4) 賃借物の使用収益を妨害する者(不法占拠者など)との関係

不法占拠者など賃借物の使用収益を妨害する者との関係であるが、賃借人(借地人)は、自己が借り受けた土地に不法占拠者がいる場合や、土地上に廃材を投棄されたような場合に、次の4つの手段が考えられる。

①賃借人は、賃貸人に対して、賃貸借契約上の権利として、不法占拠者を立ち退かせたり、廃材を排除させたりして、自己に使用収益させるよう請求することができる(601条)。
②賃借人がすでに占有している場合には、不法占拠者等に対し、占有訴権に基づき、その妨害の停止や賃借物の返還を請求することができる(198条、200条)。
③賃借人は、債権者代位権(423条から423条の7まで)の転用により、所有者(賃貸人)の有する妨害排除請求権を代位行使することができる。

→ 部会資料45・11頁、潮見・改正法296頁

← 賃借権の二重設定・二重譲渡
▶昭和57年度第1問

← 平成29年改正

← 賃借人の採りうる4つの手段
▶昭和57年度第1問

④対抗要件（605条、借地借家10条、31条）を備えた賃借人は、不法占拠者等に対し、不動産賃借権に基づく妨害排除請求・返還請求を求めることができる（民605条の4）。

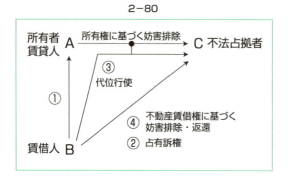

2-80

　債権総論で学習したように、平成29年改正により、登記または登録の請求権を保全するための債権者代位権（個別権利実現準備型・転用型の債権者代位権）が規定されました（423条の7）。ただ、この規定によっても、その余の場面における転用型の債権者代位権を否定するものではないとされています。ですので、平成29年改正のもとでも、上記③の方法をとることができます。

→『債権総論』5章2節⑤【2】

　上記④の不動産の賃借人による妨害の停止等の請求は、平成29年改正により明文化されたものである。すなわち、不動産の賃借人は、605条の2第1項に規定する対抗要件を備えた場合に、次に掲げるときは、それぞれに定める請求をすることができる（605条の4）。

①その不動産の占有を第三者が妨害しているとき　その第三者に対する妨害の停止の請求（1号）
②その不動産を第三者が占有しているとき　その第三者に対する返還の請求（2号）

　このように、605条の4は、対抗要件を備えた不動産賃貸借において、不動産賃借人の不動産賃借権に基づく妨害排除請求権、返還請求権を明文化したものである（妨害排除請求権については、判例法理を明文化した）。

←平成29年改正

→潮見・改正法298頁

→最判昭和28年12月18日（判例シリーズ51事件）（二重賃貸借）、最判昭和30年4月5日民集9巻4号431頁（不法占拠）
→部会資料69A・50頁、一問一答314頁

| 平成29年改正事項 | 不動産の賃借人による妨害の停止の請求等 | B3 |

　賃借物の占有が第三者によって妨害されている場合や、賃借物を第三者が占有している場合には、賃借人が賃借物を使用収益するためには、その妨害を停止させ、または賃借物を返還させる必要がある。しかし、改正前民法は、賃借権に基づく妨害排除請求権や返還請求権について、明文の規定を設けていなかった。このため、賃借人自身が妨害の停止や返還を請求することの可否や要件について、解釈上疑義が生じていた。
　このように、賃借権そのものに基づいて妨害の停止等を請求することができるかどうかが明らかでないため、賃借人が妨害の排除等を請求する法律構成として、次のような構成が考えられる。
　まず、賃借物に対する賃借人の占有が第三者によって妨害されたり、奪われたりした場合には、賃借人は、占有訴権に基づき、その妨害の停止や賃借物の返還を請求することができる（198条、200条）。もっとも、この方法は賃借人が賃借物の占有を得る前には行使することができず、その行使期間も妨害が消滅した後1年以内等の制限がある（201条）。
　また、賃借人は、所有者である賃貸人の所有権に基づく妨害排除請求権や返還請求権を代位行使し、自己に対する占有の回復を求めることもできる（判例）。もっとも、この方法では、第

→大判大正9年11月11日民録26巻1701頁

三者が二重賃借人である場合には、所有者である賃貸人との関係で第三者が正当な占有権原を有することになるため、そもそも賃貸人の第三者に対する妨害排除請求権や返還請求権が発生せず、その代位行使もすることができない。

以上のように、賃借人が第三者に対して妨害の停止等を求める法律構成は、賃借権それ自体に基づく請求権以外にも考えられるものの、いずれも不十分な面がある。そのため、賃借権それ自体に基づく妨害排除請求権や返還請求権を認めることには独自の意義が認められる。

判例も、不動産の賃借権が対抗要件を備えている場合には、賃借権に基づく妨害排除請求権や返還請求権を認めている。しかし、賃借人にこのような権利が認められることや、対抗要件を備えているという要件が必要であることなどは条文上明らかではなく、解釈上の疑義が解消されていない。そのため、判例に従って規定を設ける必要がある。

そこで、平成29年改正民法は、判例に従い、不動産賃借権について対抗要件が具備されている場合に、賃借人が妨害排除請求権および返還請求権を有する旨を規定した（605条の4）。

→ 最判昭和28年12月18日（前出）、
最判昭和30年4月5日（前出）

2-81　不動産の賃借人による妨害の停止の請求等

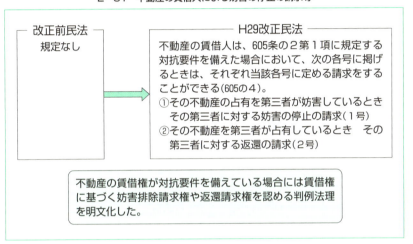

→ 部会資料69A・51頁

所有権に基づく物権的請求権のうち、妨害排除請求権と返還請求権との関係についてですが、一般に、相手方の**占有**によって所有権が侵害されている場合には**返還請求権**が発生するのに対し、相手方の**占有以外の方法**によって所有権が侵害されている場合には**妨害排除請求権**が発生するとされています。605条の4の第1号、2号の賃借権に基づく請求についても、この概念整理に従っています。ですので、たとえば、相手方が賃借物である土地の**全体**を占拠している場合には、相手方が賃借物を**占有**することによって賃借人が賃借権を侵害されているから、賃借権に基づく**返還請求権**が発生するのに対し、相手方が賃借物である土地の**一部分のみ**を占拠している場合（たとえば、相手方所有の家具が借地上に放置されている場合など）には、賃借物の**占有以外の方法**によって賃借人が賃借権を侵害されているので、賃借権に基づく**妨害排除請求権**が発生することになります。

規定の文言についても、198条および200条にならって、妨害排除請求権については、「妨害の停止の請求」（605条の4第1号）、返還請求権については、物の「返還の請求」（605条の4第2号）としています。

対抗力がない賃借人と不法占拠者との関係は、平成29年改正民法下においても解釈に委ねられることになった。

→ 中舎・債権法252頁

この点について、改正前民法下では、対抗力がない賃借人であっても、不法占拠者に対しても妨害排除請求ができるという見解が有力でしたが、平成29年改正民法で605条の4の規定が設けられたことから、その反対解釈から、妨害排除請求を否定する見解も考えら

れます。今後の議論が待たれるところです。

なお、賃借権に基づく妨害予防請求権（199条参照）を認める判例はなく、債権である賃借権に基づいて物権的な請求権が認められるのはあくまで例外的なものであることから、妨害予防請求権まで認める必要はないと解されている。

➡ 部会資料69Ａ・51頁、潮見・改正法298頁

6 宅地・建物・農地賃貸借の特別法

【1】はじめに

　民法は、土地を長期に使用収益する法的関係について、用益物権（地上権、永小作権）を基礎においていた。しかし、貸主にとっては賃貸借のほうが圧倒的に有利であるため、土地、建物の使用収益のほとんどが賃借権によって行われてきた。しかも、民法制定（明治31年）後に都市への人口集中が進んだところ、新たな住民の多くは都市の家に賃借したため、そこから深刻な借家問題が生じた。その結果として、賃借人の生活が脅かされ、大きな社会問題となったのである。

　そこで、不動産賃借人の地位を強化すべく、明治42年に宅地賃貸借に関する建物保護ニ関スル法律（建物保護法）が、大正10年に借地法と、建物賃貸借に関する借家法が、昭和13年に小作について農地調整法が（その後昭和27年に農地法に変更）、それぞれ制定されることになった。

　ところで、上記のような借地・借家に関する法制は、その後の住宅難の改善の動きや、都市化の著しい進行により土地の高度利用が進むにつれて、その画一的な法的規制に対する反省が生じた。そのため、従前の借地・借家に関する法制を抜本的に見直し、多様化する借地・借家の需要に対応して当事者が設定できる借地・借家契約の種類を増やし、また、当事者の権利義務関係についても合理化する法律の制定が望まれるようになった。

　そこで、平成3年10月に借地借家法が公布された（施行は平成4年8月1日）。この借地借家法は、従前の建物保護法、借地法、借家法の規定に若干の修正を施して、これらの法律を借地借家法に吸収するかたちで廃止し、従前認められなかった形式の借地・借家関係を新設している。

> 　以上で述べたように、建物保護法、借地法、借家法などの旧法は廃止され、借地借家法が制定されたため、法律施行前の借地・借家関係に対しても新法である借地借家法が原則的に適用されます（借地借家法附則4条本文。ただし、同条ただし書）。
> 　しかし、すでに成立している契約関係に大きな変化を与えることは望ましくないので、借地借家法施行前（平成4年7月31日まで）までに設定された借地権にかかる契約の更新や、建物の賃貸借契約の更新の拒絶の通知および解約の申入れになどに関しては、「なお従前の例による」とされています（借地借家法附則6条、12条）。それゆえ、これらについては、旧法（借地法、借家法）の規定と、旧法下の判例法の適用があるものとして扱われるのです。

　以下では、宅地、建物および農地に分けて特別法を概説することにする。

【2】宅地賃貸借の特別法——借地借家法における借地関係

(1) はじめに

　借地借家法は、建物所有の目的で地上権や賃借権の設定を受けて土地を使用収

益する場合に適用される。借地借家法は、**建物の所有を目的とする地上権または土地の賃借権**を総称して「**借地権**」と称して、同一の規準で保護している（借地借家2条1号）。いわゆる宅地（工場等の敷地をも含む）の賃貸借には借地借家法が適用されるが、駐車場を経営するための賃貸借のような場合には借地借家法は適用されない。

借地権の種類としては、旧借地法のもとで唯一存在していた更新が認められる借地権とほぼ同内容の**普通借地権**と、新たに更新が認められない3つの類型の**定期借地権**（**一般定期借地権**、**建物譲渡特約付借地権**、**事業用借地権**）とがある。

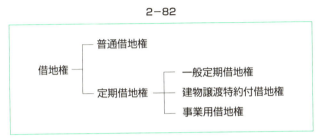

もっとも、定期借地権は、存続期間、更新および建物買取請求権などの点において、普通借地権と異なるだけであって、それ以外は同じである。そこで、以下では、両者の相違点に着目して、存続期間、更新制度および契約終了時の建物買取請求権を中心に普通借地権を説明し、その後定期借地権、次いで一時使用目的の借地権、最後に借地権一般に原則的に共通するその他の効力等について説明する。

(2) 普通借地権　　　　　　　　　　　　　　　　　　　　　　　　　← 普通借地権

建物所有を目的とする地上権または土地賃借権は、後述する定期借地権を設定する意思で、その要件をみたす契約を締結しないかぎり、普通借地権となる。

(a) 借地権の存続期間

(i) 原則

前述したように、民法上、賃借権の期間は、原則として50年を超えることができない（604条1項）。最長期間は原則として50年となるのである。なお、民法上、　　← 平成29年改正
賃借権の最短期間については、特に定めはない。

これに対して、借地借家法3条は、「借地権の存続期間は、30年とする。ただし、契約でこれより長い期間を定めたときは、その期間とする」と規定する。すなわち、借地権の存続期間を契約で定めなかった場合には、建物の堅固（コンクリート造など）・非堅固（木造）を問わず、存続期間は30年となる。これは、借地権の最短期間が30年であることを意味する。たとえば、20年というように30年未満の期間を契約で定めても、借地人に不利な特約として無効であって（借地借家9条）、期間は30年となる。最長期間については特に制限はない。

土地賃貸借の存続期間

	最長期間	最短期間
民法	50年（604 I）	制限なし
借地借家法	制限なし	30年（借地借家3）

2-6 賃貸借　249

なお、旧借地法は、建築する建物の堅固・非堅固による存続期間の区別をしていたが(借地2条1項本文。堅固60年、非堅固30年)、建築技術の進歩に伴い建物の構造による存続期間の区別は合理的でなくなったので、借地借家法は、両者の区別を廃止して、一律の期間(30年)としたのである。

(ii) **更新後の存続期間**

前述したように、民法上、賃借権の存続期間は、更新することができるが(604条2項本文)、その期間は、更新の時から50年を超えることができない(604条2項ただし書)。更新の最短期間については、特に定めはない。

← 平成29年改正

これに対して、借地借家法4条は、「当事者が借地契約を更新する場合においては、その期間は、更新の日から10年(借地権の設定後の最初の更新にあっては、20年)とする。ただし、当事者がこれより長い期間を定めたときは、その期間とする」と規定する。すなわち、建物の堅固・非堅固を問わず、最初(1回目)の更新の時は更新後の存続期間は20年、2回目以降の更新のときは10年とする(借地借家4条本文)。そして、合意でそれよりも長い期間を定めたときはその期間となるが(借地借家4条ただし書)、それよりも短い期間を定めたときは、借地権者に不利なものとして無効となり(借地借家9条)、存続期間は、1回目では20年、2回目以降は10年になる。最長期間については、特に制限はない。

更新後の存続期間

	最長期間	最短期間
民法	50年(民604Ⅱただし書)	制限なし
借地借家法	制限なし	1回目：20年(借地借家4条本文括弧書) 2回目以降：10年(借地借家4本文)

(iii) **建物の滅失・再築の場合の存続期間の延長**

借地権が消滅する前に建物が滅失した場合には、借地権者は、残存期間土地を利用する権利を有するが、建物を築造しても残存期間しか利用できないというのでは、借地権者にとって酷である。そこで、借地借家法は、借地権設定者の承諾があるときは、借地権を残存期間後も存続させることにした。

すなわち、借地権の存続期間が満了する前に建物の滅失(借地権者または転借地権者による取壊しを含む)があった場合に、借地権者が残存期間を超えて存続すべき建物を築造したときは、その建物を築造するにつき借地権設定者の承諾がある場合にかぎり、借地権は、承諾があった日または建物が築造された日のいずれか早い日から20年間存続する(借地借家7条1項本文)。ただし、残存期間がこれより長いとき、または当事者がこれより長い期間を定めたときは、その期間による(借地借家7条1項ただし書)。

また、借地権者が借地権設定者に対し残存期間を超えて存続すべき建物を新たに築造する旨を通知した場合に、借地権設定者がその通知を受けた後2か月以内に異議を述べなかったときは、その建物を築造するにつき7条1項の借地権設定者の承諾があったものとみなす(借地借家7条2項本文)。ただし、契約の更新の後に通知があった場合には、このかぎりでない(借地借家7条2項ただし書)。さらに、転借地権が設定されている場合には、転借地権者がする建物の築造を借地権者がする建物の築造とみなして、借地権者と借地権設定者との間について7条1項の規定を適用する(借地借家7条3項)。

(b) 契約の更新
(i) 更新の形態

当初の契約による存続期間満了後の契約の更新については、3つの形態がある。
　①合意による更新
　②借地権者(借地人)からの請求による更新(借地借家5条1項本文)
　③借地権消滅後の使用継続による更新(借地借家5条2項。転借地権者の土地の使用継続を含む、借地借家5条3項)

①の合意による更新は、当事者の契約による更新であるから、建物がすでに滅失していても可能であるが(ただし、前述したように存続期間には制限がある)、②③の更新は、建物がある場合にかぎって認められるほか、後述するように、借地権設定者(地主)が遅滞なく異議を述べたときは認められない。

(ii) 更新請求および継続使用の場合における更新拒絶の要件

借地権の存続期間が満了する場合に、借地権者が契約の更新を請求したときは、建物がある場合にかぎり、従前の契約と同一の条件で契約を更新したものとみなす(借地借家5条1項本文)。ただし、借地権設定者が遅滞なく異議を述べたときは、このかぎりでない(借地借家5条1項ただし書)。

また、借地権の存続期間が満了した後、借地権者が土地の使用を継続するときも、建物がある場合にかぎり、更新請求の場合と同様に、借地権設定者が遅滞なく異議を述べないかぎり、従前の契約と同一の条件で契約を更新したものとみなされる(借地借家5条2項。転借地権者の土地の使用継続を含む、借地借家5条3項)。この規定は、民法619条1項の黙示の更新の効果を賃貸人にとって厳しくしたものである。

そして、これらの場合の異議は、①借地権設定者および借地権者(転借地権者を含む)が土地の使用を必要とする事情のほか、②借地に関する従前の経過および③土地の利用状況ならびに④借地権設定者が土地の明渡しの条件としてまたは土地の明渡しと引換えに借地権者に対して財産上の給付(立退料)をする旨の申出をした場合におけるその申出を考慮して、「正当の事由」があると認められる場合でなければ、述べることができない(借地借家6条)。

旧借地法4条1項ただし書における「正当ノ事由」は、判例上、土地所有者側の事情と借地人側の事情とを比較考量して決すべきものとされ、また、借地上建物の賃借人の事情は斟酌すべきでないとされていたところ、借地借家法6条にいう「正当の事由」は、旧借地法についての判例法理を引き継ぎ、あわせてより具体的な基準を掲げたものである。

なお、立退料については、旧借地法上には明文の規定はなかったが、判例は、立退料の提供または増額の申出を正当事由を補完するものとして考慮し、さらに、提供または申出は、更新拒絶時ではなく事実審口頭弁論終結時までにされれば原則として考慮しうるとしていた。借地借家法6条は、前述したように、立退料の申出を考慮することを明示したが、申出の時期については明示していない。ただ、上記の判例法理は、借地借家法のもとでも妥当するといわれている。

(iii) 借地契約の更新後の建物の滅失による解約等

借地権者・借地権設定者双方からの解約申入れがある。

すなわち、契約の更新の後に建物の滅失があった場合には、借地権者は、地上権の放棄または土地の賃貸借の解約の申入れをすることができる(借地借家8

← 借地契約の契約更新の形態

→ 最大判昭和37年6月6日
民集16巻7号1265頁
→ 最判昭和58年1月20日
(百選Ⅱ61事件)

→ 最判昭和58年1月20日
(前出)

→ 最判平成6年10月25日
(百選Ⅱ62事件)

条1項)。また、その場合に、借地権者が借地権設定者の承諾を得ないで残存期間を超えて存続すべき建物を築造したときは、借地権設定者は、地上権の消滅の請求または土地の賃貸借の解約の申入れをすることができる(借地借家8条2項)。これらの場合には、借地権は、地上権の放棄もしくは消滅の請求または賃貸借の解約の申入れがあった日から3か月を経過することによって消滅する(借地借家8条3項)。

(c) 存続期間満了後の建物買取請求権

借地権の存続期間が満了した場合に、契約の更新がないときは、借地権者は、借地権設定者に対し、建物その他借地権者が権原により土地に附属させた物を時価で買い取るべきことを請求することができる(建物買取請求権、借地借家13条1項)。この建物買取請求権の趣旨は、借地権者(借地人)の投下資本の回収のため、また、建物が取り壊されることによる国民経済的な損失を防止する点にある。旧借地法4条2項から受け継いで規定されたものである。

もっとも、この場合に、建物が借地権の存続期間が満了する前に借地権設定者の承諾を得ないで残存期間を超えて存続すべきものとして新たに築造されたものであるときは、裁判所は、借地権設定者の請求により、代金の全部または一部の支払につき相当の期限を許与することができる(借地借家13条2項)。

これらの規定は、借地権の存続期間が満了した場合における転借地権者と借地権設定者との間について準用される(借地借家13条3項)。

建物買取請求権の内容等については、後述する借地借家法14条(第三者の建物買取請求権)の場合と同じであり、そこで詳述することにする。

また、建物買取請求権を排除する特約は、借地権者に不利なものであるから、無効である(借地借家16条)。

(3) 定期借地権

← 定期借地権

借地借家法は、社会事情の変化に伴う需要に応え、借地方式による多様な土地利用を可能とするため、更新されない3類型の定期借地権を新設した(借地借家22条から24条まで)。

2-83

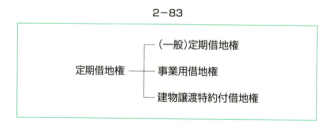

(a) 一般定期借地権

第1は、存続期間を50年以上とする一般定期借地権である(条文の見出しは定期借地権であるが、後述する(b)(c)も広義の定期借地権であるので、ここでは一般定期借地権と呼ぶことにする)。

すなわち、存続期間を50年以上として借地権を設定する場合には、借地借家法9条および16条の規定にかかわらず、契約の更新(更新の請求および土地の使用継続によるものを含む)および建物の築造による存続期間の延長がなく、ならびに借地借家法13条の規定による買取りの請求をしないこととする旨を定めることができる(借地借家22条前段)。言い換えると、当事者が借地権の存続期間を50年

以上として設定する場合には、普通借地権では借地人に不利なものとして無効とされる特約(借地借家9条、16条参照)のうち、①契約を更新しない特約(借地借家5条参照)、②建物再築による期間延長を認めない特約(借地借家7条参照)、③建物買取請求権を行使しない特約(借地借家13条参照)も有効と扱われるということである。

このような一般定期借地権は、マンションや店舗・貸ビルを借地上に建築して、50年間以上収益をあげた後に土地を返還するというような借地権者の収益事業の目的のために、安い権利金で土地を借りることを可能にするものである。ただ、目的が特定されていないため、一般定期借地権は一代かぎりの住居を建築するためにも利用することができる。

一般定期借地権を設定する場合には、その特約は、公正証書による等書面によってしなければならず(借地借家22条後段)、期間を50年としたうえで、前述した①②③の特約を締結しなければならない。これらの要件をみたさなければ、成立した借地権は普通借地権として扱われる。

(b) 事業用借地権

第2は、一定の期間にかぎって、たとえばファミリーレストラン用などの事業のために設定する事業用借地権である。

すなわち、もっぱら事業の用に供する建物(居住の用に供するものを除く)の所有を目的とし、かつ、存続期間を30年以上50年未満として借地権を設定する場合には、借地借家法9条および16条の規定にかかわらず、契約の更新および建物の築造による存続期間の延長がなく、ならびに借地借家法13条の規定による買取りの請求をしないこととする旨を定めることができる(借地借家23条1項)。

また、同様の目的で、存続期間を10年以上30年未満として借地権を設定する場合には、借地借家法3条から8条までの借地権の強行規定や、借地借家法13条および18条(借地契約の更新後の建物の再築の許可)の規定は、適用しない(借地借家23条2項)。

借地借家法23条1項と23条2項の比較(表の数字は借地借家法の条文番号)

	借地権設定の目的	存続期間	要式性	規律の内容
23 I	事業用建物所有目的	30年以上50年未満	公正証書(23Ⅲ)	①契約の更新がないこと ②建物の再築による存続期間の延長(7)がないこと ③建物買取請求(13)をしないこと 上記3点をあわせて特約できる
23 II		10年以上30年未満		存続期間・更新に関する規定(3から8まで)、建物買取請求権(13)、借地契約更新後の建物再築の許可の規定(18)の不適用

これらの借地権の設定を目的とする契約は、公正証書によってしなければならない(借地借家23条3項)。

> 少し細かいですが、一般定期借地権の特約と事業用借地権の契約について、前者は「公正証書による等書面」によらなければならないのに対し、後者は「公正証書」によらなければならないとしています。つまり、前者の場合には公正証書は例示にすぎず、書面の種類が制限されていないのに対し、後者の場合は公正証書に限定されているのです。

(c) 建物譲渡特約付借地権

　第3は、30年以上の期間の借地権が消滅した時に土地上の建物を借地権設定者に譲渡するという特約を付した借地権(建物譲渡特約付借地権)である。

　すなわち、借地権を設定する場合には、借地借家法9条の規定にかかわらず、借地権を消滅させるため、その設定後30年以上を経過した日に借地権の目的である土地の上の建物を借地権設定者に相当の対価で譲渡する旨を定めることができる(借地借家24条1項)。

　また、この特約により借地権が消滅した場合に、その借地権者または建物の賃借人でその消滅後、建物の使用を継続しているものが請求をしたときは、請求の時にその建物につきその借地権者または建物の賃借人と借地権設定者との間で期間の定めのない賃貸借(借地権者が請求をした場合に、借地権の残存期間があるときは、その残存期間を存続期間とする賃貸借)がされたものとみなす(借地借家24条2項前段)。この場合に、建物の借賃は、当事者の請求により、裁判所が定める(借地借家24条2項後段)。

　さらに、この特約がある場合に、借地権者または建物の賃借人と借地権設定者との間でその建物につき借地借家法38条1項の規定による賃貸借契約(定期建物賃貸借契約)をしたときは、借地借家法24条2項の規定にかかわらず、その定めに従う(借地借家24条3項)。

(4) 一時使用目的の借地権

　「臨時設備の設置その他一時使用のために借地権を設定したことが明らかな場合」には、普通借地権で定められる借地権の存続期間に関わる規定(借地借家3条から8条まで)、期間満了による建物買取請求権の規定(借地借家13条)、借地条件変更の許可の規定(借地借家17条)、借地契約の更新後の建物の再築の許可の規定(借地借家18条)、定期借地権に関する規定(借地借家22条から24条まで)は適用されない(借地借家25条)。これは、旧借地法9条を引き継いだものである。

　旧借地法9条下での判例であるが、地主の子が土地上に病院を建設するまで、地上建物はバラック建てと限定して数年間土地を賃貸した場合には、一時使用の賃貸借に該当するとしたものがあり、これは借地借家法においてもあてはまる。

(5) 借地権に共通するその他の効力等

(a) 借地権の対抗力

(i) はじめに

　建物保護法は、借地人が借地上の建物を登記することで第三者に対し借地権を対抗することができるようにしたが、借地借家法は、この建物保護法のもとで認められた対抗力付与の制度を吸収するとともに(借地借家10条1項)、さらに建物が滅失した場合でも対抗力を暫定的に確保する方法を新設している(借地借家10条2項)。

(ii) 建物の登記による対抗

　「借地権は、その登記がなくても、土地の上に借地権者が登記されている建物を所有するときは、これをもって第三者に対抗することができる」(借地借家10条1項)。このような建物登記は、建物を所有する借地権者(借地人)がみずから実行することができるため、借地権設定者(地主)の協力を必要とする土地登記簿への賃借権登記(民605条)と異なって、借地権の対抗力を確保するために困難な点はない。

← 一時使用目的の借地権

→ 最判昭和32年7月30日民集11巻7号1386頁、最判昭和37年2月6日民集16巻2号233頁

▶ 2017年第1問

ところで、借地借家法10条1項にいう「登記」した建物については、若干の問題がある。すなわち、現在の登記制度のもとでは、土地登記簿と建物登記簿がそれぞれ独立しているところ、建物登記簿の表示が多少実際と異なっていても、土地について利害関係をもつ第三者が建物登記簿における登記により土地賃借権を知りうるときには、賃借権の対抗力を認めることができる。ただ、その限界が問題となりうる。次のような問題があげられている。

　第1に、「登記」されている建物というのは、建物登記簿のうえで建物の所有権に関する登記（不登59条から118条まで）にかぎらず、建物の表示に関する登記（不登44条から58条まで）でもよいとされている（判例）。

← 建物の登記による対抗についての問題点

→ 最判昭和50年2月13日民集29巻2号83頁

> 建物の表示に関する登記（表示登記）というのは、昭和35年の不動産登記法の改正に基づく登記の一元化により、従前の土地・建物台帳制度を登記簿の表題部に取り込んだものです。それは、建物の物理的現状を示すものにすぎず、権利を表示するものではないのですが、それでも判例は対抗力があるとしたのです。

　第2に、「登記」されている建物とは、借地人の名義の登記でなければならず、他人名義の登記によっては借地権の対抗は認められない。問題は、他人といっても同居する家族名義（息子・妻等）の登記の場合である。この点について、判例は、病気の土地の賃借人が将来のことを考え、同居する長男名義で建物の登記をした事例において、土地借地人がその土地上に自己と氏を同じくし、かつ、同居する未成年の長男名義で保存登記をした建物を所有していたとしても、その後この土地の所有権を取得した第三者に対し、土地の賃借権を対抗することはできないとしている。この判例には多数の学説が反対しているが、その後の判例もこれを踏襲している。

→ 最大判昭和41年4月27日
（百選Ⅱ58事件）

→ 最判昭和47年6月22日民集26巻5号1051頁、最判昭和50年11月28日判時803号63頁、最判昭和58年4月14日判時1077号62頁、最判平成元年2月7日判時1319号102頁など

●論点Aランク
（論証16）

→ 最大判昭和41年4月27日
（前出）

 登記の名義人は借地人本人でなければならないか。息子・妻名義の登記の対抗力が問題となる。

A説　否定説（判例）

▶ 結論：親族名義の登記では対抗力は認められない。
▶ 理由：①他人名義の登記では、真の借地人を推知することはできず、取引の安全を害する。
　　　　②他人名義の登記は、現実の権利状態に符合しない無効のものであって、これによっては建物所有権についてすら対抗しえないのであるから、建物所有権を対抗しうる登記のあることを前提として、これをもって賃借権の登記に代えようとする法の趣旨（借地借家法10条1項）に反する。
▶ 批判：借地借家法は一種の社会政策的立法であり、建物登記の借地権の公示機能は公示の原則の枠内で捉えるべきではない。

B説　肯定説

▶ 結論：親族名義の登記でも対抗力は認められる。
▶ 理由：①土地の取引をする者は現地を見るのが常態であり、建物の存在を知って登記簿を見れば借地権の存在を推知しうる。
　　　　②土地利用権保護の理念を重視すべきである。
　　　　③借地上の建物の登記に与えられている建物所有権の公示と借地権の公示との2つの機能は、それぞれ次元を異にする。
▶ 批判：いかなる範囲の他人名義の登記であれば対抗力が認められるのか区別が不明

確である。

> 以上の対立は、借地借家法10条1項の理解の違いによって解釈が異なってきます。現地主義的に理解するのか、公示主義的に理解するかによる違いです。
> 　すなわち、現地主義的理解をする立場は、土地の譲渡を受けようとするならば、現地を見に行くのが当然であり(現地検分〔関係者への照会・聞き取りを含む〕)、その際所有者の所有でない建物がそこにあれば、簡単に調査して借地権があることを容易に理解することができるから、取引の安全を害するおそれはないとします。また、そもそも建物の登記で借地権の対抗力を認めること(借地借家10条1項)自体、借地権の公示という原則はすでに崩れているといいます。このような立場からすれば、借地借家法で建物の登記が要求されているのは、建物があることを公示するためにすぎないので、登記の要件はできるだけゆるやかに解釈すべきことになります。
> 　これに対して、公示主義的理解をする立場は、借地借家法による保護は、本来ならば対抗力がない借地権について、法が特に認めた特別の規定であって(借地権公示機能を建物所有権公示機能に付従させます)、その保護を受けようとする者はそのために必要な努力をするのが当然であるとします。このような立場からすれば、登記の要件は厳しく解釈することになります。
> 　判例は、他人名義の登記では対抗力を否定しているので、公示主義的理解をする立場のように思えますが、以下の判例では対抗力を肯定している場合もあり、一定していないといわれています。他方で、学説の多くは、現地主義的理解の立場であるため、他人名義の登記でも対抗力を肯定しているのです。

→ 中舎・債権法255頁、百選Ⅱ119頁〔副田〕

　第3に、登記に表示された建物の構造の表示が現状と著しく異なる場合であっても、両者の関係について同一性を認めうる事情があるときには、借地権の対抗力が認められる(判例)。

→ 最判昭和39年10月13日民集18巻8号1559頁、最判平成18年1月19日判時1925号96頁

　第4に、錯誤または遺漏によって建物所在地番の登記の表示が実際と多少相違していた場合であっても、建物の種類、構造、床面積等の記載と相まって登記の表示全体において当該建物の同一性を認識できる程度の軽微な相違であるようなときには、「登記されている建物」にあたる(判例)。

→ 最大判昭和40年3月17日民集19巻2号453頁、最判平成18年1月19日(前出)

(iii) 建物が滅失した場合

　前述したように、借地上の建物に登記すれば、第三者に対抗することができるとしても、登記した建物が滅失(焼失、倒壊、取壊滅失)してしまえば、登記の実体がなくなり、同時に借地権の対抗力も失われてしまう。

　そこで、借地借家法10条2項本文は、この欠陥を除去するため、「前項〔10条1項〕の場合において、建物の滅失があっても、借地権者が、その建物を特定するために必要な事項、その滅失があった日及び建物を新たに築造する旨を土地の上の見やすい場所に掲示するときは、借地権は、なお同項の効力を有する」として、建物がなくても対抗力が失われないと定めた。このような「掲示」があると、掲示後に登場した第三者(新地主など)に対し、借地権者は借地権を主張することができるのである。

　ただし、「建物の滅失があった日から2年を経過した後にあっては、その前に建物を新たに築造し、かつ、その建物につき登記した場合に限る」(借地借家10条2項ただし書)として、2年以内に建物を再築・登記しなければ、掲示後に登場した第三者に対する対抗力も喪失すると定めた。

(iv) 建物に登記がない場合

　これまで述べたとおり、土地の賃借人は、民法605条の登記をしておらず、また、土地上に所有する建物におよそ登記(借地借家10条1項)をしていない場合に

は、第三者に対し賃借権を対抗することができないはずである。

しかし、土地に賃借権があることを知りながら土地の所有権を取得した者が賃借人に対して明渡しを請求することが、権利の濫用になる場合がある（判例）。ただし、明渡請求が権利濫用になる場合であっても、従来の賃借人の占有が適法な占有になるわけではないと解されている（判例）。

(b) **地代等増減請求権**

地代または土地の借賃（地代等）が、土地に対する租税その他の公課の増減により、土地の価格の上昇もしくは低下その他の経済事情の変動により、または近傍類似の土地の地代等に比較して不相当となったときは、契約の条件にかかわらず、当事者は、将来に向かって地代等の額の増減を請求することができる（借地借家11条1項本文）。ただし、一定の期間、地代等を増額しない旨の特約がある場合には、その定めに従う（借地借家11条1項ただし書）。事情変更の原則を具体化した規定である。

> 借地借家法11条1項は、地上権の対価を「地代」、賃借権の対価を「借賃」といい、両者をあわせて「地代等」と総称しています。

なお、逆に、不減額特約について、判例は、特約があっても減額請求することができるとする。また、賃料の自動改定特約についても、特約は有効であるが、減額請求権を排除することはできないとする判例もある。したがって、賃料減額請求権の規定は強行法規である（判例）。

地代等増減請求権は形成権であるから、その行使により客観的に相当な地代等の増減の効力が生ずる。ところが、増額請求を受けた借地権者がこれに応じないで従来どおりの地代等を支払うときは、すでに効力の生じているはずの増額分との差額につき債務不履行の問題が生じ、借地権設定者が契約を解除するおそれがある。

そこで、地代等の増額について当事者間に協議が調わないときは、その請求を受けた者は、増額を正当とする裁判が確定するまでは、相当と認める額の地代等を支払うことをもって足りる（借地借家11条2項本文）。ただし、その裁判が確定した場合に、すでに支払った額に不足があるときは、その不足額に年1割の割合による支払期後の利息を付して、これを支払わなければならない（借地借家11条2項ただし書）。

反対に、地代等の減額について当事者間に協議が調わないときは、その請求を受けた者は、減額を正当とする裁判が確定するまでは、相当と認める額の地代等の支払を請求することができる（借地借家11条3項本文）。ただし、その裁判が確定した場合に、すでに支払を受けた額が正当とされた地代等の額を超えるときは、その超過額に年1割の割合による受領の時からの利息を付して、これを返還しなければならない（借地借家11条3項ただし書）。

なお、地代等増減請求については、紛争を早期に話し合いによって解決するため、民事調停法により調停前置主義が採用されている（民調24条の2）。

そのほか、地代等に関しては、弁済期の到来した最後の2年分の地代等について、借地権者（転借地権者）が借地上に所有する建物のうえに借地権設定者は先取特権を有するとの規定がある（借地借家12条1項）。

最判昭和38年5月24日（前出）、
最判昭和43年9月3日
民集22巻9号1817頁

最判昭和43年9月3日
民集22巻9号1767頁

1章1節③【2】

大判昭和13年11月1日
民集17巻2089頁

最判平成15年6月12日
民集57巻6号595頁
最判昭和31年5月15日
民集10巻5号496頁

(c) 第三者の建物買取請求権
(i) 意義

　第三者が賃借権の目的である土地の上の建物その他借地権者が権原によって土地に附属させた物を取得した場合に、借地権設定者が賃借権の譲渡または転貸を承諾しないときは、その第三者は、借地権設定者に対し、建物その他借地権者が権原によって土地に附属させた物を時価で買い取るべきことを請求することができる(借地借家14条)。

　この第三者の**建物買取請求権**の趣旨は、賃貸人が賃借権の譲渡・転貸を承諾しない場合における建物所有権取得者の保護および借地権者の投下資本の回収、建物の経済的効用の維持、ならびに賃貸人に対する承諾の間接的強制などを図る点にある。これは、すでに述べた存続期間満了後の建物買取請求権(借地借家13条)と同趣旨のものである。

　ただし、後述する土地賃借権の譲渡・転貸の許可制度(借地借家19条、20条)が導入された今日では、建物買取請求権の役割はかつてほど重要とはいえなくなったといわれている。

　建物買取請求権は**形成権**であり、その行使の意思表示によって売買契約が成立する(判例)。

→ 大判昭和7年1月26日民集11巻169頁

(ii) 要件

　第三者が借地上の建物その他借地権者が権原によって土地に附属させた物を取得し、賃貸人が賃借権の譲渡または転貸を承諾しないときに、その第三者は建物買取請求権を行使することができる。

　旧借地法下での判例では、借地上の建物の譲渡以前にすでに借地契約が債務不履行により解除されている場合だけでなく、建物譲渡後でも建物買取請求権を行使する以前に借地契約が賃料不払いを理由とする債務不履行で解除された場合にも、第三者(建物譲受人)の建物買取請求権は否定されている。建物買取請求権は、賃貸人の承諾がない点を除けば、正常な賃貸借の存続を前提とするものであるから、この判例の立場でよいであろう。これに対して、借地契約が合意解除されても、原則として建物買取請求権は消滅しないとされている(判例)。

→ 最判昭和38年11月14日民集17巻11号1346頁
→ 最判昭和33年4月8日民集12巻5号689頁

　一時使用の借地権の場合について、判例は、建物買取請求権は認められないとしている。一時使用の借地権は借地借家法のもとでは例外的制度であり、一時使用の趣旨から判例の立場を支持してよいであろう。

→ 最判昭和48年9月7日民集27巻8号907頁
→ 大判昭和7年6月21日民集11巻1198頁、最判昭和29年7月20日民集8巻7号1415頁

(iii) 効果

　建物買取請求権の行使により、売買契約が成立するので、買主の賃貸人(借地権設定者)は、建物の代金支払義務(民555条)を負う。そのため、建物所有者(建物取得者)は、賃貸人による土地明渡請求に対し、同時履行の抗弁権(533条)または留置権(295条)を行使することができ、賃貸人が建物の代金の支払を提供するまで建物の引渡しのみならずその敷地の明渡しをも拒絶することができる(判例)。ただし、敷地を占有使用することによって得る賃料相当額の利益は、不当利得として返還しなければならない(判例)。これらの点については、同時履行の抗弁権のところでも説明した。

→ 最判昭和35年9月20日民集14巻11号2227頁
→ 最判昭和35年9月20日(前出)
→ 1章3節③【4】(3)(c)

(iv) 消滅

　建物買取請求権は形成権であるが、その行使によって売買契約が成立するので、債権と同様に、166条1項1号または2号が適用され、その消滅時効期間は、5

年あるいは10年である(改正前民法下において、改正前民法167条1項を適用し、その消滅時効期間は10年とした判例がある)。

(d) 自己借地権

土地所有者が、その土地上にみずから借地権を設定するという自己借地権は、混同(179条1項、520条)となるから認められない。しかし、これでは、土地所有者が借地権付マンション(区分所有建物)を建築・分譲しようとする場合には、土地所有者が同時に借地権者になることができず、多くの困難が生じた。

そこで、借地借家法は、この困難を解消するため、「借地権を設定する場合においては、他の者と共に有することとなるときに限り、借地権設定者が自らその借地権を有することを妨げない」と規定した(自己借地権、借地借家15条1項)。

> 自己借地権を設定することができることによって、たとえば地主Aがマンションを建て、最初にその一部屋をBに対し分譲して、Bに借地権を設定する場合には、いまだ売れていない自分の所有する他の部屋の部分についてもA自身を借地権者として借地権の準共有の登記をすることができます。Aは、その後、自分が保有する借地権付分譲マンションの部屋を、販売することができるのです。

また、借地権が借地権設定者に帰した場合であっても、他の者とともにその借地権を有するときは、その借地権は、消滅しない(借地借家15条2項)。

(e) 借地条件の変更等

借地借家法の第2章第3節「借地条件の変更等」(17条から21条まで)は、非訟事件として裁判所が後見的に関与し、当事者双方の利害の調整を図りつつ、借地権設定者・借地権者間の権利関係に関する紛争を処理する方法について定めている。

借地契約の更新後の建物の再築の許可(借地借家18条)は、借地借家法による新設規定であるが、借地条件の変更(借地借家17条1項、3項から6項まで)、増改築の許可(借地借家17条2項から6項まで)、土地賃借権の譲渡・転貸の許可制度(借地借家19条、20条)は、旧借地法から引き継いだものである。

借地借家法17条から19条までの規定は、強行規定である(借地借家21条)。

(i) 借地条件の変更

借地付近の利用状況の変化その他の事情の変更により、借地条件を変更したいのに、当事者間に協議が調わないときは、裁判所がこれを変更することができ、それによって生ずる不公平を財産上の給付によって解決する。

すなわち、建物の種類、構造、規模または用途を制限する旨の借地条件がある場合に、法令による土地利用の規制の変更、付近の土地の利用状況の変化その他の事情の変更により現に借地権を設定するにおいてはその借地条件と異なる建物の所有を目的とすることが相当であるにもかかわらず、借地条件の変更につき当事者間に協議が調わないときは、裁判所は、当事者の申立てにより、その借地条件を変更することができる(借地借家17条1項。なお、3項から6項まで)。

(ii) 増改築の許可

増改築を制限する旨の借地条件がある場合に、土地の通常の利用上相当とすべき増改築につき当事者間に協議が調わないときは、裁判所は、借地権者の申立てにより、その増改築についての借地権設定者の承諾に代わる許可を与えることができる(借地借家17条2項。なお、3項から6項まで)。

それでは、増改築禁止特約に違反して増改築をした場合には、賃貸人は契約を

→ 最判昭和42年7月20日民集21巻6号1601頁

解除することができるか。

> 借家の場合には、無断で増改築をすればそれ自体が用法遵守義務(616条・594条1項)違反となりますので、当然解除することができます。したがって、増改築禁止特約がなされるのは、借地の場合です。このような特約は、長期にわたる借地人の居座りを予防したり、契約終了時における高価での建物買取りを予防したりするために行われます。

この点について、判例は、増改築禁止特約を原則として有効としつつ、多少の増改築が賃貸人に対する信頼関係を破壊しない場合には、解除が許されないとしている(信頼関係破壊の法理)。

→ 最判昭和41年4月21日民集20巻4号720頁

> ただし、前述したように、増改築については裁判所が賃貸人の承諾に代わる許可を与える規定が設けられていますから(借地借家17条2項)、解除の効力を争うよりも、この手続によるほうが実際的になっていると指摘されています。

→ 中舎・債権法239頁

(iii) 借地契約の更新後の建物の再築の許可

借地契約の更新後、借地権者による建物の再築についての裁判所の許可が認められる。

すなわち、契約の更新の後において、借地権者が残存期間を超えて存続すべき建物を新たに築造することにつきやむをえない事情があるにもかかわらず、借地権設定者がその建物の築造を承諾しないときは、借地権設定者が地上権の消滅の請求または土地の賃貸借の解約の申入れをすることができない旨を定めた場合を除き、裁判所は、借地権者の申立てにより、借地権設定者の承諾に代わる許可を与えることができる(借地借家18条1項前段。なお、同項後段、2項、3項)。

(iv) **土地賃借権の譲渡・転貸の許可制度**

前述したように、賃借人は、賃貸人の承諾を得なければ、その賃借権を譲り渡し、または賃借物を転貸することができない(民612条1項)。もっとも、借地借家法19条は、以下に述べるように、**裁判所による賃借権の譲渡・転貸の許可制度**を導入し、賃貸人の承諾は不要とした。

すなわち、借地権者(土地賃借人)が賃借権の目的である土地の上の建物を第三者に譲渡しようとする場合に、その第三者が借地権を取得し、または転借をしても借地権設定者(土地賃貸人)に不利となるおそれがないにもかかわらず、借地権設定者がその賃借権の譲渡または転貸を承諾しないときは、裁判所は、借地権者の申立てにより、借地権設定者の承諾に代わる許可を与えることができる(借地借家19条1項前段)。この場合に、当事者間の利益の衡平を図るため必要があるときは、賃借権の譲渡もしくは転貸を条件とする借地条件の変更を命じたり、または財産上の給付を許可の条件にしたりする付随的裁判をすることができる(借地借家19条1項後段)。

また、借地上の建物が競売されたり、税金滞納による公売が行われたりして、第三者がこの建物の所有権を取得する場合には、賃借権の譲渡を伴うことになるところ、この場合にも同様に、賃貸人の承諾に代わる許可が認められる(借地借家20条1項前段)。なお、付随的裁判の一例として、裁判所は、相当な額の敷金の差し入れを定めてその交付を命ずることができる(判例)。

→ 最決平成13年11月21日民集55巻6号1014頁

【3】建物賃貸借の特別法──借地借家法における借家関係

(1) はじめに

旧借家法は、その適用のある建物賃貸借を1種類のみにしていたが、借地借家法のもとでは、そのほかにも、2種類の更新が認められない期限付建物賃貸借関係（期限付借家権）が設定できるようになり、更に平成11年の借地借家法の改正により、定期借家権制度が創設され、従来は、限定的に認められていた期限付借家権の限界が取り払われることになった。

「一時使用のために建物の賃貸借をしたことが明らかな場合」には、借地借家法はまったく適用されず（借地借家40条）、民法の賃貸借の適用を受ける。これに対して、公営住宅の使用関係については、公営住宅法および条例に規定があるが、判例は、「公営住宅の使用関係については、公営住宅法及びこれに基づく条例が特別法として民法及び借家法に優先して適用されるが、法及び条例に特別の定めがない限り、原則として一般法である民法及び借家法の適用があり、その契約関係を規律するについては、信頼関係の法理の適用がある」としている。

→ 最判昭和59年12月13日（行政百選Ⅰ9事件）

また、賃貸ビルの所有者Aから不動産会社（サブリース）Bが、ビルの全部または一部を一括して借り上げて、テナント（転借人）Cに転貸する契約をサブリース契約というが、判例は、これは賃貸借契約の一種とみている。

→ 最判平成15年10月21日（後出重要判例）

以下では、借地権の説明と同様に、相違点である期間と更新に着目して、まず普通借家権と期限付借家権（定期借家権、取壊し予定の建物賃貸借、一時使用目的の建物の賃貸借）とを説明し、次いで借家権一般に原則的に共通するその他の効力等について述べることにする。

(2) 普通借家権

← 普通借家権

(a) はじめに

借地借家法は、借地の場合と異なり、借家契約の法定期間を定めておらず、民法の規定を前提としながら、更新拒絶や解約を制限するという取扱いをしている。

すなわち、民法604条の50年の期間制限は、借家には適用されない（借地借家29条2項）。そのうえで、後述するように、期間の更新が強化されている。

また、期間の定めのない借家契約については、民法617条の解約申入れが借地借家法によって制限されている。

なお、これから述べる借家の期間に関する借地借家法26条から29条までの規定は強行規定とされ、これらに反する特約で建物の賃借人に不利なものは、無効とされる（借地借家30条）。

(b) 借家期間の定めがある場合

(i) 更新拒絶の制限

民法によれば、期間の定めのある賃貸借は、期間の満了によって終了する（622条・597条1項）。

これに対して、旧借家法はこのような民法の規定を修正し、建物の賃貸人は、みずから使用することを必要とする場合その他正当の事由がある場合でなければ、賃貸借の更新を拒むことができないとし（旧借家1条ノ2）、借地借家法はこれを受け継ぎつつ、「正当の事由」についていっそう具体的な基準を掲げた（借地借家28条）。「正当の事由」の内容については、後述する。

(ii) 法定更新

民法によれば、賃借人が賃貸借の期間満了の後、賃貸物の使用または収益を継

続する場合には、黙示の更新により更新の推定が認められるにとどまる(619条1項前段)。

これに対して、借地借家法は、**法定更新**を認めた。すなわち、建物の賃貸借について期間の定めがある場合に、当事者が期間の満了の1年前から6か月前までの間に相手方に対して更新をしない旨の通知または条件を変更しなければ更新をしない旨の通知をしなかったときは、従前の契約と同一の条件で契約を更新したものとみなされる(借地借家26条1項本文)。ただし、その期間は、定めがないものとする(借地借家26条1項ただし書)。

また、更新拒絶の通知をした場合でも、建物の賃貸借の期間が満了した後、建物の賃借人が使用を継続する場合に、建物の賃貸人が遅滞なく異議を述べなかったときも、同様とする(借地借家26条2項)。

民法と借地借家法の比較(借家期間の定めがある場合)

	更新拒絶の制限	法定更新
民法	なし	なし(ただし民619 I 前段による更新の推定あり)
借地借家法	正当の事由が必要(借地借家28)	期間満了1年前から6か月前までの間に更新しない旨の通知がない場合(借地借家26 I)、通知があっても期間満了後に賃借人が使用を継続し、賃貸人が遅滞なく異議を述べなかった場合(同26 II)

さらに、建物の転貸借がされている場合には、建物の転借人がする建物の使用の継続を建物の賃借人がする建物の使用の継続とみなして、建物の賃借人と賃貸人との間について借地借家法26条2項の規定を適用する(借地借家26条3項)。

(c) 借家期間の定めがない場合

(i) 解約申入権の制限

民法によれば、期間の定めのない賃貸借においては、当事者はいつでも解約の申入れをすることができ(民617条1項柱書前段)、建物の賃貸借は、解約の申入れの日から3か月を経過することによって終了するとされている(617条1項柱書後段2号)。

これに対して、旧借家法はこのような民法の規定を修正し、建物の賃貸人は、みずから使用することを必要とする場合その他正当の事由がなければ解約の申入れができないとし(旧借家1条ノ2)、借地借家法はこれを引き継ぎつつ、「正当の事由」についていっそう具体的な基準を掲げた(借地借家28条)。前述した更新拒絶の場合と同様の処理であり、「正当の事由」の内容については後述する。

(ii) 解約申入期間の修正

民法によれば、建物の賃貸人の解約申入れ期間は、3か月である(617条1項柱書後段2号)。

これに対して、旧借家法はこれを修正し、6か月とし(旧借家3条1項)、借地借家法もこれを引き継いだ(借地借家27条1項)。

(iii) 解約後の使用・収益の場合

解約申入れによる賃貸借の終了後、建物の賃借人が建物の使用を継続する場合に、建物の賃貸人が遅滞なく異議を述べなかったときは、従前の契約と同一の条件で契約を更新したものとみなされる(借地借家27条2項・26条2項)。建物の転

貸借についても同様とされる(借地借家27条2項・26条3項)。

(iv) １年未満の借家期間の場合

期間を１年未満とする建物の賃貸借は、期間の定めがない建物の賃貸借とみなされる(借地借家29条１項)。したがって、その賃貸借は、「正当の事由」がある解約申入れによって終了する。

民法と借地借家法の比較(借家期間の定めがない場合)

	解約申入権の制限	解約申入れ期間	解約後の使用収益	期間１年未満
民法	なし(民617Ⅰ柱書前段)	３か月(民617Ⅰ柱書後段②)	—	存続期間は定めどおり
借地借家法	正当の事由が必要(借地借家28)	６か月(借地借家27Ⅰ)	法定更新(借地借家27Ⅱ・26Ⅱ・Ⅲ)	期間の定めなしとみなされる(借地借家29Ⅰ)

(d) 「正当の事由」の内容

建物の賃貸人による借地借家法26条１項の通知(更新拒絶通知)または建物の賃貸借の解約の申入れは、①建物の賃貸人および賃借人(転借人を含む)が建物の使用を必要とする事情のほか、②建物の賃貸借に関する従前の経過、建物の利用状況および③建物の現況ならびに④建物の賃貸人が建物の明渡しの条件としてまたは建物の明渡しと引換えに建物の賃借人に対して財産上の給付(立退料)をする旨の申出をした場合におけるその申出を考慮して、「正当の事由」があると認められる場合でなければ、することができない(借地借家28条)。

旧借家法のもとで、判例は当初は、「正当ノ事由」について、賃貸人と借家人双方の事情を比較衡量して、いずれに建物使用の必要性が高いかという客観的基準によってその有無を決するとしていた。ところが、その後、国の住宅政策に変化が生じ、賃貸主義から持家主義となり、住宅建築が盛んに行われた事情を反映して、「正当ノ事由」の解釈も変化し、最高裁は、たとえ家主に正当事由がなくても、家主が相当の立退料を提供する場合にはそれが正当事由を補完する資料となって明渡請求が許されると判示するにいたった。借地借家法28条は、賃貸人による立退料の提供が「正当の事由」を補強しうるとする判例の考え方を明文化したものである。

→ 最判昭和38年３月１日民集17巻２号290頁

(3) 期限付借家権

借地借家法は、これまで述べてきた普通借家権のほか、定期借家権、取壊し予定の建物賃貸借、一時使用目的の建物の賃貸借という３つの期限付借家権(期限付建物賃貸借)を認めた。

← 期限付借家権

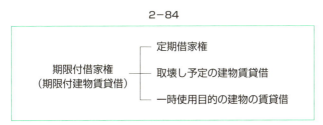

2-84

(a) 定期借家権(定期建物賃貸借)

(i) 成立

期間の定めがある建物の賃貸借をする場合には、公正証書による等書面によっ

て契約をするときにかぎり、借地借家法30条の規定にかかわらず、契約の更新がないこととする旨を定めることができる(借地借家38条1項前段)。

このような建物の賃貸借をしようとするときは、建物の賃貸人は、あらかじめ、建物の賃借人に対し、建物の賃貸借は契約の更新がなく、期間の満了により当該建物の賃貸借は終了することについて、その旨を記載した書面(契約書とは別の書面)を交付して説明しなければならず(借地借家38条2項)、その説明義務を果たさなかったときは、契約の更新がないこととする旨の定めは無効となり、普通借家権が成立する(借地借家38条3項)。

(ii) 終了

定期建物賃貸借において、期間が1年以上である場合には、建物の賃貸人は、期間の満了の1年前から6か月前までの間(通知期間)に建物の賃借人に対し期間の満了により建物の賃貸借が終了する旨の通知をしなければ、その終了を建物の賃借人に対抗することができない(借地借家38条4項本文)。

ただし、建物の賃貸人が通知期間の経過後、建物の賃借人に対しその旨の通知をした場合には、その通知の日から6か月を経過した後は、このかぎりでない(借地借家38条4項ただし書)。すなわち、通知期間経過後に通知が行われた場合には、通知の日から6か月間は借家契約がなお継続することになり、賃借人は、賃料を支払って建物を利用することができるのである。

(iii) 中途解約

定期借家契約は、中途解約をすることができないのが原則である。しかし、例外として、**床面積**(建物の一部分を賃貸借の目的とする場合にあっては、当該一部分の床面積)**が200平方メートル未満の居住用建物**に、①転勤、療養、親族の介護その他のやむをえない事情により、②建物の賃借人が建物を自己の生活の本拠として使用することが困難となったときは、建物の賃借人は、建物の賃貸借の解約の申入れをすることができる(**中途解約**、借地借家38条5項前段)。この場合には、建物の賃貸借は、解約の申入れの日から1か月を経過することによって終了する(借地借家38条5項後段)。

(iv) 片面的強行規定

契約終了に関する借地借家法38条4項および中途解約に関する借地借家法38条5項の規定に反する特約で、建物の賃借人に不利なものは、無効となる(借地借家38条6項)。したがって、営業用建物や床面積200平方メートル以上の居住用建物の定期借家契約について、建物の賃借人からの中途解約を認める特約は有効である。

(v) 賃料の増減

定期建物賃貸借において、借賃の改定に関する特約がある場合には、特約に従い、借賃増減請求権に関する借地借家法32条の規定は適用しない(借地借家38条7項)。

(b) 取壊し予定の建物賃貸借

法令または契約により一定の期間を経過した後に建物を取り壊すべきことが明らかな場合に、建物の賃貸借をするときは、借地借家法30条の規定にかかわらず、建物を取り壊すこととなる時に賃貸借が終了する旨を定めることができる(借地借家39条1項)。この特約は、建物を取り壊すべき事由を記載した書面によってしなければならない(借地借家39条2項)。

(c) 一時使用目的の建物の賃貸借

一時使用のために建物の賃貸借をしたことが明らかな場合には、第3章（借家）の規定は適用されない（借地借家40条）。一時使用目的の建物の賃貸借に該当するかどうかは、賃貸借の目的、期間などの諸事情によって決せられる。

(4) 借家権に共通するその他の効力等

(a) 借家権の対抗力──建物の引渡しによる対抗

借家人は、民法605条により賃借権の登記をすることができ、その登記がなければ借家権を第三者に対抗することができないはずであるが、借地借家法31条はこれを修正している（修正しなければならない問題点については、先に述べたとおりである）。

→ 本節⑤【2】(2)(a)(ⅱ)

すなわち、建物の賃貸借は、その登記がなくても、建物の引渡しがあったときは、その後その建物について物権を取得した者に対し、その効力を生ずる（借地借家31条）。これは、建物の引渡しを賃借権の対抗要件とする趣旨を含む。これによって、通常、その建物に居住する賃借人（借家人）は借家権を第三者に主張することができ、対抗問題はほぼ解決されたといえる。

「引渡し」には、現実の引渡し（民182条1項）だけでなく、簡易の引渡し（182条2項）、指図による占有移転（184条）も含まれる。占有改定（183条）については、肯定説、否定説、外部からわかる表示があれば肯定する説（限定肯定説）などに分かれるが、借地借家法31条の趣旨が建物の現実の居住者を保護する点にあることからすれば、否定説が妥当であろう。

→ 新版注釈(15)687頁[幾代]、中舎・債権法251頁

なお、借地借家法31条の規定に反する特約で建物の賃借人に不利なものは、無効である（借地借家37条）。

(b) 借賃増減請求権

借賃に関しては、借地関係に関する地代等増減請求権（借地借家11条）と同様に、借賃増減請求権の規定がある（借地借家32条）。その内容は地代等増減請求権と同じなので、地代等増減請求権の箇所で確認しておいてほしい。

この点に関連して、サブリース契約における賃料自動増額条項が問題となる。

ここにいうサブリース契約とは、賃貸ビルの所有者Aから、不動産会社（サブリース）Bが、その全部または一部を一括して借り上げて、テナント（転借人）Cに転貸するという契約をいう。

← サブリース契約とは

このような契約は、1990年ころのバブルによる不動産価格の異常な高騰の影響を受けて生じたものである。サブリース契約では、前述の例でいえば賃借人となった不動産会社Bが、オフィスビルの建設やその資金の借入れの段階から土地所有者Aに助言等を行うことが多く、Aからビルを一括賃借する際には賃料保証などにより賃料収入をAに保証したうえ、更に地価上昇を見込んで賃料自動増額条項を入れることが通常であった。

ところが、バブル崩壊に伴う不動産価格の下落により、オフィスビルの賃料相場が急落し、安い賃料で転借人を募集せざるをえなくなった賃借人（不動産会社B）に多額の損害が発生する事態となった。そこで、賃借人（不動産会社B）は、これ以上の損害発生を回避するため、賃貸人Aに対して賃料減額請求権（借地借家32条）の行使をしようとしたところ、これができるかが争いとなった。ここでの問題点は、賃料自動増額条項が定められ、賃料変動のリスクを賃借人Bが引き受けたといえる場合にも、賃借人Bは、賃貸人Aに対して賃料減額請求権（借地

借家32条)の行使をすることができるかである。判例は、これを肯定した。

> ★**重要判例**(最判平成15年10月21日〔百選Ⅱ67事件〕)
> 　「本件契約における合意の内容は、AがBに対して本件賃貸部分を使用収益させ、BがAに対してその対価として賃料を支払うというものであり、本件契約は、建物の賃貸借契約であることが明らかであるから、本件契約には、借地借家法が適用され、同法32条の規定も適用されるものというべきである」。
> 　本件契約には、賃料は、本件建物竣工時から3年を経過するごとに、その直前の賃料の10％相当額の値上げをするとの本件賃料自動増額特約が存するが、「借地借家法32条1項の規定は、強行法規であって、本件賃料自動増額特約によってもその適用を排除することができないものであるから……、本件契約の当事者は、本件賃料自動増額特約が存するとしても、そのことにより直ちに上記規定に基づく賃料増減額請求権の行使が妨げられるものではない」。
> 【争点】賃料自動増額特約によって賃料の改定基準が定められている場合においても、借地借家法32条に基づく賃料増減額請求をなしうるか。
> 【結論】なしうる。

→ 最判平成15年10月21日（後出重要判例）

(c) 造作買取請求権

(ⅰ) 意義

借家人が借家に付加した畳、建具などの造作は、賃貸借終了後、これを他の家屋で使用することはその大きさなどからみて事実上不可能なので、借家人は、家主に対し造作の買取りを請求することができる(**造作買取請求権**)。

← 造作買取請求権

すなわち、建物の賃貸人の同意を得て建物に付加した畳、建具その他の造作がある場合には、建物の賃借人は、建物の賃貸借が期間の満了または解約の申入れによって終了するときに、建物の賃貸人に対し、その造作を時価で買い取るべきことを請求することができる(借地借家33条1項前段)。建物の賃貸人から買い受けた造作についても、同様とする(借地借家33条1項後段)。この規定は、建物の賃貸借が期間の満了または解約の申入れによって終了する場合における建物の転借人と賃貸人との間について準用される(借地借家33条2項)。

なお、同様の規定であった旧借家法5条は強行規定とされていたが、現実には家主は借家人による造作の付加に同意しないことが多いという実情からみて、借地借家法は33条を任意規定とした(借地借家37条参照)。

以上のような造作買取請求権は、借地における建物買取請求権(借地借家13条)と同様に、**形成権**であり、その行使によって売買契約が成立する(判例)。

→ 大判昭和2年12月27日 民集6巻743頁
← 造作買取請求権の要件
← 「造作」とは

(ⅱ) 要件

造作買取請求権の要件として、第1に、造作であることが必要である。**造作**とは、建物に付加された物件で賃借人の所有に属し、かつ、建物の使用に客観的便益を与えるものをいう(判例)。たとえば、水道設備や電灯引込線は造作に該当する(判例)。

→ 最判昭和29年3月11日 民集8巻3号672頁
→ 大判昭和12年2月2日 民集16巻205頁

第2に、家主の同意を得て借家人が建物に付加した造作、または家主から借家人が買い取った造作であることが必要である。

第3に、造作買取請求権は、建物賃貸借が期間の満了または解約の申入れによって終了したときに発生する(借地借家33条1項)。そのため、判例(ただし旧借家法5条に関する判例)は、賃借人の債務不履行による賃貸借解除の場合には造作買取請求権は生じないとする。

→ 大判昭和13年3月1日 民集17巻318頁、最判昭和31年4月6日 民集10巻4号356頁、最判昭和33年3月13日 民集12巻3号524頁

(iii) 効果

造作買取請求権の行使により、時価による売買が成立する。造作の時価とは、これを建物より取り外した状態の価格ではなく、建物に付加したままの状態で造作自体の有する価格をいう(判例)。

家主が造作代を支払わない場合には、借家人は、造作代金の提供があるまで、同時履行の抗弁権(民533条)や留置権(295条)を行使して造作の引渡しを拒絶することができる。もっとも、判例は、建物自体の引渡しの拒絶をすることはできないとする。この点については、同時履行の抗弁権のところで説明した。

→ 大判大正15年1月29日 民集5巻38頁

→ 大判昭和7年9月30日 民集11巻1859頁、最判昭和29年7月22日 民集8巻7号1425頁
1章3節3【4】(3)(c)

(d) 建物賃貸借終了の場合における転借人の保護

家主から建物を借りている借家人が家主の承諾を得て建物を転借人に適法に転貸している場合に、家主(賃貸人)・借家人(賃借人)の借家契約が期間満了または解約申入れによって終了するならば、そのうえに成立している賃借人・転借人間の転貸借契約も終了することになる。しかし、それでは転借人にとって、賃貸人・賃借人の契約の終了によって突然に建物を明け渡さなければならないこととなり不都合である。そこで、借地借家法は、建物の転貸借がされている場合に、建物の賃貸借が期間の満了または解約の申入れによって終了するときは、建物の賃貸人は、建物の転借人にその旨の通知をしなければ、その終了を建物の転借人に対抗することができないと規定した(借地借家34条1項)。そして、建物の賃貸人が通知をしたときは、建物の転貸借は、その通知がされた日から6か月を経過することによって終了する(借地借家34条2項)。

この点に関連して、判例は、賃貸借が賃借人の債務不履行によって解除された場合には、借地借家法34条と同旨の旧借家法4条の適用はないとする。

この規定に反する転借人に不利な特約は無効である(借地借家37条)。

なお、前述したように、平成29年改正民法は、適法な転貸借がされた後に原賃貸人と転借人との間の賃貸借契約が合意解除された場合には、合意解除の時点において債務不履行解除の要件をみたしていたときを除き、原賃貸人はその合意解除の効力を転借人に主張することができないと規定した(613条3項)。

→ 大判昭和8年7月12日 民集12巻1860頁、最判昭和39年3月31日 判タ164号70頁

← 平成29年改正

(e) 借地上の建物の賃借人の保護

地主から借地権の設定を受けた借地人(賃借人)が借地上に建物を建築して借家人に当該建物を賃貸した場合に、借家人は、建物を使用すると同時に、その敷地も使用することになる。もっとも、借家人は地主との間に土地の使用について契約を締結しているわけではないので、借地人の借地権が消滅すれば、借家人の敷地使用の根拠も失われ、地主は、借地人に対して建物収去・土地明渡しを請求することができるとともに、借家人に対しても建物退去・土地明渡しを請求することができることになる。しかし、通常の場合には、借家人が借地人から建物を借りるにあたって、建物の敷地の権利関係を調べることはないから、このような地主からの請求は、借家人にとってまったくの不意打ちとなり、著しく不利益を与えることになる。

そこで、借地借家法は、借地権の目的である土地の上の建物につき賃貸借がされている場合において、借地権の存続期間の満了によって建物の賃借人が土地を明け渡すべきときは、建物の賃借人が借地権の存続期間が満了することをその1年前までに知らなかった場合にかぎり、裁判所は、建物の賃借人の請求により、建物の賃借人がこれを知った日から1年を超えない範囲内において、土地の明渡

しにつき相当の期限を許与することができると規定した(借地借家35条1項)。この規定により裁判所が期限の許与をしたときは、建物の賃貸借は、その期限が到来することによって終了する(借地借家35条2項)。

この規定は強行規定であり、借家人に不利な特約は無効である(借地借家37条)。

(f) 借家権の承継

(i) 相続人が存在しない場合——建物賃借権の承継

居住の用に供する建物の賃借人が相続人なしに死亡した場合に、その当時婚姻または縁組の届出をしていないが、建物の賃借人と事実上夫婦または養親子と同様の関係にあった同居者があるときは、その同居者は、建物の賃借人の権利義務を承継する(借地借家36条1項本文)。ただし、相続人なしに死亡したことを知った後1か月以内に建物の賃貸人に反対の意思を表示したときは、承継しない(借地借家36条1項ただし書)。

この場合には、建物の賃貸借関係に基づき生じた債権または債務は、この規定により建物の賃借人の権利義務を承継した者に帰属する(借地借家36条2項)。

以上のように、借家人が、相続人なくして死亡したときは、その借家権は国庫に帰属する(民959条前段)のではなく、内縁の妻等に承継される(**建物賃借権の承継**)。

(ii) 相続人が存在する場合

問題は、死亡した借家人に相続人がいる場合である。たとえば、A所有の建物をAから賃借したBが内縁の妻Cとともにこの建物に居住中に死亡した場合において、Bに相続人である子Dがいるときには、借家権は相続の対象となり、Dが相続する。そうすると、内縁の妻Cは居住権を有しないことになりそうである。

しかし、判例は、家主AがCに対して明渡請求をしたときは、Cは、相続人Dの有する借家権を援用することによって家主Aに対して居住の権利を主張することができるとしている(援用権説・援用理論)。もっとも、この場合には、Cは賃借人の地位を有するわけではないので(判例)、借家権を相続したDからCに対して借家権に基づいて明渡しを請求することがありうるが、通説は、その請求は権利の濫用(1条3項)になりうるとする。

→ 最判昭和42年2月21日(判例シリーズ75事件)。事実上の養子につき、最判昭和37年12月25日民集16巻12号2455頁
→ 最判昭和42年2月21日(前出)

2-85

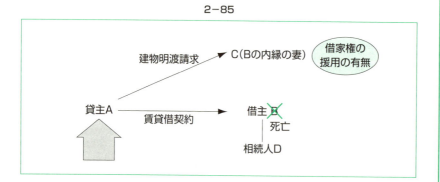

Q3 借家人が死亡したときでも相続権のない同居人(内縁の妻、事実上の養子等)の居住の利益を保護する必要があるが、どう法律構成するか。

●論点Bランク
(論証17)

| A説 | 援用権説（判例・通説） |

▶結論：借家権の相続を肯定したうえで、①家主に対しては相続人が承継した賃借権を援用することができ、②相続人の明渡請求、同居拒絶等に対しては権利濫用の法理（1条3項）により対抗できる。
▶理由：①内縁の妻等は被相続人の生前、この者の賃借権を援用して居住する権利を対抗しえたのであり、この法律関係は被相続人の死後も変わらないはずである。
　　　②さしたる理由もないのに相続による賃借権の取得を奇貨として、従来から内縁の妻等が正当に有していた居住の利益を奪うことは、借家権等の居住権保護の趣旨に反する。
▶批判：内縁の妻等は居住利益はあるが、家賃支払債務は負わないということになり、相続人の家賃不払の際には、どのように保護されるのかが不明確である。

➡ 最判昭和42年2月21日（前出）

| B説 | 家団的承継説（星野） |

▶結論：借家権の相続を全面的に否定しつつ、賃借人死亡後も賃貸借契約は同一性を失うことなく、残存する家族的集団との間に存続する。

➡ 星野・借地借家588頁

| C説 | 居住権説（鈴木） |

▶結論：居住権により家主、非同居相続人からの明渡請求に対抗でき、居住権の効果として、相続人に承継された借家権の譲渡を請求できる。

➡ 鈴木・居住権論72頁

【4】農地賃貸借の特別法——農地法

　農地と採草放牧地の賃貸借（小作）については、農地法の適用がある。農地法は、小作人保護の観点から、農地または採草放牧地の賃貸借契約の書面を義務づけているが（農地21条）、その他以下のような定めがある。概要のみを示しておく。

(1) 農地賃借権の設定

　農地の賃借権の設定には、原則として農業委員会の許可を必要とし（農地3条1項柱書本文）、この許可を受けないときは、賃貸借の効力は生じない（農地3条6項）。

(2) 農地賃貸借の効力

　小作料については、借地借家法と同様に、増減請求権が認められる（農地20条）。

(3) 農地賃貸借の対抗力

　農地または採草放牧地の賃貸借は、その登記がなくても、農地または採草放牧地の引渡しがあったときは、これをもってその後その農地または採草放牧地について物権を取得した第三者に対抗することができる（農地16条1項）。借地借家法31条と同旨である。

(4) 農地賃貸借の期間

　農地法は、農地賃貸借の期間を法定していないので、民法604条が適用され、50年を超えることができない。
　また、解約等は制限され、農地または採草放牧地の賃貸借の当事者は、政令で定めるところにより都道府県知事の許可を受けなければ、賃貸借の解除をし、解約の申入れをし、合意による解約をし、または賃貸借の更新をしない旨の通知をしてはならない（農地18条1項柱書本文）。

第2章 契約各論

7. 雇用

1 意義

【1】雇用とは
　雇用とは、当事者の一方が相手方に対して労働に従事することを約し、相手方がこれに対してその報酬を与えることを約することによって、その効力を生ずる契約をいう(623条)。たとえば、AがB会社で働き、B会社がAに報酬を支払う場合である。

← 雇用とは

【2】性質
　雇用は、**有償、双務、諾成契約**である。
　雇用は、他人の労働力を使用するための典型契約であって、請負、委任と並んで、労務供給型の契約(**労務供給契約**)のひとつである。
　しかし、雇用が使用者の指揮命令に従った一定期間の労働力の提供、すなわち労務の提供それ自体を目的とするのに対し、請負は、仕事の完成を目的とし、委任は、受任者の自由な判断に委ねて事務処理を行わせることを目的とするものである。もっとも、雇用、請負および委任の区別は、実際には困難なことが多い。
　また、雇用契約は、継続的契約の典型例であって、当事者間の信頼関係が重要である。
　ところで、雇用については、労働法(労働基準法、労働契約法、労働組合法、労働関係調整法など)による修正がなされ、特に労働基準法は、家事使用人と同居の親族のみを使用する場合を除くすべての労働条件の最低基準を規定している。したがって、民法の雇用に関する規定は、その適用領域をほとんど失っている。よって、雇用に関する詳しい検討は、労働法で学習することになる。

2 雇用の成立

　雇用契約は、特別の方式は必要なく、**使用者と労働者間の合意**によって成立する(諾成契約、623条、労働契約6条)。
　雇用契約の成立にあたって錯誤や強迫などがあれば契約全体が取り消されるが、それは、契約関係を遡及的に無効にするもの(民121条)ではなく、将来に向かって契約を失効させる効果を生じさせるにすぎないものと解される。無効・取消しの主張前に提供された労務関係を原状回復義務(121条の2)の対象とせず、法律関係の簡潔な清算をすることができるようにするためである。

→『労働法』1章2節 2【2】

270　2章　契約各論

3 雇用の効力

【1】労働者の義務

(1) 労務提供義務(基本的義務)

労働者は、使用者の指揮命令のもとで、労務を提供しなければならない(労務提供義務、623条)。この義務は当事者の個性が重視されるので、労働者は、使用者の承諾を得なければ、自己に代わって第三者を労働に従事させることができない(自己就労義務、625条2項。なお、違反による解除については、625条3項)。逆に、使用者も、労働者の承諾を得なければ、労務の提供を受ける権利を第三者に譲り渡すことができず(625条1項)、これに違反した譲渡は無効である。

(2) 付随的義務

労働者は、付随的義務として、労務を提供するに際して善管注意をもって誠実に使用者の利益を図るように努める義務(善管注意義務あるいは誠実義務)、労務の提供過程で知りえた使用者の秘密を外部に漏らさない義務(守秘義務)、職務発明上の義務(特許35条)などを負う。

【2】使用者の義務

(1) 報酬支払義務(基本的義務)

(a) 総説

使用者は、労務に対し報酬を支払わなければならない(報酬支払義務、民623条)。なお、役務給付がなければ具体的報酬発生権は発生しないという原則のことを、ノーワーク・ノーペイの原則という。労働者が労働に従事しない場合には、報酬請求権は発生しないのである。

← ノーワーク・ノーペイの原則とは

(b) 報酬の支払時期

報酬の支払時期については、民法上は、特約がなければ、労務提供後である(624条1項。週給・月給を定めた場合には、その期間経過後である。624条2項)。もっとも、労働基準法は、賃金は原則として毎月1回以上、一定期日に、通貨で直接労働者に対してその全額を支払わなければならないと規定している(労基24条)。

(c) 履行の割合に応じた報酬

(i) 平成29年改正民法は、報酬の支払時期(民624条または特約により定められた時期)にかかわらず、労働者の履行の割合に応じた報酬請求を認める規定を設けた。この趣旨は、労務提供に対する対価としての報酬という観点から、割合的な報酬請求を認めたものである。労働者は、以下の2つの場合には、すでにした履行の割合に応じて報酬を請求することができる(624条の2)。

← 平成29年改正

第1に、使用者の責めに帰することができない事由によって労働に従事することができなくなったときである(624条の2第1号)。「使用者の責めに帰することができない事由によって労働に従事することができなくなったとき」とは、当事者双方の責めに帰することができない事由によって履行不能となった場合および労働者の責めに帰すべき事由によって履行不能となった場合をいう。

→ 部会資料81-3・22頁

第2に、雇用が履行の中途で終了したときである(624条の2第2号)。「雇用が履行の中途で終了したとき」とは、契約期間満了および契約で定めた終了事由以外の原因による終了をいい、具体的には、雇用が解除された場合や、労働者

の死亡によって雇用が途中で終了した場合などがこれにあたる。

(ii) 以上に対して、**使用者の責めに帰すべき事由**によって労務に従事することができなくなったり、雇用が履行の中途で終了したりした場合には、労働者は、536条2項前段(危険負担における債権者主義)を根拠として、対応する期間における報酬全額を請求することができると解される。ただし、労働者が労働従事義務を免れたことによって利益を得たときは、これを使用者に償還しなければならない(536条2項後段)。この点については、危険負担のところで説明した。

(2) 付随的義務

使用者は、報酬支払義務のほか、労務提供の場所、労務提供のための施設・器具等の設置・管理、または労務の管理にあたって、労働者の生命・健康等を危険から保護するように配慮する**安全配慮義務**を負っている。

このような安全配慮義務は、**契約関係(あるいは特別な社会的抵触関係)の付随義務として信義則上認められるもの**であって、雇用関係においてもっとも重大な意義をもつものであり、労働契約法5条はこれを明文化している。詳しくは、債権総論で説明した。

→ 潮見・改正法309頁、中田・契約法493頁

→ 1章3節【4】(2)(b)
▶昭和61年度第2問

→ 『債権総論』2章3節②【3】(4)

4 終了

雇用は、賃貸借と同様に、期間の定めがある場合には期間満了または解除により、期間の定めがない場合には解約の申入れにより、それぞれ終了する。そのほか、雇用に特別な終了原因もある。順にみていこう。

【1】期間の定めのある雇用の期間満了または解除

期間の定めのある雇用は、期間の満了により原則として終了するが、更新されると引き続き存続する。

また、民法は雇用の期間について何らの定めをしていないが、あまりに長期にわたって当事者(特に労働者)を契約で拘束することは問題である。そのため、雇用の期間が5年を超え、またはその終期が不確定であるときは、当事者の一方は、5年を経過した後、いつでも契約を解除することができる(民626条1項)。

← 平成29年改正

> **平成29年改正事項** 期間の定めのある雇用の解除① C1
>
> 改正前民法626条1項本文は、「雇用が当事者の一方若しくは第三者の終身の間継続すべき」契約について規律を設けていた。この趣旨は、このような契約が長期にわたり当事者を拘束するおそれが高く、5年を超える期間の定めのある雇用契約と同様に労働者を保護する必要があるためと解されていた。
>
> しかし、この趣旨は、「当事者の一方若しくは第三者の終身の間継続すべき」雇用契約にかぎらず、雇用期間の終期が不確定である場合にも同様にあてはまる。
>
> そこで、平成29年改正民法は、「雇用が当事者の一方若しくは第三者の終身の間継続すべきとき」との文言を削除したうえで、これに代えて、雇用期間の終期が不確定の場合について、当事者は5年の経過後いつでも契約を解除することができると規定した(626条1項)。

→ 部会資料73A・4頁、一問一答329頁

2-86 期間の定めのある雇用の解除①

―― 改正前民法 ――
雇用の期間が5年を超え、または雇用が当事者の一方もしくは第三者の終身の間継続すべきときは、当事者の一方は、5年を経過した後、いつでも契約の解除をすることができる（626Ⅰ本文）。

→

―― H29改正民法 ――
雇用の期間が5年を超え、またはその終期が不確定であるときは、当事者の一方は、5年を経過した後、いつでも契約の解除をすることができる（626Ⅰ）。

雇用期間の終期が不確定である場合には、長期にわたる契約の拘束から労働者を保護する必要があったため、規定を修正した。

平成29年改正事項　期間の定めのある雇用の解除②　C1

→ 部会資料73A・5頁、一問一答329頁

　改正前民法626条1項ただし書は、「商工業の見習を目的とする雇用」について、10年を経過した後はいつでも解除することができると規定していた。この趣旨は、立法当時において、この種の契約は慣習上雇用期間が10年以上にわたるものが少なくなかったことによる。
　しかし、現代においては、長期間の雇用になじむ業種は必ずしも商工業の見習にかぎられるものではなく、また、商工業の見習に必要な業種によって異なりうることから、「商工業の見習を目的とする雇用」についてのみ他の雇用と異なる取扱いをすることには合理性があるとはいいがたい。さらに、「商工業の見習を目的とする雇用」は、すべて労働基準法の適用を受けると解されており、労働基準法14条1項により、雇用期間の上限は原則として3年（特例として5年）となるから、現在では、「商工業の見習を目的とする雇用」に改正前民法626条1項ただし書が適用される余地はない。
　そこで、平成29年改正民法は、626条1項ただし書を削除することとした。

2-87 期間の定めのある雇用の解除②

―― 改正前民法 ――
ただし、626条1項本文の期間は、商工業の見習を目的とする雇用については、10年とする（626Ⅰただし書）。

→

―― H29改正民法 ――
削除

現代において、商工業の見習いを目的とする雇用についてのみ他の雇用と異なる取扱いをすることは合理性を欠くため、規定を削除した。

　もっとも、このような契約の解除をしようとする場合には、使用者は3か月前、労働者は2週間前に、解除の予告をしなければならない（626条2項）。

← 平成29年改正

平成29年改正事項　期間の定めのある雇用の解除③　C1

→ 部会資料73A・6頁、81B・21頁、一問一答329頁

　改正前民法626条2項は、5年を超える期間の定めのある雇用契約について、5年の経過後に解除をする場合には、3か月前に解除の予告をしなければならないと規定していた（ただし、現在では、労働基準法14条1項により、5年を超える期間の定めが効力を有する雇用契約は「一定の事業の完了に必要な期間を定める」もの（労基14条1項）および労働基準法が適用されないもの（労基116条2項）のみであり、民法626条2項が適用されうる場面はかなり限定されている）。
　しかし、労働者からの辞職の申入れの予告期間として3か月を要するのは長すぎて不当であ

2-7 雇用　273

るとの指摘がなされていた。すなわち、626条1項が5年を超える期間の定めのある雇用契約について、5年の経過後はいつでも解除することができるとしているのは、拘束期間の上限を5年とし、以後は期間の定めのない雇用契約と同様に取り扱う趣旨と考えられる。そうすると、5年の経過後は、期間の定めのない雇用契約に関する627条1項の規律と同様に、予告期間を2週間とするのが合理的である。他方で、使用者からの解除の予告期間を短縮する必要はない。
　そこで、平成29年改正民法は、労働者による解除の予告期間を3か月から2週間に改めた（626条2項）。

2-88　期間の定めのある雇用の解除

改正前民法	H29改正民法
5年を超える期間の定めのある雇用契約について、5年の経過後に解除をする場合には、3か月前に解除の予告をしなければならないと規定していた（626Ⅱ）。	労働者による解除の予告期間を3か月から2週間に改めた（626Ⅱ）。

労働者からの辞職の申入れの予告期間として3か月を要するのは長すぎて不当である一方、使用者からの解除の予告期間を短縮する必要はないから、労働者による解除の予告期間を627条1項の規律に合わせた。

　また、期間の定めがある場合であっても、期間満了後に労働者が引き続き労務に服しているときには、契約は更新される（629条1項前段。契約のために差し入れられた担保の取扱いについては、629条2項）。

【2】期間の定めのない雇用の解約の申入れ

　当事者が雇用の期間を定めなかったときは、各当事者は、いつでも解約の申入れをすることができ（627条1項前段）、契約は解約の申入れから2週間を経過することによって終了する（627条1項後段）。

　週給・月給など期間によって報酬を定めた場合には、**使用者からの**解約の申入れは、当期の前半（その週・月の前半）に、次期（翌週・翌月）について解約を申し入れなければならず（627条2項）、6か月以上の期間をもって報酬を定めた場合については、3か月前に解約の申入れをしなければならない（627条3項）。

← 平成29年改正

　もっとも、労働基準法は、上記の民法の原則に修正を加え、使用者による労働者の解雇について、少なくとも30日前に解雇予告するか、または解雇予告手当の支払をしなければならないとしている（労基20条）。

平成29年改正事項	期間の定めのない雇用の解約の申入れ	C1

　改正前民法627条2項および3項は、使用者からの解約申入れか労働者からのそれかを区別することなく、期間によって報酬を定めた場合の解約の申入れ時期を定めていた。
　しかし、労働基準法20条の解雇予告制度と改正前民法627条2項および3項との関係について、通説は、労働基準法20条の適用がある場合には、改正前民法627条2項および3項の適用が排除されると解していた。したがって、労働基準法の適用がある契約については、使用者による労働者の解雇に改正前民法627条2項および3項が適用される余地はないことになる。
　また、労働基準法の適用がない雇用契約においても、改正前民法627条2項および3項が主として労働者の保護を目的とした規定であることからすれば、労働者から使用者に対する辞職の申入れにこれらの規定を適用する必要はないと考えられる。

➡ 部会資料73A・6頁、81B・22頁、一問一答329頁、潮見・改正法310頁

このように、改正前民法627条2項および3項は、労働基準法20条の存在によって適用場面が限定されているうえ、労働者から使用者に対する解約の申入れについてこれを適用することに合理性が認められない。他方で、使用者からの解約申入れ期間を短縮する必要はない。
　そこで、平成29年改正民法は、労働者からの解約申入れ期間のみの改正を行い、627条2項および3項については適用対象を「使用者」からの解約の申入れに限定することとした(労働者からの解約については、もっぱら627条1項によって処理される)。

2-89　期間の定めのない雇用の解約の申入れ

改正前民法	H29改正民法
期間によって報酬を定めた場合には、解約の申入れは、次期以後についてすることができる(627Ⅱ本文)。	期間によって報酬を定めた場合には、使用者からの解約の申入れは、次期以後についてすることができる(627Ⅱ本文)。

本規定が労働者の保護を目的としていることからすれば、労働者から使用者に対する退職の申入れに本規定を適用する必要はない。

	労働基準法の適用あり	労働基準法の適用なし
使用者からの解約	労基20	627Ⅱ、Ⅲ*
労働者からの解約	627Ⅰ	627Ⅰ

＊期間によって報酬を定めた場合

【3】その他の終了原因

(1) 「やむを得ない事由」による解除(628条)

　期間の定めの有無にかかわらず、「やむを得ない事由」があるときは、各当事者は、ただちに契約を将来に向かって解除することができる(628条前段)。この場合に、その事由が当事者の一方の過失によって生じたものであるときは、相手方に対して損害賠償の責任を負う(628条後段)。
　「やむを得ない事由」とは、天災事変、労働者の疾病、使用者の倒産のように、雇用契約の目的を達成するにつき重大な支障を惹起する事項をいう(判例)。

➡ 大判大正11年5月29日民集1巻259頁

(2) 使用者の破産手続開始決定(631条)

　使用者が破産手続開始の決定を受けた場合には、雇用に期間の定めがあるときであっても、労働者または破産管財人は、627条の規定により解約の申入れをすることができる(631条前段。解約による損害賠償ができないことについて、631条後段)。

(3) 当事者の死亡

　労働者の死亡は、雇用契約の終了原因となる。すなわち、労働者たる地位は、相続の対象とならない。これに対して、使用者の死亡は、原則として、契約の終了原因ではない。

　使用者である会社に合併があった場合や、事業譲渡があった場合には、雇用は終了するのでしょうか。主に、労働法で議論されているところなので、簡単に触れておきます。
　使用者である会社に合併があった場合には、存続会社または新設会社が消滅会社の権利

➡ 『労働法』5章3節⑤

2-7 雇用　275

義務を包括的に承継しますので(会社750条1項、754条1項)、雇用契約も当然に承継されると解されます(雇用契約は終了しません)。合併の際に、余剰人員の整理や労働条件の統一に関する問題が生じた場合には、労働契約の包括承継後の配転・出向、整理解雇等または労働協約・就業規則の不利益変更の問題として処理されます。

次に、事業譲渡の場合ですが、これは個別的な権利義務の承継ですから、この点を重視すれば、雇用についても、譲渡人と譲受人間で個別の合意をするとともに、労働者の承諾を得る必要がある(民625条1項)と解することになります。労働法ではこのような見解が通説・裁判例となっています。

しかし、事業譲渡であれば、それと有機的に一体化している雇用も原則として承継されると解されること、企業活動においては使用者が代わっても労働内容は異ならないという実体を重視すべきこと、会社分割では、特別法(会社の分割に伴う労働契約の承継等に関する法律2条から5条まで)により労働者の同意は不要とされていることなどから、労働者の承諾は不要と解してよいでしょう。

→ 東京高判平成17年7月13日
労判899号19頁
→ 中舎・債権法278頁

第2章 契約各論

8. 請負

1 意義

【1】請負とは

　請負とは、当事者の一方(請負人)がある仕事を完成することを約束し、相手方(注文者)がその仕事の結果に対してその報酬(請負代金)を支払うことを約束することによって成立し、その効力を生ずる契約をいう(632条)。たとえば、建設会社が注文を受けて住宅を建築するような場合である。

　このような請負の主な特徴は、次の2点である。

　第1に、請負は、**仕事の完成**を目的とする契約である。約束する「仕事」とは、労務によって発生する結果をいい、これには家屋の建築や洋服の仕立てなどの有形の結果を残す場合だけでなく、講演や演奏などのように無形の仕事も含む。

　また、仕事の「完成」とは、労務によってまとまった結果を発生させることをいう。仕事の完成そのものを目的とし、労務そのものを目的とするものではない。

←「請負」とは

> 　請負契約は、雇用契約や委任契約と同様に労務供給型の契約であるから、雇用契約や委任契約との違いを意識しておく必要があります。まず、雇用契約との違いは、雇用が労務に服すること自体を目的とするのに対し、請負は仕事の完成そのものを目的としている点にあります。また、雇用は、労働者が使用者に従属するのに対し、請負では請負人は独立してその義務を履行します。他方、委任との違いは、請負契約は仕事の完成そのものが目的であるのに対し、委任契約は労務の供給そのものに意味がある点にあります。すなわち、プロセスが重要なのが委任契約です。

←雇用、委任との違い

　さらに、請負人は、みずから労務に服さなくても、約束した結果が発生しさえすれば、債務を履行したことになる。したがって、講演や演奏などのように、請負人の個性に重きがおかれる場合は別であるが、請負人は、原則として仕事完成のため、自由に履行補助者や下請負人を使用することができる(自己執行義務を負うとの規定はない〔委任に関する644条の2第1項対照。なお、雇用に関する自己就労義務も対照、625条2項〕)。

　第2に、請負は、完成した仕事に対して**報酬を支払う**ことを約束する契約である。報酬は通常、金銭であるが、金銭以外のものでもよい。報酬は仕事の完成に対して支払うのであるから、請負人が仕事を完成しなければ、注文者に対し報酬を請求することはできない。なお、平成29年改正民法は、一定の場合について、「仕事の完成とみな」したうえで、請負人は、「注文者が受ける利益の割合に応じて報酬を請求することができる」と規定しているが(634条)、この点については報酬支払義務のところで説明する。

←平成29年改正

→ 本節3【2】

2-8 請負　277

【2】性質

請負は、**有償**、**双務**、**諾成契約**である。

【3】製造物供給契約

請負と類似するものとして、製造物供給契約とよばれるものがある。**製造物供給契約**とは、当事者の一方が相手方の注文に応じて、自己の材料により目的物を制作してその物を供給し、相手方がこれに対して報酬を支払う契約をいう。たとえば、注文による洋服の仕立てや機械製作などである。

製造物供給契約は、制作という点では請負の性質をもち、制作物の所有権を移転するという点では売買の性質をもっているといえる。そのため、通説は、製造物供給契約を売買と請負との**混合契約**であると解して、**制作**については**請負**に関する規定を適用し、**供給**については**売買**の規定を適用すべきであるとする。

← 「製造物供給契約」とは

【4】建設請負契約と請負契約約款

民法の規定する請負は、前述したように種々の場合が考えられるが、もっとも現代的意義があるのは建設請負契約である。建設請負契約では、民間工事請負約款、公共工事標準請負契約約款などが制定されている。なお、運送についても、特別の約款が使用されている。

以下では、建設請負契約を中心に検討していくが、あくまでも請負の一種にすぎない点には注意してほしい。

2 請負の成立

【1】請負の成立

請負は、「ある仕事を完成すること」と、「その仕事の結果に対してその報酬を支払うこと」の合意によって成立する(**諾成契約**、632条)。

【2】建設業法19条──書面作成の意義

建設業法19条は、建設工事の請負契約の当事者は、契約の締結に際して、工事内容、請負代金の額、工事着工の時期・工事完成の時期、その他同条所定の事項を書面に記載し、署名または記名押印をして相互に交付しなければならないと規定する。

しかし、建設業法19条の規定の趣旨は、後日の紛争を防止する点にあり、書面の作成を契約の成立要件としたものではないと解されている。

3 効力

【1】請負人の義務

(1) 仕事完成義務(基本的義務)

(a) 総説

▶予備2014年

請負人は、仕事を完成する義務を負う(**仕事完成義務**、632条)。すなわち、請負人は、請負契約が成立すると、適当な時期に工事に着手し、契約に定められた仕事を完成しなければならない。これは、請負人の基本的義務である。

仕事完成義務の内容は、請負契約の内容に適合した仕事を完成させることにある。したがって、請負人が約定の時期に仕事に着手しない場合や、仕事に着手したが約定の期日までに仕事を完成しない場合には、注文者は、債務不履行を理由として、541条または542条によって契約を解除することができる。催告解除(541条)、無催告解除(542条)の内容については、契約の解除のところで説明した。仕事を完成させたものの、その内容が請負契約の内容に適合していない場合についても、注文者は、債務不履行(仕事完成義務の不履行)を理由として、損害賠償請求や解除などの救済を求めることができる。なお、仕事の目的物の種類・品質の契約不適合の場合については、(2)担保責任のところで触れる。

➡ 1章4節[2]

　また、前述したように、民法には自己執行義務を負うとの規定は存在しないから(委任に関する644条の2第1項対照)、請負人は、原則として仕事完成のために、自由に履行補助者や下請負人を使用することができる。建設建築工事においては、むしろ下請負がなされる場合が多い。

　なお、請負人の仕事完成義務に関連して、目的物の滅失・損傷の問題があるが、この点については、[6]で触れることにする。

(b)　目的物引渡義務

　請負が物に関する場合には、請負人は完成した物を引き渡す義務を負う(**目的物引渡義務**)。目的物引渡義務も**仕事完成義務に含まれる**。

➡ 我妻・講義 V₃ 615頁、星野・概論Ⅳ 267頁

　以上の目的物引渡義務に関連して、請負目的物の所有権の帰属という問題があるが、この点については[5]で触れることにする。

(2)　担保責任——仕事の目的物の種類・品質に関する契約不適合の場合

(a)　民法の規律

(ⅰ)　総説——売買における目的物の契約不適合に関する規律の準用

　請負人は、前述したように仕事完成義務を負っており、仕事完成義務の内容は、請負契約の内容に適合した仕事を完成させることにある。したがって、請負人が仕事を完成させなかった場合だけでなく、仕事を完成させたものの、その内容が請負契約の内容に適合していない場合にも、注文者は、請負人に対し、債務不履行責任(仕事完成義務の不履行)を理由として、損害賠償請求や契約の解除を求めることができる。

▶平成16年度第1問
▶平成17年度第1問
▶予備2014年

　このような仕事完成義務の不履行のうち、**仕事の目的物の種類・品質に関して契約の内容に適合しない場合**(契約不適合)については、請負人の担保責任の問題となる。平成29年改正民法は、仕事の目的物が種類・品質に関して契約不適合の場合における請負人の責任について、請負契約が有償契約であることから、559条本文を介して、売買における目的物の契約不適合に関する規律を準用することとしている。

　　改正前民法下においては、請負人の担保責任は債務不履行(不完全履行)の特則であるとともに、売買の瑕疵担保責任の特則でもあるとされていましたが、平成29年改正により、請負人の担保責任は原則として売買における目的物の契約不適合に関する規律に委ねられることになります(559条)。なお、売買における目的物の種類・品質に関する契約不適合による規律(担保責任)が債務不履行の特則である点(契約責任説の採用)は、売買のところで触れましたので、内容を確認しておいてください。

➡ 2節[3]【1】(4)

　　その結果、請負人の担保責任に関する規定は、請負固有の担保責任に対応する636条(請負人の担保責任の制限)と、637条(目的物の種類・品質に関する担保責任の期間の制

限)との2か条のみが残ることになりました。それらの内容については後述します。

(ii) 効果——注文者の救済方法

以上の結果、仕事の目的物の種類・品質に関する契約不適合の場合に、注文者が請負人に対して求めることができる救済方法は、以下のとおりである。

a 追完請求権(559条本文・562条)

ここにいう追完請求権には、たとえば修補請求権や工事のやり直しの請求権があげられる。追完請求権の限界(追完不能)は、履行請求権の限界(履行不能)に関する412条の2第1項が適用あるいは類推適用される。すなわち、「契約その他の債務の発生原因及び取引上の社会通念に照らして不能」といえるかによって定まる。その内容については、債権総論で説明した。

→ 潮見・改正法314頁、潮見・債権各論Ⅰ250頁

→ 『債権総論』2章2節②【4】

なお、改正前民法634条1項ただし書は、仕事の目的物に瑕疵があっても、「瑕疵が重要でない場合において、その修補に過分の費用を要するとき」は、注文者は請負人に対し修補請求をすることができない旨規定していたが、平成29年改正下では、履行請求の一般原則(現412条の2第1項)についての規律に委ねられ、「瑕疵が重要でない場合において、その修補に過分の費用を要するとき」(改正前民634条1項ただし書)は、「不能」(現412条の2第1項)にあたると考えられたため、この規定を削除した。したがって、平成29年改正民法下においては、「瑕疵が重要でない場合において、その修補に過分の費用を要するとき」は、追完が「不能」であると解される。

← 平成29年改正

→ 部会資料81-3・18頁、潮見・債権各論Ⅰ250頁

要するに、平成29年改正により、「瑕疵が重要でない場合において、その修補に過分の費用を要するとき」(改正前民634条1項ただし書)という文言が条文から消えることになっても、追完が「不能」か否を解釈するにあたっての準則としては、なお意義があるということです。

→ 潮見・改正法314頁

平成29年改正事項　改正前民法634条の削除　C1

改正前民法634条1項は、「仕事の目的物に瑕疵があるときは、注文者は、請負人に対し、相当の期間を定めて、その瑕疵の修補を請求することができる。ただし、瑕疵が重要でない場合において、その修補に過分の費用を要するときは、この限りでない」と規定し、改正前民法634条2項は、「注文者は、瑕疵の修補に代えて、又はその修補とともに、損害賠償の請求をすることができる。この場合においては、第533条の規定を準用する」と規定していた。

しかし、平成29年改正により、民法の規定の構成を見直し、売主や請負人の担保責任を契約に基づく通常の債務不履行責任と同質のものとし、さらに、売買の担保責任に関する規定を、請負を含む売買以外の有償契約に包括的に準用するにあたって、売買と同趣旨の規定についてはこの包括準用規定に委ねるとの整理を行った結果、改正前民法634条1項の規定は削除するのが法制的な観点からは整合的であると考えられた。また、改正前民法634条2項前段についても、同様である。

他方、改正前民法634条2項後段に定められていた仕事の目的物の瑕疵(不適合)を理由とする損害賠償債務と請負報酬債務との同時履行については、平成29年改正により、533条本文に追加された括弧書によって規律されることになったことから、これについてもここで規定を設ける必要はない。

そこで、平成29年改正民法は、改正前民法634条の規定を削除することとした。

→ 部会資料81-3・18頁、一問一答336頁

2-90　改正前民法634条の削除

改正前民法	→	H29改正民法
634条で仕事の目的物に瑕疵がある場合の請負人の担保責任について定めていた。		削除

- 売買の担保責任に関する規定を、請負を含む売買以外の有償契約に包括的に準用したため、改正前民法634条1項、2項前段は削除すべきこととなった。
- 改正前民法634条2項後段の内容は、533条本文括弧書によって規律されるため不要となった。

　仕事の目的物の瑕疵(不適合)を理由とする損害賠償債務と請負報酬債務との同時履行については、平成29年改正により、533条本文に追加された括弧書によって規律されることになりました。もっとも、この同時履行については、双方の額が均衡しているときはよいのですが、不均衡のときには不合理な場合が生じえます。そのため、改正前民法下での判例では、差額が大きい場合には、信義則により報酬全額についての同時履行は認められないことがあるとされていました。

　しかし、ここでいう同時履行の意味は、単なる同時履行ではなく、修補に代わる損害賠償をしなければ報酬を支払わない、言い換えると報酬減額の趣旨に解すべき特殊な同時履行でした。そのため、判例では、同時履行の抗弁権が付着した債権であるにもかかわらず、両債権を相殺することができると解されたり、相殺の意思表示の相殺適状時への遡及効(506条2項)にもかかわらず、残債務の履行遅滞は相殺の意思表示の翌日から生じる(相殺時説)と解されたりしていたのです。

　これに対して、平成29年改正のもとでは、そもそも次に述べる契約不適合による報酬減額請求権(559条本文・563条)が認められます。ですので、以上のような判例の解釈をとることの実質的な意義はなくなったといわれています。

→ 中舎・債権法285頁
→ 最判平成9年2月14日（百選Ⅱ70事件）

→ 最判昭和53年9月21日判時907号54頁
→ 最判平成9年7月15日民集51巻6号2581頁

　そのほか、有償契約に関する559条本文で準用される562条1項本文(追完の内容は第一次的には注文者が決定できること)や、562条2項(注文者の責めに帰すべき事由による契約不適合の場合には追完請求権は発生しないこと)の各内容に注意してほしい。具体的な内容は、売買での解説を参照してほしい。

　b　報酬減額請求権(559条本文・563条)
　注文者が相当の期間を定めて履行の追完の催告をし、その期間内に履行の追完がないときは、注文者は、原則として、その不適合の程度(度合い)に応じて報酬の減額を請求することができる(559条本文・563条1項。例外については、563条2項および売買での解説を参照)。

　そのほか、注文者の責めに帰すべき事由による契約不適合の場合には報酬減額請求権が発生しないこと(559条本文・563条3項)についても注意してほしい。

　c　損害賠償請求権・解除権(559条本文・564条、415条、541条、542条)
　注文者は、契約不適合を理由として、415条により、請負人に対して損害賠償を請求することができる(559条本文・564条)。損害賠償請求権の内容については、債権総論で解説した。そのほか、追完請求権と損害賠償請求権との関係については、売買での解説を参照してほしい。

　また、注文者は、541条(催告解除)および542条(無催告解除)の規定によって、請負契約を解除することができる(559条本文・564条)。その内容については、契約の解除のところの説明を参照のこと。

→ 潮見・債権各論Ⅰ250頁

→ 2節3【1】(4)(b)(ⅱ)a

→ 2節3【1】(4)(b)(ⅱ)b

→ 『債権総論』3節
→ 2節3【1】(4)(b)(ⅱ)d

→ 1章4節2

| 平成29年改正事項 | 改正前民法635条本文の削除 | C1 |

改正前民法635条本文は、仕事の目的物に瑕疵があって、そのために契約の目的を達することができない場合に、注文者は契約の解除ができることを規定していた。そして、伝統的な考え方によれば、この規定は、解除を制限し、請負人に無過失責任を課す点で、債務不履行の特則であると同時に、売買の瑕疵担保責任（559条で有償契約に準用）の特則でもあると理解されていた。

しかし、仕事の目的物に瑕疵があることは債務不履行の一場面であることから、契約の解除の一般原則において、債務不履行による解除の要件として債務者の帰責事由の有無を問題としない平成29年改正民法によれば、改正前民法635条本文と、契約の解除の一般原則における規律の内容が重複し、同条本文の特則としての意義は失われることになる。そのため、仕事の目的物が契約の趣旨に適合しないために契約の目的を達することができない場合の解除については、債務不履行による契約の解除に関する一般的な規律に委ねれば足り、改正前民法635条本文は不要であると考えられる。

そこで、平成29年改正民法は、改正前民法635条本文の規定を削除することとした。

→ 部会資料72A・6頁、一問一答336頁

2-91 改正前民法635条本文の削除

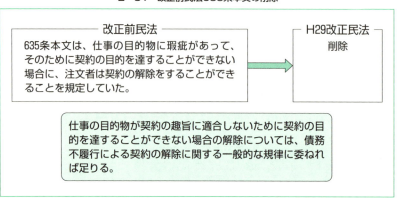

| 平成29年改正事項 | 改正前民法635条ただし書（土地工作物の解除の制限）の削除 | C1 |

改正前民法635条ただし書は、仕事の目的物が土地の工作物である場合には、瑕疵があるために契約の目的を達することができないときであっても、解除することができないと規定していた。この趣旨は、土地工作物を目的とする請負において解除を認めると、請負人はその工作物を除去しなければならず、請負人にとって過大な負担となることや、なんらかの価値がある土地工作物が除去されれば、社会経済的な損失も大きいことがあげられていた。

しかし、改正前民法635条ただし書は、資源が乏しかった立法当時の社会経済事情を背景に、経済的に価値のあるものはできるかぎり維持すべきであって破壊すべきではないとの考えに基づいて規定されたものであり、土地工作物に重大な瑕疵が存在する場合であっても、なおその土地工作物にはなんらかの利用価値があるという認識が前提となっていた。すなわち、瑕疵のために土地工作物がまったく無価値であるという事態は想定されていなかった。そうすると、重大な瑕疵のためにまったく利用価値がない土地工作物については、改正前民法635条ただし書の趣旨はあてはまらず、その適用を排除すべきであると考えられる。

この点について、判例は、建築請負の目的物に重大な瑕疵があるために建て替えざるをえない場合には、注文者は建替費用相当額の損害賠償を請求することができるとしている。この判例は、建物を収去することを前提としており、瑕疵の程度によっては解除を認めた場合と同様の負担を請負人が負うべき場合があることを認めている。このように、最終的に建物を収去することを前提に建替費用相当額の損害賠償を認めるのであれば、端的に解除そのものを認めればよく、解除を制限することの合理性を説明することは困難といえる。

そこで、平成29年改正民法は、改正前民法635条ただし書の規定を削除し、仕事の目的物が契約の内容に適合しない場合の契約の解除については、債務不履行による契約の解除の一般的規律に従うものとした（559条・564条）。

→ 部会資料72A・6頁、一問一答342頁

→ 最判平成14年9月24日判時1801号77頁

2-92 改正前民法635条ただし書(土地工作物の解除の制限)の削除

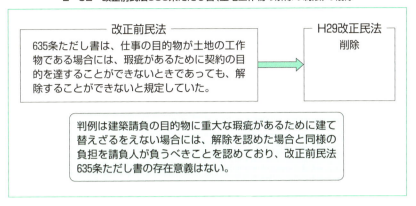

(b) 請負固有の担保責任の規定
(i) 注文者の提供した材料・注文者による指図による契約不適合(636条)

　請負人が種類・品質に関して契約の内容に適合しない仕事の目的物を注文者に引き渡したとき(その引渡しを要しない場合にあっては、仕事が終了した時に仕事の目的物が種類・品質に関して契約の内容に適合しないとき)は、注文者は、注文者の供した材料の性質または注文者の与えた指図によって生じた不適合を理由として、追完請求、報酬減額請求、損害賠償請求・契約の解除をすることができない(636条本文)。

　ただし、請負人がその材料または指図が不適当であることを知りながら告げなかったときは、このかぎりではない(636条ただし書)。

(ii) 仕事の目的物が契約に適合しない場合の注文者の権利の期間制限(637条)

　請負人が種類・品質に関して契約の内容に適合しない仕事の目的物を注文者に引き渡した場合(その引渡しを要しない場合にあっては、仕事が終了した時に仕事の目的物が種類・品質に関して契約の内容に適合しない場合)において、注文者がその不適合を知った時から1年以内にその旨を請負人に通知しないときは、注文者は、その不適合を理由として、追完請求、報酬減額請求、損害賠償請求・契約の解除をすることができない(637条1項)。

　平成29年改正により、売買における目的物の種類・品質に関する契約適合における規律(566条)と同様に、不適合を知った注文者に通知義務を課すとともに、通知懈怠による失権効を認めたものである。

←平成29年改正

　請負では、売買と異なって、引渡しを要しないこともあります。ですので、売買に関する566条の規定の準用という形式がとられておらず、別途637条で規定されているのです。

| 平成29年改正事項 | 目的物の種類・品質に関する担保責任の期間の制限 | C1 |

➡ 部会資料75A・37頁、一問一答345頁

　改正前民法637条は、仕事の目的物に瑕疵があった場合の請負人の担保責任に関して原則として1年間という期間制限を定めており、その期間の起算点を、仕事の目的物を引き渡した時(引渡しを要しない場合は仕事が終了した時)としていた。この趣旨は、目的物の引渡し後または仕事の終了後は履行が終了したという請負人の期待を保護する必要があること、引渡しまたは仕事の終了から長期間が経過することによって瑕疵の判定が困難となることを回避する必要があることなどの点にあり、売買における売主の瑕疵担保責任の期間制限(改正前民法570条・566条3項)と同じ趣旨に基づくものであると理解されていた。

2-8 請負　283

しかし、まず、担保責任の期間制限については、請負の改正前民法637条が引渡し時または仕事の終了時を起算点としているのに対し、売買の改正前民法566条3項は買主が瑕疵を知った時を起算点としていたところ、売買と請負が実際の取引において類似するものがあることや、両規定が同じ趣旨に基づく規定であることからすれば、担保責任の期間制限について起算点を異にしているのは合理的ではなく、両者の起算点は同じくすべきであると考えられる。その際、637条の起算点に対しては、注文者が契約不適合を知らないまま制限期間が経過してしまい、注文者に酷な場合があるとの指摘があることからすれば、637条の起算点のほうを改め、改正前民法566条3項（平成29年改正民法566条）と同様に、仕事の目的物が契約の趣旨に適合しないことを注文者が知った時とするのが合理的であると考えられる。

次に、改正前民法637条は、制限期間内に注文者がすべき行為の内容を「瑕疵の修補又は損害賠償の請求及び契約の解除」と定めている。判例は、売主の瑕疵担保責任について、買主が損害賠償請求権を保全するには、制限期間内に売主の担保責任を問う意思を裁判外で明確に告げることをもって足り、裁判上の権利行使をするまでの必要はないと判断している。そして、裁判外で告げるべき内容については、売主に対し具体的に瑕疵の内容とそれに基づく損害賠償請求をする旨を表明し、請求する損害額の根拠を示す必要があると説示している。これを前提にすれば、請負において改正前民法637条の権利を保全するために注文者がすべき行為も同様に解することになると考えられる。もっとも、1年という短期の制限期間内に、請負人の担保責任を問う意思を明確に告げ、請求する損害額の根拠まで示すことは容易ではなく、注文者に過度の負担を課すものであるとの指摘がある。注文者が請負人に対し目的物が契約の趣旨に適合しない旨を通知しさえすれば、請負人は適宜の対策を講ずることができ、履行が終了したとの請負人の信頼を保護し、長期間の経過により瑕疵の判定が困難となることを回避するという同条の趣旨を達成することはできると考えられる。そのため、裁判外の権利行使に代えて、不適合があることの通知で足りるとすべきである。

そこで、平成29年改正民法は、仕事の目的物の契約不適合を注文者が知った場合において、その時から1年以内に契約不適合の事実を請負人に通知しなければ、その不適合を理由とする追完請求権、報酬減額請求権、損害賠償請求権、解除権を失うものと規定した（637条1項）。

→ 最判平成4年10月20日民集46巻7号1129頁

2-93　目的物の種類・品質に関する担保責任の期間の制限

改正前民法	H29改正民法
請負人の担保責任を追及するためには、仕事の目的物を引き渡した時（引渡しを要しない場合は仕事が終了した時）から1年以内に瑕疵の修補または損害賠償の請求および契約の解除をしなければならないとしていた（637）。	請負人の担保責任を追及するためには、仕事の目的物が契約の趣旨に適合しないことを注文者が知った時から1年以内に不適合があることの通知をしなければならないとした（637Ⅰ）。

・担保責任の期間制限の起算点は同趣旨の売買と同じくすべきであり、注文者に酷でない売買の規律に合わせるべき。
・注文者が請負人に対し目的物が契約の趣旨に適合しない旨を通知さえすれば、請負人は適宜の対策を講ずることができる。

ただし、仕事の目的物を注文者に引き渡した時（その引渡しを要しない場合には、仕事が終了した時）に、請負人が仕事の目的物の不適合を知り、または重大な過失によって知らなかったときは、この期間制限は適用されない（637条2項）。この点についても、売買における目的物の種類・品質に関する契約不適合における規律（566条ただし書）と同様の規定である。

平成29年改正事項　改正前民法638条（請負人の担保責任の存続期間）の削除　C1

→ 部会資料75Ａ・39頁、一問一答336頁

　改正前民法638条は、建物その他の土地の工作物の請負人が負う担保責任について、特に長期の存続期間を設けていた。この趣旨としては、土地工作物については、引渡しまたは仕事の終了から一定の期間が経過した後に瑕疵が発見される場合も少なくないことから、注文者を保護するために、担保責任の存続期間を長期化したものと理解されていた。

　しかし、平成29年改正により、担保責任の期間制限に関する637条の規定によれば、制限期間の起算点が不適合の事実を知った時となり、不適合の事実が注文者に明らかになっている以上、目的物が土地の工作物である場合について原則的な期間よりも長期の存続期間を設ける必要性は乏しい。そのため、改正前民法638条1項は削除すべきであると考えられる。

　また、改正前民法638条2項は、土地の工作物が滅失・損傷したときは注文者にとって瑕疵の存在が明白になることから、改正前民法638条1項の期間にかかわらず、滅失・損傷から1年以内に権利を行使しなければならないとするものであったが、制限期間の起算点を不適合の事実を知った時とすれば、仕事の目的物が契約の趣旨に適合しない場合の注文者の権利一般について改正前民法638条2項と同様の趣旨に基づく規定が設けられることになるから、同項の規定は不要であると考えられる。

　そこで、平成29年改正民法は、改正前民法638条の規定を削除することとした。

2-94　改正前民法638条（請負人の担保責任の存続期間）の削除

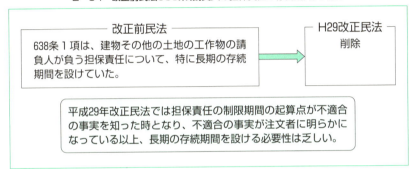

平成29年改正事項　改正前民法639条（担保責任の存続期間の伸長）の削除　C1

→ 部会資料84-3・17頁、一問一答336頁

　改正前民法639条は、637条および638条1項の期間は、167条の規定による消滅時効の期間内にかぎり、契約で伸長することができると規定していた。

　しかし、平成29年改正により、請負人の担保責任の期間制限を「知った時から1年以内」（637条1項）とし、売買の担保責任の期間制限（566条本文）と同様の規律とするところ、売買には担保責任の期間の伸長に関する規定は存在しないため、これと平仄を合わせる必要がある。

　そこで、平成29年改正民法は、改正前民法639条の規定を削除することとした。

2-95　改正前民法639条（担保責任の存続期間の伸長）の削除

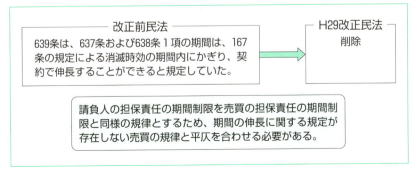

| 平成29年改正事項 | 改正前民法640条（担保責任を負わない旨の特約）の削除 | C1 |

改正前民法640条は、「請負人は、第634条又は第635条の規定による担保の責任を負わない旨の特約をしたときであっても、知りながら告げなかった事実については、その責任を免れることができない」と規定していた。

しかし、平成29年改正により、売主の担保責任は特別の責任ではなく、契約に基づく通常の債務不履行責任と同じものとして構成し直されたところ（特定物ドグマ・法定責任説の否定、契約責任説の採用）、請負人の担保責任については、559条によって売買に関する規定が準用され、改正前民法640条と同じ内容の規定である572条（担保責任を負わない旨の特約）が準用される結果、改正前民法640条を存置する必要がなくなった。

そこで、平成29年改正法は、改正前民法640条の規定を削除することとした。

→ 部会資料84-3・17頁、88-2・8頁、一問一答336頁

2-96 改正前民法640条（担保責任を負わない旨の特約）の削除

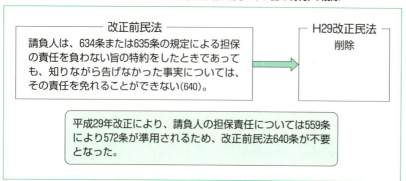

【2】注文者の義務

(1) 報酬支払義務（請負代金支払義務）

注文者は、請負人の「仕事の結果に対してその報酬を支払う」義務を負う（**報酬支払義務・請負代金支払義務**、632条）。報酬の支払時期は、**後払**であるのが原則である。すなわち、報酬は、**目的物の引渡しを要するときは、引渡しと同時に**（633条本文）、**目的物の引渡しを要しないときは、仕事が完成した後に**（633条ただし書・624条1項）、支払わなければならない。

> ここで注意してほしいのは、**報酬債権（請負代金債権）自体は、請負契約と同時に発生する**ということです（ですので、たとえば、この段階でも債権譲渡することができます）。ただ、請負人が注文者に対し具体的な報酬債権をいつ行使することができるかは別途考える必要があり、これが報酬の支払時期の問題です。
>
> そして、報酬の支払時期は、特約や約款上の定めがあれば、それによりますが、特約等がない場合に、本文で示した633条の規律によることになるのです。633条は任意規定にすぎず、報酬前払や中間払の特約は有効なのです。実際、土木工事の請負の場合には、仕事に着手した時（着工時）、基本的な工事が済んだ時、完成後引渡しの時、という3回に分割して支払う例が多いです。
>
> なお、目的物の引渡しを要するときは、引渡しと同時に（633条本文）支払うので、後払ではなく、**同時履行**というように表現されることもあります。

→ 潮見・債権各論Ⅰ244頁

平成29年改正民法は、以下の①②の場合に、請負人がすでにした仕事の結果のうち可分な部分の給付によって注文者が利益を受けるときは、その部分を**仕事の完成とみなし**（634条柱書前段）、この場合に、請負人は、**注文者が受ける利益の割合に応じて報酬を請求**することができる（634条柱書後段）と規定した（**割合的報酬請求権**）。

①注文者の責めに帰することができない事由によって仕事を完成することができなくなったとき(634条1号)
②請負が仕事の完成前に解除されたとき(634条2号)

| 平成29年改正事項 | 割合的報酬請求権 | B3 |

改正前民法は、請負契約において、仕事が完成しなかった場合に、請負人が注文者に対して報酬を請求することができるか否かについて、明文の規定をおいていなかった。請負は、仕事の結果に対して報酬が支払われる契約であるため、請負人が報酬を請求するには仕事を完成させることが必要であり、請負人が途中まで仕事をしたとしても、仕事を完成させていない以上、報酬を請求することができないのが原則である(632条)。

しかし、常に請負人がまったく報酬を請求することができないというのは不合理であり、仕事の進捗状況や仕事が完成しなかった事情によっては、報酬の全部または一部の請求を認めるべきであると考えられる。

まず、仕事が未完成の間にその完成が不能となった場合でも、仕事の一部がすでに履行されており、履行された部分が独立して注文者の利益になる場合には、この既履行部分について報酬請求を認めることが合理的であると考えられる。

また、仕事の完成は可能であるものの、履行遅滞による解除(541条)や注文者による解除(641条)がされた場合にも、仕事の完成が不能となった場合と同様に、既履行部分についての報酬請求を認めるべきである。判例は、仕事の一部がすでに履行された後に請負契約が解除された場合において、すでに行われた仕事の成果が可分であり、かつ、注文者が既履行部分の給付を受けることに利益を有するときは、特段の事情がないかぎり、既履行部分について請負契約を解除することはできないとし、既履行部分についての報酬請求を認めており、この結論は学説上も一般的に支持されている。もっとも、前述のとおり、請負においては仕事を完成させるまでは報酬を請求することができないのが原則であり、改正前民法下では、仕事が完成しなかった場合における報酬請求権の根拠となりうる規定は存在しない。そのため、上記の判例法理を明文化し、仕事が完成しなかった場合における報酬請求権の発生根拠となる規定を新たに設ける必要がある。

そこで、平成29年改正民法は、「注文者の責めに帰することができない事由によって仕事を完成することができなくなったとき」または「請負が仕事の完成前に解除されたとき」に、請負人がすでにした仕事の結果のうち可分な部分の給付によって注文者が利益を受けるときは、その部分を仕事の完成とみなし、この場合に、請負人は、注文者が受ける利益の割合に応じて報酬を請求することができると規定した(634条)。

→ 部会資料72A・1頁、81-3・17頁、一問一答338頁

→ 最判昭和56年2月17日判時996号61頁、大判昭和7年4月30日民集11巻780頁

2-97 割合的報酬請求権

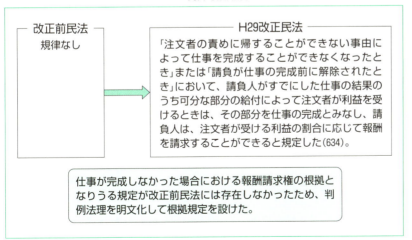

→ 潮見・改正法313頁、潮見・債権各論Ⅰ244頁

634条柱書後段にいう「報酬」とは、すでにされた仕事のうち、可分の給付によって注文者が利益を受ける部分に対応する費用であって、請負人がすでに支出し

たものも(たとえ主たる債務の内容としての報酬に含まれないものであっても)含まれると解されている。その意味では、ここでの「報酬」は、642条2項(注文者についての破産手続の開始による解除)にいう「既にした仕事の報酬及びその中に含まれていない費用」に近いものである。

「注文者の責めに帰することができない事由によって仕事を完成することができなくなったとき」(634条1号)とは、**当事者双方の責めに帰することができない事由**によって履行不能となった場合および**請負人の責めに帰すべき事由**によって履行不能となった場合をさす。

→ 部会資料81-3・17頁

以上に対して、**注文者の責めに帰すべき事由**によって履行不能となった場合には、536条2項前段の法意に照らして、請負人は、注文者に対して、報酬**全額**の請求をすることができる(注文者は報酬の支払を拒むことができない)と解される。この場合に、請負人は、仕事完成義務を免れたことによって利益を得たときは、これを注文者に償還しなければならない(536条2項後段)。この点について、改正前民法下の判例も、「請負契約において、仕事が完成しない間に、注文者の責に帰すべき事由によりその完成が不能となった場合には、請負人は、自己の残債務を免れるが、民法〔改正前民法〕536条2項によって、注文者に請負代金全額を請求することができ、ただ、自己の債務を免れたことによる利益を注文者に償還すべき義務を負うにすぎない」としている(536条が反対給付について履行拒絶的構成に改められた点については、危険負担のところを参照してほしい)。

→ 潮見・債権各論Ⅰ 245頁、中田・契約法515頁

→ 最判昭和52年2月22日(百選Ⅱ 68事件)

→ 1章3節4

	注文者の帰責事由なし	注文者の帰責事由あり
請負人の帰責事由なし	割合的報酬(634①)	報酬全額(536Ⅱ前段)
請負人の帰責事由あり	割合的報酬(634①)	—

(2) 受領義務

請負の場合にも、売買の場合と同様に、目的物を受領する義務(**受領義務**)の有無が問題となる。債権総論および売買での解説を参照してほしい。

→ 2節3【2】(2)

(3) 協力義務

請負では、注文者の各種の協力行為が必要であって、契約上、注文者の**協力義務**を認めるべき場合が多いとされる。たとえば、建設請負工事では、注文者が工事の用地を期日に提供することや契約で定められた必要な指図をすること、機械部品の製造では、注文者が材料や設備を貸与することなどである。

→ 来栖474頁以下、中田・契約法515頁

注文者が協力義務に反した場合には、請負人は、注文者に対し、報酬を請求したり(536条2項)、損害賠償請求(415条)・契約の解除(541条)をしたりすることができる。

4 終了

▶平成16年度第1問
　平成17年度第1問

【1】 総説──解除

請負契約については、契約法の一般原則による解除権(541条、542条、559条本文・564条)のほか、特別規定がある。請負人の担保責任に基づく解除(636条、637条)についてはすでに説明したので、注文者による任意解除(641条)と、注文者の破産による解除(642条)について説明していこう。

【2】注文者による任意解除(641条)

(1) 総説

請負人が仕事を完成しない間は、注文者は、いつでも損害を賠償して契約の解除をすることができる(任意解除権、641条)。この趣旨は、注文者にとって不要となった仕事を強いて完成させる必要はないという点にある。注文者の利益のために特に認められた損害賠償を伴う特殊なものである。

> 請負は注文者のための仕事をするものですから、注文者にとってその仕事の必要がなくなったときは完成させても無意味ですし、社会経済的にも非効率です。他方で、請負人としても、損害さえ賠償してもらえるのならば、注文者の一存で契約を終了させることを認めても不利益はないはずです。そこで、641条は、契約の拘束力の例外として、解除事由を必要としない任意解除権を認めたのです。

以上からすれば、仕事が完成してしまえば、たとえ目的物の引渡しを要する請負において引渡しが未了であっても、641条による解除をすることはできないと解すべきである。この場合には、仕事の完成(たとえば、物の製造の完了)が、請負人の債務の主要な内容(基本的義務)だからである。

(2) 債務不履行解除(541条)との関係

注文者が請負人の債務不履行を理由とする解除(541条)をしたが、債務不履行は存在しないと判断される場合に、この意思表示を641条による解除の意思表示として有効とすることはできるか。

この点について、判例・通説は、否定する。その理由は、641条による解除は注文者の利益のために特に認められた損害賠償を伴う任意解除という特殊なものであって、債務不履行がないと信じて仕事を継続した請負人を保護する必要があるからである。

➡ 大判明治44年1月25日民録17輯5頁

(3) 解除の効果

641条の解除の効果は、541条、542条に定める解除のそれと同じである。したがって、解除がなされると、すでになされた給付については、原状回復義務の問題が生じる(545条1項参照)。

また、解除の効果として、注文者は請負人に対して「損害」を賠償しなければならないが、その範囲は、請負人がすでに支出した費用(解除時までに支出した費用)に、仕事が完成したとすれば得られたであろう利益(履行利益)を加えたものである。

> さらに、既履行部分を原状回復するのに要する費用や、解除によって生じた追加費用も損害賠償として請求することができるという指摘もあります。もとより、すべての損害について416条(損害賠償の範囲)の制約を受けますし、解除によって請負人が受けた利益は控除されます(536条2項後段参照。損益相殺の考え方です)。

なお、判例・通説は、641条の解除をするために損害賠償の提供を必要としないとする。その理由は、損害額の算定は容易ではなく、提供を要するとすれば、解除は著しく困難になるからである。

➡ 大判明治37年10月1日民録10輯1201頁

【3】注文者の破産による解除(642条)

注文者が破産手続開始の決定を受けたときは、請負人または破産管財人は、契

約の解除をすることができる(642条1項本文)。ただし、請負人による契約の解除については、仕事を完成した後は、解除することはできない(642条1項ただし書)。平成29年改正により、仕事完成後は、請負人による解除は制限されることになった。

← 平成29年改正

平成29年改正事項　請負人による解除の制限　C1

→ 一問一答336頁

報酬の支払は、仕事の目的物の引渡しと同時履行の関係とされており、仕事の完成は報酬の支払に対して先履行とされている(633条参照)。そのため、請負人は、注文者が破産手続開始の決定を受け、報酬の支払が危殆化した場合であっても、なお仕事を続け、これを完成させないかぎり、報酬を請求することはできないのが原則である。もっとも、それでは請負人が多額の損害を受けるおそれがあることから、改正前民法642条1項前段(平成29年改正民法642条1項本文)は、請負人を保護するため、破産管財人のみならず請負人にも解除権を与えている。

しかし、改正前民法642条1項前段(平成29年改正民法642条1項本文)が上記のような趣旨に基づく規定であることからすると、注文者が破産手続開始の決定を受けた時点において、仕事がすでに完成している場合にまで、請負人に解除を認める必要はないと考えられる。なぜなら、仕事がすでに完成し、引渡しだけが未了の場合における請負人は、もはや仕事を継続する必要はなく、上記の趣旨は妥当しないからである。また、仕事がすでに完成し、引渡しだけが未了の場合には、売買契約において双方の債務の履行が未了の場合と状況が類似しているが、双方未履行の売買契約において買主が破産手続開始の決定を受けた場合には、破産法53条1項により買主の破産管財人にのみ解除権が認められ、売主には解除権が認められないこととの均衡からしても、仕事の完成後にまで請負人に解除権を認める必要はないと考えられる。

そこで、平成29年改正民法は、注文者が破産手続開始の決定を受けた場合に請負人が契約の解除をすることができるのは、請負人が仕事を完成しない間にかぎることとした(642条1項ただし書)。

2-98　請負人による解除の制限

改正前民法	H29改正民法
注文者が破産手続開始の決定を受けたときは、請負人または破産管財人は契約の解除をすることができる(642Ⅰ前段)。	注文者が破産手続開始の決定を受けたときは、請負人または破産管財人は、契約の解除をすることができる。ただし、請負人による契約の解除については、仕事を完成した後は、このかぎりでない(642Ⅰ)。

注文者が破産手続開始の決定を受けた時点において、仕事がすでに完成している場合にまで、請負人に解除を認める必要はない。

この場合に、請負人は、すでにした仕事の報酬およびそのなかに含まれていない費用について、破産財団の配当に加入することができる(642条2項)。また、契約の解除によって生じた損害の賠償は、破産管財人が契約の解除をした場合における請負人にかぎり、請求することができる(642条3項前段)。この場合に、請負人は、その損害賠償について、破産財団の配当に加入する(642条3項後段)。

このあたりは、破産法を勉強しないと意味がよくわからないと思います。破産法を学習した後に立ち戻ってみてください。

5 請負目的物の所有権の帰属

【1】問題の所在

前述したように、契約の目的物が物の製作である場合には、請負人は仕事を完成した後、更にその目的物を注文者に引き渡さなければならない(目的物引渡義務)。この目的物引渡義務に関連して、完成した製作物(請負目的物)の所有権の帰属と移転の時期という問題がある。特に建物建築工事請負において、注文者の土地の上に請負人が建物を建築した場合には、その建物の所有権はだれに帰属するのかが問題となる。

> 他方で、請負目的物の引渡しを必要としない場合には、工事の完成時に、注文者に所有権が原始的に帰属すると解されています。

以下では、まず注文者と請負人の二者の問題に触れたうえで、その後下請負人がいる場合について説明する。

【2】注文者・請負人間の問題

完成した製作物(請負目的物)の所有権はだれに帰属するかが問題となる。

この点について、判例・通説は、当事者間に所有権の帰属に関する特約があればそれによるが、特約がない場合には加工の法理(加工物の所有権は材料の所有者に帰属するとの原則、246条1項本文)を参照しながら、だれが材料を提供したか(材料の供給態様)を基準として、以下の①から③までのように区別している。

→ 最判昭和46年3月5日判時628号48頁(特約がある場合)

①注文者が材料の全部または主要部分を供給した場合には、完成物の所有権は、注文者に原始的に帰属する。

→ 大判昭和7年5月9日民集11巻824頁

> この場合には、請負契約の性質上、加工の規定(246条1項ただし書、2項)が適用されることはなく、注文者が建物を原始取得するのです。

②請負人が材料の全部または主要部分を提供した場合には、完成物の所有権は、請負人がいったん取得(原始的に帰属)し、引渡しによって注文者に移転する(請負人帰属説)。
　　ただし、建築完成前に請負代金の全額が支払われた場合には、特別の事情のないかぎり、建築家屋は工事完成と同時に注文者に帰属させるという、暗黙の合意が当事者間にあると推認されるとした例や、「全工事代金の半額以上を棟上げのときまでに支払い、なお、工事の進行に応じ、残代金の支払をして来たという……事実関係のもとにおいては、特段の事情のないかぎり、建築された建物の所有権は、引渡をまつまでもなく、完成と同時に原始的に注文者に帰属する」とした例もある。

→ 大判明治37年6月22日民録10輯861頁、大判大正3年12月26日民録20輯1208頁、大判大正4年5月24日民録21輯803頁

→ 大判昭和18年7月20日民集22巻660頁

→ 最判昭和44年9月12日判時572号25頁

③注文者と請負人がともに材料を提供した場合には、加工の規定によって材料の主要部分を供給した者が、その完成物の所有権を取得することになる。すなわち、注文者と請負人がともに材料を提供した場合でも、請負人が建築材料の主要部分を供して建物を築造したときは、特約のないかぎりその建物の所有権は請負人にあり、引渡しによってはじめて注

→ 大判昭和7年5月9日(前出)

文者に帰するものとされる。

以上に対して、請負人が材料の全部または主要部分を供給している場合（②の場合）でも、注文者が仕事完成と同時に所有権を原始的に取得するとの見解（注文者帰属説）も有力である。

> 実質的な対立点としては、請負人の報酬請求権をどのように確保するかという点にありますが（後述するQ₁の理由を参照してください）、試験対策としては、判例・通説の立場（請負人帰属説）をおさえておけば十分でしょう。
> なお、請負人帰属説の立場でも、①注文者が材料の全部または主要部分を供給した場合には、完成物の所有権は注文者に原始的に帰属すると解していますので、注意してください。その意味では、請負人帰属説と注文者帰属説の実質的な対立は、②**請負人が材料の全部または主要部分を供給した場合**についてです。

→ 大判昭和7年5月9日（前出）

 請負人が材料の全部または主要部分を提供した場合には、完成した制作物（請負目的物）の所有権はだれに帰属するか。

●論点Aランク
（論証18）
→ 中田・契約法510頁、後藤・契約法355頁
→ 大判明治37年6月22日（前出）、
大判大正3年12月26日（前出）、
大判大正4年5月24日（前出）

A説 請負人帰属説（判例・通説）

▶結論：完成物の所有権は、請負人がいったん取得（原始的に帰属）し、引渡しによって注文者に移転する。
▶理由：①請負人が自己の材料を用いて自己の労務を提供して製作した以上、目的物の所有権は請負人に帰属し、引渡しまたは代金支払によって注文者に移転するというのが、当事者の合理的意思に適う。
②請負人が自己の材料にみずから労力を加えたのであるから、その成果物である建物所有権は請負人に帰属することが、物権法の原則に適合する。
③請負人の報酬請求権の確保に資する（請負人には、不動産工事の先取特権〔327条〕があるが、工事を始める前に費用の予算額を登記することが必要なため〔338条〕、その行使は実際上困難であって、請負人帰属説はこの点を補うことができる）。

B説 注文者帰属説（有力説）

▶結論：注文者が仕事完成と同時に所有権を原始的に取得する。
▶理由：①建物建築工事請負契約の目的にかんがみると、注文者に原始的に帰属することこそが、当事者の合理的意思に適う。
②建物所有権の帰属について、引渡しや代金支払などの事実を介在させるのではなく、契約目的に照らした合理的意思を直接反映させることが、物権変動について意思主義をとる物権法の原則（176条）に整合的である。
③請負人の報酬請求権の確保のためには、先取特権（327条）以外にも、同時履行の抗弁権（533条）と留置権（295条、商521条）がある。また、請負人に建物の所有権を帰属させても、請負人には敷地使用権がないから無意味である。
④建築基準法上の建築確認や建物の保存登記は、注文者の名義でされるのが通常であり、請負人帰属説はこの実態に反する。
▶批判：③について
同時履行の抗弁（民533条）は注文者が敷地を第三者に譲渡すると、請負人は第三者に対し対抗することができなくなる。また、民事留置権（295条）は注文者が破産すると効力を失うし（破66条3項）、商事留置権（商521条）は不動産が対象となるか否かについて争いがあるし、適用範囲が限定されているなど留置権も十分ではない。さらに、敷地使用権がないことについては、注文者が請負代金を支払わないで明渡しを求めるのは権利濫用と評価すべきである。

なお、建築途中でまだ独立の不動産にいたらない建前(建築段階の建造物)に、第三者が材料を供して工事を施し、独立の不動産である建物に仕上げた場合の建物所有権について、判例は、民法246条2項の規定により加工者である上記第三者に帰属するとしている。

→ 最判昭和54年1月25日（百選Ⅰ72事件）

【3】 下請負人が存在する場合
(1) 問題の所在
　請負人は、前述したように、自己執行義務を負わないため、自由に下請負人を使用することができ、実際、建物建築工事では、専門業種の多様性という関係からも、元請負人と下請負人との間で下請契約が締結されることが多い。

　そこで、一方で、下請負人が自己の材料を提供して工事をし、他方で、注文者は元請負人に対し報酬の全部または一部を支払っているという状態において、元請負人が下請負人に対し報酬を支払わないまま倒産する事態が生じた場合の法律関係が問題となる。

← 「下請」とは

> 　下請とは、請負契約によって請負人が引き受けた仕事の全部または一部の完成を他の第三者に請け負わせる契約関係をいいます。下請契約は、注文者と元請負人との間の請負契約(元請契約)とは別個に成立するものです。したがって、下請負人は、直接注文者に対して権利義務を有する関係にはありません。
> 　そこで、注文者と元請負人との間では、①注文者に建物所有権を帰属させるという特約があったり、②注文者は元請負人に請負代金を支払っているが、元請負人と下請負人との間ではこのような特約がなく、また、下請代金も支払われていなかったりする場合に、完成建物や工事途中の出来形部分(建前)の所有権帰属はどのように決すべきかが問題となります。特に、元請負人が倒産すると、それによる危険を注文者が負担するのか、それとも下請負人が負担するのかという点において、両者の利害が激しく対立することになります。

(2) 判例
　判例は、一括下請がなされ、建前の場合で、かつ、注文者と元請負人との間で、建前の所有権については注文者に帰属するという特約があった事例において、「建物建築工事請負契約において、注文者と元請負人との間に、契約が中途で解除された際の出来形部分の所有権は注文者に帰属する旨の約定がある場合に、当該契約が中途で解除されたときは、元請負人から一括して当該工事を請け負った下請負人が自ら材料を提供して出来形部分を築造したとしても、注文者と下請負人との間に格別の合意があるなど特段の事情のない限り、当該出来形部分の所有権は注文者に帰属すると解するのが相当である。けだし、建物建築工事を元請負人から一括下請負の形で請け負う下請契約は、その性質上元請契約の存在及び内容を前提とし、元請負人の債務を履行することを目的とするものであるから、下請負人は、注文者との関係では、元請負人のいわば履行補助者的立場に立つものにすぎず、注文者のためにする建物建築工事に関して、元請負人と異なる権利関係を主張し得る立場にはないからである」とした。

→ 最判平成5年10月19日（判例シリーズ76事件）

> 　この点について、注文者帰属説に立てば、下請負人が材料を提供して築造した場合であっても、特約がないかぎり、建物も注文者に帰属することになります。これに対して、判例の見解(請負人帰属説)を形式的に適用すれば、下請負人が材料を提供した以上、元請負人と下請負人との間に特約がないかぎり、下請負人に所有権が帰属し、いくら注文者が元

請負人との間で特約を結び、あるいは元請負人に請負代金を支払っていても、注文者は建物の所有権を取得できないことになります。

下請負人にしてみれば、報酬ももらえず所有権も取得できないというのでは、自分が材料を提供して建物を建てているにもかかわらず、大きな損害を被ってしまいます。請負人帰属説ではこの不利益を回避することができます。これに対して、注文者にしてみれば、代金を支払っている以上、自己に所有権が帰属したと認識しているはずです。注文者帰属説では注文者の認識に合致することになります。下請負人と注文者のいずれを優先して保護するかという問題です。

このような紛争事例において、ほとんどの裁判例は、元請負人に代金を支払っている注文者の立場の保護を図っていました。そのようななかで、上記判例は、注文者への所有権帰属は、特約の効果であることを明言して、注文者の保護を優先しました。

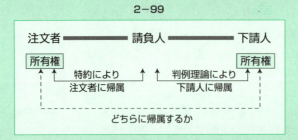

2-99

なお、上記のような特約の効果と明言しているのですから、上記判例の射程は、②注文者は元請負人に請負代金を支払っているが、元請負人と下請負人との間ではこのような特約がなく、また、下請代金も支払われていなかったりする場合には、厳密には及ばないことになります。ただ、この場合でも、注文者が代金を支払済みであれば、元請人との間で暗黙の合意がみられるという裁判例が多くあること、上記判決が、下請負人が元請負人とは異なる権利関係を主張することができないという理由づけをしていることからすれば、同様の結論が予想されるといわれています。

⇒ 大阪地判昭和53年10月30日
判タ375号109頁、
東京地判昭和57年7月9日
判時1063号189頁、
東京高判昭和59年10月30日
判時1139号42頁など

6 仕事の完成に障害が生じた場合

【1】目的物の引渡しを要しない請負において仕事完成が不可能になった場合

目的物の引渡しを要しない請負において、仕事完成が不可能となった場合には、請負人の仕事完成義務は消滅する。それでは、この場合の注文者の報酬支払義務と請負人の責任はどうなるであろうか。

①仕事の完成が不可能になったのが**請負人の帰責事由による場合**には、仕事が完成していないのであるから、注文者は報酬支払義務を負わず、他方で、請負人は債務不履行(履行不能)の責任を負うことになる。

②仕事の完成が不可能になったのが**注文者の帰責事由による場合**には、注文者は、536条2項の法意から、報酬を支払わなければならず、他方で、請負人は債務不履行の責任を負わない。

③仕事の完成が不可能になったが**両当事者に帰責事由がない場合**には、仕事が完成していないのであるから、注文者は報酬支払義務を負わず、他方で、請負人は債務不履行責任を負わない。なお、この場合において、注文者は解除することができる(542条1項1号)。

目的物の引渡しを要しない請負において仕事完成が不可能になった場合

	注文者の帰責事由なし		注文者の帰責事由あり	
	報酬請求	債務不履行責任	報酬請求	債務不履行責任
請負人の帰責事由なし	不可	なし	可(536Ⅱ)	なし
請負人の帰責事由あり	不可	あり		

【2】目的物の引渡しを要する請負における目的物の滅失・損傷——危険の移転

目的物の引渡しを要する請負における目的物の滅失・損傷(以下「滅失等」という)の場合に、どのように考えるべきであろうか。目的物の引渡し前と引渡し後に分けて検討する。

(1) 目的物の引渡し前の滅失等

この場合には、通説は、仕事の完成がなお可能なのか、もはや不能となったのか、また、滅失等が生じたのが完成前か、完成後・引渡し前か、で区別して考えているので、これに従って説明していくことにする。

→ 我妻・講義 V_3 620頁以下

●論点Ｂランク
（論証19）

(a) 仕事の完成がなお可能である場合

仕事の完成がなお可能である場合には、滅失等が生じたのが完成前か、完成後・引渡し前かを問わず、次のようになる。なお、いずれの場合であっても、仕事が完成した場合には、注文者は報酬支払義務を負う。

① **請負人の帰責事由による場合**には、請負人は依然として仕事完成義務を負い、二重の製造についての追加費用を請求することはできないし、損害賠償請求もすることができず、仕事の完成が遅れるときには債務不履行(履行遅滞)責任を負う。

② **注文者の帰責事由による場合**には、請負人は依然として仕事完成義務を負い、二重の製造についての追加費用を請求することはできないが、損害賠償請求をすることはでき、他方、債務不履行責任を負わない。

③ **両当事者に帰責事由がない場合**には、請負人は依然として仕事完成義務を負い、二重の製造について追加請求をすることができず、損害賠償請求もすることはできないが、債務不履行(履行遅滞)責任は負わない。

目的物の引渡し前の滅失等
——仕事の完成がなお可能である場合の請負人の責任

	注文者の帰責事由なし				注文者の帰責事由あり			
	仕事完成義務	追加費用請求	損害賠償請求	債務不履行責任	仕事完成義務	追加費用請求	損害賠償請求	債務不履行責任
請負人の帰責事由なし	あり	不可	不可	なし	あり	不可	可	なし
請負人の帰責事由あり	あり	不可	不可	あり	—	—	—	—

(b) 仕事の完成が不可能となった場合

▶平成８年度第２問

この場合には、請負人の仕事完成義務は消滅するが、注文者に対し報酬請求をしたり、債務不履行(履行不能)責任を負ったりするかどうかが問題となる。

滅失等が完成前か、完成後・引渡し前かによって区別される。

(i) 滅失等が完成前のとき

①**請負人の帰責事由による場合**には、請負人は、注文者に対し報酬を請求することができず、債務不履行(履行不能)責任を負う。

②**注文者の帰責事由による場合**には、請負人は、注文者に対し報酬を請求することができ(536条2項前段)、債務不履行(履行不能)責任を負わない。

③**両当事者に帰責事由がない場合**には、請負人は、注文者に対し報酬を請求することができないが(注文者は拒むことができる、536条1項)、債務不履行(履行不能)責任も負わない。

目的物の引渡し前の滅失等
── 仕事の完成が不可能となった場合〈滅失等が完成前のときの請負人の責任〉

	注文者の帰責事由なし 報酬請求	注文者の帰責事由なし 債務不履行責任	注文者の帰責事由あり 報酬請求	注文者の帰責事由あり 債務不履行責任
請負人の帰責事由なし	不可(536 I)	なし	可(536 II 前)	なし
請負人の帰責事由あり	不可	あり		

(ii) 滅失等が完成後・引渡し前のとき

ここでも、①**請負人の帰責事由がある場合**と、②**注文者の帰責事由がある場合**には、滅失等が完成前のときと同じである。

③**両当事者に帰責事由がない場合**には、請負人は注文者に対し報酬を請求することができない(注文者は拒むことができる、536条1項)と解すべきであり、債務不履行(履行不能)責任も負わない。

結局、滅失等が完成前のときと同じ結論になる。

2-100

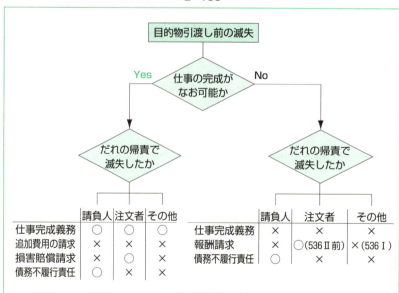

296　2章　契約各論

目的物の引渡し前の滅失等
——仕事の完成が不可能となった場合〈滅失等が完成後・引渡し前のときの請負人の責任〉

	注文者の帰責事由なし		注文者の帰責事由あり	
	報酬請求	債務不履行責任	報酬請求	債務不履行責任
請負人の帰責事由なし	不可(536Ⅰ)	なし	可(536Ⅱ前)	なし
請負人の帰責事由あり	不可	あり		

(2) 目的物の引渡し後の滅失等

この場合には、売買に関する規定が、559条本文を介して有償契約である請負契約に準用されるので、567条1項(目的物の滅失等についての危険の移転)に従って処理されることになる。

→ 潮見・債権各論Ⅰ253頁

(a) 原則

①仕事の目的物を引き渡した場合に、その引渡しがあった時以後にその目的物が「当事者双方の責めに帰することができない事由」(=**請負人の責めに帰することができない事由**)によって滅失等をしたときは、注文者は、その滅失等を理由として、権利主張(追完請求、代金減額請求、損害賠償請求・契約解除)をすることはできない(559条本文・567条1項前段。562条から564条までの不適用)。**仕事の目的物の滅失等に関する危険は、目的物の引渡しによって、請負人から注文者に移転**するのである(危険移転時＝引渡し時となる)。また、この場合に、注文者は、報酬(請負代金)の支払を拒むことができない(559条本文・567条1項後段。536条1項の例外)。

> 売買のところでも説明しましたが、条文上は「当事者双方の責めに帰することができない事由」と規定していますが、注文者の責めに帰すべき事由による滅失等の場合には、そもそも注文者は追完請求や代金減額請求はできませんし(559条本文・562条2項、563条3項)、解除もすることはできません(543条)。さらに、損害賠償請求も「債務者〔請負人〕の責めに帰することができない事由」によるものとされて、できません(415条1項ただし書)。
>
> したがって、567条1項にいう「当事者双方の責めに帰することができない事由」とは、**「請負人の責めに帰することができない事由」**による滅失・損傷の場合にかぎられるのです。

(b) 例外——請負人の責めに帰すべき事由による場合

ただし、②引渡し後の滅失等が**請負人の責めに帰すべき事由による場合**には、注文者は、目的物の滅失等を理由として、上記各権利主張をすることができるし、また、報酬(請負代金)の支払を拒むことができる(559条本文・567条1項反対解釈)。

目的物の引渡し後の滅失等——注文者の権利主張(追完請求、代金減額請求、損害賠償請求・契約解除)の可否

	注文者の帰責事由なし	注文者の帰責事由あり
請負人の帰責事由なし	不可(559本文・567Ⅰ前段)	不可(559本文・562Ⅱ、563Ⅲ、543、415Ⅰただし書)
請負人の帰責事由あり	可(559本文・567Ⅰ前段反対解釈)	—

なお、引渡し時に提供された仕事の目的物にすでに契約不適合があった場合や、引渡しが遅延した場合には、567条の規律対象ではなく、注文者は、請負人に対し、目的物の契約不適合の観点から、上記権利主張をすることができる(559条本文・562条から564条まで)。この点についても売買のところで説明したとおりである。

→ 2節③【1】(4)

【3】仕事の目的物が受領されなかった場合——受領遅滞による危険の移転

　上記①②の規律は、請負人が契約の目的に適合した仕事の目的物の引渡しの債務の履行を提供したにもかかわらず、注文者がその履行を受けることを拒み、または受けることができない場合において、その履行の提供があった時以後に当事者双方の責めに帰することができない事由によってその目的物が滅失等したときにも、同様に適用される(559条本文・567条2項)。受領遅滞の効果の特則といえるものである。

→ 部会資料75A・31頁

第2章 契約各論

9. 委任

1 意義

【1】委任とは

委任とは、当事者の一方が法律行為をすることを相手方に委託し、相手方がこれを承諾することによって、その効力を生ずる契約をいう(643条)。たとえば、大阪への急な転勤となったために、その間、親戚に対し、東京の家屋をだれかに賃貸すること(法律行為)を委託するような場合である。

← 「委任」とは

法律行為でない事務処理の委託は委任契約ではないが、民法はこれを準委任といい、委任の規定が準用される(656条)。たとえば、医療契約は準委任と解されている。

← 「準委任」とは

【2】性質

委任は、報酬の支払が要件ではないため(643条。なお、648条1項参照)、原則的には、片務、無償、諾成契約である。ただし、例外的に報酬支払の特約(648条1項)をした場合には、双務、有償契約である。平成29年改正民法は、後述するように、成果完成型(成果報酬型)の委任に関する規律を新設しているが、この場合にも双務・有償契約となる。

← 平成29年改正

委任は、依頼者の個別的な指図を受けずに労務提供者が独立して事務を処理できるという点で雇用と区別されるし、また、仕事の完成が報酬支払の前提となっていない点(労務の供給そのものに意味がある点)で請負と異なる。

ただし、委任であっても、委任事務処理の結果として達成された成果に対して報酬が支払われる場合(成果完成型の場合)には、仕事の完成義務を負わないものの、成果が生じてはじめて報酬を請求することができる点において、請負に類似する。

> 契約ではなく、法律上他人の事務を処理する場合にも、委任の規定の一部が準用されます。たとえば、親権者による子の財産管理(831条)、後見人による被後見人の財産管理(869条、874条)、相続人または遺言執行者による財産管理(940条2項、944条2項、950条2項、1012条3項)などです。事務管理の場合にも、委任の規定が準用されます(701条)。

← 平成30年改正
→ 3章1節3【2】(5)

2 委任の成立

委任契約は、特別の方式は必要なく、委任者と受任者間の事務処理委託に関する合意によって成立する(諾成契約、643条)。

この点について、委任契約を締結するにあたって委任状という書面が委任者か

ら受任者へ交付されることがあるが、この場合であっても、委任状は、第三者に対する受任者の権限を証明する手段にすぎず、契約の成立要件(要式契約)ではないことに注意してほしい。

ただし、任意後見契約は委任契約であるが、適法かつ有効な契約締結の担保の観点から、**公正証書の作成**が要件とされ(任意後見3条)、要式契約である。詳しくは、親族の分野で学習する。

➡ 『親族・相続』5章5節 ②【1】

3 委任の効力

【1】受任者の義務

(1) 善管注意義務

受任者は、委任の本旨に従い、善良な管理者の注意をもって、委任事務を処理する義務を負う(**善管注意義務**、644条)。この善管注意義務は、**有償・無償を問わず負う**という点に注意してほしい。委任契約は、当事者間の**人的な信頼関係を基礎**にするため、たとえ無償の場合であっても、注意義務の程度は低くならないと解されているのである。

← 「善管注意義務」とは

これに対して、次節で説明する寄託契約の場合には、有償のときには善管注意義務を負うが(400条)、無償のときは自己の財産に対するのと同一の注意義務を負うにとどまる点(659条)に注意してほしい。

➡ 10節③

(2) 自己執行義務(事務処理義務の一身専属性)

委任は、当事者間の信頼関係を基礎にしているから、受任者は、原則としてみずから事務を処理しなければならず(**自己執行義務**)、他人に事務処理を代行させることはできない。

← 自己執行義務

ただし、受任者は、**委任者の許諾を得たとき**、または、**やむをえない事由があるとき**は、復受任者を選任することができる(644条の2第1項)。また、代理権を付与する委任において、受任者が代理権を有する復受任者を選任したときは、復受任者は、委任者に対して、その権限の範囲内において、受任者と同一の権利を有し、義務を負う(644条の2第2項)。

← 平成29年改正

これらは、民法総則で学習した復代理に関する104条および106条2項と同趣旨の規律である。

➡ 『民法総則』6章1節

平成29年改正事項	復受任者の選任等①	B1

➡ 部会資料72A・9頁、一問一答347頁

改正前民法において、受任者は原則として自己執行義務を負うが、委任者の許諾を得た場合や、他人に事務処理を任せなければ事務処理が停滞し、かえってその委任契約の趣旨に反する結果になるおそれがある場合など、一定の場合においては復受任者を選任することができると考えられていた。そして、復受任者の選任が認められる要件については、一般に、復代理に関する104条が類推適用されると理解されていた。

しかし、復代理の有効性が、復代理人が第三者との間でした法律行為の効果が本人に及ぶかという外部関係に関する問題であるのに対し、復委任の有効性は、復受任者に事務を処理させることが委任者に対する債務不履行になるかどうかや、復受任者が委任者に対してどのような権利義務を有するかという内部関係に関する関係であり、代理権の有無にかかわらず問題となる。

そこで、平成29年改正民法は、復受任の選任が認められる要件について、復代理の要件に関する規定(104条)とは別に、復代理の内部関係に関する規律として委任の箇所に設けることとした(644条の2第1項)。

300　2章　契約各論

2−101　復受任者の選任等①

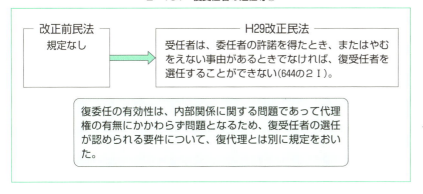

| 平成29年改正事項 | 復受任者の選任等② | B1 |

　改正前民法は、受任者が復受任者を選任した場合の委任者と復受任者との関係について固有の規定をおいていなかった。他方、復代理人と本人との関係については、改正前民法107条2項（改正後106条2項）が規定しており、同項のうち、復代理人が本人に対して代理人と同一の権利を有し、義務を負うという部分は、代理に伴う内部関係に関するものであり、これは代理権の授与に伴う復受任者と本人との関係に妥当する規律である（判例）。

　しかし、内部関係と外部関係とは性質の異なる問題であることから、委任者と復受任者との内部関係についての規律は、代理の規定とは別に委任の箇所におくのが相当である。

　そこで、平成29年改正民法は、委任の箇所に、代理権を付与する委任において、受任者が代理権を有する復受任者を選任したときは、復受任者は、委任者に対して、その権限の範囲内において、受任者と同一の権利を有し、義務を負うと規定した（644条の2第2項）。

→ 部会資料72A・9〜11頁、一問一答347頁

→ 最判昭和51年4月9日民集30巻3号208頁

2−102　復受任者の選任等②

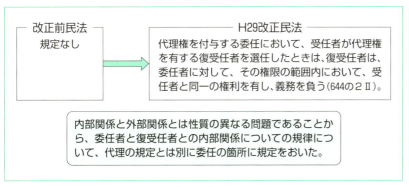

(3) 付随的義務

(a) 報告義務

　受任者は、委任者の請求があるときは、いつでも委任事務の処理の状況を報告し、委任が終了した後は、遅滞なくその経過および結果を報告しなければならない（報告義務、645条）。

(b) 引渡義務・権利移転義務

　受任者は、委任事務を処理するにあたって受け取った金銭その他の物、収取した果実を委任者に引き渡さなければならない（引渡義務、646条1項）。また、受任者は、委任者のために自己の名で取得した権利を委任者に移転しなければならない（権利移転義務、646条2項）。

← 付随的義務

(c) 金銭消費の責任

　受任者は、委任者に引き渡すべき金額またはその利益のために用いるべき金額を自己のために消費したときは、その消費した日以後の利息を支払わなければならない(647条前段)。これらの金銭消費は受任者の委任者に対する背任的行為であるから、金銭を引き渡すべき時期以前においても、消費した金額の利息を支払わねばならないわけである。

　また、利息以上の損害がある場合には、委任者は、その賠償請求をすることができる(647条後段)。

【2】委任者の義務

(1) 報酬支払義務——有償委任の場合　　　　　　　　　　　　　　　　　　　　　　←報酬支払義務
(a) 総説

　有償委任の特約をした場合には、委任者は報酬支払義務を負う(648条1項参照)。特約がなければ報酬が受けられない理由は、信頼関係に基づいた高級労務で報酬を受けることは卑しいとするローマ法以来の沿革によるが、現在の委任ではあまり合理性がないといわれており、特約で報酬支払が定められている場合のほうが多い。

　このような報酬が支払われる委任は、事務処理の労務に対して報酬が支払われる場合(履行割合型)と、委任事務処理の結果として達成された成果に対して報酬が支払われる場合(成果完成型)とに分けられる。　　　　　　　　　　　　　　　→潮見・改正法322頁参照

　後者は、たとえば、弁護士に対する訴訟委任において、勝訴判決を得た場合には一定の成功報酬を支払う旨の合意がされたときや、契約の媒介を目的とする委任契約において、委任者と第三者との間に契約が成立した場合には成功報酬を支払う旨の合意がなされたときなどである。　　　　　　　　　　　　　　　　　　　→部会資料72A・12頁

(b) 履行割合型(原則)
(i) 報酬の支払時期

　委任報酬は事務処理という労務の提供に対して支払われる対価であるから、有償委任における報酬の支払時期は、特約がないかぎり、委任事務を履行した後である(後払の原則、648条2項本文)。ただし、期間によって報酬を定めたときは、受任者は、その期間を経過した後に報酬の支払を請求することができる(648条2項ただし書・624条2項)。

(ii) 履行の割合に応じた報酬　　　　　　　　　　　　　　　　　　　　　　　　　←平成29年改正

　648条3項は、①「委任者の責めに帰することができない事由によって委任事務の履行をすることができなくなったとき」(1号)、または②「委任が履行の中途で終了したとき」(2号)は、受任者は、すでにした履行の割合に応じて報酬を請求することができると規定する。これは、事務処理という労務の提供に対する対価としての報酬という観点から、割合的な報酬請求を認めたものである。

| 平成29年改正事項 | 委任事務を処理することができなくなった場合等の報酬請求権 | B3 |

→部会資料72A・12～14頁、一問一答347頁

　改正前民法648条3項は、「委任が受任者の責めに帰することができない事由によって履行の中途で終了したときは、受任者は、既にした履行の割合に応じて報酬を請求することができる」と規定し、受任者に帰責事由がある場合には割合的な報酬の請求権を認めていなかった。
　しかし、報酬支払の方式において委任と類似する雇用においては、明文の規定はないものの、

302　2章　契約各論

労働者の帰責事由により契約が中途で終了した場合であっても、すでに労務に服した期間については、なお労働者は報酬請求権を有しており、これは雇用契約が債務不履行により解除されても同様であると解されていた（630条参照）ところ、委任と雇用が報酬支払の方式において類似していることを考慮すれば、契約が中途で終了した場合における報酬請求権の帰すうについて、委任と雇用とで別異に解する合理的な理由はない。

　そこで、平成29年改正民法は、履行割合型の委任において、「委任者の責めに帰することができない事由によって委任事務の履行をすることができなくなったとき」または「委任が履行の中途で終了したとき」は、受任者に帰責事由がある場合であっても、受任者の割合的な報酬請求を認めた（648条3項）。

2-103　委任事務を処理することができなくなった場合等の報酬請求権

┌─ 改正前民法 ─┐　　┌─ H29改正民法 ─┐
委任が受任者の責めに帰　　受任者は、次に掲げる場合には、すで
することができない事由　　にした履行の割合に応じて報酬を請求
によって履行の中途で終　　することができる（648Ⅲ）。
了したときは、受任者は、　①委任者の責めに帰することができな
すでにした履行の割合に　　　い事由によって委任事務の履行をす
応じて報酬を請求するこ　　　ることができなくなったとき（1号）。
とができる（648Ⅲ）。　　②委任が履行の中途で終了したとき
　　　　　　　　　　　　　（2号）。

契約が中途で終了した場合における報酬請求権について、
報酬支払の方式が類似している雇用と同様に、受任者に
帰責事由がある場合であっても、受任者の割合的な報酬
請求を認めた。

　①「委任者の責めに帰することができない事由によって委任事務の履行をすることができなくなったとき」とは、当事者双方の責めに帰することができない事由によって履行不能となった場合および受任者の責めに帰すべき事由によって履行不能となった場合をいう。

➡ 部会資料81-3・20頁

　また、②「委任が履行の中途で終了したとき」とは、委任が解除された場合（651条1項）や、履行の中途で終了した場合（653条）をいう。

➡ 部会資料81-3・20頁

　ちなみに、「委任者の責めに帰することができない事由」という要件は、報酬の割合的な請求を認めるうえで意味をなさないとされています。すなわち、「委任者の責めに帰すべき事由」による場合にも、「委任事務の履行をすることができなくなったとき」は報酬の割合的な請求が認められるのです。
　言い換えると、委任者に帰責事由がある場合には、危険負担の規定（536条2項）が適用され、委任事務の履行が未了の部分を含めて報酬全額の請求をすることができます。**報酬全額を請求**しようとする場合には、受任者は、委任者に帰責事由があることについて主張立証をする必要があるのです。これに対して、**割合的な報酬を請求**する場合には、受任者は、委任者に帰責事由があることについてまで主張立証をする必要はないのです。

➡ 潮見・改正法322頁

➡ 一問一答351頁

　それでは、受任者（仲介業者）が事務処理（仲介事務）をしている途中で委任者が任意解除権（651条1項）を行使して、取引の相手方と直接取引をしてしまった場合に、受任者は、委任者に対し報酬を請求することができるか。

　この点について、改正前民法下の判例は、委任者は仲介により契約が成立すると報酬を支払わなければならないので、条件成就によって不利益を受ける委任者が故意に条件成就を妨害したと構成して、改正前民法130条（改正後130条1項）

➡ 最判昭和45年10月22日民集24巻11号1599頁

の適用あるいは類推適用により、受任者の報酬請求を肯定している。しかし、仲介事務をすべて行っていないのに全額の報酬を委任者に取得させるのは妥当でないとして、受任者の報酬を得る期待権の侵害であると構成して、事務処理と因果関係のある損害の賠償を認めるべきであり、これが平成29年改正民法の報酬支払の考え方に適合的であるとする見解がある。

→ 中舎・債権法294頁

ただし、平成29年改正民法によって648条の2(成果等に対する報酬)が新設されたので、この問題は648条の2第2項による634条の準用によって解決されることになるとの指摘もある(634条1号により、割合に応じて報酬を請求することができることになろう)。

→ 平野・民法Ⅴ283頁

なお、委任者の責めに帰すべき事由による履行不能の場合には、危険負担に関する536条2項で処理される。詳細は、危険負担のところで説明した。

→ 1章3節[4]

(c) 成果完成型(成果報酬型)
(i) 報酬の支払時期

委任事務の履行により得られる成果に対して報酬を支払うことを約した場合において、その成果が引渡しを要するときは、報酬は、その成果の引渡しと同時に、支払わなければならない(648条の2第1項)。つまり、報酬の支払と成果の引渡しは同時履行の関係にある。

←平成29年改正

ただし、成果完成型であっても、成果の引渡しを必要としない場合には、報酬の支払時期は、原則に戻って委任事務を履行した後となる(648条2項本文)。

| 平成29年改正 | 成果完成型の委任の報酬支払時期 | B 3 |

→ 部会資料72A・11〜12頁、一問一答347頁

有償委任における報酬の支払時期は、特約がないかぎり、委任事務を履行した後、すなわち後払とされている(648条2項本文)。

しかし、上記規定は、委任の報酬が事務処理の労務に対して支払われるという原則的な方式を念頭においたものであるが(履行割合型)、実際には、それ以外に、事務処理による一定の成果が達成されたときに、その成果に対して報酬が支払われるという方式(成果完成型)もあるところ、この報酬の支払時期についても規律を設けておく必要がある。

そこで、平成29年改正民法は、成果完成型の委任においては、報酬の支払に関する請負契約との類似性にかんがみ、請負に関する規定(633条)と同様に、成果の引渡しを要する場合の報酬の支払時期を成果の引渡しと同時とする規定を設けた(648条の2第1項)。

2-104 成果完成型の委任の報酬支払時期

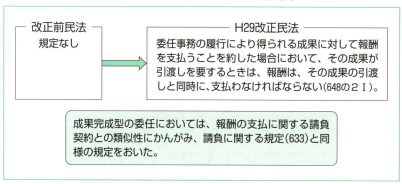

(ii) 委任者が受ける利益の割合に応じた報酬

委任事務の履行により得られる成果に対して報酬を支払うことを約した場合に、①委任者の責めに帰することができない事由によって委任事務の履行をすることができなくなったとき(648条の2第2項・634条1号)、または②委任が履行前に

←平成29年改正

解除されたとき(648条の2第2項・634条1号)は、受任者がすでにした委任事務の処理による結果のうち可分な部分の給付によって委任者が利益を受けるときは、その部分を得られた成果とみなす(648条の2第2項・634条柱書前段)。この場合において、受任者は、委任者が受ける利益の割合に応じて報酬を請求することができる(648条の2第2項・634条柱書後段)。

これらの内容については、請負に関する634条の説明を参照してほしい。

→ 8節[3]

← その他の義務

(2) その他の義務

(a) 費用前払義務

受任者に対し経済的損失を与えないために、委任事務を処理するについて費用を要するときは、委任者は、受任者の請求により、その前払をしなければならない(費用前払義務、649条)。

(b) 費用等の償還義務

委任者は、受任者の請求により、その受任者の支出した必要と認められる費用と支出の日以後の利息を償還しなければならない(償還義務・受任者の費用等償還請求権、650条1項)。

(c) 代弁済義務・有益債務弁済義務

委任者は、受任者の請求により、その受任者が事務処理のために必要と認めて第三者に対して負担した債務を代弁済しなければならない(代弁済義務、有益債務弁済義務・受任者の代弁済請求権、650条2項前段。なお、相当の担保の提供については650条2項後段)。

(d) 損害賠償義務

委任者は、受任者が、事務処理のため自己に過失なく損害を受けた場合には、受任者の請求により、その賠償をしなければならない(損害賠償義務・受任者の損害賠償請求権、650条3項)。

4 終了

委任の終了原因としては、両当事者による任意の解除のほか、委任に特有な終了原因があり、また、終了に際しての特別措置が規定されている。

【1】両当事者による任意の解除

(1) 無理由解除・任意解除権

委任は当事者間の信頼関係を基礎とする契約であるから、信頼関係がなくなった当事者間では委任を継続させることは無意味である。したがって、委任者および受任者は、いつでも自由に委任を解除することができる(無理由解除・任意解除権、651条1項)。

もっとも、委任を解除した者は、①相手方に不利な時期に委任を解除したとき、または②委任者が受任者の利益(もっぱら報酬を得ることによるものを除く)をも目的とする委任を解除したときは、相手方の損害を賠償しなければならない(651条2項柱書本文)。ただし、やむをえない事由があったときは、損害賠償義務を免れる(651条2項柱書ただし書)。

「受任者の利益……をも目的とする委任」とは、たとえば、債務者Bが第三者Cに対して有する債権について、債権者Aが債務者Bからの回収の委託を受け、回

← 平成29年改正

→ 部会資料72A・17頁

2-9 委任 305

収した金額を債権者Aの債務者Bに対する債権の弁済にあてることによって債権の回収を確実にするという利益を目的とする場合である。

2-105

平成29年改正事項　委任契約の任意解除権①　C1

改正前民法651条2項は、委任契約は各当事者がいつでも解除できること（651条1項）を前提として、相手方に不利な時期に解除する場合には相手方に対する損害賠償が必要となるが、やむをえない事由がある場合には損害賠償も不要と規定していた。

この点について判例は、受任者の利益をも目的とする委任については、原則として651条による解除はできないとしていたが、その後、受任者の利益をも目的とする委任であっても、やむをえない事由がある場合には解除することができるとするのみならず、さらに、やむをえない事由がない場合であっても、委任者が解除権自体を放棄したものとは解されない事情があるときは、651条により解除することができ、受任者がこれによって受ける不利益については、委任者から損害の賠償を受けることによって填補されれば足りるとしていた。

以上の判例法理を総合すると、受任者の利益をも目的とする委任については、やむをえない事由がなく、かつ、委任者が651条の解除権を放棄したものとは解されない事情もない場合には、委任者の任意解除が認められないとも解釈しうる。

しかし、受任者の利益をも目的とする委任において、委任者からの解除を制限すべきものとする根拠は、このような委任において、受任者の利益を保護する必要性が高い点にあると考えられるところ、ここでの受任者の利益は、必ずしも任意解除を否定して委任契約を存続させることにより保護すべき必要性はなく、解除によって生じた損害を金銭的に填補すれば足りる。

そこで、平成29年改正民法は、受任者の利益をも目的とする委任において、やむをえない事由がなく、かつ、委任者が651条の解除権を放棄したものとは解されない事情もない場合であっても、解除権自体は認めたうえで、受任者に生ずる不利益については損害賠償によって填補すればよいと規定した（651条2項柱書本文）。

➡ 部会資料72A・15～17頁、一問一答348頁

➡ 大判大正9年4月24日民録26輯562頁
➡ 最判昭和40年12月17日集民81号561頁
➡ 最判昭和56年1月19日（判例シリーズ77事件）

2-106　委任契約の任意解除権①

改正前民法	H29改正民法
当事者の一方が相手方に不利な時期に委任の解除をしたときは、その当事者の一方は、相手方の損害を賠償しなければならない。ただし、やむをえない事由があったときは、このかぎりでない（651Ⅱ）。	651条1項の規定により委任の解除をした者は、次に掲げる場合には、相手方の損害を賠償しなければならない。ただし、やむをえない事由があったときは、このかぎりでない（651Ⅱ）。 ①相手方に不利な時期に委任を解除したとき（1号）。 ②委任者が受任者の利益（もっぱら報酬を得ることによるものを除く）をも目的とする委任を解除したとき（2号）。

受任者の利益をも目的とする委任における受任者の利益は、必ずしも任意解除を否定して委任契約を存続させることにより保護すべき必要性はなく、解除によって生じた損害を金銭的に填補すれば足りることから、このような規定に変更した。

| 平成29年改正事項 | 委任契約の任意解除権② | C1 |

> 判例は、委任が「受任者の利益をも目的とする」場合の解釈について、委任が有償であるというだけでは受任者の利益をも目的とするとはいえないとしている。そうすると、単に「受任者の利益をも目的とする」との表現を用いたのでは、報酬を得ることも受任者の利益に該当するとの誤解を生じるおそれがある。
> そこで、平成29年改正民法は、括弧書により、報酬を得るという利益のみでは「受任者の利益」に該当しないことを明らかにした(651条2項2号)。

→ 部会資料72A・15～17頁、一問一答354頁
→ 最判昭和58年9月20日判時1100号55頁

2-107　委任契約の任意解除権②

- 改正前民法
  当事者の一方が相手方に不利な時期に委任の解除をしたときは、その当事者の一方は、相手方の損害を賠償しなければならない。ただし、やむをえない事由があったときは、このかぎりでない(651Ⅱ)。

- H29改正民法
  651条1項の規定により委任の解除をした者は、次に掲げる場合には、相手方の損害を賠償しなければならない。ただし、やむをえない事由があったときは、このかぎりでない(651Ⅱ)。
  ②委任者が受任者の利益(もっぱら報酬を得ることによるものを除く)をも目的とする委任を解除したとき。

「受任者の利益をも目的とする」場合の解釈について、委任が有償であるというだけでは「受任者の利益をも目的とする」とはいえないことを明らかにした。

ただし、これらの規律は任意規定であり、改正前民法下におけるのと同様に、任意解除権を放棄する合意も有効である。

→ 潮見・改正法324頁

(2) 解除の効果

委任は継続的契約関係であるから、賃貸借の解除に関する620条が準用され(652条)、解除の効果は遡及しない。この趣旨は、過去に生じた法律関係を維持する点にある。そして、債務不履行による委任契約の解除の場合にも、652条の適用があると解されている。

【2】その他委任に特有な終了事由

当事者間の信頼関係を基礎とする委任の性格から、次の事由によっても終了する(653条柱書)。

　①委任者または受任者の死亡(1号)
　②委任者または受任者が破産手続開始の決定を受けたこと(2号)
　③受任者が後見開始の審判を受けたこと(3号)

ただし、①について、商行為の委任の場合(商506条)、訴訟委任の場合(民訴58条2項)は例外であり、委任者の死亡は委任の終了事由とはならない。

【3】委任終了時の特別措置

委任の終了に際して相手方に対して損害を与えないように特別の措置が規定されている。

(1) 緊急処分義務

委任が終了した場合に、急迫の事情があるときは、受任者またはその相続人も

← 緊急処分義務

しくは法定代理人は、委任者またはその相続人もしくは法定代理人が委任事務を処理することができるにいたるまで、必要な処分をしなければならない（受任者側の緊急処分義務、654条）。

(2) **通知義務**

委任の終了事由は、これを相手方に通知したとき、または相手方がこれを知ったときでなければ、これをもってその相手方に対抗することができない（通知義務、655条）。

←通知義務

	改正前	H29改正後
復受任者の選任等	規定なし	新設（644の2）
受任者の報酬	委任が受任者の責めに帰することができない事由によって履行の中途で終了したときは、受任者は、すでにした履行の割合に応じて報酬を請求することができる（648Ⅲ）。	履行割合に応じた報酬請求権（648Ⅲ） ⅰ委任者の責めに帰することができない事由による委任事務の履行不能（①） ⅱ委任履行の中途終了（②）
成果等に対する報酬	規定なし	新設（648の2）
委任の解除	当事者の一方が相手方に不利な時期に委任の解除をしたときは、その当事者の一方は、相手方の損害を賠償しなければならない。ただし、やむをえない事由があったときは、このかぎりではない（651Ⅱ）。	【原則】自由に解除できる（651Ⅰ） 【例外】次の場合には、損害賠償義務を負う（651Ⅱ本文） ⅰ相手方に不利な時期に委任を解除したとき（①） ⅱ委任が受任者の利益をも目的とする委任を解除したとき（②） 【更なる例外】やむをえない事由があったときは、損害賠償義務は負わない（Ⅱただし書）

第2章 契約各論

10. 寄託

1 意義

【1】寄託とは

寄託とは、当事者の一方がある物を保管することを相手方に委託し、相手方がこれを承諾することによって、その効力を生ずる契約をいう(657条)。たとえば、ホテルのクロークに荷物を預ける場合や、飼い犬をペットホテルに預ける場合などがあげられる。物の保管を委託する者を**寄託者**といい、物を保管する者を**受寄者**という。

← 「寄託」とは

2-108

【2】性質

寄託の性質は、報酬を支払う旨の約定がない場合(**無償寄託**)とある場合(**有償寄託**)とで、次のように分かれる。

← 無償寄託と有償寄託

(1) 無償寄託

寄託は、当事者の一方がある物を保管することを相手方に委託し、相手方がこれを承諾することによって成立する(657条)。目的物の引渡しは、契約の成立要件ではない(**諾成契約**)。また、寄託は、書面によらなくても成立する(**不要式契約**)。一般に、寄託者が受寄者に対して寄託物を引き渡す義務を負うとは考えられていない。これに対して、受寄者は、目的物の引渡しによって保管義務および返還義務を負う(**片務契約**)。

→ 部会資料73 A・10頁、詳解・基本方針Ⅳ163頁

したがって、無償寄託は、**無償**、**片務**、**諾成**、**不要式契約**である。

なお、改正前民法では要物契約と規定されていたが、平成29年改正により、諾成契約に変更された。

← 平成29年改正

(2) 有償寄託

有償寄託では、受寄者が目的物保管義務等を負うのに対し、寄託者は報酬支払義務を負う。両者の債務は、対価的関係にある。

したがって、有償寄託は、**有償**、**双務**、**諾成**、**不要式契約**である。

平成29年改正事項	寄託の諾成契約化	C1

改正前民法657条は、「寄託は、当事者の一方が相手方のために保管をすることを約してある

→ 部会資料73 A・9頁、潮見・改正法325頁、一問一答355頁

物を受け取ることによって、その効力を生ずる」と規定し、寄託を要物契約としていた。要物契約とされていた趣旨は、ローマ法以来の沿革にある。

しかし、寄託を要物契約とすることについて、今日では合理的な理由を見出せないといわれている。また、一般に契約自由の原則から諾成的な寄託も有効と考えられているうえ、実務上も倉庫寄託契約を中心とする諾成的な寄託が広く用いられている。

そこで、平成29年改正民法は、寄託を諾成契約とした（657条）。

2－109　寄託の諾成契約化

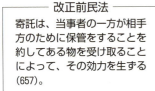

要物契約とする合理的な理由を見出せないこと、契約自由の原則、実務上諾成的な寄託が用いられていることから、寄託を諾成契約とした。

2 寄託の成立

寄託は、当事者の一方がある物を保管することを相手方に委託し、相手方がこれを承諾すること（**当事者間の合意**）によって成立する（**諾成契約**、657条）。

報酬を支払う旨の約定は、寄託の成立要件ではない（665条・648条1項）。

3 寄託の効力

寄託が成立すると、受寄者と寄託者は、それぞれ次の義務を負う。

【1】受寄者の義務

(1) 目的物保管義務（基本的義務）

(a) 注意義務

有償寄託の受寄者は、善良な管理者の注意をもって、寄託物を保管する義務を負う（**善管注意義務**、400条）。

これに対して、**無償寄託**の受寄者は、**自己の財産に対するのと同一の注意**をもって、寄託物を保管する義務を負う（659条）。無償寄託の受寄者の注意義務が軽減されている趣旨は、無償契約であるがゆえの責任の軽減や、それが寄託者の意思に適合するという点にある。ただし、商人がその営業の範囲内で寄託を受けたときは、無償であっても、善管注意義務を負う（商595条）。

(b) 寄託物使用の禁止

受寄者は、寄託者の承諾を得なければ、寄託物を使用することができない（**寄託物使用の禁止**、民658条1項）。

(c) 自己執行義務

受寄者は、原則として、みずから寄託物を保管する義務を負う（**自己執行義務**、

▶2012年第1問

←目的物保管義務

←平成30年（商法）改正

658条2項参照)。もっとも、受寄者は、「寄託者の承諾を得たとき」または「やむを得ない事由があるとき」は、寄託物を第三者に保管させることができる(658条2項)。この趣旨は、寄託が寄託者の受寄者に対する属人的な信頼を基礎とする点にある。平成29年改正により、「やむを得ない事由があるとき」が追加された。

← 平成29年改正

→ 部会資料73A・13頁、潮見・改正法327頁

→ 部会資料73A・13頁、潮見・改正法327頁、一問一答355頁

平成29年改正事項　受寄者の自己執行義務　C1

改正前民法658条1項は、「受寄者は、寄託者の承諾を得なければ、寄託物を使用し、又は第三者にこれを保管させることができない」と規定し、再寄託ができる場面を受寄者の明示または黙示の承諾を得た場合に限定していた。

しかし、これでは、再寄託をする必要性があるにもかかわらず、寄託者の承諾を得ることが困難な事情がある場合は、再寄託ができなくなってしまい、適当ではない。また、委任者の承諾がない場合でも「やむを得ない事由があるとき」に復委任が認められること(104条、644条の2第1項参照)とも整合的でない。

そこで、平成29年改正民法は、受寄者の承諾がある場合に加えて、「やむを得ない事由があるとき」にも再寄託を認めた(658条2項参照)。

2-110　受寄者の自己執行義務

――― 改正前民法 ―――
受寄者は、寄託者の承諾を得なければ、寄託物を使用し、または第三者にこれを保管させることができない(658Ⅰ)。

→

――― H29改正民法 ―――
・受寄者は、寄託者の承諾を得なければ、寄託物を使用することができない(658Ⅰ)。
・受寄者は、寄託者の承諾を得たとき、またはやむをえない事由があるときでなければ、寄託物を第三者に保管させることができない(658Ⅱ)。

再寄託をする必要性があるのに寄託者の承諾を得ることが困難なために再寄託できないとするのは適当でないこと、復委任に関する規律との整合性から、「やむを得ない事由があるとき」にも再寄託を認めた。

受寄者が第三者に寄託物を保管させた場合には、再受寄者は、寄託者に対して、その権限の範囲内において、受寄者と同一の権利を有し、義務を負う(658条3項)。この趣旨は、再受寄者が復代理関係にあることを明示する点にある。たとえば、寄託者は、再受寄者に対して、直接に保管上の指図を与えたり、物の返還を請求したりすることができる。また、再受寄者は、寄託者に対し、報酬や損害賠償、費用償還請求権を直接に行使することができる。ただし、再受寄者が行使できる権利の範囲は、受寄者が行使することのできる権利の範囲に限定される。

→ 新注民(16)325頁

平成29年改正事項　再受寄者の行為に関する受寄者の責任　C1

改正前民法658条2項は、改正前民法105条を準用し、適法に再受寄者を選任した受寄者の責任を、その選任および監督上の過失に限定していた。

しかし、寄託者が再寄託を承諾しただけで受寄者の責任が再受寄者の選任および監督に限定される結果となるのは不当である。また、再受寄者は受寄者の履行を補助する第三者であるから、債務不履行に関する一般ルールに従うべきである。

そこで、平成29年改正民法は、再受寄者の行為に関する受寄者の責任について、履行を補助する第三者の行為に基づく責任に関する一般原則に委ねることとした。

→ 部会資料73A・13頁、潮見・改正法328頁、一問一答360頁

2-111 再受寄者の行為に関する受寄者の責任

改正前民法	H29改正民法
658条2項が105条を準用し、適法に再受寄者を選任した受寄者の責任を、その選任および監督上の過失に限定。	再受寄者の行為に関する受寄者の責任について、履行を補助する第三者の行為に基づく責任に関する一般原則に委ねる。

> 寄託者が再寄託を承諾しただけで受寄者の責任が再受寄者の選任および監督に限定されるのは不当であり、再受寄者は受寄者の履行補助者であるから、債務不履行に関する一般ルールに従うべきである。

(2) 付随的義務

(a) 受寄者の通知義務

寄託物について権利を主張する第三者が受寄者に対して訴えを提起し、または差押え、仮差押えもしくは仮処分をしたときは、受寄者は、遅滞なくその事実を寄託者に通知しなければならない（**危険通知義務・通知義務**、660条1項本文）。この趣旨は、寄託者にみずからの権利を防御する機会を保障する点にある。そのため、寄託者がすでにこれを知っているときは、受寄者は通知義務を負わない（660条1項ただし書）。

← 付随的義務
← 平成29年改正

→ 部会資料73A・15頁
→ 部会資料73A・15頁、潮見・改正法329頁
→ 部会資料73A・15頁、潮見・改正法329頁、一問一答362頁

平成29年改正事項　受寄者が通知義務を負わない場合の明示　B2

改正前民法660条1項は、受寄者の通知義務について、寄託者が訴えの提起等を知っている場合を除外する旨の規定をおいていなかった。

しかし、受寄者が通知義務を負う趣旨に照らせば、寄託者が訴えの提起等を知っていれば、寄託者はみずからの権利を防御することができるため、あえて受寄者に通知義務を課す必要性は高くない。

そこで、平成29年改正民法は、660条1項にただし書を設け、寄託者が訴えの提起等を知っていた場合には受寄者が通知義務を負わない旨を明示した。

2-112 受寄者が通知義務を負わない場合の明示

改正前民法	H29改正民法
寄託物について権利を主張する第三者が受寄者に対して訴えを提起し、または差押え、仮差押えもしくは仮処分をしたときは、受寄者は、遅滞なくその事実を寄託者に通知しなければならない（660）。	寄託物について権利を主張する第三者が受寄者に対して訴えを提起し、または差押え、仮差押えもしくは仮処分をしたときは、受寄者は、遅滞なくその事実を寄託者に通知しなければならない。ただし、寄託者がすでにこれを知っているときは、このかぎりでない（660Ⅰ）。

> 寄託者が訴えの提起等を知っている場合に受寄者に通知義務を課す必要性は高くないため、このような場合に受寄者が通知義務を負わない旨を明示した。

(b) 寄託物についての第三者の権利主張

第三者が寄託物について権利を主張する場合であっても、受寄者は、寄託者の

← 平成29年改正

指図がないかぎり、寄託者に対しその寄託物を返還しなければならない（660条2項本文）。受寄者は、寄託契約に基づき、寄託者に対して寄託物を返還すべき義務を負うからである。そのため、受寄者は、当該第三者が寄託物の真の所有者であるか否かを問わず、強制執行等により強制的に占有を奪われるのでないかぎり、当該第三者に任意に寄託物を引き渡してはならない。受寄者が当該第三者に任意に寄託物を引き渡した場合、寄託者に対して債務不履行責任を負うことがある（判例）。

→ 部会資料73A・16頁、潮見・改正法329頁

→ 最判昭和42年11月17日判時509号63頁

ただし、受寄者が寄託者に通知をした場合または通知を要しない場合に、その寄託物を第三者に引き渡すべき旨を命ずる確定判決（確定判決と同一の効力を有するものを含む）があったときであって、その第三者にその寄託物を引き渡したときは、受寄者は、寄託者に対する目的物返還義務を免れる（660条2項ただし書）。この趣旨は、このような場合には、受寄者の寄託者に対する目的物返還義務を免除しても問題がないと考えられた点にある。ここでいう「確定判決と同一の効力を有するもの」（660条2項ただし書括弧書）とは、裁判上の和解や請求の認諾等である。ただし、その内容は寄託物を当該第三者に引き渡すことを命ずるものでなければならず、当該第三者の所有権等を確認する旨のものでは足りない。

→ 部会資料73A・16頁
→ 部会資料81-3・24頁

なお、受寄者は、660条2項本文の規定により寄託者に対して寄託物を返還しなければならない場合には、寄託者にその寄託物を引き渡したことによって第三者に損害が生じたときであっても、その賠償の責任を負わない（660条3項）。この趣旨は、寄託者と第三者との間の寄託物をめぐる紛争に受寄者が巻き込まれることを防ぐ点にある。

← 平成29年改正

→ 部会資料73A・18頁、潮見・改正法329頁

| 平成29年改正事項 | 寄託物について権利を主張する第三者に関する規定 | B3 |

改正前民法は、寄託物について権利を主張する第三者が現れた場合について、受寄者の通知義務のみを規定し、その他の規定をおいていなかった。この理由は、受寄者の寄託者に対する目的物返還義務が免除される場合を解釈により導くことができると考えられた点にある。

しかし、どのような場合に受寄者の寄託者に対する目的物返還義務が免除されるのかについて、解釈により安定的に導くことは困難である。

そこで、平成29年改正民法は、寄託物について権利を主張する第三者が現れた場合の規律を設けた（660条2項、3項）。

→ 部会資料73A・16頁、潮見・改正法329頁、一問一答362頁

2-113　寄託物について権利を主張する第三者に関する規定

―― 改正前民法 ――
規定なし

―― H29改正民法 ――
・第三者が寄託物について権利を主張する場合であっても、受寄者は、寄託者の指図がないかぎり、寄託者に対しその寄託物を返還しなければならない。ただし、受寄者が660条1項の通知をした場合または660条1項ただし書の規定によりその通知を要しない場合において、その寄託物をその第三者に引き渡すべき旨を命ずる確定判決（確定判決と同一の効力を有するものを含む）があったときであって、その第三者にその寄託物を引き渡したときは、このかぎりでない（660Ⅱ）。
・受寄者は、660条2項の規定により寄託者に対して寄託物を返還しなければならない場合には、寄託者にその寄託物を引き渡したことによって第三者に損害が生じたときであっても、その賠償の責任を負わない（660Ⅲ）。

どのような場合に受寄者の寄託者に対する目的物返還義務が免除されるのかについて明らかにするための規律を設けた。

(c) その他の義務

受寄者は、寄託にあたって受け取った金銭その他の物を寄託者に引き渡したり、寄託者のために自己の名で取得した権利を寄託者に移転しなければならない(引渡義務、権利移転義務、665条・646条)。また、受寄者は、寄託者に引き渡すべき金額等を自己のために消費したときは、その消費した日以後の利息を支払わなければならず、なお損害があればその賠償もしなければならない(金銭の消費責任、665条・647条)。

(3) 目的物返還義務

受寄者は、寄託者に対して、寄託物を返還する義務を負う(目的物返還義務)。「ある物を保管すること」(657条)とは、目的物の保管のみならず、保管した目的物を寄託者に返還することを含むと理解される。

寄託物の返還は、その保管をすべき場所でしなければならない(664条本文)。ただし、受寄者が正当な事由によってその物を保管する場所を変更したときは、その現在の場所で返還をすることができる(664条ただし書)。

← 目的物返還義務

→ 部会資料81-3・23頁、潮見・改正法325頁

【2】寄託者の義務

(1) 報酬支払義務――有償寄託の場合

有償寄託の場合には、寄託者は、受寄者に対して報酬を支払う義務を負う(報酬支払義務、665条・648条1項参照)。

報酬の支払時期等の規律は、委任に関する規律が準用される(665条・648条)。

← 報酬支払義務

(2) 費用前払義務・費用等の償還義務・債務弁済義務等

寄託者は、保管に費用を要するときは、受寄者の請求によりその前払をしなければならない(費用前払義務、665条・649条)。また、寄託者は、受寄者の請求に応じて、受寄者が支出した費用等を償還し、受寄者の負担した債務を弁済(当該債務が弁済期にないときは、相当の担保を提供)しなければならない(費用償還義務、代弁済義務・受寄者の費用償還請求権、代弁済請求権、665条・650条1項、2項)。

← 費用前払義務等

(3) 損害賠償義務

寄託者は、寄託物の性質または瑕疵によって生じた損害を受寄者に賠償しなければならない(損害賠償義務、661条本文)。たとえば、寄託物が爆発しやすい物や有毒物であった場合に受寄者に損害が生じたときなどがあげられる。ただし、寄託者が過失なくその性質もしくは瑕疵を知らなかったとき、または受寄者がこれを知っていたときは、寄託者は損害賠償義務を免れる(661条ただし書)。この趣旨は、寄託者は、寄託物の性質等を知りうる立場にあるから、寄託物に起因する損害の賠償責任について、受寄者から寄託者に立証責任を転換する点にある。

なお、学説上、無償寄託については、好意的契約としての性格が強いことから、委任に関する650条3項を類推適用し、寄託者に無過失責任を負わせるべきとの見解が有力に主張されている。

← 損害賠償義務

→ 新注民(16)340頁

→ 新注民(16)340頁、部会資料73B・8頁

→ 新注民(16)341頁、部会資料73B・9頁

> 平成29年改正の際、寄託者の損害賠償責任(661条)について、無償寄託の場合に寄託者に無過失責任を負わせる等、より詳細な規定をおくことが検討されました。しかし、規律の内容について明確な方向が示されず、合意形成が困難であると考えられたため、改正は見送られました。

→ 部会資料73B・8頁、部会資料81-3・26頁

(4) 損害賠償および費用償還請求の期間制限

寄託物の一部滅失または損傷によって生じた損害の賠償および受寄者が支出した費用の償還は、寄託者が返還を受けた時から1年以内に請求しなければならない(664条の2第1項)。この趣旨は、寄託物の損傷または一部滅失が受寄者の保管中に生じたものか否かが不明確になることを防ぎ、寄託に関する債権債務関係を早期に処理する点にある。1年以内という期間制限は、除斥期間である。

→ 部会資料73A・20頁、一問一答364頁、潮見・改正法331頁
→ 中田・契約法543頁

また、寄託物の一部滅失または損傷によって生じた損害賠償の請求権については、寄託者が返還を受けた時から1年を経過するまでの間は、時効は、完成しない(664条の2第2項)。この趣旨は、寄託物の一部滅失等に基づく損害賠償請求権の消滅時効の起算点は当該一部滅失等の発生時と考えられるため、寄託中に消滅時効が完成するおそれがあるところ、このような場合に寄託者が寄託物の状況を把握することは困難であることから、寄託物の返還を受けた時から1年間は消滅時効の完成を猶予する点にある。

→ 部会資料73A・20頁、一問一答364頁、潮見・改正法331頁、291頁

なお、寄託物の全部が滅失した場合は、664条の2は適用されない。この理由は、全部滅失の場合には寄託物の返還自体が不能となっているため「返還」を前提とする664条の2を適用する場面が想定できないことと、債権債務関係の早期処理の必要性が乏しい点にある。

→ 部会資料73A・20頁

2-114

寄託契約開始時 ─ 寄託物返還時
損害賠償請求権
一部滅失 寄託中、消滅時効は完成しない(664の2Ⅱ) 寄託物返還時から1年間

寄託者の受寄者に対する損害賠償請求権の行使は、寄託物返還時から1年に制限される(664の2Ⅰ)
寄託者の受寄者に対する損害賠償請求権は、寄託物返還時から1年は消滅時効が完成しない(664の2Ⅱ)

4 終了

▶平成12年度第1問

改正前民法のもとでは、寄託は要物契約とされていた。そのため、寄託の終了について、返還時期の定めの有無によって区分して検討すれば足りた。

ところが、平成29年改正により寄託が諾成契約とされた。そのため、寄託物が引き渡される前に寄託が終了することがありうる。

← 平成29年改正

そこで、以下では、時系列に従い、寄託物引渡前の解除(後記【1】)について説明した後、返還時期の定めのある場合と定めのない場合(後記【2】【3】)について説明する。

【1】 寄託物引渡前の解除

寄託者と受寄者とは、寄託物が引き渡されていない場合に、それぞれ次のときは、寄託を解除することができる。

(1) **寄託者による解除**

寄託者は、受寄者が寄託物を受け取るまで、契約の解除をすることができる（657条の2第1項前段）。この趣旨は、寄託の利益は寄託者にあると考えられることから、寄託者において寄託する必要がなくなった場合にまで、寄託させる義務を負わせるべきではない点にある。

この場合に、寄託者による解除によって受寄者が損害を受けたときは、受寄者は、寄託者に対し、その賠償を請求することができる（657条の2第1項後段）。ここでいう「損害」とは、契約が解除されなければ受寄者が得たと認められる利益から、受寄者が債務を免れることによって得た利益を控除したものである。

(2) **受寄者による解除**

(a) **無償寄託における解除**

無報酬の受寄者は、寄託物を受け取るまで、契約の解除をすることができる（657条の2第2項本文）。この趣旨は、契約の拘束力を緩和することで受寄者の保護を図る点にある。

ただし、書面による寄託の場合、無償寄託であっても、受寄者は解除をすることができない（657条の2第2項ただし書）。この趣旨は、書面によって締結された場合には、受寄者が軽率に契約を締結したとは考えにくく、契約の拘束力を緩和する必要がない点にある。このような趣旨からすれば、ここにいう「書面」とは、寄託者の意思や、寄託契約の詳細な内容まで具体的に記載されている必要はないが、寄託物を無報酬で保管する旨の受寄者の意思が現れているものでなければならないと解される。

(b) **寄託物が引き渡されない場合の解除**

有償寄託または書面による無償寄託の受寄者は、寄託物を受け取るべき時期を経過したにもかかわらず、寄託者が寄託物を引き渡さない場合において、相当の期間を定めてその引渡しの催告をし、その期間内に引渡しがないときは、契約の解除をすることができる（657条の2第3項）。この趣旨は、有償寄託または書面による無償寄託の受寄者は寄託物受取前の解除ができないところ、この場合に受寄者に解除権をいっさい認めないとすると、寄託者が寄託物を引き渡さず、解除もしない場合に、受寄者がいつまでも契約に拘束されることとなるため、このような不都合を解消する点にある。

なお、ここにいう受寄者が解除をした場合については、寄託者からの損害賠償請求が可能という規定は設けられていない。これは、受寄者の催告があったのに寄託物を引き渡さないという寄託者の行為に起因して解除権が発生するものであって、相対的に受寄者の保護を図る必要性が高いからである。

【2】返還時期の定めがない場合

(1) **寄託者による返還請求**

寄託者は、返還時期の定めの有無にかかわらず、いつでも寄託物の返還を請求することができる（662条1項）。この趣旨は、寄託の利益が寄託者にあるため、寄託者において寄託する必要がなくなった場合にまで、寄託させる義務を負わせるべきではない点にある。

(2) **受寄者の返還**

返還時期の定めがない場合、受寄者は、いつでも寄託物を返還することができ

る(663条1項)。

【3】返還時期の定めがある場合
(1) 寄託者による返還請求

寄託者は、返還時期の定めの有無にかかわらず、いつでも寄託物の返還を請求することができる(662条1項)。ただし、この場合に、受寄者が返還時期前の返還請求により損害を受けたときは、受寄者は、寄託者に対し、その賠償を請求することができる(662条2項)。この趣旨は、寄託者が返還請求によって受寄者に損害を被らせたときは、その賠償をすべきことを明示する点にある。ここでいう「損害」とは、契約が解除されなければ受寄者が得たと認められる利益から、受寄者が債務を免れることによって得た利益を控除したものである。

→ 部会資料73 A・21頁、潮見・改正法330頁
→ 部会資料73 A・21頁、見・改正法330頁

(2) 受寄者の返還

返還時期の定めがある場合、受寄者は、やむをえない事由がなければ、その期限前に返還をすることができない(663条2項)。

5 特殊な寄託

▶2014年第1問

【1】混合寄託

←平成29年改正

(1) 意義
(a) 定義

混合寄託とは、受寄者が、寄託を受けた代替性のある寄託物を、他の寄託者から寄託を受けた種類および品質が同一の寄託物と混合して保管し、寄託されたのと同数量のものを返還する特殊な寄託をいう。たとえば、証券会社が複数の顧客から有価証券を預かって保管する場合や、商社が複数の顧客から金地金(インゴッド)を預かって保管する場合があげられる。

→ 部会資料73 A・22頁
←「混合寄託」とは

混合寄託は、寄託者の異なる複数の寄託物を混合して保管することによって、寄託物の保管のための場所および労力の負担を軽減し、寄託費用を節約することにつながるため、特に倉庫寄託を中心として実務上利用されている。

2-115

寄託者 ──→ 受寄者
寄託 ──→ 同種物・寄託物・同種物 ←── 他の寄託者からの寄託
←── 返還

(b) 特徴

混合寄託は、受寄者が寄託物と同一の物を返還する義務を負わない点で、通常の寄託と異なる。

また、混合寄託は、寄託物の処分権を受寄者が取得しない点で、消費寄託とも異なる。

(2) 要件——混合寄託の成立

受寄者は、①複数の者が寄託した物の種類および品質が同一である場合(**寄託物の種類および品質の同一性**)において、②各寄託者の承諾を得たとき(**各寄託者の承諾**)は、寄託物を混合して保管することができる(665条の2第1項)。

(3) 効力

以下では、通常の寄託と異なる点について説明することにする。

←通常の寄託と異なる点

(a) 目的物返還請求権

寄託者は、受寄者に対し、自己の寄託した物と同じ数量の物の返還を請求することができる(665条の2第2項)。

(b) 寄託物の一部が滅失した場合

混合寄託において、寄託物の一部が滅失したときは、寄託者は、混合して保管されている総寄託物に対するその寄託した物の割合に応じた数量の物の返還を請求することができる(665条の2第3項前段)。この場合、損害賠償の請求は妨げられない(665条の2第3項後段)。

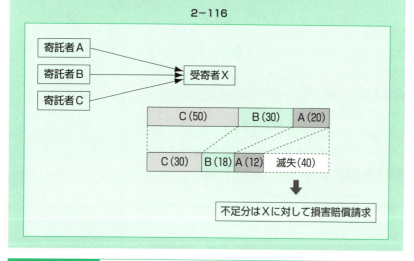

たとえば、寄託者A、BおよびCが、混合寄託により、受寄者Xに対してそれぞれ種類および品質が同一である物を20、30、50ずつ寄託していた場合において、寄託物のうち40が滅失したとしましょう。
この場合には、Aは12、Bは18、Cは30の返還を請求することができるにとどまり、不足分はXに対する損害賠償請求によって補うべきこととなります。

2-116

| 平成29年改正事項 | 混合寄託の明文化 | B3 |

→ 部会資料73 A・22頁、潮見・改正法332頁、一問一答366頁

改正前民法には、混合寄託に関する規定がおかれていなかった。
しかし、混合寄託は、特殊な寄託の類型として解釈上認められていた。
混合寄託が明文化される以前は、混合寄託に関する法律関係は、各寄託者が寄託物の所有者であることを前提に、次のように説明されていた。すなわち、各寄託者は、受寄者が寄託物を混合して保管するため、各自の寄託した個別の寄託物に対する所有権を失い、寄託物全体について共有持分権を取得する。そして、各寄託者は、受寄者に対し、共有持分の割合に応じた数量の物を分離して返還するよう請求することができる。
もっとも、このような説明は、各寄託者が寄託物の所有者でなければ妥当しない。寄託者が必ずしも寄託物の所有者であるとはかぎらないため、寄託者が寄託物の所有者でなくとも妥当する規律を設ける必要があった。
そこで、平成29年改正民法は、混合寄託を明文化し、混合寄託に関する法律関係を明確にし

た（665条の2）。

2-117 混合寄託の明文化

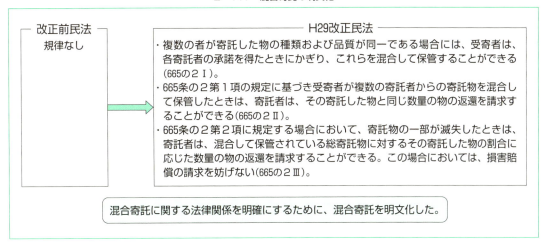

【2】消費寄託

(1) 意義

(a) 消費寄託とは

　消費寄託とは、受寄者が契約により寄託物を消費することができる場合であって、寄託物と種類、品質および数量の同じ物をもって返還する義務を負うものをいう（666条1項参照）。たとえば、銀行に預金する場合があげられる。

← 「消費寄託」とは

2-118

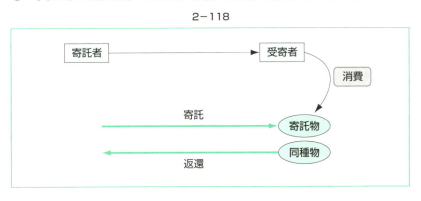

(b) 特徴

　消費寄託は、受寄者が寄託物の処分権を取得する点で、通常の寄託と異なる。
　また、消費寄託は、受寄者が寄託物を自由に消費することができ、これと同種、同質、同量の物の返還義務を負うのみである点で、消費貸借と類似する。もっとも、消費貸借が借主に目的物の利用を認める点に本質があるのに対し、消費寄託は、受寄者に目的物を預かってもらう点に本質がある点で、両者は異なる。
　このような特徴から、民法は、消費寄託について、原則として寄託に関する規定を適用し、部分的に消費貸借の規定を準用している（666条2項、3項）。

(2) 要件——消費寄託の成立

　消費寄託は、当事者の一方が種類物を保管することを相手方に委託するとともに、当該種類物の消費を認め、相手方がこれを承諾すること（当事者間の合意）

⇒ 部会資料75B・23頁、潮見・改正法333頁

によって成立する(666条1項)。消費寄託は**諾成契約**である(657条)。

(3) 効力

以下では、通常の寄託と異なる点について説明することにする。

(a) 寄託者の引渡責任および受寄者の価額償還責任

寄託者は、消費寄託の目的物を消費寄託の目的として特定した時の状態で引き渡すことを約したものと推定される(666条2項・590条1項・551条)。

寄託者が交付した目的物が種類または品質に関して契約の内容に適合しないものである場合には、受寄者は、その物の価額を返還することができる(666条2項・590条2項)。

受寄者は、寄託物の所有権を取得する。受寄者は、寄託物と種類、品質および数量の同じ物をもって返還する義務を負う。

受寄者が寄託者から受け取った物と種類、品質および数量の同じ物をもって返還をすることができなくなったときは、その時における物の価額を償還しなければならない(666条2項・592条本文)。ただし、金銭の消費寄託において特殊の通貨で支払う約束があった場合に、当該通貨が返還期限に強制通用力を失ったときは、他の通貨で返還しなければならない(666条2項・592条ただし書・402条2項)。

(b) 預金または貯金にかかる契約による金銭の消費寄託(預貯金契約)

預金または貯金にかかる契約により金銭を消費寄託した場合には、目的物の返還時期は以下のようになる。もっとも、以下の規律は任意規定であり、当事者間でこれと異なる合意をすることは可能である。

> 消費寄託で社会的にもっとも重要なのが、この預貯金契約(銀行預金や郵便貯金)です。ただ、銀行取引では、各金融機関が設けている約款(銀行取引約款)による実務が定着しています。また、平成29年改正においても、ここでいう返還時期に関する規定以外に特別の規定は設けられませんでした。
> 預金契約については、さまざまな問題があります。預金者の認定については、債権総論で学習しました。また、誤振込みに関連して多くの論点があり、不当利得のところで触れることにします。
> そのほか、判例は、預貯金契約の性質・構造について、消費寄託の性質とともに、委任事務あるいは準委任事務の性質も有するとしています。

★重要判例(最判平成21年1月22日〔百選Ⅱ74事件〕)

「預金契約は、預金者が金融機関に金銭の保管を委託し、金融機関は預金者に同種、同額の金銭を返還する義務を負うことを内容とするものであるから、消費寄託の性質を有するものである。しかし、預金契約に基づいて金融機関の処理すべき事務には、預金の返還だけでなく、振込入金の受入れ、各種料金の自動支払、利息の入金、定期預金の自動継続処理等、委任事務ないし準委任事務(以下『委任事務等』という。)の性質を有するものも多く含まれている。委任契約や準委任契約においては、受任者は委任者の求めに応じて委任事務等の処理の状況を報告すべき義務を負うが(民法645条、656条)、これは、委任者にとって、委任事務等の処理状況を正確に把握するとともに、受任者の事務処理の適切さについて判断するためには、受任者から適宜上記報告を受けることが必要不可欠であるためと解される。このことは預金契約において金融機関が処理すべき事務についても同様であり、預金口座の取引経過は、預金契約に基づく金融機関の事務処理を反映したものであるから、預金者にとって、その開示を受けることが、預金の増減とその原因等について正確に把握するとともに、金融機関の事務処理の適切さについて判断するために必要不可欠で

← 通常の寄託と異なる点

← 平成29年改正

→ 部会第85回議事録48頁 (山野目幹事発言)

→ 『債権総論』4章1節③【2】(4)(d)(ⅱ)
→ 4章2節⑤【2】(2)
→ 最判平成21年1月22日 (後出重要判例)

あるということができる。
　したがって、金融機関は、預金契約に基づき、預金者の求めに応じて預金口座の取引経過を開示すべき義務を負うと解するのが相当である。
　そして、預金者が死亡した場合、その共同相続人の一人は、預金債権の一部を相続により取得するにとどまるが、これとは別に、共同相続人全員に帰属する預金契約上の地位に基づき、被相続人名義の預金口座についてその取引経過の開示を求める権利を単独で行使することができる(同法264条、252条ただし書)というべきであり、他の共同相続人全員の同意がないことは上記権利行使を妨げる理由となるものではない。」

【争点】①金融機関は、預金契約に基づき、預金者の求めに応じて預金口座の取引経過を開示すべき義務を負うか。
②預金者の共同相続人の一人は、共同相続人全員に帰属する預金契約上の地位に基づき、被相続人名義の預金口座の取引経過の開示を求める権利を単独で行使することができるか。

【結論】①負う。
②できる。

(i) 返還時期の定めがない場合

a　寄託者による返還請求

　寄託者は、返還時期の定めの有無にかかわらず、いつでも寄託物の返還を請求することができる(662条1項)。この部分は、通常の寄託と同じ規律である。

b　受寄者による返還

　受寄者は、いつでも寄託物を返還することができる(666条3項・591条2項)。この部分は、通常の寄託と同じ規律である(663条1項)。

←返還時期の定めがない場合（消費貸借との差異）

(ii) 返還時期の定めがある場合

a　寄託者による返還請求

　寄託者は、返還時期の定めの有無にかかわらず、いつでも寄託物の返還を請求することができる(662条1項)。ただし、この場合に、受寄者が返還時期前の返還請求により損害を受けたときは、受寄者は、寄託者に対し、その賠償を請求することができる(662条2項)。この部分は、通常の寄託と同じ規律である。

b　受寄者による返還

　受寄者は、いつでも寄託物を返還することができる(666条3項・591条2項)。ただし、寄託者は、受寄者の期限前返還によって損害を受けたときは、受寄者に対し、その賠償を請求することができる(666条3項・591条3項)。

　通常の寄託の場合には、受寄者は、やむをえない事由がなければ、その期限前に返還をすることができない(663条2項)。そのため、この部分は、通常の寄託と異なる。このように通常の寄託の特則をおいた趣旨は、預貯金契約が受寄者にとっても利益がある契約である点で他の消費寄託と異なっており、受寄者に一方的に不利なルールである663条2項を適用することが相当でない点にある。

←返還時期の定めがある場合（寄託との差異）

→部会資料81-3・26頁、潮見・改正法333頁

| 平成29年改正事項 | 消費寄託の規律 | C1 |

改正前民法666条は、消費寄託について、原則として消費貸借の規定を準用していた。
　しかし、消費貸借が借主に目的物の利用を認める点に本質があるのに対し、消費寄託は受寄者に目的物を預かってもらう点に本質がある点で異なっている。
　そこで、平成29年改正民法は、消費寄託について、原則として寄託の規定を準用することとして規律を整理した(666条)。

→一問一答367頁

2-119 消費寄託の規律

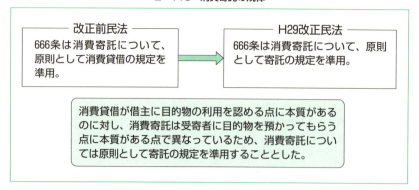

寄託、消費寄託および消費貸借の目的物の返還に関する規律を表に整理したので、それぞれの内容について、確認しておいてほしい。

寄託・消費寄託・消費貸借の目的物の返還に関する規律

		寄託	消費寄託		消費貸借
返還時期の定めがない場合	寄託者による返還請求	・いつでも寄託物の返還を請求可（662Ⅰ）	662Ⅰ	貸主による返還請求	・相当の期間を定めて返還の催告（591Ⅰ）
	受寄者による返還	・いつでも寄託物を返還可（663Ⅰ）	663Ⅰ	借主による返還	・いつでも返還可（591Ⅱ）
返還時期の定めがある場合	寄託者による返還請求	・いつでも寄託物の返還を請求可（662Ⅰ） ・ただし返還時期前の返還請求の損害賠償義務（662Ⅱ）	662Ⅰ 662Ⅱ	貸主による返還請求	・返還時期の到来した時（412Ⅰ）、期限の到来した後に借主が履行の請求を受けた時または借主が期限の到来を知った時のいずれか早い時（412Ⅱ）に返還請求可
	受寄者による返還	・やむをえない事由がなければ期限前に返還をすることができない（663Ⅱ）	663Ⅱ ただし、預貯金の場合は以下のとおり ・いつでも寄託物を返還可（666Ⅲ・591Ⅱ） ・ただし返還時期前の返還請求の損害賠償義務（666Ⅲ・591Ⅲ）	借主による返還	・いつでも返還可（591Ⅱ） ・ただし期限前弁済の損害賠償義務（591Ⅲ）

第2章 契約各論

11. 組合

1 意義

【1】組合とは

　組合契約とは、各当事者が出資をして共同の事業を営むことを約することによって、その効力を生ずる契約をいう（667条1項）。たとえば、ＡＢＣ3人が、それぞれ土地や資金、労務を提供して1つの事業を営むことを約束するような場合である。その契約の結果として団体が構成され、この団体を組合というが、その目的をもつ契約（組合契約）自体を組合という場合もある。

　ここにいう組合は、契約による人々の結合体にとどまり、民法総則で学習した「法人」（33条から37条まで）と異なり、**法人格を有するものではない**点に注意してほしい。それゆえ、組合では、団体としての行動は組合員全員または全員から代理権を与えられた者（業務執行者）によってなされ、その法律効果も全員に帰属するし（670条）、団体の資産は構成員全員が共有し（668条）、団体の債務も全員が共同に負担する（677条反対解釈）。その内容の詳細は後述する。

← 「組合契約」とは

→ 『民法総則』2章2節

→ ③【2】、④

【2】性質

　組合は、互いに出資して団体たる組合を結成する目的をもつものであって、民法は、**有償、双務、諾成契約**の一類型として規定している。

> 　組合の（法的）性質については、双務契約説のほかに、合同行為説があります（その他の説は割愛します）。後者は、組合は対立する意思の合致で成立する本来の契約ではなく、むしろ、団体形成という同一方向に向けられた意思からなる合同行為であるという見解です。両者の分岐点は、契約の効力に関する通則規定、すなわち契約総則の規定（同時履行の抗弁権、危険負担、契約の解除等）が適用されるか否かとされていましたが、かりに双務契約説に立つとしても、契約総則の規定を組合契約に適用する際には、組合契約の団体的制約に由来する一定の制約があると解されていました。
> 　そして、平成29年改正民法では、後述するように、同時履行の抗弁権等の契約総則の規定が適用されないと定められましたので、組合の性質については依然として解釈に委ねられていますが、重要な対立とはいえないでしょう。

　組合契約の団体的制約に由来する一定の制約として、同時履行の抗弁権（533条）、危険負担（536条）の規定は、組合契約については適用されない（667条の2第1項）。

← 平成29年改正

| 平成29年改正事項 | 契約総則の規定の不適用①（同時履行の抗弁、危険負担） | B3 |

　改正前民法では、同時履行の抗弁（533条）や危険負担（536条）に関する規定について、組合契約への適用の有無に関する特段の規定はなかった。

→ 部会資料75Ａ・40頁、81-3・26頁、一問一答371頁

2-11 組合　323

しかし、これらの規定を組合契約にそのまま適用すると、組合員の1人が出資債務を履行しなかったり、その出資債務が履行不能となったりした場合に、必要な出資がされず、組合の円滑な業務に支障をきたしかねないため、これらの規定は、組合契約には適用すべきでない。

そこで、平成29年改正法は、同時履行に関する533条および危険負担に関する536条の規定は、組合契約については適用しないと規定した(667条の2第1項)。

2-120　契約総則の規定の不適用①

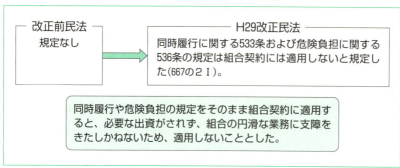

たとえば、ある組合員が、他の組合員が出資債務の履行をしないことを理由として、自己の出資債務の履行を拒むことを認めてしまうと、いつまでも出資債務が履行されないことになりかねず、組合契約の目的が達成できません。ですので、組合契約には同時履行の抗弁権の規定(533条)を適用しないのです。

また、ある組合員の出資債務が不可抗力により履行不能となった場合においても、他の組合員が自己の出資債務の履行を拒むことができるとすれば、互いに履行拒絶権を行使し合い、いつまでも出資債務が履行されないことになりかねません。ですので、組合契約には危険負担の規定(536条1項)は適用しないのです。なお、536条2項前段・後段についても適用はありません。

また、組合員は、他の組合員が組合契約に基づく債務の履行をしないことを理由として、組合契約を解除することができない(667条の2第2項)。

← 平成29年改正

→ 部会資料75A・40頁、81-3・26頁、一問一答371頁

→ 大判昭和14年6月20日民集18巻666頁

| 平成29年改正事項 | 契約総則の規定の不適用②(契約の解除) | B3 |

改正前民法では、組合契約は債務不履行を理由として契約を解除することができないとする規定はなかった。

しかし、判例は、組合契約の終了に関する特別な規定として、脱退や除名、解散についての規定が設けられていることを理由として、契約の解除に関する規定は組合契約には適用されないとしていた。

そこで、平成29年改正法は、組合員は、他の組合員が組合契約に基づく債務の履行をしないことを理由として、組合契約を解除することはできないと規定した(667条の2第2項)。

2-121　契約総則の規定の不適用②

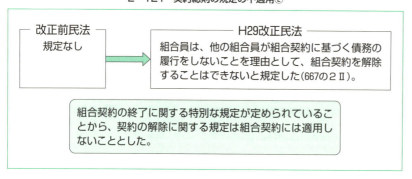

2 組合の成立

以下では、組合が成立するための要件について検討していくことにする。

【1】2人以上の当事者があること
【2】組合の合意があること
【3】出資があること
【4】共同の事業を営むものであること

【1】2人以上の当事者があること

組合は、各当事者が出資をして共同の事業を営むという契約であり、2人以上の当事者が1つの団体を形成する契約である。

【2】組合の合意があること

組合契約は、前述したように諾成契約であるから、**組合契約の合意（意思の合致）**があれば足り、要式行為ではない。

もっとも、組合契約の団体的性格にかんがみ、組合員の1人について意思表示の無効または取消しの原因があっても、他の組合員の間においては、当該原因に基づく無効または取消しの効果は及ばず（667条の3）、組合関係は存続する。なお、その意思表示に無効・取消しの原因のある組合員がすでに出資をしていた場合には、その組合員は、組合に対してその出資の返還を求めることができる。

← 平成29年改正

→ 潮見・改正法335頁

→ 部会資料75A・43頁、81-3・28頁、一問一答369頁

平成29年改正事項　組合員の1人についての意思表示の無効等　B3

組合契約の法的性質をどのように解するとしても、組合契約の締結は、意思表示によってなされることから、その意思表示については、意思表示の無効または取消しに関する規定の適用がありうることになるが、組合契約についてその適用を制限する特別の規定はなかった。

しかし、組合契約は団体的性格を有し、1人または数人の組合員について契約締結の意思表示が無効となり、または取り消されることによって、組合契約全体が無効となったり、取り消されることになったりすることとなれば、他の組合員は契約の目的を達することができず、組合の外形を信頼して取引関係に入った第三者の利益も害される。

そこで、平成29年改正民法は、第三者との取引の開始の前後を問わず、組合員の1人について意思表示の無効または取消しの原因があっても、組合契約は、他の組合員の間においては、その効力を妨げない旨の規律を設けた（667条の3）。

2-122 組合員の1人についての意思表示の無効等

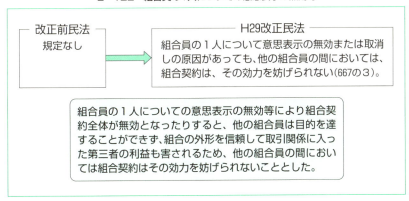

【3】 出資があること

　組合契約においては、全員が出資義務を負わなければならないが(667条1項)、その出資の内容は財産的価値さえあれば足りるので、金銭、物の所有権その他の権利(地上権、無体財産権)などのほか、労務(667条2項)や信用でもよいと解されている。

　金銭を出資の目的とした場合に、組合員がその出資をすることを怠ったときは、その利息を支払うほか、損害の賠償をしなければならない(669条)。

【4】 共同の事業を営むものであること

　共同の事業を営むことを約する必要があるが、その「事業」は継続的なものであろうと一時的なものであろうとよい。また、「共同の事業」の概念は広く解釈されている。すなわち、営利を目的とするものでも、組合員に共通する利益(共益)を目的とするもの(たとえば、共同購入したヨットを利用して航海等を楽しむヨットクラブ)でも、公益を目的とするものでもよい。

➡ 最判平成11年2月23日(百選Ⅰ17事件)

3 組合の業務執行

【1】 内部的業務執行

⇐ 内部的業務執行

(1) 業務執行者がない場合(各組合員が業務執行をする場合)

(a) 原則

　組合契約で業務を委託された者(業務執行者)がいないため、各組合員が業務執行をする場合には、組合の業務は、**組合員の過半数**をもって決定し、各組合員がこれを執行する(670条1項)。組合員(頭数)の過半数を決定の基準とする趣旨は、以下のとおりである。すなわち、かりに、組合員の全員一致を要することにすると、実際上不便であるし、業務執行が停滞するおそれがあるし、他方で、各組合員の専断に委ねることとすると、各人の行為が矛盾したり、多くの組合員の意思に反する結果が生じたりすることがある。そして、出資の価額に応じて議決権を付与する方法も考えられるが、組合では人的結合の性格が強いので、頭数による過半数とすることが適当とされたのである。

⇐ 平成29年改正

　なお、平成29年改正民法は、改正前民法670条1項に「各組合員がこれを執行する」との文言を追記することによって、**意思決定の方法**(業務の決定)に関する定めに加え、**意思決定を実行する方法**(業務執行権の所在)を明らかにした。

➡ 部会資料75A・48頁、潮見・改正法336頁

(b) 例外

　もっとも、組合の常務(日常的な軽微な業務)にまで、過半数の決定がないとできないというのでは煩雑である。そこで、常務は各組合員が単独で行うことができるが(670条5項本文)、業務完了前に他の組合員が異議を述べたときは、単独で行うことはできず、組合員の過半数をもって決定することとした(670条5項ただし書)。

　組合の業務を決定し、または執行する組合員については、委任に関する644条から650条までの規定が準用される(671条)。この場合に、組合員の業務執行権は、組合契約に基づき相互に付与されるものであって、組合員間に委任契約が締結されるわけではないが、業務を執行する組合員は受任者と同様の地位に立つからである。

具体的には、業務を執行する組合員は、善管注意義務(644条)、自己執行義務(644条の2)、報告義務(645条)、引渡・権利移転義務(646条)、金銭消費の責任(647条)を負います。これに対して、組合は、報酬支払義務(648条)、費用前払義務(649条)、費用償還義務(650条1項)、代弁済義務(650条2項)を負います。
委任のところでそれぞれの内容を確認しておいてください。

→ 9節③

(2) 業務執行者がある場合

←平成29年改正

(a) 業務執行者と組合員の関係

組合の業務の決定および執行は、組合契約の定めるところにより、1人または数人の組合員または第三者に委任することができ(670条2項)、この委任を受けた者(業務執行者)は、組合の業務を決定し、これを執行する(670条3項前段)。この場合に、業務執行者が数人あるときは、組合の業務は、業務執行者の過半数をもって決定し、各業務執行者がこれを執行する(670条3項後段)。

←業務執行者

もっとも、組合の業務の執行を業務執行者に委任した場合であっても、組合の業務については、総組合員の同意によって決定し、または総組合員が執行することは妨げられない(670条4項)。

また、組合の常務は、各業務執行者が単独で行うことができるが(670条5項本文)、業務完了前に他の業務執行者が異議を述べたときは、単独で行うことはできず、業務執行者の過半数をもって決定する(670条5項ただし書)。

さらに、組合員が業務執行者である場合にも、委任に関する644条から650条までの規定が準用される(671条)。

(b) 業務執行者の辞任・解任

組合契約の定めるところにより1人または数人の組合員に業務の決定および執行を委任したときは、その組合員は「正当な事由」(たとえば、病気、職務上の非行)がなければ、辞任することができず(672条1項)、解任するためには、「正当な事由」のほか「他の組合員の一致」が必要である(672条2項)。

(c) 組合員の財産検査権

組合の業務の決定および執行を委任した場合には、業務執行者でない各組合員は、業務執行権限を失うが、なお業務および組合財産の状況を検査することができる(673条)。

←平成29年改正

【2】対外的業務執行(組合代理)

組合は法人格をもたず、みずから法律行為の主体となることができないため、組合が第三者と法律行為を行う場合には、組合員または業務執行者による代理の形式を用いざるをえない。この場合の代理の形式を組合代理という。

←対外的業務執行

| 平成29年改正事項 | 組合代理 | B3 |

改正前民法は、組合代理に関する規定を設けていなかった。
しかし、平成29年改正民法では、内部関係である委任と外部関係である代理を区別して規定を設けることにしたことから、組合契約についても、業務執行(組合内部の意思決定およびその執行)に関する規定とは別に、組合代理(組合が第三者と法律行為を行う方法)に関する規定を設けることが相当である。
そこで、平成29年改正民法は、組合代理に関する規定を設けた(670条の2)。

→ 部会資料75A・50頁、一問一答369頁

2-11 組合　327

2-123 組合代理

改正前民法	H29改正民法
規定なし	・各組合員は、組合の業務を執行する場合において、組合員の過半数の同意を得たときは、他の組合員を代理することができる(670条の2 Ⅰ)。 ・670条の2第1項の規定にかかわらず、業務執行者があるときは、業務執行者のみが組合員を代理することができる。この場合において、業務執行者が数人あるときは、各業務執行者は、業務執行者の過半数の同意を得たときにかぎり、組合員を代理することができる(670条の2 Ⅱ)。 ・670条の2第1項、2項の規定にかかわらず、各組合員または各業務執行者は、組合の常務を行うときは、単独で組合員を代理することができる(670条の2 Ⅲ)。

> 平成29年改正民法では、内部関係である委任と外部関係である代理と区別して規定を設けることとしたため、組合契約について、業務執行に関する規定とは別に、組合代理に関する規定を設けた。

なお、組合代理も代理である以上、代理に関する民法総則その他の規定の適用がある。

→ 潮見・改正法337頁

(1) 業務執行者がない場合

業務執行者がいないため、各組合員が、組合の業務を執行する場合に、組合員の過半数の同意を得たときは、他の組合員を代理することができる(670条の2第1項)。もっとも、組合の常務については、各組合員は、単独で組合員を代理することができる(670条の2第3項)。

(2) 業務執行者がある場合

業務執行者があるときは、業務執行者のみが組合員を代理することができる(670条の2第2項前段)。この場合に、業務執行者が数人あるときは、各業務執行者は、業務執行者の過半数の同意を得たときにかぎり、組合員を代理することができる(670条の2第2項後段)。もっとも、組合の常務については、各業務執行者は、単独で組合員を代理することができる(670条の2第3項)。

4 組合の財産関係

【1】組合財産の合有

← 組合財産の合有

(1) 合有

組合財産の帰属について、民法は、総組合員の「共有」に属すると規定する(668条)。もっとも、民法は他方で、持分処分の制限や分割請求を禁ずる(676条1項、3項)など、組合員の固有財産からの独立性をある程度もたせており、物権編の「共有」(249条以下)とは異なる帰属態様を規定している。

そのため、組合財産の帰属態様については、一般に、合有(具体的な持分は観念できないが、潜在的な持分というものが認められているもの)と解されている。

→『物権法』4章4節[1]

> 組合には法人格はありませんから、組合は総組合員から独立した存在ではありません。そうすると、組合の各財産は、あくまでも総組合員に帰属するのですから、本来、「組合財産」(668条)というものを観念することができないはずです。しかし、民法は、「共同の事業」(667条1項)の遂行のために、組合財産をある程度独立した存在として扱っているのです。

(2) 組合の有する物権的な権利(財産処分の制限)
(a) 持分処分の制限

組合員は、組合財産についてその持分を処分したときは、その処分をもって組合および組合と取引をした第三者に対抗することができない(676条1項)。この趣旨は、「共同の事業」の遂行手段である組合財産について、組合員以外の者が加わることは妥当でないからである。

(b) 組合財産分割の禁止

組合員は、清算前に組合財産の分割を求めることができない(676条3項)。この趣旨は、「共同の事業」の遂行が不可能になるおそれがあるからである。

【2】組合の債権

←組合の債権

組合の債権も、総組合員の「共有」に属するが、分割債権の原則(427条)を適用することは妥当でなく、「共同の事業」のために拘束を受け、各組合員に合有的に帰属するとみることができる。そのため、組合員は、組合財産である債権について、その持分についての権利を単独で行使することができない(676条2項)。

←平成29年改正

| 平成29年改正事項 | 組合員の持分の処分の禁止 | B3 |

改正前民法677条は、組合活動の財産的基礎を確保する観点から、組合財産に属する債権には分割債権の原則(427条)が妥当しないことを前提として、当該債権の債務者がその債務と組合員に対する債権とを相殺することを禁止し、また、改正前民法676条2項も、組合員は清算前に組合財産の分割を求めることができないと規定していた(後者は、676条3項で維持されている)。

その結果、組合財産に属する債権は、総組合員が共同してのみ行使することができ、個々の組合員が組合財産に属する債権を自己の持分に分割して行使することはできないと解されていた(判例)。

そこで、平成29年改正民法は、この判例法理を明文化し、組合員は、組合財産である債権について、その持分に応じて分割してその権利を行使することができないものと規定した(676条2項)。

→ 部会資料75A・47頁、潮見・改正法339頁、一問一答370頁

→ 大判昭和13年2月12日民集17巻132頁

2-124 組合員の持分の処分の禁止

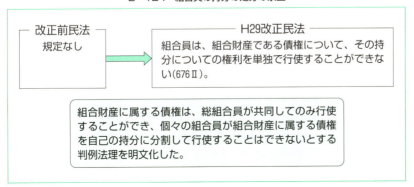

他方で、組合員の債権者は、組合財産についてその権利を行使することができ

←平成29年改正

ない(677条)。権利の行使としては、たとえば組合員の債権者が当該組合財産上の持分を差し押さえることが考えられるが、これができないわけである。

> 潮見・改正法339頁

| 平成29年改正事項 | 組合財産に対する組合員の債権者の権利の行使の禁止 | B2 |

676条1項は、組合員が組合財産上の持分を処分することを禁止しているが、この趣旨から、組合員の債権者が当該組合員の組合財産上の持分を差し押さえることはできないと解されていた。持分の差押えは、組合活動の財産的基礎を損なうという点で、持分の処分と変わらないからである。このことは、仮差押え等の他の権利行使についても同様であると考えられていた。

そこで、平成29年改正民法は、上記解釈を前提に、組合員の債権者による差押え、仮差押え等の権利行使一般について明文化し、組合員の債権者は、組合財産に対し、その権利を行使することができないものと規定した(677条)。

なお、改正前民法677条は組合員の債権者がその債権と組合に対する債務とを相殺することができない旨規定していたが、この内容は、「組合財産についてその権利を行使することができない」とする改正後677条の規律に含まれる関係にあることから、改正前民法677条の規律は重ねて設けないこととした。

> 部会資料75A・46頁、一問一答375頁

> 部会資料84-3・19頁

2−125　組合財産に対する組合員の債権者の権利の行使の禁止

```
改正前民法                          H29改正民法
組合の債務者は、その債務と      組合員の債権者は、組合財産に
組合員に対する債権とを相殺      ついてその権利を行使することがで
することができない(677)。       きない(677)。
```

組合員の債権者は組合財産に対しその権利を行使することができないという一般的な解釈を明文化した。

【3】組合の債務（組合の債権者の権利の行使）

組合財産の帰属態様は合有と解されており、組合の債務についても、各組合員に分割されて帰属するのではなく、1個の債務として総組合員に帰属し、組合財産がその引当てになると解するのが一般的であったが、改正前民法では明文の規定が設けられていなかった。そこで、平成29年改正民法は、上記解釈を明文化し、組合の債権者は、組合財産についてその権利を行使することができると規定した(675条1項)。組合財産は、共同事業という特定の目的のための特別な財産であって、各組合員個人の財産を離れて一体をなしているからである(判例)。したがって、組合の債務は分割債務とならず、債権者が組合員のひとりであったとしても、債権者と債務者との混同(520条)は生じない。

また、組合の債権者は、その選択に従い、各組合員に対して損失分担の割合または等しい割合でその権利を行使することができる(675条2項本文)。ただし、組合の債権者がその債権の発生の時に各組合員の損失分担の割合を知っていたときは、その割合による(675条2項ただし書)。

← 組合の債務

> 部会資料75A・45頁

← 平成29年改正

> 大判昭和11年2月25日（百選Ⅱ75事件）

| 平成29年改正事項 | 組合の債権者の権利の行使 | B1 |

改正前民法675条は、「組合の債権者は、その債権の発生の時に組合員の損失分担の割合を知らなかったときは、各組合員に対して等しい割合でその権利を行使することができる」と規定していた。

しかし、これに対しては、債権者に組合員相互の損失分担の割合を知らなかったことの証明

> 部会資料75A・46頁、84-3・18頁、一問一答375頁

を求めるよりも、均等割合を原則としたうえで、これと異なる分担割合の定めがある場合には、各組合員において、これを債権者が知っていたことを証明すべきであるとの指摘があった。

そこで、平成29年改正民法は、組合の債権者は、原則として、その選択により各組合員に対して損失分担の割合または等しい割合でその権利を行使することができるが、例外的に、その債権の発生の時に各組合員の損失分担の割合を知っていたときは、損失分担の割合によってのみその権利を行使することができることとし、主張立証責任の所在を明確化した（675条2項）。

2-126 組合の債権者の権利の行使

改正前民法	H29改正民法
組合の債権者は、その債権の発生の時に組合員の損失分担の割合を知らなかったときは、各組合員に対して等しい割合でその権利を行使することができる（675）。	組合の債権者は、その選択に従い、各組合員に対して損失分担の割合または等しい割合でその権利を行使することができる。ただし、組合の債権者がその債権の発生の時に各組合員の損失分担の割合を知っていたときは、その割合による（675Ⅱ）。

債権者に組合員相互の損失分担の割合を知らなかったことの証明を求めるよりも、均等割合を原則としたうえで、これと異なる分担割合の定めがある場合には、各組合員において、これを債権者が知っていたことを証明することとすべきであるとの指摘があったことから、この指摘に則って主張立証責任の所在を明確化した。

【4】組合の損益分配

← 組合の損益分配

事業の遂行により利益・損失が生じたときは組合員に分配する。この損益の分配割合は組合契約で定めることができるが、当事者が損益分配の割合を定めなかったときは、その割合は、各組合員の出資の価額に応じて定める（674条1項）。

また、利益または損失についてのみ分配の割合を定めたときは、その割合は、利益および損失に共通であるものと推定する（674条2項）。

5 組合員の変動

【1】組合員の加入

← 組合員の加入
← 平成29年改正

組合員は、その全員の同意によって、または組合契約の定めるところにより、新たに組合員を加入させることができる（677条の2第1項）。組合員の除名や脱退についての規定（678条から681条まで）が設けられていることから、民法は組合の同一性を保ったまま組合員の構成に変動が生じうることを前提としているため、新たな組合員の加入も認められるものと解されていたが（判例）、平成29年改正により、これを明文化したものである。

→ 大判明治43年12月23日民録16輯982頁

組合の成立後に加入した組合員は、その加入前に生じた組合の債務については、これを弁済する責任を負わない（677条の2第2項）。この点は、持分会社に関する会社法605条とは異なる点には注意してほしい。ただし、民法677条の2第2項の規定は任意規定であり、組合契約において、加入前に生じた組合債務についても責任を負う旨の別段の定めをすることは妨げられないとされている。

← 平成29年改正
→ 部会資料75A・53頁

【2】組合員の脱退

⑴ 任意脱退

⒜ 組合の存続期間を定めなかったときなど

組合契約で組合の存続期間を定めなかったとき、またはある組合員の終身の間組合が存続すべきことを定めたときは、各組合員は、いつでも脱退することができる(脱退自由の原則、678条1項本文)。ただし、やむをえない事由がある場合を除き、組合に不利な時期に脱退することはできない(678条1項ただし書)。

⒝ 組合の存続期間を定めたとき

組合の存続期間を定めた場合であっても、各組合員は、やむをえない事由があるときは、脱退することができる(678条2項)。この規定は強行法規であり、組合契約でやむをえない事由があっても任意脱退できない旨を定めても無効である(判例)。

→ 最判平成11年2月23日(前出)

⑵ 非任意脱退

組合員の意思に基づかないで組合員が当然に脱退する場合として、次の事由がある(679条各号)。

　①死亡(1号)
　②破産手続開始の決定を受けたこと(2号)
　③後見開始の審判を受けたこと(3号)
　④除名(4号)

①の死亡の場合には、その地位は相続されない。もっとも、組合契約で相続されることが規定されていれば別である。

また、④の除名は、正当な事由がある場合にかぎられ、他の組合員全員の一致がなければならない(680条本文)。ただし、除名した組合員にその旨を通知しなければ、これをその組合員に対抗することができない(680条ただし書)。

⑶ 脱退の効果

⒜ 脱退した組合員の持分の払戻し

組合員が脱退すると、組合財産の清算が行われる。脱退した組合員と他の組合員との間の計算は、脱退の時における組合財産の状況に従ってしなければならず(681条1項)、損益分配の割合に従って、積極財産があれば払い戻し、債務超過であれば払い込ませることになる。

脱退した組合員の持分は、その出資の種類を問わず、金銭で払い戻すことができる(681条2項)。脱退の時にまだ完了していない事項については、その完了後に計算をすることができる(681条3項)。

⒝ 脱退した組合員の責任等

脱退した組合員は、その脱退前に生じた組合の債務について、従前の責任の範囲内でこれを弁済する責任を負う(680条の2第1項前段)。従来の解釈を平成29年改正により明文化したものである。この場合に、債権者が全部の弁済を受けない間は、脱退した組合員は、組合に担保を供させ、または組合に対して自己に免責を得させることを請求することができる(680条の2第1項後段)。

← 平成29年改正

もっとも、脱退した組合員が脱退後に組合債務を弁済することは他人の債務の弁済にあたる。そのため、脱退した組合員は、組合の債務を弁済したときは、組合に対して求償権を有する(680条の2第2項)。ただし、脱退した組合員が脱退後も債権者に対して債務を負い続けることを想定して、持分払戻しの際に金銭面

→ 部会資料75A・54頁、潮見・改正法341頁

→ 潮見・改正法341頁

での特別の配慮がされている場合には、脱退した組合員がみずからの債務として組合債務の履行をすべき旨の合意がされているものと考えられることから、求償権は成立しないとされている。

【3】組合員の地位の譲渡
組合契約または組合員全員の同意がある場合には、組合員の地位を譲渡することができる。

6 組合の解散と清算

【1】組合の解散
(1) **意義**
解散とは、組合の事業を終了することをいう。

← 「解散」とは

(2) **解散事由**
組合は、次に掲げる事由によって解散する(682条)。2号から4号までの解散事由は、従前認められていたものを、平成29年改正により明示化したものである。

← 平成29年改正

　①組合の目的である事業の成功またはその成功の不能(1号)
　②組合契約で定めた存続期間の満了(2号)
　③組合契約で定めた解散の事由の発生(3号)
　④総組合員の同意(4号)

なお、組合員が1人になった場合については、平成29年改正民法のもとでもなお解釈に委ねられているが、通説は、解散事由にあたるとしている。

→ 部会資料75A・56頁
→ 我妻・講義V₃ 845頁、星野・概論Ⅳ 331頁

(3) **解散請求権**
やむをえない事由があるときは、各組合員は、組合の解散を請求することができる(683条)。

(4) **解散の効力**
解散の効力は不遡及とされている。すなわち、620条(賃貸借の解除の効力)の規定は、組合契約について準用される(684条)。
脱退した組合員の責任等については、前述したとおりである。

【2】組合の清算
(1) **総説**
組合が解散すると、組合財産を整理し、残余財産を分配するために清算手続に入る。したがって、組合は清算が終わるまでの間、清算の範囲でなお存続するものとして扱われる(判例)。

← 「清算」とは

→ 大判大正12年7月14日民集2巻491頁

(2) **清算人**
清算は、清算人が実施する。すなわち、清算は、総組合員が共同して、またはその選任した清算人が実施する(685条1項。清算人の選任方法については685条2項、清算人の職務執行については686条、清算人の辞任・解任については687条、清算人の職務については688条1項、2項を参照のこと)。

(3) **残余財産の分割方法**
組合の債務を弁済して残余財産が生じていれば、各組合員の出資の価額に応じて分割する(688条3項)。

第2章 契約各論

12. 終身定期金

1 意義

【1】終身定期金とは

　<u>終身定期金契約</u>とは、当事者の一方が、自己、相手方または第三者の死亡にいたるまで、定期に金銭その他の物を相手方または第三者に給付することを約することによって、その効力を生ずる契約をいう(689条)。たとえば、死亡するまでは面倒をみるというかたちで生活費を送り続けるような場合である。

　ただし、日本では、さまざまな年金制度が充実しているため、実際にはほとんど使われていない。

　第三者に対する給付を約束した場合(たとえば、兄弟間で、親が死ぬまでは兄が親に生活費を送る約束をする場合)には、第三者のためにする契約(537条から539条まで)の適用があり、無償で定期金を給付する場合には、贈与に関する549条以下の適用がある。

← 「終身定期金契約」とは

【2】性質

　終身定期金契約は、<u>諾成・不要式契約</u>である。

　有償・無償は問わない。対価を伴わないときは<u>片務・無償契約</u>であるのに対し、対価を伴うときは<u>双務・有償契約</u>である。

2 終身定期金の成立

　終身定期金契約の要件は、以下のとおりである(689条)。
　①定期の給付であること
　②金銭その他の物の給付であること
　③相手方または第三者に対する給付であること
　④自己、相手方または第三者の死亡にいたるまでの給付であること

← 終身定期金の要件

3 終身定期金の効力

　終身定期金に関しては、終身定期金の計算(690条)、終身定期金契約の解除(691条)、終身定期金債権の存続の宣告(693条)、終身定期金の遺贈(694条)などの規定が設けられている。一度条文に目をとおしておいてほしい。

第2章 契約各論

13. 和解

1 意義

【1】和解とは

　和解とは、当事者が互いに譲歩をしてその間に存する争いをやめることを約することによって、その効力を生ずる契約をいう(695条)。たとえば、AがBに対し100万円の請求をしたのに対し、Bが債務はないと争い、結局、50万円支払うということで話をつけるような場合である。

　和解のポイントは、当事者が互いに譲歩をして(互譲)、その争いをやめることである。

← 「和解」とは

【2】性質

　和解は、諾成契約である。また、和解は、当事者双方が互いに譲歩をし合って争いをやめる債務を負うので、有償・双務契約である。

2 和解の成立

　和解が成立するための要件は、以下のとおりである。

【1】争いの存在

　条文上は、「争い」(すなわち法律関係＝権利・義務関係)が生じていることが必要とされている(695条)。しかし、現在では、一般に、権利・義務関係に関する厳密な意味での争いの存在は不要であると解されている。

【2】当事者の譲歩(互譲の存在)

　和解は、紛争終結のために、互いに譲歩(互譲)をしなければならない。したがって、一方当事者だけが譲歩をするのは(片務契約)、(典型契約としての)和解ではなく、和解に類似した非典型契約と解されている。ただし、この見解によっても、和解の規定は類推できるであろう。しかし、互譲をゆるやかに解し、端的に、争いについて一方当事者が譲るのも互譲に含まれるとする見解もある。

【3】当事者が処分の行為能力・権限を有すること

　和解をするには、当事者が処分の行為能力・権限を有することが必要である。判例は、母が胎児を代理して和解することはできないとしている。

　また、和解の対象は、当事者が自由に処分できる法律関係でなければならない。判例は、認知請求権の放棄は和解の対象とならないとしている。

➡ 大判昭和7年10月6日民集11巻2023頁
➡ 大判昭和6年11月13日民集10巻1022頁、最判昭和37年4月10日民集16巻4号693頁

【4】紛争終結の合意

和解をするには、当事者の合意で、紛争を終結させる意思を形成する必要がある。すなわち、和解の内容をもって今後の法律関係を確定させ、かりに真実の法律関係と異なっていたとしても、争いを蒸し返さない(不問にする)という紛争終結の合意が必要である。

3 和解の効力

▶2014年第1問

【1】法律関係の確定効

和解の効力としては、和解の内容がかりに真実の法律関係と異なっていたとしても、当事者は和解の内容に拘束されるという点があげられる。これを法律関係の**確定効**という(696条)。これを条文に即して説明すると、当事者の一方が和解によって争いの目的である権利を有するものと認められ、または相手方がこれを有しないものと認められた場合において、その当事者の一方が従来その権利を有していなかった旨の確証または相手方がこれを有していた旨の確証が得られたときは、その権利は、和解によってその当事者の一方に移転し、または消滅したものとする効力が生ずる(696条)。当事者双方の合意で紛争を解決したのに、これを覆すのは妥当でないからである。

←「確定効」とは

←確定効の具体例

> 2-127
> 甲所有 ① ② ③ 乙所有
>
> たとえば、甲と乙が土地の境界線をめぐって争っているとき、②の部分の所有権を甲所有とし、甲が乙に1000万円支払うとの和解が成立したとします。後に②は乙所有であるということが判明したとしても、この和解によって②の土地の部分は乙から甲に1000万円で譲渡されたものとして扱おうということです。

【2】和解と錯誤

←和解と錯誤の問題

和解の確定効との関係で問題となるものとして、錯誤との関係がある。この点について、和解は、前述したように真実の法律関係がどうであれ、それを不問として紛争を終結することを合意するわけであるから、**合意した事項自体(和解の内容・争いの対象)の錯誤を主張することはできない。**

しかし、**和解の前提となっていた事項あるいは争わなかった事項について錯誤があった場合には、錯誤を主張することができる**とされている。

> たとえば、先ほどの土地の境界線の位置をめぐる場合でも、1000万円支払うという言葉を、100万円と聞き間違えていたような場合、これは明らかに錯誤の問題となります。しかし、境界線が別の場所にあったという点についての錯誤は、問題にすることはできません。まさにその点を争って和解をしたからです。

判例は、和解により代物弁済として特選金菊印苺ジャムを譲渡する契約が成立したが、そのジャムがリンゴやアンズを主原料とした粗悪品のジャムであったという場合にも、和解の前提として争わなかった事項についての錯誤として、和解契約の錯誤無効(現取消し)を認めている。

➡ 最判昭和33年6月14日
(百選Ⅱ76事件)

336 2章 契約各論

【3】不法の和解

　和解の内容が公序良俗(90条)や強行法規(91条参照)に違反するものであるときは、法律行為の一般原則に従って、契約は無効となる。

　判例は、賭博による負け金債務を小切手の振出しによって支払う旨の和解は無効であるとしている。

→ 最判昭和46年4月9日 民集25巻3号264頁

【4】後遺症と示談

　交通事故の補償交渉の際などに行われる示談は、一方的に権利主張を放棄するものもあるため、そのすべてを和解とみなせるかについては争いがあるが、一般的には和解と解されている。したがって、いったん示談して請求権を放棄した以上、その後に後遺症(損害)が生じたとしても、新たに損害賠償請求することはできない。

　しかし、問題は、示談当時において予想しえなかった重大な後遺症が生じた場合である。これが後遺症と示談という問題である。

> 和解をした加害者からすれば、「もうこれ以上払わないでいいんだ」と思って和解をしていると思われます。しかし、被害者にしてみれば、和解をした当初に予期できない後遺症が発生したのですから、その損害を賠償してもらわなければ救済にならないわけです。

　この点について、判例は、当事者の合理的意思の解釈の問題としたうえで、「その当時予想できなかった不測の再手術や後遺症がその後発生した場合その損害についてまで、賠償請求権を放棄した趣旨と解するのは、当事者の合理的意思に合致するものとはいえない」として、損害賠償の請求を認めている。

→ 最判昭和43年3月15日 (後出重要判例)

★重要判例(最判昭和43年3月15日〔百選Ⅱ104事件〕)

　「一般に、不法行為による損害賠償の示談において、被害者が一定額の支払をうけることで満足し、その余の賠償請求権を放棄したときは、被害者は、示談当時にそれ以上の損害が存在したとしても、あるいは、それ以上の損害が事後に生じたとしても、示談額を上廻る損害については、事後に請求しえない趣旨と解するのが相当である」。

　しかし、「全損害を正確に把握し難い状況のもとにおいて、早急に小額の賠償金をもって満足する旨の示談がされた場合においては、示談によって被害者が放棄した損害賠償請求権は、示談当時予想していた損害についてのもののみと解すべきであって、その当時予想できなかった不測の再手術や後遺症がその後発生した場合その損害についてまで、賠償請求権を放棄した趣旨と解するのは、当事者の合理的意思に合致するものとはいえない。」

【争点】示談当時予想しなかつた後遺症等が発生した場合と示談の効力。

【結論】交通事故による全損害を正確に把握し難い状況のもとにおいて、早急に、小額の賠償金をもって示談がされた場合において、その示談によって被害者が放棄した損害賠償請求は、示談当時予想していた損害についてのみと解すべきであって、その当時予想できなかった後遺症等については、被害者は、後日その損害の賠償を請求することができる。

○×問題で実力チェック

1．贈与

01 贈与は、当事者の一方が自己の財産を無償で相手方に与える意思を表示し、相手方が受諾をすることによって、その効力を生ずるから、贈与を受ける者が贈与の申込みをし、相手方がこれを承諾しても贈与の効力は生じない。('16-22問-ア)

→ × 贈与は、申込者を贈与者、承諾者を受贈者にかぎるかのようにみえるが、それは、通常の場合を規定したものにすぎず、逆の場合を排除する趣旨ではないと解されている

02 贈与は、自己の財産を無償で相手方に与える意思を表示することにより成立する単独行為である。('14-22問-1)

→ × 549条。贈与は、贈与者の申込の意思表示と受贈者の承諾の意思表示の合致によって成立する契約である

03 他人の物を目的とする贈与は、贈与者がその物の権利を取得した時からその効力を生ずる。('14-22問-5)

→ × 549条。最判昭和44年1月31日

04 書面によらない贈与の受贈者は、贈与者に対して贈与の履行を求めることができない。('10-22問-1)

→ × 549条。書面によらない贈与は当事者が解除できるに留まる(550条)

05 判例によれば、贈与において、受贈者にあてた書面がなければ、贈与者は書面によらない贈与として、これを解除することができる。('10-22問-4改題)

→ × 最判昭和60年11月29日。受贈者に宛てた書面がなくても贈与の意思が明確に表現された書面があればよい

06 判例によれば、書面によらない不動産の贈与において、受贈者に登記を移転すれば、引渡しが未了でも、贈与者は贈与を解除することができない。('10-22問-3改題)

→ ○ 最判昭和40年3月26日

07 書面によらないで動産の贈与がされ、その引渡しがされた場合において、その引渡しが占有改定により行われたときは、贈与者は、贈与を解除することができる。('17-25問-ア改題)

→ × 550条。最判昭和31年1月27日

08 定期の給付を目的とする贈与は、受贈者の死亡によって、その効力を失うが、贈与者が死亡しても、その効力は失われない。('17-25問-ウ)

→ × 552条

09 贈与については負担付贈与においても、同時履行の抗弁権は主張できない。(S.47-53問)

→ × 負担付贈与→双務契約に関する規定の準用あり(553条・533条)

10 書面によって死因贈与がされたとしても、贈与者は、生前、いつでもその贈与を撤回することができる。('17-25問-オ)

→ ○ 554条・1022条。最判昭和47年5月25日

11 死因贈与は、贈与者の単独の行為によってすることができる。('10-22問-5)

→ × 死因贈与はあくまで契約である

2．売買

12 Aが所有する甲不動産について、Bを売主とし、Cを買主とする売買契約が成立した場合において、BC間の売買契約が成立した当時からAに甲不動産を他に譲渡する意思がなく、したがってBにおいて甲不動産を取得しCに移転することができないような場合であっても、なおその売買契約は有効に成立する。('09-27問-ア改題)

→ ○ 他人物売買は債権的に有効(561条)

13 売主Xと買主Yとの間の売買契約において手付が交付された場合に関して、Yが手付を放棄して売買契約を解除したと訴訟において主張するためには、YがXとの間で売買契約に付随して解約手付の趣旨で手付金を交付する合意をしたことを主張する必要がある。('08-21問-イ改題)

→ × 手付を交付した場合は解約手付と推定される(557条1項)。最判昭和29年1月21日

14　Aは、その所有する甲土地をBに売却する契約(以下「本契約」という)を結び、BはAに手付を交付した。Aが解除する場合、Aが手付の倍額をBに提供しなくても、本契約を手付により解除する旨の通知がBに到達した時、解除の効果が発生する。('07-24問-1改題)

→ ×　557条1項本文。最判平成6年3月22日

15　手付の授受に際して、買主に債務不履行があれば、売主は手付を没収することができる旨の合意がされた場合には買主は手付を放棄して契約を解除することができない。(S.63-22問)

→ ×　判例は解約手付と違約手付の兼併を認める

16　売買契約の締結にあたり、解約手付が交付された場合に、買主が代金支払のための資金を銀行から借り入れる準備をしたときは、買主はそのために、手付を放棄して売買契約を解除することができなくなる。(S.59-65問改題)

→ ×　履行の着手(557条1項ただし書)にあたらない

17　Aは、その所有する甲土地をBに売却する契約(以下「本契約」という)を結び、BはAに手付を交付した。この場合において、甲土地は乙土地の一部であったが、Aが乙土地から甲土地を分筆する登記手続をしたときは、Bは、本契約を手付により解除することはできない。('07-24問-2改題)

→ ○　最判昭和40年11月24日。2節②【2】(2)(e)(ⅱ)

18　売主Xと買主Yとの間の売買契約において手付が交付された場合に関して、Xが手付による解除の抗弁を訴訟において主張する場合、Yは、XとYが解除権の留保をしない旨の合意をしたこと、または、XもしくはYがXの解除の意思表示に先立ち履行に着手したことを再抗弁とすることができる。('08-21問-エ改題)

→ ×　557条1項ただし書。最判昭和40年11月24日

19　売主Xと買主Yとの間の売買契約において手付が交付された場合に関して、Yが手付を放棄して契約を解除した場合、XおよびYに損害賠償義務は生じない。('08-21問-ウ改題)

→ ○　557条2項。2節②【2】(2)(f)

20　買主が代金を支払っていなくても、売買の目的物の引渡債務について履行遅滞があれば、買主は売主に対して損害賠償として売主が収取した果実の価額の支払を請求することができる。(S.59-59問)

→ ×　575条参照

21　AはBに建物を売ったが、代金の支払期限が経過してもBが代金を支払わない場合、Aは、Bに対し、同期日までに建物の引渡債務および所有権移転登記義務の履行の提供をしただけでは、Bの過失の有無にかかわらず、代金の利息を請求することはできない。(H.15-39問-ア改題)

→ ○　2節③【1】(2)

22　売主は、目的物の引渡しを遅滞している場合でも、引渡しまでは、これを使用し果実を取得することができるが、買主が代金を支払った後は、果実を取得することはできない。('14-23問-イ)

→ ○　大連判大正13年9月24日、大判昭和7年3月3日

23　Aが他人物売買の売主としてB所有の甲不動産をCに売却した場合において、Bが事後的にAの売買行為に追認したときは、Bが売主になるから、Cは、Bに対して売買契約に基づく義務の履行を請求することができる。(H.6-29問改題)

→ ×　契約当事者はAとCであり、Bが売主となるわけではない

24　売買の目的物である建物の一部が契約の時にすでに滅失していた場合において、履行の追完が不能であるときは、買主は、その滅失していた部分の割合に応じて代金の減額を請求することができる。('13-24問-イ改題)

→ ○　563条2項1号

25　売買の目的物である土地のために存すると称した地役権が存しなかった場合において買主が契約を解除するためには、買主がその事実を知った時から1年以内にその旨を売主に通知しなければならない。('13-24問-エ改題)

→ ×　移転した権利の契約不適合の場合なので566条の適用はなく、債権の消滅時効の一般原則に従う(166条1項)

○×問題で実力チェック　339

26　買った土地の一部が売主以外の者の所有する土地であり、契約締結時に買主がその事実を知っていた場合において、売主がこれを買主に移転することができないときは、買主は、売主に対して、その不足する部分の割合に応じて代金の減額を請求することはできない。（'11-26問-3）　→ ✕　565条・563条

27　強制競売の目的物である土地が留置権の目的である場合において、買受人は、そのことを知らず、かつ、そのために買受けをした目的を達することができないときであっても、契約の解除をすることができない。（'13-24問-オ）　→ ✕　568条1項

28　中古の建物について強制競売が行われた場合、その建物の買受人は、その建物の元の所有者に対し、その建物の品質に不適合があることを理由として損害賠償を請求することができる。（'11-25問-オ改題）　→ ✕　568条4項

29　担保責任を免除する特約を結ぶことはできるが、その場合も、目的物について売主が自分で第三者のために設定した権利があったときは、売主は、責任を免れない。（'06-1問-1）　→ ◯　572条

30　売買契約において担保責任を免除する特約がある場合であっても、その当時売買の目的物について売主が知りながら告げなかった事実については、売主は担保責任を免れない。（'16-22問-イ改題）　→ ◯　572条

31　買主は、目的物の引渡しを先に受けた場合でも、目的物の引渡しを受けた場所において代金を支払わなければならない。（'14-23問-ア）　→ ✕　574条、484条1項、大判昭和2年12月27日

32　買主は、買い受けた不動産について契約の内容に適合しない抵当権、先取特権または質権の登記があるときは、抵当権、先取特権または質権の消滅請求の手続が終わるまで、その代金の支払を拒むことができる。（'14-23問-ウ改題）　→ ◯　577条1項前段、2項

33　甲の不動産を乙が買戻の特約付で買い受けた場合に、特約の登記をした不動産を乙から賃借した丙は、登記をしてもその賃借権を甲に対抗できる余地がない。（S.50-64問改題）　→ ✕　581条2項本文

34　買主が買い受けた不動産を第三者に売り渡した後に、売主がその所有権を取り戻すための意思表示の相手方は、売主の権利の法的性格に関する見解の相違とは関係なく、買戻特約付売買、再売買のいずれの方法による場合でも、買主である。（S.58-65問改題）　→ ✕　買戻しは転得者に対し、予約完結権は原買主に対して行使する

3．消費貸借

35　消費貸借は、金銭でない物を目的としてすることができる。（'12-25問-1）　→ ◯　587条

36　民法上の消費貸借は、利息に関する約定をしなかった場合、無利息の消費貸借となる。（'14-25問-2）　→ ◯　589条1項

37　無利息の金銭消費貸借は、書面でしなければ、その効力を生じない。（'12-25問-2）　→ ✕　587条、589条1項

38　書面でする消費貸借は、借主が目的物を受け取る前に破産手続開始の決定を受けた場合であっても、その効力を失わない。（'14-25問-4改題）　→ ✕　587条の2第3項

39　返還の時期が暦日である確定期限で定められた場合、貸主が目的物の返還を請求する訴訟において、原告は、その期限の到来を主張する必要があるが、暦日の到来は顕著な事実であるから証明することを要しない。（'12-25問-3）　→ ◯　暦日の到来は顕著な事実（民訴179条）である

40　判例によれば、消費貸借により貸し渡された金銭の返還義務を目的として準消費貸借をすることは許されない。('12-25問-4)
→ ×　大判大正2年1月24日

41　準消費貸借契約は、目的とされた旧債務が存在しないときにはその効力を生じない。('08-23問-5)
→ ○　最判昭和43年2月16日

42　共同不法行為者の1人が被害者との間で、不法行為に基づく損害賠償債務全額につき準消費貸借契約を結んだ。債務者が不法行為につき無過失であって責任を負わないとすれば、新たな債務を負わない。(S.43-48問改題)
→ ○　旧債務と新債務は有因関係

4．使用貸借

43　判例によれば、建物の借主がその建物に課される公租公課に相当する額をすべて負担している場合には、特別の事情のない限り、当該建物の貸借関係を使用貸借と認めることはできない。('14-24問-イ)
→ ×　最判昭和41年10月27日

44　貸主は、借主が借用物を受け取るまで、契約の解除をすることができる。ただし、書面による使用貸借は、解除することができない。
→ ○　593条の2

45　AはBに対しA所有の甲土地を無償で貸し渡し、Bは、甲土地上に乙建物を建築し、入居したところ、甲土地は地盤が沈下し、乙建物が傾き居住に耐えなくなった。Aが甲土地が軟弱な地盤であることを知らずに貸し渡したのであれば、Aは、Bに対し、乙建物に生じた損害を賠償する責任を負わない。(H.14-30問-ア改題)
→ ○　596条・551条1項。Aに帰責事由がなければ債務不履行に基づく損害賠償責任を負わない(415条1項)

46　使用貸借で返還時期の定めがあっても、契約に定めた使用の目的に相当な期間を経過した後には、貸主はその物の返還を請求できる。(S.45-37問)
→ ×　597条1項。返還時期の定めがあればそれによる

47　使用貸借の借主が死亡した場合、相続人が使用借権を相続する。('08-34問-1、'14-24問-オ)
→ ×　597条3項

48　使用貸借契約において、当事者が返還の時期を定めなかったときは、貸主は、いつでも目的物の返還を請求することができる。(S.58-5問)
→ ×　597条2項

5．賃貸借

49　賃借人は、賃貸人が賃借人の意思に反して賃貸借の目的建物を保存するために修繕をしようとする場合、これを拒絶することができる。(予'14-11問-イ)
→ ×　606条2項

50　建物の賃借人が、賃貸人が修繕すべき屋根からの雨漏りをみずから費用を支出して修繕したときは、賃貸人に対して、ただちに修繕費用全額の償還を請求することができる。('08-24問-5)
→ ○　608条1項。6節③【1】(3)(a)

51　賃貸借契約における賃料の支払時期も、利息付きの消費貸借契約における利息の支払時期も、当事者の合意により自由に定めることができる。('15-23問-ウ)
→ ○　賃貸借につき614条の支払時期と異なる契約、慣習があればそれによる。消費貸借に関しては制限なし

52　判例によれば、AがB所有の甲建物を賃貸権限を有しないCから賃借している場合において、BがAに甲建物の明渡しを求めたときは、Aは、甲建物を使用収益することができなくなるおそれが生じたものとして、Cに対し、それ以降の賃料の支払を拒絶することができる。('16-22問-ウ)
→ ○　559条本文・576条本文。最判昭和50年4月25日

53　建物の賃貸借契約において、契約が終了し目的建物が明け渡された後に敷金の返還請求がされた場合、賃料の未払があるときは、敷金が当然に充当されるため、賃貸人が賃借人に相殺の意思表示をする必要はない。('14-26問-3)
→ ○　622条の2第1項1号。大判大正15年7月12日

○×問題で実力チェック　341

54	敷金は賃借人が賃貸借期間中に負担する債務を担保するものであるから、賃借人は、賃料の未払がある場合であっても、差し入れてある敷金をもって賃料債務に充当する旨を主張することにより、敷金の額にみつるまでは、未払賃料の支払を拒むことができる。('14-26問-4)	× 622条の2第2項後段。大判昭和5年3月10日
55	建物の賃貸借契約において、敷金返還請求権は、賃貸借契約が終了し目的建物が明け渡された時点において、それまでに生じた被担保債権を控除した残額につき具体的に発生するものであるから、賃貸借契約が終了した後であっても、目的建物が明け渡される前においては、転付命令の対象とはならない。('14-26問-5)	○ 最判昭和48年2月2日
56	建物賃貸借終了に伴う賃借人の建物明渡債務と賃貸人の敷金返還債務とは、特別の約定のないかぎり、同時履行の関係に立たず、賃貸人は、賃借人から建物明渡しを受けた後に敷金残額を返還すれば足りる。('08-25問-5)	○ 622条の2第1項1号。最判昭和49年9月2日
57	土地賃借権が賃貸人の承諾を得て旧賃借人から新賃借人に移転された場合であっても、敷金に関する敷金交付者の権利義務関係は、敷金交付者において賃貸人との間で敷金をもって新賃借人の債務の担保とすることを約し又は新賃借人に対して敷金返還請求権を譲渡するなど特段の事情のない限り、新賃借人に承継されない。('08-25問-3、'14-26問-2)	○ 最判昭和53年12月22日
58	賃貸借の目的物の全部が賃借人の保管義務違反によって滅失した場合には、賃料債権は消滅せず、賃貸人は、賃借人に対して従来どおりの賃料の支払を請求することができる。(H.11-40問-エ)	× 616条の2
59	建物所有を目的とする土地の賃借人が、当該土地上に建物を建築した後、賃貸人の承諾を得ずに建物を第三者に賃貸し、第三者が実際に建物の使用を開始した場合には、土地の賃貸人は、土地の賃借人に対し、土地の無断転貸を理由として土地の賃貸借契約を解除することができる。('08-24問-3)	× 借地上の建物の賃貸は土地の転貸にはならない(大判昭和8年12月11日)。6節⑤【1】(1)(b)
60	賃借権が譲渡され、これについて賃貸人の承諾がある場合には、賃貸借関係が同一の内容で譲受人に移転し、従前の賃借人が賃貸人に対して負っていた目的物の保管義務違反による損害賠償債務も当然に譲受人に移転する。('10-23問-ウ)	× 賃借人の保管義務違反による損害賠償債務については、これを引き受ける旨の特約がないかぎり譲受人に移転しない
61	賃借人が適法に賃借物を転貸した場合において、賃貸人が賃借人に対し賃借物の修繕義務を負うときは、賃貸人は、転借人に対しても直接に賃借物の修繕義務を負う。('16-22問-エ)	× 613条1項前段参照
62	建物の賃借人B・転借人C間の転貸につき賃貸人のAの承諾がされた後、BがAに対し賃料を払わなかったため、AがCに対し賃料の支払を請求した場合には、CはBに対し賃料をその弁済期に支払ったことをAに対抗することができない。(H.4-29問改題)	× 転借料の支払期後の支払は対抗できる(613条1項後段参照)
63	動産の賃借人が、その所有者である賃貸人の承諾を得てこれを転借人に転貸していたところ、賃貸人と賃借人との間の賃貸借の期間が満了し、同賃貸借が更新されなかった場合、賃貸人は転借人に対して、所有権に基づいて目的物の返還を請求することができる。('10-23問-オ)	○ 転借権は、転貸人の賃借権を前提として成立しているのであるから、転貸人の賃借権が消滅すれば、転借権はその存在の基礎を失うことになり消滅する。大判昭和10年9月30日
64	土地の賃借人が賃貸人の承諾を得て当該土地を転貸したときは、原賃貸借の賃貸人と賃借人との間で原賃貸借を合意解除しても、これをもって転借人に対抗することができない。('12-26問-ア)	○ 613条3項本文。大判昭和9年3月7日

#	問題	解答・根拠
65	建物の賃借人が賃貸人の承諾を得て当該建物を転貸した場合において、原賃貸借が賃借人(転貸人)の賃料不払を理由とする解除により終了したときは、転貸借は、原賃貸借の賃貸人が転借人に対して当該建物の返還を請求した時に、転貸人の転借人に対する債務の履行不能により終了する。('12-26問-イ)	○ 613条3項ただし書。最判平成9年2月25日
66	自己の所有建物を賃貸して賃借人に引き渡した者が、賃貸借契約継続中に当該建物を第三者に譲渡してその所有権を移転した場合には、賃貸人たる地位を譲渡する旨の旧所有者と新所有者間の合意がなければ、賃貸人の地位は新所有者に移転しない。('16-25問-イ)	× 605条の2第1項。最判昭和39年8月28日、最判平成11年3月25日
67	対抗力のない賃借権が設定されている土地の所有権の譲渡において、新所有者が旧所有者の賃貸人としての地位を承継するには、賃借人の承諾は必要でない。('16-25問-ウ)	○ 605条の3。最判昭和46年4月23日
68	土地賃貸借の賃借人は、当該土地の所有権移転に伴い賃貸人たる地位を譲り受けた者に対し、当該土地の所有権移転登記が経由されていないことを理由として、賃料の支払請求を拒むことができない。('16-25問-エ)	× 605条の2第3項。最判昭和49年3月19日
69	判例によれば、賃貸借の目的物が譲渡され、その譲受人が賃貸人たる地位を承継した場合において、その承継前に、賃借人が従前の賃貸人に対して賃貸借契約上の未履行の債務を負担していたときには、敷金は従前の賃貸人に対する上記債務の弁済に充当され、残額があれば、その返還債務が譲受人に承継される。('10-23問-イ、'14-26問-1、'16-25問-オ)	○ 最判昭和44年7月17日
70	借地借家法の適用を受ける土地の賃貸借契約の存続期間が満了する前に当該土地上の建物が滅失し、再築をしないで賃借人が土地の使用を継続する場合、賃貸人が遅滞なく異議を述べないと契約が更新したものとみなされる。('09-28問-2改題)	× 借地借家法5条2項。土地の使用継続による法定更新は、建物が存在する場合にかぎられる
71	AがBに土地を賃貸し、Bが同土地上に建物を建築して所有する場合において、AがCに同土地を譲渡したとき、Bは、建物の所有権の登記をしているが土地の賃貸借の登記はしていなかった。この場合、所有権移転登記を経たCのBに対する建物収去土地明渡請求は認められる。('06-18問-2改題)	× 借地借家法10条1項
72	建物所有を目的とする土地賃貸借の賃借人が、その親族名義で所有権保存登記をした建物を借地上に所有していても、当該借地の新取得者に対し借地権を対抗できない。('16-25問-ア)	○ 最大判昭和41年4月27日
73	建物所有を目的とする土地賃貸借の賃借人が、その土地上に建築した建物を第三者に譲渡しようとする場合において、その第三者が土地の転借をしても原賃貸借の賃貸人に不利となるおそれがないにもかかわらず、当該賃貸人がその転貸を承諾しないときは、裁判所は、原賃貸借の賃借人の申立てにより、承諾に代わる許可を与えることができる。('12-26問-ウ)	○ 借地借家法19条1項前段
74	賃貸借契約において当事者が期間を定めなかった場合に貸主が解約の申入れをしたときは、借主は、法定の期間内は目的物を返還しなくても遅滞の責任を負わないが、消費貸借契約において当事者が返還の時期を定めなかった場合に貸主が返還を請求したときは、借主は、ただちに目的物を返還しなければ遅滞の責任を負う。('15-23問-エ)	× 前段につき617条1項柱書。後段につき大判昭和5年1月29日参照
75	賃貸借契約において当事者が期間を定めなかった場合、借主はいつでも解約の申入れをすることができるが、消費貸借契約において当事者が返還の時期を定めなかった場合、無利息の消費貸借契約のときにかぎり、借主はいつでも解約の申入れをすることができる。('15-23問-オ)	× 前段につき617条1項柱書前段、後段につき591条2項

6. 請負

76　請負人が注文者に対して報酬請求をした場合に、仕事の目的物が契約の内容に適合しないものであり、注文者が目的物の修補を請求したときは、注文者は、報酬の支払を拒むことができる。('10-25問-3、'17-28問-イ改題)

→ ○　559条・562条1項、533条

77　仕事の目的物の契約不適合が注文者の供した材料の性質または注文者の与えた指図によって生じた場合、請負人は、その材料または指図が不適当であることを知りながら注文者に告げなかったときを除き、担保責任を負わない。('15-27問-ウ改題)

→ ○　636条

78　仕事の目的物の引渡しを要しない場合、請負人の担保責任の存続期間は、その仕事が終了した時から起算する。('15-27問-オ改題)

→ ×　637条1項、636条

79　請負契約は、仕事の完成義務と報酬の支払義務とが対価関係にある双務契約であるが、両債務は、同時履行の関係にあるものではない。(S.56-74問)

→ ○　報酬支払と同時履行の関係にあるのは目的物の引渡し(633条本文)

80　請負契約は有償契約であり、報酬は、目的物の引渡しを要するときはその引渡しと引換えに、物の引渡しを要しないときは仕事の完成と引換えに、支払わなければならない。('08-26問-2、'15-26問-エ、'17-28問-ア)

→ ×　仕事の完成と引換えではなく、仕事の完成後(633条ただし書・624条1項)

81　注文者の責めに帰することができない事由によって仕事を完成することができなくなった場合において、請負人がすでにした仕事の結果のうち可分な部分の給付によって注文者が利益を受けるときは、その部分を仕事の完成とみなし、請負人は、注文者が受ける利益の割合に応じて報酬を請求することができる。

→ ○　634条1号

82　建築業者Aが注文者Bから甲建物の建築を請け負った場合、請負では仕事が完成しないと報酬請求権が生じないから、Aは建築に着手していない段階では報酬請求権を譲渡できない。(H.8-31問-ウ改題)

→ ×　報酬債権そのものは、契約成立時に発生している(大判昭和5年10月28日)

83　請負人が仕事を完成しない間は、注文者は、いつでも損害を賠償して契約の解除をすることができる。('12-27問-イ)

→ ○　641条

84　請負人が債務の本旨に従って仕事を完成した後であっても、注文者は、損害を賠償して契約の解除をすることができる。('15-26問-ア)

→ ×　641条

85　注文者が死亡したときは、請負契約は終了する。('12-27問-ウ)

→ ×　注文者の死亡は終了事由ではないため相続により承継される

86　判例によれば、建物の建築を目的とする請負契約の請負人は、みずから材料を提供したか、注文者が材料を提供したかにかかわらず、完成した建物の所有権を取得する。('15-26問-イ)

→ ×　大判昭和7年5月9日

87　甲は、その所有する傾斜地を宅地に造成したうえ、乙に対しその土地上に建物を建築することを請け負わせた。建築工事が半分進んだとき、大地震が発生して甲所有の土地及び付近の土地に大きな亀裂が生じ、土砂崩れの危険があるため、その土地上に建物を建築することができなくなった場合、乙は甲に対し、出来高に応じた請負代金を請求できない。(S.60-5問改題)

→ ○　乙は仕事を完成しておらず、履行不能についていずれの当事者にも帰責事由がないため536条2項の適用もない

7. 委任

88　委任契約は無償契約を原則とするが、特約があれば、受任者は委任者に対して報酬を請求することができる。('08-26問-3)

→ ○　648条1項

89　準委任契約は、書面でしなくてもその効力を生ずるが、委任契約は、書面でしなけ

→ ×　643条、656条

れば、その効力を生じない。('16-26問-イ)

90　任意後見契約は、公正証書にかぎらず、その他の書面によってもすることができる。('10-26問-オ)

→ ×　任意後見契約に関する法律3条

91　受任者は、委任者の請求があるときは、いつでも委任事務の処理の状況を報告しなければならない。('13-26問-2)

→ ○　645条

92　受任者が、委任事務を処理するにあたって、金銭その他の物を受け取ったときは、ただちにこれを委任者に引き渡さなければならない。('10-26問-ウ)

→ ×　646条1項前段

93　報酬を支払う旨の特約がある場合において、委任が受任者の責めに帰することができない事由によって履行の中途で終了したときは、受任者は、すでにした履行の割合に応じて報酬を請求することができる。('13-26問-4)

→ ○　648条3項1号

94　受任者が委任事務を処理するために善良な管理者の注意をもって支出した費用は、それが、後日の結果からみて必要ではなかった場合であっても、委任者に対しその償還を請求することができる。('10-26問-エ)

→ ○　650条1項

95　受任者は、委任事務を処理するのに必要と認められる債務を負担したときは、委任者に対し、自己に代わってその弁済をすることを請求することができる。('13-26問-5)

→ ○　650条2項前段

96　委任は、受任者からは、やむをえない事由がなければ解除することができない。('13-26問-1)

→ ×　651条1項

97　委任契約において、委任者は、あらかじめ受任者にその損害を賠償したときにかぎり、受任者の不利な時期においても、その契約を解除することができる。(S.58-5問)

→ ×　651条1項。なお、651条2項ただし書参照

98　委任契約を債務不履行により解除したときは、その解除は、将来に向かってのみその効力を生ずる。('16-26問-ア)

→ ○　652条・620条前段

99　委任者の死亡によっても委任は終了しないという合意は、有効である。('07-26問-エ)

→ ○　最判平成4年9月22日

100　委任契約は、受任者の死亡によって終了するが、委任者の死亡によっては終了しない。('16-26問-エ)

→ ×　653条1号

101　委任の終了事由は、相手方に通知しなければ、相手方がその事由を知っているか否かを問わず、これをもってその相手方に対抗することができない。('07-26問-オ)

→ ×　655条

8．寄託

102　甲は乙に対し、甲所有の自動車の保管を委託し、これを乙に引き渡した。乙が甲の承諾を得ないで丙に自動車の保管を委託した場合であっても、その自動車が不可抗力によって滅失したときは、乙は甲に対して損害賠償の義務を負わない。(S.51-79問改題)

→ ×　無断で第三者に保管させれば債務不履行となる(658条2項、415条)

103　無償受寄者は、善良な管理者の注意をもって寄託物を保管しなければならない。('08-15問-イ、'17-29問-ア)

→ ×　659条。10節③【1】(1)(a)

104　有償寄託契約において、受寄者の責めに帰することができない事由により寄託物の返還債務が履行不能になった場合、受寄者は、寄託者に対し、約定の存続期間のうち履行不能になった後の期間についての報酬の支払を求めることができない。

→ ○　665条・648条3項1号

('15-22問-4)

105 寄託物について権利を主張する第三者が現れた場合であっても、受寄者は、原則として、寄託者に対して寄託物を返還しなければならない。

→ ○ 660条2項本文

106 寄託者は、有償か無償かを問わず、過失なく寄託物の性質もしくは瑕疵を知らなかったとき、または受寄者がこれを知っていたときを除いて、寄託物の性質または瑕疵によって生じた損害を受寄者に賠償しなければならない。('17-29問-イ)

→ ○ 661条

107 有償の金銭消費寄託契約において、当事者が返還の時期を定めなかったときは、寄託者は、受寄者に対し相当の期間を定めて催告をしなければ、金銭の返還を請求することができない。('16-22問-オ)

→ × 662条1項

9．組合

108 A、BおよびCがそれぞれ100万円ずつ出資して、X商会の名義で小売事業を営む組合契約を締結した。業務執行者Aが自己の出資分100万円の履行をしない場合、出資を履行したBは、Aに対して履行を催告したうえ、相当期間内に履行されないときは、組合契約を解除できる。(H.8-24問-オ改題)

→ × 667条の2第2項

109 組合の業務執行を委任する場合、業務執行者は組合員のなかから選ばなければならない。('08-27問-ア)

→ × 670条2項

110 組合は、不動産について組合名義の所有権移転登記を備えることはできない。('16-27問-ウ)

→ ○ 668条参照

111 組合員は清算前に組合財産の分割を求めることができず、また、組合員が組合財産についての持分を処分しても、その処分を組合に対抗することができない。('08-27問-オ、'13-28問-ア)

→ ○ 676条1項、3項

112 組合員は、組合が組合の債権者に対して負う債務とその者に対し自己の有する債権とを相殺することができる。(S.56-2問)

→ ○ 組合財産は何ら減少しない

113 組合の債務者は、その債務と組合員に対する債権とを相殺することができる。('16-27問-イ)

→ × 677条

114 組合員は、組合の債権者に対し、互いに連帯して債務を履行する責任を負う。('08-27問-ウ)

→ × 675条2項

115 組合員は、組合財産をもって組合債務を弁済しえない場合に限り、組合の債権者に対して弁済の責任を負う。(S.56-2問)

→ × 補充責任ではない（会社法580条1項参照）

116 組合の債権者は、債権の発生の時に組合員の損失分担の割合を知らなかったときは、個々の組合員に対して等しい割合で権利を行使することができる。('16-27問-ア)

→ ○ 675条2項

117 組合契約において、やむをえない事由があっても任意の脱退を許さない旨を合意した場合、その合意は無効である。('13-28問-イ)

→ ○ 最判平成11年2月23日

118 組合員が死亡した場合、組合員たる地位は相続により承継される。('08-27問-エ)

→ × 679条1号

119 死亡した組合員の相続人は、残存組合員の全員の意思表示があれば、当該相続人の意思にかかわらず組合員となる。('13-28問-オ)

→ × 組合契約は、個人的信頼関係を基礎として成り立っていることから、組合員の相続人は、

120 組合員は、除名された場合であっても、持分の払戻しを受けることができる。（'08-27問-イ、'16-27問-エ）

→ 当然には組合員の地位を承継しない
○　679条4号、681条

121 組合を脱退した組合員は、脱退後その事情を知らずに組合に対して債権を取得した第三者に対して弁済する責任を負う。（S.56-2問）

→ ×　680条の2第1項前段

122 組合は、その目的である事業の成功によって解散する。（'16-27問-オ）

→ ○　682条1号

10. 和解

123 和解は、当事者が互いに譲歩してその間に存在する争いをやめる契約であるから、その性質上、契約の成立には書面を必要とする。（H.11-23問-ア）

→ ×　和解は諾成契約であり、特別の要式は必要としない

124 債権譲受人と債務者との間でその債権の金額についての争いが生じ、和解によってその債権額が100万円である旨定められた後になって、債権譲渡が無効であったことが判明した場合、債務者は、和解契約について錯誤無効を主張することができる。（H.11-23問-ウ）

→ ○　和解の前提として争わなかった事項については錯誤無効（現取消し）の主張は可能とされる

第3章 事務管理

1. 事務管理

　これから契約以外の債権発生原因を検討していく。事務管理、不当利得、不法行為である（これらは**法定債権**と総称されることがある）。これらによって発生した債権も契約による債権と同じく弁済、相殺などにより消滅し、債務不履行による損害賠償が発生したりすることになる。また、金銭債務であるためその確保が問題になることもある。

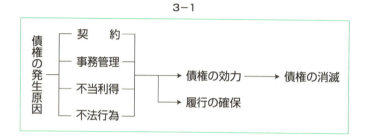

3-1

1 総説

【1】意義

(1) **事務管理とは**

　事務管理とは、義務なくして他人のためにその事務（仕事）を管理（処理）することをいう（697条）。

　たとえば、隣人の留守中に隣人宅の屋根が暴風雨で壊れたのを見つけて、隣人に頼まれたわけではないが、その屋根を修理しておくような場合である。

←事務管理とは

(2) **趣旨**

　事務管理制度の趣旨は、**他人の生活への不当な干渉の排除**と、**社会生活における相互扶助の要請との調和**という点に求められる。

　すなわち、本来、人は各々自己の事務を自由に処理すべきであって、むやみに干渉し合うべきではなく、他人の事務に干渉するためには、契約（請負や委任など）や法律の規定（親権、後見など）など、なんらかの原因に基づく権限や義務がなければならないはずである。このような権限や義務がない場合には、人は、他人の事務を管理する必要がないだけでなく、かえって許されない（「他人の事に干渉するのは違法である」の原則）。そして、あえてこれをするときは、場合によっては不法行為として損害賠償責任（709条）を負わなければならないことになる（不法行為については、5章で説明する）。

　しかし、他方で、他者によるこのような干渉行為が、干渉された者にとって利益になる場合がある。すなわち、我々の社会生活は相互扶助のもとに円満な発達をするものであり、事情いかんによっては、何ら権限や義務のない場合であってもなお、他人の事務に干渉してこれを処理することが必要な場合もある。このよ

うな場合にまで、不法行為の問題として取り扱うと、人は緊急の扶助をも控えることになり、本人の利益に反するばかりか、社会全体の利益にも反することから、社会生活における相互扶助を容易にする制度を講じる必要がある。

もっとも、これが過剰になれば、他人の生活への不当な干渉にもなりかねないことから、そのような結果を防止することも要請される。

そこで、民法は、一定の要件のもと、他人の権利領域への干渉を適法行為とする（違法性の阻却）とともに、一方でひとたび干渉を始めた者に最後までその管理をまっとうすることを義務づけ（管理者の管理継続義務、700条本文）、他方で本人に管理費用の償還を義務づける（本人の費用償還義務、702条1項）ことによって、相対立する2つの要請の調和を図っている。これが事務管理制度である。

> ただし、民法は、個人主義・自由主義の立場に立って、他人の生活への不当な干渉の排除という点にやや重きをおいています（しかも、通説は、本人の自己決定や財産管理の自由をできるだけ尊重します）。この点は、民法が管理者の報酬請求権を規定せず、また、管理者が事務の処理にあたって損害を被った場合についても配慮していない（701条、702条2項は、委任に関する650条3項を準用していない）点に現れています。これらは、後述するように、解釈論上の問題点とされています。

【2】法的性質

事務管理は、<u>準法律行為</u>の一種と解されている。

すなわち、事務管理は、適法行為であって、本人の費用償還義務（702条1項）、管理者の管理継続義務（700条本文）などの法律上の効果が発生する。しかし、これは、当事者が欲したために与えられる効果ではなく、法律上当然に生ずる効果である。もちろん、後述するように、事務管理の成立要件としては、管理者が他人〔本人〕のためにする意思のあることが求められるが（697条1項）、これは、事務管理が相互扶助の理想に基づく制度であることから必要とされているにすぎず、この意思を尊重して、法律効果が与えられているわけではない。

このように、事務管理は、法律上当然に生ずる効果であるから、意思表示あるいは法律行為ではなく、準法律行為の一種である。

> 事務管理では、条文上、「他人」という言葉と、「本人」という言葉がでてくるのですが、両者は同じ人物（要するに、管理された人）をさしますので、注意してください。これに対して、「義務なく他人のために事務の管理を始めた者」が「管理者」です（697条1項括弧書）。

2 成立要件

事務管理の成立要件をあらかじめ示すと、以下のとおりとなる。

【1】他人の事務を管理すること
【2】他人のためにする意思があること
【3】法律上の義務がないこと
【4】本人の意思および利益に適合すること

以下、個別に検討していくことにしよう。

【1】他人の事務を管理すること(697条1項)

(1) 事務の管理

「事務」とは、人の生活に必要ないっさいの仕事をいう。事務には、事実行為も法律行為も含まれる。たとえば、隣の家を修理する場合(事実行為)のみならず、隣の家を修理するために建設業者と契約を締結する場合(法律行為)なども含まれる。また、継続的行為(たとえば、家屋の修繕)であるか、一回的行為(たとえば、費用の立替払)であるかを問わないし(判例)、財産的なものだけでなく、人命の救助のような行為も含まれる(698条参照)。

また、「管理」とは、仕事を処理することをいう。管理には、保存行為、利用行為、改良行為などの管理行為だけでなく、処分行為も含まれると解されている。たとえば、判例は、売買契約の解除のような他人の権利の処分行為も事務管理としてすることができるとする。

(2) 「他人の……事務」

事務は、性質上、客観的他人の事務、客観的自己の事務および中性の事務の3つに分類される。

(a) 客観的他人の事務

客観的他人の事務とは、客観的にみて他人の事務であることが明らかなものをいう。たとえば、他人の家屋の修繕の場合である。このような客観的他人の事務が「他人の……事務」に該当することに争いはない。また、客観的他人の事務の場合には、本人のためにする意思が事実上推定される。なお、客観的他人の事務の場合には、たとえ管理者が自己の事務であると誤信していたとしても、これによって「他人の……事務」該当性が否定されるわけではない。もっとも、この場合には、【2】で述べるが、他人(本人)のためにする意思が否定されることとなる(通説)。

(b) 客観的自己の事務

これに対して、客観的自己の事務とは、客観的にみて自己の事務であることが明らかなものをいう。たとえば、自己の家屋の修繕の場合である。このような客観的自己の事務が、「他人の……事務」に該当しないことについても争いがない。また、たとえ、それが他人の事務であると誤信して管理しても、「他人の……事務」に該当しない。

(c) 中性の事務

中性の事務とは、客観的他人の事務とも客観的自己の事務とも断言しがたいものをいう。たとえば、自己の家も隣人の家も屋根が壊れている場合に、屋根の修理材料を購入するときなどである。中性の事務の場合について「他人の……事務」に該当し、事務管理が成立しうるかについては争いがある。

通説は、中性の事務も、管理者が他人(本人)のためにする意思をもって管理するときは「他人の……事務」(主観的他人の事務)となるとして、事務管理が成立しうるとする。

これに対して、ある事務が他人の事務といえるかどうかは、管理者の意思によって主観的に決定されるべきではなく、その行為の事実的または法律的結果の帰属に基づいて客観的に決定されるべきであるとする見解がある。この見解によれば、管理者が自己の名で購入した材料をもって他人の家屋を修繕するなど、管理者のした行為の結果が他人の権利の領域または利益の領域に属すると一般的に認

められるにいたってはじめてその事務は他人の事務となることになる。
　しかし、事務管理は取引の安全に関する制度ではないから、管理者の主観を尊重しても差し支えなく、その利他的な意思を重んじるのが事務管理制度の趣旨に適するので、通説の考え方でよいだろう。

【2】他人のためにする意思があること（697条1項）

(1) 「他人のために」

　「他人のために」事務を管理する（697条1項）の意義について、通説は、他人のためにする意思、すなわち他人の利益を図る意思をもって事務を管理することをいうと解している。これに対して、「他人のために」とは、社会通念上、本人の利益になると認められることをさすのであって、管理者の主観的な意思をさすのではないとする見解もある。

← 「他人のために」の意義

> 両説の違いですが、前者の通説によれば、客観的他人の事務を自己の事務と誤信しても事務管理とはならないのに対し、後者の見解によれば、このような場合にも事務管理が成立することになります。

(2) 他人のためにする意思（管理意思）

　他人のためにする意思（管理意思）は、自己のためにする意思と併存してもかまわないと解されている。たとえば、共有者の1人が各自の負担である費用の全部を支払う場合（判例）や、留守中の隣家を、その隣人のためと同時に自己の家屋への危険防止のために補強する場合であっても差し支えない。
　また、他人のためにする意思は、自己以外の者の利益を図る意思で足り、本人がだれであるかを知っている必要はない。およそ匿名の人のためにする意思であれば足りるし（たとえば、迷いこんだ犬を飼主がわかるまで飼っておく場合）、人に関する同一性の錯誤がある場合（たとえば、迷いこんだ犬を飼っておく場合において、Aの飼い犬と思っていたが、実はBの飼い犬だったとき）でも、真実の本人（B）について事務管理が成立する。

→ 我妻・講義V₄902頁

→ 大判大正8年6月26日（前出）

> 以上のように、事務管理が成立するためには、他人のためにする意思があることが必要ですから、他人の事務を管理したものの、自己のためにする意思で行った場合には、事務管理は成立しません。ただ、この場合についても、事務管理になぞらえ（類推適用して）、**準事務管理**として処理できないかという問題があります。この点については、4 で説明します。

　それでは、他人の利益を図る意思が強く、必要な費用はすべて自分が負担し、本人に対してその償還を請求するつもりはないという場合には、どのように処理すべきであろうか、明文の規定がなく問題となる。
　この点については、事務管理自体は成立するが（したがって、管理者の義務には影響はない）、費用の償還を請求しないという管理者の積極的な意思を尊重して、費用償還請求を否定するのが、事務管理制度の趣旨に適するであろう。

【3】法律上の義務がないこと（「義務なく」）（697条1項）

← 「義務なく」の意義

　事務管理が成立するためには、「義務なく」に該当すること、すなわち法律上の義務がないことが要求される。管理者が、法律の規定（親権、後見など）や契約

（委任や請負など）によって、本人に対してその事務を管理すべき義務を負う場合には、管理者と本人との間の関係は、この義務の基礎たる法律関係によって決せられ、事務管理は成立しない。法律上の義務の存否は、客観的に判断される。たとえば、第三者弁済の委託を受けずに弁済した場合には、債務者の意思に反しないかぎり、事務管理となる。また、第三者に対して義務を負う者が、その義務を履行することにより、同時に他人の事務を処理することになる場合には、その他人に対する事務管理となる。たとえば、主たる債務者の委託を受けずに保証人となった者が、主たる債務者に代わって弁済をする場合には、保証人は自己の保証債務を履行するものであるが、主たる債務者との間には事務管理が成立する。したがって、この場合における保証人の主たる債務者に対する求償権（462条）の性質は、事務管理者の費用償還請求権（702条）である。

⇒ 我妻・講義V₄908頁

> 債権総論で勉強しましたが、主たる債務者の意思に反して保証した者は、主たる債務者が現に利益を受ける限度において求償権を有します（462条2項前段）。これは、事務管理者の費用償還請求権（702条3項）の範囲と同様になります。

⇒ 『債権総論』6章5節④【3】(3)(b)(ⅱ)

また、判例は、連帯債務者のなかで、内部関係において負担部分のない者が弁済した場合には、その弁済は、他の連帯債務者に対する事務管理となるとした。要するに、負担部分のない者の弁済は、債権者との関係では全額について義務履行であっても、連帯債務者相互の間では負担部分以外については法律上の義務の履行ではないということである。

⇒ 大判大正5年3月17日民録22輯476頁、最判昭和26年2月13日民集5巻3号47頁

さらに、委任契約が解除（651条1項）された後になお委任事務を処理したときは、法律上の義務なくして管理したことになる。

なお、法律上の義務がないかぎり、たとえ義務があると誤信しても、事務管理の成立は妨げられない。また、法律上の義務がないことという要件は、事務管理の成立を否定する者が、法律上の義務があることについて主張立証責任を負うと解される。

他方で、公法上の職務行為として他人の事務を処理した場合には、事務管理は成立しない。たとえば、警察官や消防職員による人命救助活動や消火活動は、事務管理とはならない。これに対して、たとえば、だれかが水難にあった場合においては、救助可能な者は水難者を救助すべきであるという一般的な規定がある（商792条以下参照）ところ、この義務は、すべての関係者が公法上一般的に負っているわけであるが、この義務を履行した場合でも、私法上、事務管理が成立することは妨げられないと解されている。

【4】本人の意思および利益に適合すること

事務管理が成立するには、前述したように、他人のためにする意思があることを要する。しかし、他人のためにする意思さえあれば常に事務管理になると解するべきではない。なぜなら、いかに他人の利益を図る意思にでたとはいえ、本人にとってかえって迷惑な干渉となり、法の保護に値しないと認められるべき場合もあるからである。

したがって、事務管理が成立するためには、**本人の意思および利益に適合すること**が必要である。

> この要件は、697条1項には明言されていません。ですので、この要件を民法のどの規定に基づいて、どのように構成すべきかについては争いがあります。細かいところですが、他の解釈にも影響しますので、説明しておきます。
> ①通説は、事務を管理することが**本人の意思または利益に反することが明らかでないこと**を事務管理の成立要件とします。700条ただし書が「事務管理の継続が本人の意思に反し、又は本人に不利であることが明らかであるとき」は、管理を継続してはならないと規定していることから、本人の意思または利益に反することが明らかな場合には、事務管理は成立しないと解しているのです。本人の自己決定や財産管理の自由をできるかぎり尊重する立場です。
> そのほか、②697条2項により、事務管理が成立するためには、事務の管理をすることが、本人の意思を推知しうるときは本人の意思によったものでなければならず、本人の意思が不明の場合には客観的に本人のもっとも利益とするところに適合することを要すると構成する見解や、③702条3項を不当利得の規定とし、その根拠として、事務の管理をすることが本人の意思に反する場合には事務管理にならないと構成する見解などがあります。
> 実質的な対立点ですが、事務の管理をすることが本人の意思または利益に反する場合には、③説では事務管理は成立しないが、①の通説では、このような場合であっても、管理者がそのことを知らず、また、善良な管理者の注意を用いても知りえなかったときは、なお事務管理が成立しうることになります。なお、②説は、本人への適合の内容を①の通説よりも厳しく構成するのですが、推知しうる本人の意思に適合していれば、利益への適合を問わない点において、①の通説よりもゆるやかであるといえようといわれています。

→ 我妻・講義V₄911頁、四宮・事務管理・不当利得23頁

通説によれば、管理開始時点において本人の意思または利益に反することが明らかな行為は、事務管理の要件をみたさないため、違法行為となる。もっとも、本人の意思および利益に反することが明らかでないことが要求されるのは、自己決定や財産管理の自由をできるだけ尊重する趣旨であるから、本人が事後的に追認することはできる。そして、追認された場合には、本人が別段の意思を表明したときを除き、管理行為時にさかのぼって事務管理が成立すると解される。

もっとも、**本人の意思に反する管理であっても、そもそも本人の意思が公序良俗や強行法規に反する場合**には、そのような本人の意思を尊重する必要がないため、**事務管理の成立を妨げない**。たとえば、本人が自殺を図った場合において医師を招くなどして自殺行為を阻止するときや、飲酒者が自身の自動車を運転しようとした場合において飲酒者を助手席に乗せて管理者が自動車を運転するときなどには、本人の意思に反しても、事務管理が成立する。

なお、本人の意思および利益に反することが明らかでないことという要件は、事務管理の成立を否定する者(側)が主張立証責任を負うと解される。

3 効果

【1】違法性の阻却

明文の規定はないが、事務管理は行為の違法性を阻却する。すなわち、ある行為が事務管理の成立要件をみたす場合には、その行為によって本人に損害を与えても不法行為にはならない。たとえば、他人の家の屋根を直すために、他人の敷地に入っても、違法性が阻却されるので、不法行為責任(709条)を負わない。

もっとも、事務管理が成立する場合であっても、管理の方法が不適当であり、本人に損害を与えたようなときには、管理者に責任が生ずるが、それは、事務管理の効果として発生した債務不履行による責任であって、不法行為責任ではない。

【2】管理者の義務

管理者は、おおよそ、委任の受任者と同様の責任を負う。順にみていこう。

(1) 管理継続義務・中止義務

管理者は、いったん事務管理を開始すると、本人またはその相続人・法定代理人が管理をすることができるにいたるまで、事務管理を継続しなければならない(管理継続義務、700条本文)。この趣旨は、いったん開始した事務管理を途中で中止すると、本人に不利益が生じるおそれがあるため、これを防止する点にある。判例は、義務がないのに病人を引き取って同居させた者は、病人が保護を受ける必要がなくなるか、または関係者が病人の世話をすることができるようになるまでは、継続して保護すべき義務を負うとする(刑法上の責任の追及というかたちで問題となった事例)。

→ 大判大正15年9月28日刑集5巻387頁

ただし、管理の継続が本人の意思に反し、または本人に不利であることが明らかであるときは、事務管理を中止しなければならない(中止義務、700条ただし書)。この本人の意思は、前述した成立要件の場合と同様に、公序良俗や強行法規に反しないことが必要である。

(2) 管理の方法

管理者は、本人の意思を知っているとき、またはこれを推知することができるときは、その意思に従って事務管理をしなければならない(697条2項)。

これに対して、管理者が本人の意思を知りえないとき(または本人の意思が公序良俗や強行法規に反し、これを尊重すべきでないとき)は、「事務の性質に従い、最も本人の利益に適合する方法」によって事務管理をしなければならない(697条1項)。

(3) 善管注意義務

管理者は、原則として、善良な管理者の注意をもって管理(事務処理)する義務を負う(善管注意義務・事務処理義務、698条反対解釈)。そして、この善管注意義務に反する場合には、損害賠償責任(債務不履行責任)を負う。

ただし、例外として、管理者は、本人の身体、名誉または財産に対する急迫の危害を免れさせるために事務管理(緊急事務管理)をした場合には、注意義務が軽減され、悪意または重大な過失があるときにかぎって、損害賠償責任を負う(698条)。緊急事務管理の例としては、瀕死の重傷を負って意思表示をすることができない状態で搬送された生命の危険が迫っている救急患者を手術した医師の責任が問題となるような場面があげられる。

(4) 管理開始の通知義務

管理者は、事務管理を始めたことを遅滞なく本人に通知しなければならない(管理開始の通知義務、699条本文)。この趣旨は、管理者の独断専行を排除し、本人の自己決定の機会を確保する点にある。この通知義務の違反がある場合にも、管理者は損害賠償責任(債務不履行責任)を負う。

ただし、本人がすでに知っているときは、通知義務はない(699条ただし書)。

(5) 委任の規定の準用に基づく義務(計算義務)

701条は、委任に関する規定(645条から647条まで)を準用しており、管理者は、計算義務、具体的には、①報告義務(645条)、②受取物引渡・権利移転義務(646条1項、2項)、③金銭消費の責任(647条)を負う。それぞれの義務、責任の内容については、委任に関する受任者の義務のところを参照してほしい。

→ 2章9節③【1】(3)

【3】 本人の義務

⑴ 費用償還義務

　本人は、管理者が支出した有益な費用を償還しなければならない(費用償還義務、702条1項)。この趣旨は、有益費用の全額を償還すべきものとして、事務管理者の保護を図る点にある。ここにいう「有益な費用」には、その性質上、有益費のみにかぎられるものではなく、保存費、必要費が含まれる。判例も、他人の馬を飼育した場合における飼料の代価も「有益な費用」に含まれるとしている。また、有益費用の全額を償還すべきという趣旨から、管理者は、本人に対し、利息を請求することができると解されている。

　管理者が本人のために有益な債務を負担したときは、本人は、管理者にかわってそれを弁済し、その債務がまだ弁済期にないときは、相当の担保を供与する義務を負う(代弁済義務、有益債務弁済義務・事務管理者の代弁済請求権、702条2項・650条2項)。通説は、この義務は管理者に対する義務であると解している(この点は、後述する事務管理と代理のところに影響する)。

▶昭和58年度第2問

→ 大判昭和10年7月12日判決全集1輯20号24頁

→ 本節③【4】⑴

> たとえば、Aが工務店との間に隣人Bの家屋の修繕義務を締結して代金債務が発生したとしましょう。この場合に、通説によれば、Aがその修繕契約を自己の名で締結したか、本人Bの名で締結したかを問わず、その効果は当然にはBには及ばないと考えますから(後述する事務管理と代理を参照のこと)、Bは、工務店に対して直接債務を負いません。ですから、本人に有益債務弁済の義務があるというのは、Bが、**管理者Aに対して**、管理者Aの債務を第三者として弁済する義務を負うことを意味します。

　702条3項は、管理者が本人の意思に反して事務管理をしたときは、本人が現に利益を受けている限度においてのみ、有益費用の償還および有益債務の弁済または担保提供の義務を負うと規定している。通説は、前述したように、事務の管理をすることが本人の意思に反していても、本人の意思に反していることが明らかでないときには、事務管理が成立するとしており、702条3項はこのような場合における本人の義務の範囲を定めたものと理解することになる。

→ 我妻・講義V₄920頁

> 通説は、本人の意思に反していても、本人の意思に反していることが明らかでないときには、事務管理は成立するとしています。ただし、このとき、いくら利他的動機にでた行為によるとはいえ、本人は自己の意思に反して他者(管理者)から財産管理への介入をされたわけですから、本人の不利益を考慮し、「本人が現に利益を受けている限度においてのみ」(702条3項)、有益費用の償還等を認めたと理解するのです。
> 　なお、明らかである場合にかぎらず、およそ本人の意思に反する事務管理を否定する見解は、702条3項は、事務管理の規定ではなく、不当利得の規定と理解することになります。本人が利益を得たことになると考えるのです。

→ 近江・講義Ⅵ17頁

⑵ 本人の報酬支払義務・損害賠償義務(事務管理者の報酬請求権・損害賠償請求)の可否

(a) 事務管理者は、本人に対して報酬を請求することができるか。

　この点について、通説は、これを否定する。その理由としては、民法にその旨の規定がないこと、報酬請求権を認めることは管理行為の道徳上の価値を損なうから、特殊な場合(特別法で認められる遺失物届出の報労金等)を除けば、一般的にこれを認めるのは妥当でないからである。

(b) 事務の管理のために自己に過失なくして損害を被った場合には、管理者は本

人に対して損害賠償請求をすることができるか。

　この点についても、通説は、受任者に関する650条3項のような規定がないので(701条、702条2項は650条3項を準用していない)、管理者は本人に対して損害賠償請求をすることができないと解している。ただし、通説は、本人の有益費用償還義務(702条1項)の「費用」を合理的に解釈したり、「費用」に準じる損害として処理したりすることで、妥当な結論を導いている。

→ 我妻・講義V₄922頁

> たとえば、溺れる者を救済するために水中に飛び込んで衣服を汚損した場合のクリーニング代や修繕代は、「費用」と解することができるのです。

【4】事務管理の対外的効力
(1) 事務管理と代理

　管理者が**自己の名**(管理者の名)で法律行為をした場合には、その効果は、管理者に帰属し、本人には帰属しない(判例)。

← 事務管理と代理の関係

→ 大判明治37年5月12日民録10輯666頁
▶ 昭和58年度第2問

> ただし、前述したように、管理者が本人のために有益な債務を負担したときは、本人は、管理者に対して代弁済義務・有益債務弁済義務を負います(702条2項・650条2項)。

　それでは、管理者が本人の名で法律行為をした場合には、その効果は、本人に帰属するか。すなわち、管理者が管理のために対外的に本人を代理して行為する場合に、内部的に本人と管理者との間に事務管理の要件をみたしていれば対外的な行為は有効な代理になるのであろうか。

　この点について、通説は、事務管理は**本人・管理者間の対内関係にとどまり**、これと**本人・相手方間の対外関係とは別個の問題**であって、管理者が本人の名で法律行為をした場合にも、**その効果は当然には本人に帰属せず**、表見代理の要件を備えるとか、無権代理として本人が追認したというようなときに、はじめて本人に効果が及ぶことになるとする(無権代理説)。したがって、通説によれば、702条2項の本人の有益債務弁済義務は、**管理者に対する義務**と解されることになる(この点は、前述した)。判例も通説と同じ立場に立つ。なお、追認された無権代理行為は、その結果が本人の利益に帰した場合には、事務管理としての性質を有するにいたる(判例)。

　以上に対して、適法な事務管理がされたときは代理の効果が発生するという見解(代理権説)もあるが、事務管理の対外的効力は、代理とは別個の法律関係になるので、本人の追認の有無にその効力をかからせるのが妥当であり、判例・通説の立場でよいであろう。

→ 大判大正7年7月10日(前出)、最判昭和36年11月30日民集15巻10号2629頁
→ 大判昭和17年8月6日民集21巻850頁
→ 四宮・事務管理・不当利得39頁

> かりに、管理者に代理権を認めてしまうと、義務なくして事務管理者が勝手に行った行為の効果が、すべて本人に帰属することになってしまい、それでは本人にとってあまりにも不当な結果になってしまうであろうことは、容易に想像できます。
> 　本章冒頭の例で、本人のために屋根を全部修理してあげたとします。しかも、その屋根の修理に莫大な費用をかけて贅沢な屋根にしたというような場合、本人が帰ってきて、大工がやってくれた仕事についての債務をすべて負担しなければならないというのでは、危なくて家を空けられません。すなわち、勝手に事務管理をした者の法律効果がすべて自分に帰属してしまうというのでは、私的自治の原則に反してしまうわけです。したがって、

事務管理が行われたからといって当然に代理権が発生するわけではないのです。

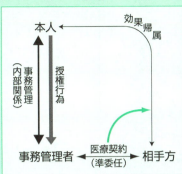

しかし、この当然とも思われることをなぜ議論するのでしょうか。それは次のような場面で代理権を認めたほうが妥当だとも思われるからです。たとえば、道で行き倒れになっている人を通行人が見つけて病院に運んでくれたとします。その通行人が医者に治療を頼んで帰った場合、医者はだれに治療費を請求すればいいのでしょうか。本人が意識不明のときなどは、あくまでも通行人と医者との間で医療契約が結ばれたということになると、通行人は後で治療費を請求されてしまいます。もちろん、それを費用として本人に請求するのですが（702条）、何か釈然としません。このとき、医者が直接本人に請求できるような法律構成はないでしょうか。ここで医者が本人のために治療をすること自体が医者の事務管理であるという考え方もできます。しかし、医者には医師法上、治療義務があるから事務管理ではないとか、事務管理が成立したとしても報酬請求権はないので不都合であるとかの問題を残してしまいます。そこで、事務管理者としての通行人の行為によって当然に本人に効果帰属すると考えることができれば一番好都合なのです。ただ、このような例外的な場面を想定して、常に事務管理によって代理権が発生すると考えることはあまりに私的自治に反するので、ここは医者の事務管理と構成したうえで、前述のように費用償還請求権の範囲を柔軟に捉えて妥当な結論にもっていくべきでしょう。

 事務管理として法律行為がなされた場合に、その効果は本人に直接帰属するか。

●論点B⁺ランク（論証20）

- 具体例：留守中の隣家の屋根を修繕するために、管理者が本人の代理人として職人と契約した場合。

A説 判例・通説（無権代理説）

→ 大判大正7年7月10日（前出）、最判昭和36年11月30日（前出）

- 結論：帰属しない。
- 理由：①事務管理は本人・管理者間の対内関係にとどまり、これと本人・相手方間の対外関係とは別個の問題である。
  ②事務管理者に代理権を認めることは、本人に行為の効果がすべて帰属することになり、本人にとって不当な結論となりかねない。特に、通説のように事務管理の成立要件をゆるやかに認めるときはこの弊害はいっそう大きくなる。
  ③肯定説のような代理権を画一的に認めるよりも、原則として無権代理としたうえで、事情に応じて本人の黙示的な追認を肯定するほうが具体的に公平な結論が得られる。

B説 四宮説（代理権説）

- 結論：帰属する。
- 理由：①本人が追認を拒絶すると、本人のためと思って行為をした管理者や、本人との取引を考えていた相手方にとって、不本意な結果となってしまう。
  ②事務管理の法律関係が簡明になる。

(2) 損害賠償義務の存否

管理者が管理をする際に第三者に対して損害を生じさせた場合には、本人に責任は生ずるのであろうか。

この点について、本人と第三者との間には、その損害について、直接の因果関係はないから、管理者の不法行為責任のみが認められ、当然には本人に責任は生じないと解されている。

> 　最後に、事務管理において生じる義務・権利と委任のどの規定が準用されるのかなどをまとめた表を掲げておきます。表の内容を単に暗記するのではなく、事務管理者がいかなる理由からいかなる義務を負うかなどを、委任、寄託、組合契約と比較しつつ、理解しておいてください。委任の規定の準用がない部分については、すべてそれなりの理由があるものばかりであり、たとえば、事務管理者に善管注意義務の規定(644条)が準用されないのは、緊急事務管理の場合の特則(698条)の反対解釈が可能だからです。

委任の規定の準用の有無

委任	寄託(665)	組合(671)	事務管理(701)
善管注意義務(644)	有償：善管注意義務(400) 無償：自己の財産と同一の注意義務(659)	○	原則：善管注意義務(697Ⅰ) 例外：緊急事務管理→注意義務軽減(698)
報告義務(645)	危険通知義務(660Ⅰ)	○	○ 管理開始の通知義務(699)＊
引渡・権利移転義務(646)	○	○	○
自己執行義務(644の2)	○ (658Ⅱ、Ⅲ)	○	規定なし
金銭消費の責任(647)	○	○	○
報酬支払義務(648：特約)	○	○	規定なし
費用前払義務(649)	○	○	規定なし
費用償還義務(650Ⅰ)	○	○	有益費用(702Ⅰ、Ⅲ)
代弁済義務(650Ⅱ)	○	○	○ (702Ⅱ、Ⅲ)
損害賠償義務(650Ⅲ)→無過失責任	過失責任(661)	○	規定なし

注意：○が準用されることを示す。
＊　事務管理については、委任規定の準用である報告義務(645)のほかに、管理開始通知義務(699)がある。

4 準事務管理

【1】問題の所在

←準事務管理とは

　対外的には他人の事務を管理しているが、他人のためにする意思がない場合、すなわち自己のためにする意思で他人の事務を管理した場合にも、事務管理の規定の類推適用をすべきかどうか。これが準事務管理の肯否の問題である。

> 　前述したように、事務管理は他人のためにする意思があることを成立要件としますから、他人の事務を、自己のためにする意思をもって管理したときは、事務管理は成立しません。
> 　しかし、ドイツ民法では、他人の事務を、それと知りつつ自己の事務として管理した場合には、事務管理の規定の準用によって、管理者は事務管理における管理者と同一の義務

を負い、本人が管理者に対して上記の義務の履行を求めたときは、不当利得の返還に関する規定に従って費用償還義務を負うものと規定しています。ですから、この規定によれば、たとえば他人の特許権を勝手に行使したり、他人の物を自己の物として高価で売却して利益をあげようとしたりする者がいる場合には、本人は、管理者の計算義務を主張して、これらの行為によって得られた利益の引渡しを請求することができます。他人の権利の無断使用による利益を剥奪することが、正義の観念に合致すると考えるのです。この制度が準事務管理とよばれており、日本においてもこれを肯定すべきかが問題とされているのです。

もう少し具体的にいうと、たとえば、他人の所有の空き地があるのを見つけ、放っておくのはもったいないというところから、勝手に駐車場にして利益をあげていたとしましょう。この場合、あくまでも自分で他人の土地を不法占拠して利用してやろうという目的でやっているのですから、自己のためにする意思をもって管理していたわけです。もちろん、この場合、他人の土地を不法占拠して利用している以上、不当利得に基づく利得返還義務（703条、704条）または不法行為に基づく損害賠償義務（709条）を負うわけですが、不当利得にせよ不法行為にせよ、その土地所有者が被った損害の限度でしか認められません。その場合、損害というのは土地の使用利益相当分ということになります。それは、必ずしも管理者が得た利益とイコールではありません。したがって、地代相当額の損害を払えば、それ以上の利益をあげた者は得をしてしまうことになるのです。

そこで、このような場合、準事務管理という概念を認め、事務管理の規定（701条の準用する646条の金銭引渡義務等）を借用して、管理者が取得した利得をすべて土地所有者に返還させるべきだという考え方がでてくるのです。

【2】準事務管理の肯否

この点について、わが民法の解釈としても、準事務管理を肯定する見解がある（肯定説）。すなわち、①客観的他人の事務を自己のためにする意思をもって管理したとき、および、②事務管理が本人の意思または利益に反することが明らかなときは、適法な事務管理は成立しないが、管理者の義務については、事務管理の規定を類推適用するのが妥当であるとする。

→ 四宮・事務管理・不当利得43頁

しかし、通説は、他人の事務を悪意で自己のために管理した場合に、本来利他的な行為を保護するための事務管理制度を準用するのは筋違いであるとして、準事務管理を認める必要はないとする（否定説）。そして、この否定説は、自己に管理する権限がないことを知りながら利益を得る目的で管理する行為は、不当利得および不法行為における損失・損害の合理的な認定によって処理すべきであるとする（不当利得説）。たとえば、管理者と称している不法占拠者が真の所有者（他人）の土地を勝手に売却して得た代金は、それが取引上相当の価格である以上は、はたしてその他人が同額で売ることができたかどうかを問うことなく、それをもってその他人の損失・損害をみるべきであるとする。そして、僭称管理者がその才能によって異常な利益を収めたときは、むしろそれを返還させないほうが公平であるとする。この通説の立場をおさえておけば十分であろう。

→ 我妻・講義V₄927頁

通説は、僭称管理行為が一般にそれだけの利益を生じるものであれば、本人（他人）にもそれだけの損失・損害が生じたとみるべきであって、個別的・具体的に証明することを要しないとし、また、僭称管理者の特殊な才覚によって得た利益は、むしろ本人（他人）に返還させないほうが公平であると考えるのです。

◯×問題で実力チェック

01 知人のAの出張中に、道路をさまよっている犬を発見したBが、その犬を知人Aの飼い犬と誤信して自宅に連れ帰って世話をした場合、Bは、真実の飼い主Cに対し、その費用の償還を請求することができない。(H.10-37問-イ)

➡ × 「他人のために」(697条1項)とは、自分以外の者の利益を図る意思で足り、特定のだれのためであるかを認識する必要はない

02 事務管理に関して、隣家の垣根を直して自分の家の防犯も図るという場合にも、他人のためにする意思があると認められる。('06-2問-1改題)

➡ ○ 697条1項の「他人のため」といえるためには、自己の利益を図る意思と併存してもよい。1節②【2】(2)

03 Aのために事務を管理するBが、必要な費用は自分が負担してAに費用の償還を請求することは考えていない場合であっても、事務管理は成立し、Bは、善管注意義務を負う。(H.14-22問-ア)

➡ ○ 費用を負担する意思の有無は事務管理の成否に影響しない。そして、事務管理者は善管注意義務を負う(698条反対解釈)

04 管理者は、自己の財産に対するのと同一の注意をもって管理に当たらなければならない。('06-2問-3)

➡ × 698条反対解釈。1節③【2】(3)

05 事務管理に関して、管理者は、その事務が終了した後は、本人に対して、遅滞なくその経過および結果を報告しなければならない。('07-30問-5改題)

➡ ○ 701条・645条。1節③【2】(5)

06 受任者は委任事務の処理に関し費用を要するときは、委任者に対して前払を請求できるが、管理者は事務の管理により生じた費用でも前払を請求することはできない。(S.45-25問)

➡ ○ 701条は649条を準用していない

07 高波のためにおぼれている海水浴客Aを発見したBが、Aを浜辺に引き上げ、人工呼吸をした際に、誤ってAの肋骨を骨折させてしまった場合、Bは、軽過失であれば、損害賠償責任を負わない。(H.10-37問-ウ)

➡ ○ 緊急事務管理においては注意義務は軽減される(698条)

08 交通事故の被害者Aが道路に横たわっているのを発見したBが、Aを病院に運んだが、その名前が分からなかったので、自己の名前で病院と治療契約を結んだ場合、Aは、治療費を負担しなくてもよい。(H.10-37問-エ)

➡ × Bに事務管理が成立し、AはBに対して費用償還義務を負うことから、最終的には、Aが治療費を負担することになる

09 受任者は委任事務の処理に関し必要な債務を負担したときは、委任者に自己に代わって弁済させ、または担保を供させることができるが、管理者は本人のために有益な債務を負った場合でも、本人に弁済させ担保を供させることはできない。(S.45-25問)

➡ × 702条2項・650条2項

10 事務管理に関して、本人の意思に反していても事務管理が成立することがあり、その場合には、管理者は、本人が現に利益を受けている限度においてのみ、本人のために支出した費用の償還を請求することができる。('07-30問-1改題)

➡ ○ 702条3項。1節③【3】(1)

11 事務管理に関して、管理者は、その事務が終了したときに、本人に対して相当の額の報酬を請求することができる。('07-30問-2改題)

➡ × 1節③【3】(2)(a)

第4章 不当利得

1. 不当利得(総論)

　平成29年改正民法において、民法第3編第4章「不当利得」の各条文(703条から708条まで)は、その見出しを含めて内容について、いっさい改正されていない。したがって、不当利得制度は、平成29年改正とは無関係な分野のように見える。

　しかし、平成29年改正により、無効の効果として121条の2(原状回復義務)の規定が新設されたことによって、不当利得法の解釈に重大な影響を及ぼすと指摘されている。

→ 伊藤・新民法(債権関係)の要件事実Ⅱ623頁、野澤・事務管理・不当利得・不法行為16頁

　その具体的な内容については後に詳しく説明するが、理論的には難しい点があるうえ、従来の通説(衡平説・公平説)とは考え方が異なることから、やや詳しく説明している。

1 総説

【1】意義

(1) 不当利得とは

　不当利得とは、法律上正当な理由がないにもかかわらず、他人の財産または労務から利益を受け、これによってその他人に損害を及ぼした場合に、その得られた利得のことをいう。

← 「不当利得」とは

　不当利得は、損失者の犠牲において受益者(利得者)が不当な利益を受けるものであるから、その結果をそのまま認めるわけにはいかない。そこで、民法は、このような結果を是正するため、受益者は受けた利益を損失者に返還する義務を負う、言い換えると、損失者は受益者に対して不当利得返還請求権を取得するものとした。これが不当利得制度であり、具体的には703条から708条までに規定されている。

(2) 具体例

　「法律上の原因なく」(703条)利益を受ける場合にはさまざまなものがあるが、改正前民法下では、次の2つが典型的な具体例としてあげられていた。

(a) 具体例①

　売買契約が締結され、売主と買主の双方が履行をしたが、買主が詐欺を理由として売買契約を取り消した場合である(96条1項)。この場合には、売買契約は遡及的に無効となるから(改正前民121条本文、現121条)、買主・売主の両当事者はその給付を保持する「法律上の原因」がなくなる。したがって、売主は買主に対し代金を返還し、買主も売主に対し目的物を返還する義務を負うことになる(ただし、平成29年改正民法では、121条の2の規定に従って原状回復義務を負うことになる)。

← 平成29年改正

(b) 具体例②

　隣地の一部を自己の所有する土地であると誤信して、これを駐車場として利用

した場合である。この場合に、駐車場として利用した者は、「法律上の原因なく」、利用料相当額を利得したことになるため、その利得を隣地の所有者に対し返還する義務を負うことになる。

(3) 不当利得制度による規律

改正前民法下においては、具体例①②ともに、不当利得制度による規律を受けることになる。

> ただし、改正前民法下においても、後述する類型論の立場からは、給付利得の場合には、(広い意味での不当利得制度による規律を受けるとしても)703条、704条の適用はないと理解されていました。

しかし、①と②とでは大きな差異がある。すなわち、前者が財産的価値の移動が損失者の意思に基づく給付行為によるものであるのに対し、後者は、財産的価値の移動が受益者の権原のない侵害行為によるものである点に大きな違いがある。

> ①は、売主と買主の「利益」が売買契約という「法律上の原因」に基づくものでしたが、後に遡及的無効によって「法律上の原因」がなくなった場合です。
> これに対して、②は、受益者が何の権原もなく、勝手に隣地を駐車場として使用して利益を得た場合であり、当初から「法律上の原因」がないという点で両者には違いがあるのです。

以上のようなことから、学説は一般に、①を**給付利得**(**給付不当利得**)、②を**侵害利得**(**侵害不当利得・財貨利得**)として、2つの類型を区別している。

←給付利得と侵害利得
→ 野澤・事務管理・不当利得・不法行為16頁

このように、給付利得とは、なんらかの契約関係があってその契約関係の清算の対象である利得を意味するのに対し、侵害利得とは、契約関係がなくてもっぱら他人の財貨によって受けている利得を意味する。

【2】不当利得制度の特徴

不当利得制度の特徴は、**利得**を中心として事態を捉える点にある。すなわち、不当利得制度は、受益者のもとでの財産の増加(利得)を否定的に評価し、これを、損失を被った者に返還させることによって正常化することをめざしている。

→ 潮見・民法(全)486頁

これに対して、不法行為制度(709条以下)の特徴は、**損害**を中心として事態を捉える点にあり、不当利得制度と異なる視点に立っている。すなわち、不法行為制度は、加害者に損害を賠償させて被害者が被った損害を填補することによって正常化することをめざしている。

→ 5章序節①【1】

2 不当利得制度の本質

【1】改正前民法下の議論

不当利得制度の本質(存在理由・根拠)をどのように理解するかについては、大きく分けて、2つの見解がある。

(1) 衡平説(公平説)

衡平説(**公平説**)とは、不当利得制度の本質を衡平(公平)に求める伝統的な見解である。すなわち、「**形式的・一般的には正当視される**財産的価値の移動が、**実質的・相対的には正当視されない**場合に、公平の理念に従ってその

←「衡平説(公平説)」とは
→ 我妻・講義 V₄938頁

矛盾の調整を試みようとすることが不当利得の本質である」とする説である。換言すれば、不当利得制度は、利得者と損失者との間の財産上の均衡を図り、公平の理想を実現するものであるとするものである。

衡平説(公平説)は、このような衡平(公平)という観点から、すべての不当利得事例を統一的に理解する見解といえる(ただし、この見解でも、給付利得と侵害利得との類型とに区別すること自体は認める)。

→ 我妻・講義V₄942頁

(2) 類型論

類型論とは、不当利得制度の統一的理解を放棄し、利得をもたらした「法律上の原因」の解明を通じて、不当利得が問題となる場合を類型化しようとする見解である。すなわち、類型論は、受益に法律上の原因がない理由にはさまざまなものがあることから、財貨の帰属や財貨の移転を基礎づけたはずの法律関係がどのようなものであったかを考察し、それぞれの類型にあった要件等を決定する見解である。

← 「類型論」とは

> 類型論は、民法における物権と債権の対比に即して、所有権の場における不当利得(侵害利得・侵害不当利得・財貨利得)と、契約の場における不当利得(給付利得・給付不当利得)とを分ける立場です。
> そして、両者の位置づけについてですが、侵害利得は、所有権の絶対性を貫徹する機能を担い、原物による返還請求が不能となった後に代わって登場するものであって、所有権に基づく返還請求権の補充となるものとします(不当利得返還請求権の補充性)。
> これに対して、給付利得は、契約の無効・取消しなど契約関係における攪乱を正す機能を担い、「法律上の原因」である契約の原理に即して要件・効果(返還範囲)を考えるべきことになるとするのです。

→ 川村・増補商品交換法の体系152頁以下

類型論は、侵害利得と給付利得という少なくとも2つの類型に分ける点では争いはないが(その名称はまちまちである)、この2つの類型によって不当利得のすべてが律せられるものではないとして、この2つ以外の類型を考慮するのが一般的である。この見解は、侵害利得と給付利得以外に、費用利得(費用不当利得)と求償利得(求償不当利得)の類型をあげる(結果として4つに分類する)。ただし、費用利得と求償利得を支出利得(支出不当利得)としてまとめる見解(結果として大きく3つに分類する)もある。

→ 潮見・債権各論Ⅰ318頁

→ 藤原・不当利得287頁、野澤・事務管理・不当利得・不法行為59頁

4−1

```
            ┌ 侵害利得
            │ 給付利得
不当利得 ┤
            │ 費用利得 ┐
            └ 求償利得 ┘ 支出利得
```

費用利得とは、ある者の財産または労働が他人の財産に投下されたことによって、その他人の財産が増加したところ、その他人のもとでの財産の増加が法秩序によって正当化されないという場合をいう。たとえば、Aが、隣家Bの塀を勝手に修理して、Bに対して不当利得返還請求をする場合である。

← 「費用利得」とは

費用利得は、給付行為がなく、受益者の所有する物に対して損失者の労務や費用が直接に投下される場合であって、それが常に損失者の意思に基づく点において、侵害利得と区別される。

求償利得とは、ある者が自己の支出において他人の債務を弁済したときに、当該他人が債務からの解放という利得を得ていることを捉えて、弁済者から当該他人への利得の償還を求めるという場合である。たとえば、Aが、BのCに対する100万円の債務をBに代わって弁済した場合に、AがBに対して弁済金100万円の不当利得返還請求をするときである。

　求償利得は、損失者の給付行為が存在するものの、**損失者と受益者の間に、第三者である債権者が介在する**点において、給付利得と区別される。

　費用利得と求償利得については、次節で詳しく説明する。

← 「求償利得」とは

【２】平成29年改正民法下

　無効の効果として、原状回復義務(121条の２)が新設された平成29年改正民法下においては、不当利得、少なくとも給付利得については、衡平説(公平説)ではなく、類型論を基礎に据えていることは明らかであると理解されている。そして、この見解は、**703条、704条の規定はもっぱら侵害利得の類型について妥当**するものであって、給付利得には適用されないと理解する。

→ 潮見・改正法30頁、潮見・債権各論Ⅰ320頁、野澤・事務管理・不当利得・不法行為15頁、山本・基礎から学ぶ民法改正149頁

▶ 平成22年度第１問

> 　費用利得と求償利得については、大きく分けて、これらの不当利得にも703条(および704条)は適用されないという見解と、703条に従って処理する見解とがあります。費用利得と求償利得の多くは、民法典の各規定に基づいて類型処理がなされるので、その適用範囲が多くなく、あまり問題とはならないのですが、本書では、703条に従って処理する見解に基づいて、２節で説明することにします。

(1) 原状回復義務(121条の２)の新設と類型論

> 　次節で詳しく説明しますが、不当利得の一般的規定である703条は、**善意の受益者は「利益の存する限度」での返還**で足りるとして、善意者の保護(利益消滅の抗弁)を図り(有償行為か無償行為かは問わない)、704条は、悪意の受益者は、**受益の返還(全部返還)**のみならず、**利息と損害賠償**の支払を命じています。原状回復義務の返還範囲について、受益者の善意・悪意で区別しているのです。
> 　なお、703条にいう「利益の存する限度」を、講学上、**現存利益**といいます(32条２項ただし書、121条の２第２項、３項参照)。

　121条の２第１項は、「無効な行為に基づく債務の履行として給付を受けた者は、相手方を原状に復させる義務を負う」と規定し、原則として、原状回復義務(原物返還義務のみならず価額償還〔返還〕義務を包含すると解される)、すなわち、受益者が受けた**利益の全部返還義務**を負う旨規定している。

　そのうえで、121条の２第２項は、「前項の規定にかかわらず、無効な**無償**行為に基づく債務の履行として給付を受けた者は、給付を受けた当時その行為が無効であること(給付を受けた後に前条の規定により初めから無効であったものとみなされた行為にあっては、給付を受けた当時その行為が取り消すことができるものであること)を**知らなかったとき**は、その行為によって現に利益を受けている限度において、返還の義務を負う」と規定している。すなわち、無効な法律行為が**無償契約**である場合でかつ受益者が**善意**のときには、**現に利益を受けている限度**での返還(**現存利益**の返還)で足りるとしている(また、意思無能力・制限行為能力の場合についても、現存利益に限定されている〔121条の２第３項〕)。

→ ２節②【３】(3)(b)

　121条の２の規定は、平成29年改正により不当利得制度の一般規定(703条、

→ 一問一答35頁

704条)に対する特則として明文で規定されたものである(解除に関して直接効果説に立った場合の545条１項と同じ理解である)。すなわち、法律行為の無効の場合には、703条、704条は適用されないことになる。

→ 大江・新債権法の要件事実368頁

> 121条の２第２項の規定の趣旨は、以下のように説明されています。
> すなわち、「給付の原因となった法律行為が無効又は取消可能であることを**知らない給付受領者**は、受領した給付が自分の財産に属すると考えており、費消や処分、さらには滅失させることも自由にできると考えているから、受領した物が滅失するなどして利益が消滅したにもかかわらず、常に果実を含めた原状回復義務を負うとすると、給付受領者の信頼に反し、不測の損害を与えることになる」としているのです。
> もっとも、このような「善意者保護は、無効な法律行為が有償契約である場合には必要ではないと考えられる。有償契約においては、給付受領者が反対給付を履行することなくして受領した給付を自己の物として保持することはできないのであり、……善意者保護の趣旨は、逸出すると考えていた反対給付の返還を求めつつ、受領した給付については現存利益がないことを理由に返還を免れるという結論まで認めるものではないからである」としているのです。
> そこで、平成29年改正民法は、無効な法律行為が**無償契約**(たとえば、贈与)の場合には、**善意者の返還義務の範囲が現存利益に限定**されることとし(121条の２第２項)、無効な法律行為が有償契約である場合には、当事者は原則に従って原状回復義務(全部返還)を負担することとしているのです(121条の２第１項)。
> このような理解のもとでは、ある利得が法律上の原因のない利得と評価された場合には、受益者が受けた利益は**全部返還しなければならないのが原則**となります(この点については、後にも触れます)。

→ 部会資料66Ａ・38頁

以上のように、121条の２第１項と第２項は、その原状回復義務の範囲について、無償契約と有償契約とによって異にすると規定している。したがって、平成29年改正民法下では、703条と704条に従い統一的に処理する衡平説(公平説)ではなく、類型論を採用するものであると説明されている。

→ 野澤・事務管理・不当利得・不法行為16頁

> 平成29年改正下では、民法典が採用している不当利得の体系は、衡平説(公平説)では説明のつかないものになっているとされているのです。また、類型論の立場が採用されたため、他の不当利得の類型に関するルールを整備することが急務であるといわれています。

→ 潮見・債権各論Ⅰ321頁

→ 山本・基礎から学ぶ民法改正149頁

不当利得の各類型における効果

	703*1(善意)	704*1(悪意)	121の２Ⅰ(原則)	121の２Ⅱ(例外①；無償行為・善意)	121の２Ⅲ(例外②；意思無能力者・制限行為能力者)
類型	侵害利得(費用利得・求償利得)*2		給付利得が無効の場合		
効果	現存利益の返還	利益の全部返還(＋損害賠償可)	利益の全部返還	現存利益の返還	現存利益の返還

*1 703条と704条の関係については、703条を原則とみる説(704条を例外とみる)と704条を原則とみる説(703条を例外とみる)とがある。
*2 費用利得・求償利得については、703条、704条の適用はないとの見解もある。

→ 平野Ⅵ27頁
→ 潮見・債権各論Ⅰ321頁
→ 潮見・債権各論Ⅰ342頁

別の角度から整理すると、平成29年改正民法下では、給付利得一般については、①受益者は原状回復義務(全部返還の原則)を負うこと、②原状回復の内容は、原則として原物返還であり(原物返還の原則)、それが不能の場合には、価額償還(返還)となること(客観的な価格相当額の金員での返還)、③給付利得の返還範囲については、受益者の善意・悪意は問題とならないことを基礎にしているとされています。そして、このことは、無効・取消しの場合の原状回復に関する121条の２第１項の規定や、直接効果説を採った場合の解

> 除に関する545条の規定から明らかであるとされています。
> 　その結果、平成29年改正民法下では、給付利得については、703条、704条は適用されないと評価されているのです。

(2) 類型論を基礎にした不当利得の体系

　前述したように、類型論を基礎にした場合には、703条、704条の規定は、もっぱら、侵害利得の類型についてのみ妥当し、給付利得には適用されない。

　給付利得の処理については、前述したように、無効・取消しの場合の原状回復について定める121条の2第1項や、直接効果説を採った場合の解除について定める545条の規定からすれば、民法は、①受益者は原状回復義務を負うこと、②原状回復義務の内容として原物返還が原則であり、それが不能な場合には客観的な価格相当額の金員での償還となること、③給付利得の返還範囲について受益者の善意・悪意は問題とならないことという3点を基礎にしているとされる。

　したがって、703条、704条の規定は、給付利得には適用されない。

→ 潮見・債権各論Ⅰ 320頁

> 　ただし、潮見先生は、「判例により**多当事者間での不当利得**が認められる場面(民法には不当利得としての個別規定はない)では、衡平説の枠組みが採用されています」と説明しています。衡平説(公平説)の考え方が、多当事者間での不当利得が認められる場面ではなお、活用されていると説明されているのです。
> 　多当事者間の不当利得については、次節で触れます。

→ 潮見・債権各論Ⅰ 321頁、潮見・民法(全) 489頁

→ 2節⑤

　また、705条から708条までの規定(債務の不存在を知ってした弁済、期限前の弁済、他人の債務の弁済、不法原因給付)は、**給付利得(121条の2、545条等)に関する更なる特則**である(これらの規定については、次節で説明する)。

→ 2節②

　なお、費用利得については、民法は、これらが生じるほとんどの場面について個別規定を設けており、費用負担とその償還という観点からの類型的処理がなされている。費用利得については、次節で詳しく説明する。

→ 2節④【2】

　また、求償利得についても、民法は、これらが生じるほとんどの場面について個別規定を設けており、他人の債務を履行するための支出とその償還という観点からの類型的処理がなされている。求償利得についても、次節で詳しく説明する。

→ 2節④【3】

③ 一般不当利得の要件

▶2009年第2問
　平成22年度第2問

【1】総説

(1) 703条の規定による一般不当利得の要件

　703条は、「法律上の原因なく他人の財産又は労務によって利益を受け、そのために他人に損失を及ぼした者(以下この章において「受益者」という。)は、その利益の存する限度において、これを返還する義務を負う」と規定する。

　したがって、この規定によれば、一般不当利得の要件は、第1に、「他人の財産又は労務によって利益を受け」たこと(受益)、第2に、「そのために他人に損失を及ぼした」こと(損失)、第3に、受益が「法律上の原因」のないものであることという3つとなる。もっとも、第2の要件は、受益と、「**そのために**」、「他人に損失を及ぼした」ことを要件とするため、受益と損失の間の因果関係も要件とされている。

結局、不当利得の要件は、①受益、②損失、③受益と損失との因果関係、④法律上の原因のないことの4つとなる。

(2) 類型論と4つの要件の位置づけ

類型論の立場からは、上記の4つの要件は、どのように位置づけられるであろうか。

侵害利得の場合には、703条(および704条)が適用されることになるから、4つの要件はそのまま妥当することになる。これに対して、給付利得の場合には、④法律上の原因のないことだけが中心的な要件となる。

→ 潮見・債権各論Ⅰ341頁

> 給付利得の場合には、法律上の原因のない(欠いた)給付行為によって給付された物、たとえば無効の売買契約に基づいて引き渡された品物は、給付者(売主)からみれば②損失であり、受益者(買主)からみると①受益です。そして、これは同一の物を反対側から見ているにすぎませんから、当然、③受益と損失との因果関係の要件もみたします。つまり、①受益と②損失とは表裏の関係になるので、③受益と損失との因果関係も問題とならないのです。結局、上記の例のような二当事者間の給付利得にあっては、①から③までの要件は、給付による財貨の移転という1つの事実を分解して表したにすぎないといえます。対価として支払われた金銭についても同様です。
> 　したがって、類型論では、①受益、②損失、③受益と損失との因果関係は、要件ではないというわけではありませんが、独立の要件として問題にする意味はないと理解することになります(類型論を徹底すると、①から③まではもはや要件ではないことになります)。
> 　以上から、類型論では、④法律上の原因がないことだけが中心的な要件となるのです。

なお、費用利得と求償利得で問題となる要件については、次節で触れることにする。

【2】要件

前述したように、類型論の立場では、給付利得においては、④法律上の原因がないことだけが中心的な要件となり、①受益、②損失、③受益と損失との因果関係は要件として重要性はないことになる。ただ、①から③までの要件は、だれが不当利得者か、利得をどう考えるのか、あるいは何が利得返還の対象となるかなどを決定するための機能を果たしうる。したがって、ここでは、①から③までを含めた4つの要件を概観してみることにする。

(1) ①受益

受益とは、一定の事実が生じたことによって財産が増加することをいう。財産の増加には、財産が積極的に増加する場合(積極的増加・積極的利得)だけでなく、その事実がなければ当然に生ずべき債務の減少を免れた場合(消極的増加・消極的利得)も含まれる。したがって、負担すべき債務を免れた場合や、自己の財産からの支出を免れた場合なども「利益を受け」(受益)となる。

利益は、「他人の財産又は労務によって」受けたものであることが必要であるが、その意味は広く捉えるべきであり、特に「他人の財産」は、すでに「現実に他人の財産に帰属しているものだけでなく、当然他人の財産としてその者に帰属すべきものを含む意味に解すべき」であるとされる(判例)。したがって、一番抵当権者Aが、すでに完済を受けているにもかかわらず、二番抵当権者Bに先立って重ねて弁済を受けた場合に、債務者が損失者となるのは当然であるが、Bも本来は自分に帰属すべきものが受けられなかったのであるから損失者ということができ、

← 「受益」とは
→ 野澤・事務管理・不当利得・不法行為17頁

→ 最判昭和32年4月16日民集11巻4号638頁

Bにも不当利得返還請求権が有効に成立することになる(判例)。

→ 最判昭和32年4月16日(前出)

(2) ②**損失**

損失は、受益と表裏をなす概念であるから、一定の事実が生じたことによって財産が積極的に減少する場合(積極的減少・積極的損失)だけでなく、その事実がなければ当然に生ずべき財産の増加がない場合(消極的減少・消極的損失)を含む(判例)。

← 「損失」とは

→ 大判大正3年7月1日民録20輯570頁

そして、消極的減少については広く解されており、かりに当該事実がなかったならば確実に財産が増加していたはずであるという点についての証明は不必要であって、その事実がなかったならば財産の増加が普通であると認められる場合には、損失があると捉えられている。したがって、たとえばある人が他人の家屋を不法占拠した場合には、家屋の所有者がこれを他人に賃貸しようしていたか否かにかかわらず、常に家賃相当額の損失があると解してよいことになる。

> 類型論の立場からは、給付利得では、受益と損失の要件はあまり重要でないことになりますが、多当事者間での不当利得では、①受益と②損失の要件が、不当利得返還請求訴訟の当事者(だれが不当利得者か)を確定する重要な機能を有しています。

(3) ③**受益と損失との因果関係**

(a) 総説

703条では、受益と、「**そのために**」損失を及ぼしたことを要件とするため、受益と損失との間に、"あれがあったからこれが生じた"という関係、すなわち**受益と損失との因果関係**が要求される。

しかし、給付利得では、受益と損失とが表裏をなし、同時に因果関係も肯定されるため、受益と損失の因果関係の存否は問題とならない。これに対して、侵害利得、特に多当事者間での不当利得では、受益と損失の因果関係が不当利得の成否を決定する判断基準となる。

→ 2節⑤

ただし、その因果関係の意義については見解が分かれる。そこで、以下、この点を検討していくことにする。

(b) 因果関係の意義

(i) 直接の因果関係を必要とする見解(初期の判例)

← 「因果関係」の意義

当初、判例は、受益と損失との間の因果関係は「取引上の観念に従ひ確認し得ら」れれば十分であるとし、この基準によって因果関係の有無を決しようとしたが、その後見解を変更し、受益と損失との間に「直接の因果関係」が必要であるとし、中間事実(第三者の行為)が介在するときは、損失が受益者の受益のために生じたものとはいえないから、受益者は損失者に対して不当利得返還義務を負わないとしていた。

→ 大判明治44年5月24日民録17輯330頁

→ 大判大正8年10月20日民録25輯1890頁

(ii) 因果関係の直接性を緩和する見解(その後の判例)

しかし、このような因果関係の直接性の法理に対しては、次のような不合理性が指摘された。たとえば、A所有の家屋をBが不法占拠してこれを使用している場合のように、Bの受益とAの損失との間に自然的因果関係があり、しかも、中間事実が介在しない場合にはこの法理が適用されるとしても、中間事実、特に第三者が介在する場合には、因果関係の直接性が常に否定され、不当利得が成立しないことになってしまい、これでは不合理であると批判された。

そこで、判例は、直接性の基準を維持しながらも、それを緩和する傾向をみせ

→ 大判大正9年5月12日民録26輯652頁

て、たとえば介入した第三者の損失を与える行為と利得を与える行為とが別個のものであっても、損失者の所有に属する物をもって受益者に利得を与えた場合には、因果関係の直接性を認めた。また、最高裁も、後述する転用物訴権を認めた事例において、第三者が介在しても、直接の因果関係を認めることができるとした（転用物訴権については、次節で詳しく説明する）。

→ 最判昭和45年7月16日民集24巻7号909頁

→ 2節⑤【2】(4)

(iii) 社会観念上の因果関係とする見解（現在の判例・通説）

これに対して、学説は、債務関係の清算に第三者が介在した場合にも、直接の因果関係を認めることは事実を直視しない不適当なものであると批判し、受益と損失の因果関係の存否は社会観念によって判定すべきであるとした。この説によれば、受益と損失との間に中間事実（第三者の行為）が介在する場合であっても、社会観念上、財産的価値の移転が受益者と損失者との間で行われたと認められるかぎり、不当利得の成立が肯定されることになる。

→ 我妻・講義V₄977頁

最高裁も、このような学説の批判をいれ、「甲が、乙から金銭を騙取又は横領して、その金銭で自己の債権者丙に対する債務を弁済した場合」に、「社会通念上乙の金銭で丙の利益をはかったと認められるだけの連結がある」ときは、「なお不当利得の成立に必要な因果関係があるものと解すべき」であると判示した（この判例については、次節の騙取金銭による弁済のところで説明する）。

→ 最判昭和49年9月26日（判例シリーズ78事件）

ただし、社会観念（通念）上の因果関係という基準はきわめて漠然としているので、次に述べる④法律上の原因のないことの要件との関連において具体的に類型化されるようになった。

→ 2節⑤【2】(1)

(4) ④法律上の原因のないこと

不当利得が成立するためには、利得が「法律上の原因なく」して生じたものでなければならない。この要件は、不当利得の中核をなすものである。

→ 我妻・講義V₄985頁

「法律上の原因」とは、一般的・抽象的には、「正義公平ノ観念上」、利得者に利得を得させる正当な原因をいう（判例）。しかし、類型論の立場から、給付利得と侵害利得を区別すると、それぞれ以下のように考えることになる。

← 「法律上の原因」とは
→ 大判昭和11年1月17日民集15巻101頁

(a) 給付利得

給付利得の場合には、受益と損失が損失者の意思に基づく給付行為によることになるから、その給付を基礎づける法律関係が「法律上の原因」となる。たとえば、冒頭の具体例①のように、売買契約が締結され、売主と買主の双方が履行をしたが、買主が詐欺を理由として売買契約を取り消した場合（96条1項）には、売買契約は遡及的に無効となるから（121条）、買主・売主の両当事者はその給付を保持する「法律上の原因」がなくなる。その意味では、売買契約またはそれに基づく債権が「法律上の原因」となる（平成29年改正民法下では、121条の2の規定に従って原状回復義務を負うことになる）。

→ 本節①【1】(2)(a)

(b) 侵害利得

侵害利得の場合には、契約関係を前提とせずに、他人の権利や利益が侵害されることになるから、その侵害行為を基礎づける法律関係が「法律上の原因」となる。たとえば、冒頭の具体例②のように、隣地の一部を自己の所有する土地であると誤信して、これを駐車場として利用した場合では、賃借権など駐車場として利用する適法な権原がないときに、「法律上の原因」がないとされる。

→ 本節①【1】(2)(b)

4 一般不当利得の効果

【1】原則

(1) 受益の全部返還

ある利得が法律上の原因のない利得と評価される場合には、受益者が受けた利益は全部返還しなければならないのが原則である(全部返還の原則)。

> 類型論の立場からは、不当利得における利益は、給付利得の場合であれば、最初になされた給付それ自体が利得であると考えることになります。給付利得については、原契約関係の白紙還元(全部返還)の制度を考えることになるのです。
> そして、平成29年改正民法は、無効な法律行為が無償契約の場合には、善意者の返還義務の範囲が現存利益に限定されることとし(121条の2第2項)、他方で、無効な法律行為が有償契約である場合には、当事者は原則に従って原状回復義務(全部返還)を負担することとしています(121条の2第1項)。
> このような理解のもとでは、ある利得が法律上の原因のない利得と評価された場合には、受益者が受けた利益は**全部返還しなければならないのが原則**となります。このことは、直接効果説を採った場合の解除に関する545条の規定からも明らかであるとされています。

(2) 原物返還の原則

そして、全部返還の内容であるが、不当利得として返還すべきものは、利得した原物を原則とし(原物返還の原則)、その返還が不可能な場合には、価格相当額の金員(価額)の返還(原物〔当該目的物〕の客観的価値の返還)をすべきである(価額償還義務、価額賠償義務)。判例も、原物返還の原則を明言している。

> 民法には、原物返還の原則を定めた規定はありません。しかし、次節で説明する特殊の不当利得に関する705条、706条本文および708条本文はいずれも、「その給付したものの返還を請求することができない」とし、原物返還を前提(原則)とする規定を設けています。また、実質的に考えても、受益者は、受益したものを保有すべき法律上の原因を欠きます。そのため、原物返還が可能であるかぎりは、受益したものそれ自体を返還しなければならないと解されているのです。
> そして、原物返還が不可能な場合の価額賠償義務は、原則として、原物(給付目的物)の客観的価値である価格相当額の金員(価額)についての返還が求められます。不当利得制度は、返還時の客観的交換関係の問題として捉えられるからです。

問題は、受益者がその受領した原物(不当に利得した代替物)を他に処分した場合に、不当利得返還義務の内容がどうなるかである。

> 要するに、原物返還が不可能な場合とは何かという問題です。特に、株券のように、代替性のある物(代替物)が第三者に売却された場合にも、原物返還が不可能であるか否かが争われるのです。代替物は、同種・同等・同量の他の物を調達して、原物返還することもできるからです。
> 言い換えると、代替物が処分され原物がもはや受益者の手元にないという場合に、受益者は、同種・同等・同量の株式を調達して返還する義務があるか、また、このような調達義務を否定して価格で返還を認める場合に、株式のように価格が変動するものについて、その価格をどのように算定するのかが問題となるのです。

この点について、大審院判例は、代替物が特定物として交付されたか不特定物として交付されたかにより区別し、特定物として交付された場合(たとえば、担保目的での交付の場合)には、その物の売却によって原物の返還ができなくなり、

▶平成20年度第2問
　平成22年度第1問

➡ 潮見・債権各論Ⅰ314頁

➡ 野澤・事務管理・不当利得・不法行為22頁

➡ 大判昭和8年3月3日民集12巻309頁、大判昭和16年10月25日民集20巻1313頁
➡ 野澤・事務管理・不当利得・不法行為22頁

➡ 野澤・事務管理・不当利得・不法行為22頁

➡ 百選Ⅱ158頁〔原〕

➡ 大判昭和16年10月25日(前出)

受益者は、損失者に対して価格返還をすべきであるとするのに対し、不特定物として交付され、その物が第三者に処分された場合には、損失者は、受益者に対し、同種・同等・同量の代替物の返還を請求することができるし(受益者は原物を調達して返還する義務を負う)、また、売却代金相当額の返還を請求することもできるとしていた。

→ 大判昭和18年12月22日新聞4890号3頁
→ 大判昭和12年7月3日民集16巻1089頁

しかし、同種・同等・同量の物を調達してまで原物返還する義務を負わせることは、受益者に対して受益の返還以上の負担を課すことになるなどの批判があった。

そこで、最高裁は、大審院判例を変更し、受益者が代替性のある物を第三者に処分した場合に、原物返還の原則を明確に否定し、原則として、売却代金相当額の金員の不当利得返還義務を負うとした。

→ 最判平成19年3月8日(後出重要判例)

★**重要判例(最判平成19年3月8日(百選Ⅱ78事件))**

「不当利得の制度は、ある人の財産的利得が法律上の原因ないし正当な理由を欠く場合に、法律が、公平の観念に基づいて、受益者にその利得の返還義務を負担させるものである(最高裁昭和……49年9月26日第一小法廷判決・民集28巻6号1243頁参照)。

受益者が法律上の原因なく代替性のある物を利得し、その後これを第三者に売却処分した場合、その返還すべき利益を事実審口頭弁論終結時における同種・同等・同量の物の価格相当額であると解すると、その物の価格が売却後に下落したり、無価値になったときには、受益者は取得した売却代金の全部又は一部の返還を免れることになるが、これは公平の見地に照らして相当ではないというべきである。また、逆に同種・同等・同量の物の価格が売却後に高騰したときには、受益者は現に保持する利益を超える返還義務を負担することになるが、これも公平の見地に照らして相当ではなく、受けた利益を返還するという不当利得制度の本質に適合しない。

そうすると、受益者は、法律上の原因なく利得した代替性のある物を第三者に売却処分した場合には、損失者に対し、原則として、売却代金相当額の金員の不当利得返還義務を負うと解するのが相当である。大審院昭和18年……12月22日判決・法律新聞4890号3頁は、以上と抵触する限度において、これを変更すべきである。」

【争点】法律上の原因なく代替性のある物を利得した受益者が利得した物を第三者に売却処分した場合に負う不当利得返還義務の内容は何か。

【結論】法律上の原因なく代替性のある物を利得した受益者は、利得した物を第三者に売却処分した場合には、損失者に対し、原則として、売却代金相当額の金員の不当利得返還義務を負う。

【備考】①本判決は、口頭弁論終結時の客観的価値の賠償を命じた原審判決を覆し、売却代金相当額の返還を命じた。
②本判決の位置づけについて、価格返還の範囲としての売却代金相当額の請求について判断したのではなく、代位物である売却代金に対する請求と構成する見解もある(原物返還が不能となると同時に取得した物がある場合に、それを代位物として返還の対象とするものであると構成する〔いわゆる代物請求〕)。代位物については次に説明する。

→ 潮見・債権各論Ⅰ 331頁

次に、利得した原物のままで返還できない場合に、受益者が原物の代償と認められるものを取得した場合(代位物あるいは代償物)、たとえば原物の滅失・毀損または侵奪により損害賠償金または保険金を得た場合には、その代位物(代償物)の返還請求をすることになる。そのような事情がない場合には、もっぱら価格による返還ということになる。この点について、判例は、土地収用が無効であったためその土地が返還されなければならない場合に、それが道路・公園など公の営造物に変じたときは、土地所有者は起業者に対し不当利得または不法行為の原則

→ 大判大正5年2月16日民録22輯134頁

4-1 不当利得(総論) 371

に基づき利得の返還または損害の賠償を請求すること（時価による価格償還の方法による）を要し、原状回復の方法によって土地の返還を請求することはできないとする。

【2】返還義務の範囲

類型論の立場では、その効果についても、給付利得と侵害利得とで区別することになる。

> 民法は、その規定上は、原則として、善意の受益者に対し、「その利益の存する限度」（現存利益）において返還すれば足りるとしています（703条）。「悪意の受益者」は、「その受けた利益に利息を付して返還しなければなら」ず（704条前段）、「この場合において、なお損害があるときは、その賠償の責任を負う」としています（704条後段）。そのため、従来の通説（衡平説・公平説）は、「法律上の原因なく」という要件に関しては、給付利得とその他の類型とを区別しますが、効果については、すべての類型を703条・704条に従って処理します。詳しくは、次節で説明します。

(1) **給付利得の場合**

給付利得は、契約関係の清算としての機能を有しているため、受益者の善意と悪意の区別に応じて返還の範囲を区別することは妥当でなく、全部返還が原則となる（703条の適用はない。121条の2第1項）。

また、元の法律関係（表見的な法律関係）が双務契約である場合には、その清算の場面でも同時履行の抗弁等が妥当することになると解する。たとえば、売買契約が無効であったり、取り消されたりした場合に不当利得を理由として返還されるべき給付と反対給付の返還が同時履行であると解される。ただし、546条（契約の解除と同時履行）、486条（受取証書の交付請求）など明文があるときはその規定による。

➡ 1章3節③【4】(3)(a)

(2) **侵害利得の場合**

これに対して、侵害利得の場合には、原物返還が可能であれば、所有権に基づく返還請求権を行使することができるため、一般的には、所有権に基づく返還請求が不可能な場合にのみ、不当利得返還請求権が認められると解されている（**不当利得返還請求権の補充性**。ただし、反対説もある）。

次節では、不当利得の類型ごとに詳しく説明していくことにする。

第4章 不当利得

2. 不当利得（各論）

　本節では、類型論の分類に従って、侵害利得、給付利得（特殊の給付利得を含む）、費用利得・求償利得を説明し、最後に多当事者間の不当利得に触れることにする。

　類型論は多分に理論的であるが、たとえば論述式の事例問題が出題された場合には、それぞれ問題となる条文の**要件・効果**を検討していけば足りる。理論も大切であり、詳しく説明しているが、試験対策という観点からは、事例問題では、理論が正面から問われた場合を除き、事例処理に必要な限度で記述するように努めてほしい。

1 侵害利得

【1】意義

　侵害利得（侵害給付利得）とは、契約関係がなくてもっぱら他人の財貨によって受けている利得をいう（他人の財貨からの利得ということもできるので、**財貨利得**とよばれることもある）。より具体的にいうと、ある利益が法秩序によって特定の人に帰属すべきものとされている（その人に利益保持の権原がある）ところ、利益の帰属について権原を有しない者（受益者）にその利益が帰属しているため、受益者の利益保持が「法律上の原因」を欠き、法秩序によって正当化されないという場合をいう。

← 「侵害利得」とは

【2】要件

(1) 総説

　侵害利得は受益者の利得が損失者の意思に基づかない場合であり、たとえばAの土地の一部をBが権原なくして駐車場として利用した場合である。

　侵害利得の要件は、基本的には、703条がそのまま妥当する。すなわち、①**受益**、②**損失**、③**受益と損失との因果関係**（社会観念上の因果関係）、④**法律上の原因のないこと**、の4つである。

　ここにいう④法律上の原因とは、財貨の帰属を正当化する権原であり、上記の例では、他人の土地を駐車場として利用するための賃借権や地上権をいう。

　以上のような権原がないことから不当利得（侵害利得）が発生する分類としては、受益者の行為による場合、第三者の行為による場合、損失者の行為による場合のほか、法律の規定による場合、および事件による場合があげられる。

　以下、順に説明していこう。

(2) 侵害利得が発生する分類

(a) 受益者の行為による場合

　受益者の行為による場合の典型例としては、前述したA（損失者）の土地の一部

をB（受益者）が権原なくして駐車場として利用した場合や、他人の物の占有を侵奪した場合などの事実行為に基づく場合があげられる。

また、法律行為に基づく場合として、他人の動産を保管する者がこれを自己の物と偽って第三者に譲渡し、第三者がその所有権を即時取得（192条）した場合や、自分の不動産を二重譲渡し、第二譲受人に対して移転登記をした場合などのように、他人の財産に属する物を処分し、それによって対価を得ているようなときには、譲渡人は、動産保管依頼人または不動産の第一譲受人に対して不当利得をしたことになる。

ところで、受益者の行為による場合の多くは、受益者の損失者に対する不法行為となり、損失者（被害者）は、受益者（加害者）に対して損害賠償請求をすることができる（709条。不法行為については5章で説明する）。そこで、不法行為に基づく損害賠償請求権と不当利得に基づく返還請求権の関係が問題となる。請求権競合の問題の1つであるが、両請求権の要件などは以下のように異なる。

	不法行為	不当利得
要件	加害者の故意または過失	他人の財貨に帰属する財貨であることについて故意・過失を問わない[*1]
履行遅滞の時期	催告を待たずに不法行為の時から当然に遅滞に陥る（判例）	期限の定めのない債務であり、履行の請求（催告）によって遅滞に陥る（判例）
消滅時効	被害者が損害および加害者を知った時から3年、不法行為の時から20年（724）	客観的起算点；権利を行使することができる時（権利の発生した時）から10年 主観的起算点；債権者（損失者）が権利を行使することができることを知った時から5年（166Ⅰ）[*2]
効果	原則として損害賠償	原則として原物返還

[*1] 受益者が善意か悪意かで、返還の範囲で差が生じる（703条、704条）。
[*2] 侵害利得の場合には、客観的起算点は利得が受益者に帰属した時から10年、主観的起算点は損失者が利得が受益者に帰属していることを知った時から5年となる。

→ 最判昭和37年9月4日民集16巻9号1834頁、大判昭和2年12月26日新聞2806号15頁

上記の要件と効果の違いを前提とすれば、両請求権がともに認められる場合には、当事者は、どちらの請求権を行使するかについて選択することができると考えることになろう。

→ 野澤・事務管理・不当利得・不法行為27頁

また、判例は、内縁の夫婦がその共有する不動産を居住または共同事業のために共同で使用してきたときは、特段の事情のないかぎり、両者の間において、その一方が死亡した後は他方が当該不動産を単独で使用する旨の合意が成立していたものと推認されるとして、相続人による占有者（内縁配偶者）に対する不当利得返還請求権を否定した。

→ 最判平成10年2月26日（判例シリーズ93事件）

(b) 第三者の行為による場合

債務者が債権の受領権者としての外観を有する者に弁済（478条）したり、受取証書の持参人へ弁済（478条）したりして、弁済が有効とされる場合には、弁済の受領は法律上の原因を欠き、損失を受けた真実の債権者（損失者）は、弁済受領者に対し、不当利得の返還を請求することができる。なお、この場合には、弁済した債務者は、弁済受領者に対して返還を請求することはできない（判例）。

→ 大判大正7年12月7日民録24輯2310頁

以上の法律行為による場合のほか、第三者が損失者の所有する飼料で受益者の家畜を飼育した場合（事実行為による場合）も、例としてあげることができる。

(c) 損失者の行為による場合

たとえば、他人の飼い犬を自分のものと誤信して飼育した場合や、賃借人が賃

借物についてその義務でない改良を施した場合などである。

これらの場合に生ずる利得は、損失者の意思に基づくものではないから、出えんの原因の有無を論じることはできない。したがって、利得者にこのような利得を保有されることが公平の見地から是認されるか否かを具体的に判断しなければならないと解されている。この点について、判例は、内縁の妻から内縁の夫に対して、同居中の労務を不当利得として返還請求した事例について、内縁同居は当事者双方の利益のためであって、不当利得とはならないとした。

→ 大判大正10年5月17日民録27輯934頁

そのほか、法律上扶養義務を負わない者が事実上の扶養をして、扶養義務者に対し不当利得返還請求をする場合をあげることができる。

(d) 法律の規定による場合

利得が直接法律の規定によって生じるとされている例は多い。これらの場合に、利得が不当利得となるか否かは、利得を生じさせた法規の理由または目的によって決せられる。民法総則や物権法の復習となるので、簡単に触れておこう。

まず、取得時効(162条)によって他人の所有権その他の権利を取得した場合や、善意の占有者が果実を収取した場合(189条1項)には、不当利得は成立しないと解されている。

→ 『民法総則』8章3節
→ 『物権法』3章3節③【1】

これに対して、物の添付(付合、混和、加工)による所有権の取得(242条から247条まで)の場合には、受益者は損失者に対し不当利得の返還義務を負う(248条)。

→ 『物権法』4章3節②③

即時取得(192条)によって権利を取得した者が、原権利者に対して不当利得返還義務を負うか否かについては、争いがある。

この点について、不当利得返還義務を負わないとする消極説は、即時取得制度の趣旨は取引の安全を保護して善意取得者に利得を保有させる点にあって、単に所有権や質権の帰属だけを決定する点にあるのではないとする。これに対して、不当利得返還義務を負うとする積極説は、取引の安全を保護するためには善意者に形式的に帰属を認めれば足り、実質的に利得を保有させる必要はないから、取得が無償である場合には不当利得返還義務を負うべきであるとする。

即時取得制度を尊重すれば、消極説を採用すべきであろう。

> ここで問題となっているのは、原権利者による、売買契約などの有償譲受人に対する直接請求の可否です。贈与契約などの無償譲受人に対する直接請求の可否については、別途問題があり、多当事者間の不当利得のなかで論じることにします。

→ 本節⑤【2】(3)

(e) 事件による場合

隣地の樹木の果実が自分の土地に落下した場合や、他人の養魚が洪水のために自分の池に流れ込んできた場合などである。

この場合にも、法律上の原因の有無は、利得者に利得を保有させることが公平にかなうか否かによって決せられるべきであるが、一般には、不当利得の成立は認められることになろう。

【3】効果

(1) 原物の返還

(a) 原物返還の原則

不当利得として返還すべきもの、すなわち返還の目的物は、まず利得した原物である(原物返還の原則)。したがって、不当利得として特定物を受け取った者

が、その物の占有をすでに移転していたとしても、取り戻すことが可能であれば、なお原物返還の義務を負う(判例)。

しかし、役務の提供などその性質上原物の返還が不可能な場合や、利得した物を受益者が消費・処分するなど原物の返還が不能となった場合には、原則として、客観的価値である価格相当額の金員(金銭)での返還が認められる(価額賠償義務)。

(b)　物権的請求権との関係

損失者が原物の所有権を有している場合に、その所有権に基づく物権的請求権と、不当利得に基づく返還請求権との関係が問題となる。

この点について、従来の通説(衡平説・公平説)は、侵害利得と給付利得とを区別しないで、不当利得に基づく返還請求権のみが成立するとする。

これに対して、類型論の立場からは、侵害利得が所有権の侵害に関するものであることを根拠に、所有権に基づく物権的請求権によってのみ原物の返還が認められ、それが不能となった場合にはじめて、価格(金銭)の返還について不当利得返還請求権が生じるとする。言い換えると、侵害利得における不当利得返還請求権は、所有権に基づく物権的返還請求権を補充するものとなる(不当利得返還請求権の補充性)。

→ 大判昭和16年10月25日(前出)

→ 我妻・講義V₄1065頁

→ 潮見・債権各論Ⅰ325頁

← 不当利得返還請求権の補充性

→ 野澤・事務管理・不当利得・不法行為30頁

> しかしながら、類型論の立場に立ちながらも、両請求権の要件もともにみたすならば、両請求権が競合し、当事者はそのいずれかを選択することができるという見解もあります。この見解を説明すると次のようになります。
>
> 衡平説であれ、類型論の立場であれ、不当利得の効果として、原物返還の原則が認められることには争いないので、ここでの問題は、損失者が受益者に対して原物を返還するように求める権利の法的性質が、物権的返還請求権と不当利得返還請求権のどちらなのかという点にあると、設定をします。
>
> そこで、この2つの請求権を比較して、消滅時効に関しては、物権的返還請求権のほうが損失者には有利である点をあげます。不当利得返還請求権は、権利を行使することができる時(権利の発生した時)から10年(客観的起算点の場合)、債権者(損失者)が権利を行使することができることを知った時から5年(主観的起算点の場合)である(166条1項)のに対し、所有権に基づく返還請求権は、消滅時効にかからないからです(166条2項参照)。そうだとすれば、損失者が原物の所有権を有している場合にも、物権的返還請求権が認められず、不当利得に基づく返還請求権のみが成立するというのは妥当でないとして、従来の通説(衡平説・公平説)を批判します。
>
> しかし、他方で、損失者が不当利得返還請求訴訟を提起したにもかかわらず、所有権に基づく返還請求訴訟を提起しなかったことを理由として、訴えを棄却するのも不当であろうとします。
>
> 結局、両請求権の競合を認め、当事者による選択を認めるべきであるとするのです。

(2)　返還義務の範囲①——善意・悪意の区別

(a)　総説

侵害利得の場合には、不当利得の返還義務の範囲は、受益者が善意の場合と悪意の場合とではその取扱いが異なる。すなわち、善意の受益者は、「その利益の存する限度」(現存利益)において返還すればよいが(703条)、悪意の受益者は、「その受けた利益」(受益の返還)のみならず、利息の支払と損害賠償の責任を負う(704条)。

ここにいう善意とは、利得が法律上の原因を欠くことを知らないことをいい、悪意とは、これを知っていることをいう。法律上の原因を欠くことを知らないことについて過失のある者に関しては争いがある。従来の通説は、知らない

→ 我妻・講義V₄1102頁

ことに過失があっても、善意の受益者であるとするが、近時の多数説は、善意について過失のある者は、悪意の受益者と同視すべきであるとする。その理由は、過失のある者に現存利益の返還義務しか認めないのは、不法行為責任（709条）との均衡を欠き、妥当でないということにある。

　この善意か悪意かを決する時期は、利得が法律上の原因のないことを事実上知った時である。受益の時は善意であっても、以後悪意となったときは、その時から悪意の受益者としての返還責任を負うと解されている。すなわち、悪意となった時に現存する利益と、悪意となった後に受けた利益（悪意となった後に受益した物を使用して収益を得た場合）について704条にいう悪意の受益者としての責任を負うことになるわけである。したがって、受益者が利得に法律上の原因がないことを認識した後に利得が消滅したとしても、返還義務の範囲を減少させる理由とはならない（判例）。善意の受益者が不当利得返還請求訴訟を提起され、敗訴したときは、その訴え提起の時から悪意の受益者とみなされる（189条2項参照）。

　以下では、善意の受益者と悪意の受益者とに分けて、返還義務の範囲を説明していくことにする。

(b) 善意の受益者の返還の範囲

(i) 「その利益の存する限度」の意味

　善意の受益者は、「その利益の存する限度」（現存利益）において利得を返還する（703条）。「その利益の存する限度」とは、受けた利益が原形のまま存在するということではなく、すでに消失（費消）した利益は含まないが、利益が原物のまま、あるいは形を変えて残っている場合を意味する。たとえば、浪費した場合には現存利益は存しないから返還義務はないが、生活費にあてた場合には、必要な出費を免れたという利益が現存しているから返還義務があることになる。

(ii) 原物が受益者の手中にある場合

　原物が受益者の手中にある場合には、原物を返還する（原物返還の原則）。ただし、原物が損失者（所有者）に返還された場合であっても、それまでの間にその物が果実を生じたり、滅失・損傷したりしたときに、それらを返還すべきかが問題となるが、この点については、善意・悪意によって処理が異なるので、次の(3)で触れることにする。

(iii) 原物が受益者の手中にない場合

　原物が受益者の手中にない場合、たとえば、利得した原物が売却されて第三者の所有に帰したり、火事で焼けて滅失してしまったりした場合のように、それが現存しない場合はどうなるであろうか。

a　まず、原物を売却した場合の代金や、火災保険その他の保険金または損害賠償金など代位物（代償物）があってそれが消費されないで残存している場合には、利得は現存するから、その額を返還しなければならないことになる。

　受益者が利得した金銭を預金しまたは貸与した場合には、債権（預金債権、貸金債権）として所有するため、利得が現存する。そして、判例は、金銭による利得は現存すると推定する。すなわち、法律上の原因なくして他人より金銭を取得したときは、その取得した金銭を消費すると否とを問わず、また、その消費の方法は生産的であるか否かにかかわらず、その取得した利益は直接または間接に現存するものであるとみなすべきであるとする。

　さらに、判例は、銀行が法律上の原因なくして受け取った金銭を運営資金とし

て利用することにより、少なくとも商事法定利率(改正前民法下の旧商法514条)による利息相当の運用利益を得た場合には、その運用利益も703条によって返還すべきであるとした。

> ★**重要判例**（最判昭和38年12月24日〔百選Ⅱ77事件〕）
> 「按ずるに、不当利得における善意の受益者が利得の原物返還をすべき場合については、占有物の返還に関する民法189条1項を類推適用すべきであるとの説があるが、かかる見解の当否はしばらくおき、前記事実関係によれば、本件不当利得の返還は価格返還の場合にあたり、原物返還の場合には該当しないのみならず、前記運用利益をもって果実と同視することもできないから、右運用利益の返還義務の有無に関して、右法条の適用を論ずる余地はないものといわなければならない。すなわち、たとえ、被上告人が善意の不当利得者である間に得た運用利益であっても、同条の適用によってただちに被上告人にその収取権を認めるべきものではなく、この場合右運用利益を返還すべきか否かは、もっぱら民法703条の適用によって決すべきものである。
> そこで、進んで本件におけるような運用利益が、民法703条により返還されることを要するかどうかについて考える。およそ、不当利得された財産について、受益者の行為が加わることによって得られた収益につき、その返還義務の有無ないしその範囲については争いのあるところであるが、この点については、社会観念上受益者の行為の介入がなくても不当利得された財産から損失者が当然取得したであろうと考えられる範囲においては、損失者の損失があるものと解すべきであり、したがって、それが現存するかぎり同条にいう『利益ノ存スル限度』〔現『利益の存する限度』〕に含まれるものであって、その返還を要するものと解するのが相当である。本件の事実関係からすれば、少なくとも上告人が主張する前記運用利益は、受益者たる被上告人の行為の介入がなくても破産会社において社会通念に照し当然取得したであろうと推認するに難くないから、被上告人はかりに善意の不当利得者であってもこれが返還義務を免れないものといわなければならない。してみれば、右運用利益につき、被上告人が善意の不当利得者であった期間は、民法189条1項によりこれが返還義務のないことを前提として、上告人の本訴請求中被上告人の不当利得した金員合計5,392,924円に対するその各受領の日の翌日より昭和29年6月21日までの運用利益の支払を求める部分を棄却した原判決は、右の点に関する法令の解釈適用を誤ったものといわなければならないから、論旨は理由があり、原判決は、右部分につき、他の上告論旨についての判断をまつまでもなく破棄を免れない。そして、本件は、右部分につき当審で裁判をするに熟するものと認められるところ、右上告人の請求部分は合計1,041,464円(円未満は切り捨てる。)となることは計算上明らかであるから……、被上告人は上告人に対しこれが支払をなすべきものである」。
>
> 【争点】①銀行業者が不当利得した金銭を利用して得た運用利益については、189条1項の類推適用により同人にその利益の収取権が認められる余地があるか。
> ②189条1項の運用利益が商事法定利率による利息相当額(臨時金利調整法所定の1か年契約の定期預金の利率の制限内)であり、損失者が商人である場合には、受益者は、善意のときであっても、返還義務を免れないか。
> ③不当利得された財産に受益者の行為が加わることによって得られた収益については、703条により返還されるべきか。
>
> 【結論】①ない。
> ②この場合には、社会観念上、受益者の行為の介入がなくても、損失者が不当利得された財産から当然取得したであろうと考えられる収益の範囲内にあるものと認められるから、受益者は、善意のときであっても、返還義務を免れない。
> ③社会観念上、受益者の行為の介入がなくても、損失者がその財産から当然取得したであろうと考えられる範囲において損失があるものと解すべきであり、その範囲の収益が現存するかぎり、703条により返還されるべきである。

b　これに対して、利得した金銭または原物に代わる金銭を消費してしまった場合には、利得が消滅し現存利益はなく(判例)、また、それを預金した銀行が破産

→ 大判昭和14年10月26日民集18巻1157頁(ただし、改正前民法121条ただし書〔現121条の2第3項後段〕の事案)

して取立てが半減した場合のように、価値が減少したときは、その減少した価額を控除した価額が現存利益である。

ここでは、受益者が金銭を消費した場合に、なお利益が現存するか、あるいは消滅した(利得の消滅)か否かを区別する基準について、どのように考えるかが問題となる。

この点について、判例・通説は、出費の節約となるか否かを基準とする。すなわち、金銭の消費が有益な使途に用いられた場合には、それによって他の財産の出費を節約できたのであるから、利益はなお現存するとする。たとえば、受益者が利得した金銭を生活費にあてた場合には、生活費は、その金銭がなければ他の財産から支出しなければならないものであるから、利益が現存するとする。

→ 大判大正5年6月10日民録22輯1149頁、大判昭和7年10月26日民集11巻1920頁

→ 四宮・事務管理・不当利得93頁

受益者は、法律上の原因があると考えて利得をするのが通常であるから、受益者の善意・悪意の主張・立証責任は、悪意であることを主張する原告(損失者)にある。また、不当利得による受益者の利益は現存するものと推定されるから、損失者(利得返還請求権者)は現存利益の存在を立証しなくてもよく、受益者において現存利益が存在しないことを立証しなければならない(利得消滅の抗弁。判例)。

← 利得消滅の抗弁
→ 大判昭和8年11月21日民集12巻2666頁、最判平成3年11月19日(前出)

(c) **悪意の受益者の返還の範囲**

悪意の受益者は、「その受けた利益」(受益の返還・全部返還の原則)のみならず、それに利息を付して返還しなければならず(704条前段)、さらに損害があるときは、損害賠償の責任を負う(704条後段)。損失者の損失額が全部補填されるまで返還しなければならないわけである。

悪意の受益者は、後で利得返還の請求を受けるということを知って利得する者であるから、民法は、善意の受益者の返還範囲より加重し、不法行為の場合と近似する効果、すなわち利息の付加と損害の賠償を認めたのである。判例は、704条後段の規定は、悪意の受益者が不法行為の要件を充足するかぎりにおいて、不法行為責任を負うことを注意的に規定したものにすぎず、悪意の受益者に対して不法行為責任とは異なる特別の責任を負わせたものではないとする。

→ 最判平成21年11月9日民集63巻9号1987頁

なお、利息の利率は、法定利率(404条)による。その内容については、債権総論で学習した。

→ 『債権総論』1章2節⑤【2】

(3) **返還義務の範囲②——果実・使用利益等**

原物が損失者(所有者)に返還された場合であっても、それまでの間にその物が果実を生じたり、滅失・損傷したりしたときに、それらを返還すべきかが問題となる。この点は、一般に、189条、190条の規定が適用されると解されている。

> 通説(衡平説・公平説)は、給付利得と侵害利得とを区別せず、189条、190条が不当利得の特則であり、不当利得の規定が排斥されるとします。他方で、類型論の立場でも、侵害利得に関しては、所有権に基づく物権的請求権であることから、189条、190条も、侵害利得に特有の返還規定であるとします。
> いずれの立場でも、侵害利得における果実等の場合には、189条、190条の規定が適用されるのです。

以下では、①果実、②使用利益、③滅失・損傷、④費用に分けて、説明していくことにする。

(a) **①果実**

利得物(占有物)から生じた果実について、善意の受益者(占有者)は、それを取

得することができる(果実収取権、189条1項)のに対し、悪意の受益者は、「果実を返還し、かつ、既に消費し、過失によって損傷し、又は収取を怠った果実の代価を償還する義務を負う」(190条1項)。そして、善意の受益者であっても、物権的返還請求訴訟または不当利得返還請求訴訟で敗訴したときは、「その訴えの提起の時」から、悪意の受益者とみなされる(189条2項)。

善意の占有者には、前述したように果実収取権が認められているため(189条1項)、その限度において、不当利得の成立を否定するだけの「法律上の原因」があることになり、不当利得の規定(703条)は適用されないことになる(189条は不当利得の特則と解することになる)。

→ 『物権法』3章3節③【1】

(b) ②使用利益

それでは、受益者が物の利用によって得た利益(使用利益・運用利益)は返還すべきであろうか。この点について、判例・通説は、果実と使用利益とを区別すべきでないとして、善意の受益者は使用利益を返還する義務はないとする。これに対して、果実と使用利益とを区別し、善意の受益者であっても、損失者に対し、使用利益を返還すべきであるとする見解もある。その理由として、果実は元物から生じる所得であるが、使用利益は、物の使用にかかる損失であり、真の権利者の利益が失われているのであるから、その返還を認めるべきことをあげる。

→ 大判大正14年1月20日民集4巻1頁、最判昭和38年12月24日(前出重要判例)
→ 近江・Ⅵ51頁

189条1項の趣旨は、果実収取権があると誤信して元物を占有している者が、果実を収取して消費するのを常とする点にある。そうだとすれば、法律上の原因があると誤信している者が、その物を利用するのも通常であるから、果実と使用利益を区別しないほうが189条1項の趣旨に合致する。したがって、善意の受益者は使用利益を返還する義務はないとする判例・通説の立場でよい。

→ 我妻・講義Ⅱ494頁、野澤・事務管理・不当利得・不法行為31頁

(c) ③滅失・損傷

利得物(占有物)が利得者(占有者)の責めに帰すべき事由によって滅失し、または損傷したときは、その損失者(回復者)に対し、悪意の利得者は「その損害の全部」の賠償をする義務を負い、善意の利得者はその滅失または損傷によって「現に利益を受けている限度」において賠償をする義務を負う(191条本文)。

(d) ④費用

受益者がその利得した物に費用を支出した場合には、196条の規定によってその償還を請求することができる。すなわち、利得者(占有者)は、善意・悪意を問わず、必要費の償還を請求することができる(196条1項本文)。ただし、利得者が果実を取得した場合には、通常の必要費は占有者の負担に帰し、臨時費あるいは特別費の償還を請求することができる(196条1項ただし書)。

これに対して、利得者は、利得物の改良のために支出した金額その他の有益費について、善意・悪意を問わず、その価格の増加が現存する場合にかぎり、損失者(回復者)の選択に従い、利得者の支出した金額または増加額の償還を受けることができる(196条2項本文)。

以上の内容については、物権法で学習した。

→ 『物権法』3章3節③【2】

2 給付利得(総論)

【1】意義

給付利得(給付不当利得)とは、なんらかの契約関係があってその契約関係の

← 給付利得とは

清算の対象である利得をいう。より具体的にいうと、特定人から特定人（受益者）に対して給付がされたところ、その給付の原因となった法律関係が存在していなかったために、受益者の給付利得の保持が「法律上の原因」を欠き、法秩序によって正当化されない場合をいう。

【2】要件
(1) 総説

給付利得は受益者の利得が損失者の意思に基づく場合であり、たとえば売買契約が締結され、売主と買主の双方が履行をしたが、買主が詐欺を理由として売買契約を取り消した場合である（96条1項）。

給付利得の実質的要件は、①給付がなされたこと（受益・損失・因果関係）と、②法律上の原因がないことである。

> 前節で説明したように、類型論の立場からは、給付利得では、受益と損失とは表裏の関係になるので、受益と損失との因果関係も問題となりません。ですので、ここでは、あわせて①給付がなされたこととまとめてあります。そして、これは独立の要件として問題にする意味はないので、②法律上の原因がないことだけが中心的要件となります。

ここにいう②法律上の原因とは、給付を基礎づける法律関係であるが、これがないとされるのは、(a)法律行為（契約）が不成立、無効または取り消された場合、(b)解除された場合、(c)その他の場合があげられる。

(2) 給付利得が発生する場合
(a) 無効・取消しの場合

契約が無効とされる場合としては、公序良俗（90条）に違反する場合のほか、意思無能力による無効（3条の2）、虚偽表示（94条）などがある。

契約が取り消される場合としては、制限行為能力による取消し（5条以下）、錯誤取消し（95条）、詐欺・強迫による取消し（96条）、無権代理行為の相手方による取消し（115条）などがある。そして、取り消された行為は、初めから無効であったものとみなされる（121条）。

以上のような無効な行為に基づく債務の履行として給付を受けた者は、原則として、相手方を原状に回復させる義務（原状回復義務〔現物返還義務のみならず価額償還義務を包含すると解される〕）を負う（全部返還義務、121条の2第1項）。詳しくは、次の【3】で説明する。

> 以上のような無効な行為に基づく原状回復義務に関する121条の2の規定は、平成29年改正により創設されました（ただし、121条の2第3項後段に相当する規定は、改正前民法121条ただし書に存在しました）。
> しかし、**契約が不成立の場合**については、なお規定が設けられていません。ただし、この場合にも、類型論の立場では、703条、704条の適用はありません。どのような根拠に基づいて処理するのかは、まだわかりませんが、121条の2の類推適用ということになるのではないでしょうか。今後の議論を待ちたいと思います。
> なお、平成29年改正民法下では、原始的不能の場合であっても、契約自体は有効であるとしたうえで、履行不能として扱うことになった点に注意してください（412条の2第2項参照）。契約が不成立になる範囲が減少したのです。この点については、契約締結上の過失や債権総論のところで説明しました。

→ 1章2節⑥、『債権総論』1章1節④

(b) 解除の場合

債務不履行による契約の解除(法定解除)については、545条1項本文等が原状回復義務を定めている。そこで、545条1項本文等の原状回復義務と不当利得返還義務との関係が問題となる。この点は、解除の法的性質として論じられてきたところである。

この点について、判例・通説は、契約が解除されると、解除の直接の効果として、契約上の債権・債務はさかのぼって消滅し、その結果、当事者は、契約を結ばなかった状態に戻ると説明する(直接効果説)。この説からは、既履行の給付の原状回復は、既履行の債務の消滅的給付に伴う不当利得の返還であると理解することになるので、545条1項本文等の原状回復義務は、不当利得(703条、704条)の特則として理解されることになる。

詳しくは、解除の法的性質のところを参照してほしい。

(c) 目的不達成の不当利得等

目的不達成の不当利得の場合もここに位置づけることができる(ただし、特殊の給付利得に位置づける立場もある)。すなわち、弁済を受けると思って受取証書(486条)を交付したが債務者が弁済をしなかった場合や、停止条件付債務において条件の成就を予期して弁済したのにその条件が不成就と確定した場合などのように、将来成立する目的のために給付がなされたが、その目的が不成立に終わった場合に、その契約による受益を、不当利得に基づいて返還請求することができるかが問題となる。

この点について、判例は、結納を交付したのに婚姻が成立しなかった場合について、結納は婚姻予約の成立を証するとともに、あわせて将来成立すべき婚姻を前提として、その親族関係より生ずる相互の情誼を厚くすることを目的とするものであって、婚姻が成立しなかったときは、これを交付した目的を達成することができなかったこととなるから、受益者は法律上の原因を欠いた利得を得たことになるとした。

なお、**目的消滅の不当利得**の場合も同様の問題がある。目的消滅の不当利得とは、いったんは給付に有効な法律上の原因が存在したが、後にその原因が欠落した場合の不当利得返還請求をいう。たとえば、消費貸借の成立により債権証書を交付したが、後に弁済によって債務が消滅したときの債権証書の返還請求(487条)や、解除条件付でなされた給付の解除条件成就後の返還請求などである。

【3】効果

(1) 原状回復義務の内容

(a) 全部返還の原則

両当事者がともに、すでにその義務を履行している双務契約について、無効・取消し等がなされた場合には、当事者双方は、給付利得の返還義務を負う。給付利得の場合には、「法律上の原因」に基づく表見的法律関係(契約関係)の清算(基礎となった法律関係の清算)を前提として、**全部(全面)返還の原則**が認められるのである。たとえば、無効な行為に基づく債務の履行として給付を受けた者は、原則として、相手方を原状に回復させる義務を負う(全部返還義務・全部返還の原則、121条の2第1項)。

そして、不当利得として返還すべきもの、すなわち返還の目的物は、まず利得

→ 大判大正7年12月23日民録24輯2396頁、大判大正8年9月15日民録25輯1633頁
→ 我妻・講義V₁188頁

→ 1章4節⑤【2】

→ 新ハイブリッド債権各論196頁[花本]

→ 大判大正6年2月28日民録23輯292頁

した原物(「給付したもの」〔705条、708条参照〕)である(原物返還の原則)。

しかし、原物が第三者へ譲渡されてその返還が不可能な場合には、その売却代金相当額を返還しなければならないし、原物が消費された場合には、その時価相当額の金員の返還義務(価額償還義務、価額返還義務)を負うと解される。

> ここにいう価額賠償義務も、侵害利得の場合と同様に、原物(給付目的物)の客観的な価値です。給付利得は、清算時(返還時)の客観的交換関係として捉えられるからです。

(b) 703条、704条の不適用——利得消滅の抗弁の否定

給付利得の場合には、侵害利得の場合と異なり、703条、704条の適用はなく、利得を浪費して現存利益がない、という利得消滅の抗弁は認められない。

(2) 返還義務の範囲①——特別の規定による修正・利得消滅の抗弁の肯定

前述したとおり、給付利得の場合には、703条、704条の適用はなく、利得消滅の抗弁は否定されるが、民法は、返還義務者(受益者)を保護するために、次の3つの例外の場合には、「現に利益を受けている限度」での返還(現存利益の返還)で足りるとする(利得消滅の抗弁)。

(a) 無効な無償行為で善意の場合(121条の2第2項)

「無効な無償行為に基づく債務の履行として給付を受けた者は、給付を受けた当時その行為が無効であること(給付を受けた後に前条の規定により初めから無効であったものとみなされた行為にあっては、給付を受けた当時その行為が取り消すことができるものであること)を知らなかったときは、その行為によって現に利益を受けている限度において、返還の義務を負う」(121条の2第2項)。

この趣旨は、無償行為(たとえば、贈与)の場合に、給付受領者が善意であるときは、返還義務の範囲を現存利益にかぎることで給付受領者を保護する点にある。

(b) 行為の時に意思能力を有しなかった場合(121条の2第3項前段)

「行為の時に意思能力を有しなかった者は、その行為によって現に利益を受けている限度において、返還の義務を負う」(121条の2第3項前段)。

この趣旨も、行為の時に意思能力を有しなかった者の返還義務の範囲を現存利益にかぎることで給付受領者を保護する点にある。

(c) 制限行為能力者の行為の場合(121条の2第3項後段)

「行為の時に制限行為能力者であった者についても」、その行為によって現に利益を受けている限度において、返還義務を負う(121条の2第3項後段)。

この趣旨も、行為の時に行為能力に制限を受けていた者の返還義務の範囲を現存利益にかぎることで給付受領者を保護する点にある。

> そのほか、消費者契約法6条の2は、消費者契約について取消権を行使した消費者は、給付を受けた当時、意思表示を取り消すことができることを知らずに事業者から給付を受けていた場合には、**現に利益を受けている限度**において、返還の義務を負うにとどまる旨を規定しています。

(3) 返還義務の範囲②——果実・使用利益等

給付利得の場合にも、原物(給付目的物)が損失者(所有者)に返還されるべきときであっても、それまでの間にその物が果実を生じたり、滅失・損傷したりしたときに、それらを返還すべきかが問題となる。

以下では、①果実・使用利益、②滅失・損傷、③費用に分けて、説明していくことにする。

(a) 果実・使用利益

> 　解除の法的性質についてどのような見解(直接効果説等)に立つにせよ、明文上、契約が解除された場合に、金銭を返還するときは、その受領の時から利息を付さなければなりません(545条2項)。また、物を返還するときは、その受領の時以降に生じた果実をも返還しなければなりません(545条3項)。使用利益は法定果実と同視すべきですから、「果実」には使用利益も含まれると考えられます。この点は、解除のところで学習しました。
> 　以下は、解除と同じく契約の清算が問題となる給付利得(特に無効・取消しの場合)についての議論です。

→ 1章4節⑤【4】(3)(b)(v)

　給付利得の返還がされる場合に、受益者は、損失者に対し、原物(給付目的物)のほかに果実や使用利益を返還しなければならないか、返還しなければならないとして、その範囲はどうなるのかが問題となる。

> 　この問題は、不当利得に関する規律(703条、704条)と占有物の返還に関する規律(189条、190条)をどのように解するか、特に、善意占有者には果実の返還義務がない旨を規定する189条1項が給付利得にも適用されるかという観点から議論されていました。

　この点について、古い判例には、建物の売買契約が売主の未成年を理由として取り消された場合に、その取消しまでの間、同建物を善意で使用していた買主に189条1項を適用し、使用利益の返還義務がないとしたものがある。

→ 大判大正14年1月20日(前出)

　しかし、類型論の立場からは、189条(および190条)は侵害利得に適用される規定であって、契約関係の清算を前提として、全面返還の原則が認められる給付利得には適用されないと解すべきである。したがって、受益者は、給付目的物から生じた果実や使用利益(金銭を受領した場合における利息)もすべて返還しなければならない(545条2項、3項類推適用)。

　他方で、売買契約において双方の債務が未履行の間、買主は物について生じた果実を請求しえないし、売主は代金についての利息を請求しえないとされていることから(575条)、(解除の場合を含めて)契約の清算方法としても、575条によるべきであるという見解がある(575条類推適用肯定説)。

→ リーガルクエスト民法Ⅰ 252頁[原田]

　この575条類推適用肯定説からは、売買契約を例にすれば、目的物の返還がされる前は、売主は代金の利息を保持し(575条2項本文反対解釈)、買主は給付目的物の使用利益・果実を取得できることになる(575条1項反対解釈)。

　これに対して、575条類推適用否定説は、575条は契約時の主観的対価関係として捉えられる給付・反対給付の使用利益の交換に妥当する規定であるところ、この規定を、返還時(清算時)の客観的交換関係として捉えられる給付・反対給付の使用利益の返還の場面に妥当させることは疑問であるとする。この575条類推適用否定説によれば、給付利得返還請求権が発生した後の使用利益(目的物から生じた果実、代金の利息)については、いずれの当事者も相手方に対して返還請求することができることになる。この見解を採用しておけばよいであろう。

→ 潮見・債権各論Ⅰ 345頁、新ハイブリッド債権各論194頁[花本]
→ 2章2節③【1】(2)(b)

(b) 滅失・損傷

　無効な売買契約に基づいて引き渡された目的物が、その後滅失等した場合に、両当事者の法律関係はどうなるのであろうか。

> 解除の場合には、買主(受益者)に故意・過失があった場合には、解除権が消滅していますので(548条本文)、上のような問題はでてこないのですが、無効・取消しの場合には、このような規定がないため、依然として問題となります。

　この点について、改正前民法では、目的物が減失している以上、受益者には利益は現存しておらず、善意の受益者は返還義務を負わない(703条)のに対して、金銭は原則として利得消滅しないので、給付者はたとえ善意であっても受益者に対して代金全額の返還義務を負うことになって不均衡ではないかという疑問がだされていた。そこで、無効または取り消された双務契約の清算が問題となる場合には、受益者の善意・悪意を問わず、双方給付の牽連性を考慮して、一方の返還義務の消滅により他方の返還義務も消滅するという見解があった(改正前民法536条1項類推適用説)。この見解によれば、返還債務者(受益者)が全面的に対価危険を負担する結果となる。

　しかし、この見解に対しては、契約が有効であったのと同じ結果となり、無効・取消しという規範的な評価と矛盾するとの批判があった。また、契約が無効または取り消されるときは、双方の給付に対価的均衡関係はないのが通常であるとの指摘もあった。そこで、有力な見解は、改正前民法536条1項類推の基礎を欠くとして、改正前民法536条1項の類推適用を否定したうえで、原物返還が不能な場合には、目的物の時価相当額の金員の返還義務を負うとしていた(価格返還説)。この見解によれば、目的物の時価相当額の限度で、返還債務者(受益者)が対価危険を負担する結果となる。

　平成29年改正民法は、703条、704条の特則として121条の2の規定を新設したところ、121条の2第1項にいう原状回復義務には、現物返還義務(原物返還義務)のほか価額償還義務(価額賠償義務、価額返還義務)をも包含するとされている。したがって、平成29年改正民法は、価格返還説を採用したことになる。

▶ 部会資料66A・36頁

▶ 新ハイブリッド債権各論192頁[花本]、民法総則250頁[中川]

> ここにいう目的物の時価相当額の金員の意味について説明しておきます。
> 　たとえば、AがBから100万円で自動車を購入し、代金を支払って引渡しおよび自動車登録を受けたのですが、実はこれは事故車であり、客観的には30万円の価値しかありませんでした。上記の時点では、A・Bともに事故車でなかったことを知らなかったとします。Aがこの自動車を保管中、不可抗力によって減失してしまったのですが、その後、Aがこの自動車が事故車であったことを知ったので、錯誤を理由として売買契約を取り消したとします(95条1項2号、2項)。
> 　この場合の原状回復義務の内容としては、Aは、自動車の時価相当額の金員である30万円の限度で返還義務を負うのに対し、Bは、代金全額(100万円)の返還義務を負うことになります(そのほか、厳密には利息などが問題となりますが、割愛します)。

> 　契約の無効・取消しの場合の、当事者相互の原状回復義務(121条の2)について、一般的に、同時履行の関係を認めるとしても、詐欺または強迫による場合には、同時履行の関係を否定する見解(詐欺考慮説)と、なお肯定する見解(詐欺不考慮説)もありましたが、ここでも同様の議論があります。
> 　詐欺考慮説は、詐欺者の有責性を考慮すれば、返還債権者(給付者)が危険を負担すべきであるとして、被詐欺者は価額償還義務を負わないとするのに対し、詐欺不考慮説は、給付利得による契約の清算は価値中立的に行われるべきであるとして、被詐欺者にも価額償還義務を負わせます。

▶ 1章3節③【4】(3)(a)

(c) **費用（必要費・有益費）**

売買契約において目的物について受益者が費用を支出した場合には、占有者による費用償還請求権に関する196条の類推適用によって、また、賃貸借契約の場合には、賃借人による費用償還請求権に関する608条の類推適用によって、それぞれ法律関係が処理されることになろう。

【4】権利の行使期間

不当利得返還義務は、期限の定めのない債務であるから、履行の請求（催告）を受けた時から遅滞に陥る（412条3項。判例）。ただし、悪意の受益者については、不法行為と同様に、履行の請求なくしてただちに遅滞に陥るという見解もある。

また、不当利得返還請求権も「債権」であるから、消滅時効については166条1項によって規律されることになる（改正前民法下の判例は、不当利得返還請求権の成立の時から10年の経過によって時効消滅するという）。平成29年改正民法下では、債権者が「権利を行使することができる時」（客観的起算点）から10年間行使しないとき（166条1項2号）のほか、「権利を行使することができることを知った時」（主観的起算点）から5年間行使しないとき（166条1項1号）にも、時効消滅することになる。ただし、「法律上の原因」である契約が取消しによって不当利得返還請求権が発生する場合には、取消権の行使期間（126条）内に取消権を行使し、かつ、返還請求をしなければならないという見解もある。

➡ 大判昭和2年12月26日（前出）
➡ 四宮・事務管理・不当利得131頁
➡ 最判昭和55年1月24日民集34巻1号61頁

➡ 四宮・事務管理・不当利得97頁

3 特殊の給付利得

【1】総説

民法は、不当利得（給付利得）の特殊な場合、すなわちいわゆる非債弁済（705条から707条まで）と不法原因給付（708条）について、一般の不当利得と異なった取扱いをして、その要件や効果について特則を設けている。

> 類型論の立場では、給付利得の場合には、703条および704条は適用されず、121条の2や545条で処理されます。それにもかかわらず、705条から708条までの規定は、給付利得の更なる特則として適用されることになります。
> 条文構造がややいびつですので、不当利得に関する規定を見直し、更に必要な改正を考えていく必要があると思います。

非債弁済とは、一般には、債務がないにもかかわらず弁済がなされた場合をいう。これには、①債務の不存在を知ってした弁済（705条）、②他人の債務の弁済（707条）のほか、③期限前弁済（706条）もあげられる。これらの場合には、その効果として、ともに「返還を請求することができない」と規定している（705条、706条本文。707条1項も同旨）。

← 非債弁済とは

> ただし、①と②とは、債務が存在しないことから、まさに非債弁済といえますが、③は期限前とはいえ、債務自体は存在しますから、正確には非債弁済とはいえません。ただ、本書では、①②を狭義の非債弁済とし、①②のみならず、③を含めて広義の非債弁済と分類することにします（①のみを狭義の非債弁済と分類する基本書もありますので、注意してください）。
> なお、不法な原因に基づいて給付する場合（708条）には、公序良俗に反して無効（90条）

386　4章　不当利得

となりますから、この場合も、債務が存在しないという意味において、非債弁済の一場合といえます。しかし、民法は、原則として「給付したものの返還を請求することができない」としつつも(708条本文)、「ただし、不法な原因が受益者についてのみ存したときは、この限りでない」として(708条ただし書)、例外を認めています。

4-2

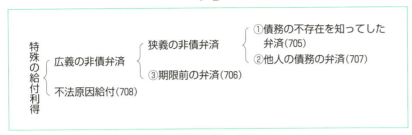

以下では、狭義の非債弁済(705条、707条)、期限前の弁済(706条)、および不法原因給付(708条)に分けて順に説明する。

【2】狭義の非債弁済

(1) 債務の不存在を知ってした弁済(705条)

(a) 意義

弁済者が特定の債務の弁済として給付をしたが、実は債務が存在しなかったという場合、たとえばAがBに対し借金をしたわけではないのに、借金の返済として金銭を給付した場合には、不当利得の返還請求権が発生するはずである。

しかし、弁済者が債務の不存在を知りながら弁済した場合には、みずから不合理なことをして損失を招いたのであるから、不当利得の返還請求権を与えて保護する必要はない。

そこで、705条は、弁済者が債務の不存在を知らなかった場合にかぎって、不当利得の返還請求ができることにした。すなわち、「債務の弁済として給付をした者は、その時において債務の存在しないことを知っていたときは、その給付したものの返還を請求することができない」と規定した(705条)。

→ 我妻・講義V₄1119頁

(b) 要件

①債務が存在しないこと(債務の不存在)、②弁済として給付すること、③債務の不存在を知っていることである。

> 主張立証責任の問題なので初学者は無視してかまいませんが、①②は、不当利得の成立要件ですから、返還請求をする者が主張立証責任を負う(判例)のに対し、③は、権利障害事実ですから、返還請求をされた者が主張立証責任を負います(判例)。
> 自己に有利な効果を主張する側が主張立証責任を負うのです。

→ 大判大正4年4月20日民録21輯547頁、大判昭和7年4月23日民集11巻689頁
→ 大判明治40年2月8日民録13輯57頁、大判大正7年9月23日民録24輯1722頁

(i) ①債務が存在しないこと(債務の不存在)

債務が弁済当時に不存在であったことでよく、その不存在の理由は問題とならない。したがって、債務の発生原因である契約が無効であったり取り消されたりして最初から債務が存在しない場合だけでなく、弁済などによって消滅した場合でもよい。

ただし、契約が公序良俗に反して無効である場合には、その債務の弁済が不法

原因給付(708条)となることがあり、705条の適用はない。
(ii) ②弁済として給付すること

「弁済として給付をした」といえるか否かは、諸般の事情を客観的に考慮して判断される。また、弁済は準法律行為と解されるから(準法律行為説)、弁済者には、特定の債務を消滅させようとする意思は必要でない。さらに、弁済として給付をしたときは、その給付が債務の本旨に従ったものでなくてもよい。したがって、一部弁済や契約不適合な目的物を給付した場合にも、「弁済として給付した」といえる。加えて、代物弁済(482条)は弁済とはいえないが、その弁済者が代物弁済をしたときは、債権消滅など「弁済と同一の効力を有する」ので、705条の適用がある。

→ 『債権総論』4章1節①【2】

もっとも、705条の趣旨から、「給付」は任意の弁済であることが必要と解されている。したがって、たとえば強制執行を避けるためであったり、強迫によってやむをえずに弁済したりした場合や、強制執行を受けたような場合には、債務が存在しないかぎり、たとえ給付の当時これを知っていたとしても、不当利得返還請求は認められる(判例)。

(iii) ③債務の不存在を知っていること

債務の不存在について善意であれば、過失があっても705条の適用はなく、不当利得の返還請求が認められる(判例)。705条の趣旨は債務の存在を知りながら弁済した者を保護しない点にあり、過失を責めるものではないからである。

→ 大判大正6年12月11日民録23輯2075頁、最判昭和35年5月6日民集14巻7号1127頁、最判昭和40年12月21日民集19巻9号2221頁
→ 大判昭和16年4月19日新聞4707号11頁

(c) 効果

以上のような要件がみたされていれば、給付した者は、「その給付したものの返還を請求することができない」(705条)。

(2) 他人の債務の弁済(707条)
(a) 意義

　Aが他人Bの債務を債権者Cへ弁済した場合には、AがBの債務であることを知りながら弁済したときのように、弁済者が**他人の債務**として弁済することがあります。この場合には、第三者の弁済(474条)となり、弁済は原則として有効であって(474条1項)、債権は消滅します。ですから、債権者Cには不当利得はなく、第三者(弁済者)Aは、債務者Bに対して不当利得返還請求権(求償利得)を取得することになります(求償利得については、後述します)。

→ 本節④【3】

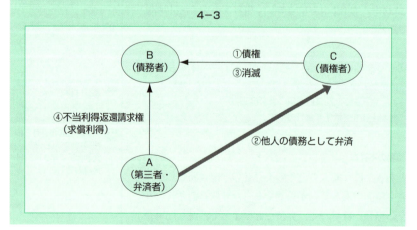

AがBの債務を**自己の債務と誤信**して債権者Cへ弁済したような場合には、

債務者Bのために弁済したのではないから、第三者の弁済(474条)としての効力は生じない。そうすると、債権は消滅しないから、債権者Cは不当に利得したことになり、弁済者Aは、債権者Cに対し、不当利得の返還請求をすることができることになる。

しかし、この場合には、弁済を受けた債権者Cが有効な弁済を受けたと誤信して、債権証書を滅失・損傷させたり、担保を放棄したり、消滅時効を完成させたりしたときは、債権者Cは不測の事態に陥る可能性がある。

そこで、民法は、善意の債権者Cを保護するため、弁済をした者Aが、債権者Cに対して返還の請求をすることができないと規定した(707条1項)。

> もちろん、第三者Aの弁済が、債務者Bの意思に反するなどの理由から効力を生じない場合(474条2項本文)には、AのCに対する不当利得返還請求権が発生します。ただし、Aが債務者Bの意思に反することを知りながら弁済した場合には、705条の類推適用の問題となり、また、CもAもともに有効な弁済がなされたと誤信して担保を放棄した場合には、707条の類推適用の問題となります。

→ 野澤・事務管理・不当利得・不法行為47頁

(b) 要件

①他人の債務が存在すること、②債務者でない者が錯誤によって債務の弁済をしたこと、および③債権者が善意で証書を滅失・損傷し、担保を放棄し、または時効によってその債権を失ったことである。

> これも主張立証責任の問題なので初学者は無視してかまいませんが、要件事実としては、①②は、弁済者が主張立証して、債権者に対して不当利得返還請求権を行使することになり、③は、債権者が抗弁として主張立証して、返還義務を免れることになります。

(i) ①他人の債務が存在すること

弁済者が、債務が存在しないにもかかわらず、存在すると誤信して第三者の弁済をしても、707条は適用されない(判例)。

(ii) ②債務者でない者が錯誤によって債務の弁済をしたこと

保証人や連帯債務者でない者がみずからそうであると誤信して弁済した場合にも、他人の債務の弁済ではないが、善意の債権者を保護するという707条の趣旨から、707条が類推適用される(判例)。また、707条が適用されるためには、給付が任意にされたことを要し、強制執行を避けるため、またはその他の事由によりやむをえず給付した場合には適用されない(判例)。

(iii) ③債権者が善意で証書を滅失・損傷し、担保を放棄し、または時効によってその債権を失ったこと

ここにいう「証書」とは、当該債権を証明するために作成された証書をいい、それ以外の証書はたとえ債権を証明する資料となりうるものであっても「証書」にはあたらない(判例)。また、「滅失」・「損傷」(平成16年改正前の「毀滅」)とは、その証書を有形的に破棄した場合のみならず、証書を債務者または弁済者に返還した場合のように、債権者が自由にこれを立証方法として使用できなくなった場合も含む(判例)。もっとも、手形と引換えに弁済した者が不当利得として手形金の返還を求める際に、手形の返還を申し出てその履行の提供をしているときは、立証方法に問題がないため、証書の滅失・損傷にはあたらない(判例)。

「債権を失った」(平成16年改正前の「債権ヲ失ヒタル」)とは、債権者が債務者に

→ 大判明治34年3月28日民録7輯3巻88頁

→ 大判昭和6年4月22日民集10巻217頁。身元保証人の事例
→ 大判大正6年12月11日（前出）

→ 大判昭和8年10月24日民集12巻2580頁

→ 大判明治37年9月27日民録10輯1181頁

→ 最判昭和53年11月2日判時913号87頁

完全に請求権を失った場合をいい、その債権を失っても、これと同一の事実関係に基づいて発生した他の請求権を債務者に対して自由に行使することができる場合には、707条の適用はない(判例)。

(c) 効果

以上のような他人の債務の弁済の場合には、弁済をした者は、「返還の請求をすることができない」(707条1項)。このように、弁済は有効となるのであるから、債権は消滅し、債務者は債務を免れることになる。したがって、民法は、この場合には、「弁済をした者から債務者に対する求償権の行使を妨げない」とした(707条2項)。この求償権の実質は、不当利得(求償利得)である。

→ 大判昭和6年4月22日(前出)

→ 本節 4 [3](1)(b)

【3】 期限前の弁済(706条)

期限到来前に債務を弁済しても、債務そのものは存在するので、弁済自体は「法律上の原因」を欠くものとはいえず、しかも、これによって債務は消滅するから、債権者は何らの利得も受けず、当然に不当利得は成立しないことになる。したがって、債務者(弁済者)は、「その給付したものの返還を請求することができない」(706条本文)。

しかし、一方で、債権者は、期限前の弁済によって、その給付を受けた物を、たとえば銀行に預金して利子を受けるなどの利益を受け(中間利息)、他方で、債務者(弁済者)は、その間の利息について損失を被っているのであるから、そこに不当利得が成立しうる。もっとも、弁済者が期限未到来であることを知りながらあえて弁済した場合、期限の利益を放棄(136条2項本文)したものとみられる。

そこで、民法は、「債務者が錯誤によってその給付をしたとき」にかぎって、「債権者は、これによって得た利益〔中間利息〕を返還しなければならない」とした(706条ただし書)。

> この場合であっても、給付した物そのものの返還請求が認められるわけではない点に注意してください。

【4】 不法原因給付

(1) 総説

(a) 意義

賭博によって負けたら金銭を支払うという契約は、公序良俗に反し無効であって(90条参照)、これに基づく支払義務は発生しない。そうすると、これを支払えれば不当利得(給付利得)としてその返還を求めることができるはずである。

しかし、この場合にも、給付した者に不当利得返還請求権を認めることは、公序良俗違反の法律行為(反社会的な行為)に関与した者を裁判所が保護することになり、正義公平の理念に反する。

そこで、民法は、「不法な原因のために給付をした者は、その給付したものの返還を請求することができない」とした(708条本文)。この法律関係を**不法原因給付**という。

(b) 趣旨

このように、賭博行為などによって給付した者の返還請求権を拒否する趣旨は、

▶ 2016年第1問

← 不法原因給付とは

反社会的な行為の結果を拒否し救済を否定することによって違法行為を抑止しようとする点にある。みずから社会的に非難されるべき行為をした者がこれを理由として自己の損失を取り戻すために法の救済を求めることは、その心情において責められるべきだからである。

これは、給付者の心情を責める点で、英米法における「衡平法に訴えようとする者は、潔い手をもっていなければならない」という クリーン・ハンズの原則 と同一の思想のうえに立っているものである。

←クリーン・ハンズの原則とは

> 708条は、90条と**表裏一体**をなすものと理解されています。
> すなわち、90条が、賭博契約のような「公の秩序又は善良の風俗〔公序良俗〕に反する法律行為は、無効とする」と規定しているのは、このような行為は正義公平の理念に反するからであり、民法は、その実現に助力しないことを宣言し、積極的に反社会的な行為を拒否しています。そして、708条はこれと平仄を合わせて、すでになされた反社会的な行為に基づく給付の救済を、自業自得と評価して消極的に拒否するものです。
> 要するに、90条と708条は、積極的かあるいは消極的かという違いはあるものの、表裏一体となって、反社会的な行為（違法行為）に関与した者に法の保護を与えないことを定めたものといえます。

(c) 範囲の制限

もっとも、給付者からの不当利得返還請求権を拒否することは、公序良俗に反する法律行為に関与した受益者の給付の保持を認める結果となり、不法な目的の実現を助長するおそれがある。

そこで、民法は、「不法な原因が受益者についてのみ存したとき」は、給付をした者が不当利得の返還請求をすることができるとし（708条ただし書）、その範囲を制限することとした。

以上のような観点から、判例・学説は、後述するように、708条本文の要件についても制限的に解釈している。

(2) 要件

708条本文によって給付者の不当利得返還請求権が拒否される要件は、①「不法な原因」のために、②「給付」したことである。これに対して、「不法な原因が受益者についてのみ存した」ことによって、例外的に、給付したものの返還を請求することができるので（708条ただし書）、③「不法な原因が受益者についてのみ存」するものでないことが必要となる。

> 主張立証責任としては、給付者（原告）が公序良俗違反（90条）という無効な行為に基づく給付をしたことを主張立証して、原状回復請求（121条の2第1項）をするのに対し、受益者（被告）が、①②を主張立証することになります（不法原因給付の抗弁）。これに対して、給付者は、再抗弁として、③「不法な原因が受益者についてのみ存した」こと（708条ただし書）を主張立証して、不法原因給付の抗弁を排斥することになります。
> 民事訴訟法および要件事実を学習してから立ち返って確認してください。

(a) 「不法な原因」であること

(i) 「不法」の意義

不法原因給付にいう「不法」とは、公序良俗のなかでも善良の風俗に違反した行為にかぎられ、単なる取締法規違反や強行法規違反は含まれないと解すべきである。この点について、単なる取締法規違反や強行法規違反の場合も含むとする見

●論点Bランク
（論証21）
→ 我妻・講義V₄1131頁

解もあるが、708条と90条とは表裏一体の関係にあると把握するならば、単に取締法規や強行法規に違反したにすぎない場合には、708条の適用から除外すべきである。708条本文の「不法」を制限的に解釈するのである。実際、たとえば恩給法に違反して担保として恩給証書を交付した場合のような、単なる強行法規違反の場合にも、恩給証書の返還を求めることができないとすることは不合理である。

戦後の最高裁も、一貫して、「不法」を公序良俗に違反し道徳的に醜悪な行為にかぎるという態度をとっている。たとえば、判例は、不法とは「反道徳的な醜悪な行為としてひんしゅくすべき程の反社会性を有する違反」とし、さらに次の判例のように、「倫理、道徳を無視した醜悪なものであることを必要」とする場合にかぎるという態度を明確に示している。

→ 最判昭和35年9月16日民集14巻11号2209頁

すなわち、「民法708条にいう不法の原因のための給付とは、その原因となる行為が、**強行法規に違反した不適法なものであるのみならず、更にそれが、その社会において要求せられる倫理、道徳を無視した醜悪なものであることを必要**とし、そして、その行為が不法原因給付に当るかどうかは、その行為の実質に即し、当時の社会生活および社会感情に照らし、真に倫理、道徳に反する醜悪なものと認められるか否かによって決せらるべきものといわなければならない」としている。

→ 最判昭和37年3月8日民集16巻3号500頁

戦後の最高裁判例において、「不法」の否定例と肯定例の主なものは、以下のとおりである（ただし、次の動機の不法も参照のこと）。

否定例	肯定例
①物資統制法規に違反した給付	①強制執行を免れる目的で仮装譲渡した財産＊1
②法定額を超える選挙費用の立替払	②芸娼妓（げいしょうぎ）契約と結びついた前借金交付
③導入預金取締法に違反する導入預金	③貸与した密輸資金＊2
④統制法違反の取引（闇取引）による給付	④妾（めかけ）関係維持を目的とした妾への不動産贈与

＊1　ただし、この判決は刑法96条の2（強制執行妨害目的財産損壊等罪）が新設される前の事件であるので、返還請求は認めている。
＊2　ただし、密輸資金と告げられて貸与したが、借主が詐取をもくろんで借金したので、借主の不法性が強度であるとして返還請求は認めている。

→ 否定例①・最判昭和37年3月8日（前出）
→ 肯定例①・最判昭和27年3月18日民集6巻3号325頁
→ 否定例②・最判昭和40年3月25日民集19巻2号497頁
→ 肯定例②・最判昭和30年10月7日民集9巻11号1616頁
→ 否定例③・最判昭和49年3月1日民集28巻2号135頁
→ 肯定例③・最判昭和29年8月31日民集8巻8号1557頁
→ 否定例④・最判昭和35年9月16日（前出）
→ 肯定例④・最大判昭和45年10月21日（後出重要判例）

(ii) 不法の「原因」

708条本文にいう不法の「原因」とは、その給付によって企図された目的のことをいう。したがって、給付の内容自体が不法でなくても、妾契約による金銭の給付のように、不法な給付の対価であったり、給付に条件をつけることによって不法性を帯びたりする場合も含まれる。

また、動機（縁由）の不法な場合にも、当事者がこれを知っているときには、ここにいう「原因」となりうると解される。動機が公序良俗に反する場合にも相手方に表示された場合には、90条により無効となると解されるのと同趣旨である（この点は、民法総則で学習した）。

→ 『民法総則』5章3節

この点について、判例は、米国密航を勧誘・周旋し、その密航の資金に供するものであることを知りながら金員を貸与した場合について、708条にいわゆる不法原因のための給付は、その給付行為自体が不法の場合にかぎらず、不法事項が給付の目的または縁由をも包含する法意であるとして、この場合にも不法原因給付の成立を認めている。

→ 大判大正5年6月1日民録22輯1121頁

ただし、給付者が、受益者の目的や動機の不法性を知っているだけでは十分で

392　4章　不当利得

はないと解されている。たとえば、上記のような①密航のための資金の貸付けや、②芸娼妓契約と結びついた前借金交付（判例）、③妾関係の維持を目的とした妾への不動産贈与（判例）の事例では、①では貸主が密航を勧誘・周旋をしており、②③では給付者が違法な行為から利益を得ていたという事情が考慮されている。

この問題は、後述する708条ただし書の適用にあたっての給付者と受益者（受領者）の不法性の衡量（比較）の問題とも関連するが、708条本文の要件としても妥当し、給付者の不法性が受益者の不法性よりも大きい場合には、受益者の不法性を無視して、返還請求を否定すべきであると解されている。判例においても、密輸資金に使われたことを知りながら金銭を貸し付けた場合であっても、それが利益の分配を伴う出資としてではなく、頼まれてやむをえずに貸したにすぎないときは、708条の適用を否定している。この判例は、給付者の不法性が受益者の不法性に比べて甚だ微弱である場合に、708条の適用を否定して不当利得返還請求権を認めたものであるが、708条ただし書を直接の根拠として不当利得返還請求を認めたものではない（708条本文の適用を否定したもの）と評価されている。

→ 最判昭和30年10月7日（前出）
→ 最大判昭和45年10月21日（後出重要判例）

→ 我妻・講義V₄1139頁
→ 最判昭和29年8月31日（前出）

> 「不法」の要件について、①給付者の主観的要件と、②給付者と受益者（受領者）の不法性の比較という客観的要件が必要となるとしたうえで、①は給付者が不法となる事実を認識していることと、責任能力があれば十分であるとし、より重要なのは②の要件であると位置づける見解があります。この見解は、後述する708条ただし書のみならず、708条本文においても、当事者双方の不法性の比較を重視するものです。

→ 野澤・事務管理・不当利得・不法行為51頁

(b) 「給付」したこと

708条本文の「給付」は、相手方に利益を与えるものであれば、たとえば不道徳なサービスのような事実上の利益を与えるものであっても、金銭や物の交付のように財産権や財産的利益を与えるものであってもよい。

もっとも、物の交付の場合には、受益者に**終局的な利益を与えるもの**でなければならないと解される。なぜなら、不法原因給付の終局的な実現にいたらない段階では、返還請求を否定すると、その終局的な実現のために更に国家の助力を要することになり、708条の趣旨に反するし、返還請求を認めることによって、かえって違法行為の実現を抑止することができるからである。たとえば、判例は、公序良俗に反する契約による相手方の債権について担保権を設定したような場合や、既登記不動産を引き渡したのみで登記がなされていない場合などには、いまだ「給付」がなされたとはいえないとしている。ただし、判例は、未登記不動産については、引渡しのみで「給付」にあたるとしている。

→ 最判昭和40年12月17日民集19巻9号2178頁
→ 最判昭和46年10月28日民集25巻7号1069頁
→ 最大判昭和45年10月21日（後出重要判例）

> 判例は、不動産の引渡しをしたが登記の移転をしていない場合について、不動産（建物）が登記されているか否か（（既登記か未登記か））で結論を異にしていますので、注意してください（この問題点は後述します）。
> また、上記のように、「給付」といえるためには、担保権の設定では足りず、その実行がなされることが必要とされるほか、動産の場合には占有改定以外の引渡しがなされていることが必要と解されています。

4-2 不当利得（各論） 393

> ★**重要判例**(最大判昭和45年10月21日〔判例シリーズ80事件〕)
> 　「右贈与は公序良俗に反し無効であり、また、右建物の引渡しは不法の原因に基づくものというのを相当とするのみならず、本件贈与の目的である建物は未登記のものであって、その引渡しにより贈与者の債務は履行を完了したものと解されるから、右引渡しが民法708条本文にいわゆる給付に当たる旨の原審の前示判断も、正当として是認することができる」。
> 【争点】不法の原因により未登記建物を贈与した場合に、その引渡しは708条にいう「給付」にあたるか。
> 【結論】あたる。
> 【備考】そのほかの問題点については、後の重要判例で触れることにする。

→ 百選Ⅱ82事件

→ (4)(a)(iv)

(c)　「不法な原因が受益者についてのみ存」するものでないこと

●論点Bランク
（論証22）

　不法の原因が受益者についてのみ存したときは、給付利得の原則(121条の2)に戻り、例外的に、給付したものの返還を請求することができる(708条ただし書参照)。この趣旨は、給付者に不法の原因がない場合には、国家の助力を求めることができるとともに、受益者に給付を保持させることは衡平に反する点にある。

　もっとも、不法の原因が受益者についてのみ存することはまれであり、通常は、給付者と受益者の双方に不法性が認められる。そこで、通説は、給付者と受益者の不法性を衡量(比較)して、受益者の不法性が大きい場合には、給付者に不法性が備わっていても、708条ただし書により、その返還請求を認めている。

> なお、前述したように、給付者の不法性が大きい場合には、708条本文により、その返還請求が否定されます。

(3)　効果

(a)　返還請求の否定

　不法原因給付にあたるとされると、給付者は、その給付したものの返還を請求することができない(708条本文)。返還請求が認められないのは、その給付した原物のみならず、それに代わる価格も含まれる。財貨の移転を戻すための請求が否定されるわけであるから、価格の返還も認められないのは当然のことである。

　また、この場合には、給付者の債権者が、債権者代位権(423条から423条の7まで)に基づいて不当利得返還請求権を行使することも認められない(判例)。なぜなら、債権者代位権は、「債務者に属する権利」(被代位権利)(423条1項本文)を行使するものにすぎないからである。これに対して、債権者が、単に債務者の権利を行使するものではなく、その独自の立場で行使する詐害行為取消権(424条から426条まで)は認められる。すなわち、債務者の給付が「不法な原因」によるものであっても、債権者が詐害行為取消権を行使してものの返還を請求する場合には、708条本文の適用はない(判例。ただし、破産法上の否認権の事例)。なお、共同不法行為者相互間の求償関係についても708条を拡張して適用し、求償による返還請求は認められないと解される。

→ 大判大正5年11月21日
民録22輯2250頁

→ 大判昭和6年5月15日
民集10巻327頁

　以上に対して、不法原因給付されたものを受益者が任意に返還することは差し支えないと解されている。

(b)　不法原因給付の返還の特約

　賭博契約によって交付した金銭を返還する旨の契約のように、不法原因給付の受益者がその受領したものを任意に返還する特約をした場合に、この特約自体も

708条に違反して無効となるかが問題となる。

この点について、不法原因給付の返還を認めない趣旨は、受益者の所有を認めて動かしがたいものにするというよりは、みずから反社会的な行為をした者に対しては、その行為の結果の復旧を訴求することを許さない点にあるところ、この場合に返還を認めても上記趣旨に反しないから、このような特約は有効であると解すべきであろう。判例もこれを認めている。

なお、判例は、公序良俗に反する無効な出資と配当に関する契約により給付を受けた金銭について、事業者が、当該給付が不法原因給付にあたることを理由として返還を拒むことは信義則上許されないとした。なぜなら、かりに、事業者が配当金の返還を拒むことができるとするならば、被害者である他の会員の損失のもとに事業者が不当な利益を保持し続けることを認めることになって、相当とはいいがたいからである。

→ 最判昭和28年1月22日民集7巻1号56頁、最判昭和28年5月8日民集7巻5号561頁、最判昭和37年5月25日民集16巻5号1195頁
→ 最判平成26年10月28日民集68巻8号1325頁

(4) 708条の適用範囲
(a) 所有権の帰属
(i) 問題の所在

不動産の贈与が公序良俗に反し無効となる(90条)場合に、不当利得に基づく不動産の返還請求が不法原因給付(708条本文)にあたり認められないときには、その不動産の所有権は給付者と受益者のいずれに帰属するかが問題となる。この問題は、主に、次の3つの点が問題となる。

第1に、贈与契約が無効であるため、不動産の所有権は給付者に帰属しているものとして、給付者は、受益者に対し、所有権に基づく返還請求権を行使することができるかが問題とある。

第2に、第1の点を否定するとして、不動産の所有権は、給付者と受益者のどちらに帰属するかが問題となる。

第3に、かりに、所有権が受益者に帰属すると、受益者は、給付者に対して所有権移転登記手続を求めることができるかが問題となる。

以下、こうした3つの問題を、順に検討していくことにする。

●論点B⁺ランク
（論証23）

(ii) 所有権に基づく返還請求権の行使の可否

給付者の所有権に基づく返還請求を認めると、708条の目的が没却されることから、判例・学説はこれを否定している。問題はその理論構成である。

この点については、無効な契約に基づいて債務の履行として給付がされたときは、給付利得の原則(121条の2)によって、物権的請求権は認められないとする見解(給付利得では不当利得返還請求権のみが成立し、所有権に基づく返還請求権は成立しないという見解)もあるが、判例は、両請求の競合を認めた(請求権競合説)うえで、所有権に基づく返還請求権にも708条本文が適用されるとした。判例の立場でよいであろう。

→ 最大判昭和45年10月21日
（後出重要判例）

(iii) 不動産の所有権の帰属

それでは、所有権に基づく返還請求権が認められないとすれば、不動産の所有権は、給付者と受益者のどちらに帰属するであろうか。

この点について、判例は、妾関係維持のために贈与し、引渡しを完了した未登記建物について所有権に基づく返還請求をした事例で、「贈与者において給付した物の返還を請求できなくなったときは、その反射的効果として、目的物の所有権は贈与者の手を離れて受贈者に帰属するにいたったものと解する」と

→ 最大判昭和45年10月21日
（後出重要判例）

した。法律関係の明確化の必要という観点から、判例の立場を支持しておけばよいであろう。

> ここでは更に、反射的効果によって帰属した所有権が、適法な原因によって取得された所有権とまったく同じ効力を有するかが問題とされており、「今後の判例にまたなければならない」とされています。細かいところですが、学説では、法律関係の明確化の必要を強調していわば絶対的に帰属すると解する見解(適法な原因によって取得された所有権とまったく同じ効力を有するとする)と、反射的効果にすぎない点を強調していわば相対的な帰属にすぎないとする見解(目的物が偶然給付者の手に戻ったら、受益者は返還請求することができないなど)とに分かれますが、前者の立場でよいのではないかと思います。

→ 昭和45年度最高裁判例解説154頁[杉田]

(iv) 受益者の給付者に対する移転登記手続請求権の可否

最後に、所有権が受益者に帰属するとして、受益者は、給付者に対して所有権移転登記手続を求めることができるかが問題となる。

判例は、「不動産物権に関する法制の建前」からは、受益者の所有権が肯定される以上、改めて自己の名で保存登記をする代わりに、給付者に対して所有権移転登記手続を求めることができるとする。

→ 最大判昭和45年10月21日
（後出重要判例）

> **★重要判例**（最大判昭和45年10月21日〔判例シリーズ80事件〕）
> 「右贈与が無効であり、したがって、右贈与による所有権の移転は認められない場合であっても、Xがした該贈与に基づく履行行為が民法708条本文にいわゆる不法原因給付に当たるときは、本件建物の所有権はYに帰属するにいたったものと解するのが相当である。けだし、同条は、みずから反社会的な行為をした者に対しては、その行為の結果の復旧を訴求することを許さない趣旨を規定したものと認められるから、給付者は、不当利得に基づく返還請求をすることが許されないばかりでなく、目的物の所有権が自己にあることを理由として、給付した物の返還を請求することも許されない筋合であるというべきである。かように、贈与者において給付した物の返還を請求できなくなったときは、その反射的効果として、目的物の所有権は贈与者の手を離れて受贈者に帰属するにいたったものと解するのが、最も事柄の実質に適合し、かつ、法律関係を明確ならしめる所以と考えられるからである」。
> 「右登記は、Xが本件建物の所有権を有しないにもかかわらず、Yらに対する右建物の明渡請求訴訟を自己に有利に導くため経由したもので、もともと実体関係に符合しない無効な登記といわなければならず、本件においては他にこれを有効と解すべき事情はない。そして、前述のように、不法原因給付の効果として本件未登記建物の所有権がYに帰属したことが認められる以上、YがXに対しその所有権に基づいて右所有権保存登記の抹消登記手続を求めることは、不動産物権に関する法制の建前からいって許されるものと解すべきであってこれを拒否すべき理由は何ら存しない。そうとすれば、本件不動産の権利関係を実体に符合させるため、Yが右保存登記の抹消を得たうえ、改めて自己の名で保存登記手続をすることに代え、Xに対し所有権移転登記手続を求める本件反訴請求は、正当として認容すべきものである」。
> 【争点】①建物の贈与に基づく引渡が不法原因給付にあたる場合に、贈与者は、目的物の所有権が自己にあることを理由として、建物の返還を請求することができるか。
> ②建物の所有者のした贈与に基づく履行行為が不法原因給付にあたる場合には、建物の所有権は贈与者と受贈者のいずれに帰属するか。
> ③未登記建物の贈与が不法原因給付であってその所有権が受贈者に帰属した場合に、贈与者が建物につき所有権保存登記を経由したときは、受贈者が贈与者に対し建物の所有権に基づいて所有権保存登記の抹消登記手続を請求することができるか。
> ④③の場合に、受贈者が贈与者に対し建物の所有権に基づいて所有権移転登記手続を請求することができるか。

→ 百選Ⅱ82事件

【結論】①できない。
②贈与者において給付した物の返還を請求できないことの反射的効果として、その建物の所有権は、受贈者に帰属する。
③できる。
④改めて自己の名で保存登記手続をすることに代え、贈与者に対し所有権移転登記手続を請求することができる。

　上記重要判例（昭和45年判決）は、未登記の建物の贈与の事例についての判断ですが、前述したように、判例（昭和46年判決）は、既登記の建物の贈与については、引渡しがあっても移転登記がなければ、708条本文の「給付」がなされたことにはならないとし、その移転登記手続請求を否定します。判例の立場では、引渡しがあっても、未登記建物であれば受給者の移転登記手続請求を認めるのに対し、既登記建物であればこれを認めない（給付者の返還請求を認める）ことになるのです。
　このような判例の立場に対しては、既登記か未登記かを問わずに、受益者による移転登記を否定する見解や、反対にいずれの場合にも肯定する見解があります。そのほか、そもそも物権的請求権にも708条が適用されるかという問題自体生じるべきではなく、給付者は返還請求することができず、受益者も移転登記手続請求をすることができない（両すくみ論）なども主張されています。
　しかし、給付者と受益者の衡平の観点からは、708条本文の「給付」の概念を制限的に解釈し、既登記の場合と未登記の場合とを区別する判例の立場でよいでしょう。

→ 最判昭和46年10月28日（前出）

→ 平野・民法Ⅵ 69頁
→ 野澤・事務管理・不当利得・不法行為 57頁

　昭和45年判決によれば、XがYに対して、妾関係を維持するために建物（新築・未登記）を引き渡した場合には、Yは反射的効果として建物の所有権を取得し、Xに対し移転登記手続を請求することができることになります。しかし、かりに、XがこのYの請求の前に、X名義で建物の保存登記をしたうえで、第三者Zに建物を売却した場合には、YとZの関係はどうなるのでしょうか。昭和45年判決のような未登記建物のケースでは、YZの対抗問題と捉えてよいのかという問題になるでしょう。

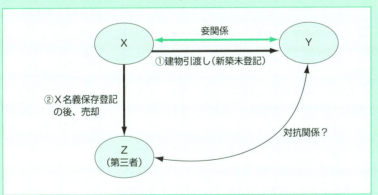

4-4

　この点について、Xは実質的な無権利者であるから、ZはXから権利を取得することができないと考えれば、対抗問題は生じないことになります（Zの保護は94条2項の類推適用によることになります）。これに対して、X→Y、X→Zという二重譲渡と同じように考えれば、177条に従い対抗要件具備の優先関係で決することになります。しかし、それでは、XがZに譲渡し、移転登記をすませて、ZからYに引渡請求をするならば、Zは背信的悪意者でないかぎり、Yに勝つことになりますが（判例）、それは妥当でしょうか。Xは、Yに返還請求をしても負けるとわかっていれば、当然建物を第三者（Zなど）に譲渡して708条の適用を逃れる策を講じるかもしれません。その結果Yは、不利な結果となってしまうのです。この場合に、Yを救済すべきか、かりに、救済すべきであるとすれば、ど

→ 最判昭和43年11月21日（判例シリーズ27事件）

のような法律構成がありうるのか考えてみてください。

なお、以上は贈与の事例であるが、建物の所有者が不法な目的で建物を使用貸借(あるいは賃貸借)して、引渡しをした場合には、建物の返還請求を求めることはできるであろうか。この場合には、何が「給付」にあたるかが問題となる。

> 妾関係を維持するために建物を提供する事例では、通常は贈与と認定されていますが、贈与意思が明確でなく単に家に住まわせているだけの場合には、使用貸借と認定すべき場合もあります。現に使用貸借を認定した裁判例もあります。
> そして、使用貸借(あるいは賃貸借)の場合には、708条本文により建物の返還請求を求めることができないとすると、受益者は、有効な使用貸借契約(あるいは賃貸借契約)に基づく通常の借主と比べても、より多くの利益を得ることになり、不当な結果となります。そのため、建物の返還請求を認めることが結論として妥当なのですが、その法律構成をどのように考えるかがここでの問題です。

➡ 東京地判昭和40年5月10日　下民集16巻5号818頁

この点について、日々刻々の使用が終局的に実現したものとして「給付」にあたるとすれば、過去の使用利益の分だけが、708条本文によって返還請求できないことになる。したがって、将来の分はいまだ給付を受けていないから708条本文の適用はなく、給付者は不法な契約として使用貸借の無効を主張し、建物(占有)の返還を求めることができることになる。

➡ 我妻・講義V₄1161頁

これに対して、占有を内容とする使用借権を与えたことを「給付」とみると、占有の返還請求も708条本文によって認められないことになりそうである。そのため、この場合にも所有権に基づく返還請求権までが708条本文によって制限されるのかが問題となる。この点については、物権的請求権までも制限されるのは、給付された物権に関するものだけである(所有権は依然として所有者にあるから制限されない)と考えて、結局、所有権に基づく返還請求は認められることになろう。

➡ 四宮・事務管理・不当利得178頁

(b) 不法行為に基づく損害賠償請求への類推適用の可否

判例・通説は、不法行為に基づく損害賠償請求権についても、708条の類推適用を認めるべきであると解している。

判例には、男性Yに妻のあることを知りながら情交関係を結んだXが、Yとの関係が悪化した後にYに対して貞操侵害を理由に慰謝料を請求した事例において、Xの側の動機に内在する不法の程度に比しYの側の違法性が著しく大きいときは、Xからの慰謝料請求を認めても、708条に示された法の精神に反するものではないとしたものがある。この判例の結論には、学説上異論はないが、その評価をめぐっては、不法行為に基づく損害賠償請求にも708条本文およびただし書が類推適用されたと評価する見解と、709条の違法性の判断にあたって、708条の趣旨が参考にされたにすぎないと評価する見解とに分かれている。

➡ 大連判明治36年12月22日　刑録9輯1843頁、大判昭和19年9月30日　民集23巻571頁
➡ 最判昭和44年9月26日　民集23巻9号1727頁

また、判例は、法令で禁止されている利回り保証の約束がなされた株式等の取引において、顧客の不法性に比し、証券会社の従業員の不法の程度がきわめて強い場合には、708条の類推適用はなく、顧客は証券会社に対して不法行為に基づく損害賠償を請求することができるとした。

➡ 我妻・講義V₄1180頁
➡ 四宮・事務管理・不当利得181頁
➡ 最判平成9年4月24日　判時1618号48頁

(c) 損益相殺

近時の判例は、損益相殺を否定するために、708条の類推適用を積極的に行う

傾向にあるとされる。

すなわち、ヤミ金融業者による取立てによって被害を被った者がヤミ金融業者に対し不法行為に基づく損害賠償を請求した事例において、損害額から貸付金に相当する利益を損益相殺の対象として控除することは708条の趣旨に反し許されないとした。さらに、判例は、投資資金名下に金員を騙取された者が不法行為に基づく損害賠償を請求した事例において、詐欺の手段として配当金名下に交付した金員を損益相殺として損害額から控除することは、708条の趣旨に反し許されないとしている。

→ 最判平成20年6月10日 民集62巻6号1488頁

→ 最判平成20年6月24日 判時2014号68頁

4 費用利得・求償利得

【1】総説

費用利得と求償利得は、損失者自身が受益者への直接の給付以外の方法で、財産（物・金銭）または労務を支出し、それによって受益者が利益を受けた場合である（両者を併せて、支出利得とよぶこともある）。

← 支出利得とは

両者は、受益者にとっては、いわば利得の押付けであって、損失者の支出をそのまま受益者の受益として利得返還請求権の範囲とすることはできない。

← 利得の押付けとは

以下では、費用利得と求償利得とに分けて説明していくが、いずれの場合にも、事務管理（697条）が成立する場合が多く、この場合には、事務管理制度のみが適用されることになる（不当利得は問題とならない）。

なお、前節で説明したとおり、費用利得と求償利得についても、703条に従って処理する見解に基づいて説明していくことにする。

【2】費用利得

(1) 総説

(a) 意義

費用利得とは、ある者の財産または労働が他人の財産に投下されたことによって、その他人の財産が増加したところ、その他人のもとでの財産の増加が法秩序によって正当化されないという場合をいう。たとえば、Aが、隣家Bの塀を勝手に修理して、Bに対して不当利得返還請求をする場合である。

← 「費用利得」とは
→ 潮見・債権各論I 319頁

費用利得は、給付行為がなく、受益者の所有する物に対して損失者の労務や費用が直接に投下される場合であって、それが常に損失者の意思に基づく点において、侵害利得と区別される。

(b) 適用領域

費用利得について、民法は、これらが生じるほとんどの場面について個別規定を設けており、費用負担とその償還という観点からの類型的処理がなされている。

すなわち、費用利得は、費用投下による財産の増加が法律上の原因のないものでなければならないから、契約中での合意に基づいて費用投下された場合や、法律の規定において費用投下が義務づけられているような場合（特別の規定がある場合）には、そもそも費用利得の適用領域からはずれるところ、当事者の特約によるときのほか、以下のように、特別の規定に基づいて類型的処理がなされているため、実際に費用利得が適用される領域はほとんどない（なお、②は、事務管理制度が適用される場面である）。

①契約関係から生じる費用負担
・使用貸借における費用負担(595条)
・賃貸借における必要費・有益費の償還請求権(608条)
・委任における費用償還請求権(650条)
・寄託における費用償還請求権(665条・650条)
②事務管理から生じる費用負担——有益費償還請求権(702条)
③契約外から生じる費用負担
・所有者・占有者間での必要費・有益費の償還請求権(196条)
・留置権者の必要費・有益費の償還請求権(299条)

→ 潮見・債権各論Ⅰ320頁

> 　特約も法律の規定もなく、費用利得として一般不当利得(703条、704条)の規定が適用される特有の場面は、損失者が受益者の所有する物を占有していない場合にかぎられます。具体的には、前述したように、隣家の塀を勝手に修理した場合が考えられます。しかし、この場合にも、事務管理(697条)が成立し、その有益費償還請求が認められるため(702条。上記②)、事務管理制度のみが適用され、費用利得として不当利得が機能しません。
> 　結局、費用利得が機能する場面は、所有者自身が占有している物に他人が費用を投下した場合であって、かつ、事務管理(697条)が成立しない事例に限定されます。具体的には、自分の水田上にまいた農薬が突風に流されて、ほとんど隣の水田に散布される結果になったという場合や、所有者の居住している家屋を第三者が修繕したものの、事務管理に該当しない場合が考えられます。
> 　なお、事務管理に該当しない場合としては、たとえば客観的他人の事務を自己の事務と錯誤した場合などです(通説)。この点は事務管理のところで触れました。

→ 潮見・債権各論Ⅰ357頁

→ 3章1節[2]【1】(2)(a)、【2】(1)

(2) 要件

　基本的には、一般不当利得の規定(703条)に従って、①受益、②損失、③受益と損失との因果関係、④法律上の原因のないこと、の4つが要件となる。

　このうち、①受益と②損失とは、受益者の有する物に対する費用や労務の投下であって、受益者に対する直接の給付ではない。また、利得の押付けの防止のために、損失者による支出は、たとえ損失者がしなくても、受益者がみずから負担したであろう費用の支出でなければならないと解されている。すなわち、損失者の支出によって、受益者が自己の財産の出費を節約できたこと(出費の節約)が要求される。そのため、受益者の収入や将来計画が考慮されなければならない。

　また、④法律上の原因がないことの要件では、契約がないことは当然のこととして、受益者と損失者が所有者・占有者の関係にないことが要求される。

(3) 効果

　原物返還ではなく、常に価格の返還となる。直接の給付以外の方法で、財産または労務を支出しているからである。

【3】求償利得

(1) 総説

(a) 意義

　求償利得とは、ある者が自己の支出において他人の債務を弁済したときに、当該他人が債務からの解放という利得を得ていることを捉えて、弁済者から当該

← 「求償利得」とは

→ 潮見・債権各論Ⅰ319頁

他人への利得の償還を求めるという場合である。たとえば、Aが、BのCに対する100万円の債務をBに代わって弁済した場合に、AがBに対して弁済金100万円の不当利得返還請求をするときである。

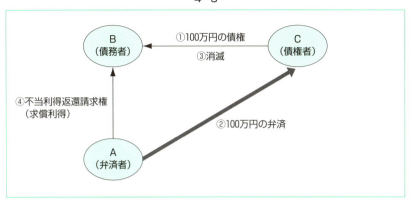

4-5

求償利得は、損失者の給付行為が存在するものの、**損失者と受益者の間に、第三者である債権者が介在する**点において、給付利得と区別される。

(b) **適用領域**

求償利得についても、民法は、以下のとおり、これらが生じるほとんどの場面について個別規定(特別の規定)を設けており、他人の債務を履行するための支出とその償還という観点からの類型的処理がなされている(特別の規定に基づく処理が優先される)。

したがって、求償利得は、以下のような求償権に関する特別の規定がない場合に問題となるにすぎない。しかも、事務管理(697条)が成立する場合にも、その費用償還請求が認められるため(702条)、求償利得は問題とならず、費用利得と同様に、その適用領域は大きくない。

①連帯債務者間の弁済による求償(442条)
②委託を受けた保証人の弁済による求償(459条)
③委託を受けない保証人の弁済による求償(462条1項)
④主たる債務者の意思に反した保証人の弁済による求償(462条2項)
⑤共同保証人間の弁済による求償(465条)
⑥他人の債務を弁済した者の債務者に対する求償(707条2項)
⑦使用者・監督者から被用者に対する求償(715条3項)
⑧占有者・所有者から損害原因の責任者に対する求償(717条3項)

→ 野澤・事務管理・不当利得・不法行為61頁

(2) **要件**

ここでも基本的には、一般不当利得の規定(703条)に従って、①受益、②損失、③受益と損失との因果関係、④法律上の原因のないこと、の4つが要件となるが、いずれの要件も特に問題はない。いずれも、受益者が債務を負っているため、損失者の弁済は、利得の押付けとはならないからである。

ただし、利得の押付けへの対策として、第三者の弁済の要件が考慮されなければならず、「弁済をするについて正当な利益を有する者でない第三者」(損失者)は、債務者の意思に反して弁済をすることができない(474条2項本文)。

また、④法律上の原因のないことは、損失者が、受益者に対し、第三者として弁済する義務を負っていないことである。ただし、法律に求償権に関する個別の規定(特別の規定)がある場合には、求償利得に優先することになる。

(3) 効果

損失者の受益者に対する求償権が発生する。ただし、損失者の受益者に対する求償権は、債権者の受益者に対する債権が譲渡されたものと実質を同じくしているのであるから、受益者が従前よりも不利な立場におかれるべきではない。したがって、受益者は、債権者に対して有していた抗弁をもって、損失者に対抗することができる(468条１項類推適用)。

→ 四宮・事務管理・不当利得208頁

5 多当事者間の不当利得

> 前節でも触れたように、多当事者間での不当利得が認められる場面では、衡平説(公平説)の判断枠組みが採用されています。
> ただ、潮見先生は、「多当事者での不当利得が問題となる場面が本当に不当利得の問題として処理されるべきなのかという問題はある。ただし、少なくとも学部・法科大学院レベルでは深入りしないこと」というアドバイスをしています。
> たとえば、後述する騙取金銭による弁済について不当利得の問題ではないとする見解がありますが(価値返還請求権説や詐害行為取消権説)、判例・多数説は不当利得の問題として処理しています。
> 本書で学習する方は、不当利得の問題と割り切って、読み進めてください。

→ 1節②【2】(2)

→ 潮見・民法(全)490頁

【1】総説

第三者が介在し、その第三者との関係において不当利得が問題となる場合(多当事者間あるいは多数当事者間の不当利得)には、二当事者間の場合と異なり、不当利得返還請求の当事者(原告、被告)の決定が問題になる。

そして、このような多当事者間の不当利得にはさまざまな事例があるが、学説には、便宜上の分類として、直線連鎖型と三角関係型とを区別する見解がある。**直線連鎖型**(直線型)は、二個の利得過程がＡ－Ｂ－Ｃといわば直線的に連なる場合であるのに対し、**三角関係型**(三角型)は、債権債務の実現過程に第三者が介入することによって、三面関係が生じる場合である。

三角関係型は、当事者が多数であるという点では直線連鎖型と共通するものの、財貨の移動は一回しかなされないという点では違いがあり、両者は、わかりやすい分類であるので、この見解に従って説明していくことにする。

← 多当事者間の不当利得

→ 四宮・事務管理・不当利得209頁

→ 野澤・事務管理・不当利得・不法行為65頁

【2】直線連鎖型(直線型)

直接連鎖型としては、①騙取金銭による弁済、②誤振込み、③無償譲受人に対する直接請求、④転用物訴権が問題となる。

(1) **騙取金銭による弁済**

(a) 問題の所在

ＢがＡから騙取した金銭を自己(Ｂ)の債権者Ｃに対する債務の弁済にあてた場合に、ＡのＣに対する不当利得返還請求権が認められるかが問題となる。

● 論点Ａランク
(論証24)

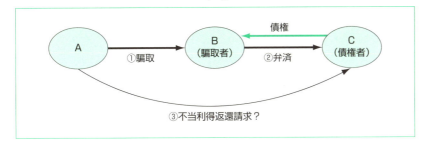

4-6

　この場合に、BC間では不当利得の問題は生じません。Cは自己の債権の弁済を受けたにすぎないからです。他方で、Aは、Bに対して、不当利得に基づく利得金返還請求（704条）や、不法行為に基づく損害賠償請求（709条）をすることができます。もっとも、Bは通常、無資力であるため、Aが上記損害賠償請求等によって救済されることはありません。そのため、AのCに対する不当利得返還請求が認められるかが問題となるのです。
　こうした騙取金銭による弁済が問題となる事例としては、上記の場合のほか、①BがAから騙取した金員で、Cに対するDの債務の弁済にあてた場合や、②BがAから騙取した金員を、Cに贈与する場合などがあります。①の場合には、騙取金銭による不当利得の相手方としては、CとDが考えられることになります。
　なお、騙取した場合だけでなく、盗んだり、横領したりした場合も同様の問題となりますが、以下では騙取した場合で統一して説明することにします。

→ 潮見・債権各論Ⅰ360頁

(b) 要件

　不当利得の要件は、①受益、②損失、③受益と損失との因果関係、④法律上の原因のないことであるが、騙取金銭による弁済に関する判例では、③受益と損失との因果関係と、④法律上の原因のないことの2つが中心に論じられてきた。

(i) 受益と損失との因果関係

　前節で述べたとおり、初期の判例は、受益と損失との間に「直接の因果関係」が必要とし、中間事実として第三者(中間者)が介在している場合には直接の因果関係はないとしていた。

→ 1節③【2】(3)(b)
→ 大判大正8年10月20日（前出）

　ただ、初期の判例は、この際に、金銭の所有権について、現在の判例・通説とは異なった理解を前提として、次のように場合分けをしていました。すなわち、Bが騙取した金銭の所有権がAからBに移転したときは、Aの損失とCの受益との間には直接の因果関係はないが、Bに移転せずAの所有に属するときは、直接の因果関係が認められるとしていました。これは、金銭の所有権について混和（245条）の理論と結びつけて考えていたのです。言い換えると、金銭の所有権は、原則としてBに移転することはなく、BがAから騙取した金銭を自己固有の金銭と混和せずにそのままCに交付した場合には、Aの損失とCの受益との間に直接の因果関係が認められるが、混和した場合には、直接の因果関係がないとしたのです。
　しかし、その後判例は、金銭の所有権は占有とともに移転する（金銭は占有あるところに所有あり）との学説の批判を受けて、占有と所有の一致を認めました。すなわち、金銭は通常物としての個性を有せず、単なる価値そのものと考えるべきであり、価値は金銭の所在に随伴するものであるから、金銭の所有権は特段の事情のないかぎり金銭の占有と共に移転するとしました。
　その結果、騙取した金銭の所有権はBに帰属するという中間事実（第三者の行為）があるため、Aの損失とCの受益との間の直接の因果関係は（緩和されないかぎり）、常に否定されることになったのです。

→ 大判昭和2年7月4日新聞2734号15頁
→ 野澤・事務管理・不当利得・不法行為66頁

→ 最判昭和39年1月24日（百選Ⅰ77事件）

しかし、その後判例は、学説の批判を受けて、「Bが、Aから金銭を騙取又は横領して、その金銭で自己の債権者Cに対する債務を弁済した場合」に、「社会通念上Aの金銭でCの利益をはかったと認められるだけの連結がある」ときは、「なお不当利得の成立に必要な因果関係があるものと解すべき」であるとし、社会観念（通念）上の因果関係があれば足りるとした。この点は、一般不当利得の要件のなかで触れた。

→ 最判昭和49年9月26日（後出重要判例）

→ 1節③【2】(3)(b)(ⅲ)

(ⅱ) **法律上の原因のないこと**

騙取された金銭の所有権がBにあるとすれば、Cは、常にBの所有する金銭の給付を受けることになるから、Aは、Cに対して不当利得返還請求をすることができないことになりそうである。

しかし、通説は、騙取された金銭がBの所有に属するのは、金銭の特殊性に基づく形式的な理由によるものにすぎず、騙取された金銭は、実質的には騙取されたAに帰属しているとみるべきであるから、Cがそのことについて悪意または重過失がある場合には、不当利得の関係では、なお有効な弁済とならず、Aに対して返還義務を負うとした。判例も、これに従い「Cは、自己らに対してBが負担する債務の弁済として本件金員を善意で受領したのであるから、法律上の原因に基づいてこれを取得したものというべき」であるとして、「善意で受領した」場合には、法律上の原因があるとした（ただし、重過失については言及されていない）。

→ 我妻・講義V₄1022頁

→ 最判昭和42年3月31日民集21巻2号475頁

この判例に対しては、通説は、金銭の融通性にかんがみ、積極的に善意を要求せず、悪意または重大な過失がないかぎり、弁済は有効と解するのがより妥当であると述べ、判例も、弁済の受領についてCに悪意または重大な過失があるときは、Cの金銭の取得は、Aに対する関係においては法律上の原因を欠き、不当利得となるとした。

→ 我妻・講義V₄1023頁

→ 最判昭和49年9月26日（後出重要判例）

★重要判例（最判昭和49年9月26日〔判例シリーズ78事件〕）

「およそ不当利得の制度は、ある人の財産的利益が法律上の原因ないし正当な理由を欠く場合に、法律が、公平の観念に基づいて、利得者にその利得の返還義務を負担させるものであるが、いまBが、Aから金銭を騙取又は横領して、その金銭で自己の債権者Cに対する債務を弁済した場合に、AのCに対する不当利得返還請求が認められるかどうかについて考えるに、騙取又は横領された金銭の所有権がCに移転するまでの間そのままAの手中にとどまる場合にだけ、Aの損失とCの利得との間に因果関係があるとなすべきではなく、Bが騙取又は横領した金銭をそのままCの利益に使用しようと、あるいはこれを自己の金銭と混同させ又は両替し、あるいは銀行に預入れ、あるいはその一部を他の目的のため費消した後その費消した分を別途工面した金銭によって補填する等してから、Cのために使用しようと、社会通念上Aの金銭でCの利益をはかったと認められるだけの連結がある場合には、なお不当利得の成立に必要な因果関係があるものと解すべきであり、また、CがBから右の金銭を受領するにつき悪意又は重大な過失がある場合には、Cの右金銭の取得は、被騙取者又は被横領者たるAに対する関係においては、法律上の原因がなく、不当利得となるものと解するのが相当である」。

【争点】①Bが、Aから騙取または横領した金銭を、自己の金銭と混同させ、両替し、銀行に預け入れ、またはその一部を他の目的のため費消した後、その費消した分を別途工面した金銭によって補填する等してから、これをもって自己のCに対する債務の弁済にあてた場合でも、Aの損失とCの利得との間には、不当利得の成立に必要な因果関係があるといえるか。
②BがAから騙取または横領した金銭により自己の債権者Cに対する債務を弁済した場合において、不当利得となるか。

→ 百選Ⅱ80事件

【結論】①社会通念上Aの金銭でCの利益を図ったと認めるに足りる連結があるときは、Aの損失とCの利得との間には、不当利得の成立に必要な因果関係があるといえる。
②その弁済の受領につきCに悪意または重大な過失があるときは、Cの金銭の取得は、Aに対する関係においては法律上の原因を欠き、不当利得となる。

(c) 評価

以上のような判例・通説に対しては、騙取金銭を受領した受益者が、騙取金銭であることを知らなかった場合には法律上の原因が認められ、悪意または重過失であった場合には法律上の原因がないとされることの理論的根拠が明らかでないとの批判があるが、判例・通説の立場でよいであろう。

> 判例・通説を支持する見解は、次のように説明しています。
> まず、先に示したように、判例・学説上、金銭の所有権は占有に伴って移転すると理解されていますが、その結果、騙取金銭の所有権がBに移転するとしても、それは金銭の特殊性に基づく形式的なものであって、Aの損失とCの受益との間に社会観念上の因果関係が認められるときは、なお、その実質的な価値は、Aに留まっていると説明します。
> 問題は、悪意または重過失であった場合には法律上の原因がないとされることの理論的根拠ですが、金銭を一種の有価証券としての性質を有するものと考えて説明します。すなわち、金銭は、その価値が動産である紙片または金属に化体したものであって、一種の有価証券としての性質を有すると考えるため、有価証券と同様の流通の保護が図られるべきであるといいます。そして、有価証券における善意取得では、その要件として善意・無重過失を要求していますから（手77条1項1号・16条2項、小21条。なお、平成29年改正民法では、520条の5が根拠となると思われます）、その法意にかんがみ、あるいはその趣旨を類推して、騙取金銭の取得者Cが、その金銭が騙取されたものであることについて悪意または重過失でないかぎり、「法律上の原因」があると考えるのです。

→ 野澤・事務管理・不当利得・不法行為70頁

(2) 誤振込み

誤振込みの問題は不当利得と関連し、多当事者間の不当利得（特に直線連鎖型）で取り上げられることもあるので、ここで触れることにする。

(a) 総説

振込みとは、銀行（仕向銀行〔甲銀行〕）が、振込依頼人（A）による振込依頼の委託に基づいて、受取人（B）の取引銀行（被仕向銀行〔乙銀行〕）に対し、その受け取った資金を受取人の預金口座に入金するよう依頼し、これを受けた被仕向銀行が受取人の口座に入金記帳することをいう。ここは、第三者のための契約のところで説明した。

この場合には、一般に、A・甲銀行間には振込みの準委任契約（振込委託契約）が、甲銀行・乙銀行間には提携契約が、乙銀行・B間には預金契約（消費寄託契約、666条1項）が、それぞれ締結されており、それが組み合わされているにすぎないと解されている。

← 「振込み」とは

→ 1章3節5【1】(1)

4-7

この場合に、受取人(B)が被仕向銀行(乙銀行)に対して預金債権を取得するのは、両当事者間の預金契約(消費寄託契約、666条1項)に基づくものである。

(b) 前提問題

　問題は、振込依頼人がみずからの過誤により、本来意図した者と異なる者(受取人B)の預金口座への振込みを仕向銀行に依頼し、受取人の口座に入金記帳された場合、すなわち両当事者間に振込みの原因となる法律関係(原因関係)の存在しない振込み(誤振込み)の場合についても、受取人と被仕向銀行との間に預金契約が成立するか否か、すなわち預金契約(預金規定)に基づき受取人が預金債権を取得するか否かである。

← 「誤振込み」とは

　この点について、判例(平成8年判決)は、振込依頼人から受取人の銀行の普通預金口座に振込みがあったときは、両当事者間に振込みの原因となる法律関係が存在するか否かにかかわらず、受取人と被仕向銀行との間に振込金額相当の普通預金契約が成立するとした。

→ 最判平成8年4月26日
(後出重要判例)

> ★重要判例(最判平成8年4月26日〔百選Ⅱ72事件〕)
> 「振込依頼人から受取人の銀行の普通預金口座に振込みがあったときは、振込依頼人と受取人との間に振込みの原因となる法律関係が存在するか否かにかかわらず、受取人と銀行との間に振込金額相当の普通預金契約が成立し、受取人が銀行に対して右金額相当の普通預金債権を取得するものと解するのが相当である。けだし、前記普通預金規定には、振込みがあった場合にはこれを預金口座に受け入れるという趣旨の定めがあるだけで、受取人と銀行との間の普通預金契約の成否を振込依頼人と受取人との間の振込みの原因となる法律関係の有無に懸からせていることをうかがわせる定めは置かれていないし、振込みは、銀行間及び銀行店舗間の送金手続を通して安全、安価、迅速に資金を移動する手段であって、多数かつ多額の資金移動を円滑に処理するため、その仲介に当たる銀行が各資金移動の原因となる法律関係の存否、内容等を関知することなくこれを遂行する仕組みが採られているからである」。
> 「また、振込依頼人と受取人との間に振込みの原因となる法律関係が存在しないにかかわらず、振込みによって受取人が振込金額相当の預金債権を取得したときは、振込依頼人は、受取人に対し、右同額の不当利得返還請求権を有することがあるにとどまり、右預金債権の譲渡を妨げる権利を取得するわけではないから、受取人の債権者がした右預金債権に対する強制執行の不許を求めることはできないというべきである」。
> 【争点】振込依頼人と受取人との間に振込みの原因となる法律関係が存在しない場合における振込みにかかる普通預金契約の成否。
> 【結論】振込依頼人から受取人の銀行の普通預金口座に振込みがあったときは、両者の間に振込みの原因となる法律関係が存在するか否かにかかわらず、受取人と銀行との間に振込金額相当の普通預金契約が成立する。

　平成8年判決の結論については、銀行実務上、大量かつ迅速に振込事務を処理し、その原因関係の有無を判断することができないことからやむをえないといえるし、理論的にも、金銭の所有権が占有に伴って移転し、その価値に対する物権的な権利が認められないことから、判例の立場を支持してよいであろう。

→ 野澤・事務管理・不当利得・不法行為72頁

(c) 問題点

　平成8年判決を前提として、次の①から④までが問題となる。
　①振込依頼人の受取人に対する不当利得返還請求の可否
　②振込依頼人の仕向銀行に対する不当利得返還請求の可否
　③受取人(口座開設者)の被仕向銀行に対する預金払戻請求の可否
　④振込依頼人の被仕向銀行に対する不当利得返還請求の可否(被仕向銀行に

よる相殺の可能性)

順にみていこう。

(i) **振込依頼人の受取人に対する不当利得返還請求の可否**

まず、振込依頼人は、受取人に対して、振込金額と同額について不当利得の返還請求をすることができるか。

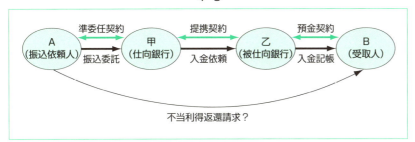
4−8

たしかに、この場合には、受取人は被仕向銀行に対して振込金額に相当する預金債権を取得し、しかも、この預金債権は受取人と被仕向銀行の間の預金契約(預金規定)に基づいて成立したものであるから、振込依頼人は、不当利得の返還請求をすることができないとも考えられる。しかし、預金債権に相当する金銭的価値は、受取人ではなく、振込依頼人に帰属すべきものと考えられるから、受取人の受益は、「法律上の原因」なくして振込依頼人の損失によってなされたものといえる。

したがって、振込依頼人は、受取人に対して、振込金額と同額について不当利得の返還請求をすることができると解する(侵害利得に位置づけられる)。

→ 潮見・債権各論Ⅰ366頁

(ii) **振込依頼人の仕向銀行に対する不当利得返還請求の可否**

次に、振込依頼人は、仕向銀行に対して、振込金額と同額(振込相当額)の不当利得返還請求をすることができるであろうか。

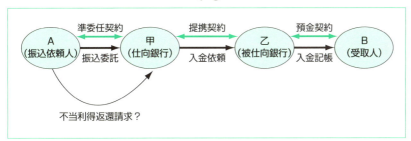
4−9

この点について、振込依頼人と仕向銀行との間には振込みの準委任契約(振込委託契約)が締結されているところ、振込相当金はこの振込委託契約に基づいて給付されたのであるから、それは「法律上の原因」に基づくものといえる。

そうであれば、振込依頼人が仕向銀行に対し振込相当額を不当利得として返還請求するためには、「法律上の原因」を欠くにいたることが必要となる。

したがって、振込委託契約の瑕疵・不存在がある場合、具体的には振込委託契約が錯誤(95条)に基づいている場合には、振込依頼人は、仕向銀行に対し振込相当額の不当利得返還請求をすることができると解する。もっとも、誤振込みの場合には、振込依頼人に重過失があるから(95条3項)、通常、錯誤取消しの主張は

→ 潮見・債権各論Ⅰ367頁

認められないであろう。

(iii) **受取人(口座開設者)の被仕向銀行に対する預金払戻請求の可否**

さらに、受取人(口座開設者)は、みずからの預金口座に誤振込金が振り込まれた場合に、預金契約(預金規定)に基づく預金債権の成立を根拠として、被仕向銀行に対して預金の払戻しを請求することができるであろうか。

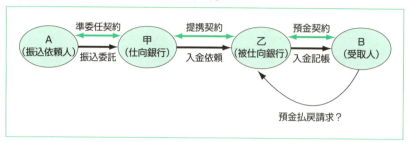

4-10

この点、一方で、刑事事件に関する判例(平成15年判決)は、平成8年判決を前提としつつ、銀行と預金取引を行っている者(受取人)には、自己の口座に誤振込があったことを知った場合には、これを銀行に告知すべき信義則上の義務があるから、誤振込みがあったことを秘して預金の払戻しを請求することは詐欺罪(刑246条)にいう欺罔行為にあたるとしている。この判例によれば、誤振込みによる預金であることにつき悪意の受取人は、被仕向銀行に対して預金の払戻しを請求することができないことになりそうである。

→ 最決平成15年3月12日（刑法百選Ⅱ51事件）

しかし、他方で、民事事件に関する判例(平成20年判決)は、「受取人の普通預金口座への振込みを依頼した振込依頼人と受取人との間に振込みの原因となる法律関係が存在しない場合において、受取人が当該振込みに係る預金の払戻しを請求することについては、払戻しを受けることが当該振込みに係る金員を不正に取得するための行為であって、詐欺罪等の犯行の一環を成す場合であるなど、これを認めることが著しく正義に反するような特段の事情があるときは、権利の濫用に当たるとしても、受取人が振込依頼人に対して不当利得返還義務を負担しているというだけでは、権利の濫用に当たるということはできない」とした。

→ 最判平成20年10月10日民集62巻9号2361頁

> 平成20年判決は、一般論として、権利濫用による規制の可能性を認めつつも、夫名義の通帳と妻名義の通帳が盗まれ、夫名義の通帳の定期預金から払い戻された多額の金銭が犯人グループによって妻名義の普通預金口座に振り込まれたという状況下において、この事実を知った妻(これにより、妻は、自己に帰属しない預金であることについて悪意ということになります)が、自分たち夫婦の財産を守るために、妻名義の普通預金の払戻しを請求した事例において、この払戻しが権利濫用にはあたらないとしたのです。

この点について、有力な見解は、預金契約(預金規定)に基づいた入金記帳が実行された時点で、受取人(預金者)を債権者とする預金債権が成立したといえるが、平成15年判決で問題となった事例などでは、不法原因給付に関する民法708条を類推適用して、受取人(口座開設者)は、被仕向銀行に対して預金の払戻しを請求することができないと解している。

→ 潮見・債権各論Ⅰ367頁

そして、すでに預金が受取人によって払い戻されている場合には、被仕向銀行は、無権限者に対する払戻しであることを理由として、受取人に対して払戻額に

相当する額の返還請求をすることができると解している。

(iv) 振込依頼人の被仕向銀行に対する不当利得返還請求の可否（被仕向銀行による相殺の可能性）

受取人の預金口座への振込金入金の委託を受けて入金記帳をした被仕向銀行が、受取人への貸付金債権を回収することができなくなっていた場合に、誤振込金の入金記帳により成立した預金債権と、受取人に対する貸付金債権とを対当額で相殺し（505条）、この結果、みずからの貸付金債権を回収したとする。この場合に、振込依頼人は、この被仕向銀行に対し、振込金相当額の不当利得返還請求をすることができるかが問題となる。

裁判例では、振込依頼人Aが、甲銀行（仕向銀行）に対して、Bに対する振込みを依頼すべきであるのに、誤ってCに対する振込みを依頼し、甲銀行からの指図を受けて乙銀行（被仕向銀行）が同行に開設されているC名義の預金口座に入金記帳をした状況下において、乙銀行が、誤振込金の入金記帳により成立した受取人Cの預金債権と、Cに対する自己の貸付金債権とを相殺し、みずからの貸付金債権を回収した場合に、振込依頼人Aの被仕向銀行に対する振込金相当額の不当利得返還請求の可否が問題となった。

→ 名古屋高判平成17年3月17日
金判1214号19頁

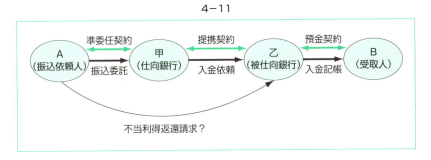

4-11

この裁判例では、普通預金口座に関する平成8年判決は当座預金口座に誤振込みがあった場合にも妥当することを前提として、振込依頼人が送金先を誤って仕向銀行に振込みを依頼し、被仕向銀行の受取人の当座預金口座に入金記帳された後、受取人が組戻し（振込委託契約の合意解除）を同意している場合に、振込依頼人から被仕向銀行に対する不当利得返還請求を認めた。

被仕向銀行の保護を勝手に奪うことは許されないはずであるが、受取人が被仕向銀行に指示をして預金を組み戻し、かつ、誤振込人への返還請求をすることができ、しかも、被仕向銀行は受取人に対して払い戻さなくても免責され、その分の預金債務は消滅するのであるから、この裁判例の立場で不都合はないであろう。

→ 平野・民法V 182頁

(3) 無償譲受人に対する直接請求の可否

(a) 問題の所在

無効な売買契約に基づいてAからBに対し引き渡された物、あるいはBがAから借りている物を、Bが自己のものとしてCに贈与し、Cが即時取得（善意取得）（192条）した場合に、Aは当然、Bに対して不当利得の返還請求をすることができる。

それでは、Aは、直接Cに対して不当利得返還請求をすることができるか。

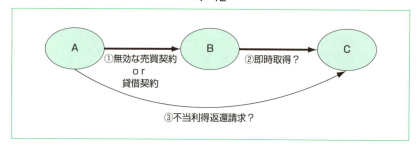

4-12

> この問題は、前提知識が必要なところですので、少し説明しておきます。
> まず、即時取得(192条)によって権利を取得した場合の、原権利者の有償譲受人に対する不当利得返還請求の可否(**有償**の権利取得者の原権利者に対する不当利得返還義務の成否)における学説の対立は、本節ですでに述べました。これに対して、ここでは**無償**譲受人(受贈者)に対する直接請求の可否が問題となります。
> 次に、上記問題は、即時取得の要件である「取引行為」(192条)に贈与も含まれ、贈与行為であっても即時取得が成立しうる見解を前提としています。しかし、即時取得制度は市場取引における対価性(対価的牽連関係)を前提とするものであるから、贈与(無償行為)は「取引行為」に含まれない(あたらない)という見解もあります。この見解からすると、そもそも問題とならないのです。

(b) 学説

　この点について、不当利得返還請求を肯定する見解(肯定説)は、その理由として、①Aの所有権喪失(損失)とCの取得(受益)との間には社会観念上の因果関係が認められるとともに、②Cの受益と「法律上の原因」となる即時取得制度は、不当利得との関連において、無償の取得をも保護する趣旨ではないことをあげる。

> 肯定説は、「無権利者乙から動産を譲り受け、即時取得の規定によって権利を取得した丙は、原権利者甲に対して不当利得返還の義務を負うであろうか」という問題設定をしています。ですから、贈与も即時取得の対象となることを前提として、不当利得返還請求の成否を論じています。したがって、前に示した贈与は「取引行為」にはあたらないという立場とは異なると思います。

　しかし、贈与によって即時取得が認められる場合には、Cの所有権の取得には「法律上の原因」があると考えられるので、Aは、直接Cに対して不当利得返還請求をすることができないとする否定説でよいであろう。
　なお、無償の即時取得者も192条によって物権法上対抗しうる地位にあるのだから相当の理由なしに不当利得返還請求権に服せしめるべきでないこと、Cが不当利得返還義務を負うのはBのもとで利得が消滅している場合にかぎられるところ、贈与は単なる浪費と異なり利得の消滅は通常生じないし、このようなBは通常悪意であるから利得の消滅を主張することができないことを理由として、不当利得の成立を原則として否定しつつ、例外的に、Bが善意であり、かつ、利得の消滅が認められる場合には、AのCに対する直接請求が認められるとする見解もある。

(4) 転用物訴権

(a) 意義

　転用物訴権とは、契約上の給付が契約の相手方のみならず第三者の利益とな

った場合に、給付をなした契約当事者がその第三者に対して不当利得返還請求をすることをいう。要するに、契約上の給付が第三者に帰属した場合に、契約の相手方に対する履行請求権があるにもかかわらず、第三者に対しても追及することが可能かという問題である。

> このような転用物訴権は、代理制度が認められず、かつ、家長のみに債務負担能力が認められたローマ法の時代において、家長Cの権力に服する家子または奴隷Bが、第三者Aから取得したものを家長Cの利益のために利用した場合に、第三者Aから家長Cに対する訴権が認められたことに由来していると説明されます。つまり、ローマ法の用語（actio de in rem verso）に由来し、本来は契約当事者が受けるべき利益を第三者が「転用」（verso）していることから、「転用物」に対する請求権（訴権＝actio）といわれているのです。
> このような転用物訴権の議論は、ヨーロッパ大陸法諸国（フランス、ドイツ等）で承継されていますが、これを認めるべきか、また、どのような範囲で認めるかについて議論は分かれています。日本でも、これを不当利得の問題としない見解もあります（後述）。

→ 藤原・不当利得378頁

(b) 問題の所在

(i) 問題となる事例

Cが自己の所有する物をBに対し賃貸し、Bがその物の修理をAに依頼したところ、Aがその修理を行い、Bにその物を引き渡したが、修理代金は未払のままであったとする。その後、Cに物を返還したBが債務超過（無資力）に陥った場合に、Aは、Cに対して、修理代金相当額の不当利得返還請求をすることができるかが問題となる。

4-13

```
       ①賃貸借契約              ②請負契約
  C  ←――――――→   B    ←――――――→   A
(所有者)        (賃借人・注文者)         (請負人)
                〈無資力〉        修理代金債権
       ↑
       └――――――――――――――――――――――――┘
              ③不当利得返還請求権
                 （転用物訴権）
```

(ii) 問題となる場面

まず、この問題が生じる前提事実をおさえておこう。

すなわち、この場合に、BがCに対して債権（費用償還請求権、608条1項、代弁済請求権、702条2項・650条2項）を有しているときは、Aは、Bに対する修理代金債権を保全するため、BのCに対する上記各債権を代位行使（423条から423条の7まで）することができる。

→ 鈴木・債権法講義770頁

> BC間には賃貸借契約がありますから、費用償還請求権は理解することができますが、どうして代弁済請求権がでてくるのかよくわからないかもしれません。この場合に、BがAと修理契約をすることは、C（他人）のためにCの事務を管理することになりますから、一種の事務管理といえるため、702条2項が準用する650条2項によって、Bには代弁済請求権があるといえるのです。

→ 3章1節③【3】(1)

しかし、賃借人の賃貸人に対する費用償還請求権（608条）は、賃借人が費用を「支出したとき」にしか認められないため、Bが修理代金を未払の段階では認めら

れない。また、代弁済請求権(702条2項・650条2項)はBがいまだ費用を支出する前でも認められるものの、BC間の特約により、Bが修繕費を負担する場合には、BのCに対する代弁済請求権も認められない。

このように、Aが債権者代位権(423条以下)を行使することができる場合が限定されるため、AのCに対する不当利得返還請求権の可否が問題となるのである。

(iii) 不当利得の要件との関係

不当利得の要件は、①受益、②損失、③受益と損失との因果関係、④法律上の原因のないことであるが、転用物訴権の事例では、次の2つの要件が主に問題となった。

すなわち、第三者であるBが介在するため、③受益と損失との因果関係の有無が問題となるとともに、Cの受益は、BC間の賃貸借契約に基づくものであるため、④法律上の原因があるのではないかが問題となる。

(c) 判例・学説

(i) 昭和45年判決(ブルドーザー事件)

昭和45年判決は、Aが、C所有のブルドーザーの修理を賃借人Bの依頼によって行い、Bに対して修理代金債権を取得したが、Bが無資力となり回収困難になったため、Cに対して不当利得の返還を請求した事例である。

→ 最判昭和45年7月16日民集24巻7号909頁

判例は、まず、受益と損失との因果関係について、「本件ブルドーザーの修理は、一面において、Aにこれに要した財産および労務の提供に相当する損失を生ぜしめ、他面において、Cに右に相当する利得を生ぜしめたもので、Aの損失とCの利得との間に直接の因果関係ありとすることができるのであって、本件において、Aのした給付(修理)を受領した者がCでなくBであることは、右の**損失および利得の間に直接の因果関係を認める**ことの妨げとなるものではない」とした。

> この判例は、第三者が介在しても、因果関係の直接性が認められるとして、因果関係の直接性を緩和した立場に立ったものであり、社会観念(通念)上の因果関係で足りるとする立場を採用したわけではない点に注意してください。現在の判例は、社会観念(通念)上の因果関係とする見解を採用しています。
> 受益と損失との因果関係の問題については、前節で詳しく説明しました

→ 最判昭和49年9月26日（前出重要判例）

→ 1節③【2】(3)

判例は、そのうえで、傍論ながらも、法律上の原因について、「ただ、右の修理はBの依頼によるものであり、したがって、AはBに対して修理代金債権を取得するから、右修理によりCの受ける利得はいちおうBの財産に由来することとなり、AはCに対し右利得の返還請求権を有しないのを原則とする(自然損耗に対する修理の場合を含めて、その代金をBにおいて負担する旨の特約があるときは、BもCに対して不当利得返還請求権を有しない)が、**Bの無資力のため、右修理代金債権の全部または一部が無価値であるときは、その限度において、Cの受けた利得はAの財産および労務に由来したもの**ということができ、Aは、右修理(損失)によりCの受けた利得を、Bに対する代金債権が無価値である限度において、不当利得として、Cに返還を請求することができるものと解するのが相当である(修理費用をBにおいて負担する旨の特約がBとCとの間に存したとしても、AからCに対する不当利得返還請求の妨げとなるものではない)」とした。

すなわち、判例は、「AはBに対して修理代金債権を取得する」から、AはCに対して不当「利得の返還請求権を有しないのを原則とする」が、「Bの無資力のため、右修理代金債権の全部または一部が無価値であるときは、その限度において」、AのCに対する不当利得返還請求権が成立するとして、中間者Bの無資力を要件として、転用物訴権を認めた。

しかし、この昭和45年判決に対しては、Cにとって有償行為か無償行為かを区別し、無償行為についてのみ転用物訴権を肯定すべきであるとの学説（限定的承認説）からの批判が強く主張された。

　この説は、転用物訴権が問題となる場面においては、利得者（所有者・賃貸人C）とその契約の相手方（賃借人B）との間に、「法律上の原因」があれば、本来、不当利得返還請求権の成立が問題となる場面ではないことをふまえたうえで、それでも第三者（修理業者A）に利得者Cへの返還請求権を認めるのが妥当かという見地から、転用物訴権を考えます。そして、①BがCの利得保有に対応する債権を有している場合、②Bが①のような債権を有していないものの、Cの利得保有がBC間の契約関係全体からみて有償と認められる場合、③Bが①のような債権を有しておらず、かつ、Cの利得保有がBC間の契約関係全体からみて無償と認められる場合に類型化して、Bの無資力によりAが代金の支払を受けられないときに、転用物訴権の承認が妥当な範囲を検討していきます。

　まず、①の場合を考えてみましょう。たとえば、BがCに対し、Aへの修繕費用の支払について費用償還請求権（608条）を取得している場合です。この場合には、CがBに対して債務を履行してしまえばCに利得は存しないことになります。したがって、転用物訴権が問題となるためには、BのCに対する債権が未履行であることが前提となります。そして、転用物訴権を認めた場合には、CはもともとBに対しては債務を負担することになっていた以上、履行の相手方がAに代わるだけであれば特に不都合はありません。このように解すると、BとしてはAによる転用物訴権の行使によってCに対する債権を失うことになりますが、同時にAに対する債務から解放されることになるのですから、特に不利益はありません。そうだとすれば、この三者間における利害調整は図られることになります。しかし、ここではBのほかの一般債権者の利害に配慮する必要があります。つまり、転用物訴権に基づくAのCに対する請求が認められることによって、BのCに対する債権も消滅し、Bの一般財産が減少してしまいます。他方で、AのBに対する債権も消滅するわけですが、Bが無資力となる場合には、一般債権者にとって消滅する2つの債権は経済的に等価値とはいえないでしょう。そうすると、転用物訴権を認めることは、同じ債権者であるAに優位的立場を与えることとなり、破産法秩序の潜脱となる可能性があります。よって、①の場合に転用物訴権を認めるのは妥当とはいえないでしょう。

　次に、②の場合を考えてみます。たとえば、CがBに対する費用償還義務を負わない代わりに、賃料を安くしていたというような場合です。この場合、賃貸借契約全体としてみれば有償と認められます。にもかかわらず、Aの転用物訴権を認めると、Cは修繕費用に関して二重の負担を負わされることになります。したがって、②の場合は、転用物訴権を認めるべきではないといえます。

　最後に、③の場合を考えます。たとえば、BがCとの特約により、何の対価もなく費用償還請求権を放棄しているような場合です。この場合には、転用物訴権の肯否は、代金の支払を受けられないAと無償で利得を得たCとのいずれを保護すべきかに関わってきます。この点、債務者Bが無資力になったことはBとAとの契約において契約に内包する危険であり、Cに転嫁すべきでないとして、転用物訴権を否定することも考えられます。しかし、賃貸目的物の返還を受けたCは、修繕を受けたことによる客観的な価値の増加を手に入れることができ、さらに、それを賃貸、転売等することによって利益をあげることも可能です。そうだとすれば、無償でこのような利益を取得しうるCよりも、その価値の増加分に対してはAの保護を優先させることに合理性があると解するべきです。したがって、③の場合にはAの転用物訴権を認めてよいといえます。

→ 後出Q₁C説参照

← 類型①

← 類型②

← 類型③

(ii) 平成7年判決（ビル改修事件）

平成7年判決は、以上のような学説の批判を考慮して、実質的に限定的承認説を採用し、**BがCの利得に対応する反対債権を有しない場合であって、Cの利得がBC間の関係全体からみて無償と認められるとき**にかぎって、AのCに対する不当利得返還請求権（転用物訴権）を認めた。

> ★重要判例（最判平成7年9月19日〔判例シリーズ79事件〕）
>
> 「Aが建物賃借人Bとの間の請負契約に基づき右建物の修繕工事をしたところ、その後Bが無資力になったため、AのBに対する請負代金債権の全部又は一部が無価値である場合において、右建物の所有者Cが法律上の原因なくして右修繕工事に要した財産及び労務の提供に相当する利益を受けたということができるのは、CとBとの間の賃貸借契約を全体としてみて、Cが対価関係なしに右利益を受けたときに限られるものと解するのが相当である。けだし、CがBとの間の賃貸借契約において何らかの形で右利益に相応する出捐ないし負担をしたときは、Cの受けた右利益は法律上の原因に基づくものというべきであり、AがCに対して右利益につき不当利得としてその返還を請求することができるとするのは、Cに二重の負担を強いる結果となるからである」。
>
> 【争点】賃借人Bから請け負って修繕工事をした者Aが、賃借人Bの無資力を理由に建物所有者Cに対し不当利得の返還を請求することができるか。
>
> 【結論】Aが賃借人Bとの間の請負契約に基づき建物の修繕工事をしたところ、その後Bが無資力になったため、AのBに対する請負代金債権の全部または一部が無価値である場合に、建物の所有者Yが法律上の原因なくして修繕工事に要した財産および労務の提供に相当する利益を受けたということができるのは、CとBとの間の賃貸借契約を全体としてみて、Cが対価関係なしに利益を受けたときにかぎられる。
>
> 【備考】この判例は、限定的承認説の指摘する①BがCの利得に対応する反対債権を有している場合については言及していないので、転用物訴権は否定するものの、債権者代位権（423条以下）の行使までは否定していないと評価されている。また、①の場合では、債権者代位権の行使が認められる以上、他に適切な救済手段がない場合の補充的手段としての転用物訴権を認める必要はないとされている。

→ 百選Ⅱ79事件

→ 平成7年度最高裁判例解説913頁[田中]

(iii) 評価

転用物訴権については、否定説の立場も有力であるが（後出 Q₁D説参照）、関係当事者の利害をふまえ、その範囲を限定する判例の立場を採用しておけばよいであろう。

Q₁ 契約上の給付が契約の相手方Bのみならず第三者Cの利益となった場合に、給付をした契約当事者Aがその第三者Cに利得の返還を請求することができるか（転用物訴権）。

● 論点Aランク（論証25）

A説 ブルドーザー事件判決

→ 最判昭和45年7月16日（前出）

- ▶結論：給付者Aの、契約の相手方Bに対する契約上の債権が無価値な限度において、利得者Cに対する不当利得返還請求（転用物訴権）は認められる。
- ▶理由：Bが無資力なため、Bに対する債権の全部または一部が無価値であるときは、その限度において、Cの受けた利得はAの受けた損失に由来したものということができる。
- ▶批判：①BがCの利得保有に対応する債権を有する場合（e.g. BがCに費用償還請求権を有する場合等）にAの請求を認めると、無資力となったBの一般財産となるべきCからの代金をAが独占することになってしまい、Bの一般債権者が害される。

②BがCに対する反対債権を有しないが、Cの利得保有がＢＣ間の契約を全体としてみて有償と認められる場合(e.g. Bが修理費用を負担する代わりに、Cが賃料を安くしていた場合等)にAの請求を認めるとCに二重の経済的負担を強いることになってしまう。

B説　ビル改修事件判決

▶結論：ＣとＢとの間の賃貸借契約を全体としてみて、Cが対価関係なしに修繕工事に要した財産および労務の提供に相当する利益を受けた場合にかぎり、不当利得返還請求(転用物訴権)が認められる。
▶理由：①「法律上の原因」がないとは、公平の理念からみて、財産価値の移動をその当事者間において正当なものとするだけの実質的・相対的な理由がないことをいう。
②A説に対する批判参照。
▶批判：たとえ無償であれ、Cの利得に「法律上の原因」があることに違いはないはずである。

→ 最判平成7年9月19日（前出重要判例）

C説　限定的承認説

▶結論：帰結としてはB説と同様であるが、転用物訴権は不当利得法の枠外で認める。具体的には、
①BがCの利得保有に対応する債権を有する場合
②Bがこのような債権を有しないものの、Cの利得保有がＢＣ間の契約関係全体からみて有償と認められる場合
③Bがこのような債権を有さず、Cの利得保有がＢＣ間の契約関係全体からみて無償と認められる場合に類型化し、③の場合のみ転用物訴権を認める。
▶理由：①転用物訴権は「法律上の原因なく」の要件を充足するものではない。
②「法律上の原因」を形式的に捉えたうえで、その内容を検討する。

→ 加藤(雅)・財産法の体系と不当利得法の構造713頁以下

D説　否定説

▶結論：このような不当利得返還請求権(転用物訴権)は認められない。ただ、Bが無資力になれば、Aは、債権者代位権(423条)を行使して、BのCに対する代弁済請求権(702条2項・650条2項)を代位行使することができる。
▶理由：①たとえ無償であれ、Cの利得に「法律上の原因」があることに違いはなく、そこに転用物訴権を認めることはCの正当な期待を裏切るものである。すなわち、修理代金支払についてのBの無資力のリスクは、Aみずからが引き受けるべきである(契約関係自律性の原則)。
②「法律上の原因」を形式的に捉える。

→ 四宮・事務管理・不当利得242頁、内田Ⅱ589～593頁

【3】三角関係型(三角型)

三角関係型(三角型)としては、第三者による弁済と、第三者への弁済が問題となる。

> この三角関係型では、不当利得返還請求の当事者(原告、被告)の決定、特にだれに対して不当利得返還請求をすることができるかが問題となります。

(1) 第三者による弁済
(a) 原則

第三者による弁済、すなわち第三者が、債務者の債権者に対する債務を債務者に代わって弁済した場合としては、第三者と債務者との間の支払委託(立替払契約などの**補償関係**)の有無と、その後無効となったのが、第三者・債務者間の支払委託契約なのか、それとも債権者・債務者間の債権(売買契約や消費貸借契約

上の債権などの対価関係)なのか、の組合せによって、次の4つのケースが考えられる。

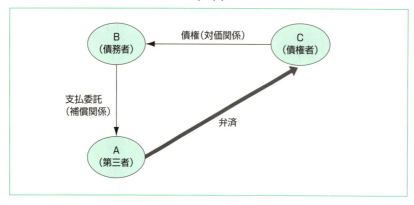
4-14

	第三者A・債務者B間に支払委託あり	第三者A・債務者B間に支払委託なし
第三者A・債務者B間の支払委託（補償関係）の欠缺	ケース①	ケース②
債務者B・債権者C間の債権（対価関係）の欠缺	ケース③	ケース④

> 第三者と債務者との関係は補償関係、債務者と債権者との関係は対価関係とよばれています。なぜなら、第三者の債権者への金銭の交付は、債務者から第三者への資金の填補（補償）が前提となっており、債務者と債権者との間には、たとえば、債権者が債務者に対して売買契約上の債権を有するなどの対価関係が存在するはずだからです。

→ 百選Ⅱ164頁[藤原]

(i) ケース①——委託あり・補償関係欠缺型

たとえば、信販会社（第三者）Aが、消費者（債務者）Bからの支払委託（立替払契約）を受けて、Bの売主（債権者）Cに対する代金債務を弁済した場合に、AB間の支払委託契約が無効であったときには、Aは、BとCのいずれに対して不当利得返還請求をすることができるであろうか。

この場合には、Aは、Bに対してのみ不当利得返還請求をすることができ、Cに対しては不当利得返還請求をすることができないと解されている。なぜなら、Cは、自己のBに対する債権の弁済として第三者Aの弁済を受けたため、「法律上の原因」が存在する反面、BはAのCに対する弁済によって自己の債務を免れたのであるから、Bの受益は、「法律上の原因」なくしてAの損失によって発生したといえるからである（AのBに対する不当利得返還請求を認めた判例がある）。

→ 大判大正13年7月23日新聞2297号15頁、大判昭和15年12月16日民集19巻2337頁

> この場合のAのBに対する不当利得は、求償利得のひとつです。

(ii) ケース②——委託なし・補償関係欠缺型

第三者Aと債務者Bとの間に支払委託契約がない場合も、ケース①と同様に処理される。

(iii) ケース③——委託あり・対価関係欠缺型

問題となるのは、債務者Bと債権者Cの債権を発生させた売買契約や消費貸借

契約（対価関係）が無効となったケース③とケース④の場合である。

まず、AがBの委託に基づいてCに対して弁済をしたケース③の場合であるが、この場合に、Aは、BC間の契約の無効を知りうる立場になく、Bの支払委託に従って弁済したにすぎないから、Cの無資力のリスクをAに負担させるのは妥当でない。言い換えると、この場合には、Aは有効な委託に基づいて支払った以上、給付はAからB、BからCへとなされたのと同じであるから、不当利得はBC間で生じていると解される。

したがって、この場合には、BのCに対する不当利得返還請求権のみが成立すると解する。

→ 四宮・事務管理・不当利得217頁

(iv) ケース④——委託なし・対価関係欠缺型

これに対して、AがBの委託なしにCに対して弁済した場合には、委託もないのに無効な弁済をしたA（自己の意思決定に基づいて契約の相手方として選択したA）がCの無資力のリスクを負うこともやむをえないといえる。

したがって、AのCに対する不当利得返還請求権のみが成立すると解する。

> なお、この場合に、BC間の法律関係（契約関係）がなお有効に存在するときは、AのBに対する請求は、事務管理または求償利得の問題となります。

(b) 例外的な事例

前記ケース②の場合、すなわち、第三者Aが、債務者Bの委託なしにCに弁済した場合に、AB間の支払委託契約が無効であるとき（委託なし・補償関係欠缺型）には、Aは、Cに対して、不当利得返還請求をすることができず、Aの弁済によって債務を免れたBに対して不当利得返還請求をしていくことになるはずである。

(i) 例外的な判例Ⅰ

しかし、判例は、債務者Bが第三者A所有の不動産に無断で設定した抵当権が無効であるにもかかわらず実行され、債権者Cが弁済金の交付を受けた事例において、Aは、Cに対して不当利得返還請求をすることができるとした。この場合には、債務が消滅したことによって債務を免れたBが利得を得たとみて、AからCへの原因を欠いた給付によるBの利得とする三角関係型（特にケース②）の処理（あるいは直線連鎖型の騙取金銭による弁済と類似する処理〔BからCへの給付とみる〕）も考えられるが、この判例では、単純にAC二当事者間の不当利得として処理されている。すなわち、通常の三角関係型の不当利得とその事案を異にし、第三者Aによる債権者Cに対する弁済が適法（有効）なものではないとして、第三者Aの債権者Cに対する不当利得返還請求権を肯定している。

→ 最判昭和63年7月1日（後出重要判例）

★重要判例（最判昭和63年7月1日民集42巻6号477頁）
「債権者が第三者所有の不動産のうえに設定を受けた根抵当権が不存在であるにもかかわらず、その根抵当権の実行による競売の結果、買受人の代金納付により右第三者が不動産の所有権を喪失したときは、その第三者は、売却代金から弁済金の交付を受けた債権者に対し民法703条の規定に基づく不当利得返還請求権を有するものと解するのが相当である。けだし、右債権者は、競売の基礎である根抵当権が存在せず、根抵当権の実行による売却代金からの弁済金の交付を受けうる実体上の権利がないにもかかわらず、その交付を受けたことになり、すなわち、その者は、法律上の原因なくして第三者に属する財産から

利益を受け、そのために第三者に損失を及ぼしたものというべきだからである」。
【争点】第三者所有の不動産に設定された抵当権が不存在であるにもかかわらず抵当権の実行により債権者に対してされた弁済金の交付と不当利得の成否。
【結論】第三者は、売却代金から弁済金の交付を受けた債権者に対し不当利得返還請求権を有する。

(ii) 例外的な判例Ⅱ

さらに、判例は、債権者と債務者の契約(対価関係)も、債務者と第三者の支払委託(補償関係)も存在しない事例(二重欠缺の事例)において、「特段の事情」があったとして、第三者の債務者に対する不当利得返還請求を否定した。すなわち、判例は、BがXの強迫により、Aとの消費貸借契約の借主となり、貸主Aに指示して、貸付金をYに給付させた後に、Xの強迫を理由に契約を取り消した事例において、BはAからYへの金銭給付に相当する利益を受けていないとして、AからBに対する不当利得返還請求を否定した。

→ 最判平成10年5月26日（後出重要判例）

4-15

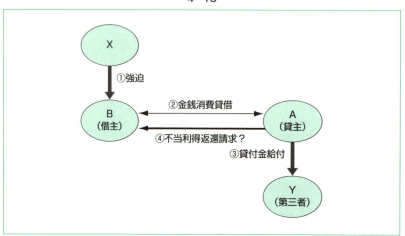

この判例は、一般論(原則)としては、ケース①(委託あり・補償関係欠缺型)と同様に、AのBに対する不当利得返還請求権のみが認められるとしつつも、BY間には事前に何らの法律上または事実上の関係はなく、しかも、BのAに対する支払委託もXの強迫に基づく場合(二重欠缺の事例)には、BがAのYに対する給付によって利益を受けない「特段の事情」にあたるとして、例外的にAのBに対する不当利得返還請求権を否定したものである。

→ 平野・民法Ⅵ86頁

★重要判例(最判平成10年5月26日〔百選Ⅱ81事件〕)
「消費貸借契約の借主甲が貸主乙に対して貸付金を第三者丙に給付するよう求め、乙がこれに従って丙に対して給付を行った後甲が右契約を取消した場合、乙からの不当利得返還請求に関しては、甲は、特段の事情のない限り、乙の丙に対する右給付により、その価額に相当する利益を受けたものとみるのが相当である。けだし、そのような場合に、乙の給付による利益は直接には右給付を受けた丙に発生し、甲は外見上は利益を受けないようにも見えるけれども、右給付により自分の丙に対する債務が弁済されるなど丙との関係に応じて利益を受け得るのであり、甲と丙との間には事前に何らかの法律上又は事実上の関係が存在するのが通常だからである。また、その場合、甲を信頼しその求めに応じた乙は必ずしも常に甲丙間の事情の詳細に通じているわけではないので、このような乙に甲丙間の関係の内容及び乙の給付により甲の受けた利益につき主張立証を求めることは乙に困難

を強いるのみならず、甲が乙から給付を受けた上で更にこれを丙に給付したことが明らかな場合と比較したとき、両者の取扱いを異にすることは衡平に反するものと思われるからである。

しかしながら、本件の場合、前記事実関係によれば、BとYとの間には事前に何らの法律上又は事実上の関係はなく、Bは、Xの強迫を受けて、ただ指示されるままに本件消費貸借契約を締結させられた上、貸付金をYの右口座へ振り込むようAに指示したというのであるから、先にいう特段の事情があった場合に該当することは明らかであって、Bは、右振込みによって何らの利益を受けなかったというべきである。

そうすると、右とは異なり、Bの指示に基づきAがYに対して貸付金の振込みをしたことによりBがこれを利得したとして、Aの不当利得返還請求の一部を認容すべきものとした原審の判断には、法令の解釈適用を誤った違法があり、右違法は原判決の結論に影響を及ぼすことが明らかである。」

【争点】B(甲)がXの強迫により消費貸借契約の借主となり貸主A(乙)に指示して貸付金をY(丙)に給付させた後に強迫を理由に契約を取り消した場合に、A(乙)からB(甲)に対する不当利得返還請求について、B(甲)が給付によりその価額に相当する利益を受けたとみることはできるか。

【結論】BとYとの間には事前に何らの法律上または事実上の関係はなく、BがXの言うままにAに対して貸付金をYに給付するように指示したなどの事実関係のもとにおいては、AからBに対する不当利得返還請求について、Bが給付によりその価額に相当する利益を受けたとみることはできない。

【備考】上記判決は、原則としては、不当利得の成立要件としての受益の主張立証責任を請求者(A)が負うが、Bが給付の実現に関与したとの一種の信義則上の配慮から、BがYとの間の事情を明らかにすべく、その主張立証責任の一部を変更したものであると説明されている。

→ 平成10年度最高裁判例解説532頁[八木]

(2) 第三者への弁済

第三者への弁済については、第三者が受領権を有するか否かで分けて論じられている。

(a) 受領権を有する第三者への弁済

債務者Aが、債権者Bから受領権を与えられた第三者Cに弁済した場合に、AB間の債権を発生させる契約が無効であったときには、Aは、BとCのいずれに対して不当利得返還請求をすることができるであろうか。

4-16

この点はさらに、BのCに対する受領権の授与が、①債権者Bの利益のために行われた場合と、②第三者Cの利益のために行われた場合とに分けて論じられている。

①は、Bの債権の回収をCに委託する場合であり、たとえばAがBから購入し

た物品の代金をBから受領権を与えられたCが回収する場合である。これに対して、②は、CのBに対する債権を担保するため、Cが代理受領を取得している場合である（代理受領については、物権法で学習した）。

→ 『物権法』11章6節

(i) **債権者Bの利益のために行われた場合**

　この場合には、実質的な受領権者はBであるから、すでにAがCに対して弁済した代金を、BがCから受け取っているときは、Aは、Bに対して不当利得返還請求をすることができる。もっとも、その代金がなおCのところにとどまっているときには、Aは、BとCのいずれに対しても不当利得返還請求をすることができると解されている。

(ii) **第三者Cの利益のために行われた場合**

　この場合には、終局的にAの弁済を保持するのはBではなくCである。たとえば、代理受領によるCの債権の満足（弁済充当または相殺による）は、AのBに対する債務の有効な存在を前提としているから、この債務が無効であった場合にはBには利得はない。

　したがって、Aは、Cに対してのみ不当利得返還請求をすることができると解されている（さらに、Cは、BのAに対する抗弁を主張することができる）。

　裁判例のなかには、Cが、被保険者BのA保険会社に対する保険金請求権（火災保険）上に質権を有していたところ、目的建物が焼失したため、保険金がAからCに対して支払われたが、その後火災の原因がBの放火であることが判明し、Aが保険金の支払義務を免責されたという事例において、AのCに対する不当利得返還請求を認めたものがある。

→ 大阪高判昭和40年6月22日
下民集16巻6号1099頁

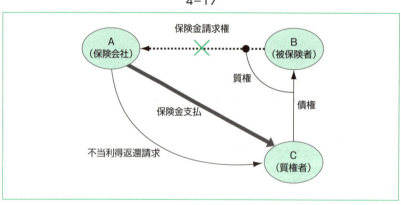

4-17

(b) **受領権のない第三者への弁済**

　Aが受領権のない第三者Cへ弁済した場合（Cに受領権を与えるBC間の委任契約が無効であった場合も同じ）には、Aは、原則として、Cに対して不当利得返還請求をすることができる。

　もっとも、AのCに対する弁済が、受領権者としての外観を有する者に対する弁済（478条）として有効である場合には、債権者Bに対する関係においても弁済は有効となるのであるから、AはCに対して不当利得返還請求をすることができず、BがCに対して不当利得返還請求をすることになる。

> 478条が適用される場合には、BのAに対する債権も消滅します。したがって、Bは、Aに対して履行を請求することはできません。Bは、Cに対して不当利得返還請求や不法

行為に基づく損害賠償請求権を行使するしかありません。受領権者としての外観を有するCの無資力のリスクは、Bが負担することになるのです。この点は、債権総論で学習しました。

➡ 『債権総論』4章1節③【2】(4)(f)

4−18

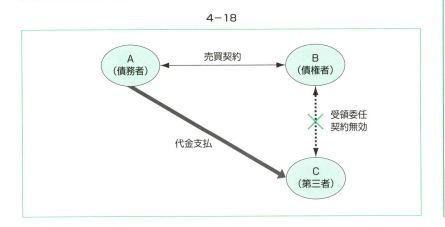

◯×問題で実力チェック

01 A銀行は、Bに帰属している預金を誤ってCに払い戻したものの、その払戻しについて過失があった場合、その預金について、Bへの払戻しをしていないときでも、Cに対し、支払った金員の返還を請求することができる。（'14-28問-イ）

→ ◯ 703条。最判平成17年7月11日

02 AがBからだまし取った金銭で自己の債権者Cに弁済した場合、Cがこの事実を知らなかったことにつき重大な過失があったとしても、Cが受けた弁済による利益は、Bとの関係で不当利得にはならない。（'11-29問-1）

→ × 最判昭和49年9月26日

03 不当利得における悪意の受益者は、その受けた利益に利息を付して返還しなければならず、なお損害があるときはその賠償の責任も負う。（'10-28問-1）

→ ◯ 704条

04 債務が存在しないにもかかわらず、その事実を過失により知らないで債務の弁済として給付をした者は、その給付したものの返還を請求することができない。（'16-28問-ア、'10-28問-2）

→ × 705条。大判昭和16年4月19日

05 債務者は、錯誤により弁済期にあると誤信して、弁済期にない自己の債務の弁済として給付をした場合には、その給付の返還を請求することができる。（'10-28問-3）

→ × 706条本文。なお利息につき同条ただし書

06 Aは、Bに対して債務を負っており、その弁済期前であることを知りながらその債務を全額弁済した場合、Bがそれを弁済期までの間に運用して利益を得ていたときは、その利益は、Aとの関係で不当利得となる。（'11-29問-2）

→ × 706条ただし書

07 第三者による弁済も有効であるから、錯誤により他人の債務を弁済した場合であっても、その弁済をした者は、債権者に対して返還を請求することはできない。（'10-28問-4）

→ × 返還請求できないのは、707条1項の事情がある場合にかぎられる

08 債権者Aが債務者Bに対する債権を被担保債権としてC所有の不動産の上に抵当権の設定を受けたが、当該抵当権は、Bが権限なくCを代理して設定したものであった場合、その抵当権の実行により不動産の所有権を喪失したCは、抵当権の実行手続において配当を受けたAに対し、不当利得の返還を請求することはできない。（'14-28問-ウ）

→ × 703条。最判昭和63年7月1日

09 債務者Aが、第三者Bから横領した金銭を自己の金銭と識別することができない状態にした上、その金銭で自己の債権者Cに対する債務の弁済に充てた場合であっても、社会通念上、Bの金銭でCの利益を図ったと認めるに足りる連結があり、CがAの横領を知り、又は知らなかったことについて重大な過失があるときは、Bは、Cに対し、不当利得の返還を請求することができる。（'14-28問-エ）

→ ◯ 703条。最判昭和49年9月26日

10 判例によれば、強行法規に違反する給付は、不法な原因のために給付をしたものとして、返還を請求することができない。（'10-28問-5）

→ × 708条。最判昭和37年3月8日

11 抵当権者は、自己の抵当権が設定された不動産について競売がされた場合には、不動産競売事件の配当期日において配当異議の申出をしなかったとしても、債権又は優先権を有しないにもかかわらず配当を受けた債権者に対し、その者が配当を受けたことによって自己が配当を受けることができなかった金銭相当額の金員について不当利得返還請求をすることができる。（'16-28問-イ）

→ ◯ 最判平成3年3月22日

12 金銭の交付によって生じた不当利得の利益が存しないことについては、不当利得返還請求権の消滅を主張する者が主張・立証責任を負う。（'16-28問-エ）

→ ◯ 最判平成3年11月19日

13 不当利得における悪意の受益者は、損失を被った者に対してその受けた利益に利息を付して返還しなければならないが、その者になお損害があるときは、不法行為の要件を充足していないとしても、その者に対してその損害を賠償しなければならない。（'16-28問-オ）

→ × 703条、704条。最判平成21年11月9日

14 AがBに不法な原因のために土地を譲渡し、所有権移転登記をした場合、Aは、Bに対し、不当利得に基づきその返還を請求することができないときであっても、土地の所有権に基づき、所有権移転登記の抹消を請求することができる。（'14-28問-オ）

→ × 最大判昭和45年10月21日

15 大麻の密売人Aは、Bに対し、Aが売るための大麻をAの所有する土地でBに栽培させるために、その土地を書面によってBに贈与し、Bに引き渡したが、登記名義はAのままであった。その後、Aが大麻を売るのをやめ、Bに対して当該土地の引渡請求をした場合には、Aの請求は認められる。（'11-29問-3）

→ ◯ 90条、708条。最判昭和46年10月28日

16 不法な原因のために、書面によって土地を贈与し、これを受贈者に引き渡した場合において、当事者間で当該贈与契約を解除して当該土地を贈与者に返還する旨の合意をしたときは、この合意は、無効である。（'11-29問-4）

→ × 最判昭和28年1月22日

17 Aが公正証書を債務名義としてBの財産に強制執行をしようとしている場合、Bは、その強制執行に係る債務を既に弁済したことを知りつつ、後日返還を請求する旨を留保して、強制執行を避けるためやむを得ずAに債務の弁済として金員を支払ったときは、Aに対し、その金員の返還を請求することはできない。（'14-28問-ア）

→ × 705条。大判大正6年12月11日

18 建物賃借人との間の請負契約に基づき、請負人が建物の修繕工事をしたが、建物賃借人が請負代金を支払わないまま無資力となった場合において、建物賃貸借契約に建物の修繕工事の費用は建物賃借人が負担するとの特約があるときは、建物賃貸人である建物所有者が対価関係なしにその工事に要した財産及び労務の提供に相当する利益を受けたかどうかにかかわらず、建物所有者は、法律上の原因なくしてその利益を受けたことになる。（'16-28問-ウ）

→ × 最判平成7年9月19日

第5章　不法行為

序．不法行為概説

1　意義・機能

【1】不法行為制度の意義

　不法行為制度とは、他人の行為または他人の物により権利を侵害された者(被害者)が、その他人または他人と関わりのある者に対して、侵害からの救済を求めることのできる制度の1つをいう。たとえば、加害者に殴られて怪我を負い治療費等の損害を被った被害者は、加害者に対して、治療費等の賠償を請求することができる。

← 不法行為制度とは

5-1

　不法行為制度は、被害者が他の私人(加害者)に対して権利侵害からの救済を求めることを目的とした制度である。すなわち、不法行為制度の主たる目的は、**損害の填補**にある。

← 不法行為制度の目的

　学説のなかには、不法行為制度の目的として、将来の不法行為の**抑止**や**制裁**を重視すべきとする見解もある。このような見解は、発生した損害以上の賠償責任を加害者に負わせる**懲罰的損害賠償制度**(加害者の行為が悪質な場合に、その者を懲罰し、一種の民事制裁として、生じた損害より多額の支払を命じる制度)と親和性が高い。

← 懲罰的損害賠償制度

　もっとも、わが国の不法行為制度は、あくまでも現実に発生した損害の填補を主目的とするものであるから、懲罰的損害賠償制度を採用していない。抑止や制裁という要素は、たとえば慰謝料の算定において、損害の填補という趣旨からくる一定の枠内において考慮されるにとどまる。

　　AがBに殴られて怪我をした場合のように、他人の権利や利益を侵害して被害を与えた場合の加害者の責任は、民事責任と刑事責任に分けられます。
　　民事責任とは、被害者救済の見地から加害者が被害者に対して負う責任であり、その実現は民事訴訟手続によります。
　　これに対して、刑事責任とは、犯罪の抑止や加害者に対する制裁の見地から、国家によって刑罰を科される責任であり、その実現は刑事訴訟手続によります。
　　加害者Bは、被害者Aに対して、民事責任として不法行為責任を負う(709条)とともに、国家との関係で、刑事責任として傷害罪(刑204条)に問われます。民事責任と刑事責任は、

424　5章　不法行為

当事者(私人vs私人か私人vs国家か)や目的(損害の填補か犯罪への応報・予防・犯罪者矯正か)等を異にしますので、しっかりと区別してください。

【2】不法行為制度の機能

　不法行為制度は、過失責任の原則(過失責任主義)をとることによって、過失がないかぎり責任を負わないというかたちで、取引の自由・行動の自由を裏側から支える機能を有する。過失責任の原則とは、不法行為に基づく損害賠償請求権が発生するためには、加害者の故意または過失が必要であるという原則をいう。すなわち、かりに自己の行為によって他人に損害を与えたとしても、加害者に故意または過失がなければ不法行為責任を負わないということである。

　ただし、民法は、過失責任の原則を維持することが妥当でない一定の場合について、例外的に修正をしている。

　たとえば、他人を使用して自己の経済活動の領域を拡大させて利益を得ている者については、その活動の結果として第三者に損害を与えた場合には、より重い責任を負わせるべきといえる。このような考え方を報償責任(利益の帰するところに損失もまた帰するという考え方)という。715条(使用者責任)は、報償責任の考え方に基づき、他人である被用者の過失責任を使用者が代位して責任を負うものと解される(なお、使用者責任の法的根拠については後述する)。

　また、危険物を所持する者については、その危険によって損害が発生した場合には、より重い責任を負わせるべきといえる。このような考え方を危険責任(危険源を創造したり、危険源を管理したりしている者は、その危険源から生じた損害について、責任を負担しなければならないという考え方)という。717条(工作物責任)は、危険責任の考え方に基づき、危険物の所有者に無過失責任を負わせたものと解される。

← 「過失責任の原則(過失責任主義)」とは

← 報償責任とは

→ 3節②

← 危険責任とは

→ 3節③

　損害填補のための制度には、不法行為制度のほかに、保険制度や社会保障制度があります。
　保険制度には、大きく分けて、潜在的な被害者が加入するものと潜在的な加害者が加入するものの2つがあります。前者は、生命保険や火災保険など、潜在的被害者集団が保険料としてプールしていたものから保険金がおりて損害が填補されることとなります。後者は、自賠責保険や労災保険など、潜在的加害者集団が保険料としてプールしていたものから保険金がおりて被害者の損害が填補されることとなります。
　社会保障制度には、たとえば生活保護制度などがあります。
　不法行為制度は、損害填補の機能を有する制度ではありますが、過失責任の原則のもとでは原則として加害者に故意または過失が必要となります。そのため、加害者に故意または過失がない場合には、被害者の損害は填補されません。損害が常に填補されるわけではない点で、不法行為制度は、保険制度や社会保障制度とは異なります。

2 不法行為法の構造

【1】はじめに

　不法行為は、709条に規定される一般不法行為と、714条から719条までに規定される特殊の不法行為とに分かれる。

← 一般不法行為と特殊の不法行為

一般不法行為は、原則的な不法行為についての規定で、その特色は過失責任（加害者は、加害行為が故意または過失に基づく場合にのみ、賠償の責任を負う）にある。効果は、原則として損害賠償である。

これに対して、特殊の不法行為は、一般不法行為をなんらかのかたちで修正しているものである。たとえば、過失の立証責任を修正したり、無過失責任を課したりして、より被害者の救済になるように要件を修正している。効果は、一般不法行為と同様で、原則として損害賠償である。

なお、不法行為に関する民法の原則を修正する特別法としては、国家賠償法、自動車損害賠償保障法、製造物責任法、失火責任法などが重要な法律としてあげられる。

← 不法行為の特別法

本章でも、一般不法行為、特殊の不法行為、必要に応じて特別法を解説していく。まずは、一般不法行為の概略として次のような要件・効果を確認しておこう。

【2】概観

(1) 要件

　①故意または過失(709条)
　②権利または法律上保護される利益の侵害(709条)
　③損害の発生(709条)
　④因果関係(①によって③がもたらされたこと)(709条)
　⑤不法行為責任の成立を阻却する事由のないこと(712条、713条、720条等)

(2) 効果

　①損害賠償(原則)(709条、722条1項、724条)
　②慰謝料(710条、711条)
　③胎児の損害賠償請求権(721条)
　④名誉毀損の特例(723条)

(3) 注意点

従来は、要件のうち①を主観的要件とよび、②以下を客観的要件とよんできた。しかし、加害者の意思を問題とするという意味で主観的という語を用いるとするならば、過失の判断に際し、客観的な基準が導入される近時においては、①の過失はもはや主観的というのはふさわしくないとされている。

> 従来、過失というのは主観的過失として行為者に対する非難可能性を問題としてきました。ここでは、当該行為者が予見しえなかったような損害について非難することはできないとして主観的な予見可能性が問題となります。
> 　しかし、近代社会の発達に伴い、危険ではあるが社会的に有用な行為が増大するにつれ、従来の基準では過失と認定される行為が広すぎて行動の自由が制約されてしまうようになりました。また逆に、自動車の運転などが一般的になるにつれ、それぞれが自分の能力に応じて精神を緊張させているだけでは十分ではなく、むしろ通常人ならばその程度の注意を払うだろうという水準の行動が要求されるようになってきたのです。こうして過失の判断に客観的な基準が導入されるようになり、精神の緊張の欠如という心理状態として捉えられていた過失概念は変容を受けることになります。さらに、今日の不法行為がきわめて高度な企業活動をも含んでいることを考慮すると、内心の心理状態を問題とする主観的過失概念では対応しきれないことになり、過失は、損害の発生の予見可能性があるのにこれ

→ 内田Ⅱ 336～341頁

> を回避する義務を怠ったこと(結果回避義務違反)としての客観的過失として定義されるようになってきました。客観的に判断するといっても、人に不可能を強いるものではありませんから、結果回避義務の前提としての予見可能性が判断されます。ただ、その判断は当該行為者基準ではなく具体的状況において客観的に、つまり通常人からみて予見可能であったかを前提としたうえで、結果回避義務違反が判断されることになるのです。このような過失概念の変容については、刑法でも同じように、旧過失論から新過失論へという議論がなされています。

➡ 『刑法総論』9章1節2参照

　前述した5つの要件のうち、原告が主張・立証しなければならない要件(要件事実)は①から④までで、⑤は被告側の抗弁事由である。

第5章 不法行為

1. 一般不法行為の要件

　不法行為が成立するためには、故意・過失、権利または法律上保護される利益の侵害、損害の発生、因果関係、不法行為の成立を阻却する事由のないことの各要件をみたす必要がある。以下、問題となるものをみていこう。

▶平成21年度第2問

1 故意・過失

▶平成27年度第1問

【1】意義

　709条は、不法行為に基づく損害賠償請求が認められるための要件として、故意または過失を規定している。加害者の故意または過失が必要とされる理由は、すでに述べたとおり、わが国の不法行為制度が過失責任の原則を採用している点にある。

➡ 序説

(1) 故意

　故意とは、一定の結果の発生すべきことを認識しながら、それを認容して行為する心理状態をいう（通説）。ここでいう結果とは権利または法律上保護される利益の侵害のことであり、かつ、だれの権利であるかまでの認識は必要ないとされている。

← 「故意」とは

➡ 加藤(一)67頁、幾代=徳本26頁

> 　故意の意義については、刑法でも同様の議論があります。
> 　通説以外の学説としては、結果が発生することを意欲していることまで必要とする説（意欲説）や、結果が発生することの認識があれば足りるとする説（認識説）があります。通説は、この2つの説の中間に位置し、結果発生の意欲までは不要であるものの、結果発生の認識では足りず、結果発生を認容することまで必要と解しています（認容説）。
> 　また、故意には、結果発生の認識・認容のほかに、それが違法であることの認識も必要か、という違法性の認識の要否が問題となっています。これも刑法と同様の議論です。
> 　従来の通説は、行為者に違法性の認識がなく、正当な行為であると誤信していたとしても、客観的に違法とされる事実が発生することの認識さえあれば、故意の成立を認めてよいとしていました。
> 　しかし、現在の多数説は、故意というためには、行為者が違法であることを認識すべきであるとして、違法性の認識を必要としています。
> 　ただ、刑法では、法律の錯誤（刑38条3項）に関連して議論がありますが、民法では、議論する実益はないとされています。かりに、故意には違法性の認識が必要との立場を採用したとしても、行為者が結果発生を認識・認容をし、行為が客観的には違法であると認められる場合には、少なくとも過失が認められるからです。

➡ 淡路・公害賠償の理論100頁

➡ 我妻・事務管理・不当利得・不法行為104頁

➡ 加藤(一)67頁、幾代=徳本26頁、森島・講義160頁

　後で詳述するように、故意も過失も行為義務違反という点で共通する。そのため、故意不法行為と過失不法行為の2つの類型を積極的に区別する必要はないという見解もある。しかし、以下の点で、故意と過失を区別する意味がある。
　①債権侵害の場面では、不法行為の要件が一部修正され、故意や害意がある場合にかぎって損害賠償責任が発生する類型がある。

➡ 加藤(一)64頁、幾代=徳本28頁

➡ 『債権総論』1章3節

428　5章　不法行為

②故意不法行為のほうが、過失不法行為に比べて賠償範囲が広くなりうると解されている。また、慰謝料の額の算定の際に、故意不法行為のほうが高額になりうる。

③故意不法行為については、過失相殺がどこまで適用されるのかについて議論がある。この点は、後述する。

(2) 過失

過失とは、結果発生の予見可能性がありながら、結果の発生を回避するために必要とされる措置（行為）を講じなかったこと（結果回避義務違反）をいう（通説）。

←「過失」とは

(a) 過失論の変遷

古い学説は、過失を主観的な要件と捉え、意思の緊張を欠いた不注意な心理状態と解していた。しかし、たとえば、未熟な医師が緊急事態などの事情がないにもかかわらず、自身の手に余る難しい手術をした結果、失敗して患者を死亡させてしまったとする。この場合に、当該医師が意思の緊張を欠くことなく慎重に手術を行っていたとしても、そもそも自身の手に余る手術を決行したことが問題であり、過失なしとするのは妥当でない。

そこで、現在の学説は、過失を主観的な心理状態ではなく、客観的な行為義務違反と捉えている。

(b) 過失の判断基準

過失の有無は、行為者本人の具体的な注意能力を基準とする（具体的過失）のではなく、平均的な人（合理人）ならば尽くしたであろう注意を基準として判断される。この意味での注意を尽くさなかった過失を抽象的過失という。

←「具体的過失」とは

←「抽象的過失」とは

ただし、平均人（合理人）の注意とは、世の中すべての人間の平均を基準とした注意を意味するのではなく、社会生活のなかで加害者の属する人的グループにとって平均的な（合理的な）注意を意味する。たとえば、医師は人の生命・健康を管理する業務に従事する者として、一般人に比べて高度の注意義務が課されている。また、その高度の注意義務の枠のなかでも、その医師が大学病院の医師なのか、地域の中核病院の医師なのか、開業医なのかや、地域・専門領域などによって、標準となる行為者グループが類型化され、その類型に属する人にとって尽くす必要があると考えられる注意の内容が確定されることとなる。

→ 最判平成7年6月9日（百選Ⅱ84事件）参照

さらに、過失の判断はあくまで規範的なものである。すなわち、事実としてある業界内で特定の慣行が一般に存在し、加害者が当該慣行に従っていたとしても、社会全体の見地に立った規範的な判断として過失が認められることがある。たとえば、行為当時、職業的給血者から輸血用の血液を採取する際に感染予防のための問診を省略するのが医療従事者の慣行であったとしても、そのことゆえにただちに注意義務が否定されるわけではない（判例）。

→ 最判昭和36年2月16日民集15巻2号244頁、最判平成8年1月23日民集50巻1号1頁

そして、過失の有無を判断する基準時は、行為時である。すなわち、不法行為時点で行為者にどのような行動をとることが義務づけられていたかが基準となる。不法行為の後にはじめて明らかになった科学・技術上の知見や、変化した経済的・社会的状態を基準として行為義務を設定することはできない。

前述したとおり、現在の通説のもとでは、過失とは客観的な行為義務違反である。そして、ここでいう行為義務とは、予見可能性を前提とした結果回避義務をいうと解される。

このことを判例としてはじめて明確にしたのが、大阪アルカリ事件である。また、予見可能性は予見義務によって裏づけられる。すなわち、論理的な構造としては、予見義務→予見可能性→結果回避義務ということになる。

→ 大判大正5年12月22日（百選Ⅱ83事件）

　加害者が結果回避義務を負うのは、原則として、結果発生の具体的危険が存在する場合にかぎられる。したがって、もしかしたらだれかの権利を侵害する結果が生じるかもしれない、という抽象的危険が存在するにすぎないような場合には、結果回避義務の発生する前提を欠く。

　もっとも、たとえば、有害物質を排出している会社や製薬会社が、人の生命・健康に対して抽象的には危険性を有する活動をしているにもかかわらず、調査研究に関して十分な体制をとることを怠ったことで、具体的な危険性について予見可能性がなかったとして過失が否定されるのは不当である。このような場合には、加害者に抽象的危険の段階で調査研究をする予見義務を課すことで、予見義務を尽くしていたとすれば具体的危険について予見可能性があったといえるときは、予見可能性を認めて過失を肯定すべきである。

　そのため、このような公害・薬害事件について、裁判例のなかには、企業側に情報収集義務・調査研究義務という予見義務を介して、具体的危険の予見可能性を肯定したものがある。

→ 熊本地判昭和48年3月20日
判時696号15頁、
東京地判昭和53年8月3日
判時899号48頁

　　結果回避義務の判断基準に関して、ハンドの定式を用いる見解があります。
　　ハンドの定式とは、①損害発生の蓋然性（P）と②被侵害利益の重大性（L）、③損害回避義務を負わせることによって犠牲にされる利益（B）の3つの因子に着目し、P×L＞Bならば行為者に過失があると判断する見解をいい、この定式を用いたアメリカの判事の名前に由来しています。
　　P（Probability）：損害発生の蓋然性
　　L（Loss）：被侵害利益の重大性
　　B（Burden）：損害回避義務を負わせることによって犠牲にされる利益
　　ハンドの定式は、一見するとわかりやすいのですが、「B」に何を盛り込むかによって意味合いが変わってくるといわれています。
　　たとえば、ある病気に対して有効である反面、服用すると一定の確率で重大な後遺症が残るという副作用のある薬があったとします。この場合に、「B」を損害回避コストと捉え、経済的効率性の観点から過失の有無を判断すべきであるとすると、この薬の製造停止や流通している薬の回収に要するコストを基準に過失を判断することとなります。これに対して、「B」に社会的有用性・公共性の観点も組み込んで過失の有無を判断すべきであるとすると、この薬が使えなくなることによって助けられなくなる患者の利益も考慮して過失を判断することとなります。
　　ハンドの定式については、その当否も含めてさまざまな見解が主張されています。少々細かい議論ではありますが、法科大学院コア・カリキュラム第1次案ではハンドの定式について説明できることが求められていたことを考慮して紹介しました。ひとまずは、このような考え方もあるのだということを知っておけばよいでしょう。

　　医療行為については、専門家としての医師に対して、高度の注意義務が課されています。すなわち、判例は、「いやしくも人の生命及び健康を管理すべき業務（医業）に従事する者は、その業務の性質に照し、危険防止のために実験上必要とされる最善の注意義務を要求される」として、最善の注意義務を尽くすことを求めています。
　　また、最善の注意義務の基準に関して、判例は、「注意義務の基準となるべきものは、診療当時のいわゆる臨床医学の実践における医療水準である」と判示しています。
　　ここでは、医療行為について医師に高度の注意義務が課されていることと、その注意義

→ 最判昭和36年2月16日（前出）

→ 最判昭和57年3月30日
判時1039号66頁、
最判平成7年6月9日（前出）

務の基準は当時の医療水準とされていることを理解しておきましょう。

(c) 信頼の原則

過失の存否に関して、信頼の原則が問題となる。

信頼の原則とは、ある行為をする者は、自身が平均人を基準としての行為義務を守らなければならないのと同じように、相手方も同じ行為義務を守ってくれるであろうことを期待・信頼して行為をしているわけであるから、相手方が当該行為義務に違反した行為をし、そのため損害が発生したとしても、行為者には過失がなく、不法行為責任を負わないとする考え方をいう。

判例は、追抜き態勢にある車は、並進する車が交通法規に違反して突如進路を変えて近寄ってくることまでも予想して、それによって生じる事故の発生を未然に防止するための措置をとるべき業務上の注意義務はないとしており、信頼の原則に則った判断をしている。

←「信頼の原則」とは

→ 最判昭和43年9月24日判時539号40頁

(d) 不作為による不法行為

他人の損害発生に積極的に関与(作為)しなくとも、消極的態度をとったこと(不作為)自体が不法行為になることがある。

たとえば、Aが友人Bの幼児Cを預かっていたところ、少し目を離した間にCがベランダから転落して死亡したとする。この場合に、Aに不作為による不法行為が成立するかが問題となる。

不作為が不法行為となるためには、その前提として、作為をなすべき義務(作為義務)があることが必要と解される。作為義務の発生根拠には、①法令(820条や877条など)、②契約・事務管理、③慣習・条理がある。

> 従来、不作為による不法行為は、侵害行為の態様の一類型とされ、作為義務は違法性の問題と考えられていました。
> しかし、過失を心理状態ではなく客観的な行為義務違反と解する現在の通説のもとでは、不作為による不法行為に介在する作為義務の問題は、過失の問題に近づいているといえます。

【2】故意・過失の立証責任

709条に基づく損害賠償請求をするためには、被害者が、加害者の故意または過失の立証責任を負う。

もっとも、医療過誤のような専門的な知識を要する事件の場合にまで、被害者に対して加害者の過失の立証を要求することは酷である。そこで、被害者の立証の困難を緩和するため、「過失の一応の推定」という方法が用いられることがある。

過失の一応の推定とは、被害者が、経験則上、加害者側になんらかの過失のあることを推測させる事実を証明した場合には、それで一応の証明がなされたものとして扱い、被害者の立証の負担を軽減することをいう。

→ 最判昭和51年9月30日(後出重要判例)
←「過失の一応の推定」とは
→ Sシリーズ債権各論234頁

★重要判例(最判昭和51年9月30日民集30巻8号816頁)
インフルエンザの予防接種を受けた幼児が翌日死亡した事件において、最高裁は、「適切な問診を尽さなかったため、接種対象者の症状、疾病その他異常な身体的条件及び体質的素因を認識することができず、禁忌すべき者の識別判断を誤って予防接種を実施した場

合において、予防接種の異常な副反応により接種対象者が死亡又は罹病したときには、担当医師は接種に際し右結果を予見しえたものであるのに過誤により予見しなかったものと推定するのが相当である。そして当該予防接種の実施主体であり、かつ、右医師の使用者である地方公共団体は、接種対象者の死亡等の副反応が現在の医学水準からして予知することのできないものであったこと、若しくは予防接種による死亡等の結果が発生した症例を医学情報上知りうるものであったとしても、その結果発生の蓋然性が著しく低く、医学上、当該具体的結果の発生を否定的に予測するのが通常であること、又は当該接種対象者に対する予防接種の具体的必要性と予防接種の危険性との比較衡量上接種が相当であったこと(実施規則4条但書)等を立証しない限り、不法行為責任を免れないものというべきである」とした。

【争点】インフルエンザ予防接種を実施する医師が、接種対象者につき予防接種実施規則4条の禁忌者を識別するための適切な問診を尽くさなかったためその識別を誤って接種をした場合に、その異常な副反応により対象者が死亡または罹病したときは、医師はその結果を予見しえたのに過誤により予見しなかったものと推定すべきか。

【結論】推定すべきである。

立証責任については、初学者であれば読み飛ばしてしまってかまいません。民事訴訟法の勉強をしてから、また戻ってきてください。

立証責任とは、ある事実が真偽不明である場合に、その事実を要件とする自己に有利な法律効果が認められない一方の当事者の不利益ないし危険をいいます。709条に基づく損害賠償請求では、被害者が、加害者に過失があることの立証責任を負っています。なお、厳密にいえば、過失自体は規範的概念であり、立証の対象ではありません。当事者が立証すべき事実は、過失があったとの評価を根拠づける具体的な事実です。被害者が立証するべき「過失があったとの評価を根拠づける具体的事実」を評価根拠事実といい、加害者が立証するべき「過失があったとの評価を妨げる具体的事実」を評価障害事実といいます。

過失の一応の推定は、被害者が過失の立証責任を負うこと自体を修正するもの(法律上の推定)ではなく、裁判所の心証形成の過程で、事実上、加害者の過失が推定されるにすぎません(事実上の推定)。

→ 『民事訴訟法』11章4節①

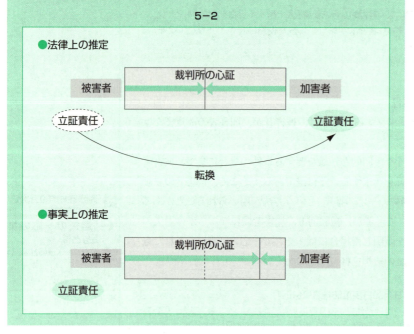

5-2

> 過失責任の原則を軽減する方向の特別法として、「失火ノ責任ニ関スル法律」（失火責任法）があります。詳しくは、特別法上の不法行為のところで説明しますが、「民法第709条の規定は失火の場合には之を適用せず。但し失火者に重大なる過失ありたるときは此の限に在らず」と規定し、民法709条の過失責任の原則を修正し、**重過失**ある場合にのみ責任を認めています。
>
> また、失火責任法は、監督者責任（714条）、使用者責任（715条）、工作物責任（717条）との関係で問題となりますが、それぞれの箇所で触れることにします。

→ 3節6【4】

→ 3節1【2】(2)、2【2】(3)、3【2】(2)

2 権利または法律上保護される利益

【1】権利侵害と違法性

(1) 権利侵害要件に関する大審院判決の変遷

平成16年改正前の709条は、「他人ノ権利ヲ侵害シタル者ハ」と規定し、不法行為責任の成立要件として権利侵害を要求していた。この趣旨は、社会生活をするなかで他人に損害を及ぼすことはたびたび生じうるため、不法行為責任の成立する範囲を限定する点にある。

民法典制定当初の学説も、既存の法律体系で権利と認められたものを侵害したのでなければ、不法行為は成立しないという考え方を支持していた。当時の判例（雲右衛門事件）も、文言どおり709条の「権利」は法律上権利としての地位が確立しているものにかぎられると解していた。

→ 大判大正3年7月4日刑録20輯1360頁

しかし、その後、判例（大学湯事件）は、具体的権利と同一程度の厳密な意味ではいまだ権利といえないものであっても、法律上保護される利益が侵害されれば不法行為が成立するとした（権利内容の緩和）。

→ 大判大正14年11月28日民集4巻670頁

(2) 権利侵害から違法性へ

判例が権利内容を緩和して、保護を与えられるべき社会的利益を「権利」として構成する方向に転回したことを受けて、学説では、権利侵害から違法性へという動きが加速した。

具体的には、故意または過失ある違法行為によって被った損害の賠償にこそ不法行為制度の本質があると捉え、不法行為の客観的要件の中核に違法性概念を据え、権利侵害は違法性のひとつの徴表にすぎないとする見解が主張されるようになった（違法性徴表説）。

→ 末川・権利侵害論305頁

その後、有力な見解として、不法行為の要件として権利侵害にとって代わるべき違法性の有無は、被侵害利益の種類と侵害行為の態様との相関関係によって決まるという見解が現れた（相関関係説）。

→ 我妻・事務管理・不当利得・不法行為125頁

> 相関関係説に対しては、違法性の判断基準として何をとりあげるかという点で修正を加える見解（受忍限度論）が主張されるようになりました。
>
> 受忍限度論は、主として公害のケースを念頭において展開された見解です。相関関係説が被侵害利益の種類と侵害行為の態様という2つの因子のみの相関的衡量をしているのに対して、受忍限度論は、①被侵害利益の性質および程度、②地域性、③被害者があらかじめ有した知識、④土地利用の先後関係、⑤最善の実際的方法または相当な防止措置、⑥その他の社会的価値および必要性、⑦被害者側の特殊事情、⑧官庁の許認可、⑨法令で定められた基準の遵守、といった事由を考慮すべきとします。

→ 潮見・債権各論Ⅱ19頁

(3) 違法性と過失の関係

相関関係説を基調とする違法性論は、通説的見解となっていたものの、次第に学説から批判されるようになった。主な批判として、①法的保護を拡大することで違法性論の使命は終わっており、わざわざ条文にない違法性概念を要件とする必要がない、②相関関係説が違法性要件で問題とする被侵害利益の種類と侵害行為の態様の衡量は、故意または過失という帰責事由の要件のなかで行うのが相当である、という2つがあげられる。

その後、学説は、過失要件に一元化する**過失一元説**、反対に違法性要件に一元化する**違法性一元説**、違法性と過失とを併置する**二元説**(多数説)に分かれている。過失一元説と違法性一元説は、相関関係説を批判する立場からの見解である。二元説は、相関関係説を承継する見解であり、多数説である。試験との関係では、二元説で理解しておけばよいであろう。

(4) 平成16年改正

以上のような権利侵害と違法性に関する議論をふまえて、平成16年改正によって、709条の文言が「権利又は法律上保護される利益」の侵害という表現に改められた。「法律上保護される利益」という文言が付加されていることにより、現代の社会ではいまだ権利というほどまで成熟していないものについても、その侵害に対して法的保護を与えることが可能であることが条文上明らかとなった。

【2】被侵害利益の諸相

(1) 所有権その他の財産権

所有権などの物権は、権利性の強い財産権であるため、第三者に侵害されれば不法行為に基づく損害賠償請求をすることができるのが原則である。

ただし、不動産の二重譲渡については、第1買主が対抗要件を具備して確定的に所有権を取得する前の段階の問題であるため、所有権の侵害ではなく、後述する債権侵害の問題として扱われる。

なお、抵当権は、被担保債権の優先弁済権を内容とする権利であることから、目的物が第三者に無権原で使用収益された場合であっても、優先弁済権の行使が困難とならないかぎり、抵当権侵害とはならない(判例)。ただし、第三者が目的物を毀損して担保価値を減少させ、残存価値が被担保債権額を下回る状態になったときは、不法行為が成立し、弁済期が到来していれば抵当権実行前であっても損害賠償請求をすることができる(判例)。この点は、物権法で学んだ。

→ 最大判平成11年11月24日
(判例シリーズ29事件)、大判昭和9年6月15日民集13巻1164頁
→ 大判昭和7年5月27日民集11巻1289頁
→ 『物権法』7章5節①【2】(2)

(2) 債権

債権についても、権利であるから**不可侵性**を有しており、第三者に侵害されれば不法行為に基づく損害賠償請求をすることができるのが原則である。もっとも、通説は、債権侵害には他の財産権侵害の場合とは異なる特殊性が認められることから、その行為類型に応じて、不法行為責任が生じるための要件が一部修正されると解している。この点は、債権総論で学んだ。

→ 『債権総論』1章3節

(3) その他の財産的利益

取引相手や競争相手の行為によって営業上の利益が侵害された場合には、当然に不法行為が成立するのではなく、**当事者相互の営業の自由を調整・衡量する必要**がある。そのため、侵害態様によって不法行為が成立するか否かが分かれる。

たとえば、脅迫行為によって相手方の販売を停止させた場合や、競業相手がパチンコ店を出店できないようにするために近接土地等を児童遊園として社会福祉法人に寄付した場合(パチンコ店は児童遊園等が近隣に存在すると出店ができない)には、不法行為が成立しうる。

一定の不当な営業行為については、独占禁止法や不正競争防止法によって規制されており、損害賠償請求等が認められている。もっとも、独占禁止法や不正競争防止法が適用される行為であっても、民法上の不法行為の成立が排除されるわけではない。判例は、独占禁止法によって規制される価格協定によって損害を被った消費者が不法行為に基づく損害賠償請求をした事案について、不法行為の成立を認めた。

また、不当訴訟については、裁判を受ける権利(憲32条)との調整の観点から、**訴えの提起が裁判制度の趣旨目的に照らして著しく相当性を欠くときにかぎり**、不法行為が成立する(判例)。

(4) 生命・身体等の利益

生命・身体は、物権と並んでもっとも権利性の強いもののひとつである。

生命の侵害については、過失責任が厳しく問われ、被害者の承諾や正当行為による責任阻却が原則として否定される(例外として、死刑の執行や厳格な要件のもとでの安楽死などが考えられる)。

また、生命はきわめて重要な保護法益であることから、生命それ自体だけでなく、相当程度の生存可能性も不法行為の保護法益となる。判例は、疾病のため死亡した患者の治療にあたった医師の治療行為に過失があり、当時の医療水準にかなったものではなかったものの、その医療行為と患者の死亡との間の因果関係は証明されなかった事案について、**医療水準にかなった医療が行われていたならば患者がその死亡の時点においてなお生存した相当程度の可能性**が証明された場合には、不法行為が成立するとした。

> **★重要判例(最判平成12年9月22日〔百選Ⅱ88事件〕)**
> 「本件のように、疾病のため死亡した患者の診療に当たった医師の医療行為が、その過失により、当時の医療水準にかなったものでなかった場合において、右医療行為と患者の死亡との間の因果関係の存在は証明されないけれども、医療水準にかなった医療が行われていたならば患者がその死亡の時点においてなお生存していた相当程度の可能性の存在が証明されるときは、医師は、患者に対し、不法行為による損害を賠償する責任を負うものと解するのが相当である。けだし、生命を維持することは人にとって最も基本的な利益であって、右可能性は法によって保護されるべき利益であり、医師が過失により医療水準にかなった医療を行わないことによって患者の法益が侵害されたものということができるからである。
> 原審は、以上と同旨の法解釈に基づいて、Y医師の不法行為の成立を認めた上、その不法行為によってXが受けた精神的苦痛に対し同医師の使用者たるZに慰謝料支払の義務があるとしたものであって、この原審の判断は正当として是認することができる。原判決に所論の違法はなく、論旨は採用することができない」。
> 【争点】医師は、患者が生存していた可能性を侵害されたことによって被った損害を賠償すべき不法行為責任を負うか。
> 【結論】医師が過失により医療水準にかなった医療を行わなかったことと患者の死亡との間の因果関係の存在は証明されないけれども、医療が行われていたならば患者がその死亡の時点においてなお生存していた相当程度の可能性の存在が証明される場合には、医師は、患者がその可能性を侵害されたことによって被った損害を賠

――― 欄外 ―――
→ 大判大正3年4月23日 民録20輯336頁
→ 最判平成19年3月20日 判時1968号124頁

→ 最判平成元年12月8日 民集43巻11号1259頁

→ 最判昭和63年1月26日 (民事訴訟法百選36事件)
▶ 平成15年度第1問

→ 最判平成12年9月22日 (後出重要判例)

償すべき不法行為責任を負う。

また、判例は、相当程度の生存可能性と同様に、「重大な後遺症が残らなかった相当程度の可能性」が存在する場合についても、不法行為の成立を認めた。

身体の侵害についても、過失による侵害があれば不法行為が成立する。もっとも、医療行為やスポーツなど、正当行為等によって不法行為の成立が否定される場面は、生命侵害の場合より広い。

→ 最判平成15年11月11日（後出重要判例）

★**重要判例**（最判平成15年11月11日民集57巻10号1466頁）
「医師が過失により医療水準にかなった医療を行わなかった場合には、その医療行為と患者の死亡との間の因果関係の存在は証明されないが、上記医療が行われていたならば患者がその死亡の時点においてなお生存していた相当程度の可能性の存在が証明される場合には、医師は、患者が上記可能性を侵害されたことによって被った損害を賠償すべき不法行為責任を負うものと解すべきである（最判平成12年9月22日民集54巻7号2574頁参照）。患者の診療に当たった医師に患者を適時に適切な医療機関へ転送すべき義務の違反があり、本件のように重大な後遺症が患者に残った場合においても、同様に解すべきである。すなわち、……患者の診療に当たった医師が、過失により患者を適時に適切な医療機関へ転送すべき義務を怠った場合において、その転送義務に違反した行為と患者の上記重大な後遺症の残存との間の因果関係の存在は証明されなくとも、適時に適切な医療機関への転送が行われ、同医療機関において適切な検査、治療等の医療行為を受けていたならば、患者に上記重大な後遺症が残らなかった相当程度の可能性の存在が証明されるときは、医師は、患者が上記可能性を侵害されたことによって被った損害を賠償すべき不法行為責任を負うものと解するのが相当である。」
【争点】患者の診療にあたった医師に患者を適時に適切な医療機関へ転送すべき義務の違反があり、重大な後遺症が患者に残った場合に、不法行為責任が認められるか。
【結論】認められる。

なお、判例は、設計・施行者等（設計者、施工者、工事監理者）の居住者等（建物利用者、隣人、通行人等）に対する709条の問題について、設計・施行者等は、契約関係にない居住者等との関係でも、生命・身体・財産を危険にさらすことのないよう「建物としての基本的な安全性が欠けることがないように配慮すべき注意義務」を負い、その懈怠のために建物に上記の安全性を損なう瑕疵があって、それにより居住者等の生命・身体・財産が侵害された場合には、「瑕疵の存在を知りながらこれを前提として当該建物を買い受けていたなど特段の事情がない限り」、不法行為責任を負うとした。

→ 最判平成19年7月6日（百選Ⅱ85事件）
▶2011年第1問

(5) **公害・生活妨害と人格的利益**

公害や生活妨害による被害は、生命や健康に対する侵害にいたらない場合であっても、被害者の人格的利益に対する侵害となりうる。もっとも、たとえば、加害者が自己の所有する工場を稼動させて煤煙や騒音を発生させている場合には、加害者にも所有権の行使や営業の自由が保障されている。そのため、被害者の利益と加害者の利益を調整・衡量する必要がある。

この点について、学説では、社会生活上受忍するのが相当とされる限度を超える場合には違法な侵害として不法行為が成立する、という受忍限度論が有力に主張されている。判例も、騒音に関する事案をはじめとして、受忍限度を超えているか否かによって不法行為の成否を判断している。

→ 最判昭和42年10月31日判時499号39頁、最判昭和43年12月17日判時544号38頁

たとえば、空港の騒音被害の受忍限度に関して、「**侵害行為の態様と侵害の程度、被侵害利益の性質と内容、侵害行為のもつ公共性ないし公益上の必要性の内容と程度等を比較検討**するほか、侵害行為の開始とその後の継続の経過及び状況、その間にとられた被害の防止に関する措置の有無及びその内容、効果等の事情をも考慮し、これらを総合的に考察してこれを決すべきものである」とし、公共性を考慮すべきとしている。

→ 最大判昭和56年12月16日
（後出重要判例）

もっとも、公共性を判断するに際して、①「国民の日常生活の維持存続に不可欠な役務の提供のように**絶対的ともいうべき優先順位を主張しうるものとは必ずしもいえない**ものである」こと、②「本件空港の供用によって被害を受ける地域住民はかなりの**多数**にのぼり、その**被害内容も広範かつ重大なもの**」であること、③「これら住民が空港の存在によって受ける利益とこれによって被る被害との間には、**後者の増大に必然的に前者の増大が伴うというような彼此相補の関係が成り立たない**こと」を考慮しており、受忍限度の公共性の判断に対する一定の歯止めとなっている。

騒音のような**積極的生活妨害**に対して、隣人等の土地利用の結果として日光が遮られたという日照妨害は**消極的生活妨害**にあたる。

判例は、日照妨害について、消極的生活妨害ではあるものの不法行為上の保護を否定されるものではなく、土地利用者の権利の行使が社会的妥当性を欠き、その結果として被害が受忍限度を超えるときは、その権利行使は権利濫用にあたるものであり、違法性を帯びて、不法行為責任を生じうるとした。

→ 最判昭和47年6月27日
民集26巻5号1067頁

★**重要判例**（最大判昭和56年12月16日〔行政百選Ⅱ241事件〕）
「本件空港の供用のような国の行う公共事業が第三者に対する関係において違法な権利侵害ないし法益侵害となるかどうかを判断するにあたっては、上告人の主張するように、侵害行為の態様と侵害の程度、被侵害利益の性質と内容、侵害行為のもつ公共性ないし公益上の必要性の内容と程度等を比較検討するほか、侵害行為の開始とその後の継続の経過及び状況、その間にとられた被害の防止に関する措置の有無及びその内容、効果等の事情をも考慮し、これらを総合的に考察してこれを決すべきものであることは、異論のないところであり、原審もまた、この見地に立って考察を加えた結果前記の結論に到達したものと考えられる。」
【争点】国の行う公共事業に違法性が認められるかの判断基準をどう解すべきか。
【結論】侵害行為の態様と侵害の程度、被侵害利益の性質と内容、侵害行為のもつ公共性ないし公益上の必要性の内容と程度等を比較検討するほか、侵害行為の開始とその後の継続の経過および状況、その間にとられた被害の防止に関する措置の有無およびその内容、効果等の事情をも考慮し、これらを総合的に考察してこれを決すべきである。

眺望侵害についても、裁判例は、「特定の場所がその場所からの眺望の点で**格別の価値**をもち、このような**眺望利益の享受を一つの重要な目的としてその場所に建物が建設された場合**のように、当該建物の所有者ないし占有者によるその建物からの眺望利益の享受が**社会観念上からも独自の利益として承認せられるべき重要性を有するものと認められる場合**には、法的見地からも保護されるべき利益である」としている。もっとも、「眺望利益なるものが騒音や空気汚濁や日照等ほどには生活に切実なものではないことに照らして、**その評価につき特に厳密であることが要求される**」としていることに注意してほしい。

→ 東京高決昭和51年11月11日
判時840号60頁

また、景観利益について、判例は、「良好な景観の恵沢を享受する利益……は、法律上保護に値する」としつつ、「ある行為が景観利益に対する違法な侵害に当たるといえるためには、少なくとも、その侵害行為が刑罰法規や行政法規の規制に違反するものであったり、公序良俗違反や権利の濫用に該当するものであるなど、**侵害行為の態様や程度の面において社会的に容認された行為としての相当性を欠くことが求められる**」とした。

→ 最判平成18年3月30日（後出重要判例）

> ★**重要判例**（最判平成18年3月30日〔百選Ⅱ89事件〕）
> 「良好な景観に近接する地域内に居住し、その恵沢を日常的に享受している者は、良好な景観が有する客観的な価値の侵害に対して密接な利害関係を有するものというべきであり、これらの者が有する良好な景観の恵沢を享受する利益（以下『景観利益』という。）は、法律上保護に値するものと解するのが相当である。
> もっとも、この景観利益の内容は、景観の性質、態様等によって異なり得るものであるし、社会の変化に伴って変化する可能性のあるものでもあるところ、現時点においては、私法上の権利といい得るような明確な実体を有するものとは認められず、景観利益を超えて『景観権』という権利性を有するものを認めることはできない。」
> 「本件におけるように建物の建築が第三者に対する関係において景観利益の違法な侵害となるかどうかは、被侵害利益である景観利益の性質と内容、当該景観の所在地の地域環境、侵害行為の態様、程度、侵害の経過等を総合的に考察して判断すべきである。そして、景観利益は、これが侵害された場合に被侵害者の生活妨害や健康被害を生じさせるという性質のものではないこと、景観利益の保護は、一方において当該地域における土地・建物の財産権に制限を加えることとなり、その範囲・内容等をめぐって周辺の住民相互間や財産権者との間で意見の対立が生ずることも予想されるのであるから、景観利益の保護とこれに伴う財産権等の規制は、第一次的には、民主的手続により定められた行政法規や当該地域の条例等によってなされることが予定されているものということができることなどからすれば、ある行為が景観利益に対する違法な侵害に当たるといえるためには、少なくとも、その侵害行為が刑罰法規や行政法規の規制に違反するものであったり、公序良俗違反や権利の濫用に該当するものであるなど、侵害行為の態様や程度の面において社会的に容認された行為としての相当性を欠くことが求められると解するのが相当である。」
> 【争点】良好な景観の恵沢を享受する利益は法律上保護されるか。
> 【結論】法律上保護に値するものの、景観利益の違法な侵害となるかどうかは、被侵害利益である景観利益の性質と内容、当該景観の所在地の地域環境、侵害行為の態様、程度、侵害の経過等を総合的に考察して判断すべきである。

(6) 内縁・婚姻関係

判例は、内縁の不当破棄について、婚姻予約の債務不履行であるとともに、婚姻に順ずる関係に対する不法行為でもあるとして慰謝料請求を認めた。

→ 最判昭和33年4月11日（判例シリーズ94事件）

また、判例は、配偶者が第三者と不貞行為に及んだ場合には、当該第三者は他方配偶者の「夫又は妻としての権利」を侵害したものとして、不法行為責任を認める。もっとも、不貞行為が不法行為を構成するのは、それが他方配偶者の**婚姻共同生活の平和の維持**という権利または法的保護に値する利益を侵害するからである。そのため、**婚姻関係がすでに破綻していた場合**には、他方配偶者にはこのような権利または法的保護に値する利益がないため、不法行為は成立しないと解される（判例）。

→ 最判昭和54年3月30日（後出重要判例）

なお、判例は、配偶者が第三者と不貞行為に及んだ場合に、配偶者ともう一方の配偶者の間の子が第三者に対して損害賠償請求をしたときについては、「女性〔第三者〕が害意をもって父親の子に対する監護等を積極的に阻止するなど特段の

→ 最判平成8年3月26日（百選Ⅲ11事件）
→ 最判昭和54年3月30日（後出重要判例）

事情のない限り、右女性の行為は未成年の子に対して不法行為を構成するものではない」として、原則として不法行為の成立を否定する。

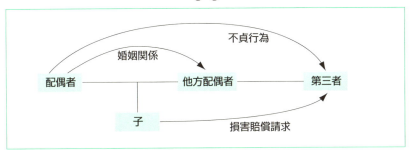

5-3

★**重要判例**（最判昭和54年3月30日民集33巻2号303頁）
「妻及び未成年の子のある男性と肉体関係を持った女性が妻子のもとを去った右男性と同棲するに至った結果、その子が日常生活において父親から愛情を注がれ、その監護、教育を受けることができなくなったとしても、その女性が害意をもって父親の子に対する監護等を積極的に阻止するなど特段の事情のない限り、右女性の行為は未成年の子に対して不法行為を構成するものではないと解するのが相当である。けだし、父親がその未成年の子に対し愛情を注ぎ、監護、教育を行うことは、他の女性と同棲するかどうかにかかわりなく、父親自らの意思によって行うことができるのであるから、他の女性との同棲の結果、未成年の子が事実上父親の愛情、監護、教育を受けることができず、そのため不利益を被ったとしても、そのことと右女性の行為との間には相当因果関係がないものといわなければならないからである。」
【争点】不貞行為の相手方が不貞配偶者の子に対して不法行為責任を負うか。
【結論】害意をもって不貞配偶者の子に対する監護等を積極的に阻止するなど特段の事情のないかぎり、不貞行為の相手方は未成年の子に対して不法行為責任を負わない。

(7) 名誉・プライバシー

名誉やプライバシーが侵害された場合も、不法行為に基づく損害賠償が認められる余地がある。もっとも、加害者にも表現の自由が保障されているため、被害者の利益と加害者の利益を調整・衡量する必要がある。

(a) 名誉
(i) 意義

名誉とは、人の品性、徳行、名声、信用その他の人格的価値について社会から受ける客観的評価をいう（判例）。自然人のみならず、法人にも名誉があるため、法人の名誉を毀損した場合にも不法行為が成立しうる（判例）。

名誉は客観的評価であり、自分自身の人格的価値についてみずからが有する主観的評価である**名誉感情**とは区別される（判例）。したがって、被害者を侮辱する発言がなされたものの客観的な社会的評価が低下したわけではない場合には、名誉毀損による不法行為は成立しない。もっとも、この場合には、名誉感情（人格権・人格的利益）の侵害による不法行為が成立しうる（裁判例）。

社会的評価の低下という客観的な事実があれば、「権利又は法律上保護される利益」の侵害が認められる。名誉毀損による不法行為が成立するためには、名誉毀損行為によって損害が発生することも必要であるところ、判例は、名誉毀損の場合の損害は、社会的評価の低下という事実そのものだと捉えていると評価され

← 「名誉」とは
→ 最判昭和61年6月11日（百選Ⅰ4事件）、最判平成9年5月27日（百選Ⅱ91事件）
→ 最判昭和39年1月28日民集18巻1号136頁
← 「名誉感情」とは
→ 最判昭和45年12月18日民集24巻13号2151頁
→ 大阪高判昭和54年11月27日判時961号83頁

→ 最判平成9年5月27日（前出）

ている。

　この判例は、「新聞記事による名誉毀損にあっては、これを掲載した新聞が発行され、読者がこれを閲読し得る状態になった時点で、右記事により事実を摘示された人の客観的な社会的評価が低下するのであるから、その人が当該記事の掲載を知ったかどうかにかかわらず、名誉毀損による損害はその時点で発生していることになる」、「新聞の発行によって名誉毀損による損害が生じた後に被害者が有罪判決を受けたとしても、これによって新聞発行の時点において被害者の客観的な社会的評価が低下したという事実自体に消長を来すわけではないから、被害者が有罪判決を受けたという事実は、これによって損害が消滅したものとして、既に生じている名誉毀損による損害賠償請求権を消滅させるものではない」としている。

(ii)　**名誉毀損の免責事由**

　名誉毀損による不法行為では、表現の自由との調整を図るため、一定の場合には加害者に免責が認められる。免責が認められるための要件は、事実の摘示による場合と意見ないし論評の表明による場合とで異なる。

　事実の摘示による名誉毀損の場合には、判例は、以下の①②③の要件をみたすときは名誉毀損行為の違法性を阻却する（刑230条の2第1項参照）。また、③の証明がない場合であっても、③'の要件をみたすときは、名誉毀損行為の故意または過失を否定する。

→ 最判昭和41年6月23日民集20巻5号1118頁、最判昭和58年10月20日判時1112号44頁

①　公共の利害に関する事実にかかること（公共性）
②　もっぱら公益を図る目的にでたこと（公益目的性）
③　摘示された事実が重要な部分において真実であることが証明されたこと（真実性）
③'　摘示された事実の重要な部分を真実と信ずるについて相当の理由があること（相当性）

　意見ないし論評の表明による名誉毀損の場合には、判例は、以下の①②③④の要件をみたすときは名誉毀損行為の違法性を阻却する。また、③の証明がない場合であっても、③'の要件をみたすときは、名誉毀損行為の故意または過失を否定する。

→ 最判平成9年9月9日（百選Ⅱ90事件）

①　公共の利害に関する事実にかかること（公共性）
②　目的がもっぱら公益を図るものであること（公益目的性）
③　意見ないし論評の前提とする事実が重要な部分について真実であること（前提事実の真実性）
③'　上記事実の重要な部分を真実と信ずるについて相当の理由があること（前提事実の相当性）
④　人身攻撃に及ぶなど意見ないし論評の域を逸脱したものでないこと

　このように、事実の摘示による場合と意見ないし論評の表明による場合とで免責要件が異なるところ、両者の区別の基準について、判例は「新聞記事中の名誉毀損の成否が問題となっている部分について、そこに用いられている語のみを通常の意味に従って理解した場合には、証拠等をもってその存否を決することが可能な他人に関する特定の事項を主張しているものと直ちに解せないときにも、当

→ 最判平成9年9月9日（前出）

該部分の前後の文脈や、記事の公表当時に一般の読者が有していた知識ないし経験等を考慮し、右部分が、修辞上の誇張ないし強調を行うか、比喩的表現方法を用いるか、又は第三者からの伝聞内容の紹介や推論の形式を採用するなどによりつつ、間接的ないしえん曲に前記事項を主張するものと理解されるならば、同部分は、事実を摘示するものと見るのが相当である」としている。

(b) プライバシー

(i) 意義

プライバシーとは、私生活をみだりに公開されないという法的保障または権利をいう(平穏生活権としてのプライバシー権)。

平穏生活権としてのプライバシー権の侵害が認められるためには、表現内容が以下の3つの要件をみたすものでなければならないと解される。

① 私生活上の事実または私生活上の事実らしく受け取られるおそれのある事柄であること
② 一般人の感受性を基準にして当該私人の立場に立った場合、公開を欲しないであろうと認められる事柄であること
③ 一般の人々にいまだ知られていない事柄であること

← 「プライバシー」とは
→ 東京地判昭和39年9月28日
（判例シリーズ憲法32事件、憲法百選Ⅰ65事件）

また、プライバシー権は、平穏生活権としてのプライバシー権のほかに、自己に関する情報をコントロールする権利を含むと解されている(自己情報コントロール権としてのプライバシー権)。

(ii) プライバシー侵害の免責事由

プライバシー侵害の不法行為の成否について、学説では、①社会の正当な関心ごとであること、②表現内容・表現方法が不当なものでないこと、の2つを免責事由とする見解が有力に主張されており、裁判例にも同様のものがみられた。

しかし、判例は、実名類似の仮名を用いた少年犯罪の報道においてプライバシー侵害の成否が問題となった事案について、公表されない法的利益と公表する理由とを比較衡量して、前者が後者を優越する場合には不法行為が成立するという判断基準を示した。

→ 東京高判平成4年12月21日
判時1446号61頁
→ 最判平成15年3月14日
（判例シリーズ憲法12事件、憲法百選Ⅰ71事件）

3 損害

【1】損害の意義

損害の意義については、大きく差額説と損害事実説との対立がある。

差額説とは、不法行為があった場合となかった場合との利益状態の差を金銭で表示したものを損害と捉える見解をいう(判例・通説)。

これに対して、損害事実説とは、物の場合には滅失・損傷そのもの、人の場合には死傷自体を損害と捉える見解をいう。損害事実説によると、不利益な事実のうち、どのレベルのものを損害として把握するのかについて考え方が分かれる余地があるところ、通常は、死傷それ自体のような、包括的な捉え方をすべきであると解されている。

← 「差額説」とは
→ 最判昭和39年1月28日
（前出）
← 「損害事実説」とは

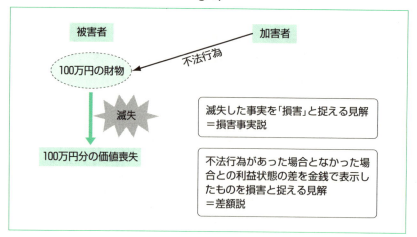

　判例は、現実の収入減がなければ逸失利益はないとして、差額説に立った議論を展開した。しかし、その後、判例は、収入減なければ損害なしという結論こそ同じであるものの、損害事実説に理解を示した判断をしている。

【2】損害の種類

　通説・判例は、差額説に基づく差額計算にあたって、治療費、交通費、修理費用、再調達費用、将来得たであろう収入の減少、介護費用などといったさまざまな個別の項目(損害費目)を立て、項目ごとの金額を積算することによって差額を算定する方法(個別損害項目積上げ方式)を採用している。

　個々の損害項目は、財産的損害と非財産的損害に分けられる。財産的損害とは、被害者の財産に被った損失をいう。たとえば、治療費、修理費用、将来得たであろう収入の減少などがある。これに対して、非財産的損害とは、財産的損害以外の損失をいう。たとえば、精神的苦痛を内容とする慰謝料や、信用失墜による事業運営への打撃を内容とする無形損害がある。

　財産的損害は、積極的損害と消極的損害に分けられる。積極的損害とは、被害者が有している財産を失ったことによる損害をいう。たとえば、治療費や修理費用がある。これに対して、消極的損害とは、被害者が将来得ることができたであろう利益を得られなかったことによる損害をいう。逸失利益または得べかりし利益ともいう。

　損害の種類については、損害の金銭的評価の項目で改めて解説する。

4　因果関係

【1】意義

　不法行為に基づく損害賠償請求が認められるためには、加害行為と発生した損害との間に因果関係が認められることが必要である。

　このとき、何と何との間の因果関係を考えるかという点の理解をめぐって、因果関係を1つと捉える見解と、因果関係を2つと捉える見解に分かれる。

　この点について、因果関係を1つと捉える見解は、加害行為と損害との間の因果関係を問題とすれば足りると考える。

これに対して、因果関係を2つと捉える見解は、①加害行為と権利侵害との間の因果関係と、②権利侵害と損害との間の因果関係を分けて考える。この見解によれば、①の因果関係は不法行為責任を設定する前提として要求される因果関係(責任設定の因果関係)であり、②の因果関係は賠償範囲を画定するために要求される因果関係(賠償範囲の因果関係)となる。

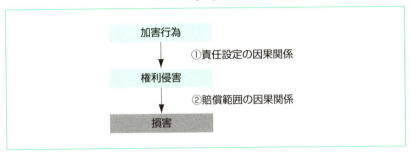

5-5

　近時の多数説は、①と②は関連するとともに、①は容易に認められてあまり問題とならないことを理由に、②の因果関係を中心に行為と損害との間の因果関係を問題とする。

→ 野澤・事務管理・不当利得・不法行為173頁

【2】相当因果関係説とその問題点

(1) 相当因果関係説

　責任設定の因果関係の捉え方について、伝統的判例・通説は、相当因果関係説を採用している。

　相当因果関係説とは、被害者に生じた権利侵害の原因が加害行為であるというためには、①被害者に生じた権利侵害と加害行為との間に事実レベルでの条件関係(事実的因果関係)が認められるとともに、②被害者に生じた権利侵害を加害行為に帰することが法的・規範的にみて相当であると評価できるだけの関係(相当性)が必要と解する見解である。

→ 大連判大正15年5月22日
民集5巻386頁、最判昭和48年12月20日民集27巻11号1611頁、最判昭和54年3月30日(前出重要判例)
→ 加藤(一)154頁、我妻・事務管理・不法行為・不当利得154頁
←「相当因果関係説」とは

> 判例は、債務不履行に関して416条が相当因果関係を規定したものであるという理解を前提として、不法行為にも416条が類推適用されるとして、相当因果関係説を採用しています。

→ 大連判大正15年5月22日
(前出)

(2) 因果関係概念の再構築

　相当因果関係説に対して、相当因果関係という概念のなかに、㋐事実的因果関係、㋑保護範囲、㋒損害の金銭的評価という3つの問題が混在していると批判する見解がある(保護範囲説〔義務射程説〕)。

　この見解は、因果関係の有無は、㋐事実的因果関係のみによって判断すべきとする。そのうえで、法的・規範的にみたときに被害者に生じた権利侵害を加害者の故意・過失行為に帰するに値するかの判断(相当因果関係説における㋑相当性の問題)は、因果関係の問題ではなく、これとは別の規範の保護範囲の問題として捉える。そして、ある損害が保護範囲に含まれるべきであるとの規範的判断がなされれば、金銭賠償の原則により、㋒裁判官が裁量で損害の金銭的評価を行うこととなる。

→ 平井・債権各論Ⅱ81頁
←「保護範囲説」

> 試験との関係では、相当因果関係説でよいでしょう。
> 　もっとも、保護範囲説の指摘するように、相当因果関係という概念のなかに、①事実的因果関係、②相当性(保護範囲)、③損害の金銭的評価という3つの問題が含まれることについては、意識しておきましょう。

	相当因果関係説	保護範囲説
㋐事実的因果関係	事実的因果関係(因果関係の問題)	事実的因果関係(因果関係の問題)
㋑相当性・保護範囲	相当性(因果関係の問題)	保護範囲(法律の解釈の問題)
㋒損害の金銭的評価	相当性(因果関係の問題)	裁判官による裁量的評価

【3】事実的因果関係の意義

(1) 意義

　事実的因果関係(条件関係)とは、「**あれなければ、これなし**」という関係性をいう。たとえば、AがBに致死量の毒を飲ませたところ、Bが毒による症状で死亡したとする。この場合、AがBに致死量の毒を飲ませなければ、Bが死亡することはなかったといえるため、事実的因果関係が認められる。

← 「事実的因果関係」とは

(2) 仮定的原因

　事実的因果関係の有無を判断する際は、**仮定的原因**を考慮してはならないとされている。たとえば、AがBに致死量の毒を飲ませた結果、Bが毒による症状で死亡したものの、Bは、Aから毒を飲まされるのとは無関係に、高層ビルから飛び下りて自殺するつもりだったとする。このとき、「AがBに毒を飲ませなくても、Bは高層ビルから飛び下りていただろう(仮定的原因)から、いずれにせよ死亡していたはずだ」と判断して、事実的因果関係を否定してはならない。

← 「仮定的原因」

　仮定的原因の問題と区別すべき事象として、**因果関係の断絶**という問題がある。たとえば、AがBに致死量の毒を飲ませたものの、毒の効果が発揮される前に、CがBをナイフで刺殺したとする。この場合に、CによるBの刺殺という行為は、AによるBの毒殺という行為の結果発生前に現実に発生した行為であるから、事実的因果関係の有無の判断に際して考慮しなければならない。そして、AがBに致死量の毒を飲ませた行為とBの刺殺という結果の間には「あれなければ、これなし」という関係性がないため、事実的因果関係は否定される。

← 「因果関係の断絶」

(3) 原因の競合

　事実的因果関係の判断は、**原因の競合**する場面では注意してほしい。

← 「原因の競合」
▶昭和45年度第2問

　たとえば、AがBの飲み物に致死量の毒を入れたところ、CもBの飲み物に致死量の毒を入れた(AとCはそれぞれ互いの行為を知らなかったとする)結果、Bが毒によって死亡したとする。このとき、Aの行為およびCの行為とBの死亡結果との間に事実的因果関係が認められるか。この場面を**原因の重畳的競合**という。

　この場合に、原則どおりに考えると、「AがBの飲み物に毒を入れなくても、Cが入れた毒によってBは死亡していた」という関係がA・Cともに妥当するため、Aの行為およびCの行為のいずれも、Bの死亡結果との間に事実的因果関係が認められないこととなる。

しかし、このような結論は適切でないため、多くの学説は、原因の重畳的競合の場面では、競合する原因（AからみたCの行為）を取り去ったうえで「あればなければ、これなし」という関係性が認められるかを判断し、「Aの行為がなければ、Bは死亡しなかった」として事実的因果関係を認める。

　なお、AとCが入れた毒がどちらも致死量ではなかったものの、両者が合わさった結果、致死量に達してBが死亡した場合には、Aの行為およびCの行為のいずれについても、Bの死亡との間の事実的因果関係が認められる。

> 　原因の重畳的競合における民法の通説は、刑法の因果関係における通説とは異なることに注意しましょう。
> 　刑法の因果関係の場合には、通説は、原則どおり、「AがBの飲み物に毒を入れなくても、Cが入れた毒によってBは死亡していた」という関係がA・Cともに妥当するため、Aの行為およびCの行為のいずれについても、Bの死亡結果との間に事実的因果関係を否定します。

(4) 事実的因果関係の判断基準時

　事実的因果関係の有無を判断する際の知的水準は、**事実審口頭弁論終結時点**における科学技術の知見を基準とする。

　たとえば、医師Aが、患者Bに対して、当時の科学技術の水準では、合理的な医師であれば医薬品甲を投与するはずだったところ、投与しなかった結果、Bが死亡したとする。しかし、事実審口頭弁論終結時点における科学技術の水準では、医薬品甲の投与は患者Bの病状の改善にまったく効果がないことが判明していた。この場合には、医薬品甲を投与しなかった医師Aの行為と患者Bの死亡結果との間の事実的因果関係は否定されることとなる。

【4】 事実的因果関係の立証

(1) 立証の困難

　事実的因果関係は、損害賠償を請求する被害者側が立証しなければならない。

　しかし、たとえば、公害事件や医療過誤事件では、被害者は科学的知識や資力をもたない一般人であることが多く、加害者の行為と損害との間の事実的因果関係を科学的に立証することが困難となる。

　そのため、被害者に対して、厳格な事実的因果関係の立証を求めると、被害者の救済が困難となってしまい妥当でない。そこで、被害者の立証の負担を軽減しようとする見解が主張された。

(2) 蓋然性説とその批判

　蓋然性説とは、鉱害・公害など被害者側による因果関係の立証が困難な事案については、証明度を下げて、「かなりの程度の蓋然性」（数値にすると6割くらいの証明度）が立証できれば事実的因果関係を肯定してよいとする見解である。

　しかし、蓋然性説に対しては、「かなりの程度の蓋然性」という概念が不明確であるうえ、鉱害・公害事件にかぎって証明度を下げることの正当性が不明確であるという批判がなされている。

← 「蓋然性説」とは

→ 徳本・企業の不法行為責任の研究50頁

(3) 間接反証説

　aという事実が存在すれば、Aという事実が存在するのが一般的である、という経験則がある場合には、a（間接事実）を立証すれば、A（主要事実）が推認され

ることとなる。そのため、被害者が事実的因果関係の存在(主要事実)を推認させるような事実(間接事実)を立証すれば、事実的因果関係の存在が推認される。

この場合には、加害者は、①間接事実(事実a)を真偽不明とする立証活動を行うか、または②主要事実の不存在を推認させる別の間接事実(事実b)を立証する必要に迫られることとなる。この場合における②が間接反証であり、別の間接事実(事実b)の立証責任は加害者が負うこととなるため、被害者の立証の負担が軽減される。このような見解を**間接反証説**という。

← 「間接反証説」とは

> 間接反証説を理解するためには、民事訴訟法で勉強する立証構造の理解が必要となりますので、初学者は読み飛ばしてしまってかまいません。
> 主要事実とは、法律効果を生じさせる法律要件に該当する具体的事実をいい、間接事実とは、主要事実の存否を推認させる事実をいいます。
> 間接事実aがあれば主要事実Aが存在するのが一般的であるという経験則がある場合には、被害者は、事実aさえ立証すれば、主要事実Aを推認させることができます。
> この場合に、加害者には、主要事実Aの推認を妨げる方法として、①事実aの立証を妨げる方法と、②事実aがあったとしても主要事実Aが存在するとはかぎらないことを示す別の間接事実bを立証する方法の2つの方法があります。この場合における②を間接反証といいます。

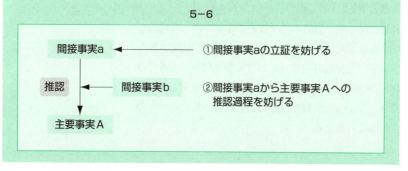

間接反証説は、新潟水俣病事件判決を契機として主張されるようになった。この裁判例は、新潟県阿賀野川流域で発生したメチル水銀による中毒症について、被告企業の廃液によるものであるか否かが争われた事件である。

→ 新潟地判昭和46年9月29日
判時642号96頁

この裁判例は、因果関係の立証を、①被害疾患の特性とその原因(病因)物質、②原因物質が被害者に到達する経路(汚染経路)、③加害企業における原因物質の排出(生成・排出にいたるまでのメカニズム)という3段階に分けたうえで、原告側が①と②を立証して「汚染源の追求がいわば企業の門前にまで到達した場合」には、被告企業が③の不存在を立証しないかぎり、因果関係が事実上推認されるとした。

(4) 疫学的因果関係論

疫学的因果関係論とは、疫学(ある集団中に発生する疾病等の発生原因を生活環境との関係から考察して予防対策をする学問)において、ある因子と疾病との間の因果関係が認められるために必要とされる4つの条件を因果関係の判断に用いる見解である。

← 「疫学的因果関係論」とは

すなわち、疫学的因果関係論では、①その因子は発病の一定期間前に作用するものであること、②その因子の作用する程度が著しいほど、その疾病の罹患率が高まること、③その因子の分布消長から、流行の特性が矛盾なく説明される(その因子が取り去られれば疾病の罹患率が低下する、その因子をもたない集団では

疾病の罹患率がきわめて低いなど)こと、④その因子が原因として作用するメカニズムが生物学的に矛盾なく説明されること、の4つがみたされれば、因果関係が認められる。

裁判例では、公害訴訟などにおいて疫学的因果関係論を採用したものがある。

疫学的因果関係論は、あくまでも集団的因果関係について妥当するものであって、特定の被害者についての個別的因果関係を推認させるものではない。

もっとも、集団的な現象が特異なもの(**特異性疾患**)については、疫学的因果関係の存在からただちに特定の被害者についての個別的因果関係を推認することができる。たとえば、イタイイタイ病はカドミウム以外に同様の症状をおこす原因が考えられない特異性疾患であることから、イタイイタイ病の症状がでている被害者であれば、疫学的因果関係が認められ個別的因果関係を推認することができる。

これに対して、集団的な現象が特異でないもの(**非特異性疾患**)については、疫学的因果関係の存在からただちに特定の被害者についての個別的因果関係を推認することができない。たとえば、喘息は大気汚染物質のほか、ハウスダストや労働環境など、さまざまな原因が考えられる。そのため、喘息の症状がでているというだけでは個別的因果関係を推認することができず、個別的因果関係の存在を推認させる間接事実の立証が必要となる。

→ 富山地判昭和46年6月30日
判時635号17頁、
名古屋高金沢支判昭和47年8月9日
判時674号25頁、
津地四日市支判昭和47年7月24日
判時672号30頁

5−7

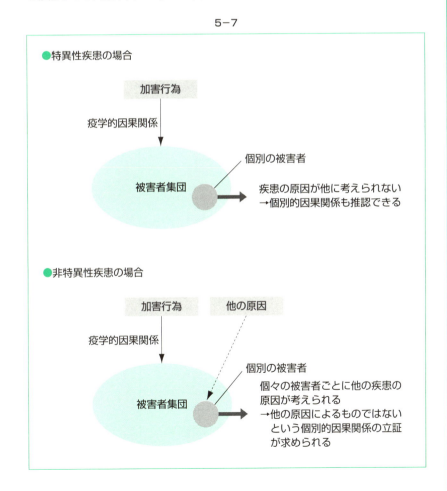

5-1 一般不法行為の要件　447

(5) 確率的心証（割合的認定）

確率的心証（割合的認定）とは、因果関係についての裁判官の心証の程度に応じて割合的に賠償額を認容すればよいとする見解をいう。たとえば、AがBに対して1000万円の損害賠償請求をした場合に、裁判官が因果関係について6割程度の心証を抱いたときは、因果関係の立証がなされていないとして請求を棄却するのではなく、心証の程度に応じた600万円のかぎりで請求を認容することとなる。

(6) 判例の見解

判例（東大ルンバール・ショック事件）は、医療事件について「訴訟上の因果関係の立証は、一点の疑義も許されない自然科学的証明ではなく、**経験則に照らして**全証拠を総合検討し、特定の事実が特定の結果発生を招来した関係を是認しうる**高度の蓋然性を証明すること**であり、その判定は、**通常人**が疑を差し挟まない程度に真実性の確信を持ちうるものであることを必要とし、かつ、それで足りるものである」とした。この判例は、通常人を基準とした、経験則に照らして高度の蓋然性が立証されれば足りるとした点で、事実的因果関係の柔軟な認定を可能とするものと評価されている。

← 「割合的認定」とは

→ 最判昭和50年10月24日（後出重要判例）

→ 野澤・事務管理・不当利得・不法行為181頁

★**重要判例**（最判昭和50年10月24日（百選Ⅱ87事件））

「訴訟上の因果関係の立証は、一点の疑義も許されない自然科学的証明ではなく、経験則に照らして全証拠を総合検討し、特定の事実が特定の結果発生を招来した関係を是認しうる高度の蓋然性を証明することであり、その判定は、通常人が疑を差し挟まない程度に真実性の確信を持ちうるものであることを必要とし、かつ、それで足りるものである。」

【争点】訴訟上の因果関係の立証はどの程度の立証が必要か。

【結論】一点の疑義も許されない自然科学的証明ではなく、経験則に照らして全証拠を総合検討し、特定の事実が特定の結果発生を招来した関係を是認しうる高度の蓋然性を証明することであり、その判定は、通常人が疑を差し挟まない程度に真実性の確信をもちうるものであることを必要とし、かつ、それで足りる。

---

5 不法行為の成立を阻却する事由

以上の不法行為の要件をみたす場合には、原則として、不法行為責任が発生する。しかし、一定の事由が認められる場合には、例外的に、不法行為責任が否定される。以下では、不法行為の成立を阻却する事由について説明する。

【1】責任能力

責任能力とは、自己の行為が違法なものとして法律上非難されるものであることを弁識しうる能力をいう。条文上は、「自己の行為の責任を弁識するに足りる知能」（712条）または「自己の行為の責任を弁識する能力」（713条）と表現される。加害行為時に責任能力がなかったことを加害者が立証したときは、不法行為の成立が否定される（712条、713条）。

未成年者についての責任能力の有無の境は11歳から14歳程度といわれており、平均すると**12歳程度**である。

なお、判例には、12歳2か月にみたない少年について責任能力を否定して監督者責任（714条）の成立を肯定したものがある一方で、11歳11か月の少年について

← 「責任能力」とは
▶平成13年度第2問
▶2015年第1問

→ 大判大正6年4月30日民録23輯715頁、大判大正4年5月12日民録21輯692頁

責任能力を肯定して少年の使用者に使用者責任(715条)の成立を肯定したものがある。このように一見矛盾するかのように思える判例が存在する理由は、責任能力の有無は加害者ごとに個別的に判断されるものであるほか、監督者責任を肯定するためには少年の責任能力が否定される必要があるのに対して、使用者責任を肯定するためには被用者たる少年の責任能力が肯定される必要がある点があげられる。

民法上の各種能力等	備わる年齢
権利能力(3)	0歳(出生により取得)
事理弁識能力(722Ⅱ参照)	5～6歳程度
意思能力(3の2)	7～10歳程度[*1]
責任能力(712)	12歳程度
遺言能力(961)	15歳
婚姻適齢(731)	男：18歳、女：16歳[*2]
行為能力(4)	20歳[*2]

[*1] 意思能力(3条の2参照)の定義については争いがあり、多数説は、個別具体的な法律行為の内容に即してその存否が判断されるとする。この説によれば、意思能力行為は、行為の種類・内容によっても異なるが、およそ7～10歳程度の子どもの判断能力であるとされる。

[*2] 成年年齢の引下げに関する民法改正(平成30年改正)により、成年に関する4条は「年齢18歳をもって、成年とする」と改められ、未成年者は、18歳未満の者ということになる。また、婚姻年齢に関する731条は、「婚姻は、18歳にならなければ、することができない」と改められ、男女を問わず、婚姻年齢は18歳となる。

→『民法総則』2章1節[2]

←平成30年改正

→『民法総則』2章1節[3]【2】

【2】 正当防衛・緊急避難

(1) 正当防衛

正当防衛とは、他人の不法行為に対し、自己または第三者の権利または法律上保護される利益を防衛するため、やむをえずにした加害行為をいう(720条1項本文)。たとえば、突然男が家に押し入ってきたので、その男を殴り倒した場合があたる。この場合には、加害行為をした者は、損害賠償責任を負わない(720条1項本文)。

また、刑法上の正当防衛(刑36条1項)と異なり、防衛行為の対象は加害者にかぎられず、対象が第三者でも正当防衛は成立する。この場合には、その第三者は、はじめの不法行為をした者に対して損害賠償を請求することができる(720条1項ただし書)。

←「正当防衛」とは

(2) 緊急避難

緊急避難とは、他人の物から生じた急迫の危難を避けるため、その物を損傷する行為をいう(720条2項)。たとえば、AがBの飼い犬に襲われたので、その犬をステッキで殴ってけがをさせた場合があたる。刑法では対物防衛とよばれる場面を、民法では緊急避難とよぶ。この場合には、正当防衛の規定が準用される(720条2項)。

かりに、この例で、ステッキがCの物であり、Aが犬を殴ったことによってステッキが壊れてしまった場合には、Cとの関係では緊急避難は成立しない。刑法では緊急避難が成立しうる場面であるものの、民法上の緊急避難は、急迫の危難の発生原因たる物を損傷した場合にしか成立しないからである。

←「緊急避難」とは

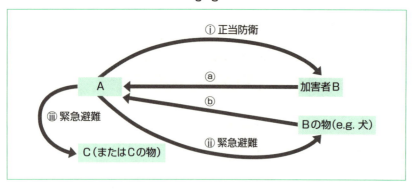

5-8

加害者・物	行為の対象		民法	刑法
B(ⓐ)	B(ⅰ)	→	正当防衛(720Ⅰ)	正当防衛
B(ⓐ)	C(ⅲ)	→	正当防衛(720Ⅰ)	緊急避難
Bの物(ⓑ)	Bの物(ⅱ)	→	緊急避難(720Ⅱ)	正当防衛または緊急避難
Bの物(ⓑ)	C(ⅲ)	→	—	緊急避難

【3】 その他

(1) 被害者の承諾・危険の引受けなど

加害者による権利侵害行為が行われても、侵害された権利者がこれを承諾していた場合には、加害者は不法行為責任を免れる。このような場合における、権利侵害に対して被害者が承諾することを**被害者の承諾**という。たとえば、Aが自己の所有する壺を割ることについて、Bに承諾し、この承諾に基づき、Bが当該壺を割った場合があげられる。　　　　　　　　　　　　　　　　　　　　　　← 「被害者の承諾」とは

被害者の承諾によって不法行為責任を免れる根拠は、権利の処分権限が権利主体に帰属する点にある。そのため、被害者は、みずからが処分権限を有する事項についてのみ、承諾することができる。また、処分権限を有する事項についてであっても、公序良俗に反する承諾や自由意思に基づかない承諾は無効である。

危険の引受けとは、権利侵害それ自体について承諾していないものの、権利　　　　← 「危険の引受け」とは
侵害の一定の危険性について承諾することをいう。

(2) 正当行為

刑法35条は、「法令又は正当な業務による行為」を罰しないと規定する。このような行為を**正当行為**という。正当行為については、民法上も不法行為責任を否　　　← 「正当行為」とは
定するのが通説である。たとえば、正当な手続による逮捕(刑訴199条、213条)や、死刑の執行(刑訴475条)、医療行為、遊戯・スポーツがあげられる。

(3) 自力救済

自力救済とは、権利が他人によって侵害された場合に、司法などの国家機関　　　　← 「自力救済」とは
の手によらず、みずから権利の保護を実現することをいう。たとえば、賃貸人Aが、賃貸借契約終了後も立ち退かずに借家に居座っている賃借人Bを、荷物ともども無理やり追い出す場合があげられる。

自力救済は、原則として禁止されており、違法な行為とされる。ただし、判例は、「法律に定める手続によったのでは、権利に対する違法な侵害に対抗して現状を維持することが不可能又は著しく困難であると認められる緊急やむを得ない特別の事情が存する場合においてのみ、その必要の限度を超えない範囲内で、例外的に許される」としている。

→ 最判昭和40年12月7日民集19巻9号2101頁

第5章 不法行為

2. 一般不法行為の効果

1 損害賠償の方法

【1】 金銭賠償の原則

不法行為の効果は、損害の金銭による賠償である（722条１項・417条）。すなわち、原則として損害を金銭に評価して賠償することとなる。これを**金銭賠償の原則**という。この趣旨は、貨幣経済社会のもとでは、金銭の支払によるほうが原状回復よりも便利という点にある。

← 「金銭賠償の原則」とは

ただし、417条は「別段の意思表示がないときは」と規定しているため、事後の特約があれば、すでに発生した損害を除去し、損害の存在しなかった状態に復元する**原状回復**によることもできる。原状回復を特に法律によって定めている例として、723条と不正競争防止法14条などがある。たとえば、名誉毀損の場合には、裁判所は、損害賠償に代えて、または損害賠償とともに、名誉を回復するのに適当な処分を命ずることができる（民723条）。名誉を回復するのに適当な処分とは、たとえば、謝罪広告があげられる。

【2】 一時金方式と定期金方式

(1) 意義

民法は、金銭賠償の原則を定めるものの、賠償金の支払方法に関する規定をおいていない。そのため、賠償金の支払方法として、一時金方式によることも、定期金方式によることもできる。**一時金方式**とは、逸失利益や介護費用などの将来にわたって継続的に発生する損害も含めてすべて一時に賠償させる方式をいう。**定期金方式**とは、将来の損害についてはそれが発生する各時期の経過ごとに賠償させる方式をいう。

← 「一時金方式」とは

← 「定期金方式」とは

裁判実務では、ほとんどの場合で原告は一時金での支払を請求しており、裁判所も一時金賠償を肯定している。また、判例は、傍論ながら、損害賠償請求権者が一時金による賠償の支払を求める旨の申立てをしている場合には、裁判所は定期金による支払を命じることができないとしている。

→ 最判昭和62年２月６日（行政百選Ⅱ215事件）

もっとも、損害賠償請求権者が定期金による支払を請求している場合には、裁判所は定期金による賠償金の支払を命じることができると解されている（判例）。

→ 大判大正５年９月16日民録22輯1796頁

一時金方式のメリットとして、紛争の一回的解決を図ることができる点や履行確保措置を講じる必要がない点があげられる。他方で、一時金方式のデメリットとして、高額の金銭が一時に支払われることで被害者が浪費してしまって賠償金が将来の生活設計にあてられないおそれがある点や、加害者が一時に巨額の賠償金を負担することによって経済的に破綻するおそれがある点があげられる。

← 一時金方式のメリット・デメリット

定期金方式のメリットとして、長期にわたって被害者や遺族の生活を保障する

← 定期金方式のメリット・デメリット

ことができる点や、巨額の賠償金の負担による加害者の経済的破綻を回避することができる点があげられる。他方で、定期金方式のデメリットとして、加害者の資力が悪化したり、支払意思を失ったりして賠償金の支払が滞るおそれがある点があげられる。

(2) 中間利息の控除

中間利息とは、損害賠償額算定の基準時から将来利益を得られたであろう時までの利息相当額をいう。一時金方式による場合に、損害賠償額を算定する際は、将来の逸失利益や出費を現在価値に換算するために、中間利息を控除する。

← 「中間利息」とは

→ 『債権総論』2章3節③【5】(2)

> 中間利息の控除は債務不履行に基づく損害賠償請求でも問題となるため、詳しくは債権総論を読んでください。
> 　たとえば、Aが、Bの運転するタクシーに乗っていたところ、Bの過失によってタクシーが事故に遭い、後遺症を伴うけがを負ったとします。Aは、当該事故当時、あと20年間は働くことができ、年間700万円の給与を得られると期待できたのですが、後遺症によって労働能力が減退し、給与が年間200万円減少してしまいました。
> 　このとき、Aの逸失利益の金額は、200万円×20年間＝4000万円になるのでしょうか。4000万円という金額は20年後にようやく到達する金額であって、この金額をただちにBに賠償させると、Aが過大な利益を得ることになってしまいます。たとえば、Aが現時点で4000万円の賠償を受けたとすると、Aは、その4000万円を定期預金にしておけば、20年後には定期預金の利息分の利益を得ることとなります。しかし、Bが賠償すべき金額は、20年経過時点で4000万円となる額ですから、賠償すべき額の現在価値を算定するためには利息分を控除する必要があるわけです。
> 　このように、損害賠償額を算定するためには、将来の逸失利益や出費の現在価値を算定する必要があり、その際に控除する利息相当額が中間利息です。
> 　なお、話をわかりやすくするために単純な例で説明しましたが、実際の中間利息の計算には、単利計算による方法（ホフマン方式）や複利計算による方法（ライプニッツ方式）などがあり、複雑な計算になります。まずは中間利息を控除する理由と考え方を理解するようにしましょう。

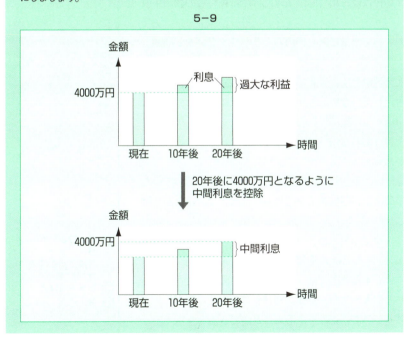

5-9

将来において取得すべき利益についての損害賠償の額を定める場合に、その利

← 平成29年改正

益を取得すべき時までの利息相当額を控除するときは、**その損害賠償の請求権が生じた時点における法定利率**により、これをする（722条・417条の2第1項）。

　この趣旨は、被害者が取得すべき金額を算定するには実質金利を反映させた変動利率によるべきであるとの立場を基礎にすえたうえで、中間利息の控除の場面でも、利息債権と同様の基準での変動法定利率が妥当する点にある。また、中間利息控除を行う場合の利率の基準時が「その損害賠償の請求権が生じた時点」となった趣旨は、法的安定性と当事者の公平を図る点にある。

　将来において負担すべき費用（将来の介護費用など）についての損害賠償額算定の際も、損害賠償請求権発生時の法定利率が中間利息控除の基準となる（722条・417条の2第2項）。

⇒ 部会資料74B・9頁、潮見・改正法71頁

【3】原状回復・差止め

(1) 原状回復

　不法行為の一般的効果として原状回復を認めることについて、判例・通説は否定的である。そのため、不法行為に基づいて原状回復を求めることができるのは、**事後の特約がある場合**や、723条のように**特に法律上認められている場合**にかぎられる。

　723条が名誉毀損について名誉回復のための処分を命ずることができると規定している趣旨は、名誉という社会的評価の低下は金銭賠償では十分に回復できない点にある。

⇒ 大判大正10年2月17日民録27輯321頁

(2) 差止め

　不法行為による損害賠償請求は、あくまでも権利侵害が発生した後の事後的な救済手段にすぎない。結果が発生した後では手遅れであって金銭賠償では被害の実質的解決にならないような場合には、損害賠償請求だけでは被害者の救済手段として不十分である。

　そこで、加害者の行為そのものを事前に差し止めることができないかが問題となる。

　この点、民法は、不法行為を理由とする差止めについて、規定を設けておらず、別の根拠による差止請求を否定していない。しかし、差止めを認めるということは、行為者の行動の自由を事前かつ直接的に制約することとなるため、被害者の権利を保護するうえで行為者の行動の自由への過剰な介入とならないように法的根拠と要件を検討する必要がある。

　この問題について、古い見解は、不法行為を根拠として差止請求を認めていた（**不法行為説**）。しかし、709条は損害賠償請求を認めるにとどまり、差止請求権の根拠とはならないと批判された。

　そのため、裁判例・通説は、物権的請求権または人格権に基づいて差止請求を認める（**権利説・物権的請求権説**または**人格権説**）。後者の人格権説は、人格権を、生命・健康を人間が本来有する状態で維持しうる権利と理解したうえで、個人の人格に本質的に付帯する個人の生命、身体、精神および生活に関する利益の侵害に対しては、人格権に基づいて差止めを求めることができるとする。

　もっとも、人格権の侵害によってただちに差止めが認められるわけではなく、加害者側と被害者側の諸事情の比較衡量による違法性判断として**受忍限度**を超

⇒ 最大判昭和56年12月16日（行政百選Ⅱ241事件）添付の第二審判決
⇒ 加藤（一）214頁
⇒ 澤井122頁

えることが必要と解されている（受忍限度論・受忍限度論的利益衡量判断）。また、特に差止めの場合には、加害者の事業活動のみならず、その社会的有用性・公共性に対する影響も生じることから、金銭賠償の場合よりも高度な違法性が必要と解される（違法性段階説）。

> ★重要判例（最判平成7年7月7日（百選Ⅱ110事件））
> 「原審は、……本件道路の近隣に居住する上告人らが現に受け、将来も受ける蓋然性の高い被害の内容が日常生活における妨害にとどまるのに対し、本件道路がその沿道の住民や企業に対してのみならず、地域間交通や産業経済活動に対してその内容及び量においてかけがえのない多大な便益を提供しているなどの事情を考慮して、上告人らの求める差止めを認容すべき違法性があるとはいえないと判断したものということができる。
> 　道路等の施設の周辺住民からその供用の差止めが求められた場合に差止請求を認容すべき違法性があるかどうかを判断するにつき考慮すべき要素は、周辺住民から損害の賠償が求められた場合に賠償請求を認容すべき違法性があるかどうかを判断するにつき考慮すべき要素とほぼ共通するのであるが、施設の供用の差止めと金銭による賠償という請求内容の相違に対応して、違法性の判断において各要素の重要性をどの程度のものとして考慮するかにはおのずから相違があるから、右両場合の違法性の有無の判断に差異が生じることがあっても不合理とはいえない。このような見地に立ってみると、原審の右判断は、正当として是認することができ、その過程に所論の違法はない」。
> 【争点】一般国道等の道路の周辺住民からその供用に伴う自動車騒音等により被害を受けているとして道路の供用の差止めが請求された場合について、請求を認容すべき違法性があるといえるか。
> 【結論】一般国道等の道路の周辺住民がその供用に伴う自動車騒音等により被害を受けている場合に、道路の周辺住民が現に受け、将来も受ける蓋然性の高い被害の内容が、睡眠妨害、会話、電話による通話、家族の団らん、テレビ・ラジオの聴取等に対する妨害およびこれらの悪循環による精神的苦痛等のいわゆる生活妨害にとどまるのに対し、道路が地域間交通や産業経済活動に対してその内容および量においてかけがえのない多大な便益を提供しているなど判示の事情の存するときは、道路の周辺住民による自動車騒音等の一定の値を超える侵入の差止請求を認容すべき違法性があるとはいえない。

2 賠償範囲と金銭的評価

すでに述べたとおり、加害行為と事実的因果関係のある損害のすべてが損害賠償の対象となるわけではなく、規範的判断によって損害賠償の範囲が限定され、その損害を金銭的に評価したものが賠償額となる。以下、詳述する。

【1】損害賠償の範囲

(1) 判例・通説（相当因果関係説）

判例・通説は、損害賠償の範囲の判断基準についても相当因果関係説を採用し、不法行為について416条の類推適用を肯定する。

すなわち、416条1項は相当因果関係の原則を定めたものであり、不法行為の場面では、当該不法行為が行われた場合に通常生じるであろう範囲の損害を賠償させるものと解する。そして、416条2項は、相当因果関係を判断する際に基礎とすべき特別の事情の範囲を示す規定であり、加害者が予見すべきであった事情を基礎事情とすべきと解する。416条の解釈については、債権総論で述べたとおりである。

たとえば、判例は、交通事故で重傷を負った母の看病のために留学途上で帰国し再度留学先に赴いた娘の往復旅費や、不動産に対する不当な仮差押えを受けた債務者が仮差押解放金の供託を余儀なくされた場合の借入金に対する通常予測しうる範囲内の利息および自己資金に対する法定利率の割合に相当する金員について、416条1項の通常損害として賠償の範囲に含まれるとしている。

また、判例は、Aが、銀行から融資を受ける際の担保として想定していた建物についてBから不当な仮処分を受けたため、銀行から融資を受けることができなくなり、事業進出計画が遅延したとして、Bに対して計画遅延による損害の賠償を求めた事案において、これを特別の事情によって生じた損害としたうえで、Bに予見可能性がないとして賠償を否定した。なお、この判例に付された大隅裁判官の反対意見は、416条を不法行為に類推適用すべきでないとしている。

→ 最判昭和49年4月25日民集28巻3号447頁
→ 最判平成8年5月28日民集50巻6号1301頁

→ 最判昭和48年6月7日（後出重要判例）

> ★**重要判例**（最判昭和48年6月7日（百選Ⅱ98事件））
> 「不法行為による損害賠償についても、民法416条が類推適用され、特別の事情によって生じた損害については、加害者において、右事情を予見しまたは予見することを得べかりしときにかぎり、これを賠償する責を負うものと解すべきであることは、判例の趣旨とするところであり……いまただちにこれを変更する要をみない。本件において、上告人の主張する財産および精神上の損害は、すべて、被上告人の本件仮処分の執行によって通常生ずべき損害にあたらず、特別の事情によって生じたものと解すべきであり、そして、被上告人において、本件仮処分の申請およびその執行の当時、右事情の存在を予見しまたは予見することを得べかりし状況にあったものとは認められないとした原審の認定判断は、原判決（その引用する第一審判決を含む。）挙示の証拠関係に照らして、正当として肯認することができる。」
> 【大隅裁判官反対意見】
> 「債務不履行に関する右の民法416条の規定を不法行為による損害賠償につき類推適用すべきものとする見解には、種々の点で疑問があるのを免れない。
> 債務不履行の場合には、当事者は合理的な計算に基づいて締結された契約によりはじめから債権債務の関係において結合されているのであるから、債務者がその債務の履行を怠った場合に債権者に生ずる損害について予見可能性を問題とすることには、それなりに意味があるのみならず、もし債権者が債務不履行の場合に通常生ずべき損害の賠償を受けるだけでは満足できないならば、特別の事情を予見する債権者は、債務不履行の発生に先立ってあらかじめこれを債務者に通知して、将来にそなえる途もあるわけである。これに反して、多くの場合全く無関係な者の間で突発する不法行為にあっては、故意による場合はとにかく、過失による場合には、予見可能性ということはほとんど問題となりえない。たとえば、自動車の運転者が運転を誤って人をひき倒した場合に、被害者の収入や家庭の状況などを予見しまたは予見しうべきであったというがごときことは、実際上ありうるはずがないのである。」
> 【争点】不法行為による損害賠償における賠償範囲の判断基準をどう解すべきか。
> 【結論】不法行為による損害賠償についても民法416条が類推適用され、特別の事情によって生じた損害については、加害者において、右事情を予見しまたは予見することを得べかりしときにかぎり、これを賠償する責を負うと解すべきである。

(2) **相当因果関係説への批判と近時の学説**

昭和48年判決における大隅裁判官反対意見のように、損害賠償の範囲の決定基準として416条を類推適用する判例・通説に対して否定的な学説が主張されている。

(a) 義務射程説

義務射程説は、故意による不法行為と過失による不法行為とで損害賠償の範

→ 平井・債権各論Ⅱ123頁
← 「義務射程説」とは

囲の決定基準を異にする。

すなわち、故意による不法行為の場合には、社会的有用性を認めることはできないため、行為と事実的因果関係のある損害は、原則として、すべて損害賠償の範囲に含まれるとする。これに対して、過失による不法行為の場合には、過失の存否を判断する基準である行為義務(損害回避義務とその前提をなす予見可能性に裏づけられた予見義務)の及ぶ範囲によって定められるとする。

(b) 危険性関連説

危険性関連説は、第一次損害と後続損害とを区別(たとえば、交通事故による負傷は第一次損害で、入院先での医療過誤による死亡は後続損害にあたる)し、第一次損害については義務射程説等によって判断し、後続損害については第一次損害と危険性関連があるか否かによって判断する見解である。

← 「危険性関連説」とは
→ 石田(穣)・損害賠償法の再構成48頁、四宮・不法行為431頁

> このように、損害賠償の範囲の判断基準については、学説上もさまざまな見解が主張されています。
> 試験対策としては、従来の通説である相当因果関係説を採用しつつ、各学説の問題意識をふまえて事案を検討することで対応すればよいでしょう。

【2】損害の金銭的評価

(1) 人身損害の算定

すでに述べたとおり、損害の意義については、大きく差額説と損害事実説との対立がある。

判例・通説は、差額説を採用したうえで、損害を積極的損害、消極的損害、非財産的損害の3つに分けて、損害項目ごとに損害額を算定してこれらを合計する方法を採用する(個別損害項目積上げ方式)。

→ 1節③【1】

→ 最判昭和42年11月10日民集21巻9号2352頁

← 個別損害項目積上げ方式

5-10

(a) 積極的損害

(i) 死亡の場合

死亡の場合には、葬儀費用、墓碑建設費・仏壇購入費も積極的損害にあたる(判例)。

→ 最判昭和44年2月28日民集23巻2号525頁

(ii) 傷害の場合

傷害の場合には、治療費、入院費などがあげられる。後遺症があるときは、介護費用も積極的損害にあたる。

(b) 消極的損害
(i) 死亡の場合

　死亡による逸失利益は、被害者の死亡当時の年収に就労可能年数(原則として67歳まで)を乗じた金額から、生活費と中間利息を控除して計算する。生活費を控除する理由は、後述する損益相殺によるものである。中間利息を控除する理由はすでに述べたとおりである。

　それでは、被害者が無職者(年少者や専業主婦なども含む)である場合には、逸失利益をどのように計算するべきであろうか。

　この点について、判例は、年少者死亡の場合の逸失利益の算定について、「経験則とその良識を十分に活用して、できうるかぎり蓋然性のある額を算出するよう努め」なければならないとして、逸失利益の賠償を認めた。

→ 本節③【3】
→ 本節①【2】(2)

→ 最判昭和39年6月24日（後出重要判例）

> ★重要判例（最判昭和39年6月24日民集18巻5号874頁）
> 「年少者死亡の場合における右消極的損害の賠償請求については、一般の場合に比し不正確さが伴うにしても、裁判所は、被害者側が提出するあらゆる証拠資料に基づき、経験則とその良識を十分に活用して、できうるかぎり蓋然性のある額を算出するよう努め、ことに右蓋然性に疑がもたれるときは、被害者側にとって控え目な算定方法(たとえば、収入額につき疑があるときはその額を少な目に、支出額につき疑があるときはその額を多めに計算し、また遠い将来の収支の額に懸念があるときは算出の基礎たる期間を短縮する等の方法)を採用することにすれば、慰藉料制度に依存する場合に比較してより客観性のある額を算出することができ、被害者側の救済に資する反面、不法行為者に過大な責任を負わせることともならず、損失の公平な分担を窮極の目的とする損害賠償制度の理念にも副うのではないかと考えられる。要するに、問題は、事案毎に、その具体的事情に即応して解決されるべきであり、所論のごとく算定不可能として一概にその請求を排斥し去るべきではない。」
> 【争点】年少者が死亡した場合に逸失利益の損害賠償請求が認められるか。
> 【結論】年少者が死亡した場合であっても、できるかぎり蓋然性のある逸失利益の額を算定して損害賠償請求を認めることができる。

　逸失利益の算定に際しては、**賃金センサス**とよばれる平均賃金の統計資料が利用されることが多い。

← 「賃金センサス」とは

> 　賃金センサスとは、正式名称を「賃金構造基本統計調査」といい、主要産業に雇用される労働者について、その賃金の実態を労働者の雇用形態、就業形態、職種、性、年齢、学歴、勤続年数および経験年数別に明らかにすることを目的として毎年実施される調査の結果をいいます。
> 　実務的には重要な資料ではありますが、試験との関係では、とりあえず、平均賃金に関する統計資料だということがわかればよいでしょう。

　賃金センサスでは、学歴や年齢、性別ごとの平均賃金の統計が明らかになっている。現在のわが国の平均賃金では、男子労働者の平均賃金と女子労働者の平均賃金とを比較した場合には、女子労働者の平均賃金の方が低額であるという格差が存在する。そこで、女子が被害者である場合に、死亡逸失利益を算定する基準をどうすべきかが問題となる。

　この点について、判例は、男女格差を容認している。また、昭和39年判例が述べた「被害者側にとって控え目な算定方法」という観点からは、女子労働者の平均賃金を基準として算定すべきこととなる(裁判例)。しかし、女子労働者の平均賃

→ 最判昭和62年1月19日（百選Ⅱ102事件）
→ 東京高判平成13年10月16日
判時1772号57頁

金を基準とすると、現実の社会における男女の賃金格差が逸失利益に反映することとなる。そこで、近時の裁判例は、男女をあわせた全労働者の平均賃金を基準とする方針を採用している（ただし、男子が被害者である場合には、男子労働者の平均賃金を基準として算定しているため、格差が完全に解消されたわけではない）。

→ 東京高判平成13年8月20日判時1757号38頁、最決平成14年7月9日交民35巻4号917頁

> 本文で説明した点以外にも、死亡逸失利益の算定に関して、次のような問題があります。
> ①一時滞在外国人の逸失利益
> 　一時滞在外国人にも、就労ビザを有している者や、観光客、不法滞在者などさまざまなパターンが考えられます。
> 　判例は、一時滞在外国人の逸失利益の算定方法について、「当該外国人がいつまで我が国に居住して就労するか、その後はどこの国に出国してどこに生活の本拠を置いて就労することになるか、などの点を証拠資料に基づき相当程度の蓋然性が認められる程度に予測し、将来のあり得べき収入状況を推定すべき」として、「予測される我が国での就労可能期間ないし滞在可能期間内は我が国での収入等を基礎とし、その後は想定される出国先（多くは母国）での収入等を基礎として逸失利益を算定するのが合理的」としました。
> ②公的年金の逸失利益性
> 　公的年金の受給権者が不法行為により死亡した場合に、平均余命まで受けることができたであろう年金相当額が逸失利益に該当するかが問題となります。
> 　判例は、各種年金の性格に応じて取扱いを分けています。たとえば、退職手当・退職給付、老齢年金、障害基礎年金・障害厚生年金などは、年金の目的が受給権者である被害者自身の損失補償ないし生活保障にあることから、逸失利益性が認められます。
> 　これに対して、障害年金の子と妻の加給分や、遺族が受給権者となる遺族年金については、逸失利益性が否定されます。
> ③67歳を超える者の就労可能年数
> 　現在の実務では、就労可能年数を67歳（平均余命を参考にして割り出した数字）として逸失利益を算定しています。
> 　67歳を超える者については、平均余命の2分の1の期間を基準として逸失利益を算定するのが現在の実務においては一般的です。

→ 最判平成9年1月28日民集51巻1号78頁

→ 最判平成5年9月21日判時1476号120頁、最判平成5年3月24日民集47巻4号3039頁、最判平成11年10月22日民集53巻7号1211頁
→ 最判平成12年11月14日民集54巻9号2683頁、最判平成12年11月14日判時1732号83頁

(ii) 傷害の場合

　傷害による逸失利益は、治療のために休業した期間の逸失利益（休業損害）と、後遺症による逸失利益がある。主に問題となるのは、後遺症による逸失利益である。

　傷害によって後遺症となった場合には、実務上、その程度（後遺障害等級）に応じて労働能力の喪失・低下を認めて逸失利益を計算する。古い判例は、差額説の立場から、労働能力の喪失・低下にもかかわらず収入が減少しなかった場合について、逸失利益の賠償を否定していたが、その後の判例は、損害事実説に近い考え方を取り入れて、収入が減少しなかった場合であっても一定の事由をみたすときは逸失利益の賠償を肯定する。

→ 最判昭和42年11月10日（前出）
→ 最判昭和56年12月22日（後出重要判例）

> ★重要判例（最判昭和56年12月22日〔百選Ⅱ100事件〕）
> 「かりに交通事故の被害者が事故に起因する後遺症のために身体的機能の一部を喪失したこと自体を損害と観念することができるとしても、その後遺症の程度が比較的軽微であって、しかも被害者が従事する職業の性質からみて現在又は将来における収入の減少も認められないという場合においては、特段の事情のない限り、労働能力の一部喪失を理由とする財産上の損害を認める余地はないというべきである。」
> 「たとえば、事故の前後を通じて収入に変更がないことが本人において労働能力低下に

よる収入の減少を回復すべく特別の努力をしているなど事故以外の要因に基づくものであって、かかる要因がなければ収入の減少を来たしているものと認められる場合とか、労働能力喪失の程度が軽微であっても、本人が現に従事し又は将来従事すべき職業の性質に照らし、特に昇給、昇任、転職等に際して不利益な取扱を受けるおそれがあるものと認められる場合など、後遺症が被害者にもたらす経済的不利益を肯認するに足りる特段の事情の存在を必要とするというべきである。」
【争点】労働能力の一部喪失を理由とする財産上の損害を認めることができるか。
【結論】後遺症が被害者にもたらす経済的不利益を肯認するに足りる特段の事情のないかぎり、財産上の損害を認める余地はない。

　不法行為によって後遺症が発生した被害者が、事実審の口頭弁論終結前に別の原因によって死亡した場合に、後遺症による逸失利益の算定にあたって死亡時以降の就労可能期間も算入することができるかが問題となる。
　この点について、判例は、交通事故の被害者が後遺障害により労働能力の一部を喪失した場合における逸失利益の算定にあたっては、事故後に別の原因により被害者が死亡したとしても、事故の時点で、死亡の原因となる具体的事由が存在し、近い将来における死亡が客観的に予測されていたなどの特段の事情がないかぎり、死亡の事実は就労可能期間の認定上考慮すべきものではないとした。

→ 最判平成8年4月25日（後出重要判例）

★**重要判例**（最判平成8年4月25日〔百選Ⅱ101事件〕）
　「交通事故の被害者が事故に起因する傷害のために身体的機能の一部を喪失し、労働能力の一部を喪失した場合において、いわゆる逸失利益の算定に当たっては、その後に被害者が死亡したとしても、右交通事故の時点で、その死亡の原因となる具体的事由が存在し、近い将来における死亡が客観的に予測されていたなどの特段の事情がない限り、右死亡の事実は就労可能期間の認定上考慮すべきものではないと解するのが相当である。けだし、労働能力の一部喪失による損害は、交通事故の時に一定の内容のものとして発生しているのであるから、交通事故の後に生じた事由によってその内容に消長を来すものではなく、その逸失利益の額は、交通事故当時における被害者の年齢、職業、健康状態等の個別要素と平均稼働年数、平均余命等に関する統計資料から導かれる就労可能期間に基づいて算定すべきものであって、交通事故の後に被害者が死亡したことは、前記の特段の事情のない限り、就労可能期間の認定に当たって考慮すべきものとはいえないからである。また、交通事故の被害者が事故後にたまたま別の原因で死亡したことにより、賠償義務を負担する者がその義務の全部又は一部を免れ、他方被害者ないしその遺族が事故により生じた損害のてん補を受けることができなくなるというのでは、衡平の理念に反することになる。」
【争点】交通事故の被害者が事故に起因する傷害のため労働能力の一部を喪失した場合において、その後に被害者が死亡したときの逸失利益の算定方法。
【結論】交通事故の時点で、その死亡の原因となる具体的事由が存在し、近い将来における死亡が客観的に予測されていたなどの特段の事情がないかぎり、死亡の事実は就労可能期間の認定上考慮すべきものではない。

　上記の判例法理は、「被害者の死亡が病気、事故、自殺、天災等のいかなる事由に基づくものか、死亡につき不法行為等に基づく責任を負担すべき第三者が存在するかどうか、交通事故と死亡との間に相当因果関係ないし条件関係が存在するかどうかといった事情によって異なるものではない」（判例）。もっとも、後遺症が発生した被害者が別の第三者による不法行為によって死亡した場合には、その第三者が負担すべき賠償額は、最初の不法行為によって低下した被害者の労働能力を前提として算定することとなる。

→ 最判平成8年5月31日（後出重要判例）

★**重要判例（最判平成8年5月31日民集50巻6号1323頁）**
「交通事故の被害者が事故に起因する後遺障害のために労働能力の一部を喪失した場合における財産上の損害の額を算定するに当たっては、その後に被害者が死亡したとしても、交通事故の時点で、その死亡の原因となる具体的事由が存在し、近い将来における死亡が客観的に予測されていたなどの特段の事情がない限り、右死亡の事実は就労可能期間の算定上考慮すべきものではないと解するのが相当である（〔最判平成8年4月25日民集50巻5号1221頁〕参照）。
　右のように解すべきことは、被害者の死亡が病気、事故、自殺、天災等のいかなる事由に基づくものか、死亡につき不法行為等に基づく責任を負担すべき第三者が存在するかどうか、交通事故と死亡との間に相当因果関係ないし条件関係が存在するかどうかといった事情によって異なるものではない。本件のように被害者が第2の交通事故によって死亡した場合、それが第三者の不法行為によるものであっても、右第三者の負担すべき賠償額は最初の交通事故に基づく後遺障害により低下した被害者の労働能力を前提として算定すべきものであるから、前記のように解することによって初めて、被害者ないしその遺族が、前後2つの交通事故により被害者の被った全損害についての賠償を受けることが可能となるのである。」

【争点】交通事故の被害者が事故に起因する傷害のため労働能力の一部を喪失した場合に、その後に被害者が死亡したときの逸失利益の算定方法は、死亡の原因によって異なるか。

【結論】被害者の死亡が病気、事故、自殺、天災等のいかなる事由に基づくものか、死亡につき不法行為等に基づく責任を負担すべき第三者が存在するかどうか、交通事故と死亡との間に相当因果関係ないし条件関係が存在するかどうかといった事情によって異なるものではない。

5-11

【前提事実】
　被害者Aは、2018年6月1日に37歳となった。
　被害者Aは、2018年6月1日、加害者Bの信号無視運転による交通事故（事故①）に巻き込まれ、労働能力の60％を喪失する後遺障害を負った。また、事故①によって、Aは年間200万円の介護費用を要することとなった。
　被害者Aは、2023年6月1日、加害者Cの信号無視運転による交通事故（事故②）に巻き込まれて死亡した。なお、事故①の時点で事故②の発生を予測することはできなかった。

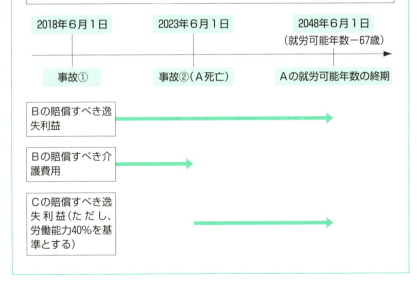

➡ 本節2【2】(1)(b)(i)

以上のとおり、後遺症による逸失利益については、被害者が別の原因によって死亡した場合であっても、原則として、死亡時以降の就労可能期間も算入することができる。これに対して、介護費用の賠償については、被害者が別の原因によって死亡した場合には、死亡時以降の介護費用の賠償を求めることはできない（判例）。なぜなら、介護費用の賠償は、被害者が現実に支出すべき費用を補填するものであって、被害者が死亡すれば、その時点以降の介護は不要となるからである。

→ 最判平成11年12月20日民集53巻9号2038頁

(c) 非財産的損害（精神的損害）

非財産的損害の主たるものとして精神的損害があげられる。

精神的損害を填補するものを慰謝料という。慰謝料の算定に明確な基準はなく、最終的には社会通念や裁判官の良識に委ねられる。

← 慰謝料とは

判例は、慰謝料について、その算定にあたって裁判官は金額認定にいたった根拠をいちいち示す必要がなく、被害者が慰謝料額の証明をしていなくとも諸般の事情を考慮して慰謝料の賠償を命じることができるとする。また、その際にしん酌すべき事情に制限はなく、被害者の地位、職業等のほか、加害者の社会的地位や財産状態をしん酌してもよいと考えられている。

→ 最判昭和47年6月22日判時673号41頁

→ 大判大正9年5月20日民録26輯710頁、大判昭和8年7月7日民集12巻1805頁

> 慰謝料額をいくらと認定するかは裁判官の裁量に委ねられています。このことから、慰謝料には、単に精神的苦痛を填補する機能だけでなく、財産的損害を補完する機能（補完的機能）があるといわれています。
> なお、一部の学説は、慰謝料に制裁的機能（懲罰的機能）もあると主張しています。しかし、判例・通説は、慰謝料の制裁的機能（懲罰的機能）を認めず、懲罰的損害賠償を否定しています。

→ 最判平成9年7月11日民集51巻6号2573頁

(2) 物的損害の算定

(a) 物の滅失・損傷

物が滅失した場合や、損傷であっても修理不能である場合は、その物の交換価値が賠償額となる（判例）。

物の交換価値を賠償すべき場合に、いつの時点における時価を基準とすべきかが問題となる。判例は、不法行為に基づく損害賠償請求に416条を類推適用することを前提として、債務不履行に基づく損害賠償請求と同様の基準で算定する。具体的には、以下のとおりである。

→ 最判昭和39年6月23日民集18巻5号842頁

→ 大連判大正15年5月22日民集5巻386頁

→ 『債権総論』2章3節③【4】(2)

①原則は、履行不能時の時価が基準となる。

②目的物の価格が騰貴しつつあるという特別の事情がある場合において、債務者が履行不能時に当該特別の事情を予見すべきであったときは、騰貴した価格が基準となる。

　　ただし、債権者が当該騰貴した価格の時点まで目的物を保持せず、騰貴前に目的物を処分していたであろうと予想される場合には、当該処分時の時価が基準となる。

③価格がいったん騰貴した後に下落した場合において、債権者が転売等によって当該騰貴した価格（中間最高価格という）による利益を確実に取得できたであろうと債務者が予見すべきであったときは、中間最高価格が基準となる。

← 「中間最高価格」とは

④現在も価格が騰貴している場合には、債権者が転売等の処分をする予定で

あったか否かにかかわらず、現在の価格、すなわち事実審の口頭弁論終結時の価格が基準となる。

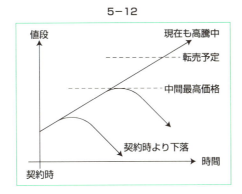
5-12

物が損傷した場合で、修理可能であるときは、原則として修理費が賠償額となる。もっとも、判例は、修理費が高額であり、損傷後の時価と損傷前の時価との差額を上回る場合には、その時価の差額を賠償額とする（経済的全損）。また、修理期間中休業した場合には、休業期間中の損害の賠償が認められることがある（判例）。

→ 最判昭和49年4月15日
民集28巻3号385頁

→ 最判昭和33年7月17日
民集12巻12号1751頁

5-13

【前提事実】
　Aは、自動車（A車）を運転中、Bの信号無視運転によって、Bの運転する自動車（B車）に追突された。A車の事故前の時価は100万円であり、事故後の時価は70万円、事故前の状態に修復する場合には60万円を要する。

130万円
100万円
時価100万円
修理費60万円
時価70万円
経済的全損
→差額30万円を賠償額とする

損害額の立証がきわめて困難である場合には、裁判所は、「相当な損害額」を認定することができる（民訴248条）。この趣旨は、慰謝料等について認められてきた裁判官の裁量を、物的損害を含むその他の損害についても一般的に認める点にある。

(b)　物の不法占有

土地や建物が不法占有された場合、賃料相当額が賠償額となる。賃借人が賃貸借契約終了後も賃借物を返還しない場合も同様である（判例）。

→ 大連判大正7年5月18日
民録24輯976頁

　被害者が加害者に対して不法行為に基づく損害賠償請求訴訟を提起した場合に、訴訟追行を委任した弁護士に支払う弁護士費用も損害として賠償請求できるかが問題となります。
　わが国では、訴訟手続について弁護士強制主義を採用していないため、弁護士に委任することなく、みずから訴訟を提起することができます。また、「訴訟費用」は敗訴した当事者が負担しなければならないとされている（民訴61条）ところ、弁護士費用は訴訟費用に含まれません。

そのため、判例は、弁護士費用全額を当然に損害として認めてはおらず、「事案の難易、請求額、認容された額その他諸般の事情を斟酌して相当と認められる額の範囲内のもの」にかぎって賠償を認めています。たとえば、交通事故に基づく損害賠償請求訴訟の場合では、賠償額の1割程度を弁護士費用分の損害として認めていることが多いです。

→ 最判昭和44年2月27日民集23巻2号441頁

3 損害賠償額の減額調整

【1】過失相殺

過失相殺とは、被害者に過失があったときに裁判所がこれを考慮して損害賠償の額を定めることができる制度をいう（722条2項）。この趣旨は、被害者に過失があった場合には、その部分を被害者に負担させることが**損害の公平な分担**の理念に合致する点にある。

ここでいう「過失」とは、不法行為の成立要件としての「過失」（709条）とは異なり、被害者が責任能力を有していない場合であっても、**事理弁識能力を有すれば足りる**と解される。なぜなら、過失相殺は公平の見地から損害発生についての被害者の不注意をいかにしん酌すべきかの問題にすぎないからである（判例）。事理弁識能力は、5～6歳に達すれば備わると解されている。

418条は、債務不履行に基づく損害賠償の場合について過失相殺を規定する。もっとも、418条が「損害賠償の責任及びその額を定める」と規定しているのに対して、722条2項は「損害賠償の額を定めることができる」と規定していることから、**722条2項の過失相殺では損害賠償責任そのものを否定することはできない**。また、418条では責任および賠償額について必要的考慮とされているのに対して、722条2項では**損害賠償額についてのみの任意的考慮**とされている。すなわち、裁判所は、賠償額の認定にあたって、被害者の過失を考慮することもできるし、しないこともできる。

← 「過失相殺」とは

● 論点Aランク（論証26）

→ 最大判昭和39年6月24日（判例シリーズ85事件）

← 債務不履行に基づく損害賠償請求の場合（418条）との相違点

	418条	722条2項
過失相殺によって定めることのできる事項	責任およびその額を定める	額のみを定める（責任は否定できない）
過失相殺の考慮の裁量性	必要的考慮	任意的考慮

【2】被害者側の過失・被害者の素因

(1) 被害者側の過失

被害者側の過失とは、被害者自身に過失がない場合であっても、被害者と一定の関係にある者に過失があるときに当該過失を考慮して損害賠償額を判断することをいう。そもそも過失相殺の趣旨が損害の公平な分担の理念に合致する点にあるところ、この趣旨にかんがみて、722条2項にいう「被害者に過失があったとき」には被害者側の過失を包含すると解される。

被害者側の過失において過失を考慮することのできる者とは、**被害者と身分上または生活関係上一体をなすとみられる関係にある者**をいうと解される。具体的には、被害者の配偶者や内縁配偶者について、被害者側の過失を考慮した判例がある。これに対して、被害者が幼児の場合における保母（保育士）や、被害

← 「被害者側の過失」とは
● 論点Aランク（論証27）
▶ 昭和62年度第2問
▶ 2015年第1問
→ 最判昭和51年3月25日（後掲重要判例）、最判平成19年4月24日判時1970号54頁、最判昭和42年6月27日（後掲重要判例）、最判昭和56年2月17日判時996号65頁、最判平成9年9月9日判時1618号63頁

者の職場の同僚、被害者と交際中の者について、被害者側の過失を考慮しなかった判例がある。

★重要判例（最判昭和42年6月27日民集21巻6号1507頁）
「民法722条2項に定める被害者の過失とは単に被害者本人の過失のみでなく、ひろく被害者側の過失をも包含する趣旨と解すべきではあるが、本件のように被害者本人が幼児である場合において、右にいう被害者側の過失とは、例えば被害者に対する監督者である父母ないしはその被用者である家事使用人などのように、被害者と身分上ないしは生活関係上一体をなすとみられるような関係にある者の過失をいうものと解するを相当とし、所論のように両親より幼児の監護を委託された者の被用者のような被害者と一体をなすとみられない者の過失はこれに含まれないものと解すべきである。けだし、同条項が損害賠償の額を定めるにあたって被害者の過失を斟酌することができる旨を定めたのは、発生した損害を加害者と被害者との間において公平に分担させるという公平の理念に基づくものである以上、被害者と一体をなすとみられない者の過失を斟酌することは、第三者の過失によって生じた損害を被害者の負担に帰せしめ、加害者の負担を免ずることとなり、却って公平の理念に反する結果となるからである。」
【争点】被害者側の過失において過失を考慮することのできる者とは、被害者とどのような関係にある者をいうか。
【結論】被害者と身分上ないしは生活関係上一体をなすとみられるような関係にある者をいう。

★重要判例（最判昭和51年3月25日〔判例シリーズ86事件〕）
「民法722条2項が不法行為による損害賠償の額を定めるにつき被害者の過失を斟酌することができる旨を定めたのは、不法行為によって発生した損害を加害者と被害者との間において公平に分担させるという公平の理念に基づくものであると考えられるから、右被害者の過失には、被害者本人と身分上、生活関係上、一体をなすとみられるような関係にある者の過失、すなわちいわゆる被害者側の過失をも包含するものと解される。したがって、夫が妻を同乗させて運転する自動車と第三者が運転する自動車とが、右第三者と夫との双方の過失の競合により衝突したため、傷害を被った妻が右第三者に対し損害賠償を請求する場合の損害額を算定するについては、右夫婦の婚姻関係が既に破綻にひんしているなど特段の事情のない限り、夫の過失を被害者側の過失として斟酌することができるものと解するのを相当とする。」
【争点】夫が妻を同乗させて運転する自動車と第三者が運転する自動車とが、第三者と夫との双方の過失の競合により衝突したため、傷害を被った妻が第三者に対して損害賠償を請求する場合の損害額の算定にあたって夫の過失を被害者側の過失としてしん酌することができるか。
【結論】夫婦の婚姻関係がすでに破綻にひんしているなど特段の事情のないかぎり、夫の過失を被害者側の過失としてしん酌することができる。

(2) 被害者の素因

被害者の素因とは、被害者が不法行為の前から有していた心身の状態で、不法行為と競合して当該被害を発生させ、または損害の拡大に寄与する原因となったものをいう。素因には、心因的素因と体質的素因がある。体質的素因は、疾患と、それ以外の身体的特徴に分けられる。

被害者の素因によって損害が発生し、または損害の拡大に寄与した場合には、損害の全部を加害者に賠償させるのは損害の公平な分担を目的とする損害賠償法の理念に反することから、722条2項を類推適用し、賠償額を減額することができる場合がある（判例）。

← 「被害者の素因」とは
▶ 平成15年度第1問
▶ 2011年第1問

➡ 最判昭和63年4月21日民集42巻4号243頁

(a) 心因的素因

判例は、被害者の心因的素因が損害の拡大に寄与した事案について、722条2項を類推適用して賠償額の減額を認めた。しかし、判例は、過労による労働者の自殺事案について、「ある業務に従事する特定の労働者の性格が同種の業務に従事する労働者の個性の多様さとして通常想定される範囲を外れるものでない限り」心因的素因としてしん酌してはならないとした。

→ 最判昭和63年4月21日（前出）
→ 最判平成12年3月24日（後出重要判例）

★重要判例（最判平成12年3月24日民集54巻3号1155頁）
「身体に対する加害行為を原因とする被害者の損害賠償請求において、裁判所は、加害者の賠償すべき額を決定するに当たり、損害を公平に分担させるという損害賠償法の理念に照らし、民法722条2項の過失相殺の規定を類推適用して、損害の発生又は拡大に寄与した被害者の性格等の心因的要因を一定の限度でしんしゃくすることができる（〔最判昭和63年4月21日民集42巻4号243頁〕参照）。この趣旨は、労働者の業務の負担が過重であることを原因とする損害賠償請求においても、基本的に同様に解すべきものである。しかしながら、企業等に雇用される労働者の性格が多様のものであることはいうまでもないところ、ある業務に従事する特定の労働者の性格が同種の業務に従事する労働者の個性の多様さとして通常想定される範囲を外れるものでない限り、その性格及びこれに基づく業務遂行の態様等が業務の過重負担に起因して当該労働者に生じた損害の発生又は拡大に寄与したとしても、そのような事態は使用者として予想すべきものということができる。しかも、使用者又はこれに代わって労働者に対し業務上の指揮監督を行う者は、各労働者がその従事すべき業務に適するか否かを判断して、その配置先、遂行すべき業務の内容等を定めるのであり、その際に、各労働者の性格をも考慮することができるのである。したがって、労働者の性格が前記の範囲を外れるものでない場合には、裁判所は、業務の負担が過重であることを原因とする損害賠償請求において使用者の賠償すべき額を決定するに当たり、その性格及びこれに基づく業務遂行の態様等を、心因的要因としてしんしゃくすることはできないというべきである。」
【争点】過労による労働者の自殺事案について労働者の性格を心因的要因としてしん酌することができるか。
【結論】労働者の性格が一定の範囲を外れるものでない場合には、裁判所は、業務の負担が過重であることを原因とする損害賠償請求において使用者の賠償すべき額を決定するにあたり、その性格およびこれに基づく業務遂行の態様等を心因的要因としてしん酌することはできない。

(b) 体質的素因

判例は、被害者の後天的疾患が損害発生の一因となった事案について、722条2項を類推適用して賠償額の減額を認めた。また、被害者が心臓に先天的疾患を有していたことが損害発生の一因となった事案について、722条2項を類推適用して賠償額の減額を認めた判例がある。

これに対して、疾患とはいえない身体的特徴が損害の拡大に寄与した事案について、「極端な肥満など通常人の平均値から著しくかけ離れた身体的特徴を有する者が、転倒などにより重大な傷害を被りかねないことから日常生活において通常人に比べてより慎重な行動をとることが求められるような場合は格別、その程度に至らない身体的特徴は、個々人の個体差の範囲として当然にその存在が予定されている」として、原則として722条2項類推適用を否定した判例もある。

● 論点Aランク（論証28）
→ 最判平成4年6月25日 民集46巻4号400頁
→ 最判平成20年3月27日 判時2003号155頁
→ 最判平成8年10月29日（後出重要判例）
→ 百選Ⅱ106事件

★重要判例（最判平成8年10月29日〔判例シリーズ87事件〕）
「被害者に対する加害行為と加害行為前から存在した被害者の疾患とが共に原因となって損害が発生した場合において、当該疾患の態様、程度などに照らし、加害者に損害の全

部を賠償させるのが公平を失するときは、裁判所は、損害賠償の額を定めるに当たり、民法722条2項の規定を類推適用して、被害者の疾患を斟酌することができることは、当裁判所の判例（〔最判平成4年6月25日民集46巻4号400頁〕）とするところである。しかしながら、被害者が平均的な体格ないし通常の体質と異なる身体的特徴を有していたとしても、それが疾患に当たらない場合には、特段の事情の存しない限り、被害者の右身体的特徴を損害賠償の額を定めるに当たり斟酌することはできないと解すべきである。けだし、人の体格ないし体質は、すべての人が均一同質なものということはできないものであり、極端な肥満など通常人の平均値から著しくかけ離れた身体的特徴を有する者が、転倒などにより重大な傷害を被りかねないことから日常生活において通常人に比べてより慎重な行動をとることが求められるような場合は格別、その程度に至らない身体的特徴は、個々人の個体差の範囲として当然にその存在が予定されているものというべきだからである。」

【争点】 身体的特徴が損害の拡大に寄与した事案について、損害賠償の額を定めるにあたり身体的特徴をしん酌することができるか。

【結論】 被害者が平均的な体格ないし通常の体質と異なる身体的特徴を有していたとしても、それが疾患にあたらない場合には、特段の事情の存しないかぎり、被害者の身体的特徴を損害賠償の額を定めるにあたりしん酌することはできない。

	被害者の素因	722 Ⅱ 類推適用の可否
心因的素因	原則	○（判例）
	例外（過労による労働者の自殺）	×（判例）
体質的素因	疾患	○（判例）
	身体的特徴	×（判例）

→ 最判昭和63年4月21日（前出）
→ 最判平成12年3月24日（前出重要判例）
→ 最判平成20年3月27日（前出）
→ 最判平成8年10月29日（前出重要判例）

【3】損益相殺

(1) 意義

損益相殺とは、損害賠償の発生原因が生じたことにより被害者が損害を受けたのと同時に利益も受けた場合に、その利益分を損害賠償額から控除することをいう。明文規定はないものの、公平の理念から解釈上認められている（536条2項後段参照）。

たとえば、医師Aの医療過誤によって患者Bが死亡した場合には、Bの相続人はBのAに対する損害賠償請求権を相続する。このとき、Bの逸失利益から、Bが生存したであろう期間の生活費を控除するのが損益相殺である。Bが死亡したことによって、生存していれば支出したはずの生活費の支出を免れることになるため、その分を控除するのが公平だからである。

どのような場合に損益相殺が認められるかについて、判例は、「被害者が不法行為によって損害を被ると同時に、同一の原因によって利益を受ける場合には、損害と利益との間に同質性がある限り、公平の見地から、その利益の額を被害者が加害者に対して賠償を求める損害額から控除することによって損益相殺的な調整を図る必要があ」るとして、原因の同一性と利益と損失の同質性を基準としている。

(2) 具体例

損益相殺が認められる具体例は、まず、被害者が死亡した結果支出を免れた生活費である。ただし、不法行為によって幼児が死亡した場合に、その損害賠償請求権を相続した父母が支出を免れた養育費について、判例は、「損益相殺により

← 「損益相殺」とは

→ 最判平成5年3月24日（前出）

← 生活費・養育費と損益相殺
→ 最判昭和39年6月24日民集18巻5号874頁

差引かれるべき利得は、被害者本人に生じたものでなければならないと解されるところ、本件賠償請求権は被害者ら本人について発生したものであり、所論のごとき利得は被害者本人に生じたものでないことが明らかであるから、本件賠償額からこれを控除すべきいわれはない」として、損益相殺を否定した。

次に、生命保険金や損害保険金は、保険料支払の対価として被害者に支払われるものであるため、損益相殺は認められないと解される（判例）。ただし、損害保険については、請求権の代位が認められており、保険金を支払った保険会社は支払った保険金の限度において被保険者が第三者（加害者）に対して有する損害賠償請求件を取得する（保険法25条1項）。その結果、実質的には損益相殺がされたのと同様の結果となる。

そのほか、香典や見舞金も損益相殺の対象とならないと解されている（判例）。

(3) 社会保険給付と損益相殺的調整

被害者が不法行為によって死亡等した場合には、遺族に対して、遺族年金等の社会保険給付がされることがある。このような社会保険給付については、厳密には損益相殺の要件をみたさない場合であっても、損益相殺的な調整として賠償額の減額が認められている。

かつての判例は、社会保険給付がなされた場合には受給権者の加害者に対する損害賠償請求権が国に移転する（弁済代位）ことを根拠として、現実に給付された社会保険給付の額の限度で損益相殺的調整を認めていた。しかし、その後の判例は、損益相殺的調整の範囲について、現実に給付された額に限定せず、支給を受けることが確定している限度で将来支給される社会保険給付も控除の対象となるとした。

損益相殺的調整をする場合にも、利益と損失の同質性が要求される。これを費目拘束性という。たとえば、被害者が後遺障害を負った場合の労災年金や厚生年金は、後遺障害による逸失利益を填補するものであるから、損益相殺的調整は逸失利益との間でしなければならない。かりに労災保険給付等が逸失利益を上回ったとしても、積極損害や精神的損害との間で控除することはできないと解される（判例）。なお、自賠責保険金については、人身損害を填補するものであるから、人身損害全体から保険金を控除することができると解される（判例）。

この点に関して、逸失利益の元本のみならず、遅延損害金との間で損益相殺的調整ができるかが問題となる。

かつての判例は、被害者たる労働者が交通事故によって死亡し、自賠責保険金のほか遺族補償年金と遺族厚生年金が給付された事案について、給付された社会保険を「自賠責保険金等」と総称し、遅延損害金から充当して損益相殺的調整を行った。この判例は、人身損害との関係で費目拘束性のない自賠責保険金については妥当であるものの、費目拘束性のある遺族補償年金と遺族厚生年金について遅延損害金との間で損益相殺的調整をした点については疑問が呈されていた。

その後、判例は、「損害の元本に対する遅延損害金に係る債権は、飽くまでも債務者の履行遅滞を理由とする損害賠償債権であるから、遅延損害金を債務者に支払わせることとしている目的は、遺族補償年金の目的とは明らかに異なるものであって、遺族補償年金による填補の対象となる損害が、遅延損害金と同性質であるということも、相互補完性があるということもできない」として、遅延損害金との間での損益相殺的調整を否定し、逸失利益の元本から控除すべきとし、こ

← 生命保険金・損害保険金と損益相殺

→ 最判昭和39年9月25日民集18巻7号1528頁、最判平成7年1月30日民集49巻1号211頁、最判昭和50年1月31日民集29巻1号68頁

← 香典・見舞金と損益相殺

→ 大判昭和5年5月12日新聞3127号9頁、最判昭和43年10月3日判時540号38頁

→ 最判昭和52年5月27日民集31巻3号427頁

→ 最判平成5年3月24日（前出）

→ 最判昭和58年4月19日民集37巻3号321頁、最判昭和62年7月10日民集41巻5号1202頁

→ 最判平成10年9月10日判タ986号189頁

→ 最判平成16年12月20日判時1886号46頁

→ 最大判平成27年3月4日（百選Ⅱ103事件）

の判断と抵触する限度で平成16年判例を変更した。

　また、この判例は、損益相殺的調整をする時期について、「不法行為により死亡した被害者の相続人が遺族補償年金の支給を受け、又は支給を受けることが確定することにより、上記相続人が喪失した被扶養利益が填補されたこととなる場合には、その限度で、被害者の逸失利益等の消極損害は現実にはないものと評価できる」とし、控除した元本に相当する部分の遅延損害金は発生しないとした。

> 　たとえば、AがYによる不法行為によって死亡し、Aの相続人であるXがAの損害賠償請求権を相続したという事案で考えてみましょう。この事案で、Xは、Aが死亡したことによって、遺族年金を受給しました。また、Aの逸失利益の額は3000万円であり、遅延損害金が450万円（年3％で5年分）、遺族年金額は2000万円でした。
> 　この場合に、遅延損害金との間で損益相殺的調整ができるとして、489条1項に従って遺族年金の控除を遅延損害金から充当する方法を採用すると、Xは、Yに対して1450万円（3000万円＋450万円－2000万円）を請求できることとなります。
> 　これに対して、遅延損害金との間で損益相殺的調整ができないとすると、遺族年金の控除は逸失利益の元本から行うこととなります。また、不法行為の時点で控除され、控除された部分に相当する遅延損害金が発生しないとすると、Xは、Yに対して1150万円（元本は3000万円－2000万円＝1000万円。この元本に相当する遅延損害金しか発生しないので、遅延損害金は1000万円×3％×5年分＝150万円）しか請求できないこととなります。

(4)　過失相殺と損益相殺

　過失相殺と損益相殺が同時に問題となる場合に、どちらを先に行うかが、債務不履行の場合と同様に問題となる。詳細は、債権総論で解説したとおりであり、判例は、労災保険給付の事案と自賠法の事案について、それぞれ過失相殺を先に行うべきとした（控除前相殺説）。もっとも、判例は、自賠法等の解釈から結論を導いており、一般論として控除前相殺説を採用したわけではない。健康保険法にも労災保険等と同様の損害填補規定があるところ、実務上、健康保険法に基づく損害填補については損益相殺を先に行う運用がなされている（控除後相殺説）。このように、過失相殺と損益相殺の先後は、損益相殺の対象となる給付の性質等を考慮しつつ、事案に応じて判断することが求められる。

← 過失相殺と損益相殺の先後
→ 『債権総論』2章3節③【5】(1)(b)
→ 最判平成元年4月11日民集43巻4号209頁、最判平成17年6月2日民集59巻5号901頁

4　損害賠償請求権

【1】請求権者

(1)　自然人・胎児・法人

　不法行為に基づく損害賠償請求権の請求権者は、その不法行為によって損害を被った被害者である。自然人のほか、法人や権利能力なき社団も損害賠償請求権の主体となることができる（民訴29条参照）。

　出生前の胎児は、権利能力は有しない（3条1項）ものの、損害賠償請求権との関係ではすでに生まれたものとみなされる（721条）。したがって、胎児である間に父が不法行為で死亡した場合に、胎児は固有の損害賠償請求権を取得する（711条）。また、胎児自身が不法行為による損害を被った場合は、固有の損害賠償請求権を取得する（709条、710条）。

　ここにいう「既に生まれたものとみなす」（721条）という文言の意味について、学説上争いがある。

→ 『民法総則』2章1節①【1】

この点について、判例は、権利能力のない胎児に損害賠償請求権は帰属しないものの、胎児が出生したときに遡及的に権利能力を取得すると解する(人格的遡及説または停止条件説)。これに対して、学説には、損害賠償請求権に関しては胎児の時点で権利能力を有しており、死産の場合にはさかのぼって権利能力を失うと解する見解がある(制限人格説または解除条件説)。

　人格的遡及説(停止条件説)に立つと、胎児が出生する前の時点で胎児を代理することはできないため、胎児の代理人が加害者との間で締結した和解契約の効力は胎児に帰属せず無効となる。

(2) 生命侵害の場合の請求権者
(a) 財産的損害

　積極的損害(入通院費や葬儀費用など)については、これを現実に支出した者の損害となるため、支出した者が請求権者となる。

　消極的損害(逸失利益)については、被害者自身は死亡しているため、だれが請求できるかが問題となる。

　判例・通説は、逸失利益の損害賠償請求権が被害者本人にいったん帰属し、それが相続人に相続されると解する(相続説)。この見解は、被害者が即死した場合についても、受傷と死亡との間に観念上時間的間隔が存在すること等を理由として、逸失利益の損害賠償請求権の相続を肯定する。

> 　相続説は、その法律構成として、即死の場合でも受傷と死亡との間に観念上時間的間隔が存在すると説明する説(時間的間隔説)のほか、生命侵害も身体に対する傷害の極限であると説明する説(極限概念説)、被相続人と相続人とが法律上同一の人格として継続すると説明する説(人格承継説)などがあります。
> 　上記判例は、時間的間隔説を採用しています。

　相続説は、損害賠償請求権者の範囲が明確になるという長所を有する。しかし、相続説は、被害者が死亡した場合の説明が技巧的に過ぎる点や、親が子を相続した場合に不合理な結論になる点(逆相続の不合理)、内縁配偶者などは相続人でないため逸失利益の賠償が認められない反面、被害者とは実質的に関係のない相続人が逸失利益の賠償を請求できてしまう点(笑う相続人)が批判されている。

> 　相続説に対する批判について、もう少し詳しく説明しましょう。細かいところですが、法科大学院コア・カリキュラム第1次案では、その理解が求められていますので、触れておきます。
> 　逆相続の不合理とは、次のような批判です。
> 　たとえば、子が死亡した場合に、その逸失利益を親が相続したとします。この場合の逸失利益は、子の死亡当時の年収に就労可能年数(原則として67歳まで)を乗じた金額から、生活費と中間利息を控除して計算するわけです。
> 　しかし、一般的に、親は子より早く死亡します。そうすると、子の逸失利益を相続した親は、本来ならば自身が先に死亡するために得られなかったはずの利益を取得することになるわけです。このような結論は不合理だ、というのが逆相続の不合理という批判です。
> 　次に、笑う相続人とは、次のような批判です。
> 　たとえば、被害者には配偶者Aがいるものの、数十年前に別居を開始してから婚姻関係が破綻しており、実質的な関係性を失っていました。被害者は、現在、内縁配偶者Bとともに生活をしており、Bは被害者に扶養されて生活していました。
> 　この場合に、被害者が死亡したとすると、Bは被害者の相続人ではないため、逸失利益

▶ 大判昭和7年10月6日民集11巻2023頁

← 停止条件説とは

← 解除条件説とは

▶ 昭和58年度第2問

▶ 大判大正15年2月16日(判例シリーズ88事件)
← 相続説

▶ 鳩山871頁
▶ 松坂283頁
▶ 末川・権利侵害論350頁

の賠償を請求できません。他方で、Aは被害者の相続人であるため、逸失利益の賠償を請求できるわけです。しかし、実際に生活に困窮するのはBであるはずなのに、Bは保護されず、何ら生活に困窮しないAが利益を得る(笑う相続人になる)のは不合理だ、というのが笑う相続人という批判です。

相続説には以上のような批判がありますが、請求権者の範囲が明確になるという利点や、内縁配偶者についても扶養利益の喪失を損害として賠償請求を認めることができる点からすれば、相続説を採用して問題ないといえるでしょう。

→ 最判平成5年4月6日民集47巻6号4505頁

そこで、学説には、逸失利益の損害賠償請求権の相続性を否定し、遺族が固有の損害を受けたことを理由として損害賠償請求権を取得すると解する見解が主張されている(固有被害説)。固有被害説は、相続人の利益を保護する相続説と異なり、相続人であるか否かにかかわらず被害者によって生活上の利益を受けていた者の保護を重視する見解である。

→ 幾代=徳本252頁、森島356頁、平位・債権各論Ⅱ175頁、潮見・債権各論Ⅱ92頁

しかし、固有被害説は、請求権者の範囲が不明確である点や、賠償の対象が被害者の将来における全収入のうち扶養利益に限定されることから、賠償額が低額になる点が批判されている。

(b) **精神的損害**

(i) **近親者**

711条は、被害者が死亡した場合に、「被害者の父母、配偶者及び子」について、固有の慰謝料請求権を認めている。

711条の立法趣旨は、慰謝料請求権が死亡した被害者本人には生じないことを前提として、近親者には権利侵害がなく709条に基づく損害賠償請求ができないことから、例外的に固有の慰謝料請求権を認める点にあった。

しかし、現在の通説は、慰謝料請求権が709条、710条によって近親者にも認められるとしたうえで、711条は「被害者の父母、配偶者及び子」について、加害者の故意・過失や具体的な精神的損害の発生を立証しなくても慰謝料を請求できることを明らかにした規定と解している。

→ 加藤(一)241頁、幾代=徳本258頁

判例は、711条について、「これを限定的に解すべきものでなく、文言上同条に該当しない者であっても、被害者との間に同条所定の者と実質的に同視しうべき身分関係が存し、被害者の死亡により甚大な精神的苦痛を受けた者は、同条の類推適用により、加害者に対し直接に固有の慰藉料を請求しうるものと解するのが、相当である」として、「被害者の父母、配偶者及び子」以外の者についても711条類推適用を認めている。

→ 最判昭和49年12月17日民集28巻10号2040頁

(ii) **被害者**

古い判例は、被害者本人の慰謝料請求権について、被害者が請求の意思表示をすることで財産権となり、相続されると解していた(請求相続説)。そのため、被害者が慰謝料請求の意思表示をしたかが重要となり、被害者が「残念。残念。」と叫びながら死亡した事案では慰謝料請求の意思表示を認めたのに対して、「助けてくれ」と叫んだ事案では、救助を求めるものであって慰謝料請求の意思表示ではないとした。

しかし、学説から請求相続説に対しては強い批判がなされ、その後の判例は、被害者自身が慰謝料請求権を放棄したと解される特別の事情がないかぎり、当然に相続されるとした。

●論点Aランク
(論証29)
→ 大判大正8年6月5日民録25輯962頁

→ 大判昭和2年5月30日新聞2702号5頁
→ 東京控判昭和8年5月26日新聞3568号5頁
→ 我妻・事務管理・不当利得・不法行為213頁
→ 最大判昭和42年11月1日
(後出重要判例)

★**重要判例**（最大判昭和42年11月1日〔判例シリーズ89事件〕）
「ある者が他人の故意過失によって財産以外の損害を被った場合には、その者は、財産上の損害を被った場合と同様、損害の発生と同時にその賠償を請求する権利すなわち慰藉料請求権を取得し、右請求権を放棄したものと解しうる特別の事情がないかぎり、これを行使することができ、その損害の賠償を請求する意思を表明するなど格別の行為をすることを必要とするものではない。そして、当該被害者が死亡したときは、その相続人は当然に慰藉料請求権を相続するものと解するのが相当である。けだし、損害賠償請求権発生の時点について、民法は、その損害が財産上のものであるか、財産以外のものであるかによって、別異の取扱いをしていないし、慰藉料請求権が発生する場合における被害法益は当該被害者の一身に専属するものであるけれども、これを侵害したことによって生ずる慰藉料請求権そのものは、財産上の損害賠償請求権と同様、単純な金銭債権であり、相続の対象となりえないものと解すべき法的根拠はなく、民法711条によれば、生命を害された被害者と一定の身分関係にある者は、被害者の取得する慰藉料請求権とは別に、固有の慰藉料請求権を取得しうるが、この両者の請求権は被害法益を異にし、併存しうるものであり、かつ、被害者の相続人は、必ずしも、同条の規定により慰藉料請求権を取得しうるものとは限らないのであるから、同条があるからといって、慰藉料請求権が相続の対象となりえないものと解すべきではないからである。」
【争点】相続人は慰謝料請求権を相続するか。
【結論】被害者が慰謝料請求権を放棄したものと解しうる特別の事情がないかぎり、その請求の意思を表明したか否かにかかわらず、相続人がこれを当然に相続する。

→ 百選Ⅲ60事件

　なお、学説上は、慰謝料請求権の相続性を否定する固有被害説も有力に主張されている。ただし、この説は、生命侵害ではそもそも本人に請求権（財産的損害であれ精神的損害であれ）は発生しないとする説と、一身専属性（896条ただし書）を根拠とする説とに分かれる。

→ 森島375頁、幾代＝徳本258頁
→ 加藤（一）260頁

(3) 傷害の場合の請求権者

(a) 財産的損害

　負傷した被害者の近親者がその治療費を支出した場合の治療費相当額の損害賠償請求について、判例は、被害者本人からの請求と現実に支出した近親者からの請求のいずれも認めている。この場合には、被害者と近親者が経済的に一体であるため、どちらが請求しても差異がないからである。

→ 最判昭和46年6月29日民集25巻4号650頁、大判昭和12年2月12日民集16巻46頁

(b) 精神的損害

　被害者が負傷した場合に、被害者自身が慰謝料を請求できることに争いはない。それでは、被害者が負傷した場合に、その近親者は慰謝料を請求できるか。

●論点Aランク（論証30）
▶昭和39年度第2問
▶昭和45年度第2問

　この点、711条は、「他人の生命を侵害した」場合にかぎって近親者の慰謝料請求を認めている。そのため、711条反対解釈からは、被害者が負傷したにとどまる場合には、近親者の慰謝料請求権が否定されることとなる。通常、被害者本人に慰謝料請求が認められれば、それによって近親者の精神的損害も慰謝されると考えられるため、近親者に固有の慰謝料請求権を認める必要性は乏しいといえる。
　しかし、判例は、10歳の女児が交通事故によって顔面に醜い跡を残す負傷をした事案について、「死亡したときにも比肩しうべき精神上の苦痛を受けたと認められる」として「709条、710条に基いて、自己の権利として慰藉料を請求しうる」とした。この判例は、原則として近親者の慰謝料請求権を否定しつつ、一定の場合には、709条、710条に基づいて近親者の慰謝料請求権を認めたものである。

→ 最判昭和33年8月5日民集12巻12号1901頁

　学説では、判例と同じく、709条、710条を根拠とする見解のほか、711条の類

→ 加藤（一）238頁、前田（達）97頁

推適用によるべきであるとする見解もある。

(4) 間接被害者

　不法行為によってA社の従業員Bが死傷し、Bが就労できなかったためにA社が営業上の損害を被ったという場合に、A社は加害者に対して損害賠償を請求できるか。この場合のA社の損害を**企業損害**といい、間接被害者の問題のひとつとして議論されている。

　一般的に、なんらかの企業損害が発生すること自体については、加害者も予見することができたといえる。しかし、企業損害を加害者に負担させると、賠償額が不当に高額になるおそれがあり、損害の公平な分担という不法行為法の理念に反する。また、企業は、従業員の傷病に備えて人員を配置し、あるいは後任を養成するなどの対策を講じてリスクを分散しておくべきである。したがって、**原則として、企業損害の賠償は認められない**（判例）。

　しかし、**企業に損害を与える目的で故意に従業員に対して加害行為をした場合や、被害者と企業とが実質的に一体とみられる場合**には、企業損害の賠償が認められうる。

→ 四宮・不法行為502頁、近江ⅠⅥ172頁
▶昭和47年度第1問

→ 最判昭和54年12月13日 交民12巻6号1463頁

　★**重要判例（最判昭和43年11月15日〔百選Ⅱ99事件〕）**
　「被上告会社は法人とは名ばかりの、俗にいう個人会社であり、その実権は従前同様A個人に集中して、同人には被上告会社の機関としての代替性がなく、経済的に同人と被上告会社とは一体をなす関係にあるものと認められるのであって、かかる原審認定の事実関係のもとにおいては、原審が、上告人のAに対する加害行為と同人の受傷による被上告会社の利益の逸失との間に相当因果関係の存することを認め、形式上間接の被害者たる被上告会社の本訴請求を認容しうべきものとした判断は、正当である。」
【争点】甲が交通事故により乙会社の代表者丙を負傷させた場合に、乙会社は、丙の負傷のため利益を逸失したことによる損害の賠償を甲に請求することができるか。
【結論】乙会社がいわゆる個人会社で、丙に乙会社の機関としての代替性がなく、丙と乙会社とが経済的に一体をなす等判示の事実関係があるときは、乙会社は、丙の負傷のため利益を逸失したことによる損害の賠償を甲に請求することができる。
【備考】①本判決は、(a)個人会社、(b)非代替性、(c)経済的一体性を要件として、企業損害の賠償を認めたものであるが、このような個人会社の賠償請求は、実質的には直接の被害者の請求そのものを考えるべきであり、企業の逸失利益も、その従業員の逸失利益（企業から受ける報酬）と同視することができるとして、本来の企業損害の賠償を認めたものではないと評されている。
②本判決は、損害の主体の問題ではなく、相当因果関係の問題（賠償範囲の問題）として構成されている。

→ 平井・債権各論Ⅱ186頁、前田（陽）・債権各論Ⅱ122頁

【2】賠償者の代位

　債務不履行に基づく損害賠償請求の場合には、「債権者が、損害賠償として、その債権の目的である物又は権利の価額の全部の支払を受けたときは、債務者は、その物又は権利について当然に債権者に代位する」旨の規定が存在する（422条）。

　これに対して、不法行為に基づく損害賠償請求の場合には、422条のような規定は存在しない。もっとも、422条の趣旨は、**債権者の二重の利得を防止し、賠償した債務者の利益を保護する**点にあるところ、この趣旨は不法行為の場合にも妥当する。

　したがって、不法行為の場合についても、**422条を類推適用**するのが通説である。たとえば、加害者が被害者の財産に重大な損傷を与えた場合に、被害者に

→ 『債権総論』2章3節③【5】(5)

対して損害賠償の全部の支払をしたときは、加害者はその財物の権利を取得する。

【3】損害賠償請求権の性質

(1) 譲渡性・相続性

財産的損害の賠償請求権は、一般の債権と同様に、譲渡することも相続することも可能である。また、被害者の債権者が差し押さえたり、債権者代位権（423条）に基づいて代位行使したりすることもできる。

これに対して、慰謝料請求権については見解が分かれる。

この点について、判例は、生命侵害による慰謝料請求権について、相続性は認めるものの、行使上の一身専属権であるとして譲渡や差押えを否定する。ただし、判例は、名誉毀損による慰謝料請求権について、「加害者が被害者に対し一定額の慰藉料を支払うことを内容とする合意又はかかる支払を命ずる債務名義が成立したなど、具体的な金額の慰藉料請求権が当事者間において客観的に確定したとき」は、差押えや債権者代位権による代位行使を認めている。

→ 最大判昭和42年11月1日
（前出重要判例）

→ 最判昭和58年10月6日
（後出重要判例）

> ★重要判例（最判昭和58年10月6日民集37巻8号1041頁）
> 「思うに、名誉を侵害されたことを理由とする被害者の加害者に対する慰藉料請求権は、金銭の支払を目的とする債権である点においては一般の金銭債権と異なるところはないが、本来、右の財産的価値それ自体の取得を目的とするものではなく、名誉という被害者の人格的価値を毀損せられたことによる損害の回復の方法として、被害者が受けた精神的苦痛を金銭に見積ってこれを加害者に支払わせることを目的とするものであるから、これを行使するかどうかは専ら被害者自身の意思によって決せられるべきものと解すべきである。そして、右慰藉料請求権のこのような性質に加えて、その具体的金額自体も成立と同時に客観的に明らかとなるわけではなく、被害者の精神的苦痛の程度、主観的意識ないし感情、加害者の態度その他の不確定的要素をもつ諸般の状況を総合して決せられるべき性質のものであることに鑑みると、被害者が右請求権を行使する意思を表示しただけでいまだその具体的な金額が当事者間において客観的に確定しない間は、被害者がなおその請求意思を貫くかどうかをその自律的判断に委ねるのが相当であるから、右権利はなお一身専属性を有するものというべきであって、被害者の債権者は、これを差押えの対象としたり、債権者代位の目的とすることはできないものというべきである。しかし、他方、加害者が被害者に対し一定額の慰藉料を支払うことを内容とする合意又はかかる支払を命ずる債務名義が成立したなど、具体的な金額の慰藉料請求権が当事者間において客観的に確定したときは、右請求権についてはもはや単に加害者の現実の履行を残すだけであって、その受領についてまで被害者の自律的判断に委ねるべき特段の理由はないし、また、被害者がそれ以前の段階において死亡したときも、右慰藉料請求権の承継取得者についてまで右のような行使上の一身専属性を認めるべき理由がないことが明らかであるから、このような場合、右慰藉料請求権は、原判決にいう被害者の主観的意思から独立した客観的存在としての金銭債権となり、被害者の債権者においてこれを差し押えることができるし、また、債権者代位の目的とすることができるものというべきである。」
> 【争点】名誉毀損による慰謝料請求権を差押えや債権者代位の目的とすることができるか。
> 【結論】加害者が被害者に対し一定額の慰藉料を支払うことを内容とする合意またはかかる支払を命ずる債務名義が成立したなど、具体的な金額の慰藉料請求権が当事者間において客観的に確定したときは、名誉毀損による慰謝料請求権を差し押さえることも、債権者代位の目的とすることもできる。

(2) 履行遅滞・相殺の禁止

不法行為に基づく損害賠償請求権は、**不法行為の時から当然に遅滞に陥る**（判例）。

また、悪意による不法行為に基づく損害賠償債務や、人の生命または身体の侵

→ 最判昭和37年9月4日
民集16巻9号1834頁

→ 『債権総論』4章4節[2]
【2】(2)(a)

害による損害賠償債務の債務者は、当該損害賠償債権を受働債権とする相殺をすることができない（509条）。

【4】権利消滅期間（消滅時効）

　民法は、損害賠償請求権の時効による消滅について、特別の規定をおき、被害者またはその法定代理人が損害および加害者を知った時から3年と不法行為の時から20年のいずれか早い時に時効によって消滅することとした（724条）。「被害者又はその法定代理人が損害及び加害者を知った時」（724条1号）が主観的起算点であり、「不法行為の時」（724条2号）が客観的起算点である。

← 平成29年改正
▶昭和61年度第2問

(1) 3年の短期消滅時効

　724条1号は、損害の発生と加害者の双方を知った時にはじめて消滅時効が進行するとして被害者の保護を図る一方で、通常の債権よりも時効期間を短くしている（166条参照）。

　主観的起算点から3年という短期の時効期間を設けた趣旨は、不法行為に基づく法律関係が、通常、未知の当事者間に予期しない偶然の事故に基づいて発生するものであり、加害者はきわめて不安定な立場におかれることとなることから、被害者において損害および加害者を知りながら相当の期間内に権利行使にでないときには損害賠償請求権が時効にかかるものとして加害者を保護する点にある。

→ 部会資料78 A・16頁、潮見・改正法48頁、最判昭和49年12月17日民集28巻10号2059頁

　このような趣旨から、「被害者又はその法定代理人が損害及び加害者を知った時」とは、被害者にとって損害賠償請求権の行使が現実に期待できる時点をいうと解される。すなわち、「損害……を知った時」とは、被害者が損害の発生を現実に認識した時点をいうと解する（判例）。損害賠償が事実上可能な程度に損害の発生を認識すれば足りるため、損害の程度や金額まで具体的に知らなくても消滅時効は進行する。

→ 最判昭和46年7月23日民集25巻5号805頁、最判平成14年1月29日民集56巻1号218頁
→ 大判大正9年3月10日民録26輯280頁

　「加害者を知った時」とは、加害者に対する賠償請求が事実上可能な状況のもとに、その可能な程度にこれを知った時をいうと解する（判例）。

→ 最判昭和48年11月16日（判例シリーズ'90事件）

　不法行為が継続的になされる場合に、いつを起算点とするべきかが問題となる。通説は、以下のとおり、継続的不法行為の態様に応じて起算点を捉えている。

(a) 不法行為は継続しているものの、性質上分断可能な損害の場合

　たとえば、土地の不法占有による損害がこれにあたる。この場合には、分割して把握できる個々の損害の発生ごとに損害賠償請求権を観念することができる。したがって、個々の損害賠償請求権ごとに別個の消滅時効が進行すると解する（個別進行説）。判例は、土地の不法占有による損害賠償の事案について、侵害が継続するかぎりその損害は日々新たに発生し、新たな損害を知った時から別個の消滅時効が進行するとした。

→ 大連判昭和15年12月14日民集19巻2325頁

(b) 継続的不法行為による被害を集積し、統一的に把握すべき累積的損害の場合

　たとえば、騒音・振動や大気・水質汚染による健康被害がこれにあたる。この場合には、全体として1個の損害賠償請求権を観念することができ、不法行為が終了した時から消滅時効が進行すると解する（全部進行説）。

→ 大阪地判平成元年8月7日判時1326号18頁、仙台高判平成23年2月10日判時2106号41頁

(c) 不法行為は単発であるものの、その損害が継続する場合

　たとえば、交通事故によって後遺症を生じた場合の損害がこれにあたる。
　判例は、受傷時から相当期間経過後に後遺症が現れた場合に、受傷時にはその

→ 最判昭和42年7月18日民集21巻6号1559頁

発生を予見することができなかったときは、後日その治療を受けるようになるまで消滅時効は進行しないとした。これに対して、判例は、受傷時に後遺症が現れていた場合には、症状固定の診断を受けた時から消滅時効が進行するとした。

→ 最判平成16年12月24日判時1887号52頁

(2) 20年の長期消滅時効

20年の期間については、従来の判例は除斥期間と解していたところ、平成29年改正により消滅時効であることが明記された。

起算点である「不法行為の時」の意義について、加害行為時とする見解（加害行為時説）と、不法行為の成立要件をみたした時とする見解（損害発生時説）が対立している。通説は、加害行為と損害の発生との間に時間的隔たりがある場合（鉱毒・土壌汚染による被害など）を考慮して、損害発生時説を採用する。判例（法的性質を除斥期間と解していた時期のもの）は、改正前民法724条後段の起算点について、「加害行為が行われた時に損害が発生する不法行為の場合には、加害行為の時がその起算点となる」としつつ、「身体に蓄積した場合に人の健康を害することとなる物質による損害や、一定の潜伏期間が経過した後に症状が現れる損害のように、当該不法行為により発生する損害の性質上、加害行為が終了してから相当の期間が経過した後に損害が発生する場合には、当該損害の全部又は一部が発生した時」が起算点となるとした。

← 724条2号の期間の法的性質
→ 最判平成元年12月21日民集43巻12号2209頁、最判平成10年6月12日民集52巻4号1087頁
← 平成29年改正
→ 最判平成16年4月27日（後出重要判例）

> ★重要判例（最判平成16年4月27日〔百選Ⅱ109事件〕）
> 「〔平成29年改正前〕民法724条後段所定の除斥期間の起算点は、『不法行為ノ時』と規定されており、加害行為が行われた時に損害が発生する不法行為の場合には、加害行為の時がその起算点となると考えられる。しかし、身体に蓄積した場合に人の健康を害することとなる物質による損害や、一定の潜伏期間が経過した後に症状が現れる損害のように、当該不法行為により発生する損害の性質上、加害行為が終了してから相当の期間が経過した後に損害が発生する場合には、当該損害の全部又は一部が発生した時が除斥期間の起算点となると解すべきである。なぜなら、このような場合に損害の発生を待たずに除斥期間の進行を認めることは、被害者にとって著しく酷であるし、また、加害者としても、自己の行為により生じ得る損害の性質からみて、相当の期間が経過した後に被害者が現れて、損害賠償の請求を受けることを予期すべきであると考えられるからである。」
> 【争点】改正前民法724条後段の除斥期間の起算点はいつか。
> 【結論】加害行為が行われた時に損害が発生する不法行為の場合には、加害行為の時がその起算点となるが、身体に蓄積した場合に人の健康を害することとなる物質による損害や、一定の潜伏期間が経過した後に症状が現れる損害のように、当該不法行為により発生する損害の性質上、加害行為が終了してから相当の期間が経過した後に損害が発生する場合には、当該損害の全部または一部が発生した時が起算点となる。

(3) 人の生命または身体を害する不法行為の起算点

不法行為のなかでも、人の生命または身体を害する不法行為については、主観的起算点からの時効期間が5年に延長されている（724条の2）。この趣旨は、人の生命または身体という重要な法益について長期の権利行使期間を保障する点にある。167条とあわせると、人の生命または身体を害する行為に対して損害賠償を請求する場合には、不法行為と構成するか債務不履行（保護義務・安全配慮義務違反）と構成するかにかかわらず、主観的起算点から5年、客観的起算点から20年の消滅時効にかかることとなる。

→ 潮見・改正法49頁

| 平成29年改正事項 | 不法行為による損害賠償請求権の消滅時効 | C1 |

> 部会資料63・7頁、69A・9頁、78A・16頁、80-3・2頁、潮見・改正法48頁

(1) 3年の短期消滅時効

改正前民法724条前段は、不法行為による損害賠償請求権の消滅時効について主観的起算点から3年の短期消滅時効を設けていた。この趣旨は、不法行為に基づく法律関係が、通常、未知の当事者間に予期しない偶然の事故に基づいて発生するものであり、加害者はきわめて不安定な立場におかれることとなることから、被害者において損害および加害者を知りながら相当の期間内に権利行使にでないときには損害賠償請求権が時効にかかるものとして加害者を保護する点にあると理解されていた。

平成29年改正民法では、債権一般の消滅時効が主観的起算点から5年間に統一されることとなったため(平成29年改正民法166条1項1号)、不法行為による損害賠償請求権の消滅時効も主観的起算点から5年間に統一すべきかが議論された。

議論の結果、人の生命または身体の侵害による損害賠償請求権(724条の2)に含まれない財産侵害についても、時効期間を長期化することは、取引実務や国民生活に与える影響が大きいため、慎重な検討を行う必要性が高いと考えられた。そのため、平成29年改正民法は、主観的起算点からの消滅時効期間を改正前と同様に3年間とした(724条1号)。

(2) 20年の長期消滅時効

改正前民法724条後段は、不法行為による損害賠償請求権が不法行為の時から20年経過したときに消滅すると規定していたところ、その期間制限の性質が消滅時効なのか除斥期間なのかが問題となった。

判例は、改正前民法724条後段は除斥期間を定めたものであるとした。しかし、除斥期間と解した場合には、一定の時の経過に権利消滅の効果を認める点で消滅時効と共通するものの、消滅時効と異なり、進行停止制度がなく、当事者の援用がなくても裁判所がその適用を判断することができるため、援用が信義則違反や権利濫用にあたることはないと考えられていた。その結果、被害者の側にいかなる権利行使上の困難があっても、不法行為の時から20年の経過によって損害賠償請求権が消滅することとなり、著しく正義・公平の理念に反し、被害者にとって酷な結論となりうる点が問題視されていた。

> 最判平成元年12月21日(前出)

他方で、判例には、改正前民法724条後段の期間制限を除斥期間としながらも、時効の停止に関する改正前民法158条や160条の法意に照らして除斥期間の効果は生じないとして、被害者の救済を図ったものもあった。

> 最判平成10年6月12日(前出)、最判平成21年4月28日民集63巻4号853頁

このような判例の解釈に対しては、改正前民法724条後段の期間制限の法的性質を端的に消滅時効とすることにより、具体的事案での適切な解決を図るべきであると指摘された。

そこで、平成29年改正民法724条2号は、期間制限の法的性質が消滅時効とは異なる性格のものであるという解釈の余地を封じる趣旨で、「同様とする」(改正前民法724条後段)という文言を使わずに、各号の方式で併記した。これによって、20年の期間制限の法的性質が消滅時効であることが明らかとなった(724条2号)。

5-14 不法行為による損害賠償請求権の消滅時効

改正前民法	H29改正民法
不法行為による損害賠償の請求権は、被害者またはその法定代理人が損害および加害者を知った時から3年間行使しないときは、時効によって消滅する。不法行為の時から20年を経過したときも、同様とする(724)。	不法行為による損害賠償の請求権は、次に掲げる場合には、時効によって消滅する(724)。 ①被害者またはその法定代理人が損害および加害者を知った時から3年間行使しないとき。 ②不法行為の時から20年間行使しないとき。

短期消滅時効は、改正前と同様に主観的起算点から3年間とし、長期消滅時効は、除斥期間と解されていたものを条文上消滅時効であることを明確化した。

| 平成29年改正事項 | 人の生命または身体の侵害による損害賠償請求権の消滅時効 | C2 |

➡ 部会資料63・8頁、69A・11頁、78A・17頁、潮見・改正法49頁

改正前民法は、人の生命または身体の侵害による損害賠償請求権の消滅時効について、特別な規定をおいていなかった。そのため、不法行為に基づいて権利を行使する場合には改正前民法724条前段により損害および加害者を知った時から3年、債務不履行に基づいて権利を行使する場合には改正前民法166条1項および167条1項により権利を行使することができる時から10年で時効消滅することとなっていた。

しかし、生命や身体は重要な法益であり、その侵害による損害賠償請求権については、他の債権よりも権利行使の機会を保障する必要性が高いといわれていた。また、生命や身体について深刻な被害が生じた場合には、被害者が時効完成の阻止に向けた措置をすみやかに行うことが期待できない場合も少なくない。他方で、加害者に対しては、他の債権と比べて重い負担を負わせることにも合理性があるといえる。

そこで、平成29年改正民法は、人の生命または身体の侵害による損害賠償請求権の消滅時効について、主観的起算点からの時効期間を5年、客観的起算点からの時効期間を20年とした（167条、724条の2）。

これによって、人の生命または身体の侵害による損害賠償請求権は、不法行為に基づく場合も債務不履行に基づく場合も時効期間が統一されることとなった。なお、不法行為と債務不履行とで、それぞれの規定の主観的起算点・客観的起算点の表現は異なるものの、実質的には同じ時点となることが想定されている。

5-15 人の生命または身体の侵害による損害賠償請求権の消滅時効

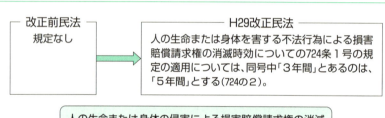

一般の債権を含めた消滅時効について、次の表で整理しておくので参考にしてほしい。

	債権		不法行為の損害賠償請求権	
	一般の債権（166 I）	生命・身体の侵害の特則（167）	一般の不法行為（724）	生命・身体の侵害の特則（724の2）
短期消滅時効	権利を行使することができることを知った時（主観的起算点）から5年（166 I①）	同左	損害・加害者を知った時から3年（724①）	損害・加害者を知った時から5年（724の2）
長期消滅時効	権利を行使することができる時（客観的起算点）から10年（166 I②）	権利を行使することができる時（客観的起算点）から20年（167）	不法行為の時から20年（724②）	同左

478　5章　不法行為

第5章 不法行為

3. 特殊の不法行為

　一般不法行為の要件と異なる特殊の要件によって成立する不法行為が、**特殊の不法行為**である。民法は、責任無能力者の監督者の責任（714条）、使用者責任（715条）、工作物責任（717条）、動物占有者の責任（718条）を規定している。これらについては、故意・過失の立証責任が被害者側にあるという不法行為責任の基本形を修正し、立証責任を加害者の側に転換しているところに特徴がある。すなわち、要件を修正しているわけである。他方、共同不法行為（719条）は、共同不法行為者全員に連帯責任を認めるという点で、効果の修正を行っている。

　さらに、特別法として、**製造物責任法**などが重要である。

← 「特殊の不法行為」とは

1 監督者責任（714条）

【1】意義

　責任能力を有しない未成年者や精神上の障害によって責任能力を欠く者は、自己の行為の結果を認識できないため、賠償責任を負わない（712条、713条本文）。しかし、この場合に被害者が救済されないのは酷である。そこで714条は、これらの責任無能力者を監督する義務を負っている者（**監督義務者**）および監督義務者に代わって責任無能力者を監督する者（**代理監督者**）の賠償責任（**監督者責任**）を規定する。以下、監督義務者と代理監督者を総称して「監督義務者等」という。

　714条は、責任無能力者に対する監護権または監護しうる地位に基づく自己の監督上の責任を根拠とする点では、過失責任の原則に基づく責任といえる。しかし、責任無能力者の特定の加害行為の防止のみならず一般的な監督のあり方も問題とされる点や、監督義務者等が責任を免れるためには「義務を怠らなかった」ことを立証しなければならず過失の立証責任が転換されている点（714条1項ただし書前半、**中間責任**）で、709条の一般不法行為よりも責任が加重されている。

　714条が責任を加重している趣旨について、多数説は、**家族関係の特殊性**（たとえば、未成年者については、その保護者である親権者が生活の全般にわたって監督すべきであり、子の不法行為も原則として親の監督が不十分であったことに起因するという考え方）に基づくものと解する。

← 「監督者責任」とは

→ 我妻・事務管理・不当利得・不法行為156頁、加藤（一）158頁、幾代=徳本191頁、平井・債権各論Ⅱ214頁

【2】要件

　監督者責任は、以下の要件をみたす場合に認められる。以下、詳述する。

(1)	加害者が責任無能力者であること
(2)	責任無能力者が責任能力以外の一般不法行為の要件をみたすこと
(3)	免責事由の不存在①（監督義務）
(4)	免責事由の不存在②（因果関係）

5-3 特殊の不法行為　479

要件事実論から考えると、原告たる被害者は、(1)(2)に加えて、被告が「その責任無能力者を監督する法定の義務を負う者」(714条1項本文)であることの立証も必要となります。これに対して、(3)(4)は、被告が損害賠償責任を免れるために立証する抗弁となります。
  監督義務者等の意義については、714条の効果とも密接に関係するため、【3】で説明します。

→ 本節①【3】

(1) 加害者が責任無能力者であること

監督者責任は、「前2条の規定により責任無能力者がその責任を負わない場合」にかぎって生じる(714条1項本文)。

加害者が責任無能力であることの立証責任は、被害者にある。

加害者が責任無能力でない場合には、714条の監督者責任を追及することはできない。たとえば、加害者が未成年者である場合でも、責任能力のある未成年者であれば、被害者は709条に基づいて加害者である未成年者本人に対して損害賠償を請求するべきであり、714条に基づいて監督義務者等に対して損害賠償を請求することはできない。

しかし、未成年者は、通常、十分な資力を有しない。そのため、被害者が加害者である未成年者本人に対して損害賠償請求をしたとしても、被害者が救済されない結果となる。

そこで、判例は、①監督義務者等の過失、および、②①の過失と損害発生

→ 最判昭和49年3月22日（後出重要判例）

5-16　加害者の責任能力と監督者責任

```
           子供に
         責任能力あるか
          /      \
        No        Yes
        |          |
        |      責任能力以外
        |      の要件をみたして   No
        |        いるか    ─────┐
        |          |            │
        |         Yes           │
        |       ┌──┴──┐         │
        |    子の709   子の709   │
        |    責任肯定   責任否定  │
        |       │         │     │
   責任能力以外  │         │     │
   の要件をみたして  親の         │
     いるか    監督義務違反  No   │
    /    \    を被害者が立証 ────┤
   No    Yes  したか              │
   |      |     │                │
   |      |    Yes                │
   |    親が    │                 │
   |   監督義務違反  親の         │
Yes  のないことを 監督義務違反    │
 │   立証したか  と損害の間に因果 No
 │     /  \    関係あるか  ──────┤
 │    Yes  No   │                │
 │     │   │   Yes               │
 │     │   │   │                 │
だれも  親の  親の709   親の責任なし
責任なし 714責任 責任
```

との間の因果関係があれば、被害者は、709条に基づいて、監督義務者等に対して損害賠償を請求できるとした。この場合には、709条が根拠条文となるため、714条と異なり、監督義務者等の過失の立証責任は被害者が負う。

> ★重要判例（最判昭和49年3月22日〔判例シリーズ81事件〕）
> 「未成年者が責任能力を有する場合であっても監督義務者の義務違反と当該未成年者の不法行為によって生じた結果との間に相当因果関係を認めうるときは、監督義務者につき民法709条に基づく不法行為が成立するものと解するのが相当であって、民法714条の規定が右解釈の妨げとなるものではない。」
> 【争点】未成年者が責任能力を有する場合に監督義務者に対する不法行為責任を追及することができるか。
> 【結論】監督義務者の義務違反と当該未成年者の不法行為によって生じた結果との間に相当因果関係を認めうるときは、監督義務者に対して民法709条に基づく不法行為責任を追及することができる。

 加害者である未成年者が責任能力を有する場合、監督義務者である親権者は責任を免れるのか。

▶結論：714条による責任は負わないが、監督義務者の監督義務違反と損害との間に相当因果関係を認めうるときは、709条による責任を負う（判例）。このとき、監督義務者の故意・過失の立証責任は原則どおり被害者が負う。
▶理由：①未成年者は無資力であることが多いから、加害者本人が責任能力を有している場合でも、被害者保護のため、監督義務者である親権者に責任を負わせる必要がある。
②714条は709条の特則であるから、加害者に責任能力がある場合であっても、監督義務者の義務違反と損害との間に相当因果関係があるときは、709条の一般不法行為が成立することを妨げない。

なお、このほか、判例は、責任能力の有無の判断に柔軟性をもたせることによっても被害者保護を図っている。たとえば、12歳2か月に満たない未成年者の責任能力を否定して親権者に714条の責任を負わせ、他方、11歳11か月の未成年者の責任能力を認めて、その使用者に715条の責任を負わせている。

(2) 責任無能力者が責任能力以外の一般不法行為の要件をみたすこと

714条は「責任無能力者が第三者に加えた損害」としか規定していないものの、監督者責任が認められるためには、責任無能力者の行為について、責任能力以外の一般不法行為の要件をみたすことが必要だと解されている。

判例は、児童の遊戯中の加害行為について違法性が阻却されるとして監督者責任の成立を否定しており、上記見解を採用していると考えられている。

(3) 免責事由の不存在①（監督義務）

監督義務者等が「その義務を怠らなかった」ことを立証した場合には、損害賠償責任を免れる（714条1項ただし書前半）。

このような監督義務者等は、監督義務の内容に応じて大きく2つに分けられる。①責任能力のない未成年の親権者など、包括的一般的な身上監督義務を負う者と、②代理監督者である小学校の教員や保育士など、ある程度特定された生活側面におけるある程度具体的な危険行為を回避する義務を負う者である。

①は、広範で高度な義務であることから、監督義務を怠らなかったことの証明は困難とされている。もっとも、判例は、「責任能力のない未成年者の親権者は、その直接的な監視下にない子の行動について、人身に危険が及ばないよう注意し

●論点Aランク
（論証31）
▶2015年第1問

→ 最判昭和49年3月22日
（前出重要判例）

→ 大判大正6年4月30日
民録23輯715頁
→ 大判大正4年5月12日
民録21輯692頁

→ 最判昭和37年2月27日
民集16巻2号407頁

→ 最判平成27年4月9日
（後出重要判例）

て行動するよう日頃から指導監督する義務がある」ものの、「親権者の直接的な監視下にない子の行動についての日頃の指導監督は、ある程度一般的なものとならざるを得ないから、通常は人身に危険が及ぶものとはみられない行為によってたまたま人身に損害を生じさせた場合は、当該行為について具体的に予見可能であるなど特別の事情が認められない限り、子に対する監督義務を尽くしていなかったとすべきではない」として、一定の場合に免責が認められるとした。

> ★**重要判例**（最判平成27年4月9日〔百選Ⅱ92事件〕）
> 「責任能力のない未成年者の親権者は、その直接的な監視下にない子の行動について、人身に危険が及ばないよう注意して行動するよう日頃から指導監督する義務があると解されるが、本件ゴールに向けたフリーキックの練習は、上記各事実に照らすと、通常は人身に危険が及ぶような行為であるとはいえない。また、親権者の直接的な監視下にない子の行動についての日頃の指導監督は、ある程度一般的なものとならざるを得ないから、通常は人身に危険が及ぶものとはみられない行為によってたまたま人身に損害を生じさせた場合は、当該行為について具体的に予見可能であるなど特別の事情が認められない限り、子に対する監督義務を尽くしていなかったとすべきではない。」
> 【争点】責任能力のない未成年者の親権者が監督者責任を免れうるのはどのような場合か。
> 【結論】親権者の直接的な監視下にない子の行動についての日頃の指導監督は、ある程度一般的なものとならざるをえないから、通常は人身に危険が及ぶものとはみられない行為によってたまたま人身に損害を生じさせた場合は、当該行為について具体的に予見可能であるなど特別の事情が認められないかぎり、子に対する監督義務を尽くしていなかったとすべきではない。

　これに対して、②は、ある程度限定された義務であるため、①に比べれば免責が認められやすい。

　このような①と②は、互いに排斥しあうものではない。たとえば、学校内の不法行為の場合に、親の①の義務違反と教員の②の義務違反がともに認められることもありうる。この監督義務を怠らなかったことの証明に関して、失火責任法との関係が問題となる。失火責任法は、失火者に「重大ナル過失」がある場合にかぎって不法行為責任が認められると規定しているところ、責任無能力者の失火について重過失を観念することは困難だからである。

← 714条と失火責任法の関係

　この点について、判例は、監督義務者等の義務違反に失火責任法をはめ込み、その重大な監督義務違反（重過失）がある場合にのみ不法行為責任が認められるとする。なお、使用者責任の場合とは法律構成が異なる点に注意が必要である。

→ 最判平成7年1月24日（後出重要判例）

→ 本節②【2】(3)

> ★**重要判例**（最判平成7年1月24日民集49巻1号25頁）
> 「民法714条1項は、責任を弁識する能力のない未成年者が他人に損害を加えた場合、未成年者の監督義務者は、その監督を怠らなかったとき、すなわち監督について過失がなかったときを除き、損害を賠償すべき義務があるとしているが、右規定の趣旨は、責任を弁識する能力のない未成年者の行為については過失に相当するものの有無を考慮することができず、そのため不法行為の責任を負う者がなければ被害者の救済に欠けるところから、その監督義務者に損害の賠償を義務づけるとともに、監督義務者に過失がなかったときはその責任を免れさせることとしたものである。ところで、失火ノ責任ニ関スル法律は、失火による損害賠償責任を失火者に重大な過失がある場合に限定しているのであって、この両者の趣旨を併せ考えれば、責任を弁識する能力のない未成年者の行為により火災が発生した場合においては、民法714条1項に基づき、未成年者の監督義務者が右火災による損害を賠償すべき義務を負うが、右監督義務者に未成年者の監督について重大な過失がなかったときは、これを免れるものと解するのが相当というべきであり、未成年者の行為の態

様のごときは、これを監督義務者の責任の有無の判断に際して斟酌することは格別として、これについて未成年者自身に重大な過失に相当するものがあるかどうかを考慮するのは相当でない。」
【争点】責任無能力者の失火により、第三者に損害が生じた場合、失火責任法はどのように適用されるか。
【結論】失火責任法は、監督者の責任無能力者に対する監督について適用される。

 責任無能力者が失火により第三者に損害を生じさせた場合、失火責任法はどのように適用されるのか。714条と失火責任法との関係が問題となる。

●論点Aランク（論証32）

▶具体例：8歳のAが火遊びをしていて、他人の家に火を燃え移らせ全焼させてしまった。Aの親Bは過失があれば常に監督者責任を負うのか。

A説 単純はめ込み説（判例）

▶結論：失火責任法は監督者の責任無能力者に対する監督について適用される。したがって、責任無能力者が失火させた場合は、監督義務者に責任無能力者の監督について重過失がないのであれば、監督義務者は責任を負わない。
▶理由：714条は、責任無能力者が責任を負わないことの代償として監督義務者に第一次的責任を負わせるものであるから、失火による責任を限定する失火責任法も、監督義務者の監督について適用すべきである。

→ 最判平成7年1月24日（前出重要判例）

B説 無能力者要件説

▶結論：失火責任法を責任無能力者の行為態様に直接適用して、責任無能力者に故意・重過失がある場合に監督義務者の責任を認める。
▶理由：責任無能力者でも過失的なもの、重過失的なものを考えることができる。

(4) 免責事由の不存在②（因果関係）

監督義務者等が「その義務を怠らなくても損害が生ずべきであった」ことを立証した場合にも、損害賠償責任を免れる（714条1項ただし書後半）。この規定は、平成16年改正の際に715条1項ただし書後半を参照して設けられたものである。

もっとも、715条1項ただし書後半と同様に、相当の注意をしても到底損害発生が避けられなかったことが明確な場合にかぎって免責が認められると解されるため（判例）、免責が認められる場面はまれである。

→ 大判大正4年4月29日 民録21輯606頁

【3】効果（賠償義務者）

714条に基づき監督者責任を負うのは、法定の監督義務者（714条1項本文）と代理監督者（714条2項）である。また、準監督義務者・事実上の監督者に該当する場合には、714条類推適用による賠償責任を負うことがある。

なお、これらの者の責任は排斥し合うものではなく、同時に成立しうる。この場合には、両責任の関係は（不真正）**連帯債務**となる。

従来の判例・通説は、監督者責任が複数の者に生じた場合の関係について、不真正連帯債務と解していました。
もっとも、債権総論で解説したとおり、平成29年改正は、連帯債務の絶対的効力事由を極限まで限定し、かつ、求償のルールをすべての連帯債務に適用するものとしました。その結果、平成29年改正民法のもとでは、（真正の）連帯債務と不真正連帯債務の区別は、

→ 『債権総論』6章4節③【3】

→ 潮見・民法(全)331頁、野澤・債権総論166頁

> 法適用面では無用のものとなったと指摘されています。
> ただし、平成29年改正民法下においても、学理上なお、連帯債務と不真正連帯債務とは異なるものであって、不真正連帯債務という概念を認める意義があるという見解があります。この見解は、たとえば不真正連帯債務で、求償に関する規定（442条）が適用されない場合を認めるなど個別的に制限解釈の要否を検討すべきであるとします。

→ 平野・債権総論232頁、247頁

(1) 法定監督義務者

未成年者については、親権者（820条）、親権代行者（833条、867条）、未成年後見人（857条）、児童福祉施設の長（児福47条）が法定監督義務者にあたると解される。

精神障害を有する者については、従来、成年後見人（民858条）や精神障害者の「保護者」（旧精保20条）が法定監督義務者にあたると考えられていた。しかし、判例は、これらの者について、これらの地位にあることをもってただちに法定監督義務者に該当するということはできないとした。また、配偶者の協力扶助義務（752条）も、法定監督義務を基礎づけるものではないとした。この判例によれば、精神障害者が713条によって免責される場合には、民法の明文上には法定監督義務者が存在しないこととなる。

→ 最判平成28年3月1日（後出重要判例）

(2) 代理監督者

代理監督者とは、法定監督義務者との契約や法律の規定、事務管理に基づいて責任無能力者の監督を託され、または引き受けた者をいう。

← 「代理監督者」とは

この点に関連して、学校や病院などの施設や事業体が監督を引き受けた場合に、監督者責任を負うのは、当該施設や事業体自体なのか、それとも現実に監督をする教員や職員なのかが問題となる。

この点、学説では、施設や事業体自体が代理監督者にあたるという見解が有力であるが、裁判例には、現実に監督をする教員や職員が代理監督者にあたり、施設や事業体は715条や国家賠償法1条の責任を負うとするものが多い。

→ 福岡高判昭和56年9月29日
判時1043号71頁など

(3) 準監督義務者・事実上の監督者

契約も法律の規定も事務管理もなく、事実上、責任無能力者を監督している者に監督者責任が認められるかが問題となる。

この点について、判例は、「法定の監督義務者に該当しない者であっても、責任無能力者との身分関係や日常生活における接触状況に照らし、第三者に対する加害行為の防止に向けてその者が当該責任無能力者の監督を現に行いその態様が単なる事実上の監督を超えているなど**その監督義務を引き受けたとみるべき特段の事情が認められる場合**には、衡平の見地から法定の監督義務を負う者と同視してその者に対し民法714条に基づく損害賠償責任を問うことができるとするのが相当であり、このような者については、**法定の監督義務者に準ずべき者として、同条1項が類推適用される**と解すべき」とした。

→ 最判平成28年3月1日（後出重要判例）

そして、このような準監督義務者にあたるか否かは、「その者自身の生活状況や心身の状況などとともに、精神障害者との親族関係の有無・濃淡、同居の有無その他の日常的な接触の程度、精神障害者の財産管理への関与の状況などその者と精神障害者との関わりの実情、精神障害者の心身の状況や日常生活における問題行動の有無・内容、これらに対応して行われている監護や介護の実態など**諸般の事情を総合考慮**して、その者が精神障害者を現に監督しているかあるいは監督することが可能かつ容易であるなど**衡平の見地からその者に対し精神障**

害者の行為に係る責任を問うのが相当といえる客観的状況が認められるか否かという観点から判断」することとなる。

★**重要判例（最判平成28年3月1日〔百選Ⅱ93事件〕）**
「(1)ア 民法714条1項の規定は、責任無能力者が他人に損害を加えた場合にはその責任無能力者を監督する法定の義務を負う者が損害賠償責任を負うべきものとしているところ、このうち精神上の障害による責任無能力者について監督義務が法定されていたものとしては、平成11年法律第65号による改正前の精神保健及び精神障害者福祉に関する法律22条1項により精神障害者に対する自傷他害防止監督義務が定められていた保護者や、平成11年法律第149号による改正前の民法858条1項により禁治産者に対する療養看護義務が定められていた後見人が挙げられる。しかし、保護者の精神障害者に対する自傷他害防止監督義務は、上記平成11年法律第65号により廃止された(なお、保護者制度そのものが平成25年法律第47号により廃止された。)。また、後見人の禁治産者に対する療養看護義務は、上記平成11年法律第149号による改正後の民法858条において成年後見人がその事務を行うに当たっては成年被後見人の心身の状態及び生活の状況に配慮しなければならない旨のいわゆる身上配慮義務に改められた。この身上配慮義務は、成年後見人の権限等に照らすと、成年後見人が契約等の法律行為を行う際に成年被後見人の身上について配慮すべきことを求めるものであって、成年後見人に対し事実行為として成年被後見人の現実の介護を行うことや成年被後見人の行動を監督することを求めるものと解することはできない。そうすると、平成19年当時において、保護者や成年後見人であることだけでは直ちに法定の監督義務者に該当するということはできない。
イ 民法752条は、夫婦の同居、協力及び扶助の義務について規定しているが、これらは夫婦間において相互に相手方に対して負う義務であって、第三者との関係で夫婦の一方に何らかの作為義務を課するものではなく、しかも、同居の義務についてはその性質上履行を強制することができないものであり、協力の義務についてはそれ自体抽象的なものである。また、扶助の義務はこれを相手方の生活を自分自身の生活として保障する義務であると解したとしても、そのことから直ちに第三者との関係で相手方を監督する義務を基礎付けることはできない。そうすると、同条の規定をもって同法714条1項にいう責任無能力者を監督する義務を定めたものということはできず、他に夫婦の一方が相手方の法定の監督義務者であるとする実定法上の根拠は見当たらない。
したがって、精神障害者と同居する配偶者であるからといって、その者が民法714条1項にいう『責任無能力者を監督する法定の義務を負う者』に当たるとすることはできないというべきである。」
「もっとも、法定の監督義務者に該当しない者であっても、責任無能力者との身分関係や日常生活における接触状況に照らし、第三者に対する加害行為の防止に向けてその者が当該責任無能力者の監督を現に行いその態様が単なる事実上の監督を超えているなどその監督義務を引き受けたとみるべき特段の事情が認められる場合には、衡平の見地から法定の監督義務を負う者と同視してその者に対し民法714条に基づく損害賠償責任を問うことができるとするのが相当であり、このような者については、法定の監督義務者に準ずべき者として、同条1項が類推適用されると解すべきである（〔最判昭和58年2月24日判時1076号58頁〕参照）。その上で、ある者が、精神障害者に関し、このような法定の監督義務者に準ずべき者に当たるか否かは、その者自身の生活状況や心身の状況などとともに、精神障害者との親族関係の有無・濃淡、同居の有無その他の日常的な接触の程度、精神障害者の財産管理への関与の状況などその者と精神障害者との関わりの実情、精神障害者の心身の状況や日常生活における問題行動の有無・内容、これらに対応して行われている監護や介護の実態など諸般の事情を総合考慮して、その者が精神障害者を現に監督しているかあるいは監督することが可能かつ容易であるなど衡平の見地からその者に対し精神障害者の行為に係る責任を問うのが相当といえる客観的状況が認められるか否かという観点から判断すべきである。」
【争点】①精神障害者福祉法上の保護者や成年後見人は、法定監督義務者にあたるか。
②752条の規定をもって714条1項にいう責任無能力者を監督する義務を定めたものといえるか。

　　　　　③法定の監督義務者に該当しない者について714条1項を類推適用できるか。
【結論】①精神障害者福祉法上の保護者や成年後見人であることだけではただちに法定の監督義務者に該当するということはできない。
②752条の規定をもって714条1項にいう責任無能力者を監督する義務を定めたものということはできない。
③法定の監督義務者に該当しない者であっても、責任無能力者との身分関係や日常生活における接触状況に照らし、第三者に対する加害行為の防止に向けてその者が当該責任無能力者の監督を現に行い、その態様が単なる事実上の監督を超えているなどその監督義務を引き受けたとみるべき特段の事情が認められる場合には、衡平の見地から法定の監督義務を負う者と同視して、714条1項を類推適用できる。

2 使用者責任(715条)

【1】意義

　715条1項は、ある事業のために他人を使用する者(使用者)について、被用者がその事業の執行について第三者に対して損害を加えた場合には、使用者が選任監督上の過失のないことを証明しないかぎり、使用者はその損害を賠償しなければならない旨を規定する。この場合に使用者が負う責任を**使用者責任**という。

←「使用者責任」とは

　通説は、使用者責任の趣旨を、**報償責任の原理**に求める。報償責任の原理とは、使用者は被用者を支配関係に収め、その労働力を利用することによって自己の活動領域を拡大して利益を収める可能性を増大させているのであるから、その拡大された活動領域から生じる損害について責任を負うべきであるという考え方をいう(「**利益あるところに損失も帰する**」)。

→ 我妻・事務管理・不当利得・不法行為162頁
←「報償責任の原理」とは

　使用者責任において使用者が負担する責任の性質について、使用者に固有の責任と解する見解(**自己責任説**)と、被用者が負担する責任を使用者が代わって負担するものと解する見解(**代位責任説**)の対立がある。

　自己責任説は、起草者の見解である。自己責任説は、使用者責任を、使用者の過失(選任監督義務違反)が問題となる責任であると捉える。この点で、使用者責任は709条の不法行為責任と何ら異ならない。もっとも、使用者責任では、使用者自身の故意・過失について、使用者側に立証責任が転換されているため(715条1項ただし書)、この点で709条と異なることとなる。そして、この立証責任の転換を捉えて中間責任であると説明する。

　通説は、代位責任説である。代位責任説は、使用者責任を、**被用者の不法行為について使用者が被用者に代わって被害者に対して損害賠償責任を負うもの**と捉える。この見解からは、被用者の行為はそれ自体として不法行為の要件をみたすものでなければならない。また、715条1項ただし書にいう選任監督上の過失は、709条の故意過失と異なり、一種の政策的考慮にでた免責事由と捉えることとなる。そのため、代位責任説からは、使用者責任を中間責任と説明

5-17

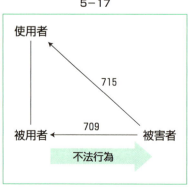

する意味がなくなると指摘されている。

> 使用者責任の趣旨について、近年の学説では、報償責任の原理に加えて、危険責任の原理からも説明するものや、もっぱら危険責任の原理から説明するものもあります。危険責任の原理とは、使用者が被用者を用いることで新たな危険を創造したり、拡大したりしている以上、使用者は被用者による危険の実現について責任を負担すべきとする考え方です。
> 報償責任や危険責任は無過失責任の根拠となるものであることから、715条1項ただし書の選任監督上の過失の不存在による使用者の免責は、容易には認められないと考えられています。

→ 四宮・不法行為681頁
→ 潮見・債権各論Ⅱ141頁

【2】要件

使用者責任は、以下の要件をみたす場合に認められる。以下、詳述する。

| (1) 使用関係の存在 |
| (2) 加害行為が使用者の事業の執行について行われたこと |
| (3) 被用者の行為が709条の要件をみたすこと |
| (4) 免責事由の不存在 |

(1) 使用関係の存在

使用者責任が認められるためには、「ある事業のために他人を使用する者」(715条1項本文)であること、すなわち使用関係の存在が必要である。

ここでいう「事業」とは、きわめて広く解されており、仕事と同義である。建物解体工事のような事実的なものや、訴訟行為のような法律的なものも含まれる。また、継続性や営利性の有無を問わない。判例は、兄が弟に自動車を運転させるような家族的な仕事の事案や、暴力団の経済活動に伴う暴力・恐喝の事案について、「事業」性を認めている。さらに、「使用」についても、広く解されており、雇用または労働契約がなくても、一方から他方への実質的な指揮監督関係があれば足りる。継続性のない一時的な指揮監督関係でもよい。

もっとも、使用者の事業に従事していても、その指揮監督のもとで行動するのではなく、自主性・独立性が認められて行動する者は、被用者にはあたらない。たとえば、委任における受任者や請負における請負人は、自主性・独立性が認められて行動するかぎり、被用者にあたらない。ただし、下請負の場合には元請負人の指揮監督下で活動することが多く、そのようなときは元請負人との使用関係が認められることがある。

なお、判例は、自動車運送事業者が無免許者に自己の商号の使用を許したところ、名義を借用した者が交通事故を起こした事案について、715条の法意に照らして名義貸与者に賠償責任を認めた。

→ 最判昭和56年11月27日民集35巻8号1271頁、最判平成16年11月12日民集58巻8号2078頁

→ 最判昭和41年6月10日民集20巻5号1029頁

> 使用者に代わって事業を監督する者(代理監督者)も、使用者と同様に使用者責任を負います(715条2項)。「使用者に代わって事業を監督する者」とは、客観的に観察して、実際上現実に使用者に代わって事業を監督する地位にある者をいい(判例)、具体的には、工場長、支店長、現場監督などがこれにあたります。

→ 野澤・事務管理・不当利得・不法行為242頁
→ 最判昭和35年4月14日民集14巻5号863頁、最判昭和42年5月30日民集21巻4号961頁

(2) 加害行為が使用者の事業の執行について行われたこと

(a) 意義

使用者責任が成立するためには、加害行為が「事業の執行について」行われた

▶平成15年度第1問

場合でなければならない(715条1項本文、**事業執行性**)。

使用者責任の趣旨(根拠)となる報償責任の観点からすれば、使用者は、被用者が使用者の活動領域を拡大するうえで加えた損害を賠償するにとどまることになる。そのため、715条1項本文にいう「事業の執行について」は、使用者責任を限定するための重要な要件であるにもかかわらず、その意義が明確でない。

そこで、「事業の執行について」の意義が問題となる。

(b) **外形標準説(外形理論)**

初期の判例は、「事業ノ執行ニ付キ」(平成16年改正民法)の意義を厳格に解し、使用者の事業自体および「之レト一体ヲ為シ不可分ノ関係ニアル」場合にのみ、使用者責任が認められるとしていた(**一体不可分説**)。これに対して、学説は、使用者責任の根拠である報償責任の観点からは、被用者の使用によって使用者の活動領域が拡大したと客観的に認められる範囲における被用者の行為は、その事業の執行についてなされたものと解すべきであるとした(**外形標準説**、**外形理論**)。

その後、大審院判例は、上記の学説を受けて、株券発行を担当する庶務係長が自己の金融を図る目的で株券を偽造して担保に供した事例(取引的不法行為の事例)に関して、使用者の事業と一体不可分の関係にある被用者の行為または事業の遂行を助長する性質に属する被用者の行為のみならず、被用者の当該行為が外観上業務執行と同一の外形を有するものであれば、ここから生じた損害は事業の執行につき第三者に加えた損害ということができるとして使用者責任を認めた。この判例は、外形標準説を明示していないが、従来の判例(一体不可分説)を改め、事業の範囲内か否かを行為の外形によって決すべきことを明らかにしたものであり、この判決によって外形標準説に与することを確立したものと評価されている。

「事業の執行について」の意義については、使用者・被用者の内部関係や主観的意図で決すると、被用者の不当な業務執行や私利を図るための職権の濫用による損害が、常に職務執行の範囲外となり、報償責任に基づく損害の公平な分担という715条の趣旨に反するから、外形標準説を採用すれば足りよう。

(c) **取引的不法行為**

以下では、外形標準説に立つ判例に従って、取引的不法行為において使用者責任が成立する範囲を検討することにする。

判例は、会社の経理課長が印を盗用して会社名義の偽造行使した事案について、「本件手形の振出行為が、外形上、上告会社の事業の範囲に属する」とした。同様に、協同組合の書記が権限を濫用して理事長名義の手形を偽造した場合には、協同組合は手形を善意無過失で取得した者に対して使用者責任を負うとした。

また、判例は、手形作成事務を担当していた係員が手形係を免ぜられた後に会社名義の手形を偽造した事案において、「民法715条にいわゆる『事業ノ執行ニ付キ』とは、被用者の職務執行行為そのものには属しないが、その**行為の外形から観察して、あたかも被用者の職務の範囲内の行為に属するものとみられる場合をも包含する**ものと解すべき」であるとした。

もっとも、判例は、「被用者のなした取引行為が、その行為の外形からみて、使用者の事業の範囲内に属するものと認められる場合においても、その行為が被用者の職務権限内において適法に行なわれたものでなく、かつ、その行為の相手方が右の事情を**知りながら**、または、少なくとも**重大な過失**により右の事情を知らないで、当該取引をしたと認められるときは、その行為にもとづく損害は民

●論点Aランク
(論証33)

➡ 大判大正5年7月29日
刑録22輯1240頁

➡ 我妻・事務管理・不当利得・不法行為168頁

➡ 大連判大正15年10月13日
民集5巻785頁

➡ 最判昭和32年7月16日
民集11巻7号1254頁

➡ 最判昭和36年6月9日
民集15巻6号1546頁

➡ 最判昭和40年11月30日
民集19巻8号2049頁

●論点Aランク
(論証34)

➡ 最判昭和42年11月2日
(判例シリーズ82事件)

法715条にいわゆる『被用者カ其事業ノ執行ニ付キ第三者ニ加ヘタル損害』とはいえず、したがってその取引の相手方である被害者は使用者に対してその損害の賠償を請求することができない」としている。外形標準説は相手方の信頼保護を目的とするものであるから、判例の立場でよいであろう。

> 判例によれば、取引的不法行為の事案では、事業執行性が被用者の行為の外形によって判断される(外形標準説)とともに、被害者の外形への信頼(善意・無重過失)が、使用者責任の成立要件となります。職務の範囲内において適法に行われたものではない点について、悪意または重過失ある被害者は、外形(外観)への信頼に対する保護に値する第三者ではないと捉えるのです。
> なお、被害者の外形への信頼がないこと(悪意または重過失)が、過失相殺(722条2項)として考慮されるわけではない点に注意してください。

(d) 事実的不法行為

前述した外形標準説は、取引的不法行為を対象として展開された見解であるため、交通事故や暴力行為などの事実的不法行為にも妥当するかが問題となるが、判例は、交通事故の事例では、外形標準説に従って事業執行性を判断しているが、暴力行為の事例では、職務密接関連性に着目して判断している。

●論点B⁺ランク

(i) 交通事故

判例は、「本件自動車は、たとえAの専用するものではなく、また会社には勤務時間の定めがあって、Aが本件自動車を使用したのは右勤務時間後のことであり、その使用の目的もまた原判示の如き恣意的なものであったとしても、それらはただ被上告会社とAとの間の内部関係に過ぎないのであって、**外形的にこれを観れば**、Aの本件自動車運転は、被上告会社の運転手としての職務行為の範囲に属するものとして、同会社の事業の執行と認めることの妨げとなるものではない」とした。

→ 最判昭和37年11月8日民集16巻11号2255頁

また、判例は、「民法715条に規定する『事業ノ執行ニ付キ』というのは、必ずしも被用者がその担当する業務を適正に執行する場合だけを指すのでなく、**広く被用者の行為の外形を捉えて客観的に観察**したとき、使用者の事業の態様、規模等からしてそれが被用者の職務行為の範囲内に属するものと認められる場合で足りるものと解すべきである」とした原審の判断を正当とし、自動車の販売等を業とする会社の販売課に勤務する被用者が、退社後映画見物をして帰宅のための最終列車に乗り遅れたため、私用に使うことが禁止されていた会社内規に違反して会社の自動車を運転し帰宅する途中追突事故を起す等判示事実関係のもとにおいて他人に加えた損害は、会社の「事業ノ執行ニ付キ」生じたものと解するのが相当である旨判示した。

→ 最判昭和39年2月4日民集18巻2号252頁

(ii) 暴力行為

判例は、取引的不法行為についても、交通事故という事実的不法行為についても外形標準説によって事業執行性の有無を判断しているが、暴力行為については、職務密接関連性に着目して結論を導いている。

判例は、被用者が被害者に暴行を加えて負傷させた下記①から③までのいずれの事案についても、被害者の被った損害が、被用者が**会社の事業の執行行為を契機とし、これと密接な関連を有すると認められる行為**によって生じたものであるか否かを、被用者が事業の執行につき加えた損害にあたるか否かの基

→ 最判昭和44年11月18日民集23巻11号2079頁、最判昭和46年6月22日民集25巻4号566頁、最判昭和58年3月31日判時1088号72頁

5-3 特殊の不法行為　489

準としている。

①会社の従業員であるAが、水道管敷設工事に従事中に、同じく従業員であるBに背後から突き落とされ、工事のために掘った穴に落下し、その後Bに暴行を受けて受傷した事案(肯定例)

②会社の店員であるA・Bが出前業務に従事中、甲運転の小型自動車と接触しそうになったことから、Aが警音機を吹鳴して注意したところ、A・B両名が停車して、同じく停車した甲と口論のうえ、甲に対し暴行を加えた事案(肯定例)

③使用者の社屋内更衣室において、被用者甲が被用者乙に対して暴行を加えた事案(前日の事業の執行行為を契機として発生した両者の口論にかかわり合いがある言葉のやりとりに端を発するものであっても、その暴行は必ずしも前日の口論から自然の勢いで発展したものではなく、しかも、前日の口論とは時間的にも場所的にもかなりの隔たりがある場合。否定例)

→ 最判昭和44年11月18日（前出）

→ 最判昭和46年6月22日（前出）

→ 最判昭和58年3月31日（前出）

さらに、判例は、階層的に構成されている暴力団(A組)の下部組織における対立抗争においてその構成員がした殺傷行為について、A組が、その威力をその暴力団員に利用させることなどを実質上の目的とし、下部組織の構成員に対してもA組の威力を利用して資金獲得活動をすることを容認し、その資金獲得活動に伴い発生する対立抗争における暴力行為を賞揚していたなど判示の事情のもとでは、「A組の威力を利用しての資金獲得活動に係る事業の執行と密接に関連する行為というべきであり、A組の下部組織の構成員がした殺傷行為について、上告人〔組長X〕は、民法715条1項による使用者責任を負う」とした。

→ 最判平成16年11月12日（前出）

(e) 学説

分類		内容
三分類説	判例	①取引的不法行為　→外形標準説 ②事実的不法行為(交通事故)　→外形標準説 ③事実的不法行為(暴力行為)　→職務密接関連性
	A説*	①取引的不法行為　→外形標準説 ②事実的不法行為の事故型(危険物管理型)　→支配領域性 ③事実的不法行為の暴力型　→職務密接関連性
二元説	B説	①取引的不法行為　→外形標準説 ②事実的不法行為　→支配領域性
	C説	①取引的不法行為　→外形標準説 ②事実的不法行為　→被用者のした権利侵害行為と職務として課された行為との密接関連性(危険源の創設)と、使用者による被用者の行為の支配・統制可能性
一元説	D説	予見可能性、加害行為と被用者の本来の職務との近接性・遠隔性、加害の道具の状況、加害行為の場所的状況、被害者の善意・無過失など種々の要因を総合して判断する
	E説	加害行為と被用者の職務との関連性(職務関連性)と、補充的に、被用者が加害行為を行うことが客観的に容易であること(加害行為の近接性)で判断する

＊A説の②③の分類は、その名称は異なるが、判例の②③と同一である。

→ 最判昭和40年11月30日（前出）など
→ 最判昭和37年11月8日（前出）など
→ 最判昭和44年11月18日（前出）など
→ 内田Ⅱ495頁、大村・新基本(不法行為編)129頁、前田(陽)165頁
→ 加藤(一)182頁、森島43頁、近江・講義Ⅵ223頁
→ 潮見・債権各論Ⅱ148頁

→ 幾代＝徳本207頁

→ 平井・債権各論Ⅱ235頁

以上のように、判例は、取引的不法行為や交通事故のような事実的不法行為については外形標準説を採用しつつも、それが機能しない暴力行為のような事実的不法行為については、職務との密接関連性に従って判断している。

これに対して、学説では、事実的不法行為については、相手方の信頼は問題になっていないことから、被用者の行為が客観的にみて使用者の支配領域内にあっ

たか（支配領域内の危険に由来するものであるか否か）によって判断すべきであるとの見解などさまざまな説があげられている。

主な学説を上記表にあげておいたが、まずは判例の立場を理解してほしい。

(3) 被用者の行為が709条の要件をみたすこと

715条の文言からは明らかでないが、使用者責任が成立するためには、被用者の行為が709条の要件をみたすことが必要だと解されている（判例）。したがって、被用者が責任無能力者である場合には、使用者責任も認められない（判例）。

被用者が失火によって第三者に損害を加えた場合に、失火責任法との関係が問題となる。この点について、判例は、被用者に故意または重過失があったときにのみ使用者責任が成立し、使用者の被用者に対する選任監督に重過失があることは必要でないとする。監督者責任との違いに注意してほしい。

(4) 免責事由の不存在

被害者が(1)から(3)までの要件を主張立証した場合には、原則として使用者責任が認められる。しかし、使用者が「被用者の選任及びその事業の監督について相当の注意をした」こと、または「相当の注意をしても損害が生ずべきであった」ことを主張立証したときは、使用者責任を免れる（715条1項ただし書）。すなわち、(4)の要件は、使用者側が立証責任を負う抗弁事由である。

もっとも、実務上、使用者側の免責を認めた事案はほとんどなく、使用者責任は事実上の無過失責任と評価されている。

【3】効果

(1) 損害賠償

使用者責任を負う使用者は、被用者の加害行為から生じた損害をすべて賠償する責任を負う（715条1項本文）。

また、使用者責任が成立する前提として、被用者自身にも709条の不法行為が成立している。そのため、使用者の715条責任と被用者の709条責任とが併存することとなり、両者の関係は(不真正)連帯債務と解される。

(2) 求償権

使用者は、使用者責任に基づいて被害者に対して損害賠償をしたときは、被用者に対して求償できる（715条3項）。この規定の意義について、通説は、使用者責任が代位責任であることから、使用者は被用者に対して当然に求償権を有し、このことを注意的に規定したものと解している（注意規定説）。

5-18

注意規定説によれば、使用者は被用者の責任を代わりに負っただけなので、当然に全額の求償を求めることができるはずである。しかし、使用者責任の趣旨を報償責任の原理または危険責任の原理に求めるのであれば、被用者に賠償の全額を負担させるのは妥当でなく、使用者の求償を制限すべきといえる。

この点について、判例は、使用者の被用者に対する求償権行使について、「損害の公平な分担という見地から信義則上相当と認められる限度」に制限されるとした。

★**重要判例**（最判昭和51年7月8日〔判例シリーズ83事件〕）

「使用者が、その事業の執行につきなされた被用者の加害行為により、直接損害を被り又は使用者としての損害賠償責任を負担したことに基づき損害を被った場合には、使用者は、その事業の性格、規模、施設の状況、被用者の業務の内容、労働条件、勤務態度、加害行為の態様、加害行為の予防若しくは損失の分散についての使用者の配慮の程度その他諸般の事情に照らし、損害の公平な分担という見地から信義則上相当と認められる限度において、被用者に対し右損害の賠償又は求償の請求をすることができるものと解すべきである。」

【争点】使用者が被用者に求償の請求をすることができるのはどの限度か。

【結論】その事業の性格、規模、施設の状況、被用者の業務の内容、労働条件、勤務態度、加害行為の態様、加害行為の予防もしくは損失の分散についての使用者の配慮の程度その他諸般の事情に照らし、損害の公平な分担という見地から信義則上相当と認められる限度において、被用者に対し損害の賠償または求償の請求をすることができる。

→ 百選Ⅱ95事件

それでは、被用者が被害者に対して損害賠償をした場合に、使用者に対して求償することはできるか。使用者の被用者に対する求償が制限されうるのであれば、被用者が損害の全額を賠償した場合には、使用者に対して求償できなければ不均衡とも思えるため問題となる。これは、**逆求償**の問題といわれる。

← 逆求償の可否

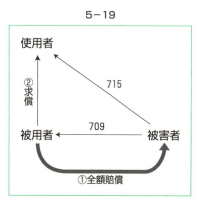

この点、被用者の逆求償を根拠づけることは困難であるとして否定的な見解もあるが、損害の公平な分担という観点から、逆求償を肯定すべきであろう。

　使用者責任を代位責任と考えると、被用者の逆求償は趣旨に合致せず、根拠づけが難しいといえるでしょう。
　もっとも、判例のなかには、使用者と被用者の行為が共同不法行為を構成する場合には、その負担部分の相互求償を認めたものがあり、このような理屈で逆求償を根拠づけることも可能といえます。

→ 最判昭和63年7月1日（百選Ⅱ97事件）

→ 分析と展開民法Ⅱ317頁〔山田〕

複数の者が使用者責任を負う場合に求償関係をどのように処理するべきかが問題となるが、この問題については、共同不法行為のなかで解説する。

→ 本節5【3】(2)

　法人の被用者が職務遂行について第三者に損害を与えた場合には、法人が使用者責任を負うことになります（715条1項本文）。
　それでは、法人の代表者が職務遂行について第三者に損害を与えた場合にはどうなるでしょうか。この場合には、715条ではなく、個別の法律で処理することとなります。
　たとえば、一般社団法人及び一般財団法人に関する法律78条は「一般社団法人は、代表理事その他の代表者がその職務を行うについて第三者に加えた損害を賠償する責任を負う」と規定しています。また、会社法350条は「株式会社は、代表取締役その他の代表者がその職務を行うについて第三者に加えた損害を賠償する責任を負う」と規定しています。これらの規定によって、法人は、代表者の行為について第三者に対する損害賠償責任を負うのです。
　法人が不法行為責任を負うことについては、代表者の不法行為を法人自身の不法行為と

考えるのか、使用者責任と同様に他人の行為についての代位責任と考えるのかという議論があります。この議論は、法人の本質をどのように理解するかという問題と密接に関連していますので、民法総則で詳しく説明することにします。

→ 『民法総則』2章2節

【4】注文者の責任(716条)

使用者責任に類似する規定として、注文者の責任(716条)があげられる。

注文者は、請負人がその仕事について第三者に加えた損害を賠償する責任を負わない(716条本文)。たとえば、建設工事中に請負人が建築資材を倒してしまい、第三者が怪我を負った場合があげられる。

この規定の趣旨は、使用者責任と異なり、請負人は独立の事業者であって注文者の指揮監督を受けないことから、請負人の行為の結果について注文者が責任を負わないことを明らかにする点にある。

ただし、注文または指図についてその注文者に過失があったときは、注文者は損害賠償責任を負うこととなる(716条ただし書)。この規定がなくても、注文者は709条による不法行為責任を負うこととなるので、716条ただし書は注意規定にすぎない。

3 工作物責任(717条)

【1】意義

土地の工作物の設置または保存に瑕疵があることによって他人に損害を生じた場合に、その工作物の**占有者**または**所有者**は、その損害を賠償する責任を負う(717条1項)。この場合の責任を**工作物責任**という。たとえば、老朽化した建物の外壁がはがれて落下したため通行人にぶつかって怪我を負わせた場合や、老朽化した建物の囲い網が破損していたため子どもが入り込み、床が抜けて怪我を負った場合などがあげられる。

← 「工作物責任」とは

工作物責任の趣旨は、**危険責任の原理**にある。すなわち、危険性の高い物を管理し所有する者は、危険の防止に十分な注意を払うべきであり、危険が現実化して損害が生じた場合には、その賠償責任を負うべきという考え方に基づく。

工作物責任を負うのは占有者または所有者であるところ、**第一次的な責任**を負うのは**占有者**である。もっとも、占有者は、「損害の発生を防止するのに必要な注意をしたとき」には免責される(717条1項ただし書)。この点で、占有者の責任は、過失の立証責任が転換された中間責任である。

これに対して、**第二次的な責任**を負うのは**所有者**である。もっとも、所有者については免責が認められておらず、無過失責任を負う(717条1項ただし書参照)。

【2】要件

工作物責任は、以下の要件をみたす場合に認められる。以下、詳述する。

(1)	土地の工作物によること
(2)	土地の工作物の設置または保存の瑕疵によること

5-3 特殊の不法行為　493

| (3) 工作物の瑕疵によって他人に損害が生じたこと |
| (4) (占有者の場合)免責事由の不存在 |

(1) 土地の工作物によること

「土地の工作物」(717条1項本文)とは、**土地に接着**して**人工的**に作りだされたあらゆる設備をいう(判例)。

土地への接着性が認められる物としては、たとえば、建物やそれに付随するエスカレーター、エレベーター、堀、電柱・電線、プール等があげられる。工場内に設置された機械に接着性が認められるかについて、古い判例には、土地に直接に接着していないことを理由として否定したものがある。しかし、学説は、工場内の機械も実質的には建物と一体をなし、全体として土地の工作物になるとして、判例に否定的である。その後の裁判例には、製パン業者のパン焼機から事故が生じた事案について、パン焼機が、排気ダクトやガス管で建物と接続されており、床に接着して定位置に設置・使用され、移動の予定がなく、容易に移動もできないと認定したうえで、「本件パン焼機は、被告の製パン工場に設置した危険な企業設備として被告製パン工場部分の建物と一体となっているというべきであり、これらは全体として土地の工作物に該当する」としたものがある。

また、判例は、土地への接着性を厳密には解しておらず、炭鉱の坑口に設置された捲上機のワイヤーロープやガス消費設備に接続された高圧ゴムホースも土地の「工作物」にあたるとしている。

次に、人工的に作りだされたものといえるかに関して、裁判例には、天然に存在した池沼は「工作物」にあたらないとしたものがある。これに対して、スキー場のゲレンデやゴルフコースについては、自然の地勢を利用しつつ人工的な作業が加わっているとして「工作物」にあたると解される。

(2) 土地の工作物の設置または保存の瑕疵によること

(a) 「瑕疵」の意義

「瑕疵」の意義について見解は分かれているが、判例・通説は、**工作物が、その種類に応じて、通常予想される危険に対し、通常備えているべき安全性を欠いていること**をいうと解する(客観説)。客観説によれば、瑕疵は工作物の客観的性状から判断されるべきであり、占有者や所有者の故意または過失によることを要しない。

もっとも、判例は、客観的性状だけでなく物の機能にも着目して瑕疵の有無を判断していると評価されている。すなわち、列車の踏切における警報機や遮断機などの保安設備は踏切とは別個の工作物であるところ、「必要な保安のための設備が設けられてはじめて踏切道の機能を果たすことができる」として踏切と保安設備を一体としてみて、保安設備を欠くことをもって設置上の瑕疵があるとした。

瑕疵が工作物の設置時に存在する場合を設置の瑕疵といい、設置後に生じた場合を保存の瑕疵というが、両者を区別する実益はないといわれる。

> 学説には、瑕疵を占有者や所有者の注意義務違反と捉える見解(義務違反説)があります。この見解は、工作物自体に物理的な欠陥がない場合であっても、結果の回避が可能であるのに占有者や所有者が適切な措置をとらなかったようなときは、そのような注意義務違反をもって「瑕疵」があると評価する見解です。

➡ 大判昭和3年6月7日民集7巻443頁

➡ 大判大正元年12月6日民録18輯1022頁

➡ 東京高判平成3年11月26日判時1408号82頁

➡ 最判昭和37年4月26日民集16巻4号975頁、最判平成2年11月6日判時1407号67頁

➡ 東京高判昭和50年6月23日判時794号67頁

➡ 長野地判昭和45年3月24日判時607号62頁、横浜地判平成4年8月21日判タ797号234頁

➡ 最判昭和45年8月20日(行政百選Ⅱ235事件)

➡ 最判昭和46年4月23日民集25巻3号351頁

➡ 澤井327頁

工作物は、「通常備えているべき安全性」を備えていれば足り、異常な行動や異常な自然力(不可抗力)による危険に対処しうるものである必要はない。

瑕疵の有無は、事故時の評価を基準に判断されると解される。判例は、アスベストによる健康被害が問題となった事案について、「人がその中で勤務する本件建物のような建築物の壁面に吹付け石綿が露出していることをもって、当該建築物が通常有すべき安全性を欠くと評価されるようになったのはいつの時点からであるかを証拠に基づいて確定した上で」被害者の権利侵害がその時点以降に生じたものか否か、瑕疵と権利侵害との因果関係の有無などを審理すべきとした。

➡ 最判平成25年7月12日 判時2200号63頁

(b) **立証責任**

瑕疵の立証責任は、原告(被害者)側が負う。ただし、瑕疵の存在は、事故の発生から事実上推定されうる(通説)。

(c) **失火責任法との関係**

工作物の瑕疵によって火災が生じた場合には、717条と失火責任法のいずれが適用されるかが問題となる。

この点について、判例は、717条に失火責任法をはめ込み、工作物の設置・保存の瑕疵が占有者または所有者の重過失に基づくことを要件としている。しかし、失火責任法は立法論的に批判が多いことから、717条のみが優先して適用され、失火責任法の適用はないと解すべきであろう(717条優先適用説)。

➡ 大判昭和7年4月11日 民集11巻609頁

➡ 我妻・事務管理・不当利得・不法行為184頁

工作物の瑕疵によって火災が生じた場合(電力会社の高圧電線の仮施設が不十分なために火災を生じたような場合)には、717条と失火責任法のいずれが適用されるか。

●論証Bランク (論証36)

A説 失火責任法優先適用説(初期の判例)

▶結論：失火による場合には失火責任法が優先的に適用される(失火自体に重過失を要求する)。

➡ 大判明治40年3月25日 民録13輯328頁

B説 失火責任法はめ込み説(判例)

▶結論：717条に失火責任法をはめ込み、工作物の設置・保存の瑕疵が占有者または所有者の重過失に基づくことを要求する。

➡ 大判昭和7年4月11日 (前出)

C説 717条優先適用説(我妻)

▶結論：717条のみが優先して適用され、失火責任法の適用はない。

➡ 我妻・事務管理・不当利得・不法行為184頁、東京高判昭和31年2月28日 高民集9巻3号130頁

D説 折衷説

D-1説 直接火災・延焼部分区別説(幾代=徳本、四宮)

▶結論：工作物から直接生じた火災については717条を適用し、延焼部分については失火責任法を適用あるいは717条にはめ込んで適用する。

D-2説 工作物区別説

▶結論：工作物を危険工作物と通常工作物に分け、前者には717条が適用され、後者には失火責任法を適用あるいは717条にはめ込んで適用する。

➡ 幾代=徳本187頁、四宮・不法行為749頁、東京地判昭和38年6月18日 下民集14巻6号1164頁、横浜地判平成3年3月25日 判時1395号105頁

➡ 東京高判昭和58年5月31日 判時1085号57頁

以上の各説のうちどの説を採るかの判断においてポイントとなるのは、失火責任法が責

> 任を軽減した趣旨と、717条が責任を加重した趣旨（危険責任）のいずれを重視するかという点にあります。前者を重視するのが、A説とB説、後者を重視しるのがC説で、両者のバランスを取るのがD説ということになります。

> 後述しますが、失火責任法は現在、立法論的に批判され、その存在意義に疑問が呈されていますので、A説およびB説には疑問があります。両者のバランスをとって、D説を採る説も有力ですが、危険責任を重視して、C説を採用すればよいでしょう。
> ただし、A説、B説、C説は、失火自体の重過失、あるいは設置・保存上の重過失を比較的容易に認定するので、実際上それほどの差異は生じないとの指摘もされています。なお、判例は、いずれも古いものですので、A説を採るのかB説を採るのか確定していないとの評価もあります。

→ 本節⑥【4】

(d) 竹木の栽植・支持の瑕疵

717条1項は、「竹木の栽植又は支持に瑕疵がある場合」に準用される(717条2項)。

(3) 工作物の瑕疵によって他人に損害が生じたこと

工作物責任が認められるためには、「瑕疵があることによって他人に損害を生じた」(717条1項本文)こと、すなわち、損害の発生および瑕疵と損害の因果関係が必要となる。

特に因果関係について、台風や地震などの自然力との競合によって損害が発生した場合の処理が問題となる。なお、工作物が、その種類に応じて、通常予想される危険に対し、通常備えているべき安全性を備えていれば、そもそも「瑕疵」が認められないため、因果関係を検討する前提を欠く。

まず、工作物が通常予想される自然力によって損害を生じたときは、瑕疵と損害の因果関係が認められる。しかし、工作物に瑕疵があったとしても、異常な自然力が作用したため、瑕疵がなかったとしても同じ損害が生じたであろうときは、因果関係を欠くこととなり、工作物責任は認められないと解される。工作物責任は、(所有者については)無過失責任であるものの、結果責任ではないからである。

瑕疵と異常な自然力とが競合して損害が生じた場合に、異常な自然力が競合しなければ損害がより軽微であったといえるときについて、寄与度による責任の軽減を認めるべきか否かが問題となる。この点については、責任の軽減を認めるとその部分のリスクを被害者が負担することとなって妥当でないという見解もあるが、公平の観点からは寄与度による減額を認めるべきといえるだろう。

(4) (占有者の場合)免責事由の不存在

占有者は、第一次的な責任を負う反面、「損害の発生を防止するのに必要な注意をしたとき」は免責される(717条1項ただし書)。なお、第二次的な責任を負う所有者については、このような免責規定が設けられてない。

占有者が第一次的な責任を負う理由は、占有者が損害の発生の防止に直接の関係を有するからである。また、占有者にのみ免責規定が設けられている理由は、占有者が危険物の一時的な支配者であるのに対して、所有者はその全面的・終局的な利益帰属主体だからである。

「占有者」とは、**工作物を事実上支配する者**をいう。だれが占有者かは、物権法上の占有理論によって判断される。すなわち、「自己のためにする意思をもって物を所持する」者が占有者となる(180条)。したがって、使用者から店舗の管理

← 「占有者」とは

を任されたにすぎない被用者のような占有機関(占有補助者)は、占有者ではないため、工作物責任を負わない(ただし、709条による不法行為責任を負うことはありうる)。また、717条における「占有者」には、直接占有者のほかに間接占有者も含まれる。たとえば、転借人が直接占有をしている場合における転貸人は、間接占有者として717条における「占有者」に該当する。この場合に、通説は、直接占有者が第一次的な責任を負い、直接占有者が免責されたときは、間接占有者が第二次的責任を負うと解している。

→ 最判昭和31年12月18日民集10巻12号1559頁
→ 幾代=徳本170頁

「損害の発生を防止するのに必要な注意」とは、損害の発生を現実に防止できるだけの措置が必要であり、危険なことを公示・通知するだけでは足りないと解される。たとえば、崩れそうなブロック塀に「ここは危険です」という張り紙をしておくだけでは免責されない。

【3】効果

(1) 損害賠償

第一次的には占有者が工作物責任を負い、占有者が免責された場合には、第二次的に所有者が工作物責任を負う(717条1項ただし書)。

「所有者」とは、被害者への権利・法益侵害が生じた時点の所有者をいう。瑕疵が発生したのは前所有者の時点であったとしても、権利・法益侵害が生じた時点の所有者が工作物責任を負う。工作物の設置・保存に瑕疵がないと信じて工作物を買い受けた場合や、所有権移転登記が未了の場合であっても、実際の所有者である買主が工作物責任を負うこととなる。

← 「所有者」とは
→ 大判昭和3年6月7日(前出)

(2) 求償権

損害の原因についてほかにその責任を負う者があるときは、占有者または所有者は、その者に対して求償権を行使することができる(717条3項)。たとえば、工作物の瑕疵が設計者や請負人、前所有者の過失によって生じた場合があげられる。

4 動物の占有者の責任(718条)

▶ 平成15年度第1問

【1】意義

動物の占有者(または占有者に代わって動物を管理する者)は、その動物が他人に加えた損害を賠償する責任を負う(718条1項本文、2項)。ただし、動物の種類および性質に従い相当の注意をもってその管理をしたときは免責される(718条1項ただし書)。そのため、この責任は中間責任である。

718条の責任の根拠は、危険な動物を管理しているという意味で、一種の危険責任にある。

【2】要件

動物の占有者の責任は、以下の要件をみたす場合に認められる。以下順に、説明することにする。

(1) 動物が他人に損害を加えたこと
(2) 免責事由の不存在

(1) 動物が他人に損害を加えたこと

「動物」は、その種類を問わず、家畜であるかペットであるかを問わない。野生の動物であっても、人の支配下にあれば718条1項本文にいう「動物」に該当する。

損害は、動物の独立の動作によって生じたものであることを要する。たとえば、動物にかまれた場合のほか、犬の鳴き声による騒音や犬が吠えたことに驚いて転んで負傷した場合にも、718条の適用を受けると解される。

(2) 免責事由の不存在

「動物の種類及び性質に従い相当の注意をもってその管理をしたとき」は免責される（718条1項ただし書）。

ここでいう「相当の注意」とは、通常払うべき程度の注意義務を意味し、異常な事態に対処しうべき程度の注意義務まで課したものではないと解される（判例）。

→ 横浜地判昭和61年2月18日
判時1195号118頁、
横浜地判平成13年1月23日
判時1739号83頁

→ 最判昭和37年2月1日
民集16巻2号143頁

【3】効果

占有者または管理者が賠償責任を負う（718条1項本文、2項）。717条と異なり、占有・管理をしていない動物の所有者は賠償責任を負わない。これは、動物による加害を直接に制御できる者に責任を負わせようとの趣旨に基づく。

なお、717条3項に類似する規定はないが、718条により被害者に損害賠償をした占有者または管理者は、他に責任を負う者がいる場合には、その者に対して求償権を行使することができると解される。

5 共同不法行為（719条）

【1】意義

(1) 定義

①数人の者が共同の不法行為によって他人に損害を加えたとき（719条1項前段）、②共同行為者中のだれが実際に損害を加えたのか明らかでないとき（719条1項後段）、③教唆者および幇助者（719条2項）は、生じた損害全額について、各自が連帯して責任を負う。これを**（広義の）共同不法行為**といい、①719条1項前段の共同不法行為を特に**狭義の共同不法行為**という。

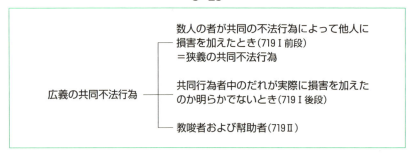

(2) 719条の意義をめぐる議論

(a) 従来の通説

719条1項前段の立法趣旨について、起草者は、数人が共同して他人の家屋を壊した場合のように、数人が共同して1つの不法行為をしたときは、各加害者の行為が損害の原因であるため、被害者は各加害者に対して損害の全部を賠償請求

● 論点Aランク
（論証37）

→ 梅・民法要義三907頁

することができるが、被害者の利益のために、法律が特に加害者間に連帯責任を認めたものであるとした。

このような立法趣旨に従い、従来の通説は、719条1項前段について、①各行為者の行為がそれぞれ独立して709条の要件を備えていることと、②行為者の間に関連共同性が認められることの2点を要件として、各行為者はその行為の結果を分離せずに、全損害に対して**連帯責任を負う**ことに特色があると考えた。すなわち、719条1項前段は、**共同行為者に連帯責任を課すことで被害者の救済を図る**点に特色があると解していた。

判例も、「共同行為者各自の行為が客観的に**関連し共同**して違法に損害を加えた場合において、各自の行為が**それぞれ独立に不法行為の要件を備える**ときは、各自が右違法な加害行為と相当因果関係にある損害についてその賠償の責に任ずべき」としている。

(b) 近時の学説

これに対して、近時の学説は、従来の通説によれば成立要件の点で709条とは別に719条1項前段の共同不法行為を論じる意味がない点を批判した。

すなわち、従来の通説によれば、各人の行為について不法行為の成立要件をみたす必要があるため、各人は709条により損害賠償責任を負うこととなる。そのため、成立要件の点では、行為者間の関連共同性という要件を付加する719条1項前段を論じる意味がないこととなる。

しかし、公害事件や交通事故事件では、被害者が各行為者の行為と損害の間の因果関係を立証することは困難である。そこで、近時の学説は、719条1項前段に独自の存在理由を与えるべきであるとして、関連共同性の要件に積極的な意味を与える代わりに、各行為と損害との間の因果関係の要件を不要ないし緩和する解釈論を展開した。

近時の学説は、719条1項前段では各人の行為の関連共同性の要件が課されていることから、709条の不法行為におけるような各人の行為と損害との間の**個別的因果関係は要求されていない**と解する。すなわち、①**各人の行為の関連共同性**と、②**共同行為と発生した結果との間の因果関係**を問えば足り、**個別的因果関係を問題としない**点に719条1項前段の特色があると解する。

> 従来の通説は、719条1項前段の存在意義を連帯責任との関係で捉えていたのに対して、近時の学説は、719条1項前段の存在意義を因果関係の立証との関係で捉えているわけです。どういうことか、具体例を使ってもう少し詳しく説明しましょう。
> ある町には、石油精製や石油化学等を扱う会社の工場が複数存在し、コンビナートを構成していました。このコンビナートからは毎日大量のばい煙が排出されており、このばい煙によって近隣住民がぜんそくに罹患してしまいました。
> 近隣住民がコンビナート内の工場を経営する各会社に対して共同不法行為を理由に損害賠償請求をしたところ、会社側は自社のばい煙と損害との間の因果関係を争いました。
> この場合に、従来の通説では、各行為者の行為がそれぞれ独立して709条の要件を備えていること(個別的因果関係)を要求します。つまり、近隣住民は、各会社のばい煙と損害との間の個別的因果関係を立証しなければなりません。しかし、各会社が排出するばい煙にどの程度の有害性があり、住民の健康にどの程度影響しているか等を、住民側で立証することはきわめて困難といえるでしょう。個別的因果関係を立証できなければ、近隣住民の損害賠償請求は認められないという結果になります。
> これに対して、近時の学説は、個別的因果関係の立証は不要であるとします。その代わ

← 従来の通説
→ 我妻・事務管理・不当利得・不法行為193頁

→ 最判昭和43年4月23日民集22巻4号964頁、最判平成13年3月13日（百選Ⅱ107事件）

← 近時の学説

→ 前田（陽）・債権各論Ⅱ138頁

り、①各人の行為の関連共同性と②共同行為と発生した結果との間の因果関係を要求します。つまり、近隣住民は、各会社の関連共同性の存在と、(各会社の行為が合わさった)コンビナートからのばい煙排出行為(共同行為)と損害との間の因果関係を立証すれば足りることになります。

このように、近時の学説は、719条1項前段の存在意義を、連帯責任という効果の面ではなく、因果関係という要件の面で捉えるのです。

719条1項前段	従来の通説・判例	近時の学説・裁判例
存在意義	連帯責任との関係で捉える	因果関係との関係で捉える
要件	①各行為者の行為がそれぞれ独立して709条の要件を備えている(個別的因果関係が必要) ②行為者の間の関連共同性 ※ただし、主観的共同関係がある場合には、個別的因果関係は不要	①各人の行為の関連共同性 ②共同行為と発生した結果との間の因果関係 ※個別的因果関係は不要

5-21

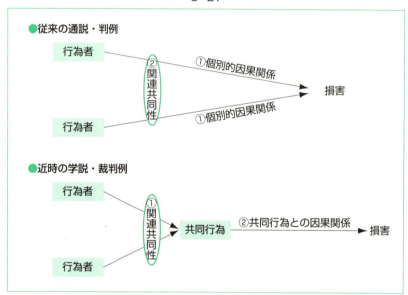

(c) 近時の裁判例の動向

四日市公害判決は、従来の通説・判例と同様に、各行為者の行為がそれぞれ独立して709条の要件を備えていることを共同不法行為成立の要件としているものの、この考え方を徹底していない。

すなわち、四日市公害判決は、「共同不法行為が成立するには、各人の行為がそれぞれ不法行為の要件をそなえていることおよび行為者の間に関連共同性があることが必要である」「719条1項前段の狭義の共同不法行為の場合には、各人の行為と結果発生との間に因果関係のあることが必要である」として、従来の通説・判例と同趣旨を述べる。

しかし、「右因果関係については、各人の行為がそれだけでは結果を発生させない場合においても、他の行為と合して結果を発生させ、かつ、当該行為がなかったならば、結果が発生しなかったであろうと認められればたり、当該行為のみで結果が発生しうることを要しないと解すべきである。けだし、当該行為のみで結果発生の可能性があることを要するとし、しかも、共同不法行

→ 津地四日市支判昭和47年7月24日判時672号30頁

500　5章　不法行為

為債務を不真正連帯債務であるとするときは、709条のほかに719条をもうけた意味が失われるからである」とする。

そして、「共同不法行為の被害者において、加害者間に関連共同性のあることおよび、共同行為によって結果が発生したことを立証すれば、加害者各人の行為と結果発生との間の因果関係が法律上推定され、加害者において各人の行為と結果の発生との間に因果関係が存在しないことを立証しない限り責を免れないと解する」とした。

また、四日市公害判決は、関連共同性について、これを弱い関連共同性と強い関連共同性の2つに分類する。

弱い関連共同性については、「共同不法行為における各行為者の行為の間の関連共同性については、客観的関連共同性をもってたりる、と解されている。そして、右客観的関連共同の内容は、結果の発生に対して社会通念上全体として一個の行為と認められる程度の一体性があることが必要であり、かつ、これをもってたりると解すべきである」とした。

強い関連共同性については、「被告ら工場の間に右に述べたような関連共同性をこえ、より緊密な一体性が認められるときは、たとえ、当該工場のばい煙が少量で、それ自体としては結果の発生との間に因果関係が存在しないと認められるような場合においても、結果に対して責任を免れないことがあると解される」とした。

四日市公害判決によれば、弱い関連共同性の場合は、「加害者各人の行為と結果発生との間の因果関係が法律上推定」され、加害者はみずからの行為と結果との間の因果関係が存在しないことを立証すれば賠償責任を免れる。また、強い関連共同性の場合は、各行為者の行為と損害との間の因果関係の存在が擬制され、加害者は「結果に対して責任を免れない」こととなる。

四日市公害判決による、弱い関連共同性と強い関連共同性の区別は多くの学説の支持を集め、その後の学説・裁判例は、719条1項前段を、強い関連共同性が認められる場合に「共同行為者各人が全損害についての賠償責任を負い、かつ、個別事由による減・免責を許さないものと解すべきである」とし、719条1項後段を、弱い関連共同性が認められる場合に「共同行為を通じて各人の加害行為と損害の発生との因果関係を推定した規定」であって「共同行為者各人は、全損害についての賠償責任を負うが、減・免責の主張・立証が許される」とする。

→ 大阪地判平成3年3月29日
判時1383号22頁

	719条1項前段	719条1項後段
関連共同性	強い関連共同性	弱い関連共同性
効果	因果関係の擬制	因果関係の推定
減・免責の可能性	無	有

「強い関連共同関係」「弱い関連共同関係」という表現を使用しているものの、根拠条文の位置づけについて四日市公害判決と異なる構成を採用した裁判例もあります。この裁判例は、719条1項前段に「強い関連共同関係」と「弱い関連共同関係」の両方を位置づけ、「弱い関連共同関係」については寄与度に応じた減責を肯定します。
　もっとも、このような位置づけに対しては、719条1項前段と後段の関係性が不明確であるとの批判があります。

→ 大阪地判平成7年7月5日
（判例シリーズ84事件）

(d) まとめ

以上のとおり、従来の通説・判例は、719条の意義を連帯責任という効果の面に求め、個別的因果関係の立証を要求する。そのため、各行為者について、それぞれ独立して709条の要件を備えているか否かを検討したうえで、行為者の間の関連共同性を検討し、共同不法行為の成否を判断することとなる。

これに対して、近時の学説は、個別的因果関係の立証を不要とし、その代わり、①各人の行為の関連共同性と②共同行為と発生した結果との間の因果関係を要求する。

試験との関係では、どちらの見解を採用しても問題ないと思われるが、以下では近時の学説を前提として要件・効果を解説する。

> もっとも、従来の通説・判例も、行為者間に共謀がある場合(すなわち、後述する主観的共同関係がある場合)には、共謀した者が現実に加害行為をしなくても損害賠償責任を負うとして、個別的因果関係の立証を要求しません。

→ 野澤・事務管理・不当利得・不法行為273頁

【2】要件

近時の学説は、関連共同性の類型によって要件および効果を区別する。そこで、以下では、近時の学説に従って、次のとおり分類される関連共同性の類型に応じた要件(関連共同性の判断基準)を説明する。

(1) 強い関連共同性が認められる場合(719条1項前段)
(2) 弱い関連共同性が認められる場合(719条1項後段の類推あるいは拡張適用)
(3) 加害者不明の場合(719条1項後段)

(1) 強い関連共同性が認められる場合(719条1項前段)

有力説は、関連共同性の判断基準について、**主観的関連共同性**と**客観的関連共同性**の両方を考慮する(**主観客観併用説**)。

主観客観併用説によれば、行為者間に**共謀**がある場合や、共同の行為によって損害が発生することないしその危険性を認識しながらあえてその行為を行った場合には、強い(主観的)関連共同性が認められる。

また、強い主観的関連共同性が認められない場合であっても、客観的にみて、損害発生の原因行為に強い**一体性**があるときや、損害発生の結果に対して強い寄与があるときは、強い(客観的)関連共同性が認められる。

強い関連共同性が認められる場合には、因果関係が擬制され、行為者が自己の行為と損害との間に因果関係がないことや寄与度を立証したとしても、免責または減責されないこととなる。

→ 大阪地判昭和58年9月29日
判時1093号28頁

> 719条2項は、教唆者および幇助者について、広義の共同不法行為である旨規定しています。
> もっとも、主観客観併用説からすると、教唆者および幇助者は、強い主観的関連共同性が認められるため、719条2項がなかったとしても、719条1項前段の狭義の共同不法行為が成立することとなります。すなわち、主観客観併用説に立つと、719条2項は719条1項前段の注意規定にすぎないといえます。

(2) **弱い関連共同性が認められる場合**(719条1項後段の類推あるいは拡張適用)

行為者間に緊密な一体性が認められない場合に、結果の発生に対して社会通念上全体として1個の行為と認められる程度の一体性があるときは、弱い関連共同性が認められる。弱い関連共同性の有無は、行為の場所的・時間的近接性が判断基準となる。

弱い関連共同性が認められる場合は、因果関係が推定されるにとどまり、行為者が自己の行為と損害との間に因果関係がないことや寄与度を立証すれば、免責または減責されることとなる。

(3) **加害者不明の場合**(719条1項後段) ▶平成15年度第1問

「共同行為者のうちいずれの者がその損害を加えたかを知ることができないとき」は、因果関係が推定され、行為者が自己の行為と損害との間に因果関係がないことを立証しないかぎり、いずれの加害者に対しても損害賠償を請求することができる。ただし、この場合には、被害者は、加害者である可能性のある者全員が特定されていること、すなわち、他に加害者である可能性のある者が存在しないことを立証しなければならないと解される。

たとえば、A、B、Cが同時にXの家屋に向かって石を投げ、そのうちの1つが窓ガラスに当たって窓ガラスを割った場合があげられる。この場合、Xは、A、B、C以外に加害者である可能性のある者がいないことを立証すれば、A、B、Cのいずれに対しても損害賠償請求ができる。A、B、Cが損害賠償責任の減・免責を受けるためには、自己の行為と損害との間に因果関係がないことや寄与度を立証しなければならない。

なお、加害者不明の共同不法行為の場合は、まったく偶然に競合した事案であっても719条1項後段の適用があると解されている。

【3】効果

(1) **損害賠償の範囲と減免責の可能性**

近時の学説によれば、各共同不法行為者が責任を負う損害賠償の範囲は、関連共同性の類型に応じて異なる。

(a) **強い関連共同性が認められる場合**(719条1項前段)

各共同不法行為者間に強い関連共同性が認められる場合には、各行為者は、共同行為と事実的因果関係のあるすべての損害について賠償責任を負う(719条1項前段)。この場合、各行為者について因果関係が擬制されるため、行為者が自己の行為と損害との間に因果関係がないことや寄与度を立証したとしても、免責または減責されないこととなる。

(b) **弱い関連共同性が認められる場合**(719条1項後段の類推ないし拡張適用)

各共同不法行為者間に弱い関連共同性が認められる場合には、各行為者は、原則として、共同行為と事実的因果関係のあるすべての損害について賠償責任を負う(719条1項後段類推ないし拡張適用)。ただし、この場合には、各行為者について因果関係が推定されるにとどまるため、行為者が自己の行為と損害との間に因果関係がないことや寄与度を立証すれば、免責または減責されることとなる。

(c) **加害者不明の場合**(719条1項後段)

加害者不明の場合(719条1項後段)も、弱い関連共同性が認められる場合と同

5-3 特殊の不法行為 503

様に、各行為者は、原則として、共同行為と事実的因果関係のあるすべての損害について賠償責任を負うが、各行為者について因果関係が推定されるにとどまるため、行為者が自己の行為と損害との間に因果関係がないことや寄与度を立証すれば、免責または減責されることとなる。

(2) 連帯責任の効力と求償

共同不法行為者は、「各自が連帯して」損害賠償責任を負う(719条1項前段)。すなわち、各行為者間の責任は(不真正)連帯債務関係にたつ。

> 平成29年改正によって、(真正の)連帯債務と不真正連帯債務の区別が法適用面では無用のものとなったと指摘されていることは、すでに説明したとおりです(ただし、反対説もあります)。
> 改正前民法のもとでは、不真正連帯債務関係に立つと解するのが判例・通説の立場でした。もっとも、判例は、原則として不真正連帯債務に関する免除の絶対的効力(改正前民法437条)の適用を否定しつつ、1人の加害者に対する免除の意思が他の加害者に対する免除の意思を含む場合には、他の加害者についても免除の効力が及ぶとしました。
> 平成29年改正民法は、相対的効力を原則とし(441条)、連帯債務の絶対的効力事由を極限まで限定しているため、共同不法行為の効果について従来の判例の取扱いを変更するものではないと指摘されています。

→ 潮見・民法(全)331頁、野澤・債権総論166頁
→ 『債権総論』6章4節③【3】、本節①【3】
→ 最判平成10年9月10日(判例シリーズ54事件)

共同不法行為者のひとりが被害者に対して損害の賠償をした場合は、他の共同不法行為者に対して求償することができる。この場合の根拠条文は、連帯債務に関する442条である。

すなわち、共同不法行為者のひとりが弁済をし、その他自己の財産をもって共同の免責を得たときは、その行為者は、その免責を得た額が自己の負担部分を超えるかどうかにかかわらず、他の行為者に対し、その免責を得るために支出した財産の額(その財産の額が共同の免責を得た額を超える場合にあっては、その免責を得た額)のうち各自の負担部分に応じた額の求償権を有する(442条1項)。

たとえば、共同不法行為者AとBが、被害者Xに対して1000万円の損害賠償責任を負う(AとBの負担部分は1:1とする)場合に、AがXに対して400万円の弁済をしたときは、Aは、Bに対して200万円を求償することができる。

> 改正前民法のもとでは、共同不法行為者間の求償について、加害者が内部的負担割合を超えて弁済等したときにかぎり、その限度で他の加害者に対して求償できると解されていました(判例)。
> たとえば、共同不法行為者AとBが、被害者Xに対して1000万円の損害賠償責任を負う(AとBの負担部分は1:1とする)場合に、AがXに対して400万円の弁済をしたときは、Aは、Bに対して求償することができませんでした。AがBに求償するためには、自己の負担部分である500万円を超える弁済等をする必要があり、かつ、求償できるのは500万円を超えた部分に限定されていたわけです。
> しかし、平成29年改正により、求償権の根拠が連帯債務に関する442条に明文化されたことに伴って、求償権の要件も変容し、共同不法行為者は自己の負担部分を超えない場合であっても求償できることとなったと解されます。このように解することが、「一部請求を認める方が各債務者の負担を公平にするし、自己の負担部分を超えなくても求償を認めることで連帯債務の弁済が促進され、債権者にとっても不都合は生じない」との立法理由に合致するからです。
> もっとも、全体としては、共同不法行為者間における債務者間の関係についての平成

→ 最判昭和41年11月18日民集20巻9号1886頁、最判平成3年10月25日(後出重要判例)

→ 野澤・事務管理・不当利得・不法行為281頁
→ 部会資料・80-3・9頁

→ 野澤・事務管理・不当利得・不法行為281頁

29年改正民法の規律は、従来の判例の帰結と大きく異なるものではないと指摘されています(後述する求償権(442条)の要件の部分以外は、判例変更はないと考えられています)。

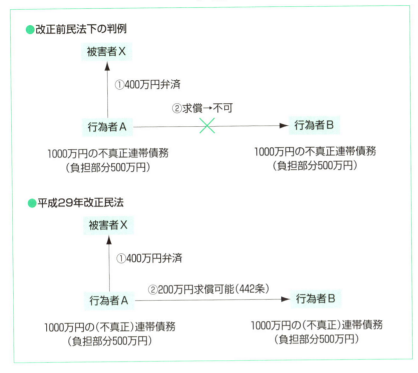

5-22

(3) 過失相殺の方法

複数の加害者の過失が競合して被害者が損害を被ったものの、被害者自身にも過失があったという場合に、どのようにして過失相殺をするべきか。

この問題について、判例は、共同不法行為の態様によって過失相殺の手法を異にしている。

(a) 相対的過失相殺が妥当するケース

相対的過失相殺とは、各行為者と被害者との間で相対的に過失割合を検討して過失相殺をする方法をいう。相対的過失相殺による場合、他の行為者と被害者との間の過失割合は、過失相殺において考慮しない。

たとえば、被害者Xは、横断歩道が近くにあるにもかかわらず、横断歩道でない場所で道路を横断していたところ、前方不注視で進行してきたAの自動車に衝突されて負傷した。Xは、ただちに近隣の病院に搬送されたところ、医師Bの不適切な診察によって、適切な治療を受けることなく帰宅した。ところが、その日の夜に容態が急変し、すぐによくなると思って救急車を呼ぶのが遅れた結果、死亡した。Xの相続人は、総額3000万円の損害賠償請求権を有するとして、AおよびBに対して損害賠償請求をした。

この場合には、Xの相続人は、Aに対してはAとの間の過失割合に従って過失相殺した後の金額を請求できるにとどまり、Bに対してはBとの間の過失割合に従って過失相殺した後の金額を請求できるにとどまる。かりにX：Aの過失割合が3：7であり、X：Bの過失割合が1：9だとすれば、Xの相続人は、Aに対

← 「相対的過失相殺」とは

しては2100万円の範囲で損害賠償請求できるにとどまり、Bに対しては2700万円の範囲で損害賠償請求できるにとどまる（AとBは、重複する2100万円の範囲で(不真正)連帯債務の関係に立つ）。

判例は、交通事故と医療事故が順次に競合した事案について、相対的過失相殺の方法を採用した。

→ 最判平成13年3月13日（前出）

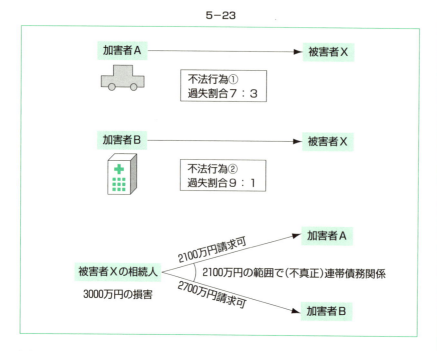

5-23

(b) 絶対的過失相殺が妥当するケース

絶対的過失相殺とは、損害発生の原因となった各行為者と被害者のすべての過失の割合を検討して過失相殺をする方法をいう。

← 「絶対的過失相殺」とは

たとえば、加害者Aは、深夜、片側1車線の道路で自動車を進行させていた。加害者Bは、当該道路上に、自動車を路側帯から車線にはみ出すようにして駐車させ、かつ、非常点滅表示灯等を点灯させていなかった。そこで、Aは、Bの自動車を避けるため、中央線からはみ出して進行した。そうであるところ、被害者Xは、反対車線を制限速度を超過して走行していたため、Aの自動車と衝突した。Xは、総額600万円の損害賠償請求権を有するとして、AおよびBに対して損害賠償請求をした。

この場合には、損害発生の原因となった各行為者と被害者のすべての過失の割合を認定することができ、当該過失割合に従って過失相殺をすることとなる。かりにA：B：Xの過失割合が4：1：1だとすれば、Xは、自己の過失割合である6分の1を減額した500万円について、AとBに対し損害賠償請求することができる。また、この場合にBが500万円弁済したときは、AとBの内部的負担割合は4：1になり、BはAに対し400万円求償することができると考えられる。

判例は、上記具体例と同様の事案において、絶対的過失相殺によって加害者らの賠償責任の範囲を定めたうえで、加害者のひとりから他の加害者への求償を認めた。

→ 最判平成15年7月11日民集57巻7号815頁

506　5章　不法行為

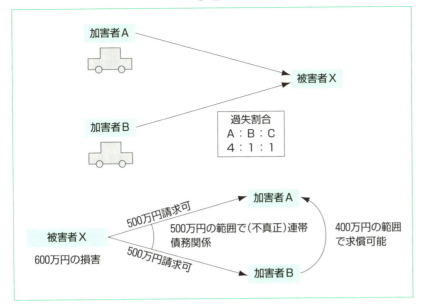

5-24

(c) 判例の見解の整理

以上のとおり、判例は、1つの交通事故でその交通事故の原因となったすべての過失割合（絶対的過失割合）を認定することができるときには、絶対的過失相殺の方法を採用した。しかし、2つの不法行為が順次競合した場合のように、絶対的過失割合を認定することができない場合には、相対的過失割合の方法が妥当すると考えられる。

(d) 使用者責任と共同不法行為

最後に、過失の競合により事故を惹起した複数の加害者と、加害行為について使用者責任を負う使用者がいる場合の関係について整理をしておこう。

使用者A、被用者B、Bとの共同過失により事故を惹起した第三者Cという事例で検討してみる。

Aが被害者に損害賠償債務を履行した場合には、AはCに対して、CとBとの過失の割合に従って定められるべきCの負担部分について求償権を行使することができる(判例)。なお、AはBに対して、損害の公平な分担という見地から信義則上相当と認められる限度においてのみ求償権を行使することができる(判例)。

← 共同不法行為者に使用者もいる場合

⇒ 最判昭和41年11月18日（前出）
⇒ 最判昭和51年7月8日（前出重要判例）

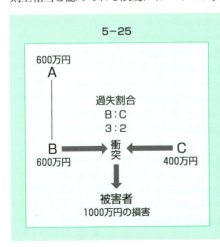

たとえば、発生した損害が1000万円、Bの側の過失が3、Cの側の過失が2としましょう。この場合、BとCは1000万円の損害について、それぞれ600万円、400万円ずつ負担することになります。そして、このBが負担すべき600万円はAもまた負担することになるのです。したがって、Cが1000万円全額を被害者に賠償した場合には、CはBに600万円を求償することもできるし、Aに600万円を求償することもできるということになります。これに対して、Aが1000万円全額を賠償した場合には、Cには400

万円を求償することができますが、Bに対する求償は、信義則上の制限を受けるので、600万円全額を請求できるとはかぎりません。

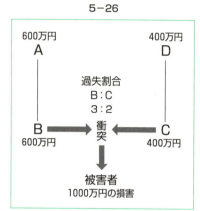

5-26

第三者Cにも使用者責任を負う使用者Dがおり、Aが被害者に損害賠償を履行した場合には、BとCとの過失の割合に従って定められるAの負担部分を超える部分についてDに求償権を行使することができる（判例）。

つまり、Cに対して400万円払えと言えるし、Dに対しても400万円払えと言える。また、Bに対しても信義則上相当と認められる限度で求償できる。

BにAのほかにも使用者責任を負う使用者Eがおり、Aが被害者に損害賠償債務を履行した場合には、BとCの過失割合に従って定められる負担部分のうち、Bの加害行為の態様およびこれとA・Eの事業の執行との関連性の程度、Bに対するA・Eの指揮監督の強弱などを考慮してAとEの責任の割合を定め、そのAの負担部分を超える部分についてEに求償権を行使することができる（判例）。

← 双方に使用者がいた場合

●論点B⁺ランク
（論証38）

→ 最判平成3年10月25日
（後出重要判例）

← 一方に複数の使用者がいた場合

→ 最判平成3年10月25日
（後出重要判例）

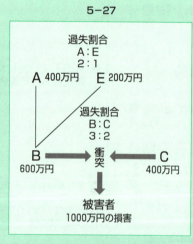

5-27

Bの側の使用者としてAのほかにEもいたとしましょう。現場監督のようなかたちでそこに登場する場合がありうるのです。この場合に、同じくBが600万円負担すべきときには、その600万円をAとEが使用者として負うことになるのです。そして、AとEとの間の責任割合は、やはりさまざまな事情によって決められることになりますが、Aが2、Eが1の割合で考えておきましょう。

すると、Aが1000万円支払った場合、Cに400万円求償できますが、Eにも200万円求償できると考えるのです。もちろんAはBに対して600万円求償することができます（ただし、信義則で請求額の制限を受けることにはなります）。すなわち、この場合、Aは、Cに400万円、Eに200万円、Bに600万円の範囲で、それぞれ被害者に支払った1000万円の求償が可能となります。Eは、Aの求償に応じたうえでBに対し、200万円のうち、信義則上認められる限度で求償することになります。

なお、AからEに対して求償する場合、AとBとの間の内部関係が考慮されることはありません。すなわち、Aが、信義則上制限を受けるにせよ、715条3項によりBに対して求償できるということをAからEへの求償に対して考慮すべきではないということです。あくまでも対外的な責任と、内部的な求償関係は区別をすべきだと考えるからです。

★重要判例（最判平成3年10月25日民集45巻7号1173頁）
「1 複数の加害者の共同不法行為につき、各加害者を指揮監督する使用者がそれぞれ

損害賠償責任を負う場合においては、一方の加害者の使用者と他方の加害者の使用者との間の責任の内部的な分担の公平を図るため、求償が認められるべきであるが、その求償の前提となる各使用者の責任の割合は、それぞれが指揮監督する各加害者の過失割合に従って定めるべきものであって、一方の加害者の使用者は、当該加害者の過失割合に従って定められる自己の負担部分を超えて損害を賠償したときは、その超える部分につき、他方の加害者の使用者に対し、当該加害者の過失割合に従って定められる負担部分の限度で、右の全額を求償することができるものと解するのが相当である。けだし、使用者は、その指揮監督する被用者と一体をなすものとして、被用者と同じ内容の責任を負うべきところ……、この理は、右の使用者相互間の求償についても妥当するからである。

2 また、一方の加害者を指揮監督する複数の使用者がそれぞれ損害賠償責任を負う場合においても、各使用者間の責任の内部的な分担の公平を図るため、求償が認められるべきであるが、その求償の前提となる各使用者の責任の割合は、被用者である加害者の加害行為の態様及びこれと各使用者の事業の執行との関連性の程度、加害者に対する各使用者の指揮監督の強弱などを考慮して定めるべきものであって、使用者の一方は、当該加害者の前記過失割合に従って定められる負担部分のうち、右の責任の割合に従って定められる自己の負担部分を超えて損害を賠償したときは、その超える部分につき、使用者の他方に対して右の責任の割合に従って定められる負担部分の限度で求償することができるものと解するのが相当である。この場合において、使用者は、被用者に求償することも可能であるが、その求償し得る部分の有無・割合は使用者と被用者との間の内部関係によって決せられるべきものであるから……、使用者の一方から他方に対する求償に当たって、これを考慮すべきものではない。」

【争点】共同不法行為責任を負う一方の被用者に使用者責任を負う複数の使用者がおり、そのうちの1人が被害者に賠償した場合、他の使用者への求償が認められるか。
【結論】責任の内部的な分担の公平を図るため、求償が認められる。

なお、平成3年判決は、共同不法行為者間の関係を不真正連帯債務関係と捉え、各自の負担部分を超える免責を得た場合にかぎって求償を認めていた時代の判例です。

しかし、平成29年改正によって、共同不法行為者間の求償権の根拠条文は442条となり、その免責を得た額が自己の負担部分を超えるかどうかにかかわらず求償権が認められることとなったと解されています(442条)。

したがって、この見解では、平成29年改正によって、平成3年判決のうち、求償権の要件の部分にかぎっては、判例が変更されたことになりますが、全体としては、共同不法行為者間における債務者間の関係についての平成29年改正民法の規律は、従来の判例の帰結と大きく異なるものではないと指摘されています。

なお、平成29年改正民法下でも、不真正連帯債務の概念を認め、求償権に関する規定(442条)の適用を認めない見解に立てば、平成3年判決は、維持されると解されることになります(負担部分を超える部分についてのみ、求償できるにすぎません)。

→ 野澤・事務管理・不当利得・不法行為281頁
→ 平野・債権総論247頁、248頁

6 特別法上の不法行為

これまで民法上の不法行為を説明してきたが、社会が発展するにつれてさまざまな不法な行為が発生することに伴い、過失責任主義の修正が余儀なくされる場面が多く存在することになり、特別法が制定されることになった。

ここでは、代表的な特別法上の不法行為として、国家賠償法、自動車損害賠償保障法、製造物責任法を概観することにする。

自動車損害賠償保障法、製造物責任法と並んで無過失責任を認めるその他の法律としては、鉱業法、水洗炭業に関する法律、大気汚染防止法、水質汚濁防止法、原子力損害の賠

償に関する法律(原子力損害賠償法)などがあります。

　他方で、過失責任の原則を軽減する方向の特別法として、失火ノ責任ニ関スル法律(失火責任法)があり、すでに一部触れてきたが、ここで改めて概説する。

【1】国家賠償法

　国家賠償法は、詳しくは、憲法や行政法で学ぶことになりますので、本書では、簡単に説明するに留めます。

▶ 『憲法』12章3節、『行政法』7章2節

(1) 総説

　公権力の不法行為に対する賠償制度は、歴史的には、"国家は悪をなしえず"という理解のもとで、長い間否定されてきた。明治憲法下でも、国家無答責の原則が支配しており、国の不法行為についての国家責任は一般に否定されてきた。

　しかし、第二次世界大戦後、諸外国で国家責任制度が確立したことにも呼応して、日本国憲法は、明文で国家賠償請求権を規定するにいたった。

　すなわち、憲法17条は、「何人も、公務員の不法行為により、損害を受けたときは、法律の定めるところにより、国又は公共団体に、その賠償を求めることができる」と規定し、これを受けて、国家賠償法が制定された。

　国家賠償法は、公務員の不法行為に基づく国・公共団体の賠償責任(国賠1条)と、公の営造物の設置または管理の瑕疵に基づく国・公共団体の賠償責任(国賠2条)を規定している。そして、国家賠償法3条は、賠償責任者を規定し、国家賠償法4条は、国・公共団体の賠償責任には、国家賠償法の規定のほか、民法の規定が適用されるとしている。

(2) 公務員の不法行為による賠償責任(国賠1条)

　国家賠償法1条1項は、①「国又は公共団体の公権力の行使に当る公務員が」、②「その職務を行うについて」、③「故意又は過失によって違法に他人に損害を加えたときは」、「国又は公共団体が、これを賠償する責に任ずる」と規定する。

　①から③までの要件は、使用者責任(民715条1項本文)に類似する。また、国家賠償法1条1項の規定は、不法行為をした公務員に代わって国または公共団体に賠償責任を負わせるものであって(代位責任説・通説)、民法715条1項と同じ考えに基づくものである(代位責任説・通説)。

　しかし、両者には、次のような差異がある。

	国家賠償法	使用者責任
責任の性質	無過失責任	免責事由あり(民715Ⅰただし書)[*1]
求償権	公務員に故意・重過失がある場合のみ(国賠1Ⅱ)	被用者に故意・過失がある場合(民715Ⅲ)[*2]
個人の責任	公務員個人は被害者に直接責任を負わない(判例)[*3]	被用者個人も被害者に直接責任を負う(709)

*1　免責を認めた事例はほとんどなく、事実上の無過失責任である(その意味では差異はない)
*2　使用者の求償権が制限されている
*3　求償権は問題とならない

▶ 最判昭和30年4月19日(行政百選Ⅱ234事件)

510　5章　不法行為

(3) 営造物責任（国賠2条）

国家賠償法2条1項は、①「道路、河川その他の公の営造物の」、②「設置又は管理に瑕疵があったために他人に損害を生じたときは」、「国又は公共団体は、これを賠償する責に任ずる」と規定する。

この規定は、工作物責任（民717条）と同様に、危険責任に基づく無過失責任を規定するものと解されている（通説）。

ただし、国家賠償法は、次の3点において、工作物責任（民717条）の責任を強化している。

	国家賠償法	工作物責任
対象（要件）	「公の営造物」は動産でもよい（「土地の工作物」であることは要件ではない）	「土地の工作物」であること（民717Ⅰ本文）
占有者の免責事由	なし*1	あり（民717Ⅰただし書）*2
責任主体	「国又は公共団体」（国賠2Ⅰ）のほか、「公の営造物の設置若しくは管理の費用を負担する者」（国賠3Ⅰ）	第一次的には、「占有者」（民717Ⅰ本文）*3

*1 ただし、不可抗力による免責が認められる（判例）
*2 「所有者」には免責が認められない
*3 第二次的には「所有者」（民717Ⅰただし書）

→ 最判昭和50年6月26日民集29巻6号851頁

【2】自動車損害賠償保障法

> 自動車損害賠償保障法は、実務的にはとても重要な法律であり、一般的な基本書でも詳細な解説がなされていますが、試験対策という点では、概要を理解しておけば足りますので、本書では概括的に説明するに留めます。

(1) 立法の経緯

自動車の事故について、従来は、運転者につき民法709条が、使用者につき715条が、それぞれ適用されていた。しかし、簡便な高速度交通機関たる自動車の普及に伴い、自動車事故が多発し、その場合の被害者の簡易かつ迅速な救済の必要性が生ずるようになった。

そこで、昭和30年に、自動車損害賠償保障法（自賠法）が制定された。

(2) 自賠法の特色

自賠法の特色は、加害者側の責任を強化し、無過失責任に近いものになっていることと、強制責任保険制度を設けたことにある。

(a) 実質的な無過失責任

自賠法3条は、「自己のために自動車を運行の用に供する者」（運行供用者）が、「その運行によって他人の生命又は身体を害したとき」は、

　①「自己及び運転者が自動車の運行に関し注意を怠らなかったこと」、
　②「被害者又は運転者以外の第三者に故意又は過失があったこと」、
　③「自動車に構造上の欠陥又は機能の障害がなかったこと」

の3つを立証しないかぎり、責任を負うものと規定している。

これは、民法709条の過失責任を修正した中間責任の形式を採用するものであるが、上記3つの免責事由を立証することは事実上困難であるから、実質的には無過失責任に近いものとなっている。

> 自賠法は、「他人の生命又は身体を害したとき」の損害(人損損害)についての特別法です。自賠法の目的は、特に深刻な被害を救済するものだからです。
> 人損以外の損害(物的損害)については、民法709条が適用されることになります。

(b) 強制責任保険制度

　自賠法は、責任保険への加入を義務づけている(強制責任保険制度)。すなわち、自賠法5条は、自動車損害賠償責任保険(責任保険)または自動車損害賠償責任共済(責任共済)の契約が締結されていない自動車を「運行の用に供してはならない」と規定し、加害者の賠償の資力を確保している。すなわち、自動車の運行供用者に実質的な無過失責任を課しても、賠償の資力がなければ実際には賠償がされず、迅速な被害者救済は図れない。そこで、自賠法では、自動車は必ず自賠責保険(共済)をつけなければ「運行の用に供してはならない」ものとして、被害者が責任保険(共済)から迅速に賠償金を受けられるようにした。

　そして、被害者救済の実効性を高めるために、被害者の保険会社に対する直接請求権を認めている(自賠16条)。なお、ひき逃げなど加害者不明の場合については、政府の自動車損害賠償保障事業によって救済される(自賠71条、72条)。

【3】 製造物責任法(PL法)

(1) 総説

　製造物責任とは、製造物の欠陥により被害を被った者に対する製造業者の責任をいう。すなわち、製造業者から小売商などを通じて販売された商品(製造物)に欠陥(瑕疵)があるため、消費者、利用者、さらにはその他の者が損害を被ったときに、製造業者などに賠償責任を負わせようとするのが、製造物責任(製造者責任)である。　　　　　　　　　　　　　　　　　　← 「製造物責任」とは

　アメリカやヨーロッパ諸国では、従来から、この問題について、過失責任主義を修正した判例法あるいは特別法が存在していたが、わが国には、そのような特別法は存在しなかった。そのため、裁判所は、医薬品のような危険性の高い物や、食品のような高度の安全性が要求される物について、高度の安全確保のために注意義務を設定したり、欠陥の存在を事実上推定したりするなどにより被害者救済を図ってきた。

　しかし、このような裁判所による解決が、消費者被害を全体として救済するものになっているか、被害者の迅速な救済に欠ける点はないかなどといった問題点が指摘されていた。

　そこで、製造物の欠陥による被害者の保護を図るべく、平成6年に製造物責任法が制定された。

> 製造物の欠陥による被害は、その商品価値を下げることによる損害と、製造物欠陥を原因として被害者の生命、身体、財産を侵害することによって生ずる損害とに分けることができます。前者を品質損害あるいは瑕疵損害とよばれ、後者は拡大損害とよばれています。
> 製造物責任法は、品質損害(瑕疵損害)以外の拡大損害について、民法の特別法として制定されたものです(製造物3条ただし書参照)。この点は、(2)要件のなかでも説明します。

(2) 要件

　製造物責任の要件は、①主体が「製造業者等」であること、②製造物による被害

であること、③製造物に「欠陥」のあったこと、④生命・身体・財産を侵害したこと、⑤欠陥と損害との因果関係が証明されたことである。なお、⑥免責事由（4条）がないことも必要である。

(a) 「製造業者等」――主体（賠償義務者）

製造物責任法によって賠償義務を負うのは、「製造業者等」である。

「製造業者等」とは、 ←「製造業者等」とは

　①「当該製造物を業として製造、加工又は輸入した者」（製造物2条3項1号〔製造業者〕）のほか、

　②「自ら当該製造物の製造業者として当該製造物にその氏名、商号、商標その他の表示（以下「氏名等の表示」という。）をした者又は当該製造物にその製造業者と誤認させるような氏名等の表示をした者」（製造物2条3項2号）、

　③「当該製造物の製造、加工、輸入又は販売に係る形態その他の事情からみて、当該製造物にその実質的な製造業者と認めることができる氏名等の表示をした者」（製造物2条3項3号）

である。

(b) 製造物による被害であること

「製造物」とは、「製造又は加工された動産」をいう（製造物2条1項）。したがって、土地・建物などの不動産、電気・情報などの無体物、肉体の一部（血液）、役務の提供のほか、未加工（収穫されたまま）の農産物・海産物も対象外である。 ←「製造物」とは

裁判例のなかには、割烹料亭において調理されたイシガキダイ料理によって食中毒となった事案について、「イシガキダイという食材に手を加え、客に料理として提供できる程度にこれを調理したもの」であるから、「加工」にあたるとしたものがある。 ⇒ 東京地判平成14年12月13日 判時1805号14頁

> 不動産の欠陥による損害については、民法717条の工作物責任として無過失責任の規定が設けられています。そのため、製造物責任法の対象は、動産に限定されたのです。 ⇒ 本節③

(c) 製造物に「欠陥」のあったこと

> 拡大損害の場合に、民法上の不法行為責任では、製造業者等にその損害の発生について故意・過失があったかが問題となりますが、それは主観的なものであるため、その存在を証明することは容易ではありませんでした。製造物責任法は、製造業者等の故意・過失を問題とすることなく、これに代えて製造物の「欠陥」によるものであることとして、欠陥責任の考え方に基づいて規定されています。

(i) 意義

「欠陥」とは、当該製造物が「通常有すべき安全性を欠いていること」をいう（製造物2条2項）。工作物責任（民717条）における「瑕疵」に相当する概念である。 ←「欠陥」とは
⇒ 工作物責任につき、最判昭和45年8月20日（前出）、国家賠償法2条1項につき、最判昭和53年7月4日 民集32巻5号809頁、最判平成5年3月30日（行政百選Ⅱ240事件）
⇒ 升田・詳解製造物責任法323頁

> 「欠陥」の上記定義は、民法717条と国家賠償法2条1項の「瑕疵」の要件に関する客観説（判例）を参考に規定されました。

(ii) 欠陥の有無の判断基準

このような欠陥の判断基準としては、通常の消費者が期待する安全性を基準と

する見解(消費者期待基準)や、製造物などによってもたらされる効用と危険とを比較する見解(危険・効用基準)などがある。

(iii) **欠陥の有無の判断要素**

欠陥の有無の判断要素としては、①製造物の特性、②通常予見される使用形態、③流通におかれた時期、④その他当該製造物にかかる事情などを考慮して判断される(製造物2条2項)。

(iv) **欠陥の類型**

欠陥の類型としては、以下のような態様が考えられる。

a 製造上の欠陥

製造物が本来の設計・仕様から逸脱しているために安全性を欠く場合である。要するに、ばらつき商品であることにより安全性を欠く場合である。

b 設計上の欠陥

製品の設計段階で科学上あるいは技術上の要請に適合しないために生ずる欠陥であるために安全性を欠く場合である。たとえば、欠陥自動車などである。

裁判例では、フードパックを裁断して自動搬送する機械に従業員が頭部を挟まれて死亡した事案について、「身体が入ったときに本件機械が自動的に停止するような対策が講じられていなかった」ことが、設計上の欠陥であるとされた。

→ 東京高判平成13年4月12日
判時1773号45頁

c 指示・警告状の欠陥

安全な使用のための指示・警告が適切になされていないために製造物が安全性を欠く場合である。たとえば、薬の副作用などによる場合である。

> 医療品の欠陥(副作用)については、厳密にいえば、①副作用による有害性の程度が、その医療品の有効性を考慮してもなお許容されない場合と、②既知の副作用について適切な指示・警告がされていない場合とに分けられます。①は設計上の欠陥に、②がここにいう指示・警告上の欠陥に、それぞれ分類されます。

→ 百選Ⅱ175頁[橋本]

この点について、判例は、イレッサ薬害訴訟において、医療用医薬品の副作用にかかる情報が適切かどうかは、「副作用の内容ないし程度(その発現頻度を含む。)、当該医療用医薬品の効能又は効果から通常想定される処方者ないし使用者の知識及び能力、当該添付文書における副作用に係る記載の形式ないし体裁等の諸般の事情を総合考慮して、上記予見し得る副作用の危険性が上記処方者等に十分明らかにされているといえるか否かという観点から判断すべきものと解するのが相当である」としたうえで、輸入医薬品であるイレッサの輸入承認時点における添付文書が「警告」欄を設けず「使用上の注意」欄中の「重大な副作用」欄に間質性肺炎について記載していたことは、当該時点で予見しうる副作用についての記載として適切でないということはできないから、イレッサに欠陥があるとはいえないとした。

→ 最判平成25年4月12日
(百選Ⅱ86事件)

他方で、裁判例のなかには、小学校の給食用に使用される強化耐熱ガラス製の食器について、その危険性の表示がなかったとして、製造業者の責任が認めたものがある。

→ 奈良地判平成15年10月8日
判時1840号49頁

(v) **欠陥の存在時期**

欠陥の存在時期については、製造物責任法2条2項および3条本文が製造物を「引き渡した」ことと明示するため、引渡しの時(出荷時)と解されている。

前記判例(イレッサ薬害訴訟)においても、指示・警告上の欠陥について、「引

渡し時点」で予見しうる副作用か否かを判断基準としている。その理由としては、当該医薬品の引渡し時点で知りえない情報を提供しえないことは当然であり、そのような情報の提供がないことをもって不適切ということはできないという点があげられる。

(d) 生命、身体・財産を侵害したこと

製造物責任法が適用されるのは、製造物の欠陥により「他人の生命、身体又は財産を侵害したとき」(拡大損害の場合)であって(製造物3条本文)、「その損害が当該製造物についてのみ生じたとき」(品質損害・瑕疵損害の場合)には適用されない(製造物3条ただし書)。

欠陥によってその商品価値を下げることによる損害(品質損害・瑕疵損害)の場合には、民法の契約不適合責任(民562条以下)が適用されることになる。

(e) 欠陥と損害との因果関係が証明されたこと

被害者側は、欠陥の存在およびその欠陥と損害との因果関係を立証しなければならない。これらについては、製造物責任法は推定規定を設けていないからである。ただし、この点は被害者救済という面からは問題があるところであり、事実上の推定を柔軟に活用するなどの運用が望まれよう。

(f) 免責事由(4条)がないこと

製造業者等は、「当該製造物をその製造業者等が引き渡した時における科学又は技術に関する知見によっては、当該製造物にその欠陥があることを認識することができなかったこと」を証明したときは免責される(危険開発の抗弁、製造物4条1号)。この危険開発の抗弁の解釈について、製造業者の認識可能性を問題とすると過失責任と同じになるとして、個々の製造業者等の知見ではなく、当時の世界最高の科学技術の知見によっても欠陥を認識することができなかった場合にのみ認められると解する見解がある。

また、製造業者等は、「当該製造物が他の製造物の部品又は原材料として使用された場合において、その欠陥が専ら当該他の製造物の製造業者が行った設計に関する指示に従ったことにより生じ、かつ、その欠陥が生じたことにつき過失がないこと」を立証したときも免責される(製造物4条2号)。

(3) 効果

製造業者等が損害賠償責任を負う(製造物3条本文)。生命・身体、財産の侵害であれば、そのことによって発生した損害が人的損害・物的損害にかぎらず、精神的損害とされる慰謝料や、逸失利益も含まれる。たとえば、自動車のブレーキ系統に欠陥があり衝突の危険に怯えた恐怖の慰謝料にも適用されると解されている。

(4) 権利行使期間

損害賠償請求権は、「被害者又はその法定代理人が損害及び賠償義務者を知った時から3年間行使しないとき」は、時効によって消滅する(製造物5条1項1号)。また、「その製造業者等が当該製造物を引き渡した時から10年を経過したとき」も、同様である(製造物5条1項2号)。なお、人の生命または身体を侵害した場合における損害賠償請求権については、消滅時効期間は3年間ではなく5年間となる(製造物5条2項)。

さらに、10年の権利行使期間に関し、「身体に蓄積した場合に人の健康を害することとなる物質による損害又は一定の潜伏期間が経過した後に症状が現れる損

→ 最高裁判例解説(平成25年度)200頁[伊藤]

→ 野澤・事務管理・不当利得・不法行為302頁

← 平成29年改正

害については、その損害が生じた時から起算する」と規定している（製造物5条3項）。

(5) 民法の適用

製造物責任法は、民法の不法行為法の特則（特別法）である。そのため、製造物の欠陥による製造業者等の損害賠償責任について、製造物責任法で規定していないことについては、民法の規定によることになる（製造物6条）。

> 製造物責任法で規定していないことについては、民法の規定によることになるとは、具体的にどのようなことをいうのでしょうか。
> たとえば、メーカーと卸売業者がともに製造物責任を負う場合に、両者の責任の関係がどうなるかについて、製造物責任法で規定されていません。ですから、この場合には、民法719条の共同不法行為の規定によって判断されることになるのです（[不真正]連帯債務と解されます）。
> また、被害者あるいは被害者側の過失の場合の過失相殺の問題や、求償関係の問題、立証責任の問題などは、民法の不法行為に関する理論によることになります。
> さらに、民法の諸規定の適用にあたっては、不法行為責任と同様に取り扱われることになります。たとえば、不法行為等により生じた債権を受働債権とする相殺の禁止（509条）が適用されます。

【4】失火責任法

(1) 総説

失火ノ責任ニ関スル法律（失火責任法）は、「民法第709条の規定は失火の場合には之を適用せず。但し失火者に重大なる過失ありたるときは此の限に在らず」と規定し、民法709条の過失責任の原則を修正し、**重過失**がある場合のみ責任を認める。

失火責任法が失火者の軽過失を免責した趣旨について、大審院判例は、①失火の場合、失火者自身が自己の財物を焼失してしまっており宥恕すべき事情があること、②木造家屋の多いわが国の住宅構造や、天候、消防の体制などにより被害がきわめて広範囲に及ぶこと、③失火の場合に損害賠償を免除するという古来からの慣習があることなどを述べている。

→ 大判明治45年3月23日民録18輯315頁

しかし、家屋構造や消防体制の変化など立法当時とは火災をめぐる状況は変化してきており、また、火災保険が発達している今日では、立法論として批判が多い。したがって、これを解釈論に反映させ、失火責任法を解釈するにあたっても、可能なかぎり適用範囲を限定すべきであるという見解が有力である。

→ 前田(達)252頁

(2) 適用範囲

(a) 債務不履行責任との関係──借家関係と過失

失火責任法は、賃借人の失火（債務不履行）についても適用されるであろうか。

> 本来、賃借人（借家人・借主）は、借家について、善良な管理者の注意をもって保管する義務（善管注意義務）を負っています（400条）。ですから、賃借人は、賃貸人（家主・貸主）に対し、軽過失についても債務不履行責任を負わなければなりません。そうすると、失火の場合に、賃貸人が、上記の債務不履行を理由に損害賠償請求をしてきたら、賃借人は、失火責任法をもちだして、自分には故意も重過失もなかったから責任を負わないといえるでしょうか。これがここでの問題です。

大審院判例は、当初、賃借人の過失についても失火責任法が適用されるとしていたが、その後これを変更し、債務不履行については民法415条が適用され、失火責任法の適用はないとした。最高裁判例も、この立場を維持している。

> この判例の立場では、賃借人が、軽過失で借家を焼いて、近隣の家も類焼させたら、賃貸人に対しては責任を負うが（民415条）、隣人（第三者）に対しては責任を負わないことになります（失火責任法参照）。
> なお、隣人（第三者）が、不法行為（民709条）に基づいて賃借人（失火者）に対して、損害賠償請求をすることはできないのは当然です。隣人（第三者）と賃借人（失火者）間の法律関係は純粋に不法行為の関係であり、賃借人（失火者）は重過失がないかぎり、失火責任法により免責されるからです。失火の場合には、民法709条は適用されないのです（失火責任法）。

　この点については、失火責任法が「民法第709条ノ規定」を適用しないと明記し、債務不履行責任を除外していること、契約関係が存在する場合には、他人間の不法行為責任よりも責任が重くなるのは当然であること、契約関係の存在しない第三者に対しては重過失を要件とする失火責任法が適用されるので、必ずしも失火者に酷な結果とならないことから、判例の立場でよいであろう。

　なお、失火責任法への立法論的批判を解釈にも反映させ、失火責任法の適用を延焼部分に限定し、失火から直接に生じた火災には適用されないとする見解もある。

(b) 「失火」の意義

　「失火」とは、過失による火災発生行為のことであり、故意による場合（放火）はこれにあたらない。判例は、焚き火による火薬の誘爆の事例において、火薬物その他の物質の爆発による場合には、火力の燃焼作用に起因するときであっても、失火責任法の適用はないとしている。厳格な責任が求められる危険物に関しては、失火責任法の適用は制限されるべきであり、判例の立場でよいであろう。

(c) 「重大ナル過失」の意義

　「重大ナル過失」の意義について、判例は、「通常人に要求される程度の相当な注意をしないでも、わずかの注意さえすれば、たやすく違法有害な結果を予見することができた場合であるのに、漫然これを見すごしたような、ほとんど故意に近い著しい注意欠如の状態を指す」という。

　判例に対しては、故意に近い場合まで狭く厳格に解する必要はなく、故意と軽過失のほぼ中間くらいの線を考えればよいという見解もある。

　なお、一般不法行為の成立要件としての過失（民709条）と同様に、失火責任法にいう重過失についても、被害者に立証責任があると解されている（判例）。

(d) 特殊の不法行為との関係

　失火責任法については、監督者責任（714条）との関係、使用者責任（715条）との関係および工作物責任（717条）との関係が問題となるが、それぞれの責任のところで説明したので、確認しておいてほしい。

　なお、国家賠償法1条と失火責任法との関係も問題となる。すなわち、消防職員による消火活動が不完全であったために残り火が再燃して火災が発生したという場合に、この火災（第二次火災）に関する責任についても失火責任法の適用があるかが問題となる。この点について、判例は、公務員たる消防職員の失火につい

ても失火責任法が適用され、当該職員に故意または重過失があった場合にのみ、国・公共団体が責任を負うとする。

○×問題で実力チェック

01　Aは自転車を運転して歩道上を走行中、前方不注視により、歩行者Bに衝突し、Bが負傷した事例において、BがAに対し損害賠償請求をする場合、Aの過失を主張立証する必要はないが、Bの損害の発生及びその額を主張立証する必要がある。('10-29問-エ)

→ ×　過失についても主張立証責任を負う。大判明治38年6月19日

02　判例によれば、医師の治療行為に過失があり、当時の医療水準にかなったものではなかった場合には、その医療行為と患者の死亡との間の因果関係が証明できなかったとしても、医療水準にかなった医療が行われていたならば患者がその死亡の時点においてなお生存した相当程度の可能性が証明されれば、不法行為が成立する。

→ ○　最判平成12年9月22日

03　判例は、プライバシー侵害の不法行為の成否について、①公共の利害に関する事実にかかること、②もっぱら公益を図る目的にでたこと、③公表された事実が重要な部分において真実であることが証明されたことという3つの要件をみたすときは違法性が阻却されるとした。

→ ×　名誉毀損とプライバシー侵害とでは判断基準をことにする。最判平成15年3月14日

04　未成年者に対し不法行為に基づく損害賠償を請求する訴訟において、原告は、行為の当時その者に責任能力があったことを主張立証しなければならない。('12-29問-1)

→ ×　712条。被告が責任能力の不存在を主張立証する責任を負う

05　過失によって一時的に自己の行為の責任を弁識する能力を欠く状態を招いた者は、その間に他人に加えた損害について賠償の責任を負う。('15-28問-オ)

→ ○　713条ただし書

06　交通事故の被害者が事故に起因する後遺障害のために労働能力の一部を喪失した後、別の原因により死亡した場合、労働能力の一部喪失による財産上の損害の額の算定に当たっては、交通事故と被害者の死亡との間に相当因果関係があって死亡による損害の賠償をも請求できる場合に限り、死亡後の生活費を控除することができる。('16-29問-4)

→ ○　最判平成8年5月31日

07　不法行為による身体傷害の場合、被害者に責任能力が備わっていないときは、その過失を考慮して損害賠償の額を決めることができない。('11-30問-エ)

→ ×　最大判昭和39年6月24日

08　Aの不法行為により未成年者Bが重傷を負った場合において、Bが事理弁識能力を有していなかったときであっても、その損害の発生についてBの親に監督上の過失が認められるときには、Aは、過失相殺による損害額の減額を主張することができる。('12-29問-4、'14-29問-4)

→ ○　722条2項。最判昭和42年6月27日

09　胎児の父が他人の不法行為によって死亡した場合、胎児の母は、子の出生前であっても、その代理人として子の固有の慰謝料請求権を行使することができる。('11-30問-ア)

→ ×　721条。大判昭和7年10月6日

10　不法行為による生命侵害の場合、被害者が加害者に対して取得した慰謝料請求権は、被害者の相続人に相続される。('11-30問-イ)

→ ○　最大判昭和42年11月1日

11　不法行為により身体に被害を受けた者の近親者がその固有の慰謝料を請求することができるのは、被害者がその不法行為によって死亡した場合に限られる。('11-30問-ウ、'15-28問-イ)

→ ×　709条、710条。最判昭和33年8月5日

12　他人の生命を侵害した者は、被害者の相続人に対してのみ慰謝料を支払う義務を負う。('15-28問-ア)

→ ×　711条。最判昭和49年12月17日

13　未成年であるAの母はBであり、父はCであるが、BがAの親権者であり、BとCは婚姻をしていない場合に、DがAを殺害した場合において、B及びCは、Dに対し、それにより被った精神的損害の賠償を請求することができる。
（'10-33問-エ、'12-29問-3）

→ ○　711条

14　不法行為による損害賠償債務は、不法行為の時に、催告を要することなく遅滞に陥る。（'16-29問-1）

→ ○　最判昭和37年9月4日

15　不法行為によって損害を被った場合、物損の損害賠償請求権は短期消滅時効期間が3年間であるのに対して、生命または身体の侵害による損害の賠償請求権については短期消滅時効期間が5年間である。

→ ○　724条1号、724条の2

16　Aは自転車を運転して歩道上を走行中、前方不注視により、歩行者Bに衝突し、Bが負傷した事例において、判例によれば、Aが14歳の中学生である場合、AはBに対して損害賠償義務を負い、Aの親権者であるCはBに対して損害賠償義務を負うことはない。（'10-29問-イ、'12-29問-2）

→ ×　709条。最判昭和49年3月22日

17　Aは自転車を運転して歩道上を走行中、前方不注視により、歩行者Bに衝突し、Bが負傷した事例において、Aが5歳の幼児である場合、AはBに対して損害賠償義務を負うことはなく、Aの親権者であるCが、Aに対する監督義務を怠らなかったとき及びその義務を怠らなくても損害が生ずべきであったときを除き、Bに対して損害賠償義務を負う。（'10-29問-ア）

→ ○　712条、714条1項

18　自己の行為の責任を弁識するに足りる知能を備えていない未成年者の行為により火災が発生した場合において、未成年者にその火災につき重大な過失がなかったときは、その未成年者を監督する法定の義務を負う者はその火災により生じた損害を賠償する責任を負わない。（'16-29問-5）

→ ×　最判平成7年1月24日

19　Aの使用するBが、その外形からみてAの事業の範囲内に属すると認められる行為によって第三者Cに損害を与えた場合であっても、Bの加害行為がBの職務権限内で適法に行われたものでないことをCが知っていたとき、又は知らなかったことについて重大な過失があったときは、Aは、Cに対し、損害賠償の責任を負わない。（'13-30問-2）

→ ○　715条1項。最判昭和42年11月2日

20　ある事業のために他人を使用する者は、被用者がその事業の執行について第三者に加えた損害を賠償する責任を負うが、この責任は、被用者に賠償の資力があったとしても免れることができない。（'15-28問-ウ）

→ ○　715条1項

21　被害者が加害者の使用者に対し使用者責任に基づく損害賠償を請求する場合、被害者は、加害者による不法行為があったことに加え、加害者の使用者が加害者である被用者の選任およびその事業の監督について相当の注意をしていなかったことを主張・立証しなければならない。（'15-28問-エ）

→ ×　715条1項ただし書。大判明治43年4月4日参照

22　Aは自転車を運転して歩道上を走行中、前方不注視により、歩行者Bに衝突し、Bが負傷した事例において、判例によれば、AがD社の従業員であり、D社の業務中に自転車を運転していた場合、D社がBに対して損害額全額を賠償したときは、D社はAに対して信義則上相当と認められる限度において求償することができる。（'10-29問-ウ、'13-30問-3）

→ ○　715条3項。最判昭和51年7月8日

23　被用者の重大な過失により火災が発生した場合において、使用者にその被用者の選任及び監督について過失があるときは、使用者は、その選任及び監督についての過失が重大なものではないことを理由として、その火災により生じた損害を賠償する責任

→ ○　715条1項。最判昭和42年6月30日

520　5章　不法行為

を免れることはできない。('16-29問-2）

24 事業の執行について不法行為を行った被用者が損害を賠償する責任を負うときであっても、その被用者を雇用する法人の代表者は、被用者の選任又は監督を現実に担当していなければ、被用者の不法行為について、代理監督者として損害を賠償する責任を負わない。('13-30問-1、'16-29問-3）

→ ◯ 715条2項。最判昭和35年4月14日、最判昭和42年5月30日

25 Aとの間で請負契約を締結した請負人Bがその仕事について第三者Cに損害を与えた場合において、注文又は指図についてAに過失があったときは、Aは、Cに対し、注文者として損害賠償の責任を負う。('13-30問-4）

→ ◯ 716条ただし書。最判昭和43年12月24日

26 土地の工作物の設置又は保存に瑕疵があることによってAに損害が生じた場合において、その工作物の占有者であるBが損害の発生を防止するのに必要な注意をしたときは、その工作物の所有者であるCが、Aに対し、その損害を賠償する責任を負う。('14-29問-2）

→ ◯ 717条1項ただし書

27 Aの前方不注意による自動車の運転によってBが重傷を負い、Bを治療したCの過失によってBが死亡した場合において、ACの各行為が共同不法行為となるときであっても、Bの死亡という結果の発生に対するA及びCの寄与の割合をそれぞれ確定することができるときは、Aは、Bの死亡による損害の全額を賠償する責任を負わない。('12-29問-5、'14-29問-1）

→ × 719条。最判平成13年3月13日

28 複数の加害者であるＡＢの過失と被害者Ｃの過失が競合する1つの交通事故において、その交通事故の原因となった全ての過失の割合を認定することができ、A、B及びCの過失割合が順次5：3：2である場合には、ＡＢは、Cに対し、連帯して、その損害の8割に相当する額を賠償する責任を負う。('14-29問-3）

→ ◯ 722条2項、719条1項。最判平成15年7月11日

債権各論 第4版
論証カード

債権各論1

請求を問題とする場合の同時履行の抗弁　B⁺ランク

- **●問題提起**　適法な弁済の提供をしたが、受領を拒絶された後で再び履行を請求する場合に、その相手方は、同時履行の抗弁権を主張できるか。
- **●主張理由**　この点、再度の弁済の提供を要しないと解すると、**いったん弁済を提供した後に提供者が無資力となった場合に、相手方にとって酷**となり、公平とはいえない。
　　また、当事者が**履行の提供をした場合でも、それだけでは債務が消滅するものではなく、依然として両債務の履行上の牽連性は存続**しているといえる。
- **●規範定立**　したがって、一方当事者から一度弁済の提供があったとしても、さらに提供を継続しないかぎり、**相手方は履行請求に対してなお同時履行の抗弁権を失わない**と解する。

コメント：この論点は、解除の場合と対比して覚えておくこと。
参考文献：平野・民法Ⅴ54～55頁、中田・契約法152頁。
参照：1章3節③【2】(3)(c)

債権各論2

解除の有効性を問題とする場合の同時履行の抗弁　B⁺ランク

- **●問題提起**　いったん弁済の提供をしたが、相手方に受領を拒絶され、その債務不履行を理由として契約を解除しようとする場合、相手方は533条本文の「提供するまで」の要件をみたしているとして、同時履行の抗弁権を主張することができるか。
- **●主張理由**　ここで、契約を解除する場合には、**当事者は自己の債務を免れることになり、履行上の牽連性を維持する必要がない**。また、解除の前提として弁済の提供の継続が要件となれば、**当事者の解除権を不当に制限**することになり、妥当ではない。
- **●規範定立**　したがって、**いったん弁済の提供をすれば、解除に対する相手方の同時履行の抗弁権は失われ**、相手方は解除の効果不発生を主張することはできないと解する。

コメント：請求する場合と違って解除の場合は契約を消滅させようとする場面であることに着目することがポイントである。
参考文献：平野・民法Ⅴ104頁。
参照：1章3節③【2】(3)(c)

債権各論3

催告解除——二重の催告の問題　Bランク

- ●問題提起　期限の定めのない債務について債務者が履行しない場合、債権者は債務者を遅滞に陥らせるための「履行の請求」(412条3項)をしたうえで、さらに541条本文の「催告」をしなければ契約を解除できないか。
- ●反対説　たしかに、541条本文の文言からすれば、債権者が催告をする前に債務者が遅滞に陥っていることが必要とも思える。
- ●批　判　しかし、このように解すると、不誠実な債務者に反論の余地を与えることになりかねず、誠実な債権者との間で著しく公平を欠く。
- ●規範定立　そこで、債務者が履行遅滞にあることは解除権発生の要件にとどまり、541条本文の「催告」をするための要件ではなく、「請求」に加えて「催告」を改めてする必要はないと解する。

コメント：この論点を論文で使うことはそれほどはないと思われるが、期限の定めのない債務のときには注意が必要である。
参考文献：中田・契約法202頁、平野・民法V71〜72頁。
参照：1章4節 ②【1】(2)(b)(iv)

債権各論4

催告解除——541条本文の「相当の期間」の意義　Bランク

- ●問題提起　相当でない期間を示して催告した場合や、期間を定めずに催告をした場合、その催告は、「相当の期間」(541条本文)を定めたものではなく無効となり、解除権は発生しないのではないかが問題となる。
- ●主張理由　たしかに、このような催告は541条本文の文言に反し、無効となるとも思える。
　　しかし、このように解すると、履行遅滞にある不誠実な債務者に反論の余地を与えることになりかねず、誠実な債権者との間で著しく公平を欠く。
- ●規範定立　そうだとすれば、不相当な期間を示しあるいは期間を定めずに、催告した場合であっても、客観的にみて相当な期間を経過すれば、解除権は発生すると解する。

コメント：相当な期間とは準備ができている者が履行するまでの相当の期間である点にも注意。
参考文献：中田・契約法202〜203頁、平野・民法V74頁。
参照：1章4節 ②【1】(2)(c)
出題：H19-2、23

債権各論5

545条1項ただし書の「第三者」の意義（直接効果説）　Aランク

●問題提起	545条1項ただし書の「第三者」は、いつまでに利害関係に入ることを要するか。解除の効果をどのように解するかと関連して問題となる。
●規範定立	まず、契約の解除により、契約は遡及的に消滅すると解する（直接効果説）。
●主張理由	なぜなら、このように解することが、契約関係がなかった状態に戻すという解除の目的を達するため、もっとも端的で簡明な法律構成といえるからである。
●趣　　旨	そして、545条1項ただし書は、解除の遡及効によって害される「第三者」を保護する趣旨と解される。
●規範定立	そうだとすれば、545条1項ただし書の「第三者」とは、解除された契約から生じた法律関係を基礎として、解除までに新たな権利を取得した者をいうと解する。 そして、545条1項ただし書の「第三者」として保護されるためには、善意・悪意は問題にならないと解する。
●主張理由	なぜなら、善意を要求する明文がないし、債務不履行状態にある場合でも債権者が解除するとはかぎらず、善意・悪意の対象が定かでないからである。
●規範定立	一方で、545条1項ただし書の「第三者」として保護されるためには、権利保護要件としての登記を具備することを要すると解する。
●主張理由	なぜなら、解除権者は何ら落ち度が認められないのだから、登記を具備しない第三者を解除権者の犠牲において保護する必要性に乏しいからである。

コメント：この論点は解除でもっともよく使うものなのでしっかりとマスターしておくこと。
参考文献：潮見・債権各論Ⅰ60頁、中田・契約法233～238頁、平野・民法Ⅴ90～98頁。
出題：S.50-2、S.63-2、'08
備考：解除後の第三者は、復帰的物権変動論で対抗関係とするのが判例の見解である。
参照：1章4節5【2】(1)(b)(i)

債権各論6

違約手付と同時に解約手付と認定できるか　　B⁺ランク

- ●問題提起：当事者間で違約手付が授受された場合、解約手付の性質（557条1項）を排除するか。
- ●反対説：この点、契約の拘束力を弱めることになる解約手付の性質を併存するのは、違約手付を授受した当事者の意思に反するとして、この場合は557条1項の規定を排除する意思とする見解がある。
- ●主張理由：しかし、当事者は履行着手前ならば、手付損または倍返しによって契約を解除できるという期待を有しているのが通常であり、かかる期待を排除すべきでない。
　　また、少なくとも手付損または倍返しによらないと契約関係からは離脱できないので、契約の拘束力を弱めるものとはいえない。
- ●規範定立：したがって、違約手付の約定があることからただちに557条1項を排除する趣旨とはいえず、反対の意思表示がないかぎり、両者は併存しうると解する。

コメント：手付は売買契約とともに出題されるので準備しておく必要はある。
参考文献：潮見・債権各論Ⅰ77頁、中田・契約法119〜120頁、平野・民法Ⅴ117〜119頁。
出題：S.54-2
参照：2章2節②【2】(2)(d)

債権各論7

557条1項ただし書の「履行に着手」の意義　　Bランク

- ●問題提起：557条1項ただし書は「履行に着手した後は」契約の解除をすることができない旨規定するが、「履行に着手」の意義が明らかではないことから問題となる。
- ●趣旨：この点、557条1項ただし書は、履行に着手した当事者の一方が、相手方からの解除によって不測の損害を被ることを回避する趣旨である。
- ●規範定立：そうだとすれば、「履行に着手」とは、客観的に外部から認識しうるようなかたちで履行行為の一部をなし、または履行の提供をするために欠くことのできない前提行為をした場合をさすと解する。

コメント：この論点は短答式試験でも重要である。百選の事案と判旨はぜひ見ておくこと。
参考文献：潮見・債権各論Ⅰ77〜78頁、中田・契約法120〜121頁、平野・民法Ⅴ119〜122頁、百選Ⅱ48事件。
参照：2章2節②【2】(2)(e)(ⅱ)

債権各論8

法律上の制限も種類・品質の契約不適合に含まれるか　Bランク

- ●問題提起　建築基準法上の制限のような法律的な制限も、種類・品質の契約不適合（562条1項本文）に含まれるか。
- ●主張理由　この点、強制競売の場合（568条）には、競売制度の安定性を重視して担保責任を否定すべきと解されるのに対して、売買契約の場合においては取引の信用を維持するため、種類・品質の契約不適合を広く認めるべきといえる。
- ●規範定立　したがって、法律的な制限も、種類・品質の契約不適合（562条1項本文）に含まれるものと解する。

コメント：法律上の制限を、移転した権利の契約不適合（565条）と解する見解もある。この見解によれば、法律上の制限のある目的物を競売によって取得した場合には、担保責任を追及できないこととなる（568条1項）。
参考文献：中田・契約法303頁、平野・民法Ⅴ142頁。
出題：S.44-2、'14
参照：2章2節③【1】(4)(b)(i)

債権各論9

借地権付建物売買における敷地の欠陥　Aランク

- ●問題提起　建物と敷地の賃借権が売買契約の目的とされたが、敷地に欠陥があった場合、売買の目的物の品質に契約不適合があるとして、売主に対して担保責任（562条1項本文等）を追及できるかが問題となる。
- ●主張理由　この点、賃貸人の修繕義務（606条1項本文）の履行により補完されるべき敷地の欠陥は、賃貸人に対して修繕を請求すべきである。
　また、債権の売買において債務者の資力の欠如が債権の契約不適合にあたらず、売主が、当然には債務の履行について担保責任を負担しないこと（569条参照）との均衡を失してはならない。
- ●規範定立　そうだとすれば、敷地の欠陥をもって、賃借権に欠陥があるとはいえず、したがって、売買の目的物の品質に契約不適合があるとはいえないものと解する。

コメント：法律上の制限があるときは種類・品質の契約不適合（562条1項本文）の問題として処理するが、このように賃借権の目的物に欠陥があるときは種類・品質の契約不適合には該当しないとする点に注意。
参考文献：潮見・債権各論Ⅰ93頁、中田・契約法303頁、平野・民法Ⅴ141頁、百選Ⅱ54事件。
参照：2章2節③【1】(4)(b)(i)

債権各論10

目的物の契約不適合と錯誤の関係（選択可能説）　Bランク

- ●問題提起　目的物の契約不適合（562条以下）と錯誤取消（95条1項）のいずれをも主張できる場合、両者の関係はどうなるのか。
- ●結論　この点、両方の要件をみたしている以上、どちらを主張するかの選択は買主の判断に任せるのが妥当である。したがって、買主は目的物の契約不適合と錯誤のどちらを主張するかを選択できると解する。

コメント：事例問題では、同時に動機の錯誤が問題となることが多い。
参考文献：潮見・債権各論Ⅰ113頁、中田・契約法323～325頁、平野・民法Ⅴ145～147頁。
出題：S.34-2、S.44-2
参照：2章2節③【1】(4)(e)

債権各論11

敷金関係の承継——賃借人の交替　Cランク

＊本論点は、立法化前のものであるが、判例時のものを紹介する。

賃借権が移転した場合、敷金関係もこれに伴い新賃借人に当然に移転するか。

そもそも、敷金の趣旨は、賃貸借契約において賃借人が負担するいっさいの債務の履行を担保することにある（622条の2第1項）。

しかし、敷金契約は、賃貸借契約に従たるものではあっても、あくまでそれとは別個の契約である。それにもかかわらず、敷金関係の移転を当然に肯定するならば、敷金交付者たる旧賃借人の予期に反して不利益を被らせる。

他方、賃貸人は、賃借権譲渡の承諾（612条1項）に際して新たに敷金の交付を要求して、みずからの利益を確保できる。

そうだとすれば、敷金交付者が、賃貸人との間で敷金をもって新賃借人の債務不履行の担保とすることを約し、または新賃借人に対して敷金返還請求権を譲渡するなどの特段の事情のないかぎり、賃借権が譲渡されても敷金関係は承継されないと解する。

ただし、賃貸人の承諾がなくとも賃借権が移転してしまう場合（借地借家19条1項、20条1項）には、賃貸人の利益を確保するため、敷金関係も新賃借人に移転するものと解する。

参照：2章6節論点Q₁

債権各論12

他人物賃貸借の法律関係　Aランク

- ●規範定立　他人の物を目的とした賃貸借契約も、債権関係としては有効に成立する(559条本文・561条)。
- ●主張理由　なぜなら、賃貸目的物が他人の物であっても、賃貸人が真の所有者との交渉により賃貸権限を取得して履行することがなお可能だからである。
- ●規範定立　この場合、賃貸人が真の所有者でないことにつき賃借人が善意であっても、賃借人は錯誤取消し(95条1項2号、2項)を主張できないものと解する。
- ●主張理由　なぜなら、賃貸人が真の所有者か否かは、通常、契約の重要な要素とはいえないからである。
- ●結論①　したがって、賃貸人は、真の所有者から賃貸権限を取得して賃借人に対して目的物を使用収益させる義務を負い(559条本文・561条、601条)、他方、賃借人は、賃貸人に対して賃料支払義務を負う(601条)。
- ●結論②　また、賃貸人が真の所有者から賃貸権限を取得することができなかった場合には、賃借人は賃貸借契約を無催告解除することができ(542条1項1号)、さらに損害賠償を請求できる(415条1項本文、2項1号)。

コメント：あらゆる他人物賃貸借の問題の出発点になるのでコンパクトなものも用意しておいたほうがいい。
参考文献：潮見・債権各論Ⅰ149～150頁、中田・契約法432～433頁、平野・民法Ⅴ185頁。
出題：S.54-1、H.13-1
参照：2章6節③【3】(1)

債権各論13

継続的契約と541条、542条　Aランク

- ●問題提起　賃借人の債務不履行・義務違反を理由とする解除に、541条、542条が適用されるであろうか。
- ●原則　この点、541条、542条は解除の一般的規定である以上、適用を否定すべき理由はない。
　たしかに、このように解すると、軽微な義務違反があるにすぎない場合にまで解除が認められ、賃借人に酷とも思える。
- ●修正　しかし、賃貸人と賃借人との間の信頼関係がいまだ破壊されていない場合には解除を認めないと解すればよく、それで十分である。
　逆に、信頼関係の破壊が著しい場合には、信義則上(1条2項)催告なくして解除することを認めるべきである。
- ●結論　したがって、賃貸借契約にも541条、542条が適用されるが、信頼関係を重要な要素とする継続的契約であることに基づく変容を受けるものと解する。

コメント：信頼関係による変容がポイントである。
参考文献：潮見・債権各論Ⅰ164頁、中田・契約法423～426頁、平野・民法Ⅴ202～205頁。
出題：S.51-1、H.26
参照：2章6節④【3】(2)(b)(ⅰ)

債権各論14

賃借権の無断譲渡・賃貸目的物の無断転貸がなされた場合の解除の可否　Aランク

- **問題提起**　無断譲渡・転貸がなされた場合、賃貸人は常に賃貸借契約を解除できるか。
- **主張理由**　たしかに、612条2項の文言からすれば、賃貸人は常に解除できるはずである。
　　　　　　　しかし、不動産賃借権は賃借人の日常生活の基礎をなすものであり、常に解除を認めることは、賃借人に酷である。
- **趣　旨**　この点、612条2項は、賃貸借が当事者の個人的信頼を基礎とする継続的法律関係であることにかんがみ、無断譲渡・転貸の場合には、賃貸借関係を継続するにたえない背信的行為があるものとして、賃貸人に解除を認めたものである。
- **規範定立**　そうだとすれば、たとえ賃借人が賃貸人に無断で賃借権の譲渡・賃貸目的物の転貸をした場合であっても、賃借人の当該行為が賃貸人に対する背信的行為と認めるに足りない特段の事情があるときには、同条による解除はできないと解すべきである。そして、この立証責任は賃借人が負う。

コメント：立証責任まで意識した言い回しで書けるようにしておくことが重要。
参考文献：潮見・債権各論Ⅰ182〜184頁、中田・契約法437〜438頁、平野・民法Ⅴ224〜226頁。
出題：S.49-1、'17
参照：2章6節⑤【1】(3)

債権各論15

債務不履行に基づく解除の場合に、転借人への催告が必要か（不要説）　Bランク

- **前　提**　賃借人の債務不履行を理由として解除がなされた場合、転借人は原賃貸人に対する関係で目的物の占有権原を失うものと解する。
- **問題提起**　では、この場合、原賃貸人は解除に先立ち、転借人に対して履行の催告をする必要があるか。
- **反対説**　たしかに、このような催告を必要とすれば、転借人は履行の機会が与えられ契約の解除を防止しうるから、転借人は保護される。
- **批　判**　しかし、その反面、原賃貸人の解除権は不当に制限される。
- **主張理由**　この点、転借人の転借権は賃借人の賃借権のうえに成立するところ、転借人は、その地位が原賃貸借の影響を受けることを知って転貸借契約を締結しているから、催告を不要と解しても転借人に特別の不利益をもたらすことはない。
- **規範定立**　したがって、特段の事情のないかぎり、転借人に対する催告は不要と解する。

参考：原賃貸借契約が債務不履行により解除されて終了した場合、転貸借契約は、原則として、転借人が原賃貸人から目的物の返還を請求された時に、履行不能により終了するものと解する。
コメント：小さな論点ではあるが、転貸の場面では思い出して検討してみたほうがよい。
参考文献：潮見・債権各論Ⅰ166〜167頁、中田・契約法431〜434頁、平野・民法Ⅴ232頁。
参照：2章6節⑤【1】(5)(b)(ii)c

債権各論16

賃借権登記の名義人は賃借人本人でなければならないか　Aランク

- ●前　　提：借地借家法10条1項は、土地賃借権の登記がなくても、借地上に土地賃借人が登記された建物を所有する場合には、これをもって土地賃借権の対抗要件とすることができる旨を規定している。

- ●問題提起：では、その建物の登記が土地賃借人の妻や息子名義でなされている場合にも、借地借家法10条1項の適用によって対抗要件と認められるか。

- ●反 対 説：この点、土地の買主は現地検分を行うのが一般であり、建物の存在で借地権の公示は十分になされていることから、有効な対抗要件として認めるべきとの見解がある。

- ●批　　判：しかし、土地の買主が登記簿だけで借地権者を容易に調査できるほうが取引の安全に資する。

- ●規範定立：この点、借地借家法10条1項は、建物の所有権を対抗できる登記のあることを前提に、これをもって土地賃借権の登記に代えようとするものと解される。
　そうだとすれば、他人名義の登記は現在の実質上の権利状態に符合しない無効のものであり、建物の所有権さえ対抗できないのであるから、そもそも借地借家法10条1項の適用の前提を欠く。

- ●結　　論：したがって、妻や息子名義の建物の登記がなされている場合には借地借家法10条1項の適用はなく、これをもって土地賃借権の対抗要件とすることはできないと解する。

コメント：登記の意味から書けると評価が高いであろう。
参考文献：潮見・債権各論Ⅰ202頁、中田・契約法482頁、平野・民法Ⅴ193頁、百選Ⅱ58事件。
参照：2章6節論点Q₂

債権各論17

借家人が死亡し相続人が存在する場合の相続権なき同居人の保護　Bランク

- ●前　　提：借家人が死亡した場合、内縁の妻である同居人には相続権はない。また、相続人が存在する場合には借地借家法36条による保護も受けられない。

- ●問題提起：しかし、このような同居人は他に生活の基盤を有しないのが通常であるから、引き続き居住することを認めるべきであり、その法律構成が問題となる。

- ●主張理由：この点、このような同居人は、借家人の生前にはこの者の賃借権を援用して当該家屋に居住する権利を対抗しえたのであり、この法律関係は借家人の死後も変わらないというべきである。

- ●規範定立：したがって、建物賃貸人の明渡請求に対して同居人は、相続人が承継した賃借権を援用することができるものと解する。
　これに対して、相続人の明渡請求に対しては、権利濫用（民1条3項）によって明渡しを拒むことができると解すべきである。

コメント：相続人の賃借権を援用できるといっても、相続人とならんで共同賃借人になるわけではなく、賃料債務を負担するのは相続人のみとするのが判例である。
参考文献：潮見・債権各論Ⅰ216頁、中田・契約法480～482頁、判例シリーズ75事件。
参照：2章6節論点Q₃

債権各論18

請負人が完成させた製作物の所有権の帰属　　Aランク

- ●問題提起　請負人が完成させた製作物の所有権は、だれに帰属するか。明文の規定がなく問題になる。
- ●規範定立　この点、注文者が材料の全部または主要部分を供給した場合には、特約がないかぎり、所有権は原始的に注文者に帰属する。

　これに対して、請負人が材料の全部または主要部分を供給した場合には、請負人の報酬請求権を確保するために、所有権は請負人に帰属し、引渡しによって注文者に移転すると解すべきである。

　ただし、当事者間に特約があれば、竣工と同時に注文者の所有物となる。そして、注文者が請負代金の全額または大部分を支払っている場合には、特約があるものと推認され、特段の事情のないかぎり、所有権は完成と同時に注文者に帰属する。

コメント：注文者や請負人が完成建物を譲渡したときにどのような法律関係になるかは検討しておく必要がある。
参考文献：潮見・債権各論Ⅰ246～248頁、中田・契約法510～514頁、平野・民法254～259頁、百選Ⅱ69事件、判例シリーズ76事件。
参照：2章8節論点Q₁
備考：請負人に所有権が帰属する場合、請負人からの譲受人と注文者とは二重譲渡の関係に立つ。

債権各論19

仕事の目的物に滅失・損傷が生じたが仕事の完成が可能な場合の処理　　Bランク

- ●原　　則　仕事の目的物に滅失・損傷が生じたが仕事の完成が可能な場合、請負人の仕事完成義務はなお存続する。
- ●主張理由　なぜなら、請負契約は仕事の完成を目的とする契約だからである(632条)。
- ●問題提起　では、仕事の続行により生じた予定外の追加費用はいずれの当事者が負担するか。
- ●結　　論　まず、請負人に帰責事由があるときには、請負人の仕事完成義務は当初の契約どおり存続し、請負人は、二重の製造について追加費用を請求できないし、損害賠償請求をすることもできないし、仕事の完成が遅れるときはかえって債務不履行責任を負う。
- ●結　　論　他方、注文者に帰責事由があるときには、注文者は請負人の仕事を妨げないという義務を負うと解されるので、請負人は注文者のこの義務違反を理由に損害賠償請求が可能である。
- ●原　　則　さらに、双方に帰責事由がないときには、契約上の債務に変化がないのが原則である。

コメント：うまく場合分けすることが分析の出発点である。
参考文献：中田・契約法506～509頁、平野・民法Ⅴ265～272頁。
出題：H.8-2
参照：2章8節⑥【2】(1)(a)

債権各論20

事務管理としてなされた法律行為の効果は本人に帰属するか
B⁺ランク

●問題提起	留守中の隣家の屋根を修繕するために管理者が本人の名において職人と契約した場合のように、事務管理(697条)として法律行為がなされた場合、その効果は本人に帰属するか。
●反対説	たしかに、これを肯定すれば、事務管理の法律関係は簡明になる。
●批　判	しかし、事務管理は、本人・管理者間の対内関係にとどまるものであって、これと本人・相手方間の対外関係とは別個の問題である。
●規範定立	したがって、第三者との関係では無権代理(113条)となり、表見代理が成立するか、本人が後に追認(116条)するなどの事情がないかぎり、本人に効果が帰属することはないものと解する。 　そして、相手方は、管理者に無権代理人としての責任(117条)を追及し、管理者はこの自己への債務の代弁済を702条2項・650条2項により本人に請求することになる。

コメント：代理権の発生を否定したとしても、その後の処理については事案によって常識的に落ち着きのいい、もっとも妥当な結論になるような法律構成を考えることが必要である。
参考文献：潮見・債権各論Ⅰ307頁。
出題：S.58-2、H.7-1
参照：3章1節論点Q₁

債権各論21

708条の「不法」の意義
Bランク

●問題提起	708条の「不法」とは、公序良俗違反(90条)の場合にかぎるのか、あるいは単なる強行法規違反の場合をも含むのか。
●趣　旨	この点、708条は、公序良俗に反する行為をなし、その実現を望む者に助力を拒む90条と並び、公序良俗に反する行為の結果の復旧を望む者に助力を拒むものであり、両者は表裏一体の関係にあるといえる。
●規範定立	したがって、708条の「不法」も公序良俗違反の場合にかぎると解する。

コメント：90条と表裏一体であることをうまく伝えることがポイントである。
参考文献：潮見・債権各論Ⅰ351～352頁、平野・民法Ⅵ62～65頁。
出題：'16
参照：4章2節③【4】(2)(a)(ⅰ)

債権各論22

給付者側にも不法性がある場合における708条ただし書による返還請求の可否　Bランク

- ●問題提起　708条ただし書は、「受益者についてのみ」不法性がある場合には給付者は給付利得の返還を請求できることを規定しているが、この場合、給付者側にわずかでも不法性があれば、いっさい返還請求は認められないのであろうか。
- ●主張理由　たしかに、708条ただし書の文理からすれば、返還請求できないとも思われる。しかし、現実には双方に不法性のあることが多く、文理どおりに解すると、このただし書の存在意義が失われてしまう。
　この点、給付者側に不法性があっても、受益者側の不法性が圧倒的に強い場合には、給付者に非難に値する反社会性が認められず、返還請求を認めても、反社会的行為の抑圧のための制裁という708条本文の制度趣旨に反しない。
- ●規範定立　そこで、「受益者についてのみ」との文言にとらわれず、双方の不法性を比較して、給付者側に不法性があっても、受益者側の不法性が圧倒的に強い場合には、ただし書による返還請求を認めるべきである。

コメント：公平という趣旨やクリーン・ハンズの趣旨から検討すればおのずから結論はでよう。
参考文献：我妻・講義V₄ 1170頁、潮見・債権各論 I 356頁、平野・民法VI 67～68頁。
参照：4章2節③【4】(2)(c)

債権各論23

所有権に基づく返還請求権と708条　B⁺ランク

- ●問題提起　不法原因により給付された物が受益者のもとに現存している場合、不当利得返還請求は708条により否定されるとしても、所有権に基づく返還請求についてはどうであろうか。
- ●趣　旨　この点、708条本文の趣旨は、給付者がみずから行った行為の不法性を主張して救済を求めることを認めないということにある。
- ●規範定立　そうだとすれば、708条の適用を不当利得返還請求に限定すべき理由はなく、返還請求の法的構成を問わずに適用されるものと解するのが相当である。
- ●結　論　したがって、受益者に対する所有権に基づく返還請求はできないものと解する。
- ●問題提起　では、所有権はだれに帰属するか。
- ●主張理由　この点、給付者のもとに何ら法的保護を受けない所有権を認めても無意味であるし、法律関係の紛糾を避ける必要がある。
- ●結　論　したがって、所有権に基づく返還請求が認められなかったことの反射的効果として、受益者に所有権が移転するものと解する。

コメント：不法原因給付による所有権の取得を承継取得とみるか原始取得とみるか争いのあるところであるが、客観的には契約があるのであるから承継取得とみて第三者との関係では登記が必要と解してよいと思われる。
参考文献：潮見・債権各論 I 355頁、平野・民法VI 68～70頁、百選II 82事件、判例シリーズ80事件。
出題=使用問題例：Aは、BとCとに未登記建物を二重譲渡したが、AB間の売買契約は公序良俗に違反するものであった。BとCとは対抗関係に立つか。
参照：4章2節③【4】(4)(a)

債権各論24

騙取金銭による弁済　Aランク

- ●問題提起　騙取金銭によって債務の弁済がなされた場合、被騙取者は、弁済受領者に対して不当利得返還請求(703条)をすることができるか。まず、弁済受領者の利得と被騙取者の損失との間に因果関係があるかが問題になる。
- ●規範定立　この点、社会通念上損失者の金銭で利得者の利益を図ったと認められるだけの連結がある場合には、なお不当利得の成立に必要な因果関係があるものと解すべきである。
- ●問題提起　次に、弁済受領者の金銭の取得に法律上の原因がないといえるかが問題になる。
- ●規範定立　この点、「法律上の原因」とは公平の観念に照らして受益者がその利得を保有する実質的・相対的な理由があることをいうものと解する。
- ●主張理由　そして、弁済受領者が騙取者から弁済として金銭を受領するにつき悪意または重大な過失がある場合には、当該金銭の取得は、被騙取者との関係においては法律上の原因がないものと解すべきである。
- ●結論　したがって、以上の要件をみたす場合には、被騙取者は弁済受領者に対して不当利得返還請求をすることができると解する。

コメント：詐欺のみならず強迫の場合でも同様に考えることができよう。
参考文献：潮見・債権各論Ⅰ359～363頁、平野・民法Ⅵ40～45頁、百選Ⅱ80事件、判例シリーズ78事件。
参照：4章2節⑤【2】(1)

債権各論25

転用物訴権　Aランク

- ●問題提起　賃貸人Ｙが賃借人Ａに賃貸している建物についてＡＸ間で締結された建物改修の請負契約で、請負人Ｘが建物を改修して注文者Ａに引き渡した結果、賃貸人Ｙは建物の価値増加という利益を得た。その後、Ａが無資力となってＸの報酬債権が回収不能となった場合、ＸのＹに対する不当利得に基づく返還請求権(703条)は認められるか。Ｙが「法律上の原因なく」(703条)利益を受けたといえるかが問題となる。
- ●規範定立　この点、賃貸人が「法律上の原因なく」利益を受けたといえるのは、注文者・賃貸人間の契約を全体としてみて、賃貸人が対価関係なしに当該利益を受けたときにかぎられるものと解する。
- ●主張理由　なぜなら、注文者・賃貸人間の契約において賃貸人がなんらかのかたちで当該利益に相応する出えんまたは負担をしたときは、賃貸人の受けた当該利益は法律上の原因に基づくものといえるし、かりに不当利得として返還請求できるとすると賃貸人に二重の負担を強いる結果となるからである。
- ●結論　したがって、ＡＹ間の契約を全体としてみて、Ｙが対価関係なしに当該利益を受けているとはいえない場合には、ＸはＹに対して利得の返還を請求することができない。

コメント：事例においては賃借人の無資力や賃貸借の内容に着目して具体的に検討することが必要である。
参考文献：潮見・債権各論Ⅰ369～373頁、平野・民法Ⅵ49～57頁、百選Ⅱ79事件、判例シリーズ79事件。
出題：H.17-1、'11
参照：4章2節論点Q₁

債権各論26

過失相殺Ⅰ——被害者の責任能力の要否　　　Aランク

- ●問題提起　過失相殺(722条2項)における「過失」が認められるためには、被害者に責任能力が備わっていることが必要であろうか。
- ●原　則　たしかに、通常の意味における「過失」は、加害者に損害賠償責任を負わせるための基本概念であるから(709条)、その者に責任能力が備わっていることが必要である。
- ●趣　旨　しかし、722条2項の趣旨は、損害の発生・拡大に被害者の関与がある場合には、それを考慮して、加害者と被害者との間で損害の公平な分担を図るという点にある。
- ●規範定立　そうだとすれば、722条2項における「過失」とは、公平の理念に基づいて賠償額を減縮するために考慮されるものにすぎず、通常の意味における「過失」とは異なるものであるから、これを認めるにつき責任能力を必要とすべき理由はなく、ただ事理弁識能力があれば足りると解するのが相当である。

コメント：子どもが被害者のときにはこれを必ず書くことになる。最近は、いっさいの能力は不要という考え方も有力である。
参考文献：潮見・債権各論Ⅱ122〜123頁、平野・民法Ⅵ214〜215頁、百選Ⅱ105事件、判例シリーズ85事件。
出題：S.39-2、S.45-2、S.62-2
参照：5章2節③【1】

債権各論27

過失相殺Ⅱ——被害者側の過失　　　Aランク

- ●問題提起　夫と第三者の双方の過失により発生した事故によって妻が傷害を負った場合に、妻に対する第三者の損害賠償額を算定するにあたって、夫の過失を考慮することができるか。
- ●規範定立　この点、損害の公平な分担という過失相殺(722条2項)の趣旨に照らし、被害者本人と身分上または生活関係上、一体をなすとみられるような関係にある者の過失は、いわゆる被害者側の過失として、過失相殺の対象とすることができると解するのが相当である。
　そして、夫と妻は、夫婦の婚姻関係がすでに破綻にひんしている等の特段の事情のないかぎり、身分上一体をなすとみられる関係にあるといえる。
- ●結　論　したがって、夫の過失も被害者側の過失として考慮できるものと解する。

コメント：この論点は被害者が事理弁識能力のない子どものときにも使う。
参考文献：潮見・債権各論Ⅱ124〜126頁、平野・民法Ⅵ218〜219頁、判例シリーズ86事件。
出題：S.39-2、S.45-2、S.62-2、'15
参照：5章2節③【2】(1)

債権各論28

被害者の特殊事情　　　Aランク

- ●問題提起　被害者に対する加害行為と被害者の罹患していた疾患がともに原因となり、損害が拡大した場合、加害者は損害の全部を賠償すべきか。
- ●主張理由　この点、このように被害者側の要因で損害が拡大した場合にまで加害者にすべての責任を認めることは、損害の公平な分担という不法行為制度の趣旨に反する。
- ●規範定立　したがって、このような場合には、被害者に過失がある場合に加害者の責任の軽減を認めた722条2項を類推適用して、被害者の疾患の態様・程度等の事情を考慮することができると考える。

　　　　　　ただし、被害者が平均的な体格と異なる身体的特徴を有していたとしても、それが疾患にあたらない場合には、特段の事情の存しないかぎり、この身体的特徴を損害賠償の算定に考慮することは許されないと解される。

　　　　　　なぜなら、通常人の平均値から著しく掛け離れた身体的特徴を有していても、日常生活において通常人に比べてより慎重な行動をとることが求められている場合は別として、その程度にいたらない身体的特徴は、個々人の個体差の範囲として当然にその存在が予定されているというべきだからである。

コメント：最近の論点であるが、心因性のものも含めて考慮される場合がある。しかし、これをあまり広く認めるとかえって不公平になりかねないので、具体的なあてはめが重要である。
参考文献：潮見・債権各論Ⅱ126〜129頁、平野・民法Ⅵ223〜226頁、百選Ⅱ106事件、判例シリーズ87事件。
出題：'11
参照：5章2節③【2】(2)(b)

債権各論29

慰謝料請求権の相続の可否　　　Aランク

- ●問題提起　慰謝料請求権は、相続されるか。慰謝料請求権は一身専属性を有しているために相続が否定されるのではないかが問題になる（896条ただし書参照）。
- ●主張理由　この点、慰謝料請求権も単純な金銭債権であることに変わりはなく、相続の対象となりうる。また、相続を否定すると、生存中に慰謝料が支払われた場合と比較して、不均衡が生ずる。
- ●規範定立　したがって、被害者の請求の意思表示の有無に関わりなく、免除・放棄などの特別の事情がないかぎり、慰謝料請求権も当然に相続されると解する。

コメント：不法行為の論点のなかでもよく使うものであるからしっかりと自説を決めておくべきである。
参考文献：潮見・債権各論Ⅱ93〜95頁、平野・民法Ⅵ228〜233頁、判例シリーズ89事件。
出題：S.58-2、'14
参照：5章2節④【1】(2)(b)(ii)

債権各論30

被害者が傷害を受けた場合における、その父母等の慰謝料請求の可否　Aランク

- **問題提起**　被害者が傷害を受けた場合、その被害者の父母・配偶者・子は、加害者に対して慰謝料を請求することができるか。
- **原　　則**　たしかに、711条は、生命侵害の場合にのみ近親者の慰謝料請求を認めている。
- **趣　　旨**　しかし、711条の趣旨は、被害者死亡の場合に近親者が被る精神的苦痛が特に大きいことから近親者の立証責任を軽減することにあるのであって、近親者の慰謝料請求権の発生を被害者死亡の場合に限定する趣旨ではない。
- **不都合性**　この点、傷害であっても、死亡に匹敵する程度の精神的苦痛を近親者が受ける場合もある。
- **規範定立**　したがって、近親者が、被害者が生命を害されたときにも比肩しうべき精神上の苦痛を受けたと認められるときには、近親者にも709条、710条に基づいて慰謝料請求権が認められるものと解する。

コメント：あくまでも精神的な苦痛の程度が生命侵害と比肩すべきといっているのであり、けがの程度ではないことに注意すること。したがって、容貌に重大な傷害が生じた場合等生命に別状なくとも認められることはある。
参考文献：潮見・債権各論Ⅱ94頁、平野・民法Ⅵ204〜205頁。
出題：S.39-2、S.45-2
参照：5章2節 4【1】(3)(b)

債権各論31

加害者である未成年者が責任能力を有する場合の監督義務者の責任　Aランク

- **問題提起**　責任能力を有する未成年者が不法行為により他人に損害を加えた場合、その監督者である親権者は責任を負うであろうか。
- **原　　則**　この場合、加害者たる未成年者が責任能力を有している以上、親権者は714条による責任を負うことはない。
- **修　　正**　しかし、一般に未成年者は無資力であることが多いから、親権者がいっさい責任を負わないとすると、被害者の保護に欠けることになる。
- **結　　論**　そこで、親権者や未成年後見人は未成年の子の監護・養育をする義務を負うこと(820条、857条)に着目し、監督義務者の監督不行届のような義務違反と当該未成年者の不法行為によって生じた結果との間に相当因果関係を認めうるときには、監督義務者に709条に基づく不法行為が成立すると解することにより、被害者の保護を図るべきである。

コメント：709条と714条との違いを意識することが重要である。
参考文献：潮見・債権各論Ⅱ112〜114頁、平野・民法Ⅵ257〜258頁、判例シリーズ81事件。
出題：S.51-2、H.13-2、'15
参照：5章3節論点 Q_1

債権各論32

責任無能力者の失火責任　Aランク

- ●問題提起　責任無能力者(712条)の失火で損害が発生した場合、監督義務者はどのような場合に責任を負うか。
- ●反 対 説　この点、責任無能力者であっても、事理弁識能力を前提として過失に相当するものを考えることができるとし、責任無能力者に重過失ある場合に、監督義務者の責任を認める見解もある。
- ●批　　判　しかし、**責任能力は過失責任を問う前提**であり、責任無能力者については不法行為責任の成立要件である過失や重過失は問題としえないと考えるべきである。
- ●規範定立　そもそも、責任無能力者の行為により損害が発生した場合は、本来、**監督義務者は責任無能力者の監督について過失ある場合**、責任を負うべきである(714条1項)。
　　　　　　　ただし、**失火責任法**が賠償責任を負う場合を**失火者に重過失ある場合に限定している趣旨**から、**監督について重過失**ある場合にかぎるべきと解する。

コメント：使用者責任(715条)や工作物責任(717条)と失火責任法の関係についてもあわせて理解しておくこと。
参考文献：潮見・債権各論Ⅱ105頁。
参照：5章3節論点Q₂

債権各論33

使用者責任Ⅰ——被用者の職務の範囲　Aランク

- ●問題提起　被用者がその本来の職務を超えて行った行為によって他人に損害を与えた場合、使用者は715条に基づく責任を負うか。このような行為が被用者の職務の範囲内にあるといえるかが問題になる。
- ●原　　則　たしかに、使用者と被用者との内部関係や被用者の主観的意図を基準にして判断すれば、このような行為は職務の範囲外ということになる。
- ●修　　正　しかし、**報償責任に基づき損害の公平な分担を図るという715条の趣旨**からすれば、たとえ内部関係や行為者の主観からは職務の範囲外とされるような行為であっても、**外形から客観的に観察**したとき、**使用者の事業の態様・規模等からして、それが被用者の職務行為の範囲内に属すると認められる行為**については、使用者の責任を肯定すべきである。

コメント：相手方が悪意・重過失の場合の処理(論証34)や事実的不法行為の場合の処理についても、判例をふまえて整理しておく必要がある。
参考文献：潮見・債権各論Ⅱ145〜148頁、平野・民法Ⅵ265〜268頁。
出題：S.39-2、H.5-1、H.7-2
参照：5章3節②【2】(2)(a)

債権各論34

使用者責任Ⅱ
——取引的不法行為で相手方が悪意・重過失の場合　　Aランク

- ●問題提起　　いわゆる取引的不法行為の場合に、適法な職務権限内の行為でないことにつき悪意・重過失の相手方に対し、使用者は715条に基づく責任を負うのであろうか。

- ●規範定立　　この点、取引的不法行為の場合に、職務の範囲内か否かにつき行為の外形を基準に判断するのは、職務の範囲内であると信頼して取引した相手方を保護するためである。
　　　　　　　そうだとすれば、悪意・重過失であるような保護に値しない相手方との関係では、外形標準説による必要はない。

- ●結　　論　　したがって、この場合には使用者と被用者との間の内部関係あるいは被用者の主観的意図を基準に判断すればよいから、当該行為は職務の範囲外ということになり、使用者は715条責任を負わないものと解する。

コメント：相手方が悪意・重過失の場合の処理（論証34）や事実的不法行為の場合の処理についても、判例を踏まえて整理しておく必要がある。
参考文献：潮見・債権各論Ⅱ146頁、平野・民法266〜267頁、百選Ⅱ94事件。
出題：S.39-2、H.5-1、H.7-2
参照：5章3節②【2】(2)(c)

債権各論35

使用者責任Ⅲ——求償権の制限　　Aランク

- ●問題提起　　715条3項は、使用者が被用者に対して求償権を有することを規定しているが、その際、求償権は制限されるのだろうか。

- ●趣　　旨　　この点、使用者責任の本質は、他人を使用して自己の活動範囲を拡張して利益を得る者は、被用者の職務の範囲内の加害行為についての責任も負うべきだという報償責任にある。

- ●規範定立　　そうだとすれば、使用者と被用者の負担割合については損害の公平な分担という見地から決すべきであり、使用者の被用者に対する求償権は、その事業の性格・規模・労働条件・加害行為の態様など、その他諸般の事情に照らし、信義則上（1条2項）相当と認められる限度においてのみ、認められると解すべきである。

コメント：具体的な要素をあげてのあてはめが勝負である。
参考文献：潮見・債権各論Ⅱ148〜149頁、平野・民法Ⅵ274〜275頁、百選Ⅱ95事件。
参照：5章3節②【3】(2)

債権各論36

工作物責任と失火責任法

B⁻ランク

- ●問題提起　工作物の瑕疵から火災が発生した場合、民法717条と失火責任法のいずれが適用されるだろうか。民法717条が通常の不法行為に比して責任を強化するものであるのに対し、失火責任法は責任を軽減するものであることから、その適用関係が問題になる。
- ●趣　　旨　この点、民法717条の趣旨は、本来安全であるべき土地の工作物がその信頼に反して危険である場合には、それを占有または所有する者はそれによって生じた損害について当然に責任を負うべきだといういわゆる危険責任にある。
　そうだとすれば、たまたま火災が媒介になるからといって、責任が軽減されるとする根拠は乏しい。
- ●規範定立　したがって、この場合には民法717条のみが適用され、失火責任法は排除されると解するのが相当である。

コメント：学説の議論に深入りしないことである。
参考文献：平野・民法Ⅵ251～252頁。
参照：5章3節論点Q₃

債権各論37

共同不法行為

Aランク

- ●問題提起　数人が共同して不法行為を行った場合、共同不法行為の成立(719条1項)が考えられるが、その成立要件をいかに解するべきか。
- ●他　　説（従来の通説）　この点、719条1項前段の意義を連帯責任という効果の面に求め、各人の行為と結果の間に因果関係があること(個別的因果関係の立証)を要求する見解がある。
- ●批　　判　しかし、個別的因果関係の立証を要求すると、特に公害事件などにおいて、被害者が因果関係を立証することが困難となり、被害者に酷である。
- ●規範定立　したがって、719条1項前段の意義を成立要件との関係で捉え、各人の行為の関連共同性と、共同行為と結果との間の因果関係が立証されれば共同不法行為(719条1項)が成立すると解する。
- ●問題提起　では、各人の行為の関連共同性はどのような場合に認められるか。
- ●規範定立　この点、主観的関連共同性と客観的関連共同性の両方を考慮し、強い関連共同性が認められる場合には、719条1項前段の共同不法行為が成立すると解する。
　この場合、共同行為者各人について結果との因果関係が擬制され、個別事由による減免責は認められないと解する。

コメント：従来の通説と近時の学説のいずれを採用してもよいが、あらかじめ自説を決めておくべきであろう。
参考文献：潮見・債権各論Ⅱ175～182頁、平野・民法Ⅵ288～302頁、百選Ⅱ96事件。
出題：S.45-2
参照：5章3節5【1】(2)

共同不法行為における求償権

B⁺ランク

- ●問題提起　複数の加害者による共同不法行為（719条1項）につき、各加害者を指揮・監督する使用者が損害賠償責任を負う場合、一方の加害者の使用者に対する求償権は認められるか。
- ●主張理由　この点、損害の公平な分担により、求償権の行使を認めるべきである。
- ●規範定立　そして、各使用者の責任の割合は、それぞれが指揮・監督する各加害者の過失割合に従って定められるから、一方の加害者の使用者に対する求償権の行使も、当該加害者の過失割合に従って定められる負担部分の限度でなしうると解する。

　また、一方の加害者を指揮・監督する複数の使用者がそれぞれ損害賠償責任を負う場合においても、内部的な分担の公平の見地より、使用者の一方から、他方の使用者に対する求償権の行使を認めるべきである。

- ●規範定立　そして、その場合の責任の割合は、①被用者である加害者の加害行為の態様、②これと各使用者の事業の執行との関連性の程度、③加害者に対する各使用者の指揮・監督の強弱などを考慮して定めるべきものと解する。

　なお、この場合、使用者は被用者に対して求償することもできるが、それは内部的な関係によって決せられるべき問題なので、使用者の一方から、他方の使用者に対する求償にあたってこれを考慮すべきではない。

コメント：そもそもなぜこれが論点になるのかを理解しておこう。
参考文献：潮見・債権各論Ⅱ188～189頁、平野・民法Ⅵ300～302頁、百選Ⅱ97事件。
参照：5章3節⑤【3】(3)(d)

★附則(平成29年6月2日法44号)に定められた経過規定[債権各論]

附則(条)	項目	経過事項
29 I	契約の申込みおよびこれに対する承諾	施行日前に契約の申込みがされた場合—従前の例による
29 II	申込者の死亡等(526)	施行日前に通知が発せられた契約の申込み—従前の例による
29 III	懸賞広告(529〜530)	施行日前にされた懸賞広告—従前の例による
30 I	同時履行の抗弁および危険負担	施行日前に締結された契約—従前の例による
30 II	第三者のためにする契約(537 II、538 II)	施行日前に締結された第三者のためにする契約—改正法は適用されない
31	契約上の地位の移転(539の2)	施行日前にされた契約上の地位を譲渡する旨の合意—改正法は適用されない
32	契約の解除(541〜543、545 III、548)	施行日前に締結された契約—従前の例による
33 I	定型約款①(548の2〜548の4)	施行日前に締結された定型取引(548条の2第1項に規定する定型取引)にかかる契約—改正法が適用される(ただし、旧法の規定によって生じた効力を妨げない)
33 II	定型約款②	附則33条1項に規定する契約の当事者の一方(契約または法律の規定により解除権を現に行使することができる者を除く)により反対の意思の表示が書面でなされた場合(その内容を記録した電磁的記録によってされた場合も含む)—改正法は適用されない
33 III	定型約款③	附則33条2項に規定する反対の意思の表示—施行日前にしなければならない
34 I	贈与、売買、消費貸借(改正前民法589に規定する消費貸借の予約を含む)、使用貸借、賃貸借、雇用、請負、委任、寄託、組合	施行日前に締結された各契約およびこれらの契約に付随する買戻しその他の特約—従前の例による
34 II	賃貸借の存続期間の更新(604 II)	施行日前に賃貸借契約が締結された場合において施行日以後にその契約の更新にかかる合意—改正法が適用される
34 III	不動産の賃借人による妨害の停止の請求等(605の4)	施行日前に不動産の賃貸借契約が締結された場合において施行日以後にその不動産の占有を第三者が妨害し、またはその不動産を第三者が占有しているとき—改正法が適用される
35 I	不法行為に基づく損害賠償請求権の20年の期間(改正前民法724後段。934 III〔936 III、947 III、950 II、957 IIにおいて準用する場合も含む〕において準用する場合も含む)	改正前民法724後段に規定する期間が、この法律の施行の際すでに経過していた場合におけるその期間の制限—従前の例による
35 II	生命・身体侵害を理由とする損害賠償請求権の消滅時効(724の2)	不法行為による損害賠償請求権の改正前民法724条前段に規定する時効が、この法律の施行の際すでに完成していた場合—改正法は適用されない

改正条文一覧

Ａ型：改正前民法の維持（Ａ１型：規定の維持、Ａ２型：規定の不補充・不新設）
Ｂ型：改正前民法の確認・補充（Ｂ１型：規定の整備、Ｂ２型：規定の修正、Ｂ３型：規定の補充・新設）
Ｃ型：改正前民法の修正（Ｃ１型：規定の修正、Ｃ２型：規定の補充・新設）

条数	条文見出し	改正	備考
521	契約の締結及び内容の自由	B3	
522	契約の成立と方式	B3	
523	承諾の期間の定めのある申込み	B2	改正前521条が523条に繰り下げられ、1項中の「契約の」を削り、同項にただし書を追加した
524	遅延した承諾の効力	A1	改正前523条が524条に繰り下げられた
525	承諾の期間の定めのない申込み	B2・B3	改正前524条中「隔地者に対して」を削除し、同条を525条に繰り下げ、1項ただし書、2項、3項を追加した
526	申込者の死亡等	B2・B3	
527	承諾の通知を必要としない場合における契約の成立時期	A1	改正前526条2項と同じ
528	申込みに変更を加えた承諾	A1	
529	懸賞広告	B2	「この款において」を削除し、「その行為をした者」の次に「がその広告を知っていたかどうかにかかわらず、その者」を追加した
529の2	指定した行為をする期間の定めのある懸賞広告	C1	
529の3	指定した行為をする期間の定めのない懸賞広告	C1	
530	懸賞広告の撤回の方法	C1	
531	懸賞広告の報酬を受ける権利	A1	
532	優等懸賞広告	A1	
533	同時履行の抗弁	B2	「債務の履行」の後に「（債務の履行に代わる損害賠償の債務の履行を含む。）」が追加された
534	削除	C1	
535	削除	C1	
536	債務者の危険負担等	C1	
537	第三者のためにする契約	B3	2項中の「前項」を「第1項」に改め、2項を3項とし、1項の次に2項を追加した
538	第三者の権利の確定	B3	2項を追加した
539	債務者の抗弁	A1	
539の2	【契約上の地位の移転】	B3	【 】内は条文見出しではなく「第三款」名
540	解除権の行使	A1	
541	催告による解除	C1	見出しを「（催告による解除）」に改め、ただし書を追加した
542	催告によらない解除	C1	
543	債権者の責めに帰すべき事由による場合	C2	
544	解除権の不可分性	A1	
545	解除の効果	B3	3項を4項に繰り下げ、2項の次に3項を追加した
546	契約の解除と同時履行	A1	
547	催告による解除権の消滅	A1	
548	解除権者の故意による目的物の損傷等による解除権の消滅	C1	見出し中「行為等」を「故意による目的物の損傷等」に改め、1項中の「自己の行為」を「故意」に改め、ただし書を追加した
548の2	定型約款の合意	C2	
548の3	定型約款の内容の表示	C2	
548の4	定型約款の変更	C2	
549	贈与	B2	「自己の」を「ある」に改めた
550	書面によらない贈与の解除	B1	見出し中「撤回」を「解除」に改め、「撤回する」を「解除をする」に改めた
551	贈与者の引渡義務等	C1	見出しを「（贈与者の引渡義務等）」に改め、1項を改めた
552	定期贈与	A1	
553	負担付贈与	A1	
554	死因贈与	A1	
555	売買	A1	
556	売買の一方の予約	A1	

条数	条文見出し	改正	備考
557	手付	B2	1項中の「当事者の一方が契約の履行に着手するまでは、買主はその手付を放棄し、売主はその倍額を償還して」を「買主はその手付を放棄し、売主はその倍額を現実に提供して」に改め、ただし書を追加し、2項中「第545条第3項」を「第545条第4項」に改めた
558	売買契約に関する費用	A1	
559	有償契約への準用	A1	
560	権利移転の対抗要件に係る売主の義務	B3	
561	他人の権利の売買における売主の義務	B2	
562	買主の追完請求権	C1	
563	買主の代金減額請求権	C2	
564	買主の損害賠償請求及び解除権の行使	C1	
565	移転した権利が契約の内容に適合しない場合における売主の担保責任	C1	
566	目的物の種類又は品質に関する担保責任の期間の制限	C1	
567	目的物の滅失等についての危険の移転	B3	
568	競売における担保責任等	B1・B2	見出しを「(競売における担保責任等)」に改め、1項中「強制競売」を「民事執行法その他の法律の規定に基づく競売(以下この条において単に「競売」という。)」に、「第561条から前条まで」を「第541条及び第542条の規定並びに第563条(第565条において準用する場合を含む。)」に改め、4項を追加した
569	債権の売主の担保責任	A1	
570	抵当権等がある場合の買主による費用の償還請求	B2	
571	削除	B1	
572	担保責任を負わない旨の特約	B1	「第560条から前条までの規定による」を「第562条第1項本文又は第565条に規定する場合における」に改めた
573	代金の支払期限	A1	
574	代金の支払場所	A1	
575	果実の帰属及び代金の利息の支払	A1	
576	権利を取得することができない等のおそれがある場合の買主による代金の支払の拒絶	B2	見出しを「(権利を取得することができない等のおそれがある場合の買主による代金の支払の拒絶)」に改め、「ために」を「ことその他の事由により、」に、「又は一部を」を「若しくは一部を取得することができず、又は」に、「限度」を「程度」に改めた
577	抵当権等の登記がある場合の買主による代金の支払の拒絶	B2	「不動産について」の次に「契約の内容に適合しない」を追加した
578	売主による代金の供託の請求	A1	
579	買戻しの特約	B2	「支払った代金」の次に「(別段の合意をした場合にあっては、その合意により定めた金額。第583条第1項において同じ。)」を追加した
580	買戻しの期間	A1	
581	買戻しの特約の対抗力	B2	
582	買戻権の代位行使	A1	
583	買戻しの実行	A1	
584	共有持分の買戻特約付売買	A1	
585	(同上)	A1	
586	【交換】	A1	【 】内は条文見出しではなく「第四節」名
587	消費貸借	A1	
587の2	書面でする消費貸借等	C1	
588	準消費貸借	B2	「消費貸借によらないで」を削除した
589	利息	B3	
590	貸主の引渡義務等	C1	
591	返還の時期	B2	2項中「借主は」の次に「、返還の時期の定めの有無にかかわらず」を加え、3項を加えた
592	価額の償還	A1	
593	使用貸借	C1	「一方が」の次に「ある物を引き渡すことを約し、相手方がその受け取った物について」を加え、「した後に返還することを約して相手方からある物を受け取る」を「して契約が終了したときに返還をすることを約する」に改めた

条数	条文見出し	改正	備考
593の2	借用物受取り前の貸主による使用貸借の解除	C1	
594	借主による使用及び収益	A1	
595	借用物の費用の負担	A1	
596	貸主の引渡義務等	C1	見出しを「(貸主の引渡義務等)」に改めた
597	期間満了等による使用貸借の終了	B1	
598	使用貸借の解除	B1・B3	
599	借主による収去等	B2・B3	
600	損害賠償及び費用の償還の請求権についての期間の制限	C2	2項を追加した
601	賃貸借	B2	「支払うこと」の次に「及び引渡しを受けた物を契約が終了したときに返還すること」を追加した
602	短期賃貸借	B2・C1	「処分につき行為能力の制限を受けた者又は」を削除し、後段として第2文を追加した
603	短期賃貸借の更新	A1	
604	賃貸借の存続期間	C1	「20年」を「50年」に改めた
605	不動産賃貸借の対抗力	B2	「その後」を削除し、「に対しても、その効力を生ずる」を「その他の第三者に対抗することができる」に改めた
605の2	不動産の賃貸人たる地位の移転	B3	
605の3	合意による不動産の賃貸人たる地位の移転	B3	
605の4	不動産の賃借人による妨害の停止の請求等	B3	
606	賃貸人による修繕等	B2	見出しを「(賃貸人による修繕等)」に改め、1項にただし書を追加した
607	賃借人の意思に反する保存行為	A1	
607の2	賃借人による修繕	B3	
608	賃借人による費用の償還請求	A1	
609	減収による賃料の減額請求	B2	「収益を目的」を「耕作又は牧畜を目的」に改め、ただし書を削除した
610	減収による解除	A1	
611	賃借物の一部滅失等による賃料の減額等	C1	見出しを「(賃借物の一部滅失等による賃料の減額等)」に改め、1項を改め、2項中「前項の」を「賃借物の一部が滅失その他の事由により使用及び収益をすることができなくなった」に改めた
612	賃借権の譲渡及び転貸の制限	A1	
613	転貸の効果	B2・B3	1項中「に対して直接に」を「と賃借人との間の賃貸借に基づく賃借人の債務の範囲を限度として、賃貸人に対して転貸借に基づく債務を直接履行する」に改め、3項を追加した
614	賃料の支払時期	A1	
615	賃借人の通知義務	A1	
616	賃借人による使用及び収益	B1	見出しを「(賃借人による使用及び収益)」に改め、「、第597条第1項及び第598条」を削除した
616の2	賃借物の全部滅失等による賃貸借の終了	B3	
617	期間の定めのない賃貸借の解約の申入れ	A1	
618	期間の定めのある賃貸借の解約をする権利の留保	A1	
619	賃貸借の更新の推定等	B1	2項ただし書中「ただし、」の次に「第622条の2第1項に規定する」を追加した
620	賃貸借の解除の効力	B1	「おいて、当事者の一方に過失があったときは、その者に対する」を「おいては、」に改めた
621	賃借人の原状回復義務	B3	
622	使用貸借の規定の準用	B2・B3	
622の2	【敷金】	B3	【 】内は条文見出しではなく「第四款」名
623	雇用	A1	
624	報酬の支払時期	A1	
624の2	履行の割合に応じた報酬	B3	
625	使用者の権利の譲渡の制限等	A1	
626	期間の定めのある雇用の解除	C1	1項中「雇用が当事者の一方若しくは第三者の終身の間継続すべき」を「その終期が不確定である」に改め、ただし書を削り、2項中「ときは、3箇月前に」を「者は、それが使用者であるときは3箇月前、労働者であるときは2週間前に、」に改めた
627	期間の定めのない雇用の解約の申入れ	C1	2項中「には、」の次に「使用者からの」を追加した

改正条文一覧 547

条数	条文見出し	改正	備考
628	やむを得ない事由による雇用の解除	A1	
629	雇用の更新の推定等	A1	
630	雇用の解除の効力	A1	
631	使用者についての破産手続の開始による解約の申入れ	A1	
632	請負	A1	
633	報酬の支払時期	A1	
634	注文者が受ける利益の割合に応じた報酬	B3	
635	削除【請負人の担保責任】	C1	【　】内は改正前の条文見出し
636	請負人の担保責任の制限	B1	
637	目的物の種類又は品質に関する担保責任の期間の制限	C1	
638	削除【請負人の担保責任の存続期間】	C1	【　】内は改正前の条文見出し
639	削除【担保責任の存続期間の伸長】	C1	【　】内は改正前の条文見出し
640	削除【担保責任を負わない旨の特約】	C1	【　】内は改正前の条文見出し
641	注文者による契約の解除	A1	
642	注文者についての破産手続の開始による解除	C1	1項後段を削除し、ただし書を追加し、2項中「前項」を「第1項」に改め、2項を3項とし、1項の次に2項を加えた
643	委任	A1	
644	受任者の注意義務	A1	
644の2	復受任者の選任等	B1	
645	受任者による報告	A1	
646	受任者による受取物の引渡し等	A1	
647	受任者の金銭の消費についての責任	A1	
648	受任者の報酬	B3	3項を改めた
648の2	成果等に対する報酬	B3	
649	受任者による費用の前払請求	A1	
650	受任者による費用等の償還請求等	A1	
651	委任の解除	C1	2項を改めた
652	委任の解除の効力	A1	
653	委任の終了事由	A1	
654	委任の終了後の処分	A1	
655	委任の終了の対抗要件	A1	
656	準委任	A1	
657	寄託	C1	「相手方のために保管をすることを約してある物を受け取る」を「ある物を保管することを相手方に委託し、相手方がこれを承諾する」に改めた
657の2	寄託物受取り前の寄託者による寄託の解除等	C1	
658	寄託物の使用及び第三者による保管	B1・C1	1項中「使用し、又は第三者にこれを保管させる」を「使用する」に改め、2項を改め、3項を追加した
659	無報酬の受寄者の注意義務	B1	見出しを「(無報酬の受寄者の注意義務)」に改め、「で寄託を受けた者」を「の受寄者」に改めた
660	受寄者の通知義務等	B2・B3	見出しを「(受寄者の通知義務等)」に改め、ただし書、2項、3項を追加した
661	寄託者による損害賠償	A1	
662	寄託者による返還請求等	B3	見出しを「(寄託者による返還請求等)」に改め、2項を追加した
663	寄託物の返還の時期	A1	
664	寄託物の返還の場所	A1	
664の2	損害賠償及び費用の償還の請求権についての期間の制限	C2	
665	委任の規定の準用	B1	「第650条まで(同条第3項を除く。)」を「第648条まで、第649条並びに第650条第1項及び第2項」に改めた
665の2	混合寄託	B3	
666	消費寄託	C1	
667	組合契約	A1	
667の2	他の組合員の債務不履行	B3	
667の3	組合員の一人についての意思表示の無効等	B3	
668	組合財産の共有	A1	
669	金銭出資の不履行の責任	A1	

条数	条文見出し	改正	備考
670	業務の決定及び執行の方法	B2	見出し中「業務の」の次に「決定及び」を加え、1項中「の執行」を削除し、「で決する」を「をもって決定し、各組合員がこれを執行する」に改め、2項を改めた。3項中「前二項」を「前各項」に改め、3項を5項とし、2項の次に3項、4項を追加した
670の2	組合の代理	B3	
671	委任の規定の準用	B1	「業務を」の次に「決定し、又は」を追加した
672	業務執行組合員の辞任及び解任	B1	1項中「組合契約で」を「組合契約の定めるところにより」に改め、「業務の」の次に「決定及び」を追加した
673	組合員の組合の業務及び財産状況に関する検査	B1	「を執行する」を「の決定及び執行をする」に改めた
674	組合員の損益分配の割合	A1	
675	組合の債権者の権利の行使	B1	見出しを「(組合の債権者の権利の行使)」に改め、「その債権の発生の時に組合員の損失分担の割合を知らなかったときは、各組合員に対して等しい割合で」を「組合財産について」に改め、2項を加えた
676	組合員の持分の処分及び組合財産の分割	B3	2項を3項とし、1項の次に2項を加えた
677	組合財産に対する組合員の債権者の権利の行使の禁止	B2	
677の2	組合員の加入	B3	
678	組合員の脱退	A1	
679	(同上)	A1	
680	組合員の除名	A1	
680の2	脱退した組合員の責任等	B3	
681	脱退した組合員の持分の払戻し	A1	
682	組合の解散事由	B3	「その目的である事業の成功又はその成功の不能」を「次に掲げる事由」に改め、各号を追加した
683	組合の解散の請求	A1	
684	組合契約の解除の効力	A1	
685	組合の清算及び清算人の選任	B1	2項中「総組合員」を「組合員」に改めた
686	清算人の業務の決定及び執行の方法	B1	準用条文を整理した
687	組合員である清算人の辞任及び解任	B1	「組合契約で」を「組合契約の定めるところにより」に改めた
688	清算人の職務及び権限並びに残余財産の分割方法	A1	
689	終身定期金契約	A1	
690	終身定期金の計算	A1	
691	終身定期金契約の解除	A1	
692	終身定期金契約の解除と同時履行	A1	
693	終身定期金債権の存続の宣告	A1	
694	終身定期金の遺贈	A1	
695	和解	A1	
696	和解の効力	A1	
697	事務管理	A1	
698	緊急事務管理	A1	
699	管理者の通知義務	A1	
700	管理者による事務管理の継続	A1	
701	委任の規定の準用	A1	
702	管理者による費用の償還請求等	A1	
703	不当利得の返還義務	A1	
704	悪意の受益者の返還義務等	A1	
705	債務の不存在を知ってした弁済	A1	
706	期限前の弁済	A1	
707	他人の債務の弁済	A1	
708	不法原因給付	A1	
709	不法行為による損害賠償	A1	
710	財産以外の損害の賠償	A1	
711	近親者に対する損害の賠償	A1	
712	責任能力	A1	
713	(同上)	A1	
714	責任無能力者の監督義務者等の責任	A1	
715	使用者等の責任	A1	

条数	条文見出し	改正	備考
716	注文者の責任	A1	
717	土地の工作物等の占有者及び所有者の責任	A1	
718	動物の占有者等の責任	A1	
719	共同不法行為者の責任	A1	
720	正当防衛及び緊急避難	A1	
721	損害賠償請求権に関する胎児の権利能力	A1	
722	損害賠償の方法、中間利息の控除及び過失相殺	A1・C2	見出しを「(損害賠償の方法、中間利息の控除及び過失相殺)」に変更し、1項中「第417条」の次に「及び第417条の2」を加えた
723	名誉毀損における原状回復	A1	
724	不法行為による損害賠償請求権の消滅時効	C1	
724の2	人の生命又は身体を害する不法行為による損害賠償請求権の消滅時効	C2	

旧司法試験論文本試験問題

平成元年度
第1問　Aは、Bに対し、自己の所有する中古のステレオ・セットを贈与することを約し、Bへの送付をCに委託した。ところが、Cによる輸送の途中、Dがこのステレオ・セットを盗み、Eに売り渡した。
　(1)　この場合に、A、B及びCは、Eに対し、ステレオ・セットの引渡しを請求することができるか。
　(2)　A、B、Cいずれもがステレオ・セットを取り戻すことができなかった場合に、BがAに対してすることができる請求及びAがその請求を拒むことができる根拠について説明せよ。

第2問　Aは、Bに対し、売主をC、買主をBとする売買契約に基づくCの目的物引渡債務を保証することを約し、Bは、売買代金を前払いした。ところが、弁済期が到来したにもかかわらず、Cは目的物を引き渡さない。
　1(1)　Bは、Aに対し、どのような請求をすることができるか。
　　(2)　Aが死亡し、D及びEが相続をした場合には、Bは、D及びEに対し、どのような請求をすることができるか。
　2　BがCの債務不履行を理由として売買契約を解除した場合には、Bは、Aに対し、どのような請求をすることができるか。

平成2年度
第1問　Aは、夫であるBの事業が不振で家計にも窮するようになったため、Bに無断で、Bから預かっていたBの実印等を利用し、Bの代理人としてB所有の土地をCに売り渡した。
　1(1)　Cは、Bに対し、その土地の所有権移転登記手続をするよう請求することができるか。
　　(2)　Cは、Aに対し、どのような請求をすることができるか。Cの請求に対するAの反論についても含めて説明せよ。
　2　Cが請求しないでいる間にBが死亡した。A、B間には子Dがいたが、Dは、相続を放棄した。この場合に、Cは、Aに対し、どのような請求をすることができるか。Dが相続を放棄しなかった場合には、どうか。

第2問　Aは、B所有の茶器を所持していたところ、Cから100万円を借り受けるに当たり、この茶器をCに質入れした。
　1　この茶器は、AがBから預かっていたにすぎないのに、Bの承諾なしに、自己のものとしてCに質入れしたものであった場合に、Cは、質権の実行により、100万円の貸金債権の弁済を受けることができるか。次の3つの場合のそれぞれについて検討せよ。
　　(1)　現在、Cが茶器を所持している場合
　　(2)　質権の設定後にAの懇願をうけてCがこの茶器をAに引き渡し、現在は、Aがこれを所持している場合
　　(3)　Cから茶器の引渡しを受けたAがこれを更にBに返還し、現在は、Bがこれを所持している場合
　2　この茶器は、AがBに貸し付けた50万円の貸金債権の担保のためにBからAに質入れされたもので、これを、AがBの承諾なしに更にCに質入れしたものであった場合に、Cは、自己の質権の実行により、100万円の貸金債権の弁済を受けることができるか。

平成3年度
第1問　Aは、甲土地の所有者Bを強迫して土地売却に関する委任契約を締結させ、Bの代理人として甲土地をCに売り渡した。Cは、駐車場として利用させるためDに甲土地を引き渡し、賃料に代えてDに甲土地の舗装工事をさせたが、その後に、Bが強迫を理由として右委任契約を取り消した。この場合におけるBとC・Dとの法律関係について説明せよ。

第2問　A、B及びCは、共同してD所有のリゾートマンションの一室を代金1500万円で買い受けた。A・B・Cの間では、売買代金を各自500万円ずつ負担するとの約束があった。
(1)　約定の日に、B及びCは、それぞれ代金として500万円を持参し、Dはこれを受領したが、Aは、代金を持参せず、その後も支払おうとしない。この場合、Dの採りうる法律上の手段について述べよ。
(2)　A、B及びCは、マンションを買い受けた後、これを交代で利用していたが、A及びBは、Cに無断で、マンションをEに賃貸し、Eがこれを使用している。この場合、Cの採りうる法律上の手段について述べよ。

平成4年度
第1問　Aは、Bに対して負う貸金債務を担保するため、自己所有の建物をBに譲渡して所有権移転登記をしたが、引き続き建物を占有していた。ところが、Aが期限に債務を弁済しなかったので、BはAに対し、建物の評価額から被担保債権額を控除した残額を提供し、建物の明渡しを求めたが、Aはこれに応じなかった。その後、AはBに対し、債務の弁済の提供をした上、建物をCに賃貸した。Cは、Aを建物所有者と信じて、長期間にわたりAに賃料を支払ってきたが、この間に、建物はBからDに譲渡され、その旨の登記がされた。
　この場合における建物をめぐるAD間、CD間の法律関係について述べよ。

第2問　債権者取消権における「相対的取消(取消の相対効)」とはどういうことか。どうしてそのような考え方が出てきたのか。そのような考え方にはどのような問題があるかについて論ぜよ。

平成5年度
第1問　Aは、Bに対して、売却納品した物品の代金を支払うよう求めたところ、Bは、この取引はBの従業員Cが勝手にしたものであると主張して、支払わない。
　Aは、Bに対し、表見代理(民法第110条)による代金請求と使用者責任(同法第715条)による損害賠償請求とを考えている。Aが考えている2つの制度の関係について論ぜよ。

第2問　A社は、B社に対し、実験用マウス30匹を売り渡した。ところが、この中に、人及びマウスに有毒なウイルスに感染したものが混じっていた。その後、Bの従業員Cがこのウイルスに感染して発病し、長期の入院治療を余儀なくされた。Bは、このウイルスに感染した他のマウス200匹を殺すとともに、Bの実験動物飼育施設に以後の感染を防止するための処置を施した。
　右の事例において、(1)Aに過失がなかったときと、(2)Aに過失があったときとに分けて、AB間及びAC間の法律関係について論ぜよ。

平成6年度
第1問　債権は相対的な権利であると言われている。そのことと、債権が第三者により不法に侵害された場合に、債権者が、その第三者に対して、不法行為責任を追及し、あるいは侵害行為の差止めを請求することができる場合もあるとされていることとの関係について論ぜよ。

第2問　Aは、債権者からの差押えを免れるため、Bと通謀の上、売買仮装して、その所有する建物及びその敷地(以下、これらを総称するときは「本件不動産」という。)の登記名義をBに移転するとともに、本件不動産を引き渡した。その後、

Aは、右の事情を知っているCとの間で、本件不動産につき売買契約を締結し、代金の支払を受けたが、その直前に、Bが、Dに本件不動産を売却し、引き渡していた。Dは、AB間の右事情を知らず、かつ、知らないことにつき過失がなかった。ところが、右建物は、Cの買受け後に、第三者の放火により焼失してしまった。なお、その敷地についての登記名義は、いまだBにある。以上の事案において、本件不動産をめぐるCD間の法律関係について論じた上、CがA及びBに対してどのような請求をすることができるか説明せよ。

平成7年度

第1問　飲食店経営者のAは、不要になった業務用冷蔵庫を、知人のBに頼んで廃棄してもらうことにした。Aが、店の裏の空き地にその冷蔵庫を出しておいたところ、近所の住人Cも、不要になった冷蔵庫を廃棄したいと思い、勝手にAの冷蔵庫のそばに自分の冷蔵庫を捨てた。Bは、トラックで空き地に乗り付け、そこに置いてあった二つの冷蔵庫を回収して、Dの所有する山林に不法に投棄した。これを発見したDは、付近が近所の子供たちの遊び場になっているため、二つの冷蔵庫に各5万円の費用を費やして危険防止に必要な措置を講ずるとともに、A、Cをつきとめた。なお、Bの所在は、不明である。

この場合に、DがA、Cに対してどのような請求ができるかについて、A、Cからの反論を考慮して論ぜよ。

第2問　A社団の事務・事業をその理事Bが行うにつき、Bの過失によりCが損害を被った場合において、責任の性質を踏まえながら、AのCに対する不法行為責任、BのCに対する不法行為責任、AがCに損害を賠償した場合におけるAのBに対する求償の可否・範囲について、Bが被用者である場合と対比して論ぜよ。

平成8年度

第1問　Aは、Bに対する債務を担保するため、自己所有の甲建物に抵当権を設定し、その旨の登記を経由した。その後、Aは、Cに甲建物を売却したが、Cへの所有権移転登記を経由する前に、Dの放火により甲建物が全焼した。

この場合に、A、B及びCは、それぞれDに対して損害賠償を請求することができるか。

AがDに対して損害賠償を請求することができるとした場合、AのDに対する損害賠償請求権又はDがAに支払った損害賠償をめぐるB及びCの法律関係はどうなるか。

第2問　Xは、Yに国際見本市の会場の一つとなる乙建物の建築を注文した。Zは、見本市の期間中、乙建物を出展用に使用するため、Xと賃貸借契約を締結した。この契約には、乙建物を使用させられないときはXがZに1000万円を支払う旨の損害賠償額の予定条項が含まれていた。

ところが、乙建物は、完成後引渡し前に地震により全壊して使用不能となり、見本市の期間中には再築も間に合わなくなった。Xは、Zに予定どおり乙建物を使用させていれば、2000万円の収益を得られるはずであった。

右の事例において、㈠地震の震度が極めて大きく、Yが耐震基準に適合した設計・施工をしていたにもかかわらず、乙建物が全壊した場合と、㈡地震の震度は標準的な建物であれば十分耐え得る程度のもので、Yの施工上の手抜き工事が原因で乙建物が全壊した場合とに分けて、XY間及びXZ間の法律関係について論ぜよ（なお、XY間の請負契約には民法の規定と異なる特約はなかったものとする。）。

平成9年度

第1問　Aは、その所有する甲土地にBのために抵当権を設定して、その旨の登記をした後、Cに対し、甲土地を建物所有目的で期間を30年と定めて賃貸した。Cは、甲土地上に乙建物を建築し、乙建物にDのために抵当権を設定して、その旨の

登記をした。その後、Cは、甲土地上の庭先に自家用車のカーポート(屋根とその支柱だけから成り、コンクリートで土地に固定された駐車設備)を設置した。
　右の事案について、次の問いに答えよ(なお、各問いは、独立した問いである。)。
　一　Bの抵当権が実行され、Eが競落した場合、乙建物及びカーポートをめぐるEC間の法律関係について論ぜよ。
　二　Dの抵当権が実行され、Fが競落した場合、乙建物及びカーポートをめぐるFA間の法律関係について論ぜよ。

第2問　多数当事者の債権関係において、複数の債務者全員を連帯債務者とするよりも、一人を主たる債務者とし、その他の者を連帯保証人とする方が債権者に有利であるという考え方がある。
　この考え方について、契約の無効・取消し、債権の存続、譲渡、及び回収という側面から論ぜよ。

→ 『債権総論』6章4節②、5節④

平成10年度

第1問　Aは、Bに対し、自己所有の甲建物を賃料月額10万円で賃貸した。Bは、Aの承諾を得た上で、甲建物につき、大規模な増改築を施して賃料月額30万円でCに転貸した。その数年後、Bが失踪して賃料の支払いを怠ったため、AB間の賃貸借契約は解除された。そこで、Aは、Cに対し、「甲建物を明け渡せ。Bの失踪の日からCの明渡しの日まで1か月につき30万円の割合で計算した金額を支払え。」と請求した(なお、増改築後の甲建物の客観的に相当な賃料は月額30万円であり、Cは、Bの失踪以後、今日に至るまで賃料の支払をしていない。)。これに対し、Cは、「自らがBに代わってBの賃料債務を弁済する機会を与えられずに明渡しを請求されるのは不当である。AB間の賃貸借契約が解除されたとしても、自分はAに対抗し得る転借権に基づいて占有している。Bの増改築後の甲建物を基準とした金額を、しかもBの失踪の日から、Aが請求できるのは不当である。」と主張して争っている。
　AC間の法律関係について論ぜよ。

→ 『債権各論』2章6節⑤

第2問　消滅時効と除斥期間につき、どのような違いがあるとされているかを論じた上で、次に掲げる権利が服する期間制限の性質やその問題点について論ぜよ。
　一　瑕疵担保による損害賠償請求権
　二　不法行為による損害賠償請求権
　三　取消権
　四　債務不履行による解除権

→ 『民法総則』8章1節③

平成11年度

第1問　Aは、工作機械メーカーのBとの間で、平成10年1月10日、「Bは、Aに対し、同年5月31日までに、Aの工場専用の工作機械を製作してAの工場に設置して引き渡す」「代金(設置費用の実費200万円を含む。)は、800万円とし、AはBに対し、契約締結日に内金300万円の支払をし、工作機械の引渡しの日の翌月末日に残代金500万円の支払をする」との約定で契約を締結し、代金の内金300万円の支払をした。なお、工作機械を設置するには、Aが工場を事前に改造する必要がある。
　Bは、同年4月30日に工作機械を完成したため、その旨を直ちにAに連絡して工場の改造を求め、その後も度々改造を求めたけれども、Aが一向に工場の改造に取り掛からないため、工作機械を設置することができないまま、同年5月31日が経過した。なお、Bは、金融業者から工作機械の製作費用として300万円を借り、同年5月31日までの利息として20万円の支払をした。
　Bは、Aに対し、契約を解除する旨の意思表示をし、損害賠償として代金相当額800万円及び金融業者に対する利息金相当額20万円の合計820万円の支払を請求した。これに対し、Aは、その解除及び損害賠償額を争っている。

→ 『債権総論』2章4節
『債権各論』1章4節②⑤

まず、Bの契約解除が認められるかどうかについて論じた上で、仮に契約解除が認められるとした場合のAB間の法律関係について論ぜよ。

第2問　民法の規定によれば、①詐欺による意思表示は取り消すことができるとされている(第96条第1項)のに対し、法律行為の要素に錯誤がある意思表示は無効とするとされており(第95条本文)、②第三者が詐欺を行った場合においては相手方がその事実を知っていたときに限り意思表示を取り消すことができるとされている(第96条第2項)のに対し、要素の錯誤による意思表示の無効の場合には同様の規定がないし、③詐欺による意思表示の取消しは善意の第三者に対抗することができないとされている(第96条第3項)のに対し、要素の錯誤による意思表示の無効の場合には同様の規定がない。

「詐欺による意思表示」と「要素の錯誤のある意思表示」との右のような規定上の違いは、どのような考え方に基づいて生じたものと解することができるかを説明せよ。その上で、そのような考え方を採った場合に生じ得る解釈論上の問題点(例えば、動機の錯誤、二重効、主張者)について論ぜよ。

平成12年度

第1問　Aは、画商Bから著名な画家Cの署名入りの絵画(以下「本件絵画」という。)を代金2000万円で買い受け、代金全額を支払って、その引渡しを受けた。当時、ABは、本件絵画をCの真作と思っており、代金額も、本件絵画がCの真作であれば、通常の取引価格相当額であった。Aは、自宅の改造工事のために、画廊を経営するDに対し、報酬1日当たり1万円、期間50日間との約定で、本件絵画の保管を依頼し、報酬50万円を前払して、本件絵画を引き渡した。その後、本件絵画がCの真作を模倣した偽物であって100万円程度の価値しかないことが判明したので、AがBに対し、本件絵画の引取りと代金の返還を求めて交渉していたところ、本件絵画は、Dへの引渡後20日目に、隣家からの出火による延焼によって画廊とともに焼失した。

以上の事案におけるAB間及びAD間の法律関係について論ぜよ。

第2問　1　Xは、Yから甲土地とその地上建物(以下「甲不動産」という。)を代金2000万円で買い受け、代金全額を支払った。当時、Yは、長年にわたって専ら家事に従事していた妻Zと婚姻中であり、甲不動産は、その婚姻中に購入したものであった。甲不動産につき、YからXへの所有権移転登記を経由しないうちに、YZの協議離婚届が提出され、離婚に伴う財産分与を原因としてYからZへの所有権移転登記がされた。

この事案において、YZの協議離婚がどのような場合に無効になるかを論ぜよ。

2　上記の事案において、Yには、甲不動産以外にめぼしい資産がなく、Xのほかに債権者が多数いるため、Yは、既に債務超過の状態にあったものとする。また、YZが財産分与の合意をした当時、Zは、Yが債務超過の状態にあったことは知っていたが、甲不動産をXに売却していたことは知らなかったものとする。

仮に、YZの協議離婚が有効であるとした場合、Xは、裁判上、だれに対してどのような請求をすることができ、その結果、最終的にどのような形で自己の権利ないし利益を実現することになるかを説明せよ。

平成13年度

第1問　Aは、Bに対し、自己所有の甲建物を売却して引き渡し、Bは、Cに対し、甲建物を、使用目的は飲食店経営、賃料月額50万円、期間3年、給排水管の取替工事はCの負担で行うとの約定で賃貸して引き渡した。Cが300万円をかけて甲建物の給排水管の取替工事をした直後、Aは、Dに対し、甲建物を売却して所有権移転の登記をした。

この事案において、DがAからBへの甲建物の売却の事実を知らなかったも

のとして、DがCに対してどのような請求をすることができ、これに対し、Cがどのような反論をすることができるかについて論じた上で、BC間の法律関係についても論ぜよ。
第2問　1　不法行為責任と責任能力との関係について説明した上で、責任能力が必要とされている理由を過失概念の変容と関連付けながら論ぜよ。
　　　　2　未成年者の加害行為に対する親権者の不法行為責任を問う法的構成について論ぜよ。

➡ 『債権各論』5章1節5、5章3節1

平成14年度
第1問　Aは、妻とともに、子B（当時18歳）の法定代理人として、Cに対し、Bが祖父からの贈与により取得した甲土地を、時価の500万円で売却して引き渡し、所有権移転の登記をした。Aは、妻の了解の下に、その売却代金を、AのDに対する500万円の債務の弁済に充てた。Aは、Dに弁済する際、甲土地の売却代金により弁済することを秘していたが、Dは、そのことを知っていた。AがDに弁済した時、A夫婦は無資力であった。その後、Bは、成人した。
　　　　1　A夫婦が売却代金をAのDに対する債務の弁済に充てるために甲土地を売却したものであり、Cは、甲土地を買い受ける際、そのことを知っていた場合において、次の各問について論ぜよ。
　　　　⑴　Bは、Cに対し、甲土地の返還を請求することができるか。
　　　　⑵　CがBに対して甲土地を返還したとき、Cは、Bに対し、500万円の支払を請求することができるか。
　　　　2　A夫婦が売却代金をBの教育資金に用いるつもりで甲土地を売却したが、売却後に考えが変わり、売却代金をAのDに対する債務の弁済に充てた場合において、Bは、Dに対し、500万円の支払を請求することができるかについて論ぜよ。

➡ 『民法総則』6章2節3
『債権各論』4章1節3、2節5
『親族・相続』4章1節3

第2問　Aは、20歳の息子Bが資産もないのに無職でいることに日ごろから小言を言っていたところ、BがCから500万円の借金をしていることを知り、その借金を返済してやりたいと考えた。しかし、Bは、「親の世話になりたくない。」と言って、これを拒否している。AがBの上記債務を消滅させてやるためには、いかなる法律的方法があるか。AC間に新たな合意を必要としない場合と必要とする場合とに分けて論ぜよ。

➡ 『債権総論』3章1節、2節23、4章1節3、4章5節1

平成15年度
第1問　酒屋を営むAは、飼育している大型犬の運動を店員Bに命じた。Bが運動のために犬を連れて路上を歩いていたところ、自転車で走行していたCが運転を誤って自転車を犬に追突させ、驚いた犬はBを振り切って暴走した。反対方向から歩いてきた右足に障害のあるDは、犬と接触しなかったものの、暴走する犬を避けようとして足の障害のために身体の安定を失って転倒し、重傷を負った。
　　　　DがA、B及びCに対して損害賠償を請求できるかについて、それぞれに対する請求の根拠と、A、B及びCの考えられる反論を挙げ、自己の見解を論ぜよ。

➡ 『債権各論』5章3節246

第2問　Aは、Bから登記簿上330平方メートルと記載されている本件土地を借り受け、本件土地上に自ら本件建物を建てて保存登記を行い、居住していた。Aは、本件建物を改築しようと考え、市の建築課と相談し、敷地面積が330平方メートルならば希望する建物が建築可能と言われたため、本件土地を売ってくれるようBに申し込み、Bは、これを承諾した。売買契約では、3.3平方メートル当たり25万円として代金額を2500万円と決め、Aは、代金全額を支払った。
　　　　以上の事案について、次の問いに答えよ（なお、各問いは、独立した問いである。）。
　　　　1　本件土地の売買契約締結直後に、本件土地建物を時価より1000万円高い価格で買い受けたいというCの申込みがあったため、Aは、Cとの間で本件

➡ 『物権法』2章1節1
『債権各論』2章2節3

土地建物の売買契約を締結した。しかし、専門業者の実測の結果、本件土地の面積が実際には297平方メートルであることが判明し、面積不足のためにCの希望していた大きさの建物への建て替えが不可能であることが分かり、AC間の売買契約は解除された。
　　　　　Aは、Bに対してどのような請求ができるか。
　　2　数年後、Bは、Aへの移転登記が未了であることを奇貨として、本件土地をDに売却しようと、「Aはかつて賃借人だったが、賃料を支払わないため契約を解除した。」と虚偽の事実を告げた。Dは、事情を確かめにA方に出向いたが、全く話をしてもらえなかったため、Bの言い分が真実らしいと判断し、本件土地を買い受け、移転登記をした。
　　　　　AD間の法律関係について論ぜよ。

平成16年度

第1問　AはBとの間で、A所有の土地上に2階建住宅を新築する工事について、請負代金を2000万円とし、内金1000万円は契約締結時に、残金1000万円は建物引渡し後1か月以内に支払うとの約定で請負契約を締結した。この事案について、以下の問いに答えよ。なお、各問いは独立した問いである。
　　1　Aは、Bが行ったコンクリートの基礎工事が不完全であるとして、Bに工事の追完を求めたが、Bは基礎工事に問題はないと主張してその後の工事を進めようとしている。AはBとの契約関係を終了させるためにどのような主張をすることができるか。
　　2　Aは、Bに内金1000万円を支払い、Bは約定の期日までに建物を完成させてAに引き渡した。ところが、屋根の防水工事の手抜きのため、引渡し後1週間目の大雨によって建物の2階の書斎に雨漏りが生じ、書斎内のA所有のパソコン等が使い物にならなくなってしまった。雨漏りによるパソコン等の損害を50万円、屋根の補修工事に要する費用を100万円とした場合、AはBの請負残代金請求に対してどのような主張をすることができるか。

第2問　Aは、Bに2000万円の金銭を貸し付け、その担保としてBの父親Cが所有する甲不動産(時価2500万円)に第1順位の抵当権の設定を受け、その旨の登記をした。Bは支払期限までにその債務を弁済せずに行方をくらませた。
　　　そこで、Cは、この抵当権の実行を避けるため、Aに対して複数回に分けて合計800万円をBに代わって弁済するとともに、残りの債務も代わって弁済する旨繰り返し申し出たので、Aはその言を信じてBに対して上記貸金債権について特に時効中断の手続をとらないまま、支払期限から10年が経過した。他方、その間に、Cに対してDが1000万円、Eが1500万円の金銭を貸し付け、その担保として、甲不動産につきそれぞれDが第2順位、Eが第3順位の抵当権の設定を受け、いずれもその旨の登記を了した。
　　　以上の事実関係の下で(Cが無資力である場合も想定すること)、Aが甲不動産に対して有する第1順位の抵当権設定登記の抹消を請求するため、Eはいかなる主張をし、他方、Aはこれに対していかなる反論をすることが考えられるかを指摘し、それぞれについて考察を加えよ。

平成17年度

第1問　工場用機械メーカーAは、Bから工場用機械の製作を請け負い、これを製作してBに引き渡した。その工場用機械(以下「本件機械」という。)は、Bが使用してみたところ、契約では1時間当たり5000個程度の商品生産能力があるとされていたのに不具合があって1時間当たり100個程度の商品生産能力しかないことが判明した。そこで、Bは、直ちに本件機械の不具合をAに告げて修理を求めた。この事案について、以下の問いに答えよ。なお、各問いは独立した問いである。
　　1　Bはこうした不具合があったのでは本件機械を導入する意味がないと考え

ているが、本件機械を契約どおりの商品生産能力の機械とする修理は可能である。Aが修理をしようとしないので、Bは代金を支払っておらず、また、Bには商品の十分な生産ができないことによる営業上の損害が発生している。この場合に、Bの代金債務についての連帯保証人であるCは、Aからの保証債務の履行請求に対してどのような主張をすることができるか。

2　Aが修理をしようとしないため、BはやむをえずDに本件機械の修理を依頼し、Dは修理を完了した。その後、Bは、営業不振により高利貸からの融資を受ける状態になり、結局、多額の債務を残して行方不明となり、Dへの修理代金の支払もしていない。この場合に、Aは本件機械の引渡しの際にBから代金全額の支払を受けているものとして、Dは、Aに対してどのような請求をすることができるか。

第2問　Aは、Bから3000万円を借り受け、その担保としてAの所有する甲土地及び乙建物（後記の庭石を除いた時価合計2900万円）に抵当権を設定して、その旨の登記をした。甲土地の庭には、抵当権設定前から、庭石（時価200万円）が置かれていたが、抵当権設定登記後、A宅を訪問したCは、同庭石を見て、それが非常に珍しい物であったことから欲しくなり、Aに同庭石を譲ってくれるよう頼んだところ、Aは、これを了承し、Cとの間で同庭石の売買契約を締結し、同庭石は後日引き渡すことにした。このAC間の売買契約を知ったDは、日ごろよりCを快く思っていなかったことから、専らCに嫌がらせをする意図で、Aとの間で同庭石の売買契約を締結して、Cが引渡しを受ける前に、A立会いの下で同庭石をD自らトラックに積んで搬出し、これを直ちにEに転売して、Eに引き渡した。

この事案について、次の問いに答えよ。
1　CE間の法律関係について論ぜよ。
2　Bは、Eに対して物権的請求権を行使したいが、その成立の根拠となるBの主張について考察せよ。

平成18年度

第1問　Aは、Bに対し、A所有の甲絵画（時価300万円。以下「甲」という。）を200万円で売却して引き渡し、BはAに代金全額を支払った。Bは、その1か月後、Cに対し、甲を300万円で売却して引き渡し、CはBに代金全額を支払った。現在、甲はCが所持している。AB間の売買は、Bの詐欺によるものであったので、Aは、Bとの売買契約を取り消し、Cに対し甲の返還を求めた。

1(1)　Aの取消しがBC間の売買契約よりも前になされていた場合、AC間の法律関係はどうなるか。考えられる法律構成を2つ示し、両者を比較しつつ、論ぜよ。
(2)　(1)の場合において、Cが甲をAに返還しなければならないとき、BC間の法律関係はどうなるか。
2　Aの取消しがBC間の売買契約よりも後になされた場合、AC間の法律関係はどうなるか。考えられる法律構成を2つ示し、両者を比較しつつ、論ぜよ。なお、これらの構成は、1(1)で示した2つの構成と同じである必要はない。

第2問　Aは、B所有名義で登記されている建物（以下「本件建物」という。）をBから賃借して引渡しを受け、本件建物で店舗を営んでいる。Aは、賃借に当たってBに敷金を支払い、賃料もBに遅滞なく支払ってきた。ところが、本件建物は、真実はBの配偶者であるCの所有であり、CがBに対し、Bの物上保証人として本件建物に抵当権を設定する代理権を付与し登記に必要な書類を交付したところ、Bが、Cに無断でB名義に所有権移転登記を経由した上、Aに賃貸したものであった。

以上の事案について、次の問いに答えよ（なお、各問いは、独立した問いである。）。

1 　Aが本件建物を賃借してから1年後に、Aは、その事実を知ったCから本件建物の明渡しを請求された。Aは、Cに対し、どのような主張をすることが考えられるか。
2 　Aは、本件建物がBの所有でないことを知った後、Cに対してBとの賃貸借契約が当初から有効であることを認めてほしいと申し入れたものの、Cは、これを拒絶した。その後、Cが死亡し、BがCを単独相続したところ、Bは、Aが本件建物を賃借してから1年後に、Aに対し本件建物の明渡しを請求した。
　(1)　Aは、Bに対し、BがCを単独相続したことを理由に本件建物の明渡しを拒絶することができるか。
　(2)　仮に(1)の理由で明渡しを拒絶することができないとすれば、Aは、Bに対し、どのような主張をすることができるか。特に敷金の返還を受けるまで本件建物の明渡しを拒絶すると主張することができるか。

平成19年度

第1問　買主Xは、売主Aとの間で、Aが所有する唯一の財産である甲土地の売買契約を締結した。ところが、XがAから所有権移転登記を受ける前に、Aは、Bに対して、甲土地について贈与を原因とする所有権移転登記をした。
1 　上記の事案において、(1)ＡＢ間の登記に合致する贈与があった場合と、(2)ＡＢ間に所有権移転の事実はなくＡＢ間の登記が虚偽の登記であった場合のそれぞれについて、Xが、Bに対して、どのような権利に基づいてどのような請求をすることができるかを論ぜよ。
2 　上記の事案において、Bは、甲土地について所有権移転登記を取得した後、Cに対して、甲土地を贈与し、その旨の所有権移転登記をした。
　　この事案において、(1)ＡＢ間の登記に合致する贈与があった場合と、(2)ＡＢ間に所有権移転の事実はなくＡＢ間の登記が虚偽の登記であった場合のそれぞれについて、Xが、Cに対して、どのような権利に基づいてどのような請求をすることができるかを論ぜよ。

第2問　Aは、平成18年4月1日に、Aが所有する建物(以下「本件建物」という。)をBに「賃貸期間平成18年4月1日から平成21年3月末日までの3年間、賃料月額100万円、敷金500万円」の約定で賃貸し、Bは、敷金500万円をAに支払い、本件建物の引渡しを受けた。Bは、平成19年4月1日に、Aの承諾を得て、本件建物をCに「賃貸期間平成19年4月1日から平成21年3月末日までの2年間、賃料月額120万円、敷金600万円」の約定で転貸し、Cは、敷金600万円をBに支払い、本件建物の引渡しを受けた。その後、平成19年7月1日に、AとBは、両者間の本件建物に関する建物賃貸借契約を合意解約すること、及び合意解約に伴ってAがBの地位を承継し、Cに対する敷金の返還はAにおいて行うとともに、平成19年8月分以降の賃料はAがCから収受することを合意した。そして、Bは、Aに預託した敷金500万円の返還を受けて、Cから預託を受けた敷金600万円をAに交付するとともに、Cに対して、ＡＢ間の上記合意により平成19年8月分以降平成21年3月分までのCに対する賃料債権全額をAに譲渡した旨を通知した。
　　以上の事案において、CがＡＢ間の建物賃貸借契約の合意解約に同意しない場合、Cに対する賃貸人がAとBのいずれであるかについてどのような法律構成が考えられるか、また、Cに対して敷金返還債務を負担する者がだれかについてどのような法律構成が考えられるかに言及しつつ、ＢＣ間及びＡＣ間の法律構成を論ぜよ。

平成20年度

第1問　Aは、工作機械(以下「本件機械」という。)をBに代金3000万円で売却して、引き渡した。この契約において、代金は後日支払われることとされていた。本件

機械の引渡しを受けたBは、Cに対して、本件機械を期間1年、賃料月額100万円で賃貸し、引き渡した。この事案について、以下の問いに答えよ。
  1 その後、Bが代金を支払わないので、Aは、債務不履行を理由にBとの契約を解除した。この場合における、AC間の法律関係について論ぜよ。
  2 AがBとの契約を解除する前に、Bは、Cに対する契約当初から1年分の賃料債権をDに譲渡し、BはCに対し、確定日付ある証書によってその旨を通知していた。この場合において、AがBとの契約を解除したときの、AC間、CD間の各法律関係について論ぜよ。

第2問 Aは、Bに対して、100万円の売買代金債権(以下「甲債権」という。)を有している。Bは、Cに対して、自己所有の絵画を80万円で売却する契約を締結した。その際、Bは、Cに対して、売買代金を甲債権の弁済のためAに支払うよう求め、Cもこれに同意した。これに基づき、CはAに対して80万円を支払い、Aはこれを受領した。この事案について、以下の問いに答えよ。なお、各問いは、独立した問いである。
  1 甲債権を発生させたAB間の売買契約がBの錯誤により無効であったとき、Cは、Aに対して80万円の支払を求めることができるか。Bに対してはどうか。
  2 甲債権を発生させたAB間の売買契約は有効であったが、BC間の絵画の売買契約がBの詐欺を理由としてCによって取り消されたとき、Cは、Aに対して80万円の支払を求めることができるか。Bに対してはどうか。

➡ 『債権各論』1章3節⑤、4章2節⑤

平成21年度

第1問 18歳のAは、唯一の親権者で画家である父Bに対し、真実はバイクを買うためのお金が欲しかったのに、知人からの借金を返済するためにお金が必要であるとうそをついて、金策の相談をした。この事案について、以下の問いに答えよ。なお、各問いは、独立した問いである。
  1 Bは、Aに対し、Aの借金を返済する金銭を得るために、Bが描いた甲絵画を、これまで何度か絵画を買ってもらったことのある旧知の画商Cに売却することを認め、売却についての委任状を作成し、Aに交付した。しかし、その翌日、Bは、気が変わり、Aに対して、「甲絵画を売るのはやめた。委任状は破棄しておくように。」と言った。ところが、その後、Aは、Bに無断で、委任状を提示して、甲絵画をCに50万円で売却した。この場合、Bは、Cから、甲絵画を取り戻すことができるか。
  2 Bは、かねてからAがその所有する乙自動車を売却したいと言っていたのを幸いとして、その売却代金を自己の株式購入の資金とするため、Aの代理人として、Dに対し、乙自動車を60万円で売却した。この場合、Aは、Dから乙自動車を取り戻すことができるか。
     また、Bが、以前A名義の不動産を勝手に売却したことがあったことなどから、Aの伯母の申立てにより、家庭裁判所において、乙自動車の売却の1か月前に、親権の喪失の宣告がされ、確定していたのに上記のような売却をしたときはどうか。

➡ 『民法総則』6章2節③、6章5節①②③
『親族・相続』4章1節③

第2問 被相続人Aは、A名義の財産として、甲土地建物(時価9000万円)、乙マンション(時価6000万円)及び銀行預金(3000万円)があり、負債として、Bから借り受けた3000万円の債務があった。
    Aが死亡し、Aの相続人は嫡出子であるC、D及びEだけであった。C、D及びEの間で遺産分割の協議をした結果、甲土地建物及びBに対する負債全部はCが、乙マンションはDが、銀行預金全部はEが、それぞれ相続するということになり、甲土地建物はC名義、乙マンションはD名義の各登記がされ、Eが預金全額の払戻しを受け、Bに遺産分割協議書の写しが郵送された。
    ところが、Cは、Bに対する債務のうち1000万円のみを返済し、相続した甲土地建物をFに売却した。

➡ 『親族・相続』9章3節

この事案について、特別受益と寄与分はないものとして、以下の問いに答えよ。なお、各問いは、独立した問いである。
1　Bに対する債務に関するB、C、D及びE間の法律関係について論ぜよ。
2　乙マンションは、Aが、死亡する前にGに対して売却して代金も受領していたものの、登記はA名義のままになっていた。この場合、Dは、だれに対し、どのような請求をすることができるか。

平成22年度

第1問　現在90歳のAは、80歳を超えた辺りから病が急に進行して、判断能力が衰え始め、2年前からしばしば事理弁識能力を欠く状態になった。絵画の好きなAは、事理弁識能力を欠いている時に、画商Bの言うままに、Bの所有する甲絵画を500万円で売買する契約をBと締結し、直ちに履行がされた。
　この事案について、以下の問いに答えよ。なお、小問1と小問2は、独立した問いである。
1(1)　Aは、甲絵画をBに戻して500万円の返還を請求することができるか。また、Bに甲絵画を800万円で購入したいという顧客が現れた場合に、Bの方からAに対して甲絵画の返還を請求することはできるか。
(2)　AがBに500万円の返還を請求する前に、Aの責めに帰することができない事由によって甲絵画が滅失していた場合に、AのBに対するこの返還請求は認められるか。Bから予想される反論を考慮しつつ論ぜよ。
2　AB間の売買契約が履行された後、Aを被後見人とし、Cを後見人とする後見開始の審判がされた。AB間の甲絵画の売買契約に関するCによる取消し、無効の主張、追認の可否について論ぜよ。

第2問　Bは、Aから300万円で購入した鋼材（以下「本件鋼材」という。）を自分の工場で筒状に成形し、それに自己所有のバルブを溶接して暖房設備用のパイプ（以下「本件パイプ」という。）を製造した。その後、Bは、Cから本件パイプの取付工事を依頼され、Cとの間で代金を600万円（その内訳は、本件パイプの価格が500万円、工事費用が100万円である。）とする請負契約を締結した。工事は完成し、本件パイプは壁に埋め込まれて建物と一体化したが、CからBへの代金の支払はまだされていない。
　この事案について、以下の問いに答えよ。なお、小問1と小問2は、独立した問いである。
1　Bは、Aに代金を支払う際、Dから300万円の融資を受けたので、本件パイプにDのために譲渡担保権を設定し、占有改定による引渡しも済ませたが、BD間の約定では、Bの請け負った工事について本件パイプの使用が認められていた。
(1)　CD間の法律関係について論ぜよ。
(2)　BC間で請負契約が締結された直後、BはCに対する請負代金債権をEに譲渡し、確定日付のある証書によってCに通知していたという事実が加わったとする。この場合における、請負代金債権に関するDE間の優劣について論ぜよ。
2　AがBに売却した本件鋼材の所有者は、実はFであり、Aは、Fの工場から本件鋼材を盗み、その翌日、このことを知らないBに本件鋼材を売却した。本件鋼材の時価は400万円であるにもかかわらず、Aは、Bに300万円で慌てて売却しており、このようなAの態度からしてBには盗難の事実を疑うべき事情があった。他方、Cは、Bが専門の建築業者であったことから、盗難の事実を知らず、また知ることができなかった。この場合における、BF間及びCF間の法律関係について論ぜよ。

→『民法総則』2章1節②【2】(1)
『債権各論』1章3節③【3】(3)(a)、④【2】、4章1節②【2】
『親族・相続』5章1節②【3】(2)(a)

→『物権法』2章7節②【5】、4章3節②【4】、11章2節②【2】

司法試験予備試験
論文式試験問題［民法］

平成23年

　Aは、平成20年3月5日、自己の所有する甲土地について税金の滞納による差押えを免れるため、息子Bの承諾を得て、AからBへの甲土地の売買契約を仮装し、売買を原因とするB名義の所有権移転登記をした。次いで、Bは、Aに無断で、甲土地の上に乙建物を建築し、同年11月7日、乙建物についてB名義の保存登記をし、同日から乙建物に居住するようになった。

　Bは、自己の経営する会社の業績が悪化したため、その資金を調達するために、平成21年5月23日、乙建物を700万円でCに売却し、C名義の所有権移転登記をするとともに、同日、Cとの間で、甲土地について建物の所有を目的とする賃貸借契約（賃料月額12万円）を締結し、乙建物をCに引き渡した。この賃貸借契約の締結に際して、Cは、甲土地についてのAB間の売買が仮装によるものであることを知っていた。

　その後、さらに資金を必要としたBは、同年10月9日、甲土地をDに代金1000万円で売却し、D名義の所有権移転登記をした。この売買契約の締結に際して、Dは、甲土地についてのAB間の売買が仮装によるものであることを知らず、それを知らないことについて過失もなかった。

　同年12月16日、Aが急死し、その唯一の相続人であるBがAの一切の権利義務を相続した。この場合において、Dは、Cに対し、甲土地の所有権に基づいて、甲土地の明渡しを求めることができるかを論ぜよ。

平成24年

　次の文章を読んで、後記の〔設問1〕及び〔設問2〕に答えなさい。

Ｉ
【事実】
1. A（女性、昭和22年生）は、配偶者がいたが、平成2年5月頃から、B（男性、昭和27年生）と交際するようになり、同年10月には、配偶者との離婚の協議を始めた。
2. Aは、平成3年8月、配偶者と離婚した。A及びBは、これを契機として、マンションを賃借し、そこで同居をするようになった。もっとも、離婚を経験したAは、Bとの婚姻の届出をすることをためらい、Bと話し合いの上、その届出をしないままBとの生活を続けた。
3. 平成3年当時、Aは、甲土地を所有しており、甲土地についてAを所有権登記名義人とする登記がされていた。A及びBは、相談の上、甲土地の上にBが所有する建物を建築することを計画した。この計画に従い、平成5年3月、甲土地の上に所在する乙建物が完成して、乙建物についてBを所有権登記名義人とする所有権の保存の登記がされ、同月、A及びBは、乙建物に移り住んだ。
4. Aは、かねてよりヨーロッパのアンティーク家具や小物の収集を趣味としていたが、平成18年秋頃から、そうした家具などを輸入して販売する事業を始めた。Aは、同年9月、この事業の資金として3000万円を銀行のCから借り入れた。その返済の期限は、平成22年9月30日と定められた。
5. 同じく平成18年9月に、この借入れに係る債務を担保するため、Aは、甲土地についてCのために抵当権を設定し、また、Bも乙建物についてCのための抵当権を設定し、同月中に、それぞれその旨の登記がされた。乙建物については、Bが、Aから依頼されて、Aの事業に協力する趣旨で、抵当権を設定したものである。
6. Aの事業は、しばらくは順調であったものの、折からの不況のため徐々に経営が悪化し、平成22年9月30日が経過しても、Aは、Cからの借入金を返済することができなかった。そこで、Cは、甲土地及び乙建物について抵当権を実行することを検討するに至った。

〔設問1〕
　【事実】1から6までを前提として、以下の(1)及び(2)に答えなさい。
(1) Aが、銀行のDに対し預金債権を有しており、その残高がCに対する債務を弁済するのに十分な額であると認められる場合において、Bは、乙建物について抵当権を実行しようとするCに対し、AがCに弁済をする資力が

あり、かつ、執行が容易である、ということを証明して、まずAの財産について執行しなければならないことを主張することができるか、理由を付して結論を述べなさい。

(2) Bは、Aに対し、あらかじめ、求償権を行使することができるか。また、仮にCが抵当権を実行して乙建物が売却された場合において、Bは、Aに対し、求償権を行使することができるか。それぞれ、委託を受けて保証をした者が行使する求償権と比較しつつ、理由を付して結論を述べなさい。

Ⅱ 【事実】1から6までに加え、以下の【事実】7から10までの経緯があった。
【事実】
7. その後、Aの事業は、一時は倒産も懸念されたが、平成22年12月頃から、一部の好事家の間でアンティーク家具が人気を博するようになったことを契機として、収益が好転してきた。Aは、抵当権の実行をしばらく思いとどまるようCと交渉し、平成23年4月までに、Cに対し、【事実】4の借入れに係る元本、利息及び遅延損害金の全部を弁済した。
8. 平成23年9月、Aは、体調の不良を感じて病院で診察を受けたところ、重篤な病気であることが判明した。Aは、同年11月に手術を受けたものの、手遅れであり、担当の医師から、余命が3か月であることを告げられた。
　そこで、Aは、平成24年1月18日、Bとの間で、AがBに甲土地を贈与する旨の契約を締結し、その旨を記した書面を作成した。
9. Aは、平成24年3月25日、死亡した。Aは、生前、預金債権その他の財産を負債の返済に充てるなどして、財産の整理をしていた。このため、Aが死亡した当時、Aに財産はなく、また、債務も負っていなかった。
10. Aが死亡した当時、Aの両親は、既に死亡していた。また、Aの子としては、前夫との間にもうけたE(昭和62年生)のみがいる。

〔設問2〕
　Eは、Bに対し、甲土地について、どのような権利主張をすることができるか。また、その結果として、甲土地の所有権について、どのような法律関係が成立すると考えられるか。それぞれ理由を付して説明しなさい。

平成25年
次の文章を読んで、後記の〔設問1〕及び〔設問2〕に答えなさい。

【事実】
1. Aは、太陽光発電パネル(以下「パネル」という。)の部品を製造し販売することを事業とする株式会社である。工場設備の刷新のための資金を必要としていたAは、平成25年1月11日、Bから、利息年5％、毎月末日に元金100万円及び利息を支払うとの条件で、1200万円の融資を受けると共に、その担保として、パネルの部品の製造及び販売に係る代金債権であって、現在有しているもの及び今後1年の間に有することとなるもの一切を、Bに譲渡した。A及びBは、融資金の返済が滞るまでは上記代金債権をAのみが取り立てることができることのほか、Aが融資金の返済を一度でも怠れば、BがAに対して通知をすることによりAの上記代金債権に係る取立権限を喪失させることができることも、併せて合意した。
2. Aは、平成25年3月1日、Cとの間で、パネルの部品を100万円で製造して納品する旨の契約を締結した。代金は同年5月14日払いとした。Aは、上記部品を製造し、同年3月12日、Cに納品した(以下、この契約に基づくAのCに対する代金債権を「甲債権」という。)。Aは、同月25日、Dとの間で、甲債権に係る債務をDが引き受け、これによりCを当該債務から免責させる旨の合意をした。
3. Aは、平成25年3月5日、Eとの間で、パネルの部品を150万円で製造して納品する旨の契約を締結した。代金は同年5月14日払いとした。Aは、上記部品を製造し、同年3月26日、Eに納品した(以下、この契約に基づくAのEに対する代金債権を「乙債権」という。)。乙債権については、Eからの要請を受けて、上記契約を締結した同月5日、AE間で譲渡禁止の特約がされた。Aは、Bに対してこの旨を同月5日到達の内容証明郵便で通知した。
4. その直後、Aは、大口取引先の倒産のあおりを受けて資金繰りに窮するようになり、平成25年4月末日に予定されていたBへの返済が滞った。
5. Aの債権者であるFは、平成25年5月1日、Aを債務者、Cを第三債務者として甲債権の差押命令を申し立て、同日、差押命令を得た。そして、その差押命令は同月2日にCに送達された。
6. Bは、平成25年5月7日、Aに対し、同年1月11日の合意に基づき取立権限を喪失させる旨を同年5月7日

到達の内容証明郵便で通知した。Aは、同年5月7日、D及びEに対し、甲債権及び乙債権をBに譲渡したので、これらの債権についてはBに対して弁済されたい旨を、同月7日到達の内容証明郵便で通知した。

〔設問1〕
(1) 【事実】1の下線を付した契約は有効であるか否か、有効であるとしたならば、Bは甲債権をいつの時点で取得するかを検討しなさい。
(2) Cは、平成25年5月14日、Fから甲債権の支払を求められた。この場合において、Cの立場に立ち、その支払を拒絶する論拠を示しなさい。

〔設問2〕
Eは、平成25年5月14日、Bから乙債権の支払を求められた。この請求に対し、Eは、【事実】3の譲渡禁止特約をもって対抗することができるか。譲渡禁止特約の意義を踏まえ、かつ、Bが乙債権を取得した時期に留意しつつ、理由を付して論じなさい。

平成26年
次の文章を読んで、後記の〔設問1〕及び〔設問2〕に答えなさい。

【事実】
1. Aは、自宅近くにあるB所有の建物(以下「B邸」という。)の外壁(れんが風タイル張り仕上げ)がとても気に入り、自己が所有する別荘(以下「A邸」という。)を改修する際は、B邸のような外壁にしたいと思っていた。
2. Aは、A邸の外壁が傷んできたのを機に、外壁の改修をすることとし、工務店を営むCにその工事を依頼することにした。Aは、発注前にCと打合せをした際に、CにB邸を実際に見せて、A邸の外壁をB邸と同じ仕様にしてほしい旨を伝えた。
3. Cは、B邸を建築した業者であるD社から、B邸の外壁に用いられているタイルがE社製造の商品名「シャトー」であることを聞いた。CはE社に問い合わせ、「シャトー」が出荷可能であることを確認した。
4. Cは、Aに対し、Aの希望に沿った改修工事が可能である旨を伝えた。そこで、AとCは、工事完成を1か月後とするA邸の改修工事の請負契約を締結した。Aは、契約締結当日、Cに対し、請負代金の全額を支払った。
5. 工事の開始時に現場に立ち会ったAは、A邸の敷地内に積み上げられたE社製のタイル「シャトー」の色がB邸のものとは若干違うと思った。しかし、Aは、Cから、光の具合で色も違って見えるし、長年の使用により多少変色するとの説明を受け、また、E社に問い合わせて確認したから間違いないと言われたので、Aはそれ以上何も言わなかった。
6. Cは、【事実】5に記したA邸の敷地内に積み上げられたE社製のタイル「シャトー」を使用して、A邸の外壁の改修を終えた。ところが、Aは、出来上がった外壁がB邸のものと異なる感じを拭えなかったので、直接E社に問い合わせた。そして、E社からAに対し、タイル「シャトー」の原料の一部につき従前使用していたものが入手しにくくなり、最近になって他の原料に変えた結果、表面の手触りや光沢が若干異なるようになり、そのため色も少し違って見えるが、耐火性、防水性等の性能は同一であるとの説明があった。また、Aは、B邸で使用したタイルと完全に同じものは、特注品として注文を受けてから2週間あれば製作することができる旨をE社から伝えられた。
7. そこで、Aは、Cに対し、E社から特注品であるタイルの納入を受けた上でA邸の改修工事をやり直すよう求めることにし、特注品であるタイルの製作及び改修工事のために必要な期間を考慮して、3か月以内にその工事を完成させるよう請求した。

〔設問1〕
【事実】7に記したAの請求について、予想されるCからの反論を踏まえつつ検討しなさい。

【事実(続き)】
8. 【事実】7に記したAの請求があった後3か月が経過したが、Cは工事に全く着手しなかった。そこで、嫌気がさしたAは、A邸を2500万円でFに売却し、引き渡すとともに、その代金の全額を受領した。
9. なお、A邸の外壁に現在張られているタイルは、性能上は問題がなく、B邸に使用されているものと同じものが用いられていないからといって、A邸の売却価格には全く影響していない。

〔設問2〕
　Aは、A邸をFに売却した後、Cに対し、外壁の改修工事の不備を理由とする損害の賠償を求めている。この請求が認められるかを、反対の考え方にも留意しながら論じなさい。
　なお、〔設問1〕に関して、AのCに対する請求が認められることを前提とする。

平成27年

次の文章を読んで、後記の〔設問1〕及び〔設問2〕に答えなさい。

【事実】
1．Aは、A所有の甲建物において手作りの伝統工芸品を製作し、これを販売業者に納入する事業を営んできたが、高齢により思うように仕事ができなくなったため、引退することにした。Aは、かねてより、長年事業を支えてきた弟子のBを後継者にしたいと考えていた。そこで、Aは、平成26年4月20日、Bとの間で、甲建物をBに贈与する旨の契約（以下「本件贈与契約」という。）を書面をもって締結し、本件贈与契約に基づき甲建物をBに引き渡した。本件贈与契約では、甲建物の所有権移転登記手続は、同年7月18日に行うこととされていたが、Aは、同年6月25日に疾病により死亡した。Aには、亡妻との間に、子C、D及びEがいるが、他に相続人はいない。なお、Aは、遺言をしておらず、また、Aには、甲建物のほかにも、自宅建物等の不動産や預金債権等の財産があったため、甲建物の贈与によっても、C、D及びEの遺留分は侵害されていない。また、Aの死亡後も、Bは、甲建物において伝統工芸品の製作を継続していた。
2．C及びDは、兄弟でレストランを経営していたが、その資金繰りに窮していたことから、平成26年10月12日、Fとの間で、甲建物をFに代金2000万円で売り渡す旨の契約（以下「本件売買契約」という。）を締結した。本件売買契約では、甲建物の所有権移転登記手続は、同月20日に代金の支払と引換えに行うこととされていた。本件売買契約を締結する際、C及びDは、Fに対し、C、D及びEの間では甲建物をC及びDが取得することで協議が成立していると説明し、その旨を確認するE名義の書面を提示するなどしたが、実際には、Eはそのような話は全く聞いておらず、この書面もC及びDが偽造したものであった。
3．C及びDは、平成26年10月20日、Fに対し、Eが遠方に居住していて登記の申請に必要な書類が揃わなかったこと等を説明した上で謝罪し、とりあえずC及びDの法定相続分に相当する3分の2の持分について所有権移転登記をすることで許してもらいたいと懇願した。これに対し、Fは、約束が違うとして一旦はこれを拒絶したが、C及びDから、取引先に対する支払期限が迫っており、その支払を遅滞すると仕入れができなくなってレストランの経営が困難になるので、せめて代金の一部のみでも支払ってもらいたいと重ねて懇願されたことから、甲建物の3分の2の持分についてFへの移転の登記をした上で、代金のうち1000万円を支払うこととし、その残額については、残りの3分の1の持分と引換えに行うことに合意した。そこで、同月末までに、C及びDは、甲建物について相続を原因として、C、D及びEが各自3分の1の持分を有する旨の登記をした上で、この合意に従い、C及びDの各持分について、それぞれFへの移転の登記をした。
4．Fは、平成26年12月12日、甲建物を占有しているBに対し、甲建物の明渡しを求めた。Fは、Bとの交渉を進めるうちに、本件贈与契約が締結されたことや、【事実】2の協議はされていなかったことを知るに至った。
　　Fは、その後も、話し合いによりBとの紛争を解決することを望み、Bに対し、数回にわたり、明渡猶予期間や立退料の支払等の条件を提示したが、Bは、甲建物において現在も伝統工芸の製作を行っており、甲建物からの退去を前提とする交渉には応じられないとして、Fの提案をいずれも拒絶した。
5．Eは、その後本件贈与契約の存在を知るに至り、平成27年2月12日、甲建物の3分の1の持分について、EからBへの移転の登記をした。
6．Fは、Bが【事実】4のFの提案をいずれも拒絶したことから、平成27年3月6日、Bに対し、甲建物の明渡しを求める訴えを提起した。

〔設問1〕
　FのBに対する【事実】6の請求が認められるかどうかを検討しなさい。

〔設問2〕
　Bは、Eに対し、甲建物の全部については所有権移転登記がされていないことによって受けた損害について賠償を求めることができるかどうかを検討しなさい。なお、本件贈与契約の解除について検討する必要はない。

平成28年

次の文章を読んで、後記の〔設問〕に答えなさい。

【事実】
1. Aは、自宅の一部を作業場として印刷業を営んでいたが、疾病により約3年間休業を余儀なくされ、平成27年1月11日に死亡した。Aには、自宅で同居している妻B及び商社に勤務していて海外に赴任中の子Cがいた。Aの財産に関しては、遺贈により、Aの印刷機械一式（以下「甲機械」という。）は、学生の頃にAの作業をよく手伝っていたCが取得し、自宅及びその他の財産は、Bが取得することとなった。
2. その後、Bが甲機械の状況を確認したところ、休業中に数箇所の故障が発生していることが判明した。Bは、現在海外に赴任しているCとしても甲機械を使用するつもりはないだろうと考え、型落ち等による減価が生じないうちに処分をすることにした。

   そこで、Bは、平成27年5月22日、近隣で印刷業を営む知人のDに対し、甲機械を500万円で売却した（以下では、この売買契約を「本件売買契約」という。）。この際、Bは、Dに対し、甲機械の故障箇所を示した上で、これを稼働させるためには修理が必要であることを説明したほか、甲機械の所有者はCであること、甲機械の売却について、Cの許諾はまだ得ていないものの、確実に許諾を得られるはずなので特に問題はないことを説明した。同日、本件売買契約に基づき、甲機械の引渡しと代金全額の支払がされた。
3. Dは、甲機械の引渡しを受けた後、30万円をかけて甲機械を修理し、Dが営む印刷工場内で甲機械を稼働させた。
4. Cは、平成27年8月に海外赴任を終えて帰国したが、同年9月22日、Bの住む実家に立ち寄った際に、甲機械がBによって無断でDに譲渡されていたことに気が付いた。そこで、Cは、Dに対し、甲機械を直ちに返還するように求めた。

   Dは、甲機械を取得できる見込みはないと考え、同月30日、Cに甲機械を返還した上で、Bに対し、本件売買契約を解除すると伝えた。

   その後、Dは、甲機械に代替する機械設備として、Eから、甲機械の同等品で稼働可能な中古の印刷機械一式（以下「乙機械」という。）を540万円で購入した。
5. Dは、Bに対し、支払済みの代金500万円について返還を請求するとともに、甲機械に代えて乙機械を購入するために要した増加代金分の費用（40万円）について支払を求めた。さらに、Dは、B及びCに対し、甲機械の修理をしたことに関し、修理による甲機械の価値増加分（50万円）について支払を求めた。

   これに対し、Bは、本件売買契約の代金500万円の返還義務があることは認めるが、その余の請求は理由がないと主張し、Cは、Dの請求は理由がないと主張している。さらに、B及びCは、甲機械の使用期間に応じた使用料相当額（25万円）を支払うようDに求めることができるはずであるとして、Dに対し、仮にDの請求が認められるとしても、Dの請求が認められる額からこの分を控除すべきであると主張している。

〔設問〕
【事実】5におけるDのBに対する請求及びDのCに対する請求のそれぞれについて、その法的構成を明らかにした上で、それぞれの請求並びに【事実】5におけるB及びCの主張が認められるかどうかを検討しなさい。

平成29年

次の文章を読んで、後記の〔設問1〕及び〔設問2〕に答えなさい。

【事実】
1. Aは、年来の友人であるBから、B所有の甲建物の購入を持ち掛けられた。Aは、甲建物を気に入り、平成23年7月14日、Bとの間で、甲建物を1000万円で購入する旨の契約を締結し、同日、Bに対して代金全額を支払った。この際、法律の知識に乏しいAは、甲建物を管理するために必要であるというBの言葉を信じ、Aが甲建物の使用を開始するまでは甲建物の登記名義を引き続きBが保有することを承諾した。
2. Bは、自身が営む事業の資金繰りに窮していたため、Aに甲建物を売却した当時から、甲建物の登記名義を自分の下にとどめ、折を見て甲建物を他の者に売却して金銭を得ようと企てていた。もっとも、平成23年9月に入り、親戚から「不動産を買ったのならば登記名義を移してもらった方がよい。」という助言を受けたAが、甲建物の登記を求めてきたため、Bは、法律に疎いAが自分を信じ切っていることを利用して、何らかの方法でAを欺く必要があると考えた。そこで、Bは、実際にはAからの借金は一切存在しないにもかかわらず、AのBに対す

る300万円の架空の貸金債権（貸付日平成23年9月21日、弁済期平成24年9月21日）を担保するためにBがAに甲建物を譲渡する旨の譲渡担保設定契約書と、譲渡担保を登記原因とする甲建物についての所有権移転登記の登記申請書を作成した上で、平成23年9月21日、Aを呼び出し、これらの書面を提示した。Aは、これらの書面の意味を理解できなかったが、これで甲建物の登記名義の移転は万全であるというBの言葉を鵜呑みにし、書面を持ち帰って検討したりすることなく、その場でそれらの書面に署名・押印した。同日、Bは、これらの書面を用いて、甲建物について譲渡担保を登記原因とする所有権移転登記（以下「本件登記」という。）を行った。

3．平成23年12月13日、Bは、不動産業者Cとの間で、甲建物をCに500万円で売却する旨の契約を締結し、同日、Cから代金全額を受領するとともに、甲建物をCに引き渡した。この契約の締結に際して、Bは、【事実】2の譲渡担保設定契約書と甲建物の登記事項証明書をCに提示した上で、甲建物にはAのために譲渡担保が設定されているが、弁済期にCがAに対し【事実】2の貸金債権を弁済することにより、Aの譲渡担保権を消滅させることができる旨を説明し、このことを考慮して甲建物の代金が低く設定された。Cは、Aが実際には甲建物の譲渡担保権者でないことを知らなかったが、知らなかったことについて過失があった。

4．平成24年9月21日、Cは、A宅に出向き、自分がBに代わって【事実】2の貸金債権を弁済する旨を伝え、300万円及びこれに対する平成23年9月21日から平成24年9月21日までの利息に相当する金額を現金でAに支払おうとしたが、Aは、Bに金銭を貸した覚えはないとして、その受領を拒んだ。そのため、Cは、同日、債権者による受領拒否を理由として、弁済供託を行った。

〔設問1〕
Cは、Aに対し、甲建物の所有権に基づき、本件登記の抹消登記手続を請求することができるかどうかを検討しなさい。

【事実（続き）】

5．平成25年3月1日、AとCとの間で、甲建物の所有権がCに帰属する旨の裁判上の和解が成立した。それに従って、Cを甲建物の所有者とする登記が行われた。

6．平成25年4月1日、Cは甲建物をDに賃貸した。その賃貸借契約では、契約期間は5年、賃料は近隣の賃料相場25万円よりも少し低い月額20万円とし、通常の使用により必要となる修繕については、その費用をDが負担することが合意された。その後、Dは、甲建物を趣味の油絵を描くアトリエとして使用していたが、本業の事業が忙しくなったことから甲建物をあまり使用しなくなった。そこで、Dは、Cの承諾を得て、平成26年8月1日、甲建物をEに転貸した。その転貸借契約では、契約期間は2年、賃料は従前のDE間の取引関係を考慮して、月額15万円とすることが合意されたが、甲建物の修繕に関して明文の条項は定められなかった。

7．その後、Eは甲建物を使用していたが、平成27年2月15日、甲建物に雨漏りが生じた。Eは、借主である自分が甲建物の修繕費用を負担する義務はないと考えたが、同月20日、修理業者Fに甲建物の修理を依頼し、その費用30万円を支払った。

8．平成27年3月10日、Cは、Dとの間で甲建物の賃貸借契約を同年4月30日限り解除する旨合意した。そして、Cは、同年3月15日、Eに対し、CD間の甲建物の賃貸借契約は合意解除されるので、同年4月30日までに甲建物を明け渡すか、もし明け渡さないのであれば、同年5月以降の甲建物の使用について相場賃料である月額25万円の賃料を支払うよう求めたが、Eはこれを拒絶した。

9．平成27年5月18日、Eは、Cに対し、【事実】7の甲建物の修繕費用30万円を支払うよう求めた。

〔設問2〕
CD間の賃貸借契約が合意解除された場合にそれ以後のCE間の法律関係はどのようになるかを踏まえて、【事実】8に記したCのEに対する請求及び【事実】9に記したEのCに対する請求が認められるかどうかを検討しなさい。

平成30年
次の文章を読んで、後記の〔設問1〕及び〔設問2〕に答えなさい。

【事実】

1．Aは、個人で建築業を営むBに雇用された従業員である。同じく個人で建築業を営むCは、3階建の家屋（以下「本件家屋」という。）の解体を請け負ったが、Bは、その作業の一部をCから請け負い、Cが雇用する従業員及

びAと共に、解体作業に従事していた。Cは、A及びBに対し、建物解体用の重機、器具等を提供し、Cの従業員に対するのと同様に、作業の場所、内容及び具体的方法について指示を与えていた。

2．Cは、平成26年2月1日、Aに対し、本件家屋の3階ベランダ（地上7メートル）に設置された柵を撤去するよう指示し、Bに対し、Aの撤去作業が終了したことを確認した上で上記ベランダの直下に位置する1階壁面を重機で破壊するよう指示した。

Aは、同日、Cの指示に従って、本件家屋の3階ベランダに設置された柵の撤去作業を開始した。ところが、Bは、Aの撤去作業が終了しないうちに、本件家屋の1階壁面を重機で破壊し始めた。これにより強い振動が生じたため、Aは、バランスを崩して地上に転落し、重傷を負った（以下「本件事故」という。）。なお、Cは、このような事故を防ぐための命綱や安全ネットを用意していなかった。

3．Aは、転落の際に頭を強く打ったため、本件家屋の解体作業に従事していたことに関する記憶を全て失った。しかし、Aは、平成26年10月1日、仕事仲間のDから聞いて、本件事故は【事実】2の経緯によるものであることを知った。

4．その後、Bは、Aに対して本件事故についての損害を賠償することなく、行方不明となった。そこで、Aは、平成29年5月1日、Cに対し、損害賠償を求めたが、Cは、AもBもCの従業員ではないのだから責任はないし、そもそも今頃になって責任を追及されてもCには応じる義務がないとして拒絶した。

5．Aは、平成29年6月1日、弁護士Eに対し、弁護士費用（事案の難易等に照らし、妥当な額であった。）の支払を約して訴訟提起を委任した。Eは、Aを代理して、同月30日、Cに対し、①債務不履行又は②不法行為に基づき、損害賠償金及びこれに対する遅延損害金の支払を請求する訴訟を提起した。

〔設問1〕
AのCに対する請求の根拠はどのようなものか、【事実】5に記した①と②のそれぞれについて、具体的に説明せよ。また、【事実】5に記した①と②とで、Aにとっての有利・不利があるかどうかについて検討せよ。なお、労災保険給付による損害填補について考慮する必要はない。

【事実（続き）】

6．Cは、本件事故の前から、妻Fと共に、自己所有の土地（以下「本件土地」という。）の上に建てられた自己所有の家屋（以下「本件建物」という。）において、円満に暮らしていた。本件土地はCがFとの婚姻前から所有していたものであり、本件建物は、CがFと婚姻して約10年後にFの協力の下に建築したものである。

7．Cは、Aからの損害賠償請求を受け、平成29年7月10日、Fに対し、【事実】1及び2を説明するとともに、「このままでは本件土地及び本件建物を差し押さえられてしまうので、離婚しよう。本件建物は本来夫婦で平等に分けるべきものだが、Fに本件土地及び本件建物の全部を財産分与し、確定的にFのものとした上で、引き続き本件建物で家族として生活したい。」と申し出たところ、Fは、これを承諾した。

8．Cは、平成29年7月31日、Fと共に適式な離婚届を提出した上で、Fに対し、財産分与を原因として本件土地及び本件建物の所有権移転登記手続をした。Cは、上記離婚届提出時には、本件土地及び本件建物の他にめぼしい財産を持っていなかった。

CとFとは、その後も、本件建物において、以前と同様の共同生活を続けている。

〔設問2〕
Eは、平成30年5月1日、Aから、㋐CとFとは実質的な婚姻生活を続けていて離婚が認められないから、CからFへの財産分与は無効ではないか、㋑仮に財産分与が有効であるとしても、本件土地及び本件建物の財産分与のいずれについても、Aが全部取り消すことができるのではないか、と質問された。

本件事故についてAがCに対して損害賠償請求権を有し、その額が本件土地及び本件建物の価格の総額を上回っているとした場合、Eは、弁護士として、㋐と㋑のそれぞれにつき、どのように回答するのが適切かを説明せよ。

平成29・30年司法試験
論文式試験問題 [民法]

平成29年（第12回）
〔**第1問**〕（配点：100〔**設問1**〕、〔**設問2**〕及び〔**設問3**〕の配点は、30：40：30〕）
　次の文章を読んで、後記の〔**設問1**〕、〔**設問2**〕及び〔**設問3**〕に答えなさい。

Ⅰ
【事実】
1. 甲土地と乙土地は、平成14年3月31日以前は長い間いずれも更地であり、全く利用されていなかった。Aが所有する乙土地は、南側が公道に面するほかはBが所有する甲土地に囲まれた長方形の土地であるが、乙土地の実際の面積は登記簿に記載されている地積よりも小さかった。また、甲土地と乙土地の境界にはもともと排水溝があった。
2. 平成14年4月1日、Aは、排水溝が埋没したのを奇貨として、登記簿記載の地積にほぼ合致するように、乙土地の東側と西側をそれぞれ5メートルほど広げる形で、柵を立てた（公道に面する南側部分を除く。以下では、この柵と南側の公道に囲まれた土地全体を「本件土地」といい、乙土地の東側に隣接する甲土地の一部を「甲1部分」と、西側に隣接する甲土地の一部を「甲2部分」という。なお、本件土地の位置関係は別紙図面のとおりであり、〔本件土地＝乙土地＋甲1部分＋甲2部分〕という関係にある。本件土地の東側・北側・西側の外周に、それぞれ柵が立てられている状態である。）。Aは、柵を立てた後も、本件土地を更地のままにしていた。
3. 医師であるCは、診療所を営むことを考えており、それに適する場所を探していたところ、知人からAを紹介され、本件土地に診療所用の建物を建築することを計画した。そこで、Cは、乙土地の登記簿を閲覧した上で、Aと共に本件土地を実地に調査し、本件土地の東側・北側・西側の外周に柵があることを確認した。また、Cは、本件土地の測量を行い、その面積が乙土地の登記簿に記載されている地積とほぼ合致することを確認した。
4. AとCは、平成16年9月15日、本件土地につき、Aを賃貸人、Cを賃借人、契約期間を同年10月1日から30年間、賃料を月額20万円、使用目的を診療所用の建物の所有とする賃貸借契約（以下「本件土地賃貸借契約」という。）を締結した。
5. 平成16年9月25日、Cは、建築業者との間で、本件土地に診療所用の建物を建築することを目的とする請負契約を締結した（以下では、この請負契約に基づき行われる工事を「本件工事」という。）。
6. 平成16年10月1日、Aは、本件土地賃貸借契約に基づき、本件土地をCに引き渡した。Cは、約定どおり、Aが指定する銀行口座に同月分以降の賃料を振り込んでいた。
7. 本件工事の開始は請負人である建築業者の都合で大幅に遅れた。その間、【事実】2の柵は立てられたままであったが、本件土地は全く利用されておらず、更地のままであった。
8. 平成17年6月1日になってようやく本件工事が始まった。本件工事は、乙土地と甲1部分の上で行われ、Cは、同日以降、甲2部分を工事関係者に駐車場や資材置場として利用させていた。
9. 本件工事は平成18年2月15日に終了し、同日、乙土地と甲1部分の上に建築された建物（以下「丙建物」という。）につきC名義で所有権保存登記がされた。丙建物は、乙土地と甲1部分のほぼ全面を利用する形で建築された。Cは、同年4月1日に診療所を開設した。甲2部分は、それ以降、患者用駐車場（普通自動車3台分）として利用されている。
10. Bは、長い間甲土地を利用しないまま放置していたが、平成26年8月になって甲土地に建物を建築することを計画した。Bは、その際、丙建物が甲1部分に越境して建築されていること及びCが駐車場として利用している甲2部分も甲土地の一部であることに気付いた。
11. そこで、平成27年4月20日、Bは、Cに対し、所有権に基づき、甲1部分を明け渡すことを求める訴えを提起した。

〔**設問1**〕【事実】1から11までを前提として、次の問いに答えなさい。

Cは、Bが甲1部分を所有することを認めた上でBの請求の棄却を求める場合、どのような反論をすることが考えられるか、その根拠及びその反論が認められるために必要な要件を説明した上で、その反論が認められるかどうかを検討しなさい。なお、丙建物の収去の可否及び要否について考慮する必要はない。

Ⅱ 【事実】1から11までに加え、以下の【事実】12から16までの経緯があった。
【事実】
12. 平成27年11月10日、Aは、Bから、甲1部分及び甲2部分を買い受けた。同日、甲土地を甲1部分、甲2部分及びその余の部分に分筆する旨の登記がされ（以下では、甲1部分を「甲1土地」、甲2部分を「甲2土地」といい、乙土地、甲1土地及び甲2土地を「本件土地」という。）、甲1土地と甲2土地のそれぞれにつきBからAへの所有権移転登記がされた。Bは、これを受けて、【事実】11の訴えを取り下げた。Aは、Cに対し、これらの事実を伝えるとともに、本件土地賃貸借契約については従来と何も変わらない旨を述べた。また、同月20日に、丙建物につき、その所在する土地の地番を、「乙土地の地番」から「乙土地の地番及び甲1土地の地番」に更正する旨の登記がされた。
13. 平成28年1月に、Cは、友人Dから、勤務医を辞めて開業したいと考えているが、良い物件を知らないかと相談を受けた。Cは、健康上の理由で廃業を考えていたところであったため、Dに対し、丙建物を貸すので、そこで診療所を営むことにしてはどうか、と提案した。Dは、この提案を受け入れることにした。
14. CとDは、平成28年5月1日、丙建物について、賃貸人をC、賃借人をD、契約期間を同日から5年間、賃料を月額60万円、使用目的を診療所の経営とする賃貸借契約（以下「丙賃貸借契約」という。）を締結した。その際、CとDは、専らCの診療所の患者用駐車場として利用されてきた甲2土地について、以後は専らDの診療所の患者用駐車場として利用することを確認した。
15. 平成28年5月1日以降、Dは、丙建物で診療所を営んでいる。丙建物の出入りは専ら甲1土地上にある出入口で行われ、甲2土地は、従前と同様、診療所の患者用駐車場として利用されており、3台の駐車スペースのうち1台は救急患者専用のものとして利用されている。
16. 平成28年9月3日、Aは、CD間で丙賃貸借契約が締結されたこと、Dが丙建物で診療所を営み、甲2土地を診療所の患者用駐車場として使っていることを知った。同月5日に、Aは、Cに対し、事前に了解を得ることなく、①Cが丙建物をDに賃貸し、そこでDに診療所を営ませていること、②Cが甲2土地を診療所の患者用駐車場としてDに使用させていることについて抗議をした。

〔設問2〕【事実】1から16までを前提として、次の問いに答えなさい。
　Aは、本件土地賃貸借契約を解除することができるか、【事実】16の下線を付した①及び②の事実がそれぞれ法律上の意義を有するかどうかを検討した上で、理由を付して解答しなさい。

Ⅲ 【事実】1から16までに加え、以下の【事実】17から20までの経緯があった。
【事実】
17. その後、Aは、Cだけでなく、Dにも連日苦情を述べるようになった。Dから対処を求められたCは、平成28年9月20日、Aに対し、50万円を支払うので今回の件をこれ以上問題にしないでほしいと申し入れた。Aは、不満ではあったものの、金策に追われていたことから、Cの申入れを受け入れることにし、AとCとの間で和解が成立した。同月25日に、Cは、Aに対し、前記和解に基づき、50万円を支払った。Dは、Cから、Aとの間で和解が成立した旨の報告を受け、引き続き診療所を営んでいる。
18. 平成28年12月10日、Aは、資金繰りの必要から、Eとの間で、本件土地（甲1土地、甲2土地及び乙土地）を6000万円でEに売却する旨の契約（以下「本件売買契約」という。）を締結した。その際、Aは、Eに対し、Cの契約違反を理由に本件土地賃貸借契約は解除されており、Cは速やかに丙建物を収去して本件土地を明け渡すことになっている旨の虚偽の説明をした。Eがこの説明を信じたため、前記代金額は、それを前提として決定され、建物の収去及び土地の明渡しが未了であることを考慮し、本件土地の更地価格（7000万円）より1000万円低く設定された。
19. 平成28年12月16日、Eは、Aに対し、本件売買契約に基づき、その代金として6000万円を支払った。また、同日、本件土地の3筆それぞれにつき、本件売買契約を原因として、AからEへの所有権移転登記がされた。
20. 平成29年2月20日、Eは、Cに対し、本件土地の所有権に基づき、丙建物を収去して本件土地を明け渡すことを求める訴えを提起した。

〔設問3〕【事実】1から20までを前提として、次の問いに答えなさい。
　Cは、Eの請求に対しどのような反論をすることが考えられるか、その根拠を説明した上で、その反論が認められるかどうかを検討しなさい。

【別紙　図面】

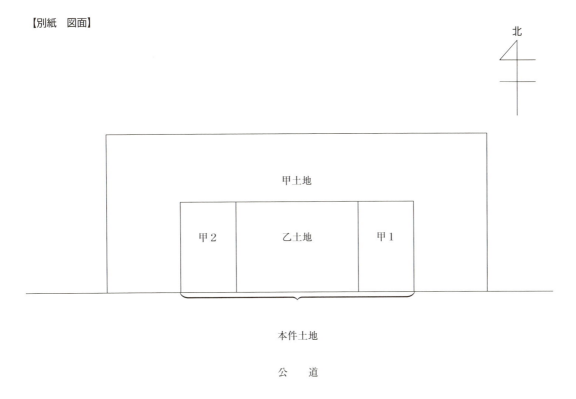

平成30年（第13回）
〔第1問〕（配点：100〔〔設問1〕、〔設問2〕及び〔設問3〕の配点は、40：35：25〕）
　次の文章を読んで、後記の〔設問1〕、〔設問2〕及び〔設問3〕に答えなさい。

Ｉ
【事実】
1. Aは、トラック1台（以下「甲トラック」という。）を使って、青果物を生産者から買い受け、小売業者や飲食店に販売する事業を個人で営んでいた。
2. 平成29年9月10日、Aは、Bとの間で、松茸（まつたけ）5キログラムを代金50万円でBから購入する契約（以下「本件売買契約」という。）を締結した。本件売買契約においては、松茸の引渡しは、同月21日の夜に、Bのりんご農園のそばにあるB所有の乙倉庫において、代金の支払と引換えですることが定められた。
3. 同月21日午前11時頃から午後2時頃にかけて、Bは、本件売買契約の目的物とするための松茸を秋の収穫期に毎年雇っているCと共に収穫し、これを乙倉庫に運び入れ、同日午後4時頃には、本件売買契約の約定に合う松茸5キログラムの箱詰めを終えた。そこで、Bは、直ちに、引渡準備が整った旨をAに電話で連絡したところ、Aは同日午後8時頃に乙倉庫で引き取る旨を述べ、Bはこれを了承した。
4. 同日午後6時頃、Aが松茸を引き取るため甲トラックで出掛けようとしたところ、自宅前に駐車していた甲トラックがなくなっていた。
　Aがすぐに電話で事情と共に松茸の引取りが遅れる旨をBに伝えたところ、Bからは、しばらく待機している旨の返答があった。Aは、自宅周辺で甲トラックを探したが見付からなかった。そこで、Aは、同日午後8時頃、今日は引取りには行けないが、具体的なことは翌朝に改めて連絡する旨を電話でBに伝えた。
5. Bは、Aからのこの電話を受けて、引渡しに備えて乙倉庫で待機させていたCに引き上げてよい旨を伝えた。

その際、Bは、近隣で農作物の盗難が相次いでおり警察からの注意喚起もあったことから、Cに対し、客に引き渡す高価な松茸を入れているので乙倉庫を離れるときには普段よりもしっかり施錠するよう指示した。乙倉庫は普段簡易な錠で施錠されているだけであったが、Cは、Bの指示に従って、強力な倉庫錠も利用し、二重に施錠して帰宅した。

6．同月22日午前7時頃、Aは、Bに、車を調達することができたので同日午前10時頃に松茸を乙倉庫で引き取りたい旨を電話で伝えた。Bは朝の作業をCに任せて自宅にいたため、Aが車でまずBの自宅に寄り、Bを同乗させて乙倉庫に行くことになった。
7．Aは、代金としてBに支払う50万円を持参して、同日午前10時過ぎに、Bと共に乙倉庫に到着した。ところが、乙倉庫は、扉が開け放しになっており、収穫した農作物はなくなっていた。
8．警察の捜査により、収穫作業道具を取り出すため乙倉庫に入ったCが、同日午前7時頃、同月21日の夜にBから受けた指示（【事実】5参照）をうっかり忘れて、りんご農園での作業のため普段どおり簡易な錠のみで施錠して乙倉庫を離れたこと、その時から同月22日の午前10時過ぎにAとBが乙倉庫に到着するまでの間に何者かがその錠を壊し、乙倉庫内の松茸、りんごなどの農作物を全部盗み去ったことが判明した。
9．その後、Bは、Aに対し、本件売買契約の代金50万円の支払を求めたが、Aは、Bが松茸5キログラムを引き渡すまで代金は支払わないと述べた。これに対し、Bは、一度きちんと松茸を用意したのだから応じられないと反論した。

〔設問1〕
【事実】1から9までを前提として、【事実】9のBの本件売買契約に基づく代金支払請求は認められるか、理由を付して解答しなさい。

Ⅱ　【事実】1から9までに加え、以下の【事実】10から14までの経緯があった。
【事実】
10．甲トラックは、Aが次の経緯でDから入手したものであった。
　　平成27年11月9日、AとDは、Dが所有する中古トラックである甲トラック（道路運送車両法第5条第1項（関連条文後掲）が適用される自動車である。）を目的物とし、代金額を300万円とする売買契約を締結した。この売買契約においては、次のことが定められていた。①Aは、代金の支払として、甲トラックの引渡しと引換えにDに対し内金60万円を現金で支払い、以後60か月の間、毎月4万円をDの指定する銀行口座に振り込んで支払う。②甲トラックの所有権は、Aが①の代金債務を完済するまでその担保としてDに留保されることとし、その自動車登録名義は、Aが代金債務を完済したときにDからAへと移転させる。③Aは、①の振込みを1回でも怠ったときは代金残債務について当然に期限の利益を喪失し、Dは、直ちに甲トラックの返還を求めることができる。④Aは、Dから甲トラックの引渡しを受けた後、甲トラックを占有し利用することができるが、代金債務の完済まで、甲トラックを善良な管理者の注意をもって管理し、甲トラックの改造をしない。⑤Dが③によりAから甲トラックの返還を受けたときは、これを中古自動車販売業者に売却し、その売却額をもってAの代金債務の弁済に充当する。⑥Dは、⑤の充当後に売却額に残額があるときは、これをAに支払う。
　　同日、AはDに対し内金60万円を支払い、DはAに対し甲トラックを引き渡した。
11．Aは、同年12月以降毎月、遅滞することなく、Dが指定した銀行口座に4万円を振り込んで代金を支払っている。
12．Aは、甲トラックの消失後（【事実】4参照）、レンタカーを借りて事業を続けていたが、廃業して帰郷することにし、平成29年12月22日、居住していた借家を引き払った。Aは、Bら取引先等に廃業の通知を出したものの、転居先を知らせることはしなかった。
13．平成30年2月20日、Eは、その所有する丙土地(山林)の上に、甲トラックが投棄されているのを見付けた。その後、Eは、甲トラックがD名義で自動車登録されていることを知った。
14．同年3月10日、Eは、Dに、甲トラックが丙土地上に放置されている事実を伝え、甲トラックの撤去を求めた。ところが、Dは、㋐「Aとの間で所有権留保売買契約をしたので、私は甲トラックを撤去すべき立場にない。その立場にあるのは、Aである。」、㋑「登録名義はまだ私にあるが、そうであるからといって、私が甲トラックの撤去を求められることにはならない。」と述べ、応じなかった。EがDにAの所在を尋ねたところ、Dは、Aの所在は知らないと述べた。また、Dによれば、甲トラックの盗難の事実と警察に盗難を届け出た旨の知らせが平成29年9月22日にAからあったが、銀行口座にはAから毎月4万円の振込みが滞りなくされていたこともあり、Aとの間で互いに連絡をすることがなかったとのことであった。

その後も、Eは、Aの所在を把握することができないままでいる。

〔設問2〕
【事実】1から14までを前提として、以下の(1)及び(2)に答えなさい。
(1) Eの【事実】14の撤去の請求に関し、【事実】14の下線を付した㋐のDの発言は正当であると認められるか、理由を付して解答しなさい。
(2) 仮に㋐のDの発言が正当であると認められるものとした場合、Eの請求は認められるか、【事実】14の下線を付した㋑のDの発言を踏まえつつ、理由を付して解答しなさい。

(参照条文)道路運送車両法(昭和26年法律第185号)
第5条 登録を受けた自動車の所有権の得喪は、登録を受けなければ、第三者に対抗することができない。
2 (略)

Ⅲ 【事実】1から14までに加え、以下の【事実】15から20までの経緯があった。
【事実】
15. 数年前に妻に先立たれたCは、持病が悪化して、平成30年1月20日、死亡した。
16. Cは、積極財産として、それぞれの金額が1200万円、600万円及び200万円の定期預金を残した。Cには、3人の子F、G及びHがいたが、Hについては、Cが家庭裁判所に廃除の申立てをしており、それを認める審判が平成27年に確定していた。
17. 平成30年1月21日、Cの通夜の席で、CがBに対し同月31日を期限とする300万円の借入金債務を負っていたことが判明した。
18. Fは、Cが負っていた借入金債務全額の返済をBから強く求められたため、同月31日、Bに対し300万円を支払った。
19. 同年3月1日、同年1月1日付けのCの適式な自筆証書遺言(以下「本件遺言」という。)があることが判明し、同年5月7日、検認の手続がされた。
20. 本件遺言の証書には、「①私が残す財産は、1200万円、600万円及び200万円の定期預金である。②遠方に住みながらいつも気にかけてくれたFには、Gよりも多く、1200万円の定期預金を相続させる。③Gには600万円の定期預金を相続させる。④Hは、まだ反省が足りないので、廃除の意思を変えるものではないが、最近結婚をしたことから、200万円の定期預金のみを与える。」と記されていた。

〔設問3〕
【事実】1から20までを前提として、次の問いに答えなさい。
Fは、CがBに対して負っていた借入金債務300万円を全額支払ったことを根拠に、Gに対し、幾らの金額の支払を請求することができるか。本件遺言について、遺言の解釈をした上で、理由を付して解答しなさい。なお、利息及び遅延損害金を考慮する必要はない。

平成29年司法試験
論文式試験問題出題趣旨

【民法】
平成29年（第12回）
〔第1問〕

本問は、(1)Aが隣接するB所有の甲土地の一部（甲1部分・甲2部分）を自己所有の乙土地（以下では、甲1部分、甲2部分と合わせて「本件土地」という。）とともにCに賃貸し、Cが乙土地及び甲1部分の上に丙建物を建築し、診療所を営んでいたため、Bが、Cに対し、所有権に基づき甲1部分の明渡しを求めた事例（設問1）、(2)その後に、AがB所有の甲土地の一部（甲1部分・甲2部分）を買い受け、甲土地を甲1部分、甲2部分等に分筆してその旨の登記がされたが、CがDとの間で丙建物について賃貸借契約を締結したことから、Aが、Cに対し、(1)の賃貸借契約を解除する旨の意思表示をした事例（設問2）、(3)さらに、AC間の紛争について和解が成立したが、Aが本件土地をEに売却したため、EがCに対して丙建物の収去及び本件土地の明渡しを求めた事例（設問3）を素材として、民法上の問題についての基礎的な理解とともに、その応用力を問う問題である。当事者の利害関係を法的な観点から分析し構成する能力、その前提として、様々な法的主張の意義及び法律問題相互の関係を正確に理解し、それに即して論旨を展開する能力などが試される。

設問1は、賃借権の取得時効の要件とその成否に対する理解を問うことにより、民法の基本的知識及びそれに基づく論理構成力を問うものである。

設問1で問われているのは、まず、Bの所有権に基づく土地明渡訴訟に対し、Cはどのような反論をすることができるかである。この場面では、いわばCの弁護士の立場に立ってBの請求を争う根拠を提示することが求められている。丙建物を所有することによって甲1部分を占有しているCが、甲1部分のB所有を認めた上でBの請求を争う方法としては、占有権原の抗弁を主張することが考えられる。Cは、Aから甲1部分を賃借しているが、Aには甲1部分の所有権その他の賃貸権原がないから、この賃借権をもって所有者Bに対抗することはできない。そこで、Cは、甲1部分の賃借権の時効取得を主張することが考えられる。用益期間の関係から問題となるのは、起算点をCの占有開始時（平成16年10月1日）とする10年の時効取得である。

次に、反論が認められるために必要な要件、すなわち賃借権の取得時効の要件を説明することが求められている。ここでは、実体法上の要件について説明をすることが求められており、その対象はCが主張・証明責任を負う抗弁の要件事実に限られない。

民法第163条・第162条第2項によると、賃借権の10年の取得時効の要件は、「10年間」「賃借権を」「自己のためにする意思をもって」「平穏に」かつ「公然と」「行使すること」、賃借権の行使の開始の時に「善意であり」かつ「過失がなかったこと」である。そして、「賃借権を行使すること」は民法第601条によると「物の使用及び収益」である。また、「自己のためにする意思」は、賃借権の取得時効については「賃借意思」として具体化される（物の用益と賃借意思が相まって賃借権の行使の意味内容を示すという理解もある）。賃借意思は、使用借権や地上権の取得時効と区別するために必要である。なお、賃借意思の有無は、民法第162条の「所有の意思」の判断と同じく、占有取得の原因たる事実（権原の性質）によって客観的に定められる。判例（最判昭和43年10月8日民集22巻10号2154頁）も、不動産賃借権の取得時効の要件として、不動産の継続的な用益という外形的事実と、賃借意思の客観的表現を挙げている。また、民法第145条により、時効の利益を受けるには時効の援用が必要である。

最後に、Cの反論の当否について検討することが求められており、この場面では、いわば裁判官の立場に立ってBの請求の当否を検討することが求められている。

まず、判例（最判昭和62年6月5日集民151号135頁）は、本問と同じく他人物が賃貸された事案において賃借権の時効取得を認めているが、かかる事案については賃借権の時効取得を認めない説もあり、また賃借権の時効取得を一般的に否定する説もあるので、賃借権の時効取得を一般的に認める場合にもそうでない場合にも、その理由を挙げて検討することが望ましい。

他人物が賃貸された事案において賃借権の時効取得を認める場合には、次に、その要件が充足されるか否かが問題となる。

特に問題となるのは、Cが用益を開始した時点である。Cが甲1部分の占有を開始したのは平成16年10月1日

であるが、実際にその利用を開始したのは本件工事が始まった平成17年6月1日である。前者が時効の起算点だとすると10年の時効が完成していることになるが、後者が起算点だとすると10年の時効は完成していないことになる。そのため、Bによる時効中断の可能性と関連付けるなどして、いずれの時点が時効の起算点となるかを検討する必要がある。

また、賃借意思の客観的表現とCの無過失という要件については、その要件に当てはまる具体的事実を【事実】から拾い上げることが求められる。

設問2は、建物所有を目的とする土地賃貸借契約がされた場合において、賃借人がその土地の上に有する建物を賃貸人の知らないうちに第三者に賃貸したときに、賃借人はその上に建物がある土地部分を無断転貸したこととなり、賃貸人は土地賃貸借契約を民法第612条により解除することができるか（下線部①）、土地賃貸借契約の目的物たる土地に含まれるがその上に建物がない部分についてはどうか（下線部②）を問うものである。

この点に関しては、土地賃借人がその所有する地上建物を第三者に賃貸しても、その建物の「敷地」を転貸したことにならないとする判例がある（大判昭和8年12月11日判決全集1輯3号41頁）。学説においても、同様に解するのが通説である。もっとも、本問の賃貸人Aによる解除が認められるかどうかについて、この判例・通説に従うだけで一義的に答えが出るわけではない。判例・通説と同じ立場を採る場合であっても、そこにいう「敷地」とは賃貸借の目的とされた土地のうちどの土地部分を指すのかといった点の理解により、Aの解除が認められるかどうか、又はその結論となる理由が異なる可能性がある。そこで、本問に答えるためには、「敷地」はどの範囲に及ぶか、その範囲となるのはなぜかを考える必要があり、これを考えるためには、建物の賃貸によりその「敷地」について転貸がされたこととならないのはなぜかを明らかにすることが必要になる。

これに対し、建物を利用するためにはその「敷地」の利用が必要となることから、建物の賃貸はその「敷地」の利用権の設定を当然に伴うとして、「敷地」についても転貸がされたと認めること（以下「反対説」という。）も、論理的にはあり得る。この反対説を採る場合には、判例・通説の基礎を踏まえつつ、そのように解すべき理由を明らかにすることが求められる。

設問2においてAによる解除の可否を論ずるためには、解除の原因を明らかにしなければならない。本問における事実関係の下では、Cの無断転貸を理由とする民法第612条による解除が考えられる。

民法第612条による解除に関して、下線部①では、賃借人Cが借地上に所有する建物を第三者Dに賃貸した場合、Cはそれにより民法第612条に違反したことになるかが問題となる。判例・通説は、上述のとおり、土地賃借人による地上所有建物の第三者への賃貸は「敷地」の転貸に当たらないとしている。これによると、下線部①の事実のみでは、Aによる解除は認められないことになる。

ところが、下線部②の事実は、Dが、CD間の丙賃貸借契約によって、本件土地のうちその上に建物がない土地部分（甲2土地）も使用することを認められ、現に使用していることを示している。甲2土地が判例・通説のいう建物の「敷地」に含まれるのであれば、Aによる解除は認められない。甲2土地が「敷地」に含まれないのであれば、Aによる解除が認められる可能性がある。そこで、甲2土地が「敷地」に含まれるのかどうかを、そのように解する理由を付して明らかにすることが求められることになる。

これを考えるためには、そもそも借地上建物の賃貸によりその建物の「敷地」が転貸されたことにならない理由を明らかにする必要がある。建物の使用は必然的にその敷地の使用を伴うとみて、建物の賃貸による敷地の転貸を肯定することも論理的には可能である。そうであれば、建物の賃貸による敷地の転貸の否定は何らかの規範的判断の結果であることになり、その規範的判断が敷地の範囲を画する規準（の1つ）になるはずだからである。

次に、甲2土地についてCからDへの転貸が認められるとする場合には、Aによる承諾の有無が問題になる。Aがこの転貸につき個別の承諾をしたことを示す事実はない。もっとも、Aは、本件土地を一団のものとして賃貸借契約の目的物とし、その一団の土地につきCの建物所有を契約目的とする本件土地賃貸借契約を締結したことから、包括的に、Cが敷地以外の土地部分につき建物の使用とそれに付随する使用を建物賃借人にさせることを承諾していたとすることも、論理的には成り立ち得る。ただし、その場合には、甲2土地を敷地から除外したこととの論理的整合性が問題になる。

さらに、甲2土地の転貸につきAの承諾がないとしても、更に不動産賃貸借契約について確立した法理である信頼関係破壊の法理に照らしてAの解除が認められるかどうかを検討する必要がある。

この検討に際しては、まず、Aは、無断転貸により信頼関係が破壊されたと認められる場合に解除することができるのか、無断転貸があれば原則として解除することができるが、信頼関係が破壊されたと認められない特段の事情がある場合には別であるとされるのか（判例（最判昭和28年9月25日民集7巻9号979頁ほか）・通説はこの立場である。）を、理由を付して明らかにすることが望ましい。その上で、信頼関係の破壊に係る判断に際して考慮すべき事実を拾い出し、それらの事情を総合的に考慮した上で結論を出すことになる。

なお、下線部①の事実により既にＣはＤに本件土地を転貸したことになるとする反対説を採る場合には、下線部②の事実は、転貸範囲の拡大及び転借人による目的物の直接利用のために、賃貸人Ａに不利益を生じさせる危険が増大する、という意味を持つことになる。このことを踏まえて、Ａによる解除の可否を論ずる必要がある。

以上のとおり、本問においては、下線部①及び②が有する法律上の意義について種々の考え方ないし立場があり得るところであり、Ａによる解除の可否の判断も異なり得る。それらの考え方ないし立場のうちいずれを採るか、あるいは解除の可否につきいずれと考えるかそれ自体によって、評価の上で優劣がつけられることはない。評価に際しては、どの考え方ないし立場を採る場合であっても、あるいは解除の可否につきいずれの結論とする場合であっても、その理由が説得的に述べられているかどうか、その考え方ないし立場から本問の事実を踏まえて論理的にも実質的にも適切な結論が導かれているかどうかが重視される。

設問３は、複数筆の土地が建物所有を目的とする１個の賃貸借の目的物とされたが、それらの土地のうちの一部の上にのみ建物があり、その建物につき土地賃借人の所有名義の登記がされている場合に、その登記による賃借権の土地取得者に対する効力は、その上に建物のない別筆の土地にも及ぶかどうか、仮に及ばないときには、土地取得者は所有権に基づいてその建物のない筆の土地の返還を求めることができるかどうかを問うものである。設問２と設問３は、いずれも、１個の賃借権の目的物となっている（複数筆の）土地のうち一部の上に建物がある場合に、その建物のあることが建物のない土地（部分）にどのような影響を及ぼすかを問題とするものであるが、設問２は、当該賃貸借関係の当事者間においてこれを問題とするものであるのに対し、設問３は、賃借人と当該土地の取得者との間でこれを問題とするものである。

Ｃは、Ｅの請求に対し、まず、占有権原（賃借権）があることをもって反論することが考えられる。本件土地賃貸借契約は、建物所有を目的とするもので借地借家法の適用があるため、この反論は、甲１土地及び乙土地については、Ｃが、Ｅの本件土地の所有権取得の登記に先立って、甲１土地及び乙土地上に所有する丙建物につき自己名義の保存登記を備えたことにより（借地借家法第10条第１項）、認められることになる。

これに対し、甲２土地は、Ｅが現れた時点では、【事実】12に記載の事情により甲１土地及び乙土地とは別筆の土地となっており、甲２土地につき賃借権の登記（民法第605条）がされたことを示す事実はなく（この点は、甲１土地及び乙土地についても同じである。）、また、その上に建物が存在しないため借地借家法第10条第１項が適用されることもない。したがって、Ｃは、本来、賃借権をもってＥに反論することができないものと考えられる。

もっとも、本件土地賃貸借契約は、もともと甲１土地及び乙土地のほか甲２土地を含む一筆の土地を目的として締結されたものである。また、本件土地の周りには公道に面する南側を除いて柵が張り巡らされているから、甲２土地は、外形上も、甲１土地及び乙土地と一団の土地を成している。さらに、甲２土地は丙建物を利用するために不可欠とはいえないが、甲２土地を利用することができなければ丙建物の経済的効用が減じられ、Ｄの診療所の患者も不便を強いられる可能性もある。こういった事情に鑑みれば、甲２土地についても、Ｅの請求に対してＣに何らかの反論が認められないかを検討する必要がある。

仮にＣの反論が認められる場合には、Ｃは特別の保護を受ける一方で、Ｅはその所有権の行使を例外的に制限されることになる。そのため、Ｃの反論が認められるのは、Ｅにおいてそのような制限を受けても仕方がないと認められる事情があるときに限られる。

このようにＥの主観的事情を考慮してＣが保護されるかどうかを判断する構成としては、①Ｅの請求が権利濫用に当たるかどうかを判断するもの（以下「権利濫用構成」という。）と、②ＣＥ間の争いをＥがＣの賃借権の対抗要件の不存在を主張するものと見て、Ｅがその主観的事情において対抗要件の不存在を主張する正当な利益を有しない者（民法第177条の「第三者」から除外される者に相当するもの）に当たるかどうかを判断するもの（以下「対抗関係構成」という。）があり得る。

対抗関係構成は、Ｃの権利がＥに対しても効力を有することが前提となっており、ただ、対抗要件が備わっていないためにＥに対してその効力を主張することができない、と法律構成するものである。しかし、Ｃの権利は賃借権であり、賃借権は、それが不動産に関するものであっても債権であるとするのが民法の前提である。そうであれば、対抗関係構成を採用する場合には、この民法の前提をどのように考えるかをまず説明することが望まれる。他方、判例は、本問のような場合に、別筆の隣地上にある丙建物の登記により甲２土地についても賃借権の土地取得者に対する効力が認められることはないとした上で（最判昭和40年６月29日民集19巻４号1027頁、最判昭和44年10月28日民集23巻10号1854頁、最判平成９年７月１日民集51巻６号2251頁）、権利濫用構成を採用している（前掲最判平成９年７月１日）。もっとも、別の構成（対抗関係構成）も成り立ち得ると考えられる場合に権利濫用構成を採るのであれば、その理由を示すことが望ましい。例えば、「Ｃの賃借権は、土地を目的とするものであっても債権であり、賃借権の登記又は借地上に所有する建物に自己所有名義の登記を備えることによって初めて土地取得者であるＥに対する効力が認められる。そのため、Ｃが上記の登記を備えていない場合には、そもそもＥとの間で対抗

関係は生じない。したがって、この場合には、Eは、所有権に基づいて甲２土地の明渡しを請求することができることになるが、この請求は権利行使の一種であるから、例外的に権利濫用を基礎付ける事情がある場合にはその権利行使が否定され得る。」というように実質的な理由を示すことが望まれる。

　Eの主張の権利濫用該当性を検討する場合には、権利濫用の判断枠組みを述べ、その枠組みの下で本問の諸事情に照らして結論を述べることが求められる。権利濫用の一般的な判断枠組みについては、権利の行使と認められることにより権利者が得る利益(又は権利濫用とされることにより権利者が受ける不利益)の程度とその権利の行使により他の者又は社会が受ける不利益の程度を比較衡量し、さらに、権利者の主観的態様も併せて総合的に判断する、という考え方が判例・学説上定着している。これ以外の枠組みを採ることが否定されるものではないが、別の枠組みを採るのであれば、定着した考え方をあえて否定する理由を示す必要がある。

　これに対し、Eの請求の可否を対抗関係構成により判断する場合には、まず、対抗要件制度の趣旨に照らし、その主観的態様のため対抗要件の不存在を主張することができない第三者につき一般的な立場を示した上で、本問の諸事情の下でどのように解すべきかを検討する必要がある。対抗関係構成の下でEがその主観的態様により例外的に第三者性を否定されることがないかどうかを検討するのは、Cの賃借権を特別に保護すべき場合に当たるかどうかを判断するためである。そのため、Eの主観的態様による上記検討に関して、不動産賃借権の特別の保護とそのための要件設定の趣旨がどのような意味を持つかを考慮することが望ましい。

　以上の考え方とは異なり、借地借家法第10条第1項の趣旨の理解次第で、C名義の丙建物の登記により甲２土地についてもCがその賃借権をEに主張することが認められる(本問でいえば、丙建物の登記による甲２土地への賃借権の効力の拡張を認める)とすることも考えられる。もっとも、これは本則に対する例外を認めようとするものであるから、そのような論理を展開するのであれば、例外を正当化するに足る十分な根拠を挙げ、かつ、その根拠に照らして例外が認められるべき範囲を明らかにした上で、甲２土地についてのCの賃借権の主張がその例外に該当することを述べる必要がある。

(出典：法務省ホームページ)

司法書士試験ランク表

第1章　契約総論
序．債権各論の全体像　C
１．契約——総説　C
　１　契約——序説
　　【１】契約の意義　C
　　【２】契約の分類　C
　２　契約自由の原則とその制限
　　【１】契約自由の原則　C
　　【２】契約自由の原則の制限　C
　３　契約の拘束力
　　【１】契約の拘束力の根拠　C
　　【２】事情変更の原則　C
２．契約の成立
　１　序説
　　【１】契約成立の要件　B
　　【２】契約成立の態様　B
　２　申込みと承諾による契約の成立
　　【１】申込み　B
　　【２】承諾　B
　　【３】契約の成立時期——到達主義　B
　３　契約の競争締結　C
　４　約款による契約
　　【１】約款（普通取引約款）による契約　C
　　【２】定型約款　C
　５　懸賞広告
　　【１】意義　C
　　【２】撤回　C
　　【３】効果　C
　　【４】優等懸賞広告　C
　６　契約締結上の過失
　　【１】総説　B
　　【２】契約交渉の不当破棄　B
　　【３】情報提供義務（説明義務）——契約締結前の義務　B
３．契約の効力
　１　序説
　　【１】民法の規定——「契約の効力」　B
　　【２】牽連性　B
　　【３】本節の構成　C
　２　成立上の牽連関係
　　【１】かつての伝統的見解　C
　　【２】平成29年改正民法下での理解　B
　３　履行上の牽連関係——同時履行の抗弁権
　　【１】意義　B
　　【２】要件　B
　　【３】効果　B
　　【４】双務契約以外における同時履行の抗弁権　A
　　【５】不安の抗弁権　C
　４　危険負担
　　【１】改正前民法の立場——存続上の牽連関係（債権消滅構成）　C
　　【２】平成29年改正民法の立場——履行拒絶権構成　B
　５　第三者のためにする契約
　　【１】意義　B
　　【２】要件　B
　　【３】効果　B
４．契約の解除
　１　序説
　　【１】意義　B
　　【２】種類——約定解除と法定解除　B
　　【３】解除と類似の制度　B
　　【４】解除権の行使　A
　　【５】解除制度の目的——平成29年改正下における解除制度の位置づけ　A
　２　各種の解除類型
　　【１】催告解除　A
　　【２】無催告解除　A
　　【３】その他の解除　B
　３　解除権の発生障害——債権者の責めに帰すべき事由による債務不履行
　　【１】総説　A
　　【２】債務者の反対債務の履行請求と利得の償還　A
　４　解除権の消滅
　　【１】民法の規定する特殊な消滅原因　B
　　【２】一般的な消滅原因　B
　５　解除の効果
　　【１】総説　B
　　【２】解除の法的性質　B
　　【３】履行請求権の消滅　A
　　【４】原状回復義務　A
　　【５】損害賠償請求　A

第2章　契約各論
序．典型契約の法的性質　B
１．贈与
　１　意義
　　【１】贈与とは　B
　　【２】性質　B
　２　贈与の成立
　　【１】贈与の成立　B
　　【２】贈与の解除　A
　３　贈与の効力
　　【１】贈与者の引渡義務等　A
　　【２】他人物贈与の処理　A
　４　特殊の贈与契約
　　【１】定期贈与（552条）　B
　　【２】負担付贈与（551条2項、553条）　B
　　【３】死因贈与（554条）　B+
　　【４】忘恩行為による贈与の解除　B
２．売買
　１　意義

【1】売買とは　B	4　終了
【2】性質　B	【1】当然終了　B
2　売買の成立	【2】解除　B
【1】売買の成立　B	6．賃貸借
【2】売買契約の成立過程　B	1　意義
【3】売買契約に関する費用　B	【1】賃貸借とは　B+
3　売買の効力	【2】性質　B
【1】売主の義務　A	【3】賃貸借契約のポイント　A
【2】買主の義務　A	2　賃貸借の成立
4　特殊売買	【1】賃貸借契約　B
【1】特殊販売　C	【2】短期賃貸借　B
【2】その他の特殊な売買　C	【3】賃貸借の存続期間の制限　B
【3】消費者契約　C	3　賃貸借の効力
5　買戻し	【1】賃貸人の権利義務　B+
【1】買戻し　A	【2】賃借人の権利義務　B+
【2】再売買予約　A	【3】他人物賃貸借の法律関係　B
3．交換	4　終了
1　意義	【1】期間の定めがある場合の賃貸借の終了　B
【1】交換とは　B−	【2】期間の定めがない場合の賃貸借の終了　B
【2】性質　B−	【3】解除による賃貸借の終了　B
2　交換の成立　B	【4】その他の事由による賃貸借の終了　B
3　交換の効力	5　賃貸借契約と第三者
【1】通常の交換の場合　C	【1】賃借人側の第三者との関係　B+
【2】補足金付交換の場合　C	【2】賃借人側でない第三者との関係　B+
4．消費貸借	6　宅地・建物・農地賃貸借の特別法
1　意義	【1】はじめに　B
【1】消費貸借とは　B+	【2】宅地賃貸借の特別法――借地借家法における借地関係　B
【2】性質　B	
2　消費貸借の成立	【3】建物賃貸借の特別法――借地借家法における借家関係　B
【1】要物契約としての消費貸借の成立　A	
【2】諾成的消費貸借の成立　A	【4】農地賃貸借の特別法――農地法　C
3　消費貸借の効力	7．雇用
【1】貸主の権利・義務　A	1　意義
【2】借主の権利・義務　A	【1】雇用とは　B−
4　終了	【2】性質　B−
【1】目的物授受前の終了　A	2　雇用の成立　B
【2】返還時期の定めがある場合　A	3　雇用の効力
【3】返還時期の定めがない場合　A	【1】労働者の義務　C−
【4】借主の期限前弁済　A	【2】使用者の義務　C−
5　準消費貸借（588条）	4　終了
【1】意義　B	【1】期間の定めのある雇用の期間満了または解除　C
【2】要件――準消費貸借の成立　B	【2】期間の定めのない雇用の解約の申入れ　C
【3】効力　B	【3】その他の終了原因　C
5．使用貸借	8．請負
1　意義	1　意義
【1】使用貸借とは　B+	【1】請負とは　A
【2】性質　B	【2】性質　A
2　使用貸借の成立	【3】製造物供給契約　B
【1】使用貸借の成立　B	【4】建設請負契約と請負契約約款　B−
【2】借用物受取り前の貸主による使用貸借の解除　B	2　請負の成立
	【1】請負の成立　B
3　使用貸借の効力	【2】建設業法19条――書面作成の意義　B−
【1】貸主の義務　A	3　効力
【2】借主の権利・義務　A	【1】請負人の義務　A+
【3】借主の第三者に対する関係　A	

司法書士試験ランク表　579

【2】注文者の義務　B	4　組合の財産関係
4　終了	【1】組合財産の合有　B
【1】総説——解除　A	【2】組合の債権　B
【2】注文者による任意解除(641条)　A	【3】組合の債務(組合の債権者の権利の行使)　B
【3】注文者の破産による解除(642条)　A	【4】組合の損益分配　B
5　請負目的物の所有権の帰属	5　組合員の変動
【1】問題の所在　A	【1】組合員の加入　C
【2】注文者・請負人間の問題　A	【2】組合員の脱退　C
【3】下請負人が存在する場合　A	【3】組合員の地位の譲渡　C
6　仕事の完成に障害が生じた場合	6　組合の解散と清算
【1】目的物の引渡しを要しない請負において仕事完成が不可能になった場合　A	【1】組合の解散　C
	【2】組合の清算　C
【2】目的物の引渡しを要する請負における目的物の滅失・損傷——危険の移転　A	12.　終身定期金
	1　意義
【3】仕事の目的物が受領されなかった場合——受領遅滞による危険の移転　A	【1】終身定期金とは　C⁻
	【2】性質　C⁻
9．委任	2　終身定期金の成立　C⁻
1　意義	3　終身定期金の効力　C⁻
【1】委任とは　A	13.　和解
【2】性質　B	1　意義
2　委任の成立　B	【1】和解とは　B⁺
3　委任の効力	【2】性質　B
【1】受任者の義務　A	2　和解の成立
【2】委任者の義務　A	【1】争いの存在　B⁺
4　終了	【2】当事者の譲歩(互譲の存在)　B⁺
【1】両当事者による任意の解除　A	【3】当事者が処分の行為能力・権限を有すること　B⁺
【2】その他委任に特有な終了事由　B	
【3】委任終了時の特別措置　C	【4】紛争終結の合意　B⁺
10.　寄託	3　和解の効力
1　意義	【1】法律関係の確定効　B⁺
【1】寄託とは　B	【2】和解と錯誤　B⁺
【2】性質　B	【3】不法の和解　B
2　寄託の成立　B⁺	【4】後遺症と示談　B⁺
3　寄託の効力	
【1】受寄者の義務　B⁺	第3章　事務管理
【2】寄託者の義務　B⁺	1．事務管理
4　終了	1　総説
【1】寄託物引渡前の解除　B	【1】意義　A
【2】返還時期の定めがない場合　B	【2】法的性質　C
【3】返還時期の定めがある場合　B	2　成立要件
5　特殊な寄託	【1】他人の事務を管理すること(697条1項)　B
【1】混合寄託　C	【2】他人のためにする意思があること(697条1項)　B
【2】消費寄託　C	
11.　組合	【3】法律上の義務がないこと(「義務なく」)(697条1項)　B
1　意義	
【1】組合とは　B	【4】本人の意思および利益に適合すること　B
【2】性質　B	3　効果
2　組合の成立	【1】違法性の阻却　C⁻
【1】2人以上の当事者があること　B	【2】管理者の義務　B
【2】組合の合意があること　B	【3】本人の義務　B⁺
【3】出資があること　B	【4】事務管理の対外的効力　B⁺
【4】共同の事業を営むものであること　B	4　準事務管理
3　組合の業務執行	【1】問題の所在　B⁺
【1】内部的業務執行　C	【2】準事務管理の肯否　B
【2】対外的業務執行(組合代理)　C	

第4章　不当利得

1．不当利得（総論）
1　総説
- 【1】意義　B
- 【2】不当利得制度の特徴　B
2　不当利得制度の本質
- 【1】改正前民法下の議論　C
- 【2】平成29年改正民法下　B
3　一般不当利得の要件
- 【1】総説　C
- 【2】要件　C
4　一般不当利得の効果
- 【1】原則　C
- 【2】返還義務の範囲　B

2．不当利得（各論）
1　侵害利得
- 【1】意義　B
- 【2】要件　B
- 【3】効果　B
2　給付利得（総論）
- 【1】意義　B
- 【2】要件　B
- 【3】効果　B
- 【4】権利の行使期間　B
3　特殊の給付利得
- 【1】総説　B
- 【2】狭義の非債弁済　B
- 【3】期限前の弁済(706条)　B
- 【4】不法原因給付　B
4　費用利得・求償利得
- 【1】総説　C
- 【2】費用利得　B
- 【3】求償利得　B
5　多当事者間の不当利得
- 【1】総説　C
- 【2】直線連鎖型(直線型)　C
- 【3】三角関係型(三角型)　C

第5章　不法行為

序．不法行為概説
1　意義・機能
- 【1】不法行為制度の意義　C
- 【2】不法行為制度の機能　C
2　不法行為法の構造
- 【1】はじめに　C⁺
- 【2】概観　C⁺

1．一般不法行為の要件
1　故意・過失
- 【1】意義　C⁺
- 【2】故意・過失の立証責任　C⁺
2　権利または法律上保護される利益
- 【1】権利侵害と違法性　C
- 【2】被侵害利益の諸相　C
3　損害
- 【1】損害の意義　C
- 【2】損害の種類　B
4　因果関係
- 【1】意義　C
- 【2】相当因果関係説とその問題点　C
- 【3】事実的因果関係の意義　C
- 【4】事実的因果関係の立証　C
5　不法行為の成立を阻却する事由
- 【1】責任能力　B
- 【2】正当防衛・緊急避難　B
- 【3】その他　C

2．一般不法行為の効果
1　損害賠償の方法
- 【1】金銭賠償の原則　B
- 【2】一時金方式と定期金方式　C
- 【3】原状回復・差止め　B
2　賠償範囲と金銭的評価
- 【1】損害賠償の範囲　B
- 【2】損害の金銭的評価　B
3　損害賠償額の減額調整
- 【1】過失相殺　B⁺
- 【2】被害者側の過失・被害者の素因　B
- 【3】損益相殺　B
4　損害賠償請求権
- 【1】請求権者　B
- 【2】賠償者の代位　B
- 【3】損害賠償請求権の性質　B
- 【4】権利消滅期間(消滅時効)　A

3．特殊の不法行為
1　監督者責任(714条)
- 【1】意義　B⁺
- 【2】要件　B
- 【3】効果(賠償義務者)　B
2　使用者責任(715条)
- 【1】意義　B
- 【2】要件　B
- 【3】効果　B
- 【4】注文者の責任(716条)　B
3　工作物責任(717条)
- 【1】意義　B⁺
- 【2】要件　B
- 【3】効果　A
4　動物の占有者の責任(718条)
- 【1】意義　C
- 【2】要件　C
- 【3】効果　C
5　共同不法行為(719条)
- 【1】意義　B
- 【2】要件　B
- 【3】効果　A
6　特別法上の不法行為
- 【1】国家賠償法　B⁻
- 【2】自動車損害賠償保障法　C
- 【3】製造物責任法(ＰＬ法)　C
- 【4】失火責任法　B⁻

事項索引

あ
安全配慮義務················272

い
慰謝料··················462
遺贈···················122
一時金方式···············452
一回的契約················7
委任···················299
違約手付·················128
違約罰としての手付···········128
因果関係の断絶············444

う
請負···················277

え
疫学的因果関係論············446

か
解散···················333
解除権不可分の原則···········82
解除条件·················81
解除条件説···············470
解除と第三者··············107
蓋然性説················445
買戻し·················168
　　──の実行············172
買戻権の譲渡··············171
解約告知················7,81
解約手付················128
　　──の原則············129
確定効·················336
確率的心証（割合的認定）·······448
瑕疵···················142
過失···················429
　　──の一応の推定·········431
　　重大ナル──···········517
　　被害者側の──··········464
過失責任の原則············425
過失相殺················464
割賦販売················165
仮定的原因···············444
間接効果説···············104
間接反証説···············446
監督者責任···············479
管理···················350

き
危険性関連説··············457
危険責任················425
危険の引受け··············450
危険負担·················64
寄託···················309
義務射程説···············456
逆求償·················492
客観的合致················14
客観的自己の義務···········350
客観的他人の事務···········350
求償利得················400
給付義務の一部履行拒絶········94
給付義務の一部履行遅滞········93
給付義務の一部履行不能········93
給付利得················380
業務執行者···············327
緊急避難················449
金銭賠償の原則············452

く
クーリング・オフ············82
具体的過失···············429
組合契約················323
組合代理················327
クリーン・ハンズの原則········391

け
継続的供給契約·············168
継続的契約···············7,96
軽微性の抗弁··············88
契約····················4
　　──の解除·············80
契約交渉の不当破棄··········37
契約自由の原則·············7
契約責任説···············139
契約締結上の過失···········34
契約不適合···············141,152
原因の競合···············444
原因の重畳的競合···········444
原状回復義務·············102,193
懸賞広告·················30
原物返還の原則············109
権利金·················218
牽連性··················45

こ
故意···················428

合意解除	81	消費寄託	319
交換	176	消費者契約	168
工作物責任	493	消費貸借	177
交叉申込み	15	要物契約としての――	177
更新料条項	219	情報提供義務(説明義務)	40
衡平説(公平説)	362	証約手付	128
誤振込み	406	所有者	497
雇用	270	自力救済	450
混合寄託	317	侵害利得	373
混合契約	5	人格的遡及説	470
		信頼関係破壊の法理	226
さ		信頼の原則	431
財貨利得	373		
債権契約	4	**せ**	
債権者主義	64	制限人格説	470
催告	86	清算	333
催告解除	84	製造業者等	513
財産的損害	442	製造物	513
再売買予約	174	製造物供給契約	278
債務者主義	64	製造物責任	512
差額説	441	正当行為	450
サブリース契約	265	正当防衛	449
		成立上の牽連関係	46
し		責任能力	448
死因贈与	122	積極的損害	442
敷金	213	絶対的過失相殺	506
敷金返還	62	折衷説	104
敷引特約	218	善管注意義務	121, 192, 300
事業用借地権	253	占有者	496
自己執行義務	300		
事実的因果関係	444	**そ**	
支出利得	399	造作買取請求権	62, 266
事情変更の原則	11	相対的過失相殺	505
下請	293	相当因果関係説	443
示談	337	相当期間	88
私的自治の原則	7	双務契約	5, 124, 176
試味売買(試験売買)	167	贈与	118
事務	350	書面によらない――の解除	119
中性の――	350	書面による――	120
事務管理	348	損益相殺	467
借賃増額請求権	265	損害事実説	441
終身定期金契約	334	存続上の牽連関係	64
修繕義務	206		
重大ナル過失	517	**た**	
受益者	73	対価関係	73
主観的合致	14	代金減額請求権	146
準委任	299	代金支払拒絶権	162
準事務管理	358	第三者のためにする契約	72
準消費貸借	185	代理監督者	484
消極的損害	442	諾成契約	4, 6, 118, 124, 176, 186, 188
使用者責任	486	諾成的消費貸借	177
使用貸借	188	諾約者	72
書面によらない――	188	脱退自由の原則	332
承諾	4, 15, 23	建物買取請求権	60

事項索引　583

他人物売買 ……………………… 137
短期賃貸借 ……………………… 203
担保責任 ………………………… 139

ち

地代等増減請求権 ……………… 257
中間最高価格 …………………… 462
中間利息 ………………………… 453
抽象的過失 ……………………… 429
中性の事務 ……………………… 350
直接効果説 ……………………… 102
賃金センサス …………………… 458
賃借権の物権化 ………………… 200
賃貸借 …………………………… 198

つ

追完請求権 ……………………… 145
通信販売 ………………………… 167

て

定期金方式 ……………………… 452
定期行為 ………………………… 92
定期贈与 ………………………… 122
定型約款 ………………………… 26
停止条件説 ……………………… 470
手付 ……………………………… 127
　　損害賠償額の予定としての── …… 128
典型契約 ……………………… 5, 117
転用物訴権 ……………………… 410
電話勧誘販売 …………………… 167

と

同時履行の抗弁権 ……………… 47
到達主義 ………………………… 24
特殊の不法行為 ………………… 479
取消し …………………………… 82

に

任意解除権 ………………… 81, 305

の

ノーワーク・ノーペイの原則 … 271

は

売買 ……………………………… 124
　　──の予約 ………………… 125
売買契約に関する費用 ………… 132

ひ

被害者側の過失 ………………… 464
被害者の承諾 …………………… 450
被害者の素因 …………………… 465
引換給付判決 …………………… 56
非財産的損害 …………………… 442

非債弁済 ………………………… 386
必要費 …………………………… 210
非典型契約 ……………………… 5
費用利得 ………………………… 399

ふ

不安の抗弁権 …………………… 63
負担付贈与 ……………………… 122
物権契約 ………………………… 4
不法 ……………………………… 391
不法原因給付 …………………… 390
不法行為制度 …………………… 424
不要式契約 …………………… 7, 186
プライバシー …………………… 441
振込み …………………………… 405

へ

片務契約 ……………………… 5, 118, 188

ほ

報償責任 ………………………… 425
　　──の原理 ………………… 486
法定解除 ………………………… 80
法定債権 ………………………… 348
法定責任説 ……………………… 139
訪問販売 ………………………… 166
保護範囲説(義務射程説) ……… 443
補償関係 ………………………… 73
保証金 …………………………… 219

み

見本販売 ………………………… 167

む

無催告解除 ……………………… 91
無償契約 …………………… 6, 118, 188
無理由解除 ……………………… 305

め

名誉 ……………………………… 439
名誉感情 ………………………… 439

も

申込み ……………………… 4, 15, 16
　　──の拘束力 ……………… 17
　　──の承諾適格 …………… 18
　　──の誘引 ………………… 16
目的消滅の不当利得 …………… 382
目的不達成の不当利得 ………… 382

や

約定解除 ………………………… 80
約款 ……………………………… 25

ゆ

有益費……………………………………………… 210
有償契約………………………………… 6, 124, 176

よ

要式契約……………………………………… 7, 178
要物契約………………………………………… 6, 127
　——としての消費貸借………………………… 177
要約者……………………………………………… 72
予約完結権………………………………… 126, 174

り

履行拒絶権構成…………………………………… 65

履行上の牽連関係………………………………… 47
履行遅滞…………………………………………… 85
履行の着手……………………………………… 131
利得の押付け…………………………………… 399

る

類型論…………………………………………… 363

れ

連鎖販売取引…………………………………… 167

わ

和解……………………………………………… 335
割合的認定……………………………………… 448

判例索引

明治

大判明34・3・28民録7-3-88	389
大判明34・5・8民録7-5-52	127
大判明34・9・14民録7-8-5	171
大判明35・10・14民録8-9-73	377
大連判明36・12・22刑録9-1843	398
大判明37・2・17民録10-153	109
大判明37・5・12民録10-666	356
大判明37・6・22民録10-861	291, 292
大判明37・9・15民録10-1115	100
大判明37・9・27民録10-1181	389
大判明37・10・1民録10-1201	289
大判明37・11・2民録10-1389	207
大判明38・2・17民録11-182	517
大判明39・5・17民録12-773	222
大判明39・11・2民録12-1413	20
大判明40・2・8民録13-57	387
大判明40・3・25民録13-328	495
大判明40・5・6民録13-503	120
大判明41・7・8民録14-859	171
大判明41・9・22民録14-907	76
大判明43・12・23民録16-982	331
大判明44・1・25民録17-5	289
大判明44・5・20民録17-306	169
大判明44・5・24民録17-330	368
大判明44・12・11民録17-772	54
大判明45・1・25民録18-25	105
大判明45・3・23民録18-315	516, 517

大正

大判大元・12・6民録18-1022	494
大判大2・1・24民録19-11	185
大判大2・2・5民録19-57	517
大判大2・10・25民録19-857	134, 136, 137
大判大3・4・22民録20-313	78, 79
大判大3・4・23民録20-336	435
大判大3・6・30民録20-557	173
大判大3・7・1民録20-570	368
大判大3・7・4刑録20-1360	433
大判大3・12・8民録20-1058	129
大判大3・12・26民録20-1208	291, 292
大判大4・4・20民録21-547	387
大判大4・4・29民録21-606	483
大判大4・5・12民録21-692	448, 481, 491
大判大4・5・24民録21-803	291, 292
大判大4・7・31民録21-1356	71
大判大4・10・20民録21-1729	517
大判大4・12・21民録21-2135	161
大判大4・12・24〔百選Ⅱ46事件〕	26

大判大 5・2・16民録22-134	371
大判大 5・3・17民録22-476	352
大判大 5・4・11民録22-691	173
大判大 5・5・10民録22-936	101
大判大 5・6・1 民録22-1121	392
大判大 5・6・10民録22-1149	379
大判大 5・6・26民録22-1268	76
大判大 5・7・15民録22-1549	225
大判大 5・7・29刑22-1240	488, 491
大判大 5・9・16民録22-1796	452
大判大 5・11・21民録22-2250	394
大判大 5・12・22〔百選Ⅱ83事件〕	430
大判大 6・2・28民録23-292	382
大判大 6・4・30民録23-715	448, 481
大判大 6・6・27民録23-1153	87
大判大 6・7・10民録23-1128	88
大判大 6・11・14民録23-1965	101
大判大 6・12・11民録23-2075	388, 389
大判大 6・12・27民録23-2262	105
大判大 7・1・28民録24-51	75
大判大 7・3・25民録24-531	186
大判大 7・3・27民録24-599	203
大判大 7・4・13民録24-669	101
大判大 7・5・2 民録24-949	55
大判大 7・5・17民録24-971	222
大連判大 7・5・18民録24-976	463
大判大 7・7・10民録24-1432	350, 356, 357
大判大 7・9・23民録24-1722	387
大判大 7・11・1 民録24-2103	132
大判大 7・11・5 民録24-2131	76
大判大 7・11・11民録24-2164	172
大判大 7・12・7 民録24-2310	374
大判大 7・12・23民録24-2396	102, 382
大判大 8・2・1 民録25-246	76
大判大 8・6・5 民録25-962	471
大判大 8・6・26民録25-1154	350, 351
大判大 8・9・15民録25-1633	102, 382
大判大 8・10・20民録25-1890	368, 403
大判大 9・3・10民録26-280	475
大判大 9・4・7 民録26-458	106
大判大 9・4・24民録26-562	306
大判大 9・5・12民録26-652	368
大判大 9・5・20民録26-710	462
大判大 9・6・17民録26-911	120
大判大 9・9・24民録26-1343	175
大判大 9・11・11民録26-1701	246
大判大10・2・17民録27-321	454
大判大10・5・17民録27-929	108
大判大10・5・17民録27-934	375
大判大10・5・30民録27-1013	240
大判大10・6・2 民録27-1048	51
大判大10・6・13民録27-1155	105
大判大10・6・30民録27-1287	88
大判大10・7・11民録27-1378	199, 238

判例索引　587

大判大10・9・21民録27-1539	173
大判大10・11・3民録27-1888	129
大判大10・11・22民録27-1978	137
大判大10・12・15民録27-2160	160
大判大11・3・16民集1-109	211
大判大11・4・1民集1-155	151
大判大11・5・29民集1-259	275
大判大11・12・21民集1-786	171, 175
大判大12・7・14民集2-491	333
大判大13・4・21民集3-191	174
大判大13・7・23新聞2297-15	416
大判大14・1・20民集4-1	380, 384
大判大14・7・10民集4-623	76
大判大14・10・29民集4-522	51
大判大14・11・28民集4-670	433
大判大15・1・29民集5-38	267
大判大15・2・16〔判例シリーズ88事件〕	470
大連判大15・5・22民集5-386	443, 455, 462
大判大15・7・12民集5-616	213, 216
大判大15・9・28刑集5-387	354
大連判大15・10・13民集5-785	488

昭和元〜9年

大判昭2・2・2民集6-133	88
大判昭2・5・30新聞2702-5	471
大判昭2・7・4新聞2734-15	403
大判昭2・10・31民集6-581	120
大判昭2・12・26新聞2806-15	374, 386
大判昭2・12・27民集6-743	161, 266
大判昭3・3・10新聞2847-15	105
大判昭3・6・7民集7-443	494, 497
大判昭3・7・11民集7-559	203
大判昭3・12・19民集7-1119	105
大判昭5・1・29民集9-97	184
大判昭5・3・10民集9-253	216
大判昭5・4・16民集9-376	144
大判昭5・5・12新聞3127-9	468
大判昭5・5・22法律評論19-民402	86
大判昭5・10・2民集9-930	76
大判昭6・4・22民集10-217	389, 390
大判昭6・5・15民集10-327	394
大判昭6・11・13民集10-1022	335
大判昭7・1・26民集11-169	258
大判昭7・4・11民集11-609	495
大判昭7・4・23民集11-689	387
大判昭7・4・30民集11-780	287
大判昭7・5・9民集11-824	291, 292
大判昭7・5・27民集11-1289	434
大判昭7・6・21民集11-1198	258
大判昭7・7・7民集11-1510	88
大判昭7・7・19民集11-1552	129
大判昭7・9・30民集11-1859	62, 267
大判昭7・10・6民集11-2023	335, 470
大判昭7・10・8民集11-1901	234

大判昭7・10・26民集11-1920	379
大判昭8・2・24民集12-265	186
大判昭8・3・3民集12-309	370
東京控判昭8・5・26新聞3568-5	471
大判昭8・6・13民集12-1484	187
大判昭8・7・5民集12-1783	239
大判昭8・7・7民集12-1805	462
大判昭8・7・12民集12-1860	267
大判昭8・10・24民集12-2580	389
大判昭8・11・21民集12-2666	379
大判昭8・12・11裁判例7-民277	230
大判昭9・3・7民集13-278	235
大判昭9・3・9新聞3675-13	174
大判昭9・6・15民集13-1000	56
大判昭9・6・15民集13-1164	434

昭和10～19年

大判昭10・4・22民集14-571	233
大判昭10・7・12判決全集1-20-24	355
大判昭11・1・17民集15-101	369
大判昭11・2・25〔百選Ⅱ75事件〕	330
大判昭12・2・2民集16-205	266
大判昭12・2・12民集16-46	472
大判昭12・7・3民集16-1089	371
大判昭13・2・12民集17-132	329
大判昭13・3・1民集17-318	57, 266
大判昭13・4・22民集17-770	175
大判昭13・8・31判決全集5-18-6	88
大判昭13・11・1民集17-2089	257
大判昭13・12・14民集17-2412	125
大判昭14・4・28民集18-484	210
大判昭14・6・20民集18-666	324
大判昭14・7・7民集18-748	108
大判昭14・10・26民集18-1157	378
大判昭14・12・13判決全集7-4-10	90
大判昭15・3・6新聞4551-12	207
大判昭15・9・3法律評論30-民52	87
大連判昭15・12・14民集19-2325	475
大判昭15・12・16民集19-2337	416
大判昭16・4・19新聞4707-11	388
大判昭16・9・30民集20-1233	76
大判昭16・10・25民集20-1313	370, 376
大判昭17・8・6民集21-850	356
大判昭18・2・18民集22-91	61
大判昭18・7・20民集22-660	291
大判昭18・12・22新聞4890-3	371
大判昭19・6・28〔百選Ⅰ18事件〕	15
大判昭19・9・30民集23-571	398
大判昭19・12・6民集23-613	11, 12

昭和20～29年

最判昭24・10・4民集3-10-437	130
最判昭25・10・26民集4-10-497	46
最判昭26・2・6民集5-3-36	12

判例索引　589

最判昭26・2・13民集5-3-47	352
最判昭26・3・29民集5-5-177	189, 199
最判昭26・4・27民集5-5-325	232, 233
最判昭27・3・18民集6-3-325	392
最判昭28・1・22民集7-1-56	395
最判昭28・5・8民集7-5-561	395
最判昭28・6・16民集7-6-629	59
最判昭28・9・25民集7-9-979	231
最判昭28・12・18〔百選Ⅱ57事件〕	246, 247
最判昭29・1・14民集8-1-16	62
最判昭29・1・21民集8-1-64	129
最判昭29・1・28民集8-1-234	12
最判昭29・2・12民集8-2-448	12
最判昭29・3・11民集8-3-672	266
最判昭29・6・25民集8-6-1224	207
最判昭29・7・20民集8-7-1415	258
最判昭29・7・22民集8-7-1425	62, 267
最判昭29・8・31民集8-8-1557	392, 393
最判昭29・12・21民集8-12-2211	88

昭和30～39年

最判昭30・3・25民集9-3-385	517
最判昭30・4・5民集9-4-431	246, 247
最判昭30・4・19〔行政百選Ⅱ234事件〕	510
最判昭30・9・29民集9-10-1472	240
最判昭30・10・7民集9-11-1616	392, 393
最判昭30・11・22民集9-12-1781	102
東京高判昭31・2・28高民集9-3-130	495
金沢地判昭31・3・24下民集7-3-741	86
最判昭31・4・6民集10-4-356	266
最判昭31・5・15民集10-5-496	257
最判昭31・12・18民集10-12-1599	497
最判昭32・4・16民集11-4-638	367, 368
最判昭32・7・9民集11-7-1203	517
最判昭32・7・16民集11-7-1254	488
最判昭32・7・30民集11-7-1386	254
最判昭32・12・3民集11-13-2018	228
最判昭33・3・13民集12-3-524	60, 266
最判昭33・4・8民集12-5-689	258
最判昭33・4・11〔判例シリーズ94事件〕	438
最判昭33・6・3民集12-9-1287	60
最判昭33・6・6民集12-9-1384	60
最判昭33・6・14〔百選Ⅱ76事件〕	160, 336
最判昭33・6・20〔百選Ⅰ52事件〕	134, 136, 137
最判昭33・7・17民集12-12-1751	463
最判昭33・8・5民集12-12-1901	472
最判昭34・5・14民集13-5-609	54
最判昭34・9・17民集13-11-1412	135
最判昭34・9・22民集13-11-1451	86, 111
最判昭35・4・12民集14-5-817	189, 199
最判昭35・4・14民集14-5-863	487
最判昭35・4・26民集14-6-1071	172, 175
最判昭35・5・6民集14-7-1127	388
最判昭35・7・8民集14-9-1720	60

最判昭35・9・16民集14-11-2209	392
最判昭35・9・20民集14-11-2227	61, 258
最判昭35・11・1民集14-13-2781	101
最判昭35・11・29〔百選Ⅰ56事件〕	108
最判昭36・2・16民集15-2-244	429, 430
最判昭36・5・30民集15-5-1459	172, 175
最判昭36・6・9民集15-6-1546	488
最判昭36・9・29民集15-8-2228	211
最判昭36・11・21〔百選Ⅱ42事件〕	90
最判昭36・11・30民集15-10-2629	356, 357
最判昭36・12・15〔百選Ⅱ51事件〕	140
最判昭36・12・21民集15-12-3243	236
最判昭37・2・1民集16-2-143	498
最判昭37・2・6民集16-2-233	254
最判昭37・2・27民集16-2-407	481
最判昭37・3・8民集16-3-500	392
最判昭37・3・29民集16-3-662	236
最判昭37・4・10民集16-4-693	335
最判昭37・4・26民集16-4-975	494
最判昭37・5・25民集16-5-1195	395
最大判昭37・6・6民集16-7-1265	251
最判昭37・6・26民集16-7-1397	76
最判昭37・9・4民集16-9-1834	374, 474
最判昭37・11・8民集16-11-2255	489, 490
最判昭37・12・25民集16-12-2455	268
最判昭38・2・21〔判例シリーズ73事件〕	235
最判昭38・3・1民集17-2-290	63, 263
最判昭38・5・24民集17-5-639	239, 257
東京地判昭38・6・18下民集14-6-1164	495
最判昭38・11・14民集17-11-1346	258
最判昭38・12・24〔百選Ⅱ77事件〕	377, 378, 380
最判昭39・1・24〔百選Ⅰ77事件〕	403
最判昭39・1・28民集18-1-136	439, 441
最判昭39・2・4民集18-2-252	489
最判昭39・3・31判タ164-70	267
最判昭39・6・23民集18-5-842	462
最大判昭39・6・24〔百選Ⅱ105事件〕	464
最判昭39・6・24民集18-5-874	458, 467
最判昭39・6・30民集18-5-991	231
最判昭39・9・25民集18-7-1528	468
東京地判昭39・9・28〔判例シリーズ憲法32事件〕	441
最判昭39・10・13民集18-8-1559	256

昭和40～49年

最大判昭40・3・17民集19-2-453	256
最判昭40・3・25民集19-2-497	392
最判昭40・3・26民集19-2-526	120
東京地判昭40・5・10下民集16-5-818	398
大阪高判昭40・6・22下民集16-6-1099	420
最大判昭40・6・30〔百選Ⅱ22事件〕	109
最大判昭40・11・24〔百選Ⅱ48事件〕	131
最判昭40・11・30民集19-8-2049	488, 490
最判昭40・12・7民集19-9-2101	451
最判昭40・12・17民集19-9-2159	230

判例索引　591

判例	頁
最判昭40・12・17民集19-9-2178	393
最判昭40・12・17集民81-561	306
最判昭40・12・21民集19-9-2221	388
最判昭41・1・27民集20-1-136	231
最判昭41・3・22民集20-3-468	53
最判昭41・4・14民集20-4-649	144
最判昭41・4・21民集20-4-720	260
最大判昭41・4・27〔百選Ⅱ58事件〕	255
最判昭41・6・10民集20-5-1029	487
最判昭41・6・23民集20-5-1118	440
最判昭41・9・8〔百選Ⅱ49事件〕	138
最判昭41・10・21民集20-8-1640	233
最判昭41・10・27民集20-8-1649	189, 199
最判昭41・11・18民集20-9-1886	504, 507
最判昭42・1・20判時476-31	170
最判昭42・2・21〔判例シリーズ75事件〕	268, 269
最判昭42・3・31民集21-2-475	404
最判昭42・5・2判時491-53	201
最判昭42・5・30民集21-4-961	487
最判昭42・6・22民集21-6-1468	228
最判昭42・6・27民集21-6-1507	464, 465
最判昭42・6・30民集21-6-1526	491
最判昭42・7・18民集21-6-1559	475
最判昭42・7・20民集21-6-1601	259
最判昭42・10・31判時499-39	436
最大判昭42・11・1〔百選Ⅲ60事件〕	471, 472, 474
最判昭42・11・2〔百選Ⅱ94事件〕	488
最判昭42・11・10民集21-9-2352	442, 457, 459
最判昭42・11・17判時509-63	313
最判昭43・2・16民集22-2-217	186
最判昭43・2・23〔百選Ⅱ43事件〕	89
最判昭43・3・15〔百選Ⅱ104事件〕	337
最判昭43・4・23民集22-4-964	499
最判昭43・6・21民集22-6-1311	131
最判昭43・8・20民集22-8-1692	145
最判昭43・9・3民集22-9-1767	257
最判昭43・9・3民集22-9-1817	257
最判昭43・9・24判時539-40	431
最判昭43・10・3判時540-38	468
最判昭43・10・8〔判例シリーズ13事件〕	202
最判昭43・11・15〔百選Ⅱ99事件〕	473
最判昭43・11・21〔判例シリーズ27事件〕	397
最判昭43・11・21民集22-12-2741	86
最判昭43・12・5民集22-13-2876	74
最判昭43・12・17判時544-38	436
最判昭44・1・31判時552-50	118
最判昭44・2・18民集23-2-379	231
最判昭44・2・27民集23-2-441	464
最判昭44・2・28民集23-2-525	457
最判昭44・4・15判時560-49	88
最判昭44・7・17民集23-8-1610	244
最判昭44・9・12判時572-25	291
最判昭44・9・26民集23-9-1727	398
最判昭44・11・18民集23-11-2079	489, 490

長野地判昭45・3・24判時607-62	494
最判昭45・7・16民集24-7-909	369, 412, 414
最判昭45・8・20〔行政百選Ⅱ235事件〕	494, 513
最大判昭45・10・21〔百選Ⅱ82事件〕	392, 393, 394, 395, 396
最判昭45・10・22民集24-11-1599	303
最判昭45・12・18民集24-13-2151	439
最判昭46・2・19民集25-1-135	211, 244
最判昭46・3・5判時628-48	291
最判昭46・4・9民集25-3-264	337
最判昭46・4・23〔百選Ⅱ41事件〕	242, 243
最判昭46・4・23民集25-3-351	494
最判昭46・6・22民集25-4-566	489, 490
最判昭46・6・29民集25-4-650	472
富山地判昭46・6・30判時635-17	447
最判昭46・7・16〔百選Ⅰ80事件〕	211
最判昭46・7・23民集25-5-805	475
新潟地判昭46・9・29判時642-96	446
最判昭46・10・28民集25-7-1069	393, 397
最判昭46・11・25民集25-8-1343	63
最判昭46・12・3判時655-28	244
最判昭47・3・7判時666-48	107
最判昭47・3・9民集26-2-213	134
最判昭47・3・23民集26-2-274	109
最判昭47・6・22民集26-5-1051	255
最判昭47・6・22判時673-41	462
最判昭47・6・27民集26-5-1067	437
津地四日市支判昭47・7・24判時672-30	447, 500
名古屋高金沢支判昭47・8・9判時674-25	447
最判昭47・9・7民集26-7-1327	59
最判昭48・2・2民集27-1-80	214
最判昭48・3・16金法683-25	178
熊本地判昭48・3・20判時696-15	430
最判昭48・6・7〔百選Ⅱ98事件〕	455, 456
最判昭48・9・7民集27-8-907	258
最判昭48・11・16〔百選Ⅱ108事件〕	475
最判昭48・12・20民集27-11-1611	443
最判昭49・3・1民集28-2-135	392
最判昭49・3・19〔百選Ⅱ59事件〕	243
最判昭49・3・22〔判例シリーズ81事件〕	480, 481
最判昭49・4・15民集28-3-385	463
最判昭49・4・25民集28-3-447	456
最判昭49・9・2〔百選Ⅱ65事件〕	63, 215
最大判昭49・9・4民集28-6-169	138
最判昭49・9・26〔百選Ⅱ80事件〕	369, 404, 412
最判昭49・12・17民集28-10-2040	471
最判昭49・12・17民集28-10-2059	475

昭和50〜59年

最判昭50・1・31民集29-1-68	468
最判昭50・2・13民集29-2-83	255
最判昭50・4・25民集29-4-556	212, 222
東京高判昭50・6・23判時794-67	494
最判昭50・6・26民集29-6-851	511
最判昭50・7・17民集29-6-1119	186

判例索引　593

判例	頁
最判昭50・10・24〔百選Ⅱ87事件〕	448
最判昭50・11・28判時803-63	255
最判昭51・2・13〔百選Ⅱ45事件〕	100, 111
最判昭51・3・25〔判例シリーズ86事件〕	464, 465
最判昭51・4・9民集30-3-208	301
最判昭51・7・8〔百選Ⅱ95事件〕	491, 492, 507
最判昭51・9・30民集30-8-816	431
最判昭51・10・1判時835-63	219
東京高決昭51・11・11判時840-60	437
最判昭51・12・20判時843-46	131
最判昭52・2・22〔百選Ⅱ68事件〕	288
最判昭52・5・27民集31-3-427	468
最判昭53・2・17判タ360-143	123
最判昭53・7・4民集32-5-809	513
最判昭53・7・17〔行政百選Ⅱ244事件〕	517
東京地判昭53・8・3判時899-48	430
最判昭53・9・21判時907-54	281
大阪地判昭53・10・30判タ375-109	294
最判昭53・11・2判時913-87	389
最判昭53・12・22〔百選Ⅱ66事件〕	214, 217, 218
最判昭54・1・25〔百選Ⅰ72事件〕	293
最判昭54・3・30民集33-2-303	438, 439, 443
大阪高判昭54・11・27判時961-83	439
最判昭54・12・13交民12-6-1463	473
最判昭55・1・24民集34-1-61	386
最判昭55・12・11判時990-188	232
最判昭56・1・19〔百選Ⅱ71事件〕	306
最判昭56・2・17判時996-61	287
最判昭56・2・17判時996-65	464
最判昭56・6・16民集35-4-763	101
福岡高判昭56・9・29判時1043-71	484
最判昭56・11・27民集35-8-1271	487
最大判昭56・12・16〔行政百選Ⅱ241事件〕	437, 454
最判昭56・12・22〔百選Ⅱ100事件〕	442, 459
最判昭57・1・19判時1032-55	60
最判昭57・1・21〔百選Ⅱ52事件〕	149
最判昭57・3・30判時1039-66	430
最判昭57・6・17判時1058-57	131
東京地判昭57・7・9判時1063-189	294
最判昭58・1・20〔百選Ⅱ61事件〕	251
最判昭58・3・31判時1088-72	489, 490
最判昭58・4・14判時1077-62	255
最判昭58・4・19民集37-3-321	468
東京高判昭58・5・31判時1085-57	495
最判昭58・9・20判時1100-55	307
大阪地判昭58・9・29判時1093-28	502
最判昭58・10・6民集37-8-1041	474
最判昭58・10・20判時1112-44	440
最判昭59・9・18〔百選Ⅱ3事件〕	37, 38, 39
東京高判昭59・10・30判時1139-42	294
最判昭59・12・13〔行政百選Ⅰ9事件〕	261

昭和60〜63年

判例	頁
最判昭60・11・29〔百選Ⅱ47事件〕	119, 120

判例	頁
横浜地判昭61・2・18判時1195-118	498
最判昭61・4・11集民147-515	60
最判昭61・6・11〔百選Ⅰ4事件〕	439
最判昭62・1・19〔百選Ⅱ102事件〕	458
最判昭62・2・6〔行政百選Ⅱ215事件〕	452
最判昭62・2・13判時1228-84	51, 186
最判昭62・3・24判時1258-61	235
最判昭62・7・10民集41-5-1202	468
最判昭62・10・8民集41-7-1445	101
最判昭63・1・26〔民事訴訟法百選36事件〕	435
最判昭63・4・8判時1277-119	60
最判昭63・4・21民集42-4-243	465, 466, 467
最判昭63・7・1〔百選Ⅱ97事件〕	492
最判昭63・7・1民集42-6-477	417

平成元〜9年

判例	頁
最判平元・2・7判時1319-102	255
最判平元・4・11民集43-4-209	469
大阪地判平元・8・7判時1326-18	475
最判平元・12・8民集43-11-1259	435
最判平元・12・21民集43-12-2209	476, 477
最判平2・7・5集民160-187	38
最判平2・11・6判時1407-67	494
横浜地判平3・3・25判時1395-105	495
大阪地判平3・3・29判時1383-22	501
最判平3・4・2〔百選Ⅱ54事件〕	145
最判平3・10・25民集45-7-1173	504, 508
最判平3・11・19民集45-8-1209	377, 379
東京高判平3・11・26判時1408-82	494
最判平4・6・25民集46-4-400	466
横浜地判平4・8・21判タ797-234	494
最判平4・10・20民集46-7-1129	151, 284
東京高判平4・12・21判時1446-61	441
最判平5・3・16〔判例シリーズ66事件〕	131
最判平5・3・24民集47-4-3039	459, 467, 468
最判平5・3・30〔行政百選Ⅱ240事件〕	513
最判平5・4・6民集47-6-4505	471
最判平5・9・21判時1476-120	459
最判平5・10・19〔百選Ⅱ69事件〕	293
最判平6・3・22民集48-3-859	129
最判平6・7・18判時1540-38	236
最判平6・9・8判時1511-71	60
最判平6・10・25〔百選Ⅱ62事件〕	251
最判平7・1・24民集49-1-25	482, 483
最判平7・1・30民集49-1-211	468
最判平7・6・9〔百選Ⅱ84事件〕	429, 430
大阪地判平7・7・5〔判例シリーズ84事件〕	501
最判平7・7・7〔百選Ⅱ110事件〕	455
最判平7・9・19〔百選Ⅱ79事件〕	414, 415
最判平8・1・23民集50-1-1	429
最判平8・1・26民集50-1-155	158
最判平8・3・26〔百選Ⅲ11事件〕	438
最判平8・4・25〔百選Ⅱ101事件〕	460
最判平8・4・26〔百選Ⅱ72事件〕	406

最判平 8・5・28民集50-6-1301	456
最判平 8・5・31民集50-6-1323	460,461
最判平 8・10・14〔百選Ⅱ60事件〕	230
最判平 8・10・28金法1469-51	41
最判平 8・10・29〔百選Ⅱ106事件〕	466,467
最判平 8・11・12〔百選Ⅱ44事件〕	95,96
最判平 8・12・17〔百選Ⅲ71事件〕	195
最判平 9・1・28民集51-1-78	459
最判平 9・2・14〔百選Ⅱ70事件〕	281
最判平 9・2・25〔百選Ⅱ64事件〕	236,237
最判平 9・4・24判時1618-48	398
最判平 9・5・27〔百選Ⅱ91事件〕	439
最判平 9・7・1〔百選Ⅱ40事件〕	12
最判平 9・7・11民集51-6-2573	462
最判平 9・7・15民集51-6-2581	281
最判平 9・7・17民集51-6-2882	230
最判平 9・9・9〔百選Ⅱ90事件〕	440
最判平 9・9・9判時1618-63	464

平成10〜19年

最判平10・2・26〔判例シリーズ93事件〕	374
最判平10・5・26〔百選Ⅱ81事件〕	418
最判平10・6・12民集52-4-1087	476,477
最判平10・9・10〔百選Ⅱ21事件〕	504
最判平10・9・10判タ986-189	468
最判平11・2・23〔百選Ⅰ17事件〕	326,332
最判平11・3・25判時1674-61	241
最判平11・10・22民集53-7-1211	459
最大判平11・11・24〔判例シリーズ29事件〕	434
最判平11・12・20民集53-9-2038	462
最判平12・3・24民集54-3-1155	466,467
最判平12・9・22〔百選Ⅱ88事件〕	435
最判平12・11・14判時1732-83	459
最判平12・11・14民集54-9-2683	459
横浜地判平13・1・23判時1739-83	498
最判平13・2・22判時1745-85	151
最判平13・3・13〔百選Ⅱ107事件〕	499,506
東京高判平13・4・12判時1773-45	514
東京高判平13・8・20判時1757-38	459
東京高判平13・10・16判時1772-57	458
最決平13・11・21民集55-6-1014	260
最判平13・11・27〔百選Ⅱ53事件〕	144,151
最判平13・11・27民集55-6-1380	148
最判平14・1・29民集56-1-218	475
最判平14・3・28〔百選Ⅰ3事件〕	217,237
最決平14・7・9交民35-4-917	459
最判平14・9・24判時1801-77	282
東京地判平14・12・13判時1805-14	513
最決平15・3・12〔刑法百選Ⅱ51事件〕	408
最判平15・3・14〔判例シリーズ憲法12事件〕	441
最判平15・6・12民集57-6-595	257
最判平15・7・11民集57-7-815	506
大阪地判平15・7・30金判1181-36	16
奈良地判平15・10・8判時1840-49	514

最判平15・10・21〔百選Ⅱ67事件〕	261,266
最判平15・11・11民集57-10-1466	436
最判平16・4・27〔百選Ⅱ109事件〕	476
最判平16・11・12民集58-8-2078	487,490
最判平16・12・20判時1886-46	468
最判平16・12・24判時1887-52	476
名古屋高判平17・3・17金判1214-19	409
最判平17・6・2民集59-5-901	469
東京高判平17・7・13労判899-19	276
東京地判平17・9・2判時1922-105	16
最判平17・9・16判時1912-8	40
最判平17・12・16判時1921-61	218,220
最判平18・1・19判時1925-96	256
最判平18・3・30〔百選Ⅱ89事件〕	438
最判平18・9・4判時1949-30	38
最判平19・2・27判時1964-45	38
最判平19・3・8〔百選Ⅱ78事件〕	371
最判平19・3・20判時1968-124	435
最判平19・4・24判時1970-54	464
最判平19・7・6〔百選Ⅱ85事件〕	436

平成20年〜

最判平20・3・27判時2003-155	466,467
最判平20・6・10民集62-6-1488	399
最判平20・6・24判時2014-68	399
最判平20・7・4判時2028-32	40
最判平20・10・10民集62-9-2361	408
最判平21・1・22〔百選Ⅱ74事件〕	40,320
最判平21・4・28民集63-4-853	477
最判平21・11・9民集63-9-1987	379
最判平22・6・1〔百選Ⅱ50事件〕	142
仙台高判平23・2・10判時2106-41	475
最判平23・3・24民集65-2-903	218
最判平23・4・22〔百選Ⅱ4事件〕	37,42,43
最判平23・7・15〔百選Ⅱ63事件〕	219
最判平23・9・13民集65-6-2511	44
最判平25・4・12〔百選Ⅱ86事件〕	514
最判平25・7・12判時2200-63	495
最判平26・10・28民集68-8-1325	395
最大判平27・3・4〔百選Ⅱ103事件〕	468
最判平27・4・9〔百選Ⅱ92事件〕	481,482
最判平28・3・1〔百選Ⅱ93事件〕	484,485

♠伊藤　真（いとう　まこと）

　1958年東京で生まれる。高校時代までは理科系の科目のほうが好きであったが、あるきっかけで法律の世界のおもしろさに惹かれ、1977年東京大学文科Ⅰ類に入学。1981年、大学在学中に1年半の受験勉強で司法試験に短期合格。同時に、司法試験受験指導を開始する。自分の受験勉強の際にすでに編み出していた論点ブロックカードと、趣味だったコンピュータを使ったフローチャートを法律の世界にはじめて導入した。

　1982年、東京大学法学部卒業。1984年、弁護士登録。弁護士として活動しつつ受験指導を続け、法律の体系や全体構造を重視した学習方法を構築し、短期合格者の輩出数、全国ナンバー1の実績を不動のものとする。

　1995年、憲法の理念をできるだけ多くの人々に伝えたいとの思いのもとに15年間培った受験指導のキャリアを生かし、伊藤メソッドの司法試験塾をスタートする。

　現在は、予備試験を含む司法試験や法科大学院入試のみならず、法律科目のある資格試験や公務員試験をめざす人達の受験指導のため、毎日白熱した講義を行いつつ、「一人一票実現国民会議」および「安保法制違憲訴訟の会」の発起人となり、社会的問題にも積極的に取り組んでいる。

　わかりやすい講義、効率的な学習法、受験生の身になった指導がこの「試験対策講座」ではじめて公開されている。
（一人一票実現国民会議URL：https://www2.ippyo.org/）

伊藤塾
〒150-0031　東京都渋谷区桜丘町17-5　03(3780)1717
https://www.itojuku.co.jp

債権各論［第4版］【伊藤真試験対策講座4】

1997（平成9）年12月30日	初版1刷発行
1999（平成11）年9月15日	第2版1刷発行
2001（平成13）年12月15日	第2版補正版1刷発行
2005（平成17）年6月30日	第2版補正2版1刷発行
2009（平成21）年10月30日	第3版1刷発行
2018（平成30）年9月30日	第4版1刷発行
2023（令和5）年6月15日	同　4刷発行

著　者　伊藤　真
発行者　鯉渕友南
発行所　株式会社　弘文堂　　101-0062 東京都千代田区神田駿河台1の7
　　　　　　　　　　　　　　TEL 03(3294)4801　振替 00120-6-53909
　　　　　　　　　　　　　　https://www.koubundou.co.jp

装　丁　笠井亞子
印　刷　図書印刷
製　本　井上製本所

Ⓒ2018 Makoto Ito. Printed in Japan
[JCOPY]《(社)出版者著作権管理機構　委託出版物》
本書の無断複写は著作権法上での例外を除き禁じられています。複写を希望される場合には、そのつど事前に、(社)出版者著作権管理機構（電話 03-5244-5088、FAX 03-5244-5089、e-mail:info@jcopy.or.jp）の許諾を得てください。
また本書を代行業者等の第三者に依頼してスキャンやデジタル化することは、たとえ個人や家庭内での利用であっても一切認められておりません。

ISBN978-4-335-30494-1

伊藤真試験対策講座

論点ブロックカード・フローチャートなど司法試験受験界を一新する勉強法を次々と考案し、導入した伊藤真が、全国の受験生・法学部生・法科大学院生に贈る、初めての本格的な書き下ろしテキスト。伊藤メソッドによる「現代版基本書」！
- ●論点ブロックカードで、答案の書き方が学べる。
- ●フローチャートで、論理の流れがつかめる。
- ●図表・２色刷りによるビジュアル化。
- ●試験に必要な重要論点をすべて網羅。
- ●短期集中学習のための効率的な勉強法を満載。
- ●司法試験をはじめ公務員試験、公認会計士試験、司法書士試験に、そして、大学の期末試験対策にも最適。

憲法［第3版］	4200円
行政法［第4版］	3300円
刑法総論［第4版］	4000円
刑法各論［第5版］	4000円
スタートアップ民法・民法総則	3700円
物権法［第4版］	2800円
債権総論［第4版］	3400円
債権各論［第4版］	4400円
親族・相続［第4版］	3500円
商法〔総則・商行為〕・手形法小切手法［第3版］	4000円
会社法［第4版］	4200円
刑事訴訟法［第5版］	4200円
民事訴訟法［第4版］	4500円
労働法［第4版］	3800円
倒産法［第2版］	3500円

——————————弘文堂——————————

＊価格（税別）は2023年6月現在